내러티브와 교육

삶, 앎, 그리고 가르침

강현석

경북대학교 사범대학 교육학과 졸업
경북대학교 대학원 교육학 석사, 박사
University of Wisconsin-Madison Post-Doc. Fellow
한국대학교육협의회 선임연구원 역임
(전) 한국내러티브교육학회장
(전) 한국교육과정학회장
(현) 한국국제바칼로레아(IB)교육학회 수석부회장

경북대학교 학술총서 7
내러티브와 교육 삶, 앎, 그리고 가르침

초판 1쇄 2023년 2월 23일 | **초판 2쇄** 2024년 11월 25일
지은이 강현석 | **펴낸이** 허영우 | **펴낸 곳** 경북대학교출판부
출판등록 1973년 10월 10일 ㉣97호 | **주소** 대구광역시 북구 대학로 80
전화 053-950-3830 | **팩스** 053-953-4692
이메일 press@knu.ac.kr | **홈페이지** http://knupress.com
ISBN 978-89-7180-605-0 93370

정가는 뒤표지에 있습니다. 파본은 바꾸어 드립니다.

이 저서는 〈2022년 경북대학교 연구학술총서 집필 및 출간지원사업〉의 재원으로 출간되었습니다.

내러티브와 교육

삶, 앎, 그리고 가르침

강현석

경북대학교출판부

서문

우리가 사는 세상에서 교육에 대한 이야기는 다양하게 논의되고 만들어지고 있다. 교육이 인간 삶에서 차지하는 비중이 점차 커지고 사회의 제반 영역과 복합적으로 얽혀 작용하고 있다는 점에서 교육에 대하여 우리가 보다 긴 안목과 호흡으로 바라보아야 할 필요성이 커지고 있다. 인간이 교육적 존재라는 점을 감안해서라도 우리가 통념적으로 생각해 온 교육의 모습이나 기존의 습관적인 교육철학에 대해서도 소위 낯설게 바라본다든지 새로운 시각으로 바라보는 일은 여전히 유효한 것으로 생각된다.

이런 점에서 본 저서는 교육을 바라보는 시각을 새롭게 하고자 하였다. 인류 역사에서 교육을 새롭게 바라보는 시도는 늘 존재해왔다. 어찌 보면 인류의 역사는 교육의 역사이며 인류는 늘 새로운 시각으로 교육을 혁신하고 새로운 교육의 과정을 모색해왔다고 볼 수 있다. 인간의 삶의 영역 내지 활동으로서 교육은 사회를 구성하는 다른 삶의 영역이 추구하는 가치와 충돌하는 경우도 종종 있어 왔다. 이러한 흐름 속에서 교육이 추구하는 가치가 항상 사회에서 수용되거나 환영을 받아온 것은 아니다. 그러나 교육이 진정으로 추구하는 가치가 사회에서 문화적으로 수용될 때 그만큼 사회는 진보하고 인간적으로 성숙한 사회를 우리가 만들 수 있는 것이다.

구체적으로 본 저서가 추구하는 방향은 인간을 내러티브적 존재로 보고 이에 부합하는 교육의 방향과 모습을 고민해 본 것이다. 인간은 자신의 경험을 내러티브 형식으로 구조화하고, 유의미하게 구성한 이야기에 비추어 어떤 사물이나 현상을 지각하고 인식하고 도덕적으로 선택하는 존재이다. 이러한 내러티브 원리에 기초하여 자신의 삶을 살아가는 존재이다. 이러한 점을 우리가 수용한다면 우리가 실제 맥락에서 실천하는 교육의 모습도 새롭게 바라볼 필요가 있게 된다. 인간 행위로서 교육뿐만 아니라 제도로서 교육, 기관으로서 학교에서 이루어지는 공식적인 교육을 포함하여 전체적으로 새롭게 이해하고 실천할 필요가 있다.

이러한 근본적인 취지하에서 본 저서는 '내러티브와 교육'이라는 주제를 중심으로 교육의 모습을 크게 새롭게 그려보고자 하였다. 이러한 의도를 보다 구체화하기 위하여 본 저서의 구성을 크게 세 개의 파트로 설정하였다. 내러티브를 기초로 교육을 새롭게 바라보기 위해서는 내러티브가 무엇이며 왜 중요한지를 살펴보아야 하며, 여기에 기초하여 인간의 문제, 지식의 문제, 구체적으로 교육이 이루어지는 문제들을 살펴보고자 하였다. 이러한 생각의 흐름에 따라서 다음의 순서로 전체 내용을 구성하였다.

I부에서는 우리가 왜 내러티브에 주목해야 하는지를 논의하였다. 내러티브 전회로 인간과 사회, 지식의 문제를 새롭게 바라봐야 하는 내러티브의 등장을 그 학문적 배경을 포함하여 살펴보고 있다. 우선 내러티브의 의미를 살펴보고, 이어서 확장된 내러티브의 의미를 살펴보고 있다.

II부에서는 내러티브와 인간의 문제를 살펴보고 있다. 여기에서는 내러티브 이전에 우리가 바라보던 인간관의 문제, 내러티브와 인간 존재의 문제, 그리고 내러티브 본질에 충실한 의미 구성 존재로서의 인간을 다루고 있다. 특히 내러티브 자아라는 새로운 자아의 입장을 논의하고 있다.

Ⅲ부에서는 내러티브와 지식의 문제를 살펴보고 있다. 여기에서는 내러티브 이전의 지식의 문제를 여러 시각에서 접근하고 있다. 상당히 폭넓은 인류의 지성사를 내러티브 이전과 이후로 나누는 시도가 다소간 무리가 없지는 않지만 내러티브의 본질에 초점을 둔다는 점에서 주목할 만하다고 생각된다. 이어서 구체적으로 내러티브 앎을 포함한 내러티브 인식론의 등장과 그 구체적 문제를 논의한다.

Ⅳ부에서는 내러티브와 교육의 과정의 문제를 살펴보고 있다. 여기에서는 기존의 교육이 이루어지는 양태를 비판적으로 살펴보고, 그 대안으로 내러티브에 입각한 교육의 과정을 살펴보고 있다. 특히 내러티브 페다고지의 제안, 내러티브를 통한 교육 혁신과 미래 교육의 방향을 제안하고 있다.

이상의 내용들은 상세 목차와 본문을 읽어가면서 독자들에게 보다 구체적으로 다가갈 수 있기를 희망한다. 본 저서를 집필하면서 필자가 이전에 연구하고 발표한 선행연구들의 도움을 많이 받았으며 상당 부분 이전의 내용들에 기초하고 있음을 밝히고자 한다. 이들 대표적인 연구물로는 필자가 상당한 기간 동안에 연구한 브루너의 번역서(1987; 1990; 1996; 2002)와 소논문들이다. 이들 자료들은 본 저서를 집필하는 데에 씨앗의 종자 역할을 해준 것들이다. 다음으로는 한국연구재단의 지원을 받아서 집필한 2016년의 저서인 『인문·사회과학의 새로운 연구방법론: 내러티브학 탐구』와 Polkinghorne의 원전을 공동으로 번역한 『내러티브, 인문과학을 만나다』, 그리고 필자의 2022년 저서인 『내러티브 기반 지식교육의 대전환』 등이다. 추가로 필자와 '한국내러티브교육학회'를 창립한 한승희 교수의 논문들도 중요한 자료로 삼았다. 이에 더하여 가장 기쁘게 생각하는 것은 내러티브를 주제로 논문을 지도한 연구실의 박사논문들로서, 이들도 소중한 자료들로 활용되었다. 여기에는 전현정 박사, 추갑식 박사, 노진규 박사, 윤지원 박사, 김수영 박사, 김효림 선생님과의 공동 논문들이 중요하게 인용되고 있다. 이 자리를 빌려서 다시 한 번 감사의 인사를 전한다.

인문·사회과학 분야의 저서들의 운명이나 성격이라는 것이 필자가 보기에는 이공계 분야의 저서들이나 논문들과는 질적으로 차원이 다르다고 생각한다. 우리 분야에서는 이전의 내용들을 토대로 재구성, 심화, 확대, 보강하는 차원이 강하므로 본 저서를 집필하는 과정에서도 이 문제를 처리하는 데에 적잖이 애를 먹었다. 인문·사회 분야의 연구들은 대체로 자신의 이전 연구를 토대로 해석학적으로 순환하고 나선형적으로 심화시키는 운명을 안고 있다. 이공계의 논문이 대체로 제로 베이스에서 출발하는 경향이 강하지만 인문·사회과학의 경우는 그 연구의 단서와 출발 배경이 이전 연구물에서 꼬리에 꼬리를 무는 나선형적인 순환 구조를 띠는 경향이 강하다. 이런 점에서 본 저서는 창의적 연구물이 아니다. 더욱이 이전에 없었던 완전히 새로운 것을 창안하였다고는 볼 수 없을 것이다. 하여 본 저서는 이전의 연구와 성과들을 재구성하고 심화·확대하는 데에 치중하였다. 그리고 특히 내러티브를 교육의 측면에서 대폭 수정하고자 노력하였다. 사실 인문사회 분야의 연구와 집필의 성격은 이전 연구들의 연계성 속에서 진행될 수밖에 없는 운명과 사정을 인정하지 않을 수 없는 노릇이기도 하다.

본 저서는 한국 사회에서 여전히 주류 담론에 포위된 교육의 문제를 해체하고 새로운 담론으로 교육을 바라보고자 하는 모든 독자들에게 도움이 되기를 바랄 뿐이다. 교육에 관심이 있는 대학생, 대학원생, 학부모, 전문 연구자들에게 도움이 되기를 희망한다. 본 저서는 경북대학교 연구학술총서 집필 및 출간지원사업에 선정되어 출판이 이루어졌으며, 그 과정에서 경북대학교와 경북대학교출판부에 큰 도움을 받았다. 다시 한번 더 경북대학교의 지원에 감사를 드리는 바이다.

2023년 새해를 맞이하면서

새 시대의 교육을 고민하는 강현석 씀

목차

제 I 부

왜 내러티브인가

제 1 장

내러티브란 무엇인가

내러티브라는 것은 우리가 하는 경험에 의미와 구조를 제공해 주고
우리가 사는 세상을 구성하고 해석하는 모델이다.
이 내러티브 모델이 없으면 우리의 삶은 무의미하고 덧없는 것이 되고 만다.
-Bruner-

자아(ego)는 우리 자신이 살아 온 삶의 궤적을 이야기로 구성한
'역사'의 통일체 안에서 스스로의 힘으로 자신 스스로를 구성한다.
-Edmund Husserl-

핵심 아이디어

이 장에서는 내러티브의 의미에 대해서 다룬다. 내러티브는 여러 분야에서 다양한 의미로 사용되며, 그 각각의 뜻하는 바도 각양각색이다. 이러한 사정으로 일차적으로 내러티브의 다양한 정의와 의미를 살펴본다. 그중에서 가장 주목할 점은 사고양식으로 내러티브 의미에 중점을 둔다. 동시에 인간 행동과 경험의 차원에서 내러티브의 본질을 논의하고 향후 이와 관련된 사항들을 제시한다.
그리고 내러티브는 인간, 지식, 교육을 바라보는 측면에서 중요한 영향을 미친다. 이러한 점을 구체화하기 위하여 내러티브와 인간, 내러티브와 지식, 내러티브와 교육의 문제를 연계적으로 설명한다. 이 세 가지 문제는 이후에 전개되는 제 II, III, IV부의 핵심적 주제에 해당되며, 향후 논의는 이 주제를 중심으로 이루어진다.

1. 내러티브의 의미

내러티브가 무엇을 뜻하는지에 대해서는 다양하게 정의되고 있으며, 그 의미 역시 다양하게 논의되고 있다. 이 절에서는 내러티브의 다양한 의미를 살펴보고, 특히 사고양식, 행동, 의미와 경험과 관련하여 그 핵심적 의미와 본질을 살펴보기로 한다.

가. 내러티브의 다양한 정의와 의미

내러티브 분야의 핵심 개념인 내러티브의 정의는 다양하게 나타나고 있다. 내러티브의 발생이 학분 분야에 따라 다르기 때문에 이러한 정의의 다양성은 정상적일 수 있다. 아래는 국내의 학자들이 말하는 내러티브의 정의이다. 내러티브의 정의를 시별하려는 노력은 내러티브의 정의와 더불어 내러티브를 구분하려는 시도도 이루어지고 있다. Rankin(2002)과 박민정(2013)의 경우 내러티브는 첫째, 이야기 혹은 결과로서의 내러티브, 둘째, 사고양상으로서 내러티브, 셋째, 커뮤니케이션으로 내러티브로 구분하였다.

〈표 1〉 국내 학자들의 내러티브의 다양한 정의

구 분	내러티브의 정의
양호환(1998)	사건과 경험을 연대기적 순서에 따라 조리 있는 이야기로 구성하는 역사서술 형태
임병권(1997)	스토리가 있는 모든 이야기
조지형(1998)	하나의 사건 혹은 일련의 사건에 대한 글이나 말로 된 담론
한승희(2006)	시간적 흐름에 따라 순차적으로 일어난 일련의 사건들
강현석(2005)	인간의 삶을 해석하는 데에 있어서 인식의 틀
박인기(2020)	삶의 총체를 담는 언어 양식으로 존재하는 교육의 원형

내러티브는 이야기 이상의 의미를 가진다. 내러티브는 내러티브를 이야기 또는 관련된 결과물로 정의하는 관점은 이야기가 가진 형식의 측면에서 인간의 사고라는 범주를 포함하지 못하는 한계를 가지고 있기에 단순히 이야기로 내러티브를 정의하는 것은 부적절하다. 그러므로 내러티브는 이야기와 그리고 이야기를 구성하는 과정에서 나타난 인간의 사고를 포함하는 좀 더 상위의 개념이 된다.

또한 내러티브를 정의를 함에 있어 가장 중요한 속성은 의사소통 기능이다. 내러티브는 단순히 언어에 기초하여 작성된 결과물로서 이야기나 혹은 이야기를 작성하기 위해서 이루어지는 인간의 내적 사고 과정으로 머무는 것이 아니다. 내러티브는 내적 사고 과정이 이루어질 수 있는 토대 또는 환경을 제공하는 요소들을 포함한다. 내러티브 과학에서는 내러티브를 형성하는 배경으로 문화를 제시한다. 그리고 이러한 문화가 개별 단위인 개인에게 반영되는 과정인 의사소통을 제시한다. 즉, 내러티브 속에는 한 개인이 만드는 이야기, 그 이야기를 만드는 사고 과정, 사고가 일어나기 위한 사회적 배경과 의사소통이 포함되어 있다.

한편, Gudmundsdottir(1995)에 의하면 내러티브의 의미는 다양하게 논의된다. 라틴어에 근원을 둔, 내러티브(narrative), 내레이션(narration), 내러이트(narrate)라는 단어들은 지식과 전문가적 혹은 능숙한 실행과 가까운 관련성을 시사한다(Whyte, 1981). 내러티브라는 단어의 현재의 사용과 정의는 라틴어 어원과 약간 유사한 의미를 지닌다. 학문분야나 학문적 전통과는 상관없이 내러티브는 이야기를 구성하는 데 있어 요구되는 구조, 지식, 기술과 관련되어 있다. 일상언어에서 이야기와 내러티브는 같은 것을 지칭하는 것으로 이해된다; 보통 인간 혹은 의인화된 동물들과 관련 있는 행동의 이야기. 이야기는 특성들을 가지고 있다; 시작, 중간 그리고 끝이 있는 것; 플롯이라고 불리는 조직화된 일련의 사건들에 의해 함께 결합되는 것. 예를 들어, Fry(1984)는 기계적으로 연결된 일련의 사건들이 지금 충분히 도덕적으로 연결될 수 있다는 것에 불과할지도 모른다는 것에 의해 관련 있는 모델의 컬렉션을 표현하기 위해 이야기 형식을 고려한다. 다른 전문가들은 담론 그리고 탐구 같은 연관된 개념들을 알리기 위해 다양한 정의를 발달시켜 왔다. 다른 접근들은 두 개의 분리된 전통으로 분류될 수 있다.

구조주의 문학 이론가들은 내러티브, 이야기, 담론을 확연히 구분한다(Culler, 1975). 내러티브는 두 부분으로 나뉜다; 이야기와 담론(Chatman, 1978). 이야기는 내러티브의 내용을 구성하는 사건, 등장인물, 배경 등을 포함한다. 담론은 말하는 것, 표현, 설명 혹은 이야기의 내레이션이다. 담론은 말로, 글로 되거나 혹은 드라마, 영화, 마임 혹은 춤에 의해 실연될 수 있다. 최종산물은 내러티브, 조직화된 텍스트이다(Chatman, 1981). 이러한 관점에서 이야기는 눈에 띄는 시작, 중간, 결말 단계를 가지는 것으로 여겨진다(Scholes, 1981; Whyte, 1981). Whyte(1981)는 '일정 수의 배제와 제한된 조건'을 부과하는 관점을 구체화하기 위해 내러티브를 받아들인다. 반면에 Scholes(1981: 205)는 내러티브의 구조적이고 의사소통적 측면에 초점을 두고 그리고 내러티브는 '그 자체 외의 몇몇 집합적인 사건들에 참조되어지는 것 같은 혹은 참조되는 텍스트'라는 것을 유지한다.

다른 학자들은 이야기와 내러티브 사이에 훨씬 느슨한 구별을 짓는다. 이 느슨한 구별은 훨씬 더 융통성 있고 사회 현상의 폭넓은 범위의 분석에 그것을 적용하기를 원하는 사회 과학의 연구자들에게 결과론적으로 훨씬 더 유용하다. 예를 들어, Herrenstein-Smith(1981: 228)는 내러티브의 구조적 정의가 너무 제한적이라는 것을 발견한다. 이는 우리가 '언어, 행동 그리고 문화'의 분석에서 '효과적으로' 그것을 사용하는 것을 방해한다. 그녀는 내러티브가 텍스트의 구조적 특징을 더 단순하게 한다는 생각에 기초한 대안적인 정의를 제안한다. 그것은 인간의 행동 안에 박혀 있는 어떤 것이다. 이러한 설명에서 내러티브는 '무슨 일이 발생했을 때 그 밖에 누군가에게 말하기'의 목적을 위해 차례로 배열된 일련의 언어적, 상징적, 행위적 행동이다. 따라서 화자가 그것을 말하려는 이유, 화자의 내러티브 능숙도, 그리고 청중의 특성 등과 관련된 내러티브의 사회적 맥락은 모두 내러티브의 이해를 발달시키는 데 중요한 요소들이다.

이야기와 내러티브를 정의하는 이러한 접근은 사회적이고 교육적인 맥락 안에서 내러티브를 연구하고자 하는 많은 교육 연구자들과 학자들에 의해 채택되어 왔다(Ben-Peretz, 1990; Carter, 1992; Connelly & Clandinin, 1988; Elbaz 1983, 1990, 1991). 내러티브는 교육 분야의 두 가지 영역에서 그들의 실제적 적용을 찾을 수 있는데, 둘 다 '무슨 일이 발생했을 때 그 밖에 누군가에게 말하기'와 관련되어 있다. 첫 번째 영역은 내용을 가르치는 것에 있다. 내러티브는 구조를 조직화할 때 분명한 선택인 듯하다. Leimar(1974), Marshall(1963), Paley(1990), 그리고 Warner(1963)와 같은 유능한 교사들은 그들의 아이들의 관심을 끌기 위해 어떻게 이야기를 사용하는지를 설명하였다.

Egan(1988)과 같은 교육철학자는 교수를 구조화하는 수단으로써 내러티브를 사용해야 한다는 것을 지지했다. Egan의 대안적 모델은

'이야기가 앞으로 이동하는 것을 따라 주요한 구조적 라인'을 나타내는 두 가지의 반대되는 것(이항 대립, binary opposite)에 근거하여 교수를 조직화한다(p. 27). 경험 있는 교사들의 연구는 일관성 없는 교수를 순차적으로 가져오기 위해 직관적으로 내러티브를 사용한다는 것을 보여주었다(Gudmundsdottir, 1991). 내러티브 구조는 또한 초보 교사들이 그들 자신과 학생들 모두 교수를 이해하기 위해 노력할 때 사용할 수 있는 것처럼 보인다(Carter, 1991; Gudmundsdottir, 1990a). 내러티브 구조는 또한 베테랑 교사들이 그들이 가르치는 것에 관하여 알고 있는 것을 조직화하는 방법을 특징으로 한다. 은퇴한 교사인 'Hanna'는 과거 사건들의 이야기라는 수단에 의해 그리고 그녀가 수십 년 전에 안 사람들에 의해 그녀의 중요한 전문적 지식들과 소통한다. 그리고 아마도 내러티브 형식 덕분에 그녀는 여전히 분명하게 상세한 것들을 기억한다(Ben Peretz, 1990). Hanna와 그녀의 동료 실천가들(교사들)이, 젊거나 나이든, '아는 것을 말하는 것으로' 전환해야 할 때(Whyte, 1981), 내러티브는 그들의 자연스러운 선택이 된다.

내러티브의 유용한 적용을 발견할 수 있는 교육 안에서의 두 번째 영역은 교육연구이다. Elbaz(1990)는 가르치는 것에 대한 연구의 주요 주제 중의 하나로서 이야기를 확인한다. 그녀는 '우리가 교사로서, 연구자로서 살아가는 풍경에서, 그리고 교사들의 연구가 이치에 맞는 것으로 보일 수 있는 풍경에서, 이야기는 가르치는 것에 있어 매우 중요한 요소이다'라는 소견을 말한다(Elbaz, 1990: 31). Elbaz는 내러티브의 세 가지 유형을 언급하고 있다; 교수에서의 내러티브, 교사의 삶에 있어서의 내러티브, 그리고 다른 두 가지에 관한 연구자들의 내러티브. Elbaz는 내러티브가 교육연구에서 빠르게 자리를 잡아가고 있다고 인정한다. 점점 더, 내러티브는 연구자의 관심의 대상, 연구자들의 탐구방법, 그리고 사례 연구와 민족지학과 같은 그들 자신의 글(writings)을 구조화하기 위해 선택한 형식을 대표한다.

Clandinin & Connelly(1990)는 그들의 일과, 다른 관련된 연구를 '경험과 내러티브 탐구의 이야기'라고 부른다. 즉, 그들은 실행자들의 이야기를 말하고 내러티브 탐구를 한다. 그들에게 내러티브는 현상과 방법 둘 다를 의미한다(Clandinin & Connelly, 1990: 2). 가르치는 것에 있어 많은 훌륭한 연구자들은 탐구할 때와 연구결과를 보고할 때 둘 다 내러티브를 사용하는 것이 분명하다. Spence(1984)가 언급한 것처럼 '잘 구성된 이야기는 실제적이고 즉각적인 일종의 내러티브적 사실을 가지고 있다는 것은 의심의 여지가 없다'(p. 21). 개인교사, 교생, 혹은 이들의 작은 그룹은, 서구 세계 전반의 교실에서 개별 교실과 학생과 교사들 안에서 내러티브가 개별학생과 교사들 사이의 자연적인 중재자처럼 보인다는 것을 보여준다. Lads(Willis, 1977), Sarah(Elbaz, 1983), Bruce(Clandinin & Connelly, 1986), Nancy(Gudmundsdottir, 1988, 1991), 그리고 Benny(Erwanger, 1973)의 이야기들은 스칸디나비아에서도 역시 잘 실행한다.

이러한 이야기들이 대서양의 반대편에서도 받아들여지는 이유 중의 하나는 기본적으로 인간에게 내러티브에 관한 무언가가 있기 때문이다. Whyte(1981)는 내러티브의 연구가 '문화의 매우 본질적인 것의 반영, 어쩌면 심지어 인간 그 자체의 본질에 대한 반영'을 포함한다는 것을 제안한다. 문화와 언어처럼 이야기는 항상 어디서든지 변함없는 인류 여정의 동반자였다. 예를 들어, 우리는 프랑스와 스페인에 있는 동굴벽화에서도 그것을 본다. 그 벽화는 사냥을 묘사하는 내러티브로서 읽힐지도 모른다. 그리고 이러한 생생하고 드라마틱한 그림을 음미하면서 우리는 그것들을 그렸던 사람들의 문화와 가치관들로 인해 통찰력을 얻는다. 오늘날, 다른 문화들은 공유된 의미들을 소통하고 보존하기 위해 내러티브라는 그들의 자산을 유지한다. 문화에 참여하는 것은 축적되고 공유된 의미들의 범위를 알고 사용하는 것이다. 그러나 이렇게 공유된 의미들은 고정된 것이 아니라 끊임없이 수정되고 있다. 공유된 의미들에 대한 이러한 생각들은 Bruner가 개인으로서 우리는 오직 '문화의 공인된(규범적인) 형식의 변형'을 표현한다는 주장을 강조하는 것이다(1986: 15). 그의 말들은 만약 아이들이 이야기의 결핍을 가진다면 '당신은 그들의 언어에서처럼 그들의 행동에서 대본이 없는 불안한 말더듬는 상황에 그들을 두는 것이다.'라고 말하기까지 한 MacIntyre(1985)에 의해 강조되었다.

이와 유사하게 내러티브의 의미나 개념에 대한 논의 역시 비교적 최근에 다양하게 이루어져 왔다. 내러티브에 대한 정의는 다양하다. 양호환(1998)은 사건과 경험을 연대기적 순서에 따라 조리 있는 이야기로 구성하는 역사서술 형태를 내러티브로 정의하며, 임병권(1997)은 스토리가 있는 모든 이야기를 내러티브로 보며, 조지형(1998)은 하나의 사건 혹은 일련의 사건에 대한 글이나 말로 된 담론을 내러티브로 일컬으며, 한승희(2006)는 시간적 흐름에 따라 순차적으로 일어난 일련의 사건들을 내러티브로 규정한다. Rankin(2002)은 이야기 혹은 결과물(product)로서의 내러티브, 사고양상으로서의 내러티브,[1]

1 이 부분에서 Rankin은 의식의 양상(a mode of consciousness)으로서의 내러티브라는 용

커뮤니케이션으로서의 내러티브를 구분하고 있다. 내러티브는 이야기와 의식의 양상 및 커뮤니케이션이 하나로 어우러진 활동이다. 따라서 이 세 가지 틀은 내러티브를 서로 다른 방식으로 정의한다기보다는 각기 강조점을 달리하여 내러티브의 개념을 설명하고 있는 것으로 보아야 한다. 이의 내용을 참고하여 최근에 박민정(2013: 33-40)은 내러티브의 의미를 크게 세 가지로 정리하여 제시한 바 있다. 여기에는 이야기 혹은 결과물로서의 내러티브, 사고양상으로서의 내러티브, 커뮤니케이션으로서의 내러티브가 포함된다.

그런데 내러티브를 이야기 또는 이야기의 산물로 이해하는 관점은 이야기라는 형식 자체가 의미작용을 일으킨다는 점을 간과함으로써 의미를 만들어내는 사고양상으로서의 내러티브의 역할을 설명하지 못한다. 이야기의 의미를 형식과 분리할 수 없으며, 의미를 소거한 형식 연구는 무의미한 지적 유희에 그칠 수 있다. 내러티브를 구성하는 사고과정에 대한 고려 없이 이야기의 형식적 구조나 이야기된 스토리의 구조를 분석하는 것에 초점을 두고 내러티브를 개념화하는 것은 내러티브의 개념을 협소한 의미로 축소하는 것이다. 이런 연유로 사고양상로서 내러티브가 등장한다. 그렇지만, 내러티브를 사고의 양상, 인식도구로 보는 관점은 내러티브를 매개로 타인과의 커뮤니케이션을 통하여 새로운 의미를 생성해가는 과정을 간과하고 있다. 그래서 최종적으로 커뮤니케이션의 수단으로서 내러티브를 보는 방식이 타당성을 갖게 된다.

어를 사용했다. 필자가 보기에 의식의 양상보다는 사고의 양상으로 보는 것이 내러티브의 개념을 이해하는 데 더 쉬울 것 같아서 이 글에서는 의식의 양상 대신에 사고의 양상이라는 표현을 사용한다.

이러한 맥락에서 논의한 국내 연구들에 주목해보면 강현석(2011)은 내러티브의 의미를 크게 네 가지로 제시하고 있다.

첫째, 이야기(story) 또는 이야기하기(storytelling)로서 내러티브이다. 내러티브의 가장 기본적인 표현은 이야기이다. 내러티브는 인간이 만들어낸 이야기이다. 인류의 역사를 살펴보면 이야기는 다양한 표현 방식으로 인류의 역사와 함께 공존하였다. 내러티브는 지식을 담은 책뿐만 아니라 시, 소설, 연극 등과 예술 영역에도 존재한다. 또한 구체적인 이야기의 형태인 글이 아닌 구술과 같은 형태로 인류가 언어를 사용하기 시작했을 때부터 내러티브는 쭉 같이 존재해왔다. 즉, 내러티브는 인간을 표현하는 가장 근원적인 방법으로 가장 인간적인 표현이고 할 수 있다.

내러티브의 어원을 찾아보면 이야기하기의 모습이 나타난다. 내러티브라는 단어는 라틴어 'gnarus(아는, 능숙한, 알려진)'와 'narro(말하다, 이야기하다)'에서 유래되었다(강현석, 2016a). 어원에 따르면 내러티브는 인간의 활동으로 구성된 결과물로서 기록된 글인 이야기뿐만 아니라 이야기를 말하는 '표현하는 행위'가 포함되어 있다. 즉, 이야기 속에 포함된 여러 요소들의 관계에 대해 기술하는 전체 이야기의 연결을 제시하는 이야기하기의 요소가 포함된다.

둘째, 의미 구성방식으로서 내러티브이다. 내러티브를 의미의 구성방식으로 볼 때, 내러티브는 이야기 또는 이야기하기의 모습에서 벗어나 인간의 사고로 범주를 넓혀가다. 이야기 또는 이야기하기가 발생하게 된 원인에 대해 살펴보면 인간의 사고 과정이 반드시 포함된다. 이에 Rankin(2002)은 내러티브의 의미 구성방식의 측면을 사고 혹은 의식의 양식(mode of consciousness)으로 보았다.

의미 구성방식으로 내러티브가 제시될 때 내러티브 사고가 등장한다. Bruner는 인간의 사고방식을 패러다임 사고와 내러티브 사고로 구분하였다. 패러다임 사고가 전통적인 자연과학이 추구하던 자연 현상에 대한 합리적 또는 논리적 접근을 추구하는 대신 내러티브 사고는 이야기의 구조에 따른 사고방식이다. 그러므로 내러티브 사고는 비논리성, 임의성, 맥락성이 중요한 측면으로 나타난다. 이러한 내러티브 사고는 자연 현상보다는 인간의 삶에 대한 문제를 다룰 때 작동한다.

구성방식으로 내러티브는 내러티브 사고를 통한 해석적 주관적 속성을 가진다(강현석, 2016a). 내러티브 사고는 지식의 구성주의 관점을 가진다. 그러므로 인간이 이야를 구성할 때 나타날 수 있는 다양성을 존중한다. 즉, 내러티브 사고는 과학적 검증보다는 '있음직한 가능성'에 의해 판단된다(강현석, 2016a). 그러므로 이러한 내러티브 사고의 판단을 위해 이야기를 행하는 주체의 의미 구성방식은 필수적으로 다루어지게 된다.

셋째, 경험을 구조화하는 틀이자 의사소통의 양식으로서 내러티브이다. Polkinghorne(1988)은 내러티브 도식을 제시한다. 내러티브 도식은 인간이 이야기를 구성할 때 이야기 내부의 요소들과 이야기 간의 관계들을 조직하는 일련의 틀을 의미한다. 표면적으로 이야기는 시간적 배열에 의해 제시되지만 이야기의 배열은 인간의 사고과정에 따른 산물이다. 예를 들어 이야기 사이에 생략된 사건들, 이야기 속에 등장하는 다양한 인물들의 배역 분배, 주요한 배경에 대한 표현 등과 같은 부분에서 내러티브 도식은 나타난다.

내러티브 도식은 인간의 반성적 삶의 성찰로 형성된다. 내러티브 도식이 내러티브를 제시할 때, 이러한 내러티브 도식은 외부에서 획득된 지식이 아닌 개인이 자신의 삶을 통해 구성한 틀이다. 내러티브 도식은 인간의 경험을 기반으로 형성된다. 인간은 주위에 발생하는 사건들 속에서 경험을 구성한다. 그리고 경험들 간의 관련성과 경험이 가지는 의미에 대한 반성을 한다. 이러한 반성은 개인의 내부에서 발생하는 의식의 영역의 활동이다.

그러나 내러티브 도식에 의한 반성적 삶의 성찰은 의사소통의 측면이 내포되어 있다. 내러티브를 구성하고 해석하는 과정에서 개인은 해석학적 순환으로 이루어진 의사소통을 수행한다. 내러티브 과학에서 말하는 의사소통은 단순히 언어에 기반한 정보전달 이상의 의미를 가진다. 내러티브 과학에서 의사소통은 청자와 화자의 삶 또는 경험의 융합을 의미하는 것으로 이는 단순히 개인과 개인 간의 상황에서 나타나기도 하며 개인 내부에서 가진 내러티브 도식과 새로운 경험 간의 관계에서도 나타나기도 한다.

넷째, 세계 만들기 방식으로 내러티브이다. 세계 만들기 방식으로 내러티브는 내러티브 도식이 인간의 삶이라는 영역으로 확장된 개념으로 설명할 수 있다. 세계 만들기의 내러티브는 내러티브 휴리스틱으로 설명하기도 하는데 개인이 경험을 계속적으로 해석하고 재해석함으로서 자신의 세계를 구성하는 것을 정의한다. 동일한 사건일지라도 이를 어떤 의미를 부여하고 어떻게 해석하며 조직하느냐에 따라 그 사건이 한 개인의 삶에 주는 영향은 달라진다.

이상에서 논의한 내러티브 개념을 보다 자세하게 제시해보면 다음과 같다.

1) 이야기, 이야기하기로서 내러티브

내러티브의 가장 상식적인 의미는 이야기다. 내러티브는 인간이 '만들어내는' 일종의 이야기다. 세상에는 수많은 형식을 지닌 이야기가 존재한다. 예를 들어 시, 소설, 영화, 드라마, 역사, 신화, 전설 등 그리고 일상적 대화에서도 내러티브는 우리 주위에 편재되어 있다. 이러한 다양한 내러티브들은 시대와 장소, 사회·문화를 초월하여 존재한다. 사실, 내러티브는 인류 역사 자체와 동시에 시작되었다. 모든 인류는 저마다의 내러티브를 가지고 있다. 이런 점에서 이야기는 태고적부터 사용해 온 방법이며 전적으로 인간적인 방법이다. 그렇다고 모든 이야기가 내러티브는 아니다. 우리가 주목하는 이야기는 의사소통을 전제로 하는 단순 대화이기보다는 사건을 필수 요건으로 갖춘 서사적 형태의 경우이다. 따라서 이야기는 사건의 나열로 짜여진 언어적 구성물이다.[2] 특정 행동 주체가 어떤 의도와 목적을 가지고 특정 사건과 관련하여 행위하는 일련의 구성된 스토리다. 이런 점에서 Kenneth Burke는 이야기를 어떤 인지 가능한 상황(setting)에서 어떤 목적(goal)을 달성하기 위해 어떤 수단(means)을 사용해 행위(action)를 하는 행동 주체(agent)를 필요로 한다고 보았으며, 이야기를 추동시키는 것은 이 5가지 요소들 사이의 곤경(trouble)이라고 지적하였다.[3]

내러티브라는 단어는 라틴어 'gnarus(아는, 능숙한, 알려진)'와 'narro(말하다, 이야기하다)'에서 유래되었으며 어원적으로 말하자면

---

2 최예정·김성룡, 『스토리텔링과 내러티브』, 서울: 글누림, 2005, pp. 61.

3 Bruner, J. S., *Making Stories: Law, Literature, Life.*(New York: Farrar, Straus and Giroux, 2002).

'narrator'는 '알고 있는 사람'으로 번역된다.. 따라서 내러티브는 알고 있는 사람(narrator)이 알고자 하는 사람(narratee)에게 어떤 것에 대하여 말하고 이야기하는 것이며, 앎의 문제와 관련되어 있다는 어원적 의미를 지니게 된다. 한편 내러티브의 사전적 의미를 살펴보면 내러티브는 '이야기', '설화', '화술', '담화'로 번역되며 의미에 따라 'account(기술, 보고), chronicle(기록, 이야기), story(이야기, 설화), yarn(꾸며낸 이야기)' 등으로 사용된다. 따라서 내러티브의 어원적·사전적 의미를 통해서 볼 때 내러티브는 이야기뿐만 아니라 어떤 관계와 연결성을 가진 이야기를 말하는 것(storytelling)이라고 요약할 수 있다.

다른 방식으로 보면 내러티브란 서사체를 말하며 하나의 이야기, 즉 시간적 연쇄로 구성된 일련의 사건들을 의미한다. 이야기는 사건들로 구성되며 그 사건들은 특정의 계열(sequence)을 이루며 배열된다. 그러므로 내러티브는 사건들의 계열과 사건들이 만들어 내는 이야기에 의해서 특징지어진다. 즉 하나의 핵심 플롯을 중심으로 인물, 배경, 행위, 사건이 시작, 전개, 결말이라는 일정한 구성 형식에 따라 구조화된 일련의 이야기라고 볼 수 있다. 따라서 내러티브는 경험이 일어나는 맥락, 이야기의 주인공, 사건들의 인과관계를 드러내는 플롯이라는 구성 요소를 갖고 있다. 내러티브 플롯은 행위, 사건, 인물, 경험, 상황들을 시간적 배열(temporal configuration)에 따라 구성하는 장치로서 그 배열은 사건과 행위가 전개된 연대기적 순서를 의미하는 것이 아니라 플롯을 통해 구성된 것으로 보아야 한다. 이런 의미에서 확장해보면, 내러티브는 불규칙하고 예측 불가능한 실제 사건들을 일관성 있게 엮으려고 하는 상상적 발명으로 과거의 경험에 부과된 지적 장치라고 할 수 있다. 즉 내러티브는 실제 일어난 사건과 행위를 있는 그대로 표상하는 것이 아니라 마치 그러했던 것처럼 과거의 경험을 구성하고 재구성하는 재현의 기능을 하는 것이다. 따라서 내러티브는 과거 사건에 근거하지만 과거를 '재현'하는 것이 아니라 '허구적 재구성'이라고 할 수 있다. 과거 사건들은 그것들이 실제로 일어났기 때문에 실재하는 것이 아니라 그것이 기억되고 기술되었기 때문에 실재한다고 볼 수 있다.

이러한 이야기는 인간의 역사와 함께 한다고 볼 수 있다. 인간이 존재한 이후에 이야기도 존재한 것이기 때문이다. Barthes(1966)는 내러티브가 어느 장소, 어느 사회에서나 항상 있어왔기 때문에 내러티브 없이 인간은 결코 존재할 수 없다고까지 말한다. 즉, 인간은 개인적으로 사회적으로 이야기되는 삶을 살아가는 이야기하는 유기체이다. 인간이 내러티브적인 존재라는 사실은 다음의 두 가지 사실을 의미한다. 첫째, 인간은 자신이 스스로 이야기의 주체가 되어 자신의 이야기를 만들어 가는 존재이며, 둘째, 다른 사람의 이야기를 누군가에게 서술하는 존재라는 것이다. 즉, 이야기하기는 인간의 본성 중의 하나로 볼 수 있다.

한편, 임병권 외는 스토리가 있는 모든 이야기를 내러티브라고 정의하였다.[4] 한승희는 내러티브를 하나의 이야기, 즉 시간적 연쇄로 이루어진 일련의 사건들이라고 해석하고, '서사체'와 가장 가깝다고 보았다. 사실 우리 문화에는 소설, 영화, 신화, 만화, 뉴스 등 많은 서사적 유형들이 있으며, 이들은 모두 만들어낸 이야기를 가지고 있다.

---

4 임병권·이호 역, 『이야기하기의 이론: 소설과 영화의 문화기호학』, 서울: 한나래, 1996

이러한 이야기는 인과 관계 및 의미를 나타내는 시간적 계열 속에서 배열된 사건, 인물, 상황 장면으로 구성된다. Polkinghorne은 내러티브를 하나의 스토리를 만드는 과정, 그 스토리의 인지적 도식, 혹은 그 과정의 결과, 즉 소위 스토리(stories), 이야기(tales), 혹은 역사(histories)를 모두 지칭하는 것으로 보면서, 결국 이야기를 만드는 과정과 그 과정의 결과로 보고 있다. 특히 개인의 삶의 이야기는 자아 정체성과 관련되어 있다. Gudmundsdottir는 내러티브를 학문 영역에 관계없이 하나의 스토리를 구성하는 데 필요한 구조, 지식, 기술을 지칭하는 것이라고 보았다. 즉 하나 혹은 일련의 사건을 글이나 말의 형태로 전달하는 것, 또는 그러한 글이나 말을 의미한다.

이들의 견해를 종합해보면 대체적으로 내러티브를 구성하는 요소는 전달의 대상인 사건과 전달 방식의 두 부분으로 나누어진다. 여기서 전달 대상인 사건은 이야기(story)라고 불리는 내용의 국면이고, 그 전달 방식은 담론(discourse)이라고 하는 표현의 국면을 가리키는데, 이야기는 내러티브를 구성하는 사건, 인물, 환경 등이고 담론은 이야기를 말하고 표현·제시·나레이션하는 행위를 말한다. Conle 역시 Genette의 용법을 차용하여 첫째, 내러티브를 말하고 쓰는 담론을 의미하는 '내러티브' 혹은 내러티브 진술, 둘째, 담론이나 진술의 대상이 되는 사건의 연속을 의미하는 '스토리', 셋째, 말하는 행위인 '나레이팅'으로 개념화하고 있다.

매우 기본적인 수준에서 말하자면, 이야기는 인과관계 및 의미를 나타내는 시간적 계열 속에 배열된 사건, 인물, 장면으로 구성된다. 그러므로 이야기는 사태가 어떻게 돌아가는지, 사건이 어떤 의미를 가지는지에 대한 정보를 가지고 있다. 그리고 이야기는 사건을 차례대로 열거하며, 흔히 인물이 무엇을 생각하고 있는지를 알고 있는 사람(명시적이고 암묵적인 관찰자나 나레이터)에 의해 가상의 독자에게 말해진다. 이야기는 청중의 느낌뿐만 아니라 이야기에 가정된 의도 및 동기에 대한 정보를 포함하고 있다. 마지막으로 이야기는 성격상 하나의 해석에 저항한다. 이야기는 여러 가지 패턴을 가지고 있으며, 공식화된 표현보다는 해석 및 이해의 가능성을 확장시킬 수 있는 뉘앙스, 불확정성, 상호관련성을 가지고 있다.[5]

그런데 이러한 내러티브는 개인들이 지식을 구성하거나 재구성하는 과정에서 만들어지며, 사회적 경험과 타인과의 상호작용의 과정을 거쳐 이야기 형식으로 나타나며, 그것들이 개인의 의미를 구성하게 된다[6](Bruner, 1990). 내러티브는 단순히 말하기 혹은 교재에 등장하는 이야기들에만 국한되는 것이 아니라 개인의 경험으로부터 구성된 지식을 자신과 타인에게 표현하는 다양한 형식을 포함하지만,[7] 교실 수업 장면에서는 내용의 의미를 해석하고 재해석하는 교사의 언어적 행동으로 볼 수도 있다. Bruner는 마음은 언어와 여러 상징체계와 같은 문화적 산물을 통한 중재를 거쳐 실재에 대한 그 의미를 구조화한다고 주장한다. 그리고 구체적으로 이런 문화적 산물들의 하나로서 내러티브의 아이디어에 초점을 둔다. 따라서 내러티브는 단순히 '이야기'를 의미하는 것이 아니라 하나의 담론 방법으로서 '이야기하기(storytelling)'라는 의미도 함께 가진다. 김재춘·

---

5 Doyle, W. & Carter, K., "Narrative and learning to teach: implication for teacher-education curriculum", *Journal of Curriculum Studies*, 35(2), 2003, p. 129-137.

6 Bruner, J. S., 앞의 책, 1990.

7 McEwan, H. & Egan, K. (Eds.), *Narrative In Teaching, Learning*, and Research. (Teachers College Press, 1995).

배지현[8]은 스토리텔링의 의미를 의미생성 활동으로 보고, 이야기성, 맥락성과 상황의존성, 공감각성과 다감각성, 놀이성으로 그 기제를 논의하고 있다.

한편, 내러티브의 이야기적 구조를 파악하려는 학문 영역인 서사학(narratology)에서 구조주의 문학이론은 이야기의 구조, 즉 형식에 관심을 두고 내러티브 내용이나 의미보다는 내적 구조 파악에 주된 관심을 둔다. 다시 말하면 이야기 속에 전개되는 사건이 무엇인지, 그 사건의 계열에 따라 사건들이 어떻게 해결되는지를 파악하여 전체 플롯을 파악하고자 한다. 그리고 그 플롯을 통해 개별적 사건들이 연계되어 있는 방식을 이해하고자 한다. 이러한 서사학적 문학이론은 의미 소통 구조로서의 내러티브 기능을 충분히 인식하지 못한다. 그리고 내러티브를 이야기 혹은 이야기 구조로 이해 할 경우 이야기의 의미작용을 간과하여 의미를 만들어내는 사고양식으로서의 내러티브 역할을 설명하지 못한다. 즉 내러티브를 구성하는 사고과정에 대한 고려가 없이 이야기의 형식적 구조 내지 스토리 구조를 분석하는 것은 내러티브 의미를 협소하게 축소시켜버리는 잘못을 범하는 것이다.

2) 의미 구성 방식으로서 내러티브: 사고양식으로서 서사적 사고

이제 내러티브는 앞에서 논의한 것처럼 단순히 이야기나 이야기하기의 의미를 넘어서서 이야기 '만들기'의 인지작용으로 보아야 한

---

8 김재춘·배지현, 「의미생성활동으로서의 스토리텔링의 교육적 함의」, 『초등교육연구』, 22(1), 2009, 61-82.

다. 그것은 의미 만들기의 도구이다. 결국 내러티브는 사고도구가 되는 셈이다. 즉 내러티브는 사고양식으로서 의미를 지닌다. 그런 점에서 내러티브의 구성은 의미를 생성하는 인식 과정을 포함한다. 이와 관련하여 Rankin(2002)은 내러티브를 사고 혹은 의식의 양식(mode of consciousness)으로 본다.

보다 근본적으로 Bruner는 인간의 정신 활동이 질적으로 서로 다른 두 가지 사고 유형, 즉 패러다임적 사고와 내러티브 사고로 나누었다.[9]

이 사고 양식들은 인지기능이면서 동시에 인간의 경험을 조직하거나 현상을 구성하는 방식이다. 패러다임적 사고(paradigmatic mode of thought)는 물리적 세계의 사물을 다루는 것으로 논리적이며 과학적 형태를 띠는데, 논리적 진술문의 구조를 가지며 인과적 관계로 논리를 가지는 과학적 지식으로 볼 수 있다. 반면, 내러티브 사고(narrative mode of thought)는 서술된 이야기 구조를 가지며, 임의성을 띠고, 비논리적이며 서술체 형식을 지닌다. 이 양식은 인간의 삶의 문제를 주로 다루기 때문에 해석적, 주관적 속성을 띤다. 패러다임적 사고는 인과 관계의 입장에서 지식이나 의미를 발견하고자 하고, 내러티브 사고는 지식이나 의미는 발견되는 것이 아니라 구성되는 것으로 본다. 이 2가지의 사고 양식은 인간이 자신의 세계에 대

---

9 Bruner, J. S., "Narrative and Paradigmatic Models of Thought", in Einer(ed.), *Learning and Teaching the Ways of Knowing.* (NSSE., Chicago: Univ. of Chicago Press, 1985)
Bruner, J. S., *Actual Minds, Possible Worlds*. Cambridge, (Mass.: Harvard Univ. Press, 1986)
Bruner, J. S., "Life as Narrative", *Social Research*, 54(1), 1987

한 경험을 서로 다른 문화적 풍토에서 다른 표현의 방식을 서로 다르게 발전시켜 왔다. 그런데 우리는 이야기를 설명하지 않으며 다만 이야기에 대해 다양한 해석을 할 따름이다. 과학적 이론이나 논증은 검증됨으로써 판단되지만 이야기는 '있음직한 가능성'에 의해 그 적절성이 판단된다. 이러한 이야기는 물리적 세계보다는 인간 '행위자'에 관한 것으로 인간의 의도적 행위에 초점을 둔다. 이러한 의도적 행위로 인해 인간의 행위는 예측 불가능하기 때문에 그 행위 발생의 이유에 대한 명확한 설명은 불가능하게 된다. 이것이 내러티브의 주요 특징을 이룬다.

특히 우리가 관심을 갖는 인간 행위를 특징짓는 것은 의도적 행위이다. 인간의 의도적 행위를 다루는 내러티브 사고는 인간 삶의 의미를 파악하는 데 그 목적이 있으며 그 의미는 다수로 존재한다. 여기에서 그 의미를 파악하는 이해이 행위에서는 원인이 되는 것이 반드시 존재한다고 가정하지는 않는다. 왜냐하면 내러티브가 플롯을 중심으로 관련된 사건의 시간적 전후관계를 진술하지만 그것이 반드시 인과관계로 시술되는 것은 아니기 때문이다. 그것은 독자의 관점에 따라 변화하며 그 관점에 기초한 심리적 실재(psychological reality)는 검증 불가능하며 우리의 마음속에 존재한다.

더 나아가 Bruner는 내러티브 사고의 특징을 다음과 같이 설명하고 있다. 첫째, 불변의 보편적인 원리가 아닌 개별적 특수성의 문제에 초점을 둔다는 것이다. 둘째, 유일한 절대적인 이해 방식을 추구하기 보다는 해석학적 순환을 상정하는 이해방식을 채택한다. 셋째, 문화 속에서의 구성원들 간의 의미의 상호교섭과 절충 가능성을 통해 세계를 이해해 나간다. 즉 내러티브 사고는 개별적 특수성에 초점을 두면서 문화적 맥락 내에서 의미 교섭을 통해 해석학적 방식으로 의미를 구성해 나간다는 것이다. 이런 점에서 볼 때 내러티브는 자연 세계보다는 주로 인간 행위자의 문제 즉, 인간 행위자의 경험, 의도, 신념, 목적, 가치, 사람들 간의 관계 맥락, 상호 교류 등과 같은 삶의 문제를 주로 다루며 인간의 행위, 의도, 목적, 주관적 경험에 초점을 맞추고 있으므로 상황 맥락마다 달리 나타난다는 특징이 있다. 동시에 내러티브는 해석학적 작업으로 우리가 행한 경험에 대한 단순한 기술이 아니라 그 경험이 어떻게 해석될 수 있으며 어떠한 의미를 갖는가를 탐색하는 사고과정을 담고 있다.

특히 사건에 대한 정보를 단순히 나열하는 것(연대기)이 아니라 그 사건을 이해하는 데 적절하다고 판단되는 정보들을 선정하고 현재의 관심과 동기에 비추어 과거의 경험을 해석하고 재해석하면서 의미를 생성하는 인식 과정을 포함한다. 어떤 사건의 시간적 선후관계의 규명보다는 사건들 간에 존재하는 관련성과 그 관계 속에서 드러나는 의미구성이 중요하다. 결국 내러티브는 일관성이나 관련성이 없어 보이는 과거의 사건들, 인물들, 행위들, 상황들을 서로 관련짓고, 조직화하고, 구조화하면서 질서와 형상을 부여하는 사고 양식이다. 이런 점에서 Robinson과 Hawpe는 내러티브를 과거의 사건들을 특정한 형태로 구조화하고 관련지으면서 서로 이질적으로 보이는 사건들을 나름대로 종합하면서 현실을 이해하려는 사고과정으로 설명한다.

이러한 내러티브 사고 양식에서는 인간이 자신들의 경험을 이야기하려는 보편적인 경향을 지니고 있다고 가정한다. 즉 인간은 경험에 대해 내러티브적인 해석을 부과하려는 성향이 있다는 것이다. 즉 인간 경험을 과거-현재-미래의 시간성과 특정 맥락 속에서 이해하고 경험을 둘러싼 다른 요인들과 계속적으로 상호작용하는 것으로 이해하고자 한다. 인간 경험을 일정한 틀에 의존하는 형식주의적 사고와 환원주의적 사고를 통해 이해하려는 태도를 지양하려고 한다.[10] 따라서 내러티브 사고 양식은 세계를 이해하고 그에 대한 지식을 구성하는데 있어서 이를 이해하고 구성하는 사람들의 이야기(story)를 활용하는 방식이다. 여기서 이야기는 인간 인식의 근본적인 방식으로 간주된다.

3) 경험 구조화(의미 구성의 틀), 소통 과정으로서 내러티브

사고양식으로서의 내러티브에는 일정 부분 인간 경험의 구조화 의미가 내재되어 있다. 즉 내러티브는 특정한 방식으로 경험을 구조화하는 것이며, 삶의 내용과 계속성에 형식을 부여하는 방식에서 경험을 구조화하는 것이다. 이와 같이 내러티브는 단순한 이야기나 사고양식으로서의 의미를 넘어서서 인간이 삶을 해석하는 데 있어서 사람이 경험하는 사건, 인물, 행위, 감정과 정서, 의도와 생각, 그리고 상황과 장면 등을 총체적으로 통합시켜주고 특정 경험이 이루어지는 맥락 속에 위치시켜주는 인식의 틀이라고 볼 수 있다. 이 점은 Bruner의 경험의 구조, Polkinghorne의 인지도식과 상통하는 부분이다.

이런 점에서 Polkinghorne(1988)은 내러티브 도식(scheme)에 주목

---

10 소경희·강현석·조덕주·박민정, 『내러티브 탐구: 교육에서의 질적 연구의 경험과 사례』, 서울: 교육과학사, 2007

한다. 내러티브 도식을 통해 관계들을 파악하는 것은 일련의 사건들을 통일된 사건으로 배열하기 위한 내러티브의 힘으로부터 기인한다. 내러티브의 배열은 각 요소들이 속해있는 전체를 파악함으로써 개별 사건들을 이해할 수 있게 만든다. 배열 과정은 다양한 사건들을 시간적 측면에 따라 연결하여, 한 사건이 다른 사건에 미치는 영향을 구별함으로써 작동하고 인간의 삶이 시간적 형태가 되도록 이에 영향을 미치는 인간의 행동과 사건들을 통일되게 한다. 인식할 수 있는 지각적 형태를 만드는 형태 조작이 제한되어 있기 때문에, 통일성 있는 이야기를 만드는 데에는 내러티브 구조가 제한되어 있다. 내러티브로 만들어진 이야기 속에서 특정한 행동들은 에피소드들을 완성하는데 공헌하는 것으로써의 중요성을 가진다. 이런 의미에서, 내러티브는 최종의 결과가 알려진 후에 사건들의 의미를 회귀적으로 변경할 수 있다. 특정한 사건들을 통일된 하나의 내러티브로 만드는 수단은 플롯이나 줄거리이다. 각 행동의 일부가 전체적인 경험에 관련되는 것으로 보이는 것이 플롯이다.

이와 유사하게 White[11]는 내러티브를 어떤 사태나 사건을 알고 있는 사람이 알고자 하는 사람에게 하나 이상의 현실이나 허구의 사건을 보고하는 것으로 정의하고 있다. 그러나 단순하게 사건이나 실제의 변화를 말하는 것이 아니라 전체의 의미에 비추어 조정하고 해석하는 활동을 포함하며, 내러티브를 통해 이질적인 상황이나 사건을 하나의 의미로 구성하게 된다. 따라서 그것은 여러 일련의 사건

11 White, H., "The Value of Narrativity in the Representation of Reality." In W.J.T. Mitchell(Ed.), *On Narrative*(pp. 1-23). (Chicago: The University of Chicago Press, 1981)

에 질서와 통일성을 부여하면서 그 의미를 구성할 수 있도록 해준다. 그래서 내러티브로서의 스토리는 그것이 진실의 연대기든 소설의 상상이든지 우리의 세계에 널리 퍼져있으며, 세계에 대한 우리의 이해방식을 형성한다. 그것은 실재에 대한 우리의 기본적인 인상에 정보를 제공해주며, 우리의 삶에 구조를 부여해준다.

우리는 경험을 이야기적 형태로 구조화함으로써 삶을 반성적으로 성찰하고 의미를 만들어낸다. 이 과정에서 우리는 무슨 일이 일어났는지, 누가 그 경험 세계에 있었는지, 왜 그렇게 행동했는지 등 일련의 질문을 중심으로 내러티브를 구성하게 된다. 단편적 사건이나 경험을 나열하고 피상적으로 생각하는 것이 아니라 그 경험을 해석하고 재해석하면서 의미를 생성하는 것이 중요하다. 어떤 경험의 시간적 선후관계의 규명보다는 경험들 간에 존재하는 관련성과 그 관계 속에서 드러나는 의미구성이 중요하다. 경험의 의미는 경험을 반성적으로 성찰할 때 그 의미가 드러나는 법이다. 이런 점에서 Ricoeur는 내러티브를 세상에 대한 단순한 설명양식이 아니라 사건을 상징화하는 수단이라고 보았다.[12] 이와 같이 내러티브는 세상에 대한 우리의 경험과 지식을 이해 가능한 형태로 조직화하는 창조적 활동이라고 볼 수 있다.

요컨대, 내러티브는 사건들과 인간의 경험을 전체로 조직하는 의미구조이다. 그러므로 개별 행동과 사건들이 전체에 영향을 주는 것에 따라 의미가 있다. 따라서 내러티브는 단순하게 사건들을 시간에

---

12 Ricoeur, P., "What is a Text?", In M. J. Valdes(ed.). *A Ricoeur reader: Reflection and imagination*. (Toronto: University of Toronto Press, 1990)

따른 장소에 따라 목록화하는 연대기와는 구별되어야 한다. 내러티브는 시간적 측면을 포함하는 행동의 기호화된 설명을 제공한다.

그런데 내러티브를 경험의 구조화 틀, 의미 구성의 문제로 볼 경우 이 과정에는 경험의 주체와 대상 간의 대화적 상호작용 과정이 개입되기 마련이다. 경험의 대상이 내러티브 텍스트가 된다. 그 텍스트가 세상이든지 문자적으로 표현된 텍스트이든지 간에 경험의 주체와 끊임없는 커뮤니케이션이 일어나게 된다. 따라서 내러티브는 소통의 과정을 의미하기도 한다. 좁게 보면 내러티브는 저자, 내러티브 작품, 청중(독자) 사이의 대화적 상호작용으로 이해되기도 한다. 청중이 내러티브 텍스트를 읽을 때 그 속의 이야기는 청중의 세계로 넘어온다. 그러나 정작 하고 싶은 이야기가 청중에게 그대로 전달되는 것은 아니다. 자신의 내러티브에 비추어 나름대로 의미를 재해석하면서 자신의 의미를 찾아간다. 이 경우 이야기를 읽는 청중은 내러티브 작품을 하나의 독백으로 만나는 것이 아니라 자신의 경험에 비추어 이야기 속의 세상과 상호작용하면서 허구적 경험을 실제적 경험으로 변형시킨다.

따라서 내러티브를 읽는 것은 언어를 매개로 재현된 경험 세상을 단순히 경험하는 것이 아니라 내러티브 세상과 자신의 세상을 관계 맺는(해석학적 순환) 작업이 되는 셈이다. 이 소통의 과정을 통해 내러티브 의미가 작가의 의도를 그대로 답습함으로써 파악되는 것도 아니고, 청중의 자의성에 의해 구성되는 것도 아니다. 이 두 세계, 즉 내러티브 텍스트의 세계와 독자의 세계의 지평의 융합을 통해 생성된다. 이러한 관점은 타인의 의식과의 관계 망 속에서 구성되는 인식의 중요성을 강조한다. 이 점은 Bakhtin의 시각과 상통한다. 인간은 본인이 자신에 대해 갖고 있는 생각을 타인이 자신에 대해 갖고 있는 생각과 지속적으로 대화함으로써 온전한 자아를 형성, 발전시킬 수 있다고 본다. 이러한 내러티브를 통하여 자아가 건강할 수 있다.

4) 세계만들기 방식: 내러티브 휴리스틱(heuristic)

이상의 경험의 구조화로서 내러티브는 삶의 내용에 형식을 부여해준다. 우리가 세계에 대하여 말한다는 것은 일어났던 것에 대한 단순한 기록으로서가 아니라 경험을 계속적으로 해석하고 재해석함으로써 세계(삶)를 만들어가는 것이다. 세계를 어떻게 해석하고 만드느냐에 따라서 경험의 질이 달라진다.

Goodman은 '과학 만들기'와 '내러티브 만들기' 둘 다 결국 세계를 만드는 예에 불과하다고 주장한다.[13] 이런 점에서 과학의 본질은 과학 만들기에 있으며, 그 과정은 내러티브에 의해 이루어진다. 자연과학이 실험에 근거를 두고 있으나, 실험에 종사하는 사람들이 그 실험의 의미에 관해 폭넓게 숙고하고 토론하는 과정을 거칠 때 비로소 과학적 성과물을 얻을 수 있게 된다(Heisenberg, 1969). 현대 과학은 흔히들 5%의 실험 관찰과 95%의 추론(speculation)으로 '만들어진다.'고 한다. 이는 어떤 관찰 사례가 과학자의 정신 안에서 하나의 과학적 실재로 구성되기까지에는 실로 많은 형태의 내러티브의 도움을 받아야 한다는 의미로 해석할 수 있을 것이다. 그리고 이러한 절차를 과학 만들기(science making)라고 한다.

과학 만들기 과정은 내러티브이다. 과학 만들기는 자연에 대한 장

---

13 Goodman, N., *Ways of Worldmaking*. (Indianapolis: Hackett Pub., 1978)

황한 가설과 그 가설들의 검증 및 수정 그리고 완전체를 만들어 가는 것으로 구성된다. 검증 가능한 가설을 만들어 가는 과정에서 우리는 아이디어와 놀 수 있고, 변이형을 만들어 내고, 풀 수 없다가도 열중해서 풀어 나가면 답을 찾을 수 있는 니트 퍼즐과 같은 것도 만들고, 골칫거리를 찾아내기도 한다.

지난 백여 년간 모든 과학사학자들이 지적했듯이, 과학자들은 자신이 정의한 자연에 맞는 추론 모델을 탐구하기 위하여 직관이나 스토리, 비유 등 모든 도움을 이용했다. 내러티브 사고는 패러다임 사고의 가설 검증 요구와는 달리 가설을 만들어 내는 가설 생성을 암시한다. 그리고 가설 생성이란 수많은 관점들과 가능한 세계를 만들어 내는 것을 의미한다. 패러다임 사고의 핵심은 가설검증에 있지만 가설 생성을 배제하지는 않는다. 많은 경우 과학적 활동은 어느 정도 예술가들이 하는 것과 같은 가설 생성의 특성을 보인다. 과학사에서 위대한 발견들이 과학자들의 직관적 사고와 은유적 계기를 통해 이루어진 사실은 잘 알려져 있다. Bruner에 따르면 물리학의 상보성의 원리를 발견한 Bohr는 여기에 관련된 추론 과정에 필요한 바른 내러티브를 파악하고 있었기에 가능하였다고 한다.

인문학과 예술의 내러티브 사고도 이런 종류의 가설들을 포함한다. 다만 검증가능성보다는 인간의 폭넓은 상상력에 부합하는 진실성을 탐색하는 의미이다. 내러티브 사고에서 가설을 만들어내는 것은 인간의 다른 수많은 관점들에 비추어 그 적절성을 추구하게 된다. 이 점은 뒤에서 논의되는 가추법(abduction)과도 관련된다.

지금까지 내러티브의 의미를 크게 4가지 차원에서 살펴보았다. 요컨대, '내러티브'는 이야기 혹은 이야기를 만드는 것으로 이야기(내용)와 담론(표현)으로 구성되며, 그것은 내러티브 사고의 산물이다. '내러티브 사고'는 이러한 내러티브를 만드는 마음의 인지 작용이다. 결국 내러티브란 사건들의 계열과 사건들이 만들어내는 이야기에 의해 특징 지워진다. 실재는 내러티브적 사고에 의해 구성될 수 있다. 인간 마음은 우리가 의미를 만들기 위해 사용하는 구성의 도구이다. 의미를 만드는 행위는 대화를 통해서 이루어진다. 여기에 이야기하기의 중요성이 있다. 이야기하기(story telling)로서의 내러티브 사고는 해석을 필요로 하며 거기에서 이야기 만들기가 가능해지며, 인간경험을 구조화하고 경험을 계속적으로 해석하면서 세계를 만들어가는 것이다. 이와 같이 내러티브는 이야기를 만들어내는 사고 양식이면서 동시에 우리의 지식을 조직하기 위한 구조이며, 세계 만들기 방식인 것이다.

나. 사고양식으로서 내러티브

내러티브에 대한 이상의 의미에서 우리가 교육(학)적인 측면에서 주목해야 하는 것은 내러티브 사고양식이라는 점이다. 이하에서는 이 점을 상술해보기로 한다.

내러티브 사고는 Bruner가 인간의 사고양식을 구분하면서 등장한 개념이다. 앞선 논의에서와 같이 내러티브가 이야기 또는 담론 이상의 의미를 가지는 것처럼 내러티브 사고는 기존의 이야기를 이해하는 방식의 사고와는 다른 의미의 사고를 설명하고 있다. 그러므로 내러티브 사고는 기존의 사고방식과 다른 차이점을 가지고 있다.

내러티브 사고가 가지는 가장 중요한 기능은 바로 인간이 의미를 형성하는 인식 과정을 포함한다는 것이다.

Bruner(1996)는 인간의 사고가 크게 두 가지로 구분될 수 있다고 논하였다. 두 가지 사고 양식은 패러다임적 사고와 내러티브적 사고이다. 패러다임적 사고로 실증주의 과학에서 선호하는 사고양식이다. 패러다임적 사고에서는 인간과 인간을 둘러싼 주변 환경을 물리적 대상인 주체와 분리된 객체로 접근한다. 그러므로 인간과 환경을 탐구함에 있어 정확한 관찰과 측정을 위한 합리적이고 과학적인 방법을 선호한다. 따라서 수집된 자료에 근거하여 이를 타인이 보았을 때, 적절하다고 판단될 수 있도록 합리적인 방법으로 가공된다. 가공된 자료는 결과의 활용을 위해 보편화되고 일반화할 수 있는 방식으로 표현된다. 이에 따라 패러다임적 사고는 논리성, 합리성, 정확성, 보편성, 일반성과 같은 요소들이 중시된다. Bruner는 내러티브적 사고가 이러한 패러다임적 사고가 가진 한계들을 극복할 수 있는 대안이 될 수 있을 것이라 판단하였다.

그러나 내러티브 사고에 대한 명확한 정의는 찾아보기가 어렵다. 내러티브 사고가 패러다임적 사고의 대안으로 Bruner가 소개하였지만 그의 저서에서 내러티브 사고에 대한 명쾌한 정의는 찾을 수 없다. 다만 그는 내러티브 사고의 특징을 설명하면서 내러티브 사고를 소개하고 있다.

> 첫째, 내러티브 시간은 시계로 잰 물리적 시간이 아니라 인간적으로 적절한 시간이며, 의미가 부여되는 시간의 구조를 지닌다. 둘째, 내러티브는 불변의 원리가 아닌 개별적 특수성을 다룬다. 셋째, 내

러티브는 행위에 잠재된 의도적 상태의 이유를 찾으려 하며, 그 이유는 사물의 규범의 틀 속에서 판단되고 평가된다. 넷째, 내러티브를 이해하는 방식은 유일하지 않고, 해석학적 구성을 상정한다. 다섯째, 내러티브는 정통적 규범으로부터의 일탈을 함축한다. 여섯째, 내러티브는 철학이나 시적 용어처럼 지시의 모호성을 보인다. 일곱째, 내러티브의 추진력과 그 가치는 갈등을 불러일으키는 문제에 있다. 여덟째, 문화의 상호 교섭과 경쟁 속에 존재하는 내러티브는 본질적으로 절충 가능성을 갖는다. 아홉째, 내러티브는 계속적으로 확장하여 역사를 구성한다(Bruner, 1996: 133-147).

Bruner는 내러티브 사고의 핵심을 인간이 가진 행위, 의도, 목적, 주관적 경험에 따른 상황의 맥락마다 달라지는 해석학적 과정으로 보았다(강현석, 2016a). 내러티브 사고는 인간의 삶에 대한 해석학적 작업으로 인간이 경험한 다양한 사건들에 대한 역사적 나열이 아니라 그 경험에 대한 개인의 가치와 의미에 대한 형성, 발전, 반성 등에 이르는 모든 과정에 대한 이해를 의미한다.

Burner가 강조한 내러티브 사고의 기원은 인간이 내러티브를 어떻게 다루는가에서부터 시작된다. 인간은 경험에 포함된 사건들을 단순히 나열하는 것으로 내러티브를 구성하지 않는다. 인간이 내러티브를 제시할 때, 내러티브 속에는 과거의 사건에 대한 해석과 재해석이 포함되어 있다. 내러티브에 포함된 사건들은 과거에 발생한 당시의 사건을 그대로 구현하지 못한다. 과거 사건에 존재했던 배경, 인물, 상황 등의 요소들 중에서 개인이 기억을 통해 내러티브에 포함시킨 사건들의 요소는 일부에 불과하다. 이러한 요소 전체 중에 내러티브로 구현된 일부에는 개인이 가진 다양한 가치, 의미, 감정 등이 존재한다. 또한 내러티브에는 사건 안과 사건 간의 연결 고리가 존재한다. 이러한 연결고리도 개인마다 독특하게 구성된다. 동일 사건들을 연결하는 개인의 관점은 다양하게 나타날 수 있다. 즉, 사건에 대한 연결도 개인이 가진 가치, 의미, 감정 등에 영향을 받는다. 내러티브가 개인이 가진 여러 특성에 따라 서술되기 때문에 Bruner는 내러티브 사고라는 독특한 해석학적 관점에 주목한다.

Bruner는 인간이 내러티브를 통해 이야기를 하고자 하는 내러티브 사고가 있다는 것을 가정한다(강현석, 2007). 그는 인간이 자신의 삶과 자신을 둘러싼 환경에 대한 이해와 지식 형성에 있어 내러티브를 활용한다고 주장한다. 그러므로 내러티브 사고는 삶의 지식에 대한 이해를 넘어서 삶에 대한 이야기를 위한 인지적 사고 양식을 의미한다. Bruner는 많은 부분에서 패러다임적 사고는 강조되고 있지만 그가 제시하는 내러티브적 사고는 등한시된 부분이 있다고 말한다. 내러티브적 사고는 패러다임적 사고에서 다루어지지 못하는 실재의 구성, 의미 만들기, 자아 또는 정체성 형성과 같은 부분을 포함한다(Bruner, 1996, 133-147; 강현석·이자현, 2005: 337-363).

다. 내러티브적 행동

내러티브의 관점에서 내러티브적인 행동이란 마치 이야기와 같다(Polkinghorne, 1988). 그는 행동하는 것을 이야기를 만들어내는 것이라고 보았다. 그러므로 물리적 또는 심동적으로 나타나는 인간의 행동은 이야기와 같이 인간의 사고가 투영된 의도가 포함된 것이므로 인간의 행동 또한 이야기와 같이 해석이 되어야 한다. 결국 인간의 행동은 현상이 나타나는 자연현상과 같은 물리적 실체가 있는 것이지만 인간의 행동에 대한 표현적 원인이 존재하고, 행동의 표현적 원인은 인간의 행동에 대한 해석을 요구한다.

인간의 행동은 신체적인 동작 이상의 의미를 가진다. 인간이 자신의 의도를 표현할 수 있는 이야기, 음악, 미술 등과 같은 다양한 방법이 있듯이 인간의 육체적 행동도 인간의 사고와 의도에 대한 하나의 표현 방식이다. 내러티브적 관점에 의하면 인간의 행동이 육체의 근육들이 전기적 자극 신호에 의해 작동된 물리적 운동이 아니라 인간의 사고에 의해 의도된 어떤 특정한 목적을 내포하고 있거나 의도를 구현하기 위한 목적적 현상으로 설명한다. 그러므로 인간의 행동을 이해하기 위해서는 나타난 근육들의 변화를 관찰하는 것이 아닌 행동이 이루어낸 모습들에 대한 의미를 탐구하는 것이 이루어져야 한다. 즉, 모든 신체를 활용하여 보여준 발레 동작은 기계적 순서나 물리적 형태보다는 움직임 속에서 나타난 주체의 감정, 의도, 사고 등을 이해하는 것이 옳다.

인간의 행동은 이야기처럼 맥락적 관점으로 접근해야 한다. 앞서 언급한 것과 같이 인간의 행동은 커다란 이야기에 포함된 하나의 사건과 같이 인간의 삶이라는 전체 내러티브 속에 포함된 한 장면이다. 그러므로 이야기의 사건이 앞뒤의 사건들과 연결되어 의미를 가지는 것처럼 인간의 행동 또한 전체적인 맥락 속에서 이해되어야 한다. 하나의 문장 안에서도 단어의 의미는 앞뒤 문단을 살펴보면 의미가 잘 이해되고 포함되니 문단을 살펴보거나 전체 글을 살펴보면 더욱 명확히 의미가 식별되는 것과 같이 인간의 행동도 하나의 단편적인 현상이 아닌 전체적인 맥락에서 이해되어야 한다.

인간의 행동은 내러티브를 통한 해석학적 추론이 필요하다. 인간의 행동은 전체적인 삶의 맥락에서 이해되어야 한다. 그러나 그에 앞서 인간의 행동이 가지는 성격을 이해해야 한다. Ricoeur는 인간의 행동에 대해 여섯 가지 설명을 한다(강현석, 2016a). 첫째, 행동은 목표를 가진다. 둘째, 행동은 동기를 가지고 있다. 셋째, 행동은 행위자가 존재한다. 넷째, 행동은 행동의 결과를 의도적으로 설정한다. 다섯째, 행동은 다른 사람들과 상호작용 속에서 나타난다. 여섯째, 행동은 가치 또는 감정의 변화를 야기한다.

인간의 행동은 문화적 배경에 영향을 받는다(강현석, 2016a). 인간의 행동을 이해하기 위해서는 인간의 행동에 영향을 주는 요소들의 이해가 중요하다. 이러한 요소들 중에 핵심적인 기능을 하는 것은 Ricoeur의 설명에서 나타나듯이 행동의 주체인 행위자다. 즉, 행동을 하는 행위자에 대한 이해가 먼저 선행되어야 한다. 인간의 행동을 내러티브로 보는 관점에서는 Bruner의 이론을 수용하여 인간을 이해하는 도구로 문화적 배경을 활용한다. 이러한 주장의 사례로 특정 문화권에 존재하는 예절, 관습과 같은 특수한 체계나 동일한 행동이라도 행동의 옳고 그름을 판단하는 사회적 통념들이 제시된다.

내러티브는 인간의 행동을 해석학적으로 다룬다. 내러티브는 인간의 행동을 이해하고 그 속에 포함된 의미를 해석하게 하는 표현양식이다(강현석, 2016a). 강현석(2016a)은 행동 자체가 개인적 및 사회적 삶을 살아가는 내러티브적 표현이라 설명한다. 이러한 관점은 인간의 삶과 행동의 관계를 Aristotle의 『시학』에서 나타나는 것과 같이 플롯의 구성들 사이에서 관계로 인식하는 것과 같다.

라. 의미와 경험: 내러티브 의미(narrative meaning)

내러티브는 우리가 우리 삶에 대해서 의미를 만드는(혹은 우리 삶을 의미 있게 만들어주는) 기본 구조(basic structure)라고 볼 수 있다. 우리가 인간으로 존재한다는 사실들, 즉 행위(actions), 사건(events), 에피소드들은 우리 삶의 원재료를 구성한다. 그러나 우리 인간으로서의 삶은 특정 시기에 벌어진 어떤 일련의 사건들(happenings)의 목록 그 이상이다. 그 사건들의 의미를 이해하는 과정이 없으면 그러한 사실들은 단순한 자료(data set)에 지나지 않는다. 의미(meaning)는 우선 가치 및 신념과 관련되어 있다. 즉, 우리가 무슨 일이 일어나기를 원하는가 그리고 우리의 삶에서 그 다음의 사건(events)으로 어떠한 일들이 일어나기를 희망하는가와 관련이 있다. 다음으로 의미는 맥락과 관련되어 있다. 특정 사실이나 사건이 다른 사건과 관련하여 무엇이 더 중요한지 그리고 보다 큰 전체 속의 일부로 간주될 때 그 중요성은 무엇인가 하는 문제와 관련된 것이다. 마지막으로 의미는 또한 해석과 관련되어 있다. 즉 그것은 우리는 어떻게 우리의 (알고 있는 것) 이해 상태에 영향을 미치기 위해 우리 자신이 습득하여 보존해오고 있는 지식을 가져와서 적용하고, 삶의 생생한 현실(actualities)에 우리 자신만의 방식을 부여하는가 하는 문제와 관련된 것이다(Rossiter & Clark, 2007: 13-15).

결국 이런 점에서 가치 판단과 평가(valuation), 맥락성(contextuality), 그리고 해석가능성(interpretability)이라는 것이 내러티브의 성질, 즉 질적 속성들(qualities)이다. 내러티브적으로 의미를 구성한다는 것은 우리의 존재의 원재료들을 이야기와 같은 형식으로 이해한다는 것을 의미한다. 다시 말해, 발달 심리학자 Irwin(1996: 109)은 "사람들은 자신의 행동들과 자신의 삶을 구성하는 사건들의 순서를 플롯처럼 구성함으로 자신의 삶을 이해한다."라고 말했다.

인문과학의 학자들과 전문가들(Polkinghorne, 1988; Sarbin, 1986; Kenyon and Randall, 1997)은 이런 근본적인 개념을 받아들이고 다양한 방법으로 표현해 왔다. 이들은 내러티브적 충동은 학습된 행동의 결과이기보다 인간에게 선천적으로 존재하는 것이라 제안한다. 예를 들어 Jerome Bruner(1990)는 그의 저서 *Acts of Meaning*에서 이와 관련한 주장을 펼친다. 브루너는 아동 심리학에 있어서 그의 경험과 연구에 기반하여 내러티브는 인간 존재에 있어 근본적인 것이라 주장한다. 주요 요점은 아동 발달에 있어서 의미에 대한 준비나 의사소통을 하기 위한 의도가 언어를 습득하도록 한다는 것이다. 여기서 우리의 목적과 관련하여 더 중요한 것은 의미를 위한 이 준비는 선천적으로 그 성격에 있어 내러티브적이라고 하는 브루너의 주장이다. 내러티브적으로 의미를 구성하려는 성향은 언어 습득을 가능하게 하고 언어습득단계로 이끄는데 언어는 결국 내러티브 구조를 반영한다.

삶을 통해 인간은 우리가 본 것과 경험한 것에 대한 이야기를 창조하려는 자연스런 경향을 가지고 있다. 어느 여름날 뭉게구름을 보며 그 안에 놀라운 창조물들과 하늘을 모험하는 등장인물들을 보지 않은 사람이 어디 있을까? Sarbin(1986: 8)은 "사람들에게 한두 장의 사진을 보여주거나, 묘사적인 문구를 이야기하면, 사람들은 그것들을 연결시켜 이야기를 만드는데 사진들 또는 제시된 문구들의 의미들의 어떤 패턴의 방식으로 설명한다. 다시 살펴보면 사진들 또는 의미들이 명시적 또는 암묵적으로 플롯이라는 것을 사용하여 연결되어 있는 것을 발견하게 된다." 내러티브 충동이 인간 본성의 선천적인 것이라고 가정한다면 내러티브적 표현 또는 형식이 인간 문화에 산재해 있는 것은 당연한 것이다. 브루너(1990: 97)는 "우리의 경험을 내러티브로 나타내는 우리의 능력은 의미를 구성하는 도구인데 잠자리에서의 독백에서부터 법적 제도 속의 무게 있는 증언에 이르기까지, 문화속의 우리 삶을 지배하는 도구인 것이다."라고 보고 있다.

한편, 내러티브 의미의 중심에는 인간의 삶의 은유로 이야기라는 아이디어가 존재한다. Sarbin(1986)은 내러티브는 인간 행동을 이해하고 연구하는 데에 있어 보다 적절한 근본적인 은유로 보고 있다. 내러티브 은유는 오랫동안 인간 과학에 강한 영향을 미쳐온 기계적인 은유(mechanistic metaphor)나 유기체적 은유(organismic metaphor)가 아닌 적절한 뿌리 은유(root metaphor)라고 볼 수 있다.

인간이 의미를 구성하는 데 있어서 은유에 대한 설명을 잠깐 보면, Sarbin은 기본적인 기본 세계관 또는 인간 사고의 뿌리 은유에 대한 Pepper의 설명을 바탕으로 집단 및 개인 사고에서 은유의 중요성을 설명한다. 설명이나 범주가 존재하지 않는 이상한 사건이 발생하면 일반적으로 사람은 이상한 사건을 명명하는 은유를 찾거나 만들어 낸다. 이와 같은 일들은 우리가 복잡한 구조나 개념을 깊이 이해하고자 할 때도 발생한다. 새로운 사건을 좀 더 친숙한 것들과의 유사성을 찾아서 은유를 만들어내게 된다. 그래서 우리는 인간의 마음은 컴퓨터와 같다거나 인간 발달의 과정은 마치 꽃이 자라고 피고 죽는 것과 같다고 말한다. 중요한 것은 이러한 은유가 광범위하게 사용되면 은유적 의미가 우리 마음 가운데 실제가 되고, Sarbin(1986: 5)은 "구체화는 행동을 안내하는 신념 체제의 기초를 제시한다."라고 말했다. 다시 말해 '무엇 무엇과 같다'라고 하는 은유적 성질이 더 이상 보이지 않게 되는 것이다. 이러한 과정을 파악하는 것은 단지 학문적 연습은 아니다. 이것은 우리의 세계관, 삶에서 중요한 것들에 대한 인식, 그리고 지식, 가르침 그리고 학습에 대한 우리의 추론을 안내하고 그것에 영향을 주기 때문에 중요하다. 다시 명확히 말하면 우리가 살아가고 교육을 실행해가는 데에 은유에 대해 지각하는 것은 우리가 은유에 대해 더 비판적으로 성찰할 수 있도록 해 준다.

한편, 이상에서 논의한 내러티브 의미 만들기(narrative meaning)는 인간 경험의 이해와 밀접하게 관련될 수밖에 없다. 내러티브는 인간의 경험을 다루는 효과적인 방법이다. 거의 모든 인문사회과학의 모든 학문에서 인간의 경험을 어떻게 이해하는가는 중요한 학문적 주제였다. 인간의 경험을 어떻게 정의하고 이를 이해하기 위해 어떤 도구를 사용해야하는지는 학문의 발전과도 밀접하게 관련되어 있다. 이 부분에서는 경험과 내러티브의 관계를 살펴보기 위해 Polkinghorne(1988: 15-17)이 제시한 인간의 경험에 대한 세 가지 가정을 살펴보고자 한다.

첫째, 인간의 경험은 정신적인 산물로 사고의 영역에 있다. 인간의 경험은 외부에서 나타나는 사건과는 질적으로 다른 특징을 가진다. 인간의 경험은 사고의 작용으로 생성된 것으로 의미영역의 산물이다. 의미영역은 인간의 사고가 계속 됨에 따라 고정되어 있지 않고 계속 변화한다. 즉, 인간의 의미영역에 대한 탐구가 어려운 것은 이러한 계속적인 변화가 이루어지기 때문에 관찰이나 측정이 된 과거의 자료는 현재의 삶을 살아가는 인간의 의미영역과는 다르기 때문이다. 그러므로 의미영역을 다루기 위해서는 의미영역이 변화하는 기억, 회상, 반성과 같은 사고 활동의 양상을 살펴봐야 한다. 그러므로 이러한 사고 활동의 양상을 살펴보기 위해 한 개인의 외부로 나타나는 사고 활동의 다양한 표상 중에 어떤 것을 선택하고 이를 어떻게 이해하는지가 중요해진다.

둘째, 인간의 경험은 개인의 내부에서 작동하는 사고와 외부의 환경 간의 상호작용에 의해 형성된다. 인간의 사고는 외부의 환경과 독립적으로 작동하지 않는다. 인간의 경험 또한 인간의 내적 사고만으로 형성되는 것이 아니다. 인간의 외부에서 발생하는 다양한 사건과 현상들이 지속적으로 개인에 영향을 준다. 이러한 영향에 의해 인간의 사고는 꾸준히 작동한다. 한편 인간의 사고 또한 외부의 환경에서 들어오는 자극들을 처리하기 위한 사고의 양식이 구성되어 있다. 이러한 사고의 양식은 꾸준히 변화하지만 도식화된 구조를 가지고 있다. 내러티브는 이러한 도식화된 구조들 중에 하나이다(강현석, 2016a).

셋째, 인간의 경험은 과학적이고 합리적으로 조직되지 않는다. 인간의 경험은 과학에서 말하는 지식과는 다르다. 인간의 경험은 마치 새옹지마(塞翁之馬)처럼 동일한 사건이 어떤 때에는 긍정적인 경험으로 어떤 때에는 부정적인 경험으로 회상되는 것처럼 인간의 사고 또는 의식 구조가 변화함에 따라 경험도 변화하게 된다. 그러므로 경험의 조직 과정은 합리성, 논리성보다는 유연성, 개방성에 가까운 성격을 가지고 있다.

마. 내러티브의 본질

첫째, 실재를 내러티브적으로 구성한다.

내러티브는 인간의 실재를 구성한다. 김춘수의 「꽃」에서 "내가 그의 이름을 불러 주기 전까지 그는 다만 하나의 몸짓에 지나지 않았다"의 문구와 같이 인간을 둘러싼 다양한 존재들은 인간이라는 주체가 인식을 하지 않으면 어떠한 실재를 형성하지 못한다. 이러한 관점은 내러티브 과학이 추구하는 구성주의 관점과도 일치하지만 자칫하면 극단적인 회의주의의 관점으로 오해를 받을 수 있다. 그러나 내러티브 과학은 그러한 오해를 철저하게 지양한다.

내러티브 과학에서 실재는 내러티브적으로 구성된다. 이러한 실재의 구성의 시작은 자아의 형성 과정과도 같다. 한 개인이 자신의 자아를 형성할 때, 다양한 외부의 사건들이 경험으로 활용된다. 자아의 형성은 내러티브가 투영된 인간의 삶과 같아서 다양한 사건들이 의미를 가지고 서로 상호영향을 주고받으며 이루어진다. 또한 인간의 자아는 내러티브처럼 인간의 경험이 형성되는 동안 끊임없는 회상, 기억, 반성의 해석적 순환을 가지고 있다. 이러한 과정을 통해 인간은 실재를 내러티브 속에서 구성한다.

둘째, 내러티브를 통하여 의미를 구성한다.

내러티브는 의미를 생성하는 구조이다. 내러티브는 단순한 역사적 사실을 시간적 순서로 배치한 이야기가 아니다. 내러티브 속 사건들은 의미를 가지고 있다. 강현석(2016a)은 인간은 물질계, 유기계, 의미계의 체계에 살고 있다고 말한다. 그는 인간의 삶은 세 체계가 융합된 존재로 보았다. 그중에서 의미계는 내러티브의 방식으로 작동한다. 따라서 의미계가 물질계와 유기계와 밀접하게 관련되면서 의미계에서 구성된 의미들이 다른 물질계와 유기계에 의미를 부여하게 된다.

나아가 내러티브는 의미계에서 의미 구성의 도식을 제시한다. 의미계는 물질계와 유기계와 달리 정해진 형태가 없는 활동의 체제이다. 이러한 활동은 단순히 인간의 육체적 움직임이 아닌 정신적 사고를 지칭하는 것이다. 의미계는 통상 의미들의 시간적 계열에 따라 조직되며 이러한 도식은 내러티브의 배열과도 일치한다.

셋째, 내러티브적 앎을 통하여 경험이 성장한다.

내러티브 과학에서는 끊임없는 인간의 발달을 목격한다. 인간의 삶이 진행되고 인간이 끊임없이 주변의 환경과 상호작용을 함에 따라 인간의 의미계는 변화한다. 한 개인의 삶에서 바라보면 내러티브는 이렇듯 개인의 삶에서 나타난 성장과 발달로 볼 수 있다. 그러나 이러한 내러티브가 인류 전체의 범주로 확대되면 이는 내러티브적 앎의 성장으로 확대된다.

내러티브적 앎은 인간의 사고를 이해의 영역에 포함시킨다. 인간이 어떻게 생각하는지 어떻게 판단하는지, 어떤 문제를 중시하는지, 어떤 행동을 하는지 등과 같은 인간의 사고가 관여된 여러 현상은 내러티브적 앎의 범주에서 다루어진다. 내러티브적 앎은 개인의 실재, 의미, 자아를 구성하는 사고의 영역에서 시작하여 문화적 사회적 제도, 관념, 가치, 문화와 같은 사회적 맥락의 상황에서 나타나는 문제를 다룬다. 내러티브 과학은 이러한 사회적 맥락의 개념들이 인간의 사고에서 어떻게 작동하고 나아가 개인의 자아 및 정체성 형성에 어떤 영향을 끼치는지 식별한다.

2. 내러티브와 인간

내러티브 관점에서 보면 인간은 이야기하는 동물이며, 이 점은 그 이론적 기반이 되는 내러티브 심리학을 핵심으로 하는 문화심리학의 입장에서 구체적으로 알 수 있다.

가. 이야기하는 동물: 의도성, 간주관성, 그리고 이야기적 마음[14]

Bruner는 행동은 목적적이고, 마음은 능동적이라는 것을 오랫동안 주장해왔지만, 1970년이 되어서야 그는 행동을 설명하기 위해 의도의 개념을 사용하기 시작했다. 의도는 '행동과 목적과 그리고 우리의 앎과 지식 사용에 영향을 미치는 편향된 효과와' 관련이 있다(1971: xii). 의도의 개념은 아이들이 말하기를 배우는 방법, 즉 언어를 습득하는 방법을 설명하려는 Bruner의 시도에서 분명한 역할을 했다. 이것은 또한 Piaget의 견해로부터는 다소 떨어져 있음을 확인할 수 있다.

Bruner는 Piaget의 멋지고 구조적인 이론을 매우 존경했지만, 그는 인간의 발달에 있어 사회적 상호작용의 역할과 좀 더 일반적

---

14 David Olson(2007: 24-30)의 내용에 토대를 두고 있음.

으로, 문화에 대해서는 불충분한 관심을 가졌다고 믿었다. 반면에 Piaget에게 아동은 어떠한 자양분, 음식이나, 손 등을 통해 자기만의 지적 구조를 형성할 수 있다. 하지만 Bruner에게 있어 아동이 구성하는 것은 문화에 의해 제공되는 특정한 활동이나 모형에 있어 성인과의 밀접한 사회적 상호작용에 달려 있다고 본다. 이러한 면에서, Bruner는 Piaget의 글보다 Vygotsky의 글에 더 공감했다. Piaget 또한 또래와의 상호작용의 중요성을 주장한 적 있는데, 그것은 자기 자신의 지각과 관점을 정제하기 위한 수단일 때이며, 문화가 정신 성장을 위한 본질을 크게 개조한다는 생각에 대해서는 공감하지 않았다. Piaget에게 있어 마음은 생물학적인 기관이며, 이 자체 내에 발달을 위한 메커니즘이 있다고 보았다. Vygotsky와 같이 Bruner에게 있어 마음은 문화와 밀접하게 연관되어 있는 것이다.

Bruner는 그 이후의 저서(1996)에서 그러한 문화적 모형은 상호주관성이라 그가 부르는 과정을 통해 성인과 함께 공동으로 구성되는 것이라고 주장하였다. 상호주관성은 '표정과 시선을 아는' 것을 통해 마치 '너 내가 본 것을 봤어?'라고 하는 듯한 결속과 동의를 표현하도록 표현된 비언어적 의사소통의 보편적인 형태라고 볼 수 있는 기술적 용어이다. 이러한 상호주관성은 성인 사이에만 나타나는 것이 아니라 어떤 아동과의 상호작용에 의해서도 관찰될 수 있으며, 아동은 당신이 그들을 보고 있는지, 그리고 그 후 무엇을 바라보고 있는지를 확인하기 위해 당신의 눈을 바라볼 것이다. 이러한 상호성이나 상호주관성은 아동이 게임을 하거나 무언가를 만들 때 다른 사람들과 협력하기 위해 공동의 관심과 그 후 공동의 의도를 가지게 하는 것을 가능하게 해준다. Bruner는 아동은 개인적인 경험으로만 단순히 배우는 것이 아니라 타인과 사회적인 세계를 공유함으로써 학습을 한다고 주장하였다. 아동이 습득한 개념은 그러므로 개인에게만 독특한 것이 아니라, 공유된 언어로 표현될 수 있는 공동의 저장소라 할 수 있다. Bruner는 처음에는 하버드에서 Colwyn Trevarthan과 Barry Brazelton 등과 함께, 그 이후에는 옥스퍼드에서 Judy Dun과 Kathy Sylva 등과 함께 유아 연구 과제를 통해 발달에 대한 개념을 한층 발전시켰다. Bruner는 그의 연구를 유아의 문화에 대한 성향의 관점으로 생각하였으며, 문화적 지식은 그러한 상호작용과 결과적으로 교육의 사회적 국면을 통해 세계에 대한 한 사람의 표상의 일부가 된다고 보았다.

Bruner는 성인인 보호자의 관심을 조정하는 방식—타인의 마음에 세계가 표현되는 방식에 대한 그들의 초자연적인 감각—에서 유아의 불가사의한 간주관성에 주목했다(1996: 165). 인간의 문화와 문화적 진화를 가능하게 하는 것은, '누군가의 상대방이 가진 의도적인 상태에 대한 상호성이 촘촘하게 짜여진 패턴'이라고 그는 썼다(1996: 182). 공동의 관심은, 즉 성인이 보고 있는 것과 같은 방향으로 바라보는 경향성과 성인의 의해 조사된 사물을 조사하려는 흥미와 단순한 피카부(peek-a-boo) 게임 이후에 찾아오는 즐거움은, 아동이 세계에 대한 정신 표상을 구상할 때 그들은 성인과 공유된 표상을 만들고 있다는 사실을 모두 나타낸다. 사실, 공유된 의식과 경로는 문화로 들어가는 근본적인 관문이 된다.

Bruner에 따르면 언어 습득을 가능하게 해주는 것은 공동의 혹은 공유된 관심과 타인의 의미와 의도에 대한 민감성이다. Bruner가 인간에게만 주어진 특유의 언어적 유창성과 같은 Chomsky의 생성적 문법이란 개념의 열성적인 지지자이긴 하지만, Bruner는 Chomsky가 언어학습의 너무 많은 부분을 타고난 문법 탓으로 돌렸다고 생각했다. 아동의 관찰에 기초하여 그는 다음과 같이 썼다.

> 곧 너무나도 당연한 것은 엄마와 아이가 의사소통을 통해 그들 각각의 의도를 조정한다는 것이다: 어떠한 전통적인의 수단을 사용하여 아무도 아직 만들지 못한 새로운 전통을 낳고 창안할 수 있게 된다. 아동이 하는 가장 최후의 일은, 내가 보기에는, 문자그대로의 표현에 초점을 두는 것으로, 그들에게 보편적인 문법의 깊은 규칙을 얻는 것이다. 그리고 우리의 엄마들이 하는 가장 최후의 것은 '문법 수업'을 해주었는지에 관해 관심을 기울이는 것이다(Bruner 1983a: 167; 1983b).

언어의 화용론, 즉 의사소통을 위해 그리고 주관성을 정교화하기 위한 언어의 사용은 근본적인 것으로 간주되었다. 언어의 구조를 습득하는 것은 공유된 의미의 산물이었다.

1) 내러티브 전회

> 우리에게 멀리 떨어진 실재에 대한 우리만의 내러티브 기록을 만드는 능력이 우리가 부족한 것은 아니다. 우리는 어떤 것에 있어서는 매우 전문가이다. 오히려 우리의 문제는 우리가 매우 쉽게 자동적으로 하는 것에 대한 의식, 즉 자각(prise de conscience)에 대한 고대 문제를 달성하는 것이다(Bruner 1996: 147).

최근의 저서에서 Bruner는 내러티브가 모든 발달 단계에 걸쳐 있는 의도적 행동의 근원적인 표상양식이라는 개념에 대해 선두적인 지지자가 되었다. 그는 자연과학에서 옹호되는 설명 방식인 패러다임 양식과 사회과학이나 인문학에서 좀 더 공통적인 내러티브 양식 사이를 비교하였다(Bruner, 1986, 2장; 1990, 4장). 패러다임 양식은 실체와 인과 관계를 설명하는 비인간적인 과학 법칙을 포함한다. 예컨대 가스의 압력과 부피는 반비례 한다. 빛의 세기는 광원에서 떨어진 거리의 제곱에 반비례한다 등등이 있다. 내러티브 양식은 좀 더 공통적이고 좀 더 기본적인 것으로, 행위와 결과에 대해 인간적인 관점에서 사건을 설명한다(Bruner, 1996, 7장). 내러티브 양식은 주체와 의도의 개념에 잘 맞아 떨어질 때 적용된다. 주체는 어떤 이유로 혹은 어떤 목표를 달성하기 위해 무언가를 하는 사람이다. 문제(trouble)는 어떤 도식을 틀어지게 만들 것이며, 주체는 목표에 도달하기 위해 대안적인 수단을 발명할 것이다. 그리고 그것은 성공이나 실패를 이끄는 해결책을 제공해 줄 것이다. 심리학에서는 오랫동안 목표 지향적인 행동을 인정해왔다. 표상적인 도식의 일환으로 주체의 역할에 있어 내러티브가 추가된다. 게다가 Bruner에 따르면, 내러티브는 특정한 시각에서 구성되어 관점을 지닌 것인 반면, 과학은 Thomas Nagel이 칭하는 '특정한 그 어느 곳을 상정하지 않는, 즉 입장이 없는 관점(the view from nowhere)'(Nagel, 1986)을 구성하고자 시도한다.

내러티브는 특히 일인칭 시점과 행위자의 의도가 역할을 수행할 때의 기록에 적합하다. 내러티브는 '마음의 이론'—신념, 소망, 의도를 한 개인에게 귀속시키는 이론—의 하인(handmaiden)이다. 이러한 사람들이 목표와 계획을 주체로 볼 때, 그리고 그들이 성공과 실패가 가능할 때, 그리고 세계의 예측 불허한 변화가 기존의 '잘 배치된 도식'을 혼란시킬 때, 우리는 내러티브를 갖게 된다. Bruner의 주장은 그러한 내러티브 표상이 인간의 경험을 표현하기 위한 기본적인 형식이라는 것이다.

내러티브 표상양식과 설명은 이야기를 이야기하기 위한 것뿐만 아니라 우리가 살아가는 표상 도식인 것이다. Bruner가 때때로 언급하는 것으로, 문화의 전형을 나타낸다. 신념, 욕망과 행위자의 의도는 내러티브의 '소재'이다. 우리 자신을 포함한 인간은 x를 믿고 y를 원하기에 z를 하고자 노력하므로 무언가를 행한다. 행동은 의도된 행동에 대한 장애물 때문에 실패한다. 그러한 장애물을 극복하면 원하는 목표를 달성할 수 있다. 그러므로 내러티브는 단순한 즐거운 이야기가 아니라, 사람들이 세계를 해석하고 그들 자신이나 다른 사람에게 자신의 행동을 설명하는 측면에서 구조이다. 심리학에서 이러한 '내러티브 전회'로, Bruner는 다시 주요한 인물이 되며, 학생의 지식과 이해에 대한 교육사들의 이해를 풍부하게 해준다. 여기서 이해할 수 있는 것은 단지 구조로의 동화뿐만 아니라 경험을 내러티브의 형식적 특성이라는 측면으로 만들어 낼 수 있는 것이며, 그 특성은 무엇이 일어났고 왜 일어났는지를 가리킨다. Bruner는 또한 다음과 같이 말하였다.

> 행동의 논쟁에 관해서 개인 간의 경험을 구축하려는 우리의 성향은 내러티브로 말하는 것을 필연적으로 만들며, 내러티브 해석에 대한 우리의 민감성을 고질적으로 만든다. 내러티브를 생성하는 데 필

> 요한 모든 것은 행동이 세계에 어떻게 작용하는지에 관한 '정전의(canonical)' 기대와 그 기대에 대한 차질과 위배이다.(2001: 211)

이러한 사건들이 만족감, 좌절, 실망, 놀라움, 그리고 기쁨의 감정을 동반할 때, 우리는 내러티브를 가진다.

실재에 대한 내러티브 구성은 액면 그대로 받아들여질 수 없었다. 세계에 대한 사고의 수단으로 가치가 있기 위해서는, 즉 가설을 제공하기 위해서는, 이러한 이야기들을 의식으로 끌어내고 이야기 그 자체를 판단하는 것이 필요하다. Bruner는 이러한 이야기를 평가하는 세 가지의 전략을 제안하는데, 대조(contrast), 직면(confrontation), 메타인지(metacognition)가 바로 그것이다. 대조는 서로 어떤 이점이나 어떤 불리한 점과 같이 대안적인 양식이 있는지를 볼 수 있게 해주는 것이다. 직면은 어떠한 것에 대한 찬성이나 반대를 판단하는 결과로 나타나는 것으로, 예컨대 법정에서 이야기가 있음직한 가능성을 갖고 있는지 배심원에 의해 판단된다. 메타인지는, Bruner에 따르면, '실재의 본질에 관한 존재론적 주장을 우리가 어떻게 아는가에 관한 인식론적 주장으로 변환하는 것'이며(1996: 148) 추후에는 우리가 그것을 왜 믿는지 혹은 왜 그렇게 생각하는지의 문제로 바뀐다. Bruner는 내러티브가 진실을 생성할 수 없다는 것을 인정한다. 즉, 앎의 패러다임 양식인 과학의 특권으로 남는다. 하지만 그것이 내러티브의 가치를 떨어뜨리거나 학습과 사고의 중요성을 낮추지는 않는다. 과학적인 방법은 실재를 명확히 하지만, Bruner가 말한 대로, '우리는 내러티브의 규칙과 장치에 따라 구성된 세계에서 삶을 산다'(1996: 149; 2002). 결과적으로, 그는 교육은 내러티브 형식과 사용의 이해를 창출하기 위한 풍부한 문맥을 제공해야 한다고 주장한다. 우리가 말하는 스토리는 우리의 과학적 이론들에 가설을 제공할 것이다. 이와 같이 우리는 우리의 이야기의 도움을 통해 생각할 수 있다. 그것들은 우리가 가설을 만들기 위해 사용하는 것이며, 그렇게 함으로써 그들은 학교 프로그램에서 자리를 맡을 자격을 가진다. 우리의 집에서 할 과제는 다음과 같다. 학습자가 그들의 수업뿐만 아니라 그들의 교실에서의 삶을 이해하기 위해 사용하는 내러티브 형식은 무엇인가?

내러티브는 또한 Bruner가 말한 것처럼, 문학의 재료가 되는 요소이다. 문학은 이야기의 기본 뼈대 이상에 관여하며, 이야기 속의 행동과 사건들이 독자들의 의식 속에 들어오는 방식을 통제하기 위해 내용(fabula), 이야기 안에 설정된 사건들뿐만 아니라, 플롯, 구성(sjuzet), 그들에게 말하는 방식과 순서도 포함한다. Bruner(1986: 14)는 이것을 내러티브의 두 가지 풍경(landscape), 행위의 풍경과 의식의 풍경[15]으로 본다(스토리는 이 두 개의 풍경을 동시에 구성해야 한다). 이러한 두 가지는 내러티브에서 떨어져 있기 때문에 내러티브는 의식을 시험하는 주요 수단이 된다. 결국, 문학에 대한 연구는 중요한 교육적 자료로 보인다. Harvey Siegel(1989: 116)은 '어떻게 소설을 가르칠 수 있을까? 소설의 교육적 가능성은 무엇인가?'라고 묻는다. 그리고 문학은, 패러다임 양식에서는 불가능한, 개인의 참여를 생성한다고 주장한다. 텍스트가 독자에게 영향을 주는 방식과 독자

---

15 행위의 argument 요소들에는 agent, 의도와 목적, 상황, 도구가 있으며 의식의 풍경은 know, think, feel 등이 내재됨.

가 그들이 읽은 텍스트의 의미를 구성하는 다양한 방법을 나타내는 Nussbaum(1990), MacIntyre(1984), McEwan과 Egan(1995), 그리고 Holtz(2003)의 중요한 연구를 포함하여, 많은 학문에서 내러티브에 관한 연구들이 급격히 성장하고 있다. Alasdair MacIntyre(1984: 216)는 소설의 허구적 내러티브를 다음의 방식으로 정신 기능과 연관시킨다.

> 인간은 자신의 소설뿐만 아니라 행동과 실천에서도 본질적으로 이야기하는 동물이다. 그는 본질적이기 때문이 아니라, 자신의 역사인 진실을 갈망하는 이야기의 화자가 되기에 자신이 되는 것이다. 인간에 대한 핵심 질문은 그들 자신의 주도성(자율성)에 관해서가 아니다. '나는 무엇을 해야 하는가?'라는 질문에만 나는 답을 할 수 있는데, 내가 만약 그 질문에 답을 할 수 있다면, '어떠한 이야기나 이야기들에서 내 자신이 그 일부분임을 발견할 수 있나요?'라는 질문으로 답할 수 있을 것이다. 우리는 하나 혹은 그 이상의 등장인물과 함께 인간 사회로 들어가는데, … 그리고 우리는 타인이 어떻게 우리에게 반응하고 그들에게 있어 그 반응이 주로 어떻게 구성되는지를 이해할 수 있도록 그것이 무엇을 의미하는 지를 배워야만 한다. 즉, 아동들은 제대로 학습하거나 잘못 배울 수도 있다. … 등장인물의 역할은 그들이 나타나는 그 드라마의 속에 있는 것일 것이다. 이러한 것들은 우리가 타인과 소통하면서 이야기를 들으면서 가능해진다. …

따라서 내러티브 양식이 최고이다. 패러다임 양식에 종사하는 심리학자뿐만 아니라 경제학자를 포함한 사람들조차 그들이 추구하는 인과 관계를 밝히는 데 실패했을 때 내러티브 양식에 의존할 수밖에 없을 것이다. Bruner(1986: 43)는 "내러티브는 경제를 연구하는 이론가들의 마지막 휴양지가 될지도 모른다. 그러나 그 내러티브들은 아마도 경제 이론가들이 연구하는 사람들, 즉 경제행위를 하는 사람들의 삶의 재료가 되는 소재일 것이다."라고 주장한다.

2) 능동적인 마음에서 이야기적 마음으로

일련의 명제 형태로 Bruner의 인지 이론을 요약할 수 있겠으나 그렇게 하는 것은 무엇보다 중요한 연구의 참맛을 잃어버릴 위험이 있다는 점도 알아 둘 필요가 있다. Bruner는 마음이나 문화에 의한 성장과 풍부함에 관한 흥미로운 질문을 제기하는 방법을 찾는 것보다 일련의 증명 가능한 명제에 관심을 덜 가지고 있다고 말하는 편이며, 우리는 마음의 본질에 대한 그 맛을 표현할 수 있다. 그럼에도 불구하고 다음과 같이 요약하여 제시할 수 있다.

1. 마음은 단순히 정보를 수동적으로 수용하는 기관이 아니라 정보를 찾고 자신이 만든 가정을 시험하는 능동적인 과정이다. 그렇기 때문에 어떤 지식이 투입된 인지(cognition) 또한 마음이 이미 만들어놓은 특정한 상태에 의존하게 된다.
2. 경험의 산물은 어떤 지식이 투입된 것에 의미를 부여하여, 주어진 지식을 넘어서게 하는 일련의 정신구조이다.
3. 이러한 정신구조는 일련의 재구조화를 통해 발달의 과정에 있어 다른 형식이나 양식—작동적 양식에서부터 모방적, 상징적 양식

—으로 바뀐다.

4. 정신구조는 암묵지의 조직화된 체계. 정신구조는 이전의 경험의 내부적이고 내생적인 재구성을 통해 구조화되며, 또한 외현적으로 드러나는 문화적 의미, 규칙, 규범, 도구, 기본적인 언어를 통해서도 구조화된다.
5. 마음속에 저장된 대부분의 지식이 문화적인 지식이기 때문에, 이러한 문화적 지식을 바탕으로 한 수업은 인지발달에 있어 매우 중요한 역할을 수행한다.
6. 정신구조는 지식을 정말 순수하게 객관적으로 표상하지 않는다. 오히려 특정한 의도적인 상태나 신념, 이상, 타인과의 상호작용을 통한 자신의 목표 아래 구성된다.
7. 이러한 의도적 상태와 그것이 표현된 행동은 근본적으로 자기자신(행위자)의 내러티브, 행위, 문제, 성과의 측면을 통해 마음속에 표상되며, 더욱 간단하게 말하면, 누가 무엇을, 누구와, 어떤 이유로, 어떤 결과와 함께 행하려고 하는지의 관점을 통하여 나타난다.
8. 이러한 내러티브는 (비교)대조와 판단을 위해 우리가 제안하는 가설을 제공해준다.

초기 Bruner의 초점은 개인의 인지 과정에 있었지만, 그의 후기 이론은 훨씬 더 사회적이고 문화적인 것에 초점이 맞추어져 있었으며, 그는 마음의 이론의 부분으로 주체성, 의도성, 주관성, 그리고 특히 간주관성의 개념을 만들었다. 그러므로 현재 Bruner는 단순히 인지 심리학자라고 하기보다는 문화 심리학자로 접근하는 것이 좋다.

이와 같이 우리가 Bruner의 내러티브 사상이나 인지 이론을 이해할 때, 이러한 아이디어들이 교육실천과 교육이론, 그리고 이하 우리의 다음 관심인 교육관, 지식관 등에 있어서 내러티브 사상을 통해 어떻게 작용하는지를 보는 것은 매우 중요한 문제이다.

나. 인간관: 문화심리학에서 바라보는 인간

내러티브는 그 학문적 배경에서 문화심리학을 핵심적인 기저로 한다. 문화심리학의 인간관은 인간은 문화적 존재로 접근한다는 것이다. 문화심리학에서 인간과 문화는 분리될 수 없는 관계이다. 즉, 인간의 사고는 문화 그 자체로 설명될 수 있기에 Bruner(1996)는 이를 문화주의(culturalism)라고 설명하였다. 문화심리학 또는 문화주의가 가진 기본 가정은 인간과 문화는 서로에게 밀접한 영향을 주고받고 있다는 것이다. 그러므로 개인을 탐구하기 위해서는 문화가 기능하고 있는 측면을 반드시 살펴봐야 하고 문화의 실재들이 개인을 어떻게 정의하는지 살펴봐야 한다. 물론 문화를 탐구할 때도 개인과 분리되지 않기 때문에 개인들의 삶의 맥락 속에서 나타나는 문화적 요소들이 사회적인 실재로 어떻게 구성되는지 개인의 관점이 포함되어야 한다. 이에 Shweder(1990)의 경우 개인과 문화에 대한 관계를 문화적으로 구성된 실재(의도적인 세계)와 실재를 구성하는 정신(의도적인 인간)간의 관계로 접근하여, 실재와 정신이 계속적으로 상호작용을 형성하고 서로의 정체성 형성에 영향을 주며 서로의 존재를 조건화한다고 설명한다.

문화심리학에서 인간에 대한 탐구를 수행할 때 주요한 개념으로 경험을 다룬다. Polkinghorne(1988)은 문화심리학이 인간에 대한 이해를 추구할 때 다루어지는 경험에 대해 논의한다. Polkinghorne은 인간의 경험을 사건의 연대기적 서술로 표현했던 과거의 접근 방식과 달리 의미의 영역에서 작동한다고 말한다. 그는 경험은 의미를 가지고 있으며, 경험이 의미를 가지고 있음에 따라 인간의 행동은 변화하고 인간이 어떻게 형성되었는가에 따라 개인이 가진 정체성의 특징이 나타나게 된다고 주장한다. 나아가 Polkinghorne(1988)은 이러한 경험이 의미를 가지는 과정에서 내러티브가 작동한다고 설명한다. 내러티브로 형성된 경험의 의미는 인간이 겪은 다양한 사건들을 유의미한 이야기로 엮어내는 인지적 과정이다.

문화심리학에서 경험의 의미를 형성하는 내러티브가 환영받는 이유는 인간을 생물학적 구속에서 탈피하여 문화적 존재로 바라보려는 Bruner의 주장에서 나타난다(Bruner, 1990, 1996; 강현석, 2016a). 인간을 생물학적 방식에 의해 작동되는 대상으로 바라볼 경우 인간이 가진 사고 및 의미 부여의 과정은 설명력이 낮아진다. 또한 문화에 대해서도 생물학적 관점에서는 비합리적인 현상들이 나타나게 된다. 내러티브는 과거의 생물학적 관점에서 탈피하여 새로운 관점을 제시한다. 내러티브가 제시하는 인간의 의미 구성은 생물학적 요소로 관찰되거나 측정될 수 없다. 내러티브는 과학적이고 논리적인 설계된 직접적인 관찰의 방법이 아닌 개인들의 삶에서 나타나는 역사 속에서 관찰이 가능하다. 그러므로 내러티브들은 개인적인 이야기를 포함하며, 사회적인 역사, 신화, 우화, 소설 등도 내재된다(강현석, 2016a).

그러므로 Bruner(1996)는 문화심리학에서 인간에 대한 접근을 위해 다음과 같은 점을 유의해야 한다고 주장한다. 첫째, 인간의 사고는 개인 혼자서 구성하는 것이 아니다. 인간은 문화 속에 존재한다. 즉, 인간은 문화와 분리될 수 없고 인간의 사고는 문화를 거치지 않고는 이루어지지 않는다. 문화심리학에서 취하는 인간상과 같이 문화적 존재가 된다. 둘째, 인간의 사고는 의미 구성을 수행한다. 인간의 경험이 가지는 의미는 인간의 사고 과정의 결과물이다. 즉, 인간이 형성한 의미에 대한 탐구는 인간의 사고에 대한 탐구로 이어진다. 셋째, 이러한 인간은 인간의 일상 속에서 다루어져야 한다. 문화심리학에서 인간은 보편적이고 일반적인 법칙을 따라가는 존재가 아니다. 문화심리학은 인간을 일상 심리에 따르는 존재로 인식한다.

3. 내러티브와 지식: 내러티브 지식과 내러티브 인식론

이하에서 논의하는 내러티브와 지식의 문제는 내러티브와 인간, 지식, 교육의 문제를 개괄적으로 다루기 위한 차원에서 접근하고자 한다. 보다 상세한 논의는 제9장에서 다루어지고 있다.

가. 내러티브 지식: 내러티브적 앎

내러티브 과학에서는 내러티브적 앎을 강조한다. 앎을 정의할 때 각 학문이 추구하는 방식에 따라 다양한 방식들이 나타난다. 내러티브 과학에서는 내러티브적 앎을 통해 인간에 대한 이해를 추구한다. 내러티브 과학의 필요성을 야기한 과거 전통적인 패러다임적 방식에서는 실증주의적 인식론에 근거하였다. 실증주의적 인식론은 인간의 사고와 행동을 객관적 실체로 간주했었다. 그에 반해 내러티브 과학은 생성적 인식론에 근거하여 인간의 앎이 외부의 발견된 지식을 수용하는 것이 아닌 개별 인간들이 경험을 통해 앎을 만들어가는 구성주의적 관점을 추구하였다. 이에 따라 내러티브 과학에서 추구하는 앎이란 진리의 수용 또는 이해가 아닌 스스로 지식을 만들어가는 경험과 그 과정을 의미한다.

내러티브적 앎은 전통적인 패러다임적 방식과 다음과 같은 차이점을 가지고 있다(강현석, 2016a). 첫째, 내러티브적 앎은 범주에 따른 구분보다 사건의 관계에 중시한다. 기존의 패러다임적 방식은 특정 주제 및 기준에 의해 사건 또는 자연 현상들에 층위를 설정하고 분류하는 방식을 취하였다. 그러나 내러티브적 앎은 범주보다는 각 사건 또는 자연 현상들이 시간적 배역에 맞춰진 관계에 주목한다.

둘째, 내러티브적 앎에서 지식과 주체가 분리되지 않는다. 기존의 패러다임적 사고에서는 지식은 과학적 방법을 이용하여 객관적으로 관찰될 수 있다고 보았다. 반면 내러티브적 앎에서는 지식은 인간 경험에 내재해 있는 여러 내적 사고 과정과 밀접하게 관련되어 있으므로 주체에 따라 구성된 지식은 보편적이지 않을 수 있다는 것을 수용한다.

셋째, 내러티브적 앎은 언어에 기반한 해석적 이해를 추구한다. 기존의 패러다임적 사고는 객관적이고 과학적인 자료에 근거하여 이루어진 통계적 분석을 선호하였다. 그러나 내러티브적 앎은 인간의 경험에 근거하고 있으므로 인간이 경험을 표현하는 언어적 활동의 이해를 중시한다. 그러므로 인간의 경험을 이해하기 위한 해석학적 방법이 활용된다.

내러티브적 앎의 추구는 내러티브적 인식론에 근거한다. 내러티브적 앎의 추구는 인간이 추구해야 하는 지식을 어떻게 정의하고 그러한 지식이 인간의 사고와 행동에서 어떻게 나타나는지를 의미하는 내러티브적 인식론에 근거하고 있다. Bruner의 경우 내러티브적 앎은 인간의 두 가지 사고 양식을 구분하여 설명하면서 인간의 앎에 대해 서술할 때 내러티브적 인식론이 나타나고 있다(강현석, 2016a). 또한 Robinson과 Hawpe, Polkinghorne, Noddings와 같은 내러티브 과학의 대표적인 학자들에게서도 내러티브적 인식론에 근거한 내러티브적 앎의 추구가 나타나고 있다.

이러한 변화를 동반하면서 인간의 지식은 정보의 단순한 축적을 넘어선다. 먼 과거에는 지식이란 인간의 손이 닿을 수 없는 신의 영역으로 보았고 인간의 지식 추구 활동은 신의 뜻과 의지를 계승하는 것으로 보았다. 오늘날 지식의 탐구는 인간의 활동의 영역으로 받아들여 자연 현상의 다양한 법칙을 탐구하고 발견하는 것으로 접근하고 있다. 그러나 지식에 대한 이러한 접근들은 자연 현상에서 나타나는 법칙에 중심을 두고 있기에 인간의 사고와 행동이라는 영역에서 동일한 접근을 지식을 다루는 것은 한계가 있다. 인간의 사고와 행동이라는 영역에서 지식은 단순한 현상들의 법칙을 넘어서는 무엇이 존재한다. 예를 들어 자연 현상에서는 발견된 법칙에 의해 동일한 형태의 전조가 있을 경우 법칙으로 예측된 이후 현상을 관측할 수 있지만 인간의 사고와 행동은 이제까지 인류와 함께 발달한 과학적 접근에서 발견된 법칙으로 예측되어지지 않는 모습들이 나타난다.

내러티브는 지식에서 언어의 역할을 중시한다. 지식을 탐구하면서 인간의 사고가 지식 탐구의 범주에 들어가게 되자 인간의 사고가 어떻게 작동하는지에 대한 호기심이 발생하였다. 그러나 문제는 인간의 사고는 외형적으로 드러나지 않는 내적인 활동이라는 것에 있다. 그러므로 이러한 인간의 사고를 어떻게 이해할 것인가에 대한 방법론적인 문제가 제기될 수밖에 없다. 내러티브 탐구에는 지식에 대한 탐구를 위해 언어를 사용한다. 인간의 지식은 인간의 경험이 기록된 텍스트를 접하여 이러한 텍스트를 이해하는 것으로부터 시작된다. 텍스트를 이해하여 텍스트에 포함된 의미를 해석하고 이를 통해 자신의 텍스트로 바꾸는 것이 인간의 사고로 보았다. 내러티브 과학은 인간의 사고가 이러한 텍스트와의 상호작용으로 보았다.

내러티브는 인간이 경험과 지식을 조직하거나 서로 간의 의사소통과 학습에 있어서 가장 보편적이면서도 자연스럽고 손쉬우며 강력한 형식 중의 하나로 보았다(강현석, 2011; 2016). 내러티브는 언어에 기반한 인간이 사고를 통해 의미를 구성하기 위해 사용하는 도구이다. 인간이 자신의 삶 또는 경험을 표현할 때, 가장 효과적인 표현 방법이 내러티브이다. 한 인간이 경험한 사건들을 관찰하여 일대기적으로 나열한 역사적 기술과 내러티브는 다르다. 내러티브는 사건을 목격한 최초의 경험을 그대로 기술하는 것이 아니다. 내러티브는 인간의 삶에서 형성된 고유한 방식으로 자신의 경험을 구조화하는 것을 포함한다.

내러티브 과학에서 추구하는 지식관의 특징은 다음과 같다(강현석, 2016a). 첫째, 인식자 주체의 경험과 반성을 중시한다. 따라서 내러티브 지식관은 과거 패러다임적 관점에서 나타나는 기술적 합리성을 극복할 수 있는 대안이 된다(강현석, 2016a). 내러티브 과학의 관점에서는 지식은 주체의 처한 상황이나 주관적인 인식에 영향을 받기 때문에 주체의 삶 또는 경험을 통해 맥락적으로 접근해야 한다.

둘째, 인식자는 인식 대상으로 분리되지 않는다. 내러티브 과학에서 지식은 개인과 독립된 하나의 자연법칙 또는 규칙으로 간주되었다. 그러므로 지식 탐구에도 있어 객관성과 보편성이 중시되었으나 내러티브 과학의 지식은 인간이 구성하고 반성하며 재구성하는 존재가 있기 때문에 지식에 대한 인식의 존재가 지식과 분리될 수 없는 것이다.

셋째, 내러티브 지식은 개인적, 사회적으로 재구성된다. 지식은 개인 내에 구체화된 것으로서, 개인은 개인적, 사회적으로 구성된 상징적 형식들을 통해서 경험을 해석한다.

나. 내러티브 인식론의 배경

내러티브 인식론은 인지혁명에서 출발하였다. 심리학에서 인간에 사고에 대한 새로운 전환이 일어나고 이후 극명하게 다른 두 관점이 등장하였다. 하나는 내러티브 과학의 출발이라 말할 수 있는 인간의 사고가 문화와 밀접하게 관련되어 있다고 보는 문화심리학 관점이며 나머지 하나는 인간의 사고가 컴퓨터와 같은 연산적 작동이라고 보는 정보 처리 이론이다. 정보 처리 이론은 인간의 사고가 생물학적 장치인 두뇌의 활동에 의한 것으로 두뇌는 컴퓨터와 같이 외부로 받아들여진 자극들의 정보를 수용하여 가공하고 처리하는 기능을 하는 것으로 보았다. 이에 정보 처리 이론은 앎이란 외부에서 들어온 정보를 두뇌에서 가공 '처리'하여 습득한 지식으로 받아들였다. 반면 문화심리학에서는 사고의 복잡한 과정을 반영하고 인간의 사고가 인간 내부에 일어나는 사고뿐만 아니라 인간을 둘러싼 모든 환경(그 중에서 문화)에 영향을 받는 것으로 보았고 지식을 외부의 정보를 받아들이는 것이 아닌 경험에 근거하여 구성하는 것으로 보았다.

내러티브적 인식론은 경험의 주체가 가진 문제에 집중한다. 내러티브 과학은 내러티브적 인식론에 근거하여 경험하는 인간과 그 경험에 대해 어떤 의미를 부여하는지를 주목한다. 그러므로 내러티브 과학은 주로 자연 세계보다는 인간이 포함된 그리고 인간의 관점에 따른 연구 주제들이 다루어진다. 내러티브적 인식론에는 인간이라는 주체의 사고 및 행동을 유발하게 된 의도, 신념, 가치, 목적 등과 같은 그들의 삶과 밀접하게 관련된 문제를 다룬다.

내러티브적 인식론은 앎의 다양성을 존중한다. 내러티브적 인식론은 인간 주체의 생성적 관점을 중시하게 됨에 따라 인간이 세계를 이해하는 방식에 있어 다양한 관점이 있으며 다양한 담론이 가능하다는 접근을 추구한다. 그러므로 이러한 접근에서는 인간의 다양성을 각각의 주체의 의도 및 목적을 이해하기 위한 해석학적 이해가 중시된다. Bruner 또한 이러한 해석학적 접근을 중시하여 인간이 세계를 구성하는 방식을 이해해야 한다고 강조한다(강현석, 2016a).

다. 내러티브 인식론의 특징

내러티브 인식론은 학자들마다 조금씩 다르게 논의되고 있다. 이 부분에서는 내러티브 인식론을 다루기 위해 Bruner의 입장, Polkinghorne의 입장, 그리고 Clandinin과 Connelly의 입장을 살펴보고자 한다. 그들의 내러티브에 대한 인식론을 살펴봄으로써 내러티브 인식론에 대한 주요한 특징들을 식별할 수 있다.

1) Bruner의 내러티브 인식론

Bruner는 언어의 구성적인 역할을 강조한다. 언어는 인간의 삶과 불가분의 관계이다. Bruner는 인간의 삶을 이해하는 기초가 되는 도구로 언어를 언급하며 언어는 인간이 공유하고 있는 여러 사회적 환경인 문화, 예술, 도덕과 같은 부분을 표현한다고 말한다. 이러한 언어는 인간의 사회적 실재들을 표현하며, 언어를 통해 생성되기도 한다. 즉, 언어는 사회적 실재들을 만들어내는 주요한 도구이다 (Bruner, 1986).

Bruner는 이러한 사회적 실재들의 중요성을 강조한다. 사회적 실재들은 개인만이 가진 고유한 특질들이 아니다. 사회적 실재는 다양한 개인들이 가지고 있으며, 서로 교환하고, 공유하고 있는 것이다. 그러므로 사회적 실재는 개인들 간의 대화, 토론, 논의, 합의, 논쟁 등과 같은 역동적인 상호작용 활동으로 포함하고 있다. 즉, 사회적 실재는 어떤 물리적인 실재처럼 형태가 정해져 있으며 고정된 특질도 정의되는 것이 아니다. 그러므로 끊임없이 변화하는 이러한 사회적 실재들을 이해하기 위해서는 다양한 개인이 공유하고 있는 사회적 실재들에 대한 해석학적 방법이 사용될 필요가 있다.

이를 위해 Bruner는 두 가지 주장을 제시한다. 첫째, 사회적 실재를 이해하기 위해서는 인간의 경험을 이해해야 하고 이를 위해 경험과 경험에 포함된 개인의 의도 또는 인식 구조를 이해해야 한다. 둘째, 이러한 의도 또는 인식 구조가 문화적 또는 사회적 실재들에 관계된 구성원들을 통해 실현된다는 것을 이해해야 한다. 이 두 가지 주장은 결국 문화에 대한 논의로 이어진다. 그는 문화를 인간 개인이 가진 한계를 극복할 수 있는 가치 있는 산물이라 정의한다(강현석, 2016a). Bruner는 문화를 이해하기 위한 '일상심리학'을 제시하였다. 이후 일상심리학은 '문화심리학'으로 명명되어 논의를 전개하였다.

문화심리학에서 Bruner는 내러티브를 통해 문화에 형성된 의미 구조를 주목한다. 문화심리학은 인간이 사회적 실재와 영향을 주고받으며, 사회적 실재 속에서 지식을 구성하고, 사회적 실재에서 타인과 경험을 공유하는 방식을 주요 탐구 주제로 삼고 있다. Bruner는 이러한 탐구 주제를 통해서 인간이 구성하는 의미 형성의 과정이 나타난다고 보았다.

2) Polkinghorne의 내러티브 인식론

Polkinghorne(1988)의 내러티브 인식론은 *Narrative Knowing and Human Science*에서 시작한다. 그는 경험을 사용하여 인간의 존재에 대한 설명을 시작한다. 그는 경험은 단순한 사건이 아닌 의미가 포함된 것으로 보았다. 자연 현상 또는 사건이 경험으로 존재하기 위해서는 인간의 사고 또는 행동에 의한 의미가 부여되어야만 한다. Polkinghorne은 이러한 인간의 사고 또는 행동에 의해 경험이 의미를 가지는 과정에 대한 탐구를 주장한다. 그에게 있어 경험은 다양한 의미를 가지고 있으며 인간이 의미를 구성할 때는 고유한 형식을 가지고 있다고 보았다. 그는 경험의 형식을 내러티브로 정의한다(강현석, 2017). 그는 인간은 내러티브라는 인지적 과정을 통해 경험에 의미를 부여한다고 보았기에 내러티브를 탐구함으로 인간에 대한 이해가 가능해진다고 보았다.

Polkinghorne은 내러티브는 의미영역의 활동이라고 설명한다. 내러티브는 사물이나 산출물이 아닌 활동으로 바라본다. 그림을 그리는 활동과 그려진 작품이 가지는 위상은 다르다. 그림을 그리는 활동은 수행이며 실체가 아니다. 반면 그려진 작품은 인공물이며 형태가 존재하는 실체이다. 내러티브는 마치 활동과 같아서 명사가 아닌 동사의 형태를 가진다.

의미영역의 활동은 정해진 실체를 가진 결과물과 달리 다양한 형태를 가진다. 의미영역은 활동으로 생동적으로 살아 있다. 관찰될 수 있지만 관찰된 상태로 존재하지 않고 측정할 수 있지만 측정된 상태가 유지되는 것이 아니다. Robert Romanyshyn의 표현처럼 의미영역의 활동은 마치 거울에 비친 상과 같이 잠시 스쳐가는 흔적이나 허상과 같다. 인간의 사고와 행동이 멈추지 않고 끊임없이 이루어지는 것과 같이 의미영역의 활동은 인간의 삶이 계속되는 한 지속적으로 재구성되기 때문에 정해진 실체를 관찰하거나 측정할 수 없다. 그러므로 의미영역의 활동은 쉽게 탐구할 수 없다.

그러므로 인간은 자신의 내러티브, 즉 자신의 의미영역의 활동에만 직접적으로 접근할 수 있다. 타인 또는 사회적 집단에 존재하는 의미영역의 활동은 앞서 언급한 것처럼 정해진 형태나 실체가 있는 것도 아니며 관찰이나 측정이 이루어져도 끊임없이 변화하므로 직접적이고 공개적인 관찰이 어렵다. 즉, 의미영역의 활동이 직접적으로 관찰되는 것은 자신의 사고 및 활동의 영역으로 한정될 수밖에 없다. 그러나 이러한 한 개인이 가지는 자신의 의미영역 활동이라도 이는 주변의 환경인 사회, 문화, 국가와 같은 요소들에서 독립적으로 존재하지 않는다. 그러므로 결국 자신의 의미영역의 활동조차 직접적인 탐구가 가능할 뿐이지 의미영역의 활동 전체가 드러나는 것이 아니다.

Polkinghorne은 의미영역의 활동을 탐구하기 위한 도구로 내러티브를 제시한다. 그는 의미영역의 활동이 언어에 기반하여 이루어진다고 보았다(강현석, 2016a). 의미영역의 활동은 한 개인이 가진 사고와 행동을 포함한 삶과 개인을 둘러싼 다양한 환경과의 상호작용이다. 그리고 이러한 상호작용은 언어적 표현에 기반하고 있다. 예를 들어, 의견을 전달하기 위해 타인과 주고받는 대화, 지식을 습득하기 위한 독서, 예술적 감정을 표현하기 위한 반응 등이 모두 언어에 기초해 이루어지고 있다.

그러므로 의미영역의 활동을 탐구하기 위해서는 해석학적인 추론이 필요하다(강현석, 2016a). 의미영역의 활동이 언어에 기초하고 있기 때문에 의미영역에 대한 탐구는 언어적 자료를 이해하기 위한 해석학적 추론이 요구된다. 해석학적 추론은 일반적으로 일상에서 나타나는 글이나 말이 의미하는 바를 이해하기 위해 사용되는 방법이다. 그러나 해석학적 추론의 정확성은 자연과학에서 주로 사용하는 전통적인 계량화된 추론과는 다르다. 자연과학에서는 정량화된 관찰 및 측정에 기초하여 추출된 자료를 합리적이고 계량화된 절차에 의해 분석하여 명확하고 신뢰할 수 있는 결과를 도출해내지만 해석학적 추론은 인간의 역동적인 의미영역의 활동을 대상으로 하기 때문에 자연과학에서 사용하는 추론의 접근에 비한다면 과학적으로 정확성을 가진다고 보기는 어렵다.

Polkinghorne은 의미영역이 다양한 표상 양식을 가지고 있다고 설명한다. 의미영역이 언어적 표현에 기초하고 있지만 표상으로 나타나는 양식은 다양하다. 의미영역의 활동에 개인의 경험이 표현되었을 때, 그때의 개인의 경험은 지각일 수도 있으며, 기억에 따른 회상일 수도 있다. 또 한편으로는 기억을 넘어서는 상상이라는 표상 양식으로도 나타날 수 있다. 결국 의미영역의 활동이 특정 모습을 가지고 나타날 때, 개인의 내부에 존재하는 추상, 자각, 통제 등과 같은 다양한 의식의 구조들이 복잡하게 상호작용하게 된다. 이러한 의미영역의 다양한 표상 양식은 의미영역의 활동을 탐구하는 것을 더욱 어렵게 한다.

이러한 측면에서 Polkinghorne은 의미영역의 탐구 도구로 내러티브를 제시한다. 그가 제시한 내러티브의 가능성은 의미영역의 활동이 구성되어 가는 과정을 도식화 하는 데 효율적으로 활용될 수 있다는 것이다. 내러티브는 인간이 의미영역의 활동들이 일어나는 도식을 표현할 수 있다. 이러한 도식은 과거의 사건들에 의미를 부여하는 과정, 여러 사건들이 조직되어 경험을 형성하는 과정, 경험들이 상호 영향을 주고받으며 하나의 커다란 인간의 삶을 만들어 가는 과정 등이 내러티브를 통해 나타난다. 또한 내러티브는 의미영역이 가지고 있는 다양한 표상 양식이 나타나는 모습을 구현한다. 내러티브 속에서는 내적인 갈등, 조정, 반성, 재구성 등과 같은 활동이 나타난다. 이러한 요소는 인간의 다양한 의식 구조의 상호작용이 관찰되는 과정의 측면이다.

3) Clandinin과 Connelly의 내러티브 인식론

Clandinin(1992: 125)은 '내러티브적으로 구성된 지식'으로서 개인적·실천적 지식을 강조한다. 요컨대 실천가의 개인적 지식은 행위자로서의 경험에 토대를 두고 있다. 따라서 실천가의 개인적 지식의 의미는 행위 당사자 경험을 중심으로 이해되어야 한다.

특히 Clandinin과 Connelly(1991: 130)에 의하면 개인적·실천적 지식은 우리의 경험으로부터 나온다. 경험은 정서적이고 도덕적이며 심미적 차원을 가진다. 따라서 우리 경험의 내러티브를 구성하는 우리의 개인적·실천적 지식은 정서적이고 도덕적이며 심미적인 것이다. 요컨대 경험으로부터 개인적·실천적 지식이 구성되며 그 구성된 지식을 통해 우리의 경험이 풍부해지며, 그 과정에서 경험의 내러티브가 중요한 기제로 작용한다. 따라서 내러티브는 경험인 동시에 지식이 된다. 이런 점에서 인간의 내러티브적 이해는 학교와 인간 경험의 사적 역사 내에 내장되어 있는 개인의 개인적 역사와 함께 인식된다. 내러티브 풍경 내의 핵심적인 구인들은 세 가지, 즉 이미지(image)의 의미, 내러티브 통일성(narrative unity), 개인의 삶에서의 개인적 철학과 리듬이다. 이상의 세 가지 개념들은 인간 경험에 대한 내러티브적인 개인적 지식 조망을 표현하는 것이다. 결국 이것들은 인간 경험에서 사람의 개인적 지식을 이해하는 방식을 제공한다. 사람들이 개인적 경험을 이야기하고 저술함으로써 스스로 지식을 구성해 나간다. Connelly와 Clandinin(1994: 158)은 사람들이 자신들이 이야기를 말하고 쓰는 것뿐만 아니라 더 나아가 이야기를 다시 말하고, 다시 쓰는 과정을 경험하도록 요청하고 있다. 내러티브는 담론의 언어적인 작용 속에서 그 모습을 뚜렷하게 하기 때문에 인간 자신의 행위 혹은 타인의 행위에 대한 담론에 주의를 기울일 필요가 있다. 담론을 통하여 의사소통된 독특한 의미의 층(strata)에 주목할 필요가 있다(Polkinghorne, 1988: 11). 이것은 Lyotard가 말하는 이야기적 지식(narrative knowledge)과 의미상 일치한다(한혜정, 2006: 77). 이야기는 스스로 권위를 지닌다. 사람들은 어떤 의미에서 이야기를 현실화하는 것에 불과하다는 것이다.

4. 내러티브와 교육

가. 교육의 수단으로서 내러티브

교과를 가르친다는 것이 교과에 '관한' 지식을 가르치는 것이 아니라면 무엇이 되어야 하는가? 이 질문에 브루너는 교과하기(doing subject) 라고 말한다. 내러티브는 교과하기의 전형으로 보고, 과학을 그 예로 들면서 내러티브를 과학하기(doing science)의 전형이라는 것으로 제시하고 있다. 과학하기는 '살아 있는 과학 만들기'를 의미한다. 이하에서는 과학하기의 문제를 특정 교과인 과학과(과학하기의 사례는 Bruner, 1996: 305-321을 참고)가 아닌 메타 수준에서 지식의 구조를 학습하고 가르치고 조직하는 문제로 보고 이를 살펴본다.

1) 내러티브로서 탐구와 발견학습 과정: 내러티브 휴리스틱

지식의 구조가 요청하는 교수-학습의 문제는 탐구와 발견학습의 차원이다. 인간 학습자가 마주하는 세계는 무작위적인 것이 아니며 사태간의 규칙성과 관계성은 세계에 대한 일정한 질서를 부여하고 있기 때문에 형태, 즉 사태간의 규칙성과 관계성이 다름에 따라 동일한 세계도 다양한 의미적 세계로 나타나는 것이다. 인간과 세계의 상호작용인 탐구는 대상간의 규칙성과 관계성을 찾으려는 기대감에서 출발한다. 발견 행위는 새로운 통찰에 의해서 주어진 자료를 뛰어넘도록 변혁하고 재조정하는 일련의 행위이다. 이 행위는 효과적인 범주 체제(다양한 정보를 조직하는 데 이용될 수 있는 형식이나 도식)하에서 창조적인 개념들이 형성되고 이들 개념들을 위치 지우는 행위이다.

개념은 경험을 경제적인 것으로 만들고 경험상호 간에 관련을 지워주는 발명품이다(Bruner, 1966). 즉 개념은 이해를 위한 수단으로서 우리가 발명해낸 것이다. 우리가 어떤 현상에 대한 규칙성과 관계성을 발견해낸다는 것은 현상 자체에 대한 직접적 결과가 아니고 개념(상징적 세계)을 통해 형성된 결과이다. 발견법에 있어서 지식의 구조란 서로 관련성이 없는 여러 관찰한 것들에 어떤 질서를 주는 개념적인 발명품이므로, 우리가 구조를 배우게 되면 어떤 내용에 의미를 주게 되고 새로운 경험 영역을 열어줄 수 있게 된다. 이렇게 볼 때 구조란 학습 경험에 규칙성과 관련성을 부여해 주며 새로운 발견의 영역을 제시해주는 것이라고 할 수 있다. 학습자의 앎의 과정은 인식 주체의 입장에서 보면 수동성보다는 능동성을 함축하고 있다. 인식 주체는 자신의 모델 구축 과정, 즉 발견의 행위에 참가해야 한다.

그러나 발견학습을 '발견'이라는 사전적 의미에 집착하여 외부 실재를 경험적으로 발견하는 것으로 보아서는 안 된다(강현석, 2004: 62). 왜냐하면 Bruner가 말하는 발견에는 발명이나 창조의 의미가 들어 있기 때문이다. 발견학습은 지식의 구조라는 교육내용을 가르치는 방법상의 원리인 것이다. 발견학습은 학생들로 하여금 뉴톤과 같이 만유인력의 법칙을 발견해낼 수 있도록 하는 것이 아니라 그러한 법칙을 가르치는 방법상의 원리이다. 따라서 탐구와 발견학습에 대한 축어적 해석을 통한 비판은 온당치 못하다. 구조적 수준차에 대한 문제를 브루너는 보다 적극적으로 인지적 도제 혹은 비고츠키의 비계설정으로 해결하고자 한다. 모든 학습이 발견이 될 필요는 없다. 발견은 단지 수업의 기법이 아니며, 그 자체는 중요한 수업의 성과이다. 종국적으로 교육은 발견의 과정이다. 발견은 객관적 실재의 파악이 아니라 지속적인 창조의 과정이다(강현석, 2004: 62).

구조는 동적인 측면도 동시에 지니고 있으며, 동적인 측면이 구조의 본질에 더 가깝다. Bruner는 이러한 능동적 학습을 조장하기 위한 방법으로 구조를 통한 직관을 강조하고 있다. 따라서 역동적인 구조는 '변형과 생성'을 허용한다. 그리고 구조는 일반화와 특수화를 가능케 함으로써 세계에 대한 우리의 이해에 도움을 주며, 귀납과 연역의 역동성과 전이(transfer)의 문제를 내포하는 다차원적인 성격을 지니고 있다. 더 나아가 구조는 완결된 개념으로서 내용만을 의미하지 않으며 내용과 과정을 동시에 통합한다. 따라서 탐구학습은 구조의 계속적인 변화를 상정하고 있으며, 구조를 완결된 것으로 보는 것이 아니라 계속적인 변화, 수정, 진화를 해 나가는 것으로 해석할 수 있다.

위에서 살펴본 바와 같이 우리가 지식을 이해하고 추구하는 궁극적인 목적은 탐구를 통한 새로운 지식의 생성에 있다. 따라서 구조의 학습은 지식의 내적 구조(개념체계)와 외적 구조(탐구구조)를 동시에 고려해야 한다. 구조의 발견 행위를 주어져 있는 것의 단순한 발견으로 보는 생각은 지식의 외적 구조, 즉 지식의 탐구구조에 대한 것을 배제하기 때문에 생기는 문제이며, 탐구활동의 역동성을 모르는 처사이다. 따라서 지식의 구조는 기존의 지식을 도구적으로 사용함으로써 세계에 대한 새로운 통찰을 부여할 수 있는 개념적 장치이며, 결국 도구적 지식에 통일성을 부여할 수 있는 구성 개념이다(강현석, 2004: 61). 따라서 구조가 가정하는 지식은 생성적 지식이며, 역동적 지식이다. 구조는 내용이면서 과정이고, 지식이 탐구되는 과정인 동시에 구성적 개념이다. 이런 점에서 구조는 고정된 불변의 체계로서 객관적인 실재가 아니며, 주관과 객관의 상호작용 속에서 계속적으로 그 의미가 재구성되는 해석적 체계로 보아야 한다.

이런 점은 발견학습을 내러티브 사고 체계에서 볼 때 더욱 분명하게 드러난다. Bruner는 내러티브가 세계에 대한 우리의 경험과 지식을 조직하거나 서로간의 의사소통과 학습에 있어서 가장 보편적이면서도 자연스럽고 손쉬우며 강력한 형식 가운데 하나라고 보고 있다(Bruner, 1996). 내러티브는 우리가 의미를 만들기 위해 사용하는 구성의 도구이다. 실재는 내러티브로 구성될 수 있다. 의미를 만드는 내러티브 행위는 대화를 통해서 이루어지며, 내러티브 사고는 해석을 필요로 하는 동시에 해석학적 순환에 의해 이야기가 만들어진다. 인간은 이야기 속에서 살아간다. 세계에 대한 우리의 경험과 지식을 조직하거나 구성하는 가장 자연스러운 방법은 이야기를 만드는 것이다. 우리의 경험을 구조 짓고, 경험을 계속적으로 해석하고 재해석함으로써 학습이 심화되어 나간다. 이러한 교수 속에서 삶이 해석적으로 구성되며, 그 과정에서 내러티브는 경험의 구조화 양식으로 기능한다.

이상과 같이 우리의 경험을 조직하기 위한 구조로서 내러티브는 발견학습에 대한 새로운 해석에 중요한 근거로서 작용한다. 내러티브가 학습이나 교육의 과정에서 하나의 수단으로서 작용한다(Bruner, 1996: 119)는 점에서 보면 학습은 본질적으로 내러티브적으로 일어나는 것이며, 경험의 조직을 지속적으로 하면서 학습의 내면화가 이루어진다고 볼 수 있다. 왜냐하면 학습의 주요 대상인 지식은 사람들이 다른 사람과 자신들의 아이디어와 이야기를 공유하는 상황에서 개인적, 사회적으로 구성되고 재구성되기 때문이다. 이 점에서 지식을 학습하고 내면화하는 것은 개인 내에 구체화된 지식을 재구성하는 것이며, 개인적·사회적으로 구성된 상징적 형식들을 통해서 경험을 해석하는 것이라고 볼 수 있다. 이 과정에서 내러티브가 곧 구조의 역할을 하는 것이다.

특히 학습은 내러티브를 통하여 의미를 만들어 가는 과정, 즉 '내러티브 발견법'으로 볼 수 있으며, 그 발견은 일상 심리학의 맥락에서 작용한다. 일상심리학은 사회적 세계 속에서의 경험과 지식, 상호작용과 관련된다. 이 관점에서 보면 인간 학습의 이유는 주어진 문화에 있으며, 그 문화 내에서의 의미를 위한 탐구 활동에 있다. 사람이 문화에 참여함으로써 그 속에서 의미는 공적인 성격을 띠며, 공유되는 것이다. 일상심리는 의미 구성과정에 관련된 상호적 과정이다. 따라서 발견학습은 내러티브 사고에 의한 의미 구성 과정인 동시에 문화 속에서의 해석적 구성의 과정이다. 따라서 발견학습은 더 이상 객관적인 구조를 수동적으로 혼자 찾아내는 활동이 아니다. 이러한 점에서 Bruner는 자신의 탐구학습에 관한 초기의 생각이 불완전하다고 보고, 새롭게 탐구학습에 대하여 사회적 장면에서 구성원들의 교섭과 공유에 의해 재창조되어 가는 과정이 강조될 필요가 있다고 지적하였다(강현석, 2004: 65).

이 말은 지식의 구조를 발견하는 과정은 내러티브의 도움을 받으며, 그 결과로서 구조를 발견한 학습의 결과는 다시 내러티브 형성에도 도움을 준다는 것으로 해석 가능하다. 즉 구조와 내러티브는 인간 경험을 구성하는 두 측면을 의미한다. 그러나 전자가 개인 내적 차원에 초점을 둔다면 후자는 문화적이다. 전자가 개인의 내적인 인식에 초점을 두고 있다면 후자는 상호작용적이고 교섭적이며, 개인 간의 해석적 구성에 초점을 두고 있다.

이상의 탐구-발견학습에 대한 재해석은 지식의 역동성을 기초로 하는 상호적 학습의 가치를 환기시킨다. Bruner에게 있어서 학습은 단지 지식획득-변용-평가의 에피소드만을 의미하지는 않는다. 학습은 해석적 사고를 통한 의미형성의 과정이며, 그것은 구성주의적 과정인 동시에 교사-학생간의 상호작용적 과정을 말한다. 상호작용 과정에서 학생들 간의 대화는 중요하며, 대화를 통해 언어에 의한 상호작용이 일어나며, 이 과정에서 의미의 교섭과 거래가 일어난다. 협동으로서 내러티브 학습의 가치는 여기에 있다. 동시에 학습은 언어에 의한 상호작용 속에서 일어나지만 문화의 맥락에 놓여 있으며, 그 맥락 내에서 의미가 만들어지고 의미를 구성해내는 교육적 상호작용으로서의 내면화가 일어난다. 따라서 학습은 상호 학습 공동체인 교실에서 내러티브적으로 이루어진다.

보다 범위를 넓혀서 보면 인간 마음 구성의 측면에서 구조 발견과 내러티브 사고 형성은 서로 다른 두 측면을 말한다. 브루너가 전기 이론에서 주목한 구조의 발견은 학습결과(엄밀하게 좁게 보면 인지론에서의 마음의 개념)를 말하는 것이며, 후기 이론에서 주목한 내러티브 사고 형성은 마음의 형성 과정(마음을 의미만들기로 보는 인지혁명)을 말하고 있는 것이라고 해석할 수도 있다.

2) 나선형 조직: 나선형의 흐름이 스토리나 내러티브 형식으로 구체화

지식의 구조 입장에서 보면 각 교과의 중요한 기본 구조는 조기에 가르칠 수 있고, 학년이 올라감에 따라 지적으로 올바르게 계속적으로 계열성 있게 학습이 된다면 학습의 정도는 깊이와 폭이 점점 깊고 넓어져 간다. 일반적으로 말하면 나선형은 동일한 교육내용, 즉 지식의 구조가 학년이 올라감에 따라 점차로 심화되고 확대되어 가도록 조직하는 방식이다. 지식의 구조가 학문의 기본적인 것이 되므로 초등 수준의 지식과 고등 수준의 지식에 차이가 없으며 학년별, 학교별 수준에 따라 깊이와 폭이 다르게 된다.

이러한 나선형 조직은 학습자들로 하여금 기본적인 아이디어에 통달하게 하고 그 아이디어를 점점 더 복잡한 형식으로 다룰 수 있도록 하고 교육내용에 대한 이해를 깊게 하는 조직방식이다. 따라서 이 조직 방식은 교과를 가르치는 데 있어 학습자가 도달할 수 있는 '직관적' 설명으로 시작하여 학습자가 충분한 발생적 힘으로 교과를 습득할 수 있을 때까지 학습자가 필요한 만큼 순환을 하는 것이다. 그리고 그다음에는 보다 형식적이거나 매우 구조화된 설명으로 순환적으로 회귀한다는 아이디어가 나선형 교수이다.

결국 나선형은 교과를 가르치는 데 있어 처음에는 직관적 설명으로 시작하고, 그다음에는 학습자에게 생성력(generative power) 있는 학습을 보장하기 위해 심화, 발전 단계의 순환을 거치고, 종국에는 보다 형식적이거나 매우 구조화된 설명으로 진행되는 방식을 말한다(Bruner, 1996). 이 과정에서 학습은 순환적으로 회귀한다. 브루너는 본래의 나선형 교수가 가지고 있는 과학적 가능성을 포기하지 않는다.

최근에 논의되는 나선형에 대한 재구성 근거의 핵심은 나선형의 아이디어를 어떻게 내러티브 형식으로 해석하느냐 하는 것이다. 우리가 최초로 지식을 조직하고 경험하는 가장 자연적인 방식은 내러티브 형식을 통하여 이루어진다. 나선형 교수의 아이디어를, 우리가 처음에 초보적으로 이해하고, 그 다음에 과도기를 거쳐 나중에 그 아이디어를 충분히 파악하는 일은 나선형의 아이디어를 스토리나 내러티브 형식으로 구체화시켜 보는 활동에 의존할 수밖에 없다. 즉, 나선형에서 교육과정의 아이디어를 시작-전개-종결이라는 흐름은 우리가 즐겨하는 스토리나 내러티브 형식으로 구체화하는 것에 달려 있다는 점이다. 의미를 전달하고 소통하는 사태의 계열로서 내러티브는 과학적 설명에 의해 증명되는 것이 아니라 그럴듯한 인간의 의도적 세계를 이야기처럼 다양하게 해석하는 것을 의미한다. 나선형 교수의 사태는 과학적 검증이 가능한 물리적 세계가 아니라 학습자가 특정 목적이나 의도를 가지고 어떤 사태를 이해하고 그 속에서 의미를 구성해나가는 인간 '행위자'의 세계이다. 이 세계에서는 학습자의 마음속에 어떤 일이 일어났는가 하는 것을 단지 '해석'할 수 있을 뿐이다(강현석, 1998: 121).

나선형에 대한 최근의 해석들은 유의미하다. 본래 나선형은 어느 한 발달단계의 영역에서 도전적인 새로운 문제에 직면했을 때 훌륭한 직관을 가지고 다음 단계로 보다 훌륭히, 보다 일찍, 그리고 보다 깊은 사고를 할 수 있다는 것을 의미한다. 이 과정이 내러티브 형식으로 구체화될 수 있다는 점이다. 나선형적으로 지식이나 경험을 조직해야 그 구조 발견이 쉬어지며, 그 과정에서 내러티브 사고를 통한 의미 구성 작용이 일어난다. 이러한 과정을 거쳐야만 교과 지식이 죽어 있지 않고 살아 있는 지식으로 학생에게 다가간다. 이것이 교과하기이며, 살아 있는 교과 만들기다.

나. 교과교육이론 구성의 수단

이상에서 논의한 내러티브는 교육의 과정에서 활용할 수 있는 수단으로서 내러티브 측면이다. 그 핵심은 교과를 제대로 가르치는 데에 있어서 내러티브가 할 수 있는 차원이다. 브루너(Bruner)는 그것을 '교과하기'로 표현하고 있다. 즉, 죽어 있는 교과서 세계가 아니라 생생하게 학생들에게 경험되는 살아 있는 세계이며 그것을 내러티브가 수행해야 한다는 점이다.

이를 위하여 좁게는 탐구와 발견학습을 제대로 해야 한다는 점이다. 기존의 입장에서 보면 탐구와 발견 학습은 앞의 논의에서 살펴본 것처럼 실증주의 인식론과 객관적 실재의 입장에서 많은 비판을 감수해야 했다. 그러나 실증주의 인식론이 아니라 내러티브 인식론에 의해서 탐구와 발견학습은 풍부하게 확장되어야 한다는 점을 알 수 있다. 즉, 구조의 발견으로서 탐구행위에는 내러티브 사고도 작용하며, 따라서 발견의 과정은 분석적 사고와 직관적 사고의 단순한 융합을 넘어서는 일이 되어야 한다.

일찍이 브루너는(1960) 문제해결, 추론과 예감(hunches), 학습과 탐구를 향한 태도가 단순히 본질적인 아이디어를 드러내는 것만으로는 함양될 수 없음을 밝히며, 이를 가능하게 해주는 것으로 발견학습(discovery learning)을 제시하였다(Bruner 1960: 19-20). 또한 발견학습을 축어적으로 접근해서는 안 된다는 것이다. 즉, 인류가 아직 해결하지 못한 무언가를 찾아내는(발견) 행위로 한정되기보다는 오히려 학습자가 스스로 자신의 마음을 사용하여 지식을 습득하고 구성하는 모든 형태로 그 의미가 확장된다(Bruner, 1961: 57)는 점에 주목해야 한다.

더 나아가 브루너는 기존의 교수 학습방법을 설명적 양식(expository mode)으로 비판하면서 가설적 양식(hypothetical mode)으로 나가야 한다는 점을 강조한다. 이 점은 내러티브 학습이 단순히 후기에 와서 갑작스럽게 제안된 것이 아니라 이미 오래전부터 브루너의 문제의식에 잉태되어 있었다는 점을 알 수 있다. 왜냐하면 내러티브 학습이라는 것이 오히려 가설적 양식, 즉 가설적 발견학습에 어울리는 것이기 때문이다. 이 점은 가추법과도 연결된다. 내러티브 사고의 핵심을 줄거리 구성능력과 가설생성적 사고로 보는 입장(Bruner)에서 줄거리 구성 능력 혹은 이야기 구조 구성 능력은 사고력의 형성과 개발에 중요한 역할을 한다. 그리고 가설생성적 사고는 가설적 추론과 해석학적 내러티브 입장에 의해 확장될 필요가 있다. Bruner(1986)는 줄거리 구성 과정이 Peirce의 개연적 삼단논법인 추론, 곧 가설적 추론 혹은 가추법(abduction)으로 진행된다고 지적한 바 있다. 가추법은 어떤 사실로부터 전제를 추론하여 드러난 사실로부터 드러나지 않은 사실에 대한 개연성 있는 가설을 설명하는 사고방식이다.

Bruner의 가설적 양식의 강조는 내러티브 학습의 귀환이며, 학습자의 능동적 주제성, 반성, 협력, 문화를 강조하는 새로운 교수 학습

이론의 구성을 시사한다(Bruner, 1996). 즉, 설명의 양식과 속도와 방식을 주로 교사에 의해 결정되는 수동적 수업문화는 혁파되어야 하고, 교사와 학생은 좀 더 상호협력적인 관계서 의사결정을 형성하는 데 있어 역할을 수행하며 때때로는 주요한 역할을 맡기도 해야 한다(Bruner, 1961: 58).

이 말은 설명적 양식으로 지탱되는 수동적인 수업문화는 이제 진정한 발견학습으로 변모되어야 하며, 발견학습을 통한 가설적 양식에서는 학생과 교사는 모두 동등한 수준으로 참여를 하며, 학생 스스로 정보를 받아들이고 그 정보를 평가할 수 있는 능력을 배양할 수 있는 방식으로 수업이 진행될 수 있도록 해야 한다. 이러한 점에서 스스로 학습을 반성하고 무언가를 만드는 행위는 지식의 구조와 같이 초등학생이나 대학생이나 별 차이가 없게 된다(Bruner, 1971: 74). 결국 가설적 양시을 통한 발건학습은 스스로 발견함으로써 학습하게 되는 점이며(Bruner, 1961: 58), 학습자의 주체적인 학습태도를 지지하기 위하여 학습자의 목소리가 반영되는 내러티브 역사(학생의 삶의 주인공이 되는 이야기)가 활용되어야 한다.

내러티브가 추동하는 발견 학습이 제대로 이루어지려면 교사와 학습자는 상호 마음을 간주관적으로 이해해야 한다. 상호 교섭하면서 서로의 마음을 읽을 줄 알아야 한다. 여기에서 민속교수학 혹은 일상교수학(folk pedagogy)이 등장하게 된다. 어느 일방(주로 모든 것을 학생보다 더 잘 안다고 가정되는 교사가 전달하는 방식)이 내용을 설명하고 전달하는 방식이 아니라 교실 수업은 교수자와 학습자의 마음이 상호교섭되는 장(field)이며, 그 방식과 내용은 학교 문화, 더 나아가서는 더 큰 문화가 조율하게 된다. 이런 점에서 철저히 수업은 문화적인 행위이며, 그 매개를 교수-학습자들의 내러티브 사고가 추동하게 된다. 이 지향점은 넓게는 인간 마음에 대한 전환을 요청한다.

따라서 지금까지 학교교육에서 지배적인 위치를 차지하고 있는 인간 마음에 대한 실증 과학적 설명방식과 인지과학의 입장은 수정되어야 한다. 인간 마음의 내부 세계와 정신의 보편적 구조를 주장하던 심리이론은 비판받기 시작하였다. 각 문화는 사람들의 존재방식, 행위의 이유와 방식, 문제해결 방식에 관하여 내러티브 형식으로 일상심리(folk psychology: 혹은 통속심리학)를 만들어낸다. 이러한 일상심리 혹은 문화심리학의 교육적 전환이 일상교수(folk pedagogy)이다. 즉 일상심리를 토대로 구성되는 교육체계를 말한다. Bruner는 일상교수를 통해 새로운 교수와 수업의 문제를 제안하고 있다. 일상교수를 통해 아동들은 어려서부터 자기가 속한 문화의 일상심리학 내에서 행위하기 위한 내러티브 형식을 숙달한다. 우리는 일상심리학을 가지고 우리의 기관과 제도를 만들어내고, 그 역으로 제도적 변화에 따라 일상심리학을 구성한다. 이러한 구성은 논리적 명제가 아니라 내러티브와 이야기하기에 의해, 내러티브 문화의 구조에 의해 지원된다. 그러므로 그것은 문화의 도구가 된다. 인지과학과 실증주의 사유방식의 한계를 비판하면서, 인간 행위의 문화적 상황성에 기초한 문화적 도구로서 일상심리는 영재교육을 위한 교수에도 시사하는 바가 크다. 특히 Olson(2007)은 이와 관련하여 브루너(Bruner)의 이론은 장차 학교교육의 인류학(anthropology of schooling), 교수학의 인지이론(cognitive theory of pedagogy)으로 발전할 수 있다는 전망을 내놓기도 한다.

이상의 논의에 비추어 보면, 교과를 제대로 가르친다는 것은 내러티브 사고를 통해서 지식 구성의 능동성이 보장되고, 그 구성은 내러티브 학습이 가능하도록 나선형 조직이 이루어져야 한다는 것이다. 그리고 그 조직은 '중간언어'를 넘어서는 구조의 발견 학습이 가능한 방식으로 내러티브적으로 이루어지는 것을 의미한다. 일상교수이론 형성에 대한 필요성(황은주·강현석, 2019)이 대두되는 대목이다. 이제 교과를 제대로 가르쳐서 '살아 있는 교과 만들기'가 가능하려면 전기의 지식의 구조 개념을 넘어서서 내러티브 사고가 견인하는 방식하에서 구조가 풍부하게 해석되어야 하며 탐구와 발견학습, 나선형 조직으로 담보되는 교육의 과정이 해석학적으로 순환하는 구조가 되어야 한다. 이는 마치 우리 삶이 내러티브적으로 구성되는 이치와 크게 다르지 않을 것이다.

제 2 장

내러티브 등장 배경

1960년대를 기점으로 의미를 추구하는 인간 존재에 대한
새로운 사유의 흐름이 형성된다.
내러티브 존재로서 인간은 '정보 처리'가 아니라 '의미를 구성'하는 존재이다.
문화 속에서 의미를 구성하는 존재를 탐구하는 학문의 등장은
인류 세상을 바라보는 새로운 렌즈를 우리에게 선사해주고 있다.
물리학이나 회화, 역사 등이 세계를 만드는 방식(ways of world-making)이라면
우리의 내러티브는 인생 만들기를 위한 일련의 절차들이다.
-Bruner-

핵심 아이디어

이 장에서는 내러티브가 등장하게 된 배경을 크게 세 가지 측면에서 살펴보는바, 일차적으로 관련된 학문적 측면에서 살펴본다. 여기에는 일차적으로 내러티브 심리학이 자리하고 있다. 다음으로 문화심리학과 내러티브 해석학을 살펴보고 있다.

그다음으로는 보다 직접적으로 내러티브가 구체적으로 논의되는 배경으로 문화구성주의를 살펴본다. 문화구성주의는 구성주의의 다양한 버전으로 사회문화적 구성주의와 유사한 측면이 있다. 여기에서는 브루너가 주장하는 문화구성주의의 입장을 강조한다. 그리고 인류 지성사의 큰 흐름으로 내러티브 전회(narrative turn)를 살펴본다.

1. 학문적 배경

가. 내러티브 심리학

내러티브 심리학은 Sarbin(1986)[16]의 논의를 통해 가장 잘 접근할 수 있으며 인간의 행동이나 행위에 대한 이야기된 본질을 제시하고 있다. 그러나 이하에서는 이야기 심리학이라는 방식으로 접근하고자 한다.

1) 내러티브로서 이야기 심리학

첫째, 이야기적 자아

인간의 자아는 기존의 입장처럼 심리 내부의 고정적 자아가 아니다. 이야기를 통하여 자아가 구성되는 것이다. 정석환(1999)에 의하면 인간은 존재론적으로 이야기를 통해 삶을 배우고 자신의 삶을 표현하는 삶을 살아왔으며 인간은 자신의 삶의 존재가 일시적이고 유한한 존재라는 사실을 인식하는 순간부터 "시간"을 인식하는 순간 이야기의 구조로 삶을 이해하기 시작한다는 것이다. 즉 "시작-중간-끝"으로 이어지는 이야기의 구조로 인간의 유한성의 삶을 이해하기 시작한다는 것이다. 이처럼 이야기는 "우리를 설명해 주는" 은유와 상징이 된다는 것이다. 정석환은 우리는 타인의 조그만 행동 하나의 이해에도 이야기가 필수적이며 또한 우리는 "나는 누구인가?"라는

---

16 Sarbin은 인간은 내러티브 구조에 따라 생각하고 인지하고 상상하며 도덕적인 선택을 한다고 주장하며 그것을 내러티브 원리라고 밝히고 있다.(3절 나. 참고)

질문 앞에서 자신의 삶을 이야기로 설명하는 모습을 발견하곤 한다고 설명했다. 우리가 자신의 삶을 이야기할 수 없을 때, 우리는 우리 삶의 의미도 더 이상 작용하지 않고 있음을 느끼게 된다고 말할 수 있다.

이처럼 우리들의 삶에서 이야기를 말하는 것은 우리 자신의 정체성에 대해 말하는 것이고 따라서 이야기는 인간의 전인 건강에 필수적인 요건을 이루며 이야기를 말할 수 없을 때 인간은 병들게 되고 우리의 이야기가 우리의 삶에서 역할을 할 수 없을 때 우리는 삶의 목적과 의미를 상실한다고 그는 언급한다.

건강한 사회는 건강한 이야기를 지니고 있으며 이를 통해 죄책감과 불안감으로부터 해방감을 얻게 된다고 정석환은 주장한다. 때문에 어느 민족, 어느 문화에나 그 공동체를 드러내 주고 하나로 묶어주는 그들의 이야기가 있으며 이야기는 우리들의 삶의 모습을 가장 적절하게 드러내는 근원적 은유로서의 기능을 하고 있고 우리들의 삶의 모습은 우리가 말하는 우리 이야기의 거울 안에 가장 잘 드러나 있다는 것이다.

롤로 메이(Rollo May)에 의하면 이야기란 "우리의 내적 자아가 외부세계 관련 속에서 빚어내는 자기 해석의 틀"이라 말한다.[17] 정석환의 주장에 의하면 우리는 이야기를 통해 우리 자신과 타인 그리고 이 세계와 관계성을 맺고 있는 인간이며 이러한 관계성을 벗어나 살 수 있는 인간은 없기 때문에 이야기하는 인간이란 관계성 안에 있는 인

17 May, R. *The Cry for Myth*. (New York: Bantam Doubleday Dell Publishing Group Inc, 1991),20. 정석환, "후기현대사회와 자아정체성의 문제" 재인용.

간이라고 한다. 이야기를 들어보면 그 사람의 관계성을 알 수 있고 그 사람의 삶의 의미 구조를 파악할 수 있으며 이야기는 인간의 삶에 틀과 의미를 제공해 주는 중요한 통로라는 것이다.

이처럼 이야기가 인간의 삶을 설명해 주는 가장 근원적 은유(root metaphor)의 기능을 하고 있다는 점을 심리학적으로 적절히 활용하여 내러티브 심리학(narrative psychology)을 발전시킨 학자는 사빈(Sarbin)이였다. 사빈(Sarbin)의 주장에 의하면, 우리 인간들에겐 이야기를 필요로 하는 욕구—이야기 욕구—가 존재한다는 것이다.[18] 정석환의 주장에 의하면 이러한 이야기 욕구는 프로이드의 리비도처럼 인간성 깊숙이 자리하는 본능과 같은 것이어서 모든 인간은 이 본능적 욕구에 자유로울 수 없으며 인간은 이야기하는 동물이라는 것이다. 때문에 인간의 삶에는 집단적으로나 개인적으로 다양한 이야기들이 존재하며 한 인간 안에 들어 있는 다양한 "나(Me)"의 가능성은 외부의 환경과 만나 이야기적으로(혹은 대화적으로) 자신을 형성해 나간다는 것이다. 이러한 다양한 "나(Me)"는 이야기를 말하는 해석의 주체로서의 "나(I)" 안에서 자신을 인제나 새롭게 인식하고 만들어 가는 능력을 지닌 개방성과 탄력성을 지닌 존재라는 것이 그의 주장이다.

제임스에 따르면 정상적 상황 속에서의 개인의 자아(I)는 시간의 변화에 따른 의식의 흐름 속에서 자신의 삶을 사건에 대응했던 나(Me)에 대한 일관된 해석의 연결로서 인식하며 자신의 정체성을 확

---

18 Sarbin, T. R. *The Narrative as a Root Metaphor for Psychology,* ed 〔*Narrative Psychology*: The Storied Nature of Human Condition by〕 T. R. Sarbin (New York: Praeger ,1986), 3-21.

립해간다. 그러나 제임스가 보는 인간의 자아 정체성은 "자신을 잃지 않으면서 자신을 넘어설 수 있는" 능력을 지닌 인간인 것이며 또한 여러 상황과의 교류를 통해 자신의 여러 가능성을 계발해 갈 수 있는 가능성의 존재인 것이다.

그러한 인간의 자아 정체성 형성에 대한 다양성과 상대성의 요소 강조와 현실의 구축자로서 그리고 해석자로서의 인간 주체적 자아에 대한 강조는 후기 현대 사회가 그리는 이상적 자아상과 그 흐름을 같이 한다고 보고 있다. 동시에 이러한 해석의 주체자로서의 후기 현대적 자아는 타인과 현실 세계의 환경과의 교류를 통해 자신을 끊임없이 구축해 가는 "관계적 자아(relational self)"인 것이다.

둘째, 이야기로서의 삶(life as narrative)

정석환(1999; 2013)에 의하면 누군가가 나의 삶에 대해 묻는다면 나는 나의 이야기를 말하게 될 것이다. 왜냐하면 나의 삶의 과거 현재 그리고 미래의 희망은 나의 이야기에 담겨 있기 때문이다. 그에게 나는 말할 것이다. 나의 지난 삶의 아픔과 기쁨에 대해, 현재의 느낌과 감정에 대해, 그리고 미래에 이루고 싶은 꿈과 희망에 대해 말하게 될 것이다. 이처럼 내 이야기 안에는 나의 삶이 담겨 있다. 나의 과거와 미래가 담겨 있다. 내가 살아온 삶의 자리들이 담겨 있고 내가 속한 나의 이야기에 영향을 준 우리 문화, 사회-경제적 위치가 담겨져 있다.

나의 이야기 안에는 내가 살아온 삶의 궤적이 담겨 있고 우리의 역사가 담겨져 있다. 나는 이 이야기와 더불어 살고 내 이야기는 나의 일부가 되어 있다. 만약 내가 당신에 대해 알고자 원한다면 나는 다른 도리 없이 당신의 이야기를 들어야만 할 것이다. 때론 당신의 좌절된 꿈의 이야기에 함께 가슴 아파할 것이며, 때론 당신의 도전과 모험의 이야기에 함께 주먹을 불끈 쥘 것이다. 이처럼 우리들의 삶에는 언제나 이야기가 있다. 우리는 이야기의 세상에서 사는 것이다. 우리들의 삶에서 이야기를 뺀다면 마치 영화 속의 등장인물들에게서 대사를 뺀 것처럼, 무성 영화를 변사의 설명 없이 보는 것처럼 무의미하고 건조한 삶이 될 것이다.

이야기는 의미 없는 세상에 의미를 부여하는 기능을 지닌다. 이처럼 인간의 삶과 이야기는 떼려야 뗄 수 없는 불가분의 관계에 있다. 인간은 존재론적으로 이야기를 통해 삶을 배우고 자신의 삶을 표현하는 삶을 살아왔다. 인간은 자신의 삶의 존재가 일시적이고 유한한 존재라는 사실을 인식하는 순간부터 시간을 인식하는 순간부터 이야기의 구조로 삶을 이해하기 시작했다. 즉 시작-중간-끝으로 이어지는 이야기의 구조로 인간의 유한성의 삶을 이해하기 시작했다. 이처럼 이야기는 우리들의 삶을 설명해 주는 은유와 상징이 된다. 동시에 우리들의 삶에서 이야기를 말하는 것은 우리 자신의 정체성에 대해 말하는 것이고 따라서 이야기는 인간의 전인 건강에 필수적인 요건을 이룬다. 이야기를 말할 수 없을 때 인간은 병들게 되는 것이다. 우리의 이야기가 우리의 삶에서 역할을 할 수 없을 때 우리는 삶의 목적과 의미를 상실한다. 이때 우리는 이야기의 재구성을 필요로 하게 되는 것이다. 이것이 곧 이야기 심리학에서 이해하는 심리치료의 과정이며 상담의 과정인 것이다.

어느 민족, 어느 문화에나 그 공동체를 드러내 주고 하나로 묶어 주는 그들의 이야기가 있다. 우리는 그것들을 신화라 말하고 그 대표적인 예가 그리스 신화들에서 볼 수 있다. 이처럼 이야기는 우리들의 삶의 모습을 가장 적절하게 드러내는 근원적 은유로서의 기능을 하고 있다. 우리들의 삶의 모습은 우리가 말하는 우리 이야기의 거울 안에 가장 잘 드러나 있다.

롤로 메이에 의하면 이야기란 "우리의 내적 자아가 외부 세계와의 관련 속에서 빚어내는 자기 해석의 틀"이다. 우리는 이야기를 통해 우리 자신과 타인, 그리고 이 세계와 관계성을 맺고 있는 것이다. 이러한 관계성을 벗어나 살 수 있는 인간은 없다. 따라서 이야기하는 인간이란 관계성 안에 있는 인간이다.

이야기를 들어 보면 그 사람의 관계성을 알 수 있다. 그 사람의 삶의 의미 구조를 파악할 수 있다. 이처럼 이야기는 인간의 삶에 틀과 의미를 제공해 주는 중요한 통로인 것이다.

따라서 정신치료의 과정에서 이야기의 활용은 필수적이라 하겠다. 치료자는 내담자의 이야기를 통해 내담자의 이야기 세계를 파악하고 그 이야기 세계가 그가 사는 현실의 세계와 어떠한 관계들을 맺고 있는지를 탐구해 본다. 이처럼 이야기가 인간의 삶을 설명해 주는 가장 근원적 은유(root metaphor)의 기능을 하고 있다는 점을 심리학적으로 적절히 활용하여 이야기 심리학을 발전시킨 학자는 Sarbin이었다. 사빈의 주장에 의하면 우리 인간들에게는 이야기를 필요로 하는 욕구—이야기 욕구—가 존재한다는 것이다. 이러한 이야기 욕구는 프로이드의 리비도처럼 인간성 깊숙이 자리하는 본능과 같은 것이어서 모든 인간은 이 본능적 욕구에 자유로울 수 없다. 인간은 이야기하는 동물(Homo Fabarns)인 것이다. 때문에 인간의 삶에는 집단적으로나 개인적으로 다양한 이야기들이 존재하는 것이다

(정석환, 1999).

1981년 미국의 Alasdair MacIntyre는 *After Virtue*라는 책에서 작금의 서구 문명을 비판하면서 오늘의 서구문화 특히 미국의 문화는 도덕적으로 혼돈에 빠져 있는 상황인데 그 이유는 오늘의 서구인들이 그들의 삶을 설명해줄 공통의 이야기 기반을 상실했기 때문이라고 지적하고 있다. 과거의 서구 문화는 공통의 이야기 기반을 지니고 자신들의 삶을 설명해 왔다. 그 이야기는 기독교 문화의 전통 가운데서 그들의 삶을 설명해 주고, 어떠한 삶이 의미 있는 삶인가를 묵시적으로 드러내 주며 그 이야기의 참여자로 하여금 공동체 의식을 부여하는 기능을 지니고 있었다. 사람들은 의식하건 의식하지 않건 그 큰 이야기 속에서 자신의 삶을 계획하고 실행하며 그 안에서 자신의 삶의 의미를 설명해 보려는 노력들을 하며 살아왔던 것이나. 그러나 후기 현대 산업사회로 오면서 서구사회는 그들을 하나로 묶어주는 공동체의 이야기를 상실하고 동시에 그 안의 삶의 의미들을 상실하게 되었다.

셋째, 이야기 의미 만들기-시간, 구성, 원인 관계

이야기는 시간 안에서 발생하는 인간의 경험들과 인생을 이해하기 위한 자연스러운 방식이다. Pokinghorne은 이야기는 과거 사건들을 이해하고 미래의 사건들을 계획할 수 있도록 하는 뼈대(framework)를 제공한다고 설명하였다. Sarbin과 Polkinghorne은 줄거리는 이야기가 제공하는 구조라고 본다. 우리가 경험하는 사건들은 우리가 그것들을 범주화 하고 줄거리화 할 때 이해할 수 있다. 인간의 삶은 말하고 듣는 이야기로, 그리고 인간이 꿈꾸고 상상하고, 말하고 싶은 이야기로 서로 얽혀 있다. 이러한 이야기들은 일화적인 방식, 때로는 반의식적으로 그리고 독백적인 방식을 통해 우리 자신의 삶의 이야기로 재생산된다. 인간은 이야기 속에 묻혀 산다. 우리는 과거에 일어난 사건들에 대한 의미를 다시 이야기하고 재해석하며, 미래의 계획들의 결과들을 예상하기도 한다. 줄거리(plot)가 때로는 경험들을 이해할 수 있도록 하는 중요한 형식이다.

이야기의 줄거리를 알기 위해서는 이야기의 인과관계(casuality)의 이해가 필수적이다. 이야기를 조직화하기 위해서는 이야기 줄거리의 인과관계를 살펴보아야 한다. 이야기는 주인공, 장소, 사건들, 그리고 결과 같은 정보들의 범주화들 사이의 인과관계를 밝힌다. 이야기는 줄거리를 창작함으로써 그리고 "목적, 원인, 그리고 기획들이 전체나 완성된 행동의 시간적 일치 속에서 함께 일어나는 수단"을 통해 경험들을 종합하고 이해한다. 사실, 사건, 행동들의 연속성을 한데 묶고, 그것들을 시간과 장소에 놓음으로써 이야기는 사건들의 인과관계뿐만 아니라 인간의 행동을 이해할 수 있다.

Gargen과 Gargen(1986)은 시간 관계성(temporal relationship)이 이야기의 인과관계와 긴밀한 연관성이 있음을 주장한다(허기한, 2008). 목적과 끝지점을 향한 줄거리는 왜 다음의 사건이 일어나는가를 이해할 수 있는 근거를 제공한다. 현재의 한 사건을 가지고 과거의 상황과의 인과관계를 생각하지 않으면 그 사건을 이해하기가 어렵다. 이야기의 시간적 순서는 경험뿐만 아니라 자아를 이해하도록 돕는다. Crites(1986)는 이야기는 과거, 현재, 그리고 미래를 자아와 연결시킴으로 자아에게 연속성의 의미를 제공한다고 본다. 과거의 자아는 우리가 그것을 회상하는 현재와 관련하여 이해된다. 한 개인에게 연속성의 의미를 제공하는 것은 이야기이다. Crites는 연속성(continuity)은 과거의 경험들을 서술함으로서 확립되며, 동시에 불연속성이란 과거시제로 그 이야기를 말하는 것을 의미한다고 말한다. Crites의 견해에 의하면, 우리는 상당히 다른 과거와의 관계 속에 있으며, 우리는 그것을 소유하며, 또한 우리는 미래를 기대한다. 과거와 한 개인이 과거의 자신의 모습을 개념화하는 것을 자세히 묘사할 수 있는 반면에 미래는 약간은 허술한 시나리오 형태이다. 경험들의 시간성은 인과관계를 의미한다. 이야기는 시간의 연속성과 명백한 인과 관계성을 의미 있는 방식으로 조직하여 해석한다. 이야기는 경험에는 질서와 의미를 제공하고, 자아에게는 연속성을 제공한다.

넷째, 이야기 종류 범주화하기

문화는 이야기들이 축적, 대본들의 도서관, 혹은 줄거리들의 창고다. Tomkin의 대본 이론은 이야기 종류들의 규정된 집합이라고 말한다. 글을 쓰는 사람의 문화를 무시한 채 이야기를 해석하는 것은 상황 이해 없이 해석하는 것과 같다. 삶과 그것의 의미를 이해하기 위해서는 자료를 구성하는 문화를 반드시 알아야 한다.

여러 종류의 줄거리 분류법이 제안되었다. Polkinghorne(1988)은 줄거리의 분류는 연구자의 관점 혹은 그의 학문분야를 반영하는 경향이 있다는 것에 관심을 가졌다. 문학 비평가 Fyre(1957)의 도식은 문학적 분류를 사용하여 전형적인 네 가지 종류의 줄거리 형식 혹은 "신화적인 원형(mythic archetypes)"을 제안했다. 이들 네 가지는 각각, 희극(comic), 낭만(romantic), 비극(tragic), 그리고 풍자(ironic)이다.

Fyre(1982)는 여러 차원에 따라 줄거리들을 범주화한다. 이런 차원에는 인생의 한 시기(seasons), 인생의 단계들, 그리고 힘의 관계들이 내포되어 있다. 그리하여 희극의 줄거리는 봄철과 출생을 대표 한다. 가끔 일시적인 반전과 함께 목적을 향한 진행이 있으며, 결론이 행복으로 끝난다. 힘(power)이라는 점에서 주인공은 다른 사람들과 비교될 수 있거나 혹은 정도 면에서 다른 사람들보다는 위에 있을 수 있지만 환경 위에 있지는 못한다. 낭만적인 줄거리는 여름과 젊음 혹은 초기 성년기를 의미한다. 탐색 혹은 모험이 행해지며 주인공은 다른 사람들 그리고 환경 위에 있다. 비극적인 줄거리는 가을 혹은 후반 성년기를 나타낸다. 갑작스러운 추락, 재앙, 혹은 목적 상실이 일어나며 주인공의 힘의 관계는 상급자에서 하급자로 전환된다. 마지막으로 풍자적인 구성은 겨울과 죽음을 의미한다. 사건들은 반복적인 혹은 반복적으로 일어나는 방식으로 주인공을 압도한다.

다섯째, 대본 이론(Script theory)

Silvan Tomkins는 한 개인을 어린 시절부터 드라마를 쓰고, 감독하고, 주연하는 극작가로 보았다. 개인은 대본과 삶 속에서 개별적인 장면들의 경험으로 안내하는 기본적인 규칙들을 가지고 있다. Tomkins는 이런 장면들을 분석의 기본적인 단위로 보았다. 장면은 특유한 인지-정서의 연속들이며, 무대, 등장인물, 그리고 줄거리들을 말한다. 가장 간단한 장면은 적어도 하나의 정서와 그 정서와 관련된 한 가지 대상을 포함한다. Tomkins는 대본과 줄거리를 구별한다. 인생의 줄거리는 삶을 살아갈 때 순서대로 발생하는 전체의 장면들이며, 대본은 그러한 장면들에 반응하고, 해석하고, 예상하기 위한 개인의 규칙들이다.

정서적으로 유사한 여러 장면들이 경험될 때, 그들은 하나의 대본으로 함께 모여진다. 대본이 형성되면 그 사람은 유형화된 방식으로 그 대본에 따라 행동하게 된다. Carlson(1981)이 말한 것처럼 처음에는 장면들이 대본을 결정한다. 시간이 지남에 따라 대본이 장면들을 결정하게 된다.

Tomkins는 한 장면에 대한 심리과정을 "정신의 확장(psychological magnification)"이라 불렀다. 이 과정은 하나의 장면이 다른 장면과 연관된다. Tomkins는 이 과정은 어린 시절 배고픔과 안전과 관련된 정서와 함께 시작된다고 주장했다. 정신적 확장은 "아날로그(analogs)"와 "변형(variants)"에 의해 발생한다. 아날로그는 정서적 유사성이 다른 장면들에서 탐지될 때 형성된다. 이전의 장면과 연관된 정서는 현재의 장면과 관계된 새로운 정서에 의해 확대되며, 또한 반대 방식으로도 행해진나. 똑같은 종류의 정서를 충분히 일으키는 유사한 장면은 점점 더 비슷하게 만들어지며, 전체적인 장면들의 결합됨의 정도를 증대시킨다. 대조적으로, 변형은 정서적 차이점이 탐지되거나, 차별화될 때 형성된다. Tomkins는 부정적인 정서들이 주를 이루는 장면들은 아날로그 형성에 의해 확대되는 경향이 있으며, 반면에 긍정적인 정서가 주를 이루는 장면들은 종종 변형에 의해 확대된다고 보았다.

모든 장면들이 중요한 것은 아니다. 어떤 장면들은 일시적이며, 어떤 것은 다른 장면들과 연결되지 않는다. 다른 장면들은 습관적 혹은 자동적이 되며, 정서와 생각이 포함되어 있지 않다. 최고의 감정으로 가득 찬 장면은 핵심(nuclear) 장면이다. 핵심 장면들은 소망들과 갈등을 강조하고, 개인들의 가장 급하고 해결되지 않은 문제들이 드러난다. 핵심 장면들은 매우 긍정에서 부정으로 바뀐다. 다른 학자들이 줄거리의 종류를 분류한 것처럼(Fyre, 1957; Sarbin, 1986), 일반적인 여러 개의 대본 종류를 설명했다.

여섯째, 이야기 구조(story structure)와 구성 요소(components)

무엇이 이야기를 구성하는가에 대한 보편적인 개념은 어린 시절에 획득된다(Stein & Trabasso, 1984: 113-158). 인간 발달 연구에 의하면 어린이들은 점차적으로 기본적인 이야기 유형에 대한 이해와 구조적으로 짜인 이야기를 적절하게 만들 수 있는 능력을 획득한다고 본다(Sarbin, 1986: 67-90).

McAdams는 삶의 이야기를 이해하는 데에 가장 유용한 이야기 구성 요소 일곱 가지 특징들을 발견했다. 그것은 이야기 음조(narrative tone), 이야기 형상(imagery), 이야기 주제(theme), 이야기의 사상적 뼈대(ideological setting), 핵심 사건(nuclear episodes), 심상(imagoes), 그리고 결말(ending)이다.

첫째는 이야기 음조(narrative tone)이다. 이야기 음조는 전체적인 이야기의 감정적 어조이다. 같은 환경에서 성장해도 성격이 차이가 있듯이 이 이야기의 음조는 사람마다 서로 다른 음조를 가지고 있다. 매카담스는 이야기 음조의 기원을 유아기(0-2세) 때에 돌봄을 받은 경험의 질에 의해 형성된다고 본다(McAdams, 1993: 48).

많은 학자들이 이야기에서 되풀이되는 패턴들을 관찰하여 이야기의 패턴을 분류하여 도식화를 시도하였다. Frye는 그의 저서 *Anatomy of Criticism*에서 고전과 현대의 좋은 이야기를 구별하는 시도를 하였다. 그는 Aristotle의 시학으로부터 시작해서 가장 유명한 이야기들에서 줄거리(plot)의 공통성(commonality)을 연구하였다. 그 결과 나타난 Frye의 네 가지의 원형은 희극(comedy), 낭만(romance), 비극(tragedy), 그리고 풍자(irony)이다. 그의 주장에 의하면 이야기 음조에는 희극적(comedy), 낭만적(romance), 비극적(tragedy), 그리고 풍자적(irony) 이야기 음조가 있다. 정서적으로 부정적이고 비관적인 이야기는 비극적(Tragedy) 혹은 풍자적(Irony)이며, 반면에 정서적으로 긍정적이고 낙관적인 이야기는 희극적(Comedy)이고 낭만적(Romance)인 형식을 취한다. 낙관적인 이야기 음조는 어린 시절 부모와의 관계에서 안정적 애착을 경험함으로 형성되어진다. 부정적인 이야기 음조는 어린 시절에 아이가 자신이 소원한 것을 얻지 못하고 거듭해서 실패한 경우 형성된다.

둘째는 이야기 형상(imagery)이다. 이야기 형상은 이야기를 독특하게 보이도록 하는 비유적인 언어이다. 형상은 은유, 미소, 그리고 이야기, 음향, 시각, 미각, 느낌 등 모든 감각적 표현들을 포함한다. 3세에서 6세까지의 아이들은 동화 속에 나오는 이야기 주인공들과 그들의 배역, 무대 등의 상상적 이미지들이 그들의 삶을 지배한다. 이 시기의 아이들은 외부적 경험의 세계인 가정, 교회, 학교, 문화적 영향을 통해서 자신의 "이미지(images)"를 만든다. 아이들은 이 세상을 그들이 경험한 이미지들과 상상속의 자아 이미지와 연관 지어 기억하고 해석한다. 아이들이 환경 속에서 어떠한 상징적 놀이를 하면서 자랐는가에 따라서 그 사람의 이미지를 형성하고 성인이 된 후에 이야기 형성에 결정적인 중요한 역할을 한다고 말한다.

셋째는 이야기 주제(theme)이다. 매카담스는 주제를 이야기 내에서 목적-지향적 연속으로서 정의한다. 이야기 주제는 시간이 경과

함에 따라 이야기 속에서 어떤 등장인물들을 원하며, 어떻게 그들의 목적을 추구할 것인가와 관련된 이야기의 단계이다. 여기에서는 인간의 동기를 권력지향(agency)과 관계지향(communion)으로 이원화하여 설명할 수 있다. 권력지향은 "관계"의 중요성 보다 "일"이나 "성취" 혹은 "가진 것의 정도와 소유의 양"이 삶의 성공을 판단하는 중요한 요소로 등장한다. 관계지향은 개인이 자신을 다른 사람들 속에 융합시킴으로 개인을 상실하며 자기보다 더 큰 것에 참여하여 따뜻하고 가까우며 친밀하고 사랑을 나누는 방식 속에 자신을 두려는 노력이다. 앞서가는 지도자로서보다 조용히 협조하는 구성원으로서 역할 하기를 선택하고 공동체의 화합과 조율에 보다 의미를 둔다.

넷째는 이야기의 사상적 뼈대(ideological setting)이다. 삶의 정체성의 문제들이 부각되는데, 이러한 문제들은 곧 삶의 가치관과 세계관의 문제와 직결되는 물음이 된다. 이야기 심리학에서는 이 시기가 곧 한 인간이 자신만의 이야기 신화를 구축하는 데 없어서는 안 될 중요한 이야기의 사상적 뼈대를 형성하는 시기라고 설명한다.

다섯째는 핵심사건(nuclear episodes)이다. 인간의 삶 속에서 가장 중요한 사건들이나 장면들이 있다. 이러한 사건들이 청소년기와 성인 초기에 자기 자신에 대한 정체성을 형성해 가면서 자신의 과거의 중요한 장면들을 선택하여 재구성한다.

여섯 번째는 이야기의 이마고이다. 인간의 삶의 이야기를 주도하는 성격들을 이마고라고 부른다. 이마고의 개념은 우리의 정체성을 나타내는 인생 이야기의 캐릭터들로 기능하는 "이상화되고 의인화된 자아의 이미지들(idealized and personified images of self)"을 지칭한다. 이마고는 개인화되고 이상화된 자기(self) 개념이다. 인간은 의식적으로 혹은 무의식적으로 자신의 삶의 이야기에서 주요 캐릭터들을 등장시킨다. 이러한 캐릭터들은 신화 속에서 마치 사람처럼 기능을 한다. 캐릭터들은 다소 과장된 형태로 나타난다. 즉 이상화되어 나타난다. 우리 삶의 이야기는 하나의 지배적인 이마고를 가지고 있거나 다수의 이마고를 가지고 있다. 매카담스는 이마고 유형을 권력지향(agency)과 관계지향(communion)의 특성에 따라 분류했고, 이 두 가지가 이야기의 두 가지 중심 주제라고 생각한다.

일곱 번째는 이야기의 결말이다. 좋은 이야기들은 모두 만족스런 결말을 갖게 된다. 현대의 성인들이 중년기를 지나갈 때 점차적으로 가지는 정체성의 과업(task)은 인생 속에서 삶의 일치, 목적, 그리고 방향을 확인하기 위해 인생 이야기의 시작과 중간을 함께 묶어 기대할 만한 결말의 인생 이야기를 만드는 것이다. 매카담스는 현대의 성인들은 이야기 속에서 그들로 하여금 상징적인 불멸(immorality), 생산적인 유산(legacy)과 같은 것을 얻게 하는 결말을 찾을 수도 있다고 본다.

이상에서 논의된 이야기 심리학은 기존의 인문학이나 사회과학을 조망하는 데에 있어서 인간 삶의 발달이나 자기 정체성 형성에서 내러티브의 중요성을 자각하게 해준다. Sarbin이 지적하듯이 인간 삶에서 내러티브는 의미를 구성하는 근본적인 구조가 되며, 자신의 삶을 이야기 형식으로 구성해내지 못하는 인간은 방황하게 된다. 즉, 경험의 의미를 형성하지 못하고, 타인과의 관계적 상황을 잘 다루지 못하게 된다. 이러한 점은 기존의 인문학이나 사회과학에서 주목하는 인간의 삶을 특정한 이론이나 이념, 이론, 양적 수치나 경험적 자료에 의해 설명하려는 방식에 대한 타당한 대안이 된다는 점에서 그 가치가 있다.

2) McAdams의 이야기 심리학: 삶의 이야기를 통한 마음(정체성)이론

문화심리학은 전통심리학의 문제에 대한 대안의 성격을 지니지만, 그 본질은 특히 브루너의 내러티브와 내러티브 인식론에 있다. 내러티브 인식론의 핵심은 이야기 심리학, 이야기적 자아로도 구체화 될 수 있다. 여기에서 이야기 심리학을 논의하는 이유는 이후에 논의할 내러티브 심리학(narrative psychology)과 긴밀하게 관련이 있기 때문이고 내러티브 인식론과의 상보성 때문이다. 이하에서 논의되는 이야기 심리학은 인간 발달과 정체성 형성의 관점에서 바라본 것으로서 교육적 차원이 강하다. 이런 점에서 이하에서는 김형숙(2001)의 논의에 기대어 McAdams의 이야기 심리학의 입장에서 그 내용을 소개하기로 한다.

(가) 이야기의 기원: 음조, 이미지, 주제

우리는 청소년기와 초기 성인기에 자아를 정의하는 인생이야기를 구성하기 시작한다고 매카담스(McAdams)는 에릭슨의 인간 발달 8단계를 수용하면서 에릭슨과 같은 입장을 취한다.[19] 인생스토리의 기원은 유아기로 거슬러 올라가며 인생스토리를 만드는 과정은 중년기 이후에도 계속된다. 유아기와 아동기 때는 언젠가 구성하게 될 스토리를 위해 자료를 수집하고 청소년기에 우리가 누군지 자각하

---

19 Dan p. McAdams, *The Stories We Live By*, 39.

게 되었을 때 우리의 정체성을 만드는 가장 중요한 재료인 풍부한 경험을 만든다. 이러한 것들은 우리의 인생스토리를 위한 자서전적인 자원이며 이러한 자원의 바탕 위에서 정체성이 형성된다. 따라서 유아기부터 중년기에 이르기까지 이야기의 구조를 살펴봄으로써 한 인간의 정체성이 어떻게 형성되어지는가를 살펴보기로 하자.

매카담스는 생후 2년 동안을 이야기 형성의 준비 기간으로서 자료를 수집하고 기억의 창고에 배열시키는 기간으로 한 인간의 성격과 삶의 방향성을 형성하는 데 있어 너무도 중요한 시기가 되며, 후에 "내 삶의 이야기"를 만들어 가는 이야기 패턴의 형성에 잠재적 영향을 미치는 시기라고 모았다. 볼비(J. Bowlby)의 애착이론(Attachment)에 의하면 아기와 어머니와의 관계가 확고하게 애정 관계가 있을 때는 낙관적인 이야기 음조를 형성하게 되며, 반대로 유아와 보호자와의 사이에 불안정한 애정 관계는 아기로 하여금 희망적이지 못한 음조를 형성시킨다고 한다.[20] 매카담스는 이러한 이야기의 음조가 문학의 형태[21]인 희극적 이야기 음조(Comedy), 낭만적 이야기 음조(Romance), 비극적 이야기 음조(Tragedy), 역설적 이야기 음조(Irony)로 나타난다고 한다. 중요한 것은 이러한 이야기 음조는 이미 유아기 때의 경험의 질(보호자와의 관계의 질)에 의해 결정되기에 좀처럼 바꾸거나 고치기가 힘든 성질을 가지고 있다는 것이다. 그러므로 한 인간의 이야기를 듣고 그 사람을 이해하는 첫 요소로 이야기 음조의 파

---

20 D. P. McAdams, *The Stories We Live By Personal Myths and the Making of the Self,* (New York: William Morrow and Company, 1993), 39-48.

21 매카담스는 프라이(N. Frye)의 인간의 삶에 대한 4계절의 비유를 들어 설명한 문학 비평 이론과 비유를 인간 삶의 이야기 텍스트 분석에 도입하여 설명한다.

악은 필수적인 것이라고 주장한다.[22]

유아기에서 초기 아동기로 바뀌면서 스토리는 음조에서 이미지로 옮겨간다. 아이는 이 세상을 이미지를 통해 인식하며 각각의 이미지는 개인의 독특한 삶의 경험들을 바탕으로 한 의미 있는 체험들과 관련해 저장된다. 이 이미지 구성의 외부적 요소는 아이들의 경험의 세계인 가정, 교회, 학교, 문화적 여건들이며 이런 경험들은 아이들에게 내면화된 마음의 심상들로써 이야기의 음조와 함께 중요한 타인의 영향이 매우 크며, 이렇게 형성된 마음의 이미지들은 성인이 된 이후에도 성인의 아이덴터티 형성에 중요한 인자를 이룬다.[23] 이미지를 형성하는 또 다른 문화적 원천으로 종교가 있다.

학령기 아이들은 이야기 주제의 형성으로 이동한다. 힘의 주제가 아니면, 사랑의 주제를 선택하게 된다. 물론 이 둘을 종합하는 선택을 하게 되지만 어느 한쪽이 우세한 이야기의 주제가 형성되어 이 선택이 곧 행동의 한 패턴으로 자리잡으며 그 개인의 삶 속에 에너지와 방향설정 목적 등을 주는 중요한 이야기의 주제들의 동기를 형성한다.

(나) 이야기의 주인공(Imago)

이야기 주제와 주인공들의 수집과정은 오랜 기간 그의 주변 환경

22 D. P. McAdams, 49-53.

23 매카담스에 따르면 아이들의 이미지 심상에는 세상과 삶에 대한 "건설적 이미지(신데렐라, 백설공주, 성서의 이야기)"와 "파괴적 이미지(폭력과 술수의 이야기)"로 크게 분류할 수 있다. 건설적 이미지가 우월하게 지배하면 긍정적 자아 형성에 큰 영향을 미치고, 성인이 된 후에 이야기 음조와 연관되어 긍정적이고 생산적인 이야기를 만들어 가는 동인이 되어진다. 반면에 파괴적 이미지는 그에 연관된 무의식적 자아에 부정적 영향을 미치게 되고 결과적으로 부정적 자아 이미지에 의한 부정적 이야기의 표출로 드러나게 된다고 한다. Ibid., 53-65.

과의 교류를 통해 형성해 온 삶의 자료들로 성취와 관계의 방식에 따라 조직된다고 할 수 있다. 그런데 이러한 성취와 관계에 관계된 동기부여 성향은, 이미지에서부터 주제에 이르기까지 자신의 관심을 이야기 속에 반영하기 시작하는 초등학교 때 즈음에 인간의 성격 속에 유착되기 시작해서 10대의 삶 속에서 가장 중심이 되는 정체성(identity)의 형성의 한 단면을 이룬다고 기술한다. 그에 의하면 개인의 이데올로기는 정체성을 형성하기 위한 구조(setting) 역할을 한다고 매카담스는 말한다.[24]

그에 의하면 이야기 속에서 각 사람의 삶의 이야기를 지배하는 주인공(characters)을 'imagos'라 부르는데 imago는 현대 삶의 변화를 수용하는 데 있어서 이야기적(narrative) 메커니즘을 제공한다. 인간의 삶에 있어서 중심이 되는 갈등이 원동력은 주인공(imago)들의 갈등과 상호작용에 따른 발현이라고 그는 말한다.

이야기 주인공은 이야기 주제와 관련하여 선택하며 이러한 주인공들의 분석을 통해 한 인간의 삶의 여정과 그의 일상의 역할 속에 숨어 있는 내면의 욕구들, 삶의 지향성에 대해 선명하게 읽어낼 수 있다고 그는 말한다. 물론 이 이야기 주인공들은 한 개인의 이야기가 지닌 독특한 삶의 특성과 사회-문화적 환경, 가치관 등을 반영하

24 매카담스에 의하면 이 시기의 청소년들은 삶의 정체성의 문제와 함께 삶의 가치관과 세계관의 물음을 던지며, 인생의 실존적 문제들에 대한 구체적인 답변으로서의 신조나 가치관 등 체계 있는 형이상학적 설명을 추구하는 경향을 지닌다. 이렇게 이 시기의 삶의 정체성 형성에 가치관이나, 신앙, 신념의 체계, 문화와 사회적 환경 등이 큰 영향을 미치며 이 시기에 한 개인은 미래에 그의 삶의 이야기에 결정적 영향을 미칠 삶의 커다란 이야기의 사상적 뼈대를 구축하는 일에 노력을 기울이는 것이다. 또한 이 시기는 어린 아이 시절의 단순하고 자아 중심적 세계관에서 벗어나 현실과 세상을 보다 복잡하고 추상적으로 보게 되며 철학적이고 종교적인 인식의 특징을 가지게 된다고 말할 수 있다.

기도 한다. 동시에 이렇게 수집되어 온 이야기의 자료들은 후에 성인이 되어 자신만의 신화(personal myth)의 대본들을 만들어 갈 때 없어서는 아니 될 중요한 자료가 된다는 것이다. 성취 지향적이고 관계 지향적인 성향에 의해 만들어지는 인간의 삶의 주제와 주인공들의 유형 그리고 그 주인공들이 펼치는 이야기들의 주제는 중년기의 성숙성(generativity)에도 긴밀하게 연관되고 있음을 밝혀 그 시사하는 바가 크다는 것이다.

(다) 성인의 이야기 만들기

사춘기를 벗어나 성인이 된 한 개인은 이제 자신이 사는 세계의 이야기의 주인공이 되는 신화의 저자들이 되어져 간다. 개인 신화란 기억된 과거, 인식하는 현재, 기대되는 미래에 대해 유형화되고 통합된 상상의 행위이다. 이러한 자신의 이야기 만들기를 통해 한 인간은 비로소 통합적인 자기 자신의 이해와 목적의 추구, 방향성의 확립에 보다 의식의 차원에서 명확한 자기 정체성을 가지게 되며, 이와 연관한 자신과 세계의 이해라는 의미의 세계를 구축할 수 있게 되는 것이다.

매카담스는 정체성 이론에 대하여 이미 잘 알려진 에릭슨의 정체성이론과는 다르게 인간의 정체성 형성은 중년기까지 지속된다는 것을 주장한다. 매카담스에 의하면 인간은 성인기를 통해 의식적, 무의식적으로 이야기를 진행시킨다고 한다. 신화가 발전해 간다라고 말하는 것은 정체성이 자라고 있다는 것과 청소년기에서 성인기를 거쳐 삶의 통합과 목적을 찾기 위해 진보해 나가고 있다는 것을 의미한다고 말한다. 이러한 점에서 매카담스는 인간의 삶과 정체성의 문제는 사춘기 시절에 끝을 맺는 것이 아니라, 성인기에 비로소 완성되는 열린 과제라고 하는 것이다. 그러므로 한 인간의 삶의 정체성 이해는 이처럼 성인기에 펼쳐지는 자기 자신의 이야기 속의 주인공 모습에 대한 발달심리학적 추적과 재구축을 통하여 이해할 수 있다고 한다. 20~30대의 성인기의 이야기는 자신이 신화의 주인공이 되어져 가는 시기이지, 그 신화가 성숙된 이야기라고 말하기에는 이른감이 있다. 이처럼 성인이 되어 시작되고 진행이 되는 자신의 신화 만들기, 이야기 구축은 중년기에 가서 지금까지 만들어 온 자신의 이야기에 의미있는 종결(nice ending)을 위한 성숙성의 대본(generativity scrip)을 쓰는 일이며 비로소 "성숙 인격의 이야기 대본의 완성"과 함께 그 정점에 이르게 된다.

매카담스는 한 인간의 성숙한 이야기 완성과 건강성을 보려면, 그 인간의 중년기의 이야기까지 확대하여 이야기 분석을 해 보아야 한다고 주장한다. 비록 중년기의 시기에 이르지 않았다 하더라도 매카담스는 성인기 안에 발견되는 건강한 이야기의 공통된 특성으로는 이야기의 연속성(일관성), 개방성, 신뢰성, 구별(차별)성 화해의 속성과 통합성을 제시하고 있다.

중년의 삶 속에 쓰이는 성숙성의 대본은 한 개인에게 있어 과거를 바탕으로 쓰이지만, 그러나 이 이야기는 과거의 회상을 위한 것이 아니라, 궁극적으로는 미래를 지향하는 삶의 지침서와도 같은 것이다. 이 이야기 속에는 지나간 세월을 살아온 중년의 삶에 대한 회고와 삶의 크고 작은 기억들 속에서 얻어진 삶의 상처와 훈장, 그리고 지혜들이 뼈대를 이루며 이제 남겨진 시간의 무대 속에 어떠한 삶의 이야기를 남기고 갈 것인가를 물으며, 그 물음에 응답하는 삶의 정체성의 과제 속에서 만들어져 가는 진행형의 이야기인 것이다.

이와 같이 삶의 정체성의 이야기 형성 과정에는 여러 요인들이 함께 작용하고 있는데 그중에서 의미가 있는 것은 문화적 동인이다. 인간은 사회, 문화적인 동물이며 동시에 인간의 삶의 이야기는 심리학적인 시각에서 보면 사회-문화적 조합물이라고 볼 수 있다. 두 번째는 의식적 요소로서 신념의 체계를 들 수 있다. 이는 한 개인이 지니고 있는 신앙이나 신념, 가치의 체계 등을 말한다. 그리고 여러 요소들이 한 개인의 삶의 주체적 삶과 인격 행위 속에 묻어 나오는 결과를 중년의 성숙성의 이야기 대본(generative narrative)이라 부른다. 이 성숙성의 이야기는 유한한 삶을 살고 있는 중년의 개인이 이 땅에서 만들어 가는 희망과 꿈의 이야기이며, 동시에 이 이야기 전개를 통해 한 인간은 중년의 시점을 위기나 전환의 시점으로서 사는 것이 아니라, 미래와 희망을 만들어 가는 의미 창조의 주체자로서 살아가는 것이다. 이 같은 점에서 볼 때 결국 인간은 자신의 내러티브 속에서 삶의 의미를 찾고, 과거의 내러티브나 신화를 통해 자기 정체성을 발견하며 보다 나은 삶의 이야기를 창출해 나가는 존재이다.

나. 문화심리학: 문화심리학의 개념과 학문적 성격[25]

1) 문화심리학의 등장배경

기존의 주류 심리학은 생물학적 인간을 연구 대상으로 삼았기 때문에 실생활과 유리되고 타학문과 단절되는 결과를 초래했다. 주류

25 이 내용은 최상진·한규석(1998; 2000), 구자숙(1998)의 것을 재구성하여 인용하였음을 밝힌다.

심리학(실험심리, 생리심리, 발달달심리학 등)의 관점은 인간은 타고난 것을 개발시키는 존재라는 것이다. 발달심리에서 주장하는 인간의 발달은 서열순차적 능선의 발현이며, 환경과 문화는 인간 발달에 부차적 기능을 한다고 간주하였다. 인간을 피동적인 존재로만 여기고 환원론적 방법을 사용, 법칙성의 발견에만 초점을 두었다. 사람의 심리는 저기에 있고, 인간은 저기에 있는 존재라는 결정론적 관점이 주류를 이루었다. 인지심리학도 인간을 내재적으로 가진 정보처리 방식에 따라 외계에서 들어오는 정보를 수동적으로만 처리하는 것으로 간주하고 가치, 동기, 의지가 결여된 행동을 강조했다.

이와 달리 문화심리학은 주류 심리학의 문제를 비판하며 1960년대의 인지혁명이 인간에 대한 적절한 이론을 발전시키는 데에 실패하였다는 자성의 목소리(Bruner, 1990)로 등장한다. 우리의 기대를 모았던 인지혁명은 극단적인 행동주의에 반대하여 심리학에 마음을 다시 가져오려는 시도였으나 놀라운 테크놀로지의 발전으로 오히려 심리학의 비인간화를 가져왔다는 것이다. 시초에 인류학, 언어학, 철학, 역사학 등의 인문 및 사회과학의 분야들과 합세하여 인간이 세상과 자신을 구성하고 의미를 부여하는 과정을 발견하고 기술하려는 목표를 가지고 출발하였으나 그 강조점이 곧 의미에서 정보로, 의미의 구성에서 정보의 처리로 옮겨지게 되었다. 이 체계 내에서는 믿음, 욕망, 의도, 이미 획득과 같은 의도적인 상태에서의 마음이 설 자리가 없었으며, 그 결과 심리학을 다른 인문과학들로부터 더욱 멀어지게 하였다.

1950년대에 행동주의에 대한 혁명으로 나타난 인지심리학도 그 본래의 연구 대상은 인간의 마음이었다. 즉 인지심리학은 생각하기

(believing), 원하기(desiring), 의도하기(intending), 의미파악하기 등과 같은 의도적인 마음의 지향상태(intentional state), 상태로서의 마음을 심리학의 대상으로 다시 끌어들이는 데 목표를 두고 생겨났다. 그러나 그 발전의 방향과 궤적은 본래의 목적과는 다르게 컴퓨터 모델로 기울어져 의미보다는 정보, 의미 구성보다는 정보처리과정을 연구의 대상으로 삼았으며, 컴퓨터 이론을 정보처리의 기저 메타포로 삼았다(Bruner, 1990: 1-10).

이러한 형태의 인지심리학에는 마음이 들어갈 자리가 없어지게 되어서 Bruner는 원래의 취지대로의 복귀를 지향한 역혁명(retro-revolution)이 필요하다고 주장한다. 이런 취지에서 Bruner는 이러한 인지심리학의 문제점을 직시하고 새롭게 문화심리학을 구성하고, 인간의 의미와 의미구성의 본질과 문화적 형성 과정을 문화심리학의 중앙에 위치시켰다. 이와 같은 문화심리학적 맥락에서 문화심리학을 창시를 주도한 Vygotsky(1978), Harre(1986), 그리고 Shweder(1991) 등도 인간의 마음을 기본 축으로 놓고 그러한 마음이 사회·문화 및 역사의 과정 속에서 어떻게 구성되는가를 문화심리학의 핵심 과제로 설정하고 있다.

그리고 문화심리학의 혁명적 요소는 인간을 생물학적 존재라기보다는 문화적 구성체로 파악하고, 문화를 인간의 마음 형성을 포함한 인간성 구성 및 실현의 본질적 조건이며 필수적인 요소로 개념화하고 있다는 점이다. 전통심리학에서는 인간의 발달을 인간 내적 잠재성의 실현으로 보며, 여기서 문화는 잠재성의 실현에 대한 제약조건 또는 촉진조건으로 파악하지만, 문화심리학에서는 문화의 습득과 이용이 인간 발달의 근간이 되며, 더 나아가 인간을 생물학적 한

계조건으로부터 해방시키는 기능을 갖는 것으로 파악하고 있다. 따라서 생물학적 조건은 다만 제약 또는 촉진 조건에 불과하다. 인간을 자동차에 비유하여 그 차이를 설명하면 차가 움직이는 것은 엔진이 있기(생물학적 입장) 때문이 아니라 운전자가 운전할 목적이 있으므로 움직인다고 보는 것이다(문화심리학적 입장). 엔진이 없는 차라면 운전하려고 들지 않았을 것이다(Bruner, 1990).

Greenfield(1999)에 따르면 문화심리학이라는 용어는 사회심리학 편람 2판에 처음 등장하는 것으로 판단된다. 문화심리학의 발단은 Wundt의 민족심리학(volkepsychologie)으로까지 거슬러 올라가나 오늘날 문화심리학으로 새롭게 재구성되어 논의되는 것은 1970년대 이후의 일이다. 심리학을 창시한 Wundt는 최초로 심리학의 개념과 목적을 제안했다. 그는 두 개의 심리학을 제안했는데 그것은 문화를 연구하는 고등정신과정과 실험실 연구를 주로 하는 하위정신과정의 두 가지였다. 그러나 감각도 문화에 의해 재조직될 수 있고, 이러한 재조직을 통해 형성된 것이 고등정신과정이다. 고등심리연구과정은 folk psychology로 비실험적, 해석학적 방법으로 연구되며, 언어, 민속, 생활습관 등을 분석한다. 이러한 초기 심리학이 미국으로 건너가면서 실용적인 미국문화 안에서는 실험심리학만이 발달하게 된다.

원어의 뜻은 민족심리학이며, 현대적 의미로는 문화-사회심리학이다. 공식적 심리학의 개념체제에서 벗어나 일반인의 심리학 그 자체를 일반인이 쓰는 용어를 사용해 체제화하려는 노력, 상식적인 심리학, 일반인의 심리학, 일반인이 가지는 지각 내용 및 과정에 작용하는 법칙이나 지각 내용 자체를 있는 그대로 파악하고 체제화하는 노력을 의미한다.

2) 상식심리학으로서 문화 심리학[26]

일상적으로 우리는 사람의 행동은 그들의 마음, 즉 그 사람이 갖고 있는 믿음, 바램 등과 같은 정신적 생각으로 인하여 일어난다고 생각한다. 예를 들어 친구가 열쇠를 찾기 위해서 책상 서랍을 뒤지고 있다면 우리는 그 친구가 열쇠가 책상 서랍에 있다고 믿고 있기 때문이라고 생각하며, 친구가 빨강 색 옷을 샀으면 그 친구가 예쁘게 보이고 싶고 또 빨강색이 자신에게 잘 어울린다고 생각했기 때문이라고 생각한다. 즉 사람들의 행동은 그들 자신의 마음, 예를 들어 믿음(belief), 바람(desire), 의도(intention)와 같은 마음 상태에서 기인하는 것으로 생각한다. 이처럼 우리 자신과 남들이 마음상태(mental state)를 갖고 있으며 이 마음상태가 행동을 결정한다는 것은 상식적으로 생각하면 너무나 당연한 것이어서 이를 상식심리학(commonsense psychological theory 또는 folk psychology)이라고 한다(Olson, Astington & Harris, 1988).

이와 같이 상식심리학은 인간의 행동을 믿음이나 욕구 같은 지향적 심리 상태를 원인 삼아 설명하는 방식이다. 이를테면 철수가 민주당에 투표한 행동이 세금이 내렸으면 하는 바람과 민주당이 세금을 내릴 것이라는 믿음에 의해 야기되었다는 식의 설명, 또는 영희가 아이스크림을 먹지 않는 이유가 살찌고 싶지 않은 소망과 아이스크림이 살찌게 한다는 믿음 때문이라는 식의 설명이 바로 상식 심리학인 것이다.

이 같은 상식 심리학은 우리의 일상생활에 너무나 깊게 뿌리 박고

26 이 내용은 최상진·한규석(1998; 2000)의 것을 부분적으로 인용하였음을 밝힌다.

있어서, 우리는 그것에 어떤 이론적 전제가 있다는 사실을 의식하지 못하고 있다. 하지만 모든 이론적 설명이 그러하듯 인간의 사고와 행동에 관한 상식적 설명의 배후에도 암묵적이나마 이론적 전제가 관여하고 있다. 포더에 따를 것 같으면, 상식 심리학 배후에 깔려있는 전제는 크게 다음의 두 가지로 요약될 수 있다. 첫째로 상식 심리학은 믿음이나 바람 같은 지향적 심리 상태들이 의미론적 속성을 가지고 있다고 전제하고 있다. 두 번째 전제는, 심리 상태와 심리 상태 사이에 또 심리 상태와 행동 사이에 의사 결정 이론(decision theory) 규칙이나 추론 규칙 같은 규칙들이 존재하고 있어서, 그런 규칙에 따라 한 심리 상태의 예화(tokening)가 다른 심리 상태나 행동의 예화를 유발하게 된다는 전제이다. 이점을 예를 들어 설명하면, 가령 철수가 점심 때 스파게티 먹기를 바라고, 또 이탈리아 식당에 가면 스파게티를 먹을 수 있다고 믿는다면, 철수는 다른 문제가 없는 한 점심 때 이탈리아 식당으로 가리라 예상된다.

행동은 주체적 경험에 관여되는 마음과 생각을 추론하거나 확인하는 외현적 단서의 하나로 취급된다. 연구대상으로서 심리현상을 개념화함에 있어서 연구자가 개념의 특성을 조작적으로 정의·구성하기보다는 그 현상에 대한 일반인의 표상과 이러한 현상 및 표상과 관련된 일반인의 경험양식을 일반인 심리학(folk psychology)의 입장에서 분석하고 이를 기초로 하여 그 현상을 개념적으로 구성한다(Bruner, 1990).

요컨대 문화심리학은 바로 행동주의가 버렸던 마음을 오히려 설명되어야 할 '그 무엇으로' 관점을 반전시키고 있다. 마음을 배제한 심리학은 사람이 없는 심리학이며, 인간의 삶 그 자체, 예컨대 행복,

불행, 성공 등은 마음을 빼놓을 때 존재할 수도 구성할 수도 없는 것이다. 문화심리학에서 마음은 일반인이 살아가는데 관여되는 '삶의', '살아 있는' 마음이며 동시에 심리학자가 아닌 일반인들이 구성한 일반인심리(folk psychology)를 의미한다.

3) 정신과 문화의 관계

정신은 의도적인 인간을 지칭한다. 문화는 의도적인 세계를 지칭한다. 의도적인 인간과 의도적인 세계는 상호의존적이다. 상호의존적인 것은 의도적인 활동과 관습을 통해 변증법적으로 구성된다. 의도적인 활동과 관습은 의도적인 인간과 세계의 산물이며 그것들을 구성한다. 새로운 방식으로 문화에 대해 생각해 볼 때, 사회문화적인 환경이 의도적인 존재에 의해 구성되고, 점유되며 사용되는 세계임을, 우리 자신에게 반복해서 상기시키는 것이 중요하다(강현석, 2008).

정신과 문화는 서로 밀접하게 관련되어 있다. 사람과 정신적인 조직은 그 자체, 사회, 그리고 자연에 대한 개념에 의해 주로 가능하며 또한 주로 그들을 표현한다. 그렇지만 자기, 사회 그리고 자연에 대한 문화적 개념들을 이해하는 최선의 방법 중 하나는 의도적인 개인의 주관적 삶 속에서 문화적 개념들을 조직하고 기능하는 방식을 검토하는 것이다. 문화적으로 구성된 실재(의도적인 세계)와 실재를 구성하는 정신(의도적인 인간)이 계속적으로 상호작용하고, 서로의 정체성에 침투하며, 서로의 존재를 조건화한다(Shweder, 1990).

결국 문화심리학에서 문화와 마음 또는 심리 현상간의 관계는 비록 형태는 다르지만 내적, 질적으로 공존단위이며, 따라서 마음속에 문화가 있고, 문화 속에 마음이 있는 것으로 개념화한다. 여기서 문화는 마음과 마찬가지로 의도적 지향성을 가지며 따라서 문화와 마음은 변증법적으로 상호의 구축 및 변형에 기여한다. 문화와 마음 간의 매개는 학자에 따라 약간의 차이를 보이지만 일반적으로 언어, 삶의 활동, 일반인의 상식심리(folk psychology), 사회제도 및 물적 구조 등이 중요한 매개개념 및 현상으로 설정하고 있다. 또한 이러한 매개체계들은 개인 심리적 과정보다는 집합적, 사회적 구성 속에서 구성된다는 점에서 사회적, 역사적 맥락성을 갖는다.

한편, 현대적 의미의 문화심리학은 서로 다른 학문적 배경과 이론적 전통을 가진 학자들에 의하여 서로 독립적 맥락에서 거의 공시적으로 구성되었다. 심리학분야에서는 Gergen(1985)에 의한 역사-문화적 구성주의 심리학이 제안되고, Bruner(1990)는 문화심리학의 핵심개념을 의미의 사회적 구성으로 삼고, 심리와 문화의 연결고리를 일반인심리학(folk psychology)으로 설정하였다. 즉 인간의 심리에 가장 중요한 현상과 개념은 의미이며, 문화는 의미 형성과 변형에 영향을 미치고, 문화가 인간심리에 영향을 미치는 과정과 매개는 일반인 심리학이라는 것이다. 문화가 인간의 심리에 대한 영향 또는 제약변수라기보다는 인간 심리의 핵심구성물(constituents of psychology)이며, 사고 및 경험의 문법이다.

그렇다면 문화심리학에서 문화의 위치는 어떠한가. 첫째, 문화심리학에서 문화를 사람의 마음속에 내재하는 마음의 구성요소로 파악하여 심리학 이론 자체 내에 문화적 개념을 심리학적 개념으로 용해하여 이론 구성요소로 포함시킨다(Bruner, 1993; Jahoda, 1992). 문화를 심리 밖에 존재하는 외생변수로 보고 문화가 심리의 구성과 과정에 영향을 미치는 인과적 모델을 채택하는 입장과는 다르다.

둘째, 문화는 사람을 포함해서 세상을 알고 이해하고 구성하는 방식이며(Bruner, 1993: 516), 따라서 문화는 인간이 행하는 사고와 행위에 대하여 적절한 이유를 제공한다. 그래서 그 문화권의 사람들이 왜 또는 무슨 이유나 무슨 목적 또는 동기로 그러한 행동을 하는가를 문화를 살아가는 일반인들의 입장에서 궁구하여(드러내어) 밝히고 설명하는 일에 관심을 둔다. 즉 문화를 살아가는 일반인들의 일반인심리학적 설명에 충실한 편이다. 이런 점에서 이러한 설명을 초월하여 존재하는 범문화적 보편성 심리기제를 찾아내고 이를 자연과학적 연구방식에 따라 검증하는 것이 아니다.

셋째, 문화적 마음의 내용과 사고의 과정을 문화적 삶의 맥락 속에서 있는 그대로 작용하는 바대로 궁구하여(드러내어) 이를 체계화하고 해석한다.

넷째, 문화를 살아가는 일반인들의 주관적 설명, 해석, 귀결, 판단, 평가 등과 같은 일반인의 공유적 또는 공구성적 주관적 세계를 있는 그대로 궁구하여(드러내어) 체계화하고 이론화한다. 공유적 또는 공구성적 주관적 세계를 추상화하여 객관적인인 심리세계로 재구성하는 실증적이고 객관주의 연구를 지양한다.

문화심리학은 단순히 문화를 심리연구에 반영한다거나 문화를 심리학 이론 구성과 연구에 도입한다는 차원을 넘어서서 전통적인 심리학 일반에서 당연시되던 심리학의 기본 전제와 인식론과는 상충되는 대안적인 패러다임을 제안하고 있다(Bruner, 1990).

Bruner는 인간은 생물학적 존재이며 문화의 영향을 받는다는 전통적 과학의 시각에 문제가 있음을 지적하고 그 반대로 인간은 문화적 존재로서 생물학적 구속을 받는다고 주장한다. 즉 인간행위의 원인이 생물학적 소인에 있다는 시각은 잘못이다. 그 이유는 문화와 문화권에서 의미의 추구가 행위의 원인이 되기 때문이다. 즉 생물학은 원인이 아니라 행위의 구속조건에 불과하다.

최근까지 문화는 심리학 이론에서 상대적으로 주변적인 역할을 담당해왔다. 사회심리학자들이 문화가 사회적인 존재로서의 인간을 구성한다는 사실에 주목하면서 문화의 개념이 중요하게 다루어지고 있다. Bruner(1990)는 문화가 심리학에서 중심적인 개념이 되어야만 하는 이유로 세 가지를 들었다. 첫째, 인간이 문화에 참여하고 문화를 통해 자신의 정신 능력을 구현하므로 인간의 심리를 개인 혼자만을 기초로 하여 구성하는 것은 불가능하다는 점이다. 둘째, 개인의 심리는 문화에 젖어 들어 있으므로 심리학은 인간을 문화에 연결시키는 의미창출과 의미사용의 과정을 중심으로 하여 조직되어야 한다는 점이다. 셋째, 사람들은 민속 심리학(folk psychology)을 사용하여 예측을 하고 서로를 평가하는 등의 일상적 활동을 하는데, 민속심리학이란 바로 인간을 움직이는 것이 무엇인가에 대한 문화의 설명이다.

우리가 자신과 타인들을 경험하는 것도 민속심리학적인 범주들임을 생각할 때 행동에 대한 설명에서 민속심리학과 문화를 제외시킨다는 것은 심리학이 설명해야 하는 바로 그 현상을 던져버리는 것과 같다. 이러한 문화적인 접근에서는 심리적인 과정과 구조들이 문화적인 의미와 관습들에 의하여 패턴화되며, 또한 의미와 관습들은 특정한 인간 사회라는 맥락을 떠나서는 아무런 의미를 가지지 않는다. Sheweder(1990)가 문화와 정신은 서로를 구성한다고 한 것은 바로 이런 의미에서이며, 문화심리학의 출발점은 바로 여기에서부터이다. 문화적인 관습과 의미들은 심리적 과정을 완성시키고 정보를 제공하며, 일단 형성된 심리적 과정들은 문화적 관습과 의미들을 변형시키고 생성한다. 다시 말해 심리적인 과정들은 각 개인이 다양한 문화적 세계에 적극적으로 참여한 결과로 형성되고 유지된다. 정신은 사회 문화적, 역사적으로 구성된 환경의 함수이다. 이렇게 발달된 심리적 과정들은 그 과정들이 유출된 문화적 체계를 유지하고 재생하는 역할을 한다(Bruner, 1990; Cole, 1991; Sheweder, 1990).

이상에서 몇 가지 측면에서 살펴본 문화심리학이 추구하는 목표는 세 가지로 정리될 수 있다(구자숙, 1998). 첫째, 여러 가지 문화적인 의미들이나 관습들, 그리고 이들과 연관되어 있는 심리적인 구조나 과정들을 알아보는 것이다. 둘째, 문화적으로 형성된 사회성과 정신의 다양성 기저에 깔려있는 체계적인 원칙을 발견하기 위한 것이다. 셋째, 문화가 어떻게 심리적 과정들을 창출하고 지지하는지 그리고 어떻게 이러한 심리적인 경향성들이 반대로 문화적 체계를 지지하고 재생하고 때로는 변화시키는지를 밝힘으로써 정신과 문화가 서로를 구성하는 보편적인 과정을 기술하기 위한 것이다.

이와 유사하게 문화심리학의 주요 특징을 Cole(1996)은 다음과 같이 제시하고 있다. 첫째, 구체적 문화 맥락 속에서의 매개적 행위(mediated action)를 강조한다. 둘째, 역사적, 개체발생적, 미시발생적 분석 등을 활용하여 발생론적 방법(genetic method)을 추구한다. 셋째, 분석의 대상을 일상적인 사건에 둔다. 넷째, 문화심리학에서 마음은 집단상황에서 사람들 간에 매개된 활동을 통해 생겨나고 형성된다고 본다. 따라서 마음은 상호구성되고(co-constructed), 상호분산(distributed)된다. 다섯째, 개인은 개체의 자기발달 측면에서 볼 때 능동적 행위자(agent)가 되며, 사회적 상황맥락에서 볼 때 자의적으로 행동하는 존재가 아님을 가정한다. 여섯째, 인과관계, 자극-반응관계, 설명과학보다는 활동 속에서 생겨나는 마음의 본질을 선호하고 우선하며, 설명보다는 해석에 초점을 둔다. 일곱째, 사회과학, 생물과학은 물론 인문학의 방법론을 사용한다.

궁극적으로 우리 일상생활의 모든 것들이 사회적 문화적 산물이며, 어떤 절대적인 현실(reality)이 아니라는 것을 인식하자는 것이고 자문화중심주의에서 벗어나서 다른 문화적인 현실들, 우리의 것과 다름없이 타당하고 의미 있는 존재양식을 바라보고 문화적인 공감을 갖자는 것이다. 이러한 의미에서 문화심리학은 또한 다른 사람들을 통해서 생각하는 과정이다(Shewer, 1995). 다른 문화나 사람들을 통해 봄으로써 자신의 의식을 보다 잘 알고자 하는 것, 다른 사람들의 신념, 욕구, 관습들을 그들의 현실에서 이해함으로써 바로 알자는 것이기도 하다. 이것이 바로 Bruncr(1990)가 밀하는 열린 마음(open-mindness)이 의미하는 바일 것이다.

4) Bruner의 문화심리학

문화심리학에서 다루어지는 지식은 구성주의의 인식론과 유사하다(강현석, 2016a). 문화심리학에서는 각 개인이 가진 고유한 사고 과정을 중시한다. 그러므로 각 개인만의 고유한 의미의 구성과 해석을 중시하는 관점을 취한다. 그러나 문화심리학이 취하는 인식론이 극단적인 상대주의나 개인주의의 관점과는 다르다. 문화심리학의 지식에 대한 인식론은 인간을 독립된 존재로 인식하고 개인을 둘러싼 문화라는 환경과 지속적인 상호작용을 하는 주체로 바라본다. 그러므로 지식은 개인이 문화와 상호작용하며 형성된 경험으로 표현되며 이러한 경험 또한 내러티브의 방식으로 표현되게 된다.

문화심리학은 내러티브 인식론을 취한다. 문화심리학의 지식관은 인간의 사고가 어떻게 구성되는지와 이러한 구성에서 구성주의적 인식론과 차별된 내러티브 인식론은 무엇인지에 대한 논의에서 나타난다(강현석, 2016a). 아래에서는 문화심리학의 지식관에 대한 핵심적인 요소로 인간발달의 문제, 인식론의 문제, 내러티브 사고양식에 대해 펴보고자 한다.

첫째, 문화심리학의 인간발달의 문제이다. 과거의 방식에서 인간발달은 보편적이고 일반적인 인간의 성장 과정이 있고 이에 따라 인간의 사고 또는 발달 또한 규명할 수 있는 절차에 따라 이루어진다고 보았다. 그에 따라 인간발달의 보편적 과정을 탐색하기 위한 연구들이 주로 이루어졌다. 최근에는 인지심리학에서 실증적인 방법을 사용하여 인간의 사고 또는 기타 내부의 과정들을 표현하기 위한 시도를 하고 있다. 그러나 Bruner는 이러한 관점을 비판한다. Bruner는 아래와 같이 주장한다.

> 각 문화는 사람들이 어떻게 존재하는가, 그들은 어떻게, 그리고 왜 행위하는가, 그리고 문제를 어떻게 처리하고 해결하는가에 관하여 내러티브 형식으로 '민속심리학'을 만들어 낸다. 이 내러티브들은 전형적으로 사물의 규범적이고 표준적 상태를 묘사하고 … 전형적으로 한 문화의 제도적 조직과 구조는 그 민속심리학을 승인하고 심지어 실행토록 하는 데 효율적으로 기능한다. 아동들은 어려서부터 그가 속한 문화의 민속심리학내에서 행위하기 위한 내러티브 형식을 숙달한다(Bruner, 1990a: 344-355).

위와 같이 Bruner는 문화심리학의 지식관을 인간의 사고와 문화의 관계를 통해 설명하고 있다. 그리고 그는 문화가 인간의 사고에 어떤 중요한 영향을 주는지 제시한다(Bruner, 1990b). 첫째, 문화와 분리된 독립적인 인간의 심리 또는 본성은 존재하지 않는다. 즉, 모든 개인의 특성들은 문화와 필수적으로 연결되어 있다. 둘째, 문화는 개인 간의 의미를 공유하는 수단이다. 문화는 개인의 의미를 형성하기도 하지만 한편으로 개인 간의 의미를 타인에게 전달할 때 활용되는 장이다. 문화가 사회적으로 구성된 실재로서 존재하지만 이러한 문화가 구성되는 것은 개인들의 사고 활동에 근거한 것이다. 그러므로 문화가 형성되기 위해서는 다양한 개인들 간의 사고가 전달되고 전달된 사고의 이해 및 해석 활동이 이루어져야 한다. 셋째, 인간의 사고는 언어에 기반하고 또한 가치, 신념, 희망 등과 같은 문화적으로 공유된 개념적 구조를 활용하여 의미를 구성한다. 즉, 다양한 문화의 속성들이 의미 구성에 반영된다.

이러한 Bruner의 입장은 최근의 실증주의 방식과는 대비된다. 과거 전통적인 지식관은 오늘날 인지과학으로 발전하였다. 인지과학은 인간의 사고를 컴퓨터와 같은 외부로부터 주어진 자극을 정보로 간주하여 이러한 정보를 처리하고 저장하며 필요시 인출하여 표현하는 과정으로 접근하였다. 인간의 사고에 대한 인지과학적 접근에서는 기존의 패러다임적 사고와 유사한 정보처리 또는 컴퓨터적 인지(computation)을 강조한다. 그는 이러한 인지과학의 방식에서 비판한다. Bruner는 문화심리학을 통해 문화적으로 형성된 개념으로 사적인 의미와 문화적 융합을 포괄하는 인간의 사고를 주장한다(강현석, 2016a). 즉, 그에 따르면 인간은 법률, 규범, 제도와 같은 문화를 만들어내기도 하지만 한편으로는 이러한 문화에 의해 개인을 형성하기도 한다. Bruner는 이러한 개인을 형성하는 다양한 문화적 요소를 기존의 거대한 담론으로 추구하던 심리와 차별을 둔 일상심리라 정의한다.

Bruner는 일상심리와 문화는 밀접하게 관련되어 있다고 생각했다(강현석, 2016a). 인간은 의도가 형성된 상태에서 경험가 행위를 형성한다. 그러므로 인간이 가진 의도에 대한 이해는 인간에 대한 주요한 부분이 된다. 문화는 공적으로 여러 개인들이 상호 공동적으로 의미를 형성한 것이다. 그러므로 이러한 문화는 인간의 행위에 의미를 부여하는 의도를 형성하게 된다. 즉, 문화는 인간에 영향을 주는 개념을 넘어서 인간의 사고와 행동을 결정하는 의도의 형성에 직접적이고 강력한 영향을 주는 도구가 된다. Bruner의 일상심리는 이러한 문화의 의도 형성을 중심으로 논의가 전개된다. 그의 일상심리는 문화의 발달과 인간의 발달의 맥락적 관계를 제시하여 준다.

둘째, 문화심리학의 인식론 문제이다. 인식론의 문제는 Bruner가 제안한 문화심리학의 독특한 가정으로 그의 주장을 이해하기 위한 해석적 토대가 되는 주제이다. Doll(1993: 118-131)은 Bruner의 인식론을 크게 해석학적 사고, 경험의 인식론, 구성주의적 사고로 분석하였다. 그에 따르면 Bruner의 해석학적 사고는 언어의 해석학적 기능을 강조하며, 세계구성을 이해하는 방법을 강조한다. 경험의 인식론은 실증주의에서 다루어지는 경험의 주체를 객체화하여 실증적 증명을 강조하는 인식론을 극복하는 것이다. 구성주의적 사고는 자아에 의해 세계가 상징적으로 구성된 것으로 바라본다. Bruner의 인식론들에 근거하여 그는 인간의 문화가 상징적 체계 속에서 이루어지는 의미 형성과 개인에게 이루어지는 해석학적 체계의 관계를 살펴보았다(Bruner, 1990b; 강현석, 2016a).

아울러 Bruner는 지식이 사회적 측면에서 구성되는 지식의 성격을 강조하였다(강현석, 2016a). 이는 지식이 단지 개인의 사고로 형성되는 산물로 정의하는 것이 아니라 개인을 둘러싼 정체성과 의미 형성을 포괄하는 문화적 상황과의 역동적 관계 속에서 지식을 바라보는 것을 의미한다. 즉, Bruner의 관점에서 지식의 중요성은 문화적 맥락 속에서 부여된 가치, 의미, 성격, 특징과 같은 여러 측면들을 고려해야한다는 것이다. 그리고 이러한 고려의 중심에는 바로 다시 인간이 존재한다.

셋째, 문화심리학의 내러티브 사고양식이다. 내러티브 사고양식은 기존의 전통적인 실증주의에서 사용되었던 사고양식을 탈피하는 Bruner가 강조하는 사고양식이다. 그는 내러티브를 인간이 실재를 구성하거나 의미를 만들 때 또는 자신의 정체성을 형성하거나 삶에 의미를 부여하는 그러한 모든 사고와 행위에 존재하는 의미 형성을 이해하는 주요한 도구로 제시한다. Bruner에게 있어 내러티브 사고양식은 의미를 형성하는 과정을 내포하고 있다.

Bruner는 인간의 정신 활동이 크게 패러다임적 사고와 내러티브적 사고로 분리하여 논의하였다(1996). 패러다임적 사고란 자연과 사물 세계의 실증주의에서 중시되는 사고로 논리성, 합리성, 과학성 등을 강조하며 세계를 바라보는 시각이다. 그러나 내러티브적 사고는 인간 세계에서 지식이 인간의 외부에 존재하여 그것을 발견하는 것이 아닌 인과 관계에 입각하여 인간이 의미를 만들고 구성하는 것으로 세계를 바라보는 시각이다. 그러므로 Burner는 오늘날까지 패러다임적 사고에 치중하여 내러티브적 사고에 대한 고려가 충분치 않았음을 지적한다. 그는 두 사고의 고른 인식과 중시만이 인간의 지식에 대해 올바른 이해에 도달할 수 있다고 강조하였다.

다. 내러티브 해석학: 리쾨르의 이야기 해석학을 중심으로

리쾨르(Ricoeur)는 포스트모더니즘에 동조하지 않으면서도 주체 철학을 수정하려는 노력을 견지한 해석학자이다. 초기에 그는 마르셀, 무니에, 야스퍼스 같은 실존주의자들의 영향을 받았다. 또한 프로이트의 정신분석학과 레비스트로스의 구조주의에도 깊은 관심을 보였다. 그의 해석학은 이런 모든 대화의 과정이 녹아 이루어진 결정체이며, 모더니즘의 입장에서 모더니즘을 넘어서려는 노력이다. 그의 해석학은 하이데거의 존재론을 진지하게 논의하면서도 새로운 세계를 향한 상상력을 존재론 밖에서 찾으려하는 일종의 대화주의이며 절충주의다. 어린 시절 그에게 영향을 준 개신교는 그의 사상 전반에 큰 영향을 미쳤다. 악의 문제, 실존주의, 시간론, 파롤(parole) 중심의 언어 철학과 서사론 등에 걸친 그의 사상은 성서적 세계관을 깔고 있다. '악의 상징'에서 보여주듯이, 뿌리 깊은 악과 바탕의 선함 사이에서 벌어지는 긴장이야말로 리쾨르 사상 전체를 꿰뚫는 인생관이요, 세계관이다. 그는 반성 철학과 현상학을 넘어 해석학과 서사론으로 가며, 인식론 중심의 철학을 넘어 존재론에 관심을 기울인다. 리쾨르의 해석학에서 '이해'의 문제란 곧 텍스트의 이해를 의미한다. 텍스트의 이해, 그것은 글에 들어있는 타인의 삶을 이해하며 자기를 이해하는 것이다. 또한 '상징'의 해석과정을 통해 주제 철학을 새롭게 규명하려 노력한다. 결론적으로 그의 철학은, 주체를 제한하면서도 주체를 인정하는, 악의 현실 속에서 긍정적인 세상을 꿈꾸는 세계관이라 할 수 있다.

이하의 이야기 해석학의 내용은 이민용의 논의를 중심으로 살펴보기로 한다(이민용, 2010).

1) 이야기와 해석학

우리는 현실을 살면서 그것을 해석하고 이해할 필요를 느끼는 경우가 많다. 현실이 언제나 그 자체로 모습을 드러내는 것은 아니기 때문이다. 그래서 현실은 해석의 대상이 된다. 그런데 이렇게 현실을 해석하고 이해하는 것을 주목적으로 연구하는 것이 해석학이다. 주지하다시피 해석학은 원래 성서나 법률 서적, 고전 문헌을 제대로 해석하려는 성서학, 법학, 문헌학의 보소 기술로서 출발하였다. 그러다가 19세기 이후 슐라이어마허 F. Schleiermacher, 딜타이 W. Dilthey, 가다머 H. G. Gadamer, 하이데거 M. Heidegger 등을 거치면서 해석학은 그 해석 대상의 영역을 텍스트를 넘어 현실로까지 넓혀왔다. 그런데 이렇게 현실을 해석하고 이해하는 데에는 이야기를 통한 접근이 유용할 수가 있다. 우리는 이야기를 통해 정보를 나누고 의사소통하며, 세상과 자신에 대해 더욱 깊이 이해할 수 있기 때문이다. 이러한 점에서 이야기 해석학 이론을 전개하는 리쾨르의 철학은 우리의 관심을 끈다. 그는 현실올 해석하고 이해하는 일에서도 언어와 상징, 이야기가 중요한 역할을 하고 있다는 사실에 주목한다. 그는 악의 상징(1960), 살아있는 은유(1975)풍의 저서를 통해 상징과 은유의 역할에 주목하기도 하였다. 이 과정에서 이야기의 역할에 주목하였으며, "상징은 생각을 불러일으킨다."는 상징과 은유, 이야기 모두에 적용되는 핵심 주장이라고 할 수 있다.

이야기가 현실 해석과 이해에서 중요한 역할을 할 수 있는 이유는 우선 이야기가 지닌 현실과의 구조적 유사성에서 찾아볼 수 있다. 서사학에서 담화(discourse)와 함께, 이야기(narrative)의 양대 요소로 꼽히는 스토리(story)에는 인물·사건·배경(시간, 공간) 등의 핵심 요소가 있다. 이야기는 이런 면에서 삶의 구조와 비슷하다. 우리는 현실 속에서 자기 삶의 주인공으로서 살아간다. 자기 삶의 이야기에서 주인공 역할을 하면서 살아가는 것이다. 한편 이야기에는 이렇게 등장인물이 있을 뿐만 아니라, 사건도 필수 요소다. 우리는 끊임없이 행동하고 살아가며 사건을 만들어간다. 이런 점에서 삶의 사건들은 이야기의 사건으로 전환될 수 있다. 그래서 삶은 비슷한 구조를 지닌 이야기를 통해 해석되고 효과적으로 이해될 수 있다.

또한 이야기와 현실은 둘 다 시간 구조물이라는 점에서도 비슷하다. 우리는 태어나서 죽을 때까지 시간의 흐름 속에서 사건을 경험하며 성장하고 늙어간다. 어느 누구도 시간의 흐름 밖에서 존재할 수 없다. 그림, 조각, 건축과 달리 이야기 예술/기술도 시간의 흐름 속에서 존재한다. "이야기는 시간 모델의 본보기이다." 아리스토텔레스가 그의 시학에서 비극의 플롯에는 처음과 중간, 끝이 있어야 한다고 강조한 것도 시간 예술로서의 이야기 속성을 잘 말해주고 있는 유명한 말이다. 이렇게 시간을 매개로 이야기와 현실이 서로 유사한 구조를 공유하고 있기 때문에, 이야기는 현실을 해석하고 이해할 수 있는 통로가 될 수 있다. 그래서 "시간은 이야기 방식으로 진술되는 한에 있어서 인간의 시간이 되며, 반면에 이야기는 시간 경험의 특징들을 그리는 한에 있어서 의미를 갖는다. 이야기의 시간과 실제 시간이 서로를 비추고 있기 때문에 이야기와 실제 삶 사이에 '건강한 순환'이 존재한다고 할 수 있다. 그런데 이렇게 시간 구조물인 이야기를 통해 역시 시간 구조물인 현실을 잘 해석하고 이해할 수 있는 메커니즘은 구체적으로 무엇인가? 시간 안에서 늘 분열되는 현존재를 하나의 전체로 만드는 것은 무엇인가?" 리쾨르는 인간의 '이야기할 수 있는 능력'이 바로 현존재에 통일성을 부여해줄 수 있는 가능성이라고 본다.

2) 주체의 이야기 정체성

리쾨르는 우리가 이야기를 통해 현실을 해석하고 이해할 수 있으며, 우리 자신의 정체성과 생각을 정립할 수 있다고 주장한다. 그는 이 정체성을 시간성 및 이야기와 관련해서 다룬다. 그에 따르면 인간은 시간적 존재이다. 그러나 시간은 원래 추상적인 것이어서 그 자체로는 인식하기가 어렵다. 우리가 인식하는 시간은 그 속에서 일어나는 사건들을 통해서 체험된다. 그런데 이러한 시간 속 체험들의 세계는 그 자체로는 불협화음의 세계다. 질서도 없고 그 속에서 일관된 의미도 찾기 힘들다. 그래서 이러한 시간 속의 체험들이 질서와 의미를 가지려면 이야기의 세계로 포섭되어야 한다. 이야기에는 시간의 순서에 질서를 부여하고 의미의 연결고리를 구성하는 힘이 있기 때문이다. 이야기의 "줄거리(plot) 덕분에 목표와 원인과 우연들은 전체적이고 완전한 어떤 행동이 갖는 시간적인 통일성 아래 규합된다.

주체는 이야기를 통해 이러한 시간 체험을 자신의 경험으로 하고 자기 이해를 심화시키게 되면 자기 정체성을 확보하게 된다. 이것을 리쾨르는 이야기 정체성(narrative identity)이라고 한다. 그는 다음과 같이 말한다(이민용, 2010 재인용).

> 자기 이름으로 지칭된 행동의 주체를, 출생에서 죽음에 이르기까지 늘어나 있는 삶 전체에 걸쳐 동일한 사람이라고 간주할 수 있는 근거는 무엇인가? 대답은 이야기일 수밖에 없다. '누가?'라는 물음에 답한다는 것은, 한나 아렌트가 역설했듯이, 삶의 스토리를 이야기하는 것이다. 이야기된 스토리는 행동의 누구를 말해준다. '누구'의 정체성은 따라서 이야기 정체성이다. 이야기하는 행위의 도움 없이는 인격적 정체성의 문제는 사실상 해결책 없는 이율배반에 빠지고 만다.

리쾨르에게 개인의 자기 정체성은 동일성 정체성과 자기성 정체성으로 나뉜다. 전자가 성격처럼 시간 속에서 변하지 않은 채 동일하게 지속되는 것이라면, 후자는 다른 사람과의 약속을 지키는 것 같은 타자(他者)와의 관계 속에서만 유치되는 동일성이라고 할 수 있다. 간략히 말하면, 동일성은 시간 속에서 변하지 않는 지속성의 차원에서 수적 단일성을 의미한다. 그것은 칸트적 의미의 실체의 범주에 속한다. 반면에 자기성은 하이데거적 의미로 현존재이다.

우리는 시간 속에서 변하지만 유사성의 연속과 그 기억으로 정체성의 동일성을 유지할 수 있다. 이것이 바로 자기성 정체성이라고 할 수 있다. 자기성 정체성은 시간성을 포함하고 유사성과 질서를 포함하기 때문에 이야기성을 포함한다. 리쾨르에게 동일성 정체성과 자기성 정체성은 이야기 정체성을 통해 통합된다. 리쾨르가 말하고자 하는 '자기'는 무시간적 실체로서의 형식적 주체가 아니라 역사성과 시간성을 포함하는 실존으로서의 자기이다. 이러한 '자기'는 리쾨르의 이야기 이론을 통하지 않고는 접근하기 어렵다. 인간 실존의 의미는 세계를 변화시키거나 지배하는 권력일 뿐만 아니라, 이야기 담론 속에서 기억되고 회상되는 능력, 잊혀지지 않게 되는 능력이기도 하다. 이야기성의 이러한 실존적, 역사적 합의들은 매우 멀리까지 미치는데, 그것들은 문화적 의미에서 그 과거와 그 '정체성' 속에서 보존되고 영속화되어야 할 것을 결정하기 때문이다." 그래서 이야기 정체성을 통해 우리는 자신에 대한 이해를 정립하고 행동할 수 있다. 그런데 이러한 이야기 정체성은 고정적인 것이 아니다. 시간의 흐름 속에서 달라질 여지가 있는 역동적인 정체성이다. 이러한 이야기 정체성이 성립할 수 있는 근거는 무엇인가? 그것은 이야기의 핵심요소인 뮈토스 덕분이다.

3) 뮈토스

뮈토스는 "사건들의 체계적 배열을 의미하는 개념"으로서 아리스토텔레스의 시학에 나오는 용어를 리쾨르가 수용한 것이다. 그리스어 뮈토스(muthos, mythos)는 이야기(narrative)의 줄거리(story), 플롯(plot), 줄거리 구성(emplotment)으로 표현되기도 한다. 이야기가 주체의 정체성 형성에 기여하고 시간 체험의 불협화음을 이야기 체험 속에서 질서 있는 조화로운 세계로 만드는 데에 뮈토스가 큰 역할을 한다. 리쾨르는 이야기에서 상상력을 통해 세계에 질서를 부여하는 생산적인 창안의 기능을 하는 것이 뮈토스라고 말한다. 이야기의 뮈토스 이것은 흩어져 있는 복합적인 사건들을 함께 파악하여 하나의 완전한 전체 스토리로 통합해낸다. 그리고 이로써 이야기 전반에 수반된 이해 가능한 의미를 체계화한다. 이야기는 시간에 의존하는데, 이야기가 되려면 사건들이 있어야 하고 그 사건들이 연이어 일어나야 한다. 이때 그 사건들에 질서를 부여하고 인과관계를 결하는 것이 뮈토스의 역할이다. 이야기는 플롯, 즉 뮈토스에 의존함으로써 인간적 의미 중에서 가장 풍요로운 담론의 형식이 된다.

이야기에는 뮈토스가 핵심 역할을 하고 있기 때문에 이야기는 그 내용들, 즉 사건들을 단순한 목록으로, 무질서한 집합으로 품고 있지 않다. 이야기는 사건들 간의 인과적 관계를 묘사하고 설명한다. 설명에 실패한 이야기는 제대로 된 이야기가 아니다. 설명하는 이야기가 정상적인 순수한 이야기이다. 그러면 뮈토스가 이야기 속에서 구체적으로 작동되는 메커니즘은 무엇인가?

4) 이야기 속에서 뮈토스의 작동 메커니즘: 세 겹의 미메시스

리쾨르는 이야기가 인간 행동의 미메시스(mimesis)를 통해 실현되는 것으로 보고, 이를 미메시스의 3단계로써 설명한다. 미메시스 역시 아리스토텔레스의 시학에 등장한 개념을 리쾨르가 수용한 것이다. 그가 보는 미메시스는 행동의 모방, 보다 정확히 얘기하면, 재현(representation)이다. 플라톤이 국가론 제10권에서 예술추방론의 입장에서 얘기하는 단순 모방과는 다르다. 이야기는 미메시스를 통해 의미를 재구성하기 때문이다. 리쾨르의 이론에서 이야기는 세 겹의 미메시스로 이루어져 있다. 하나의 미메시스는 다른 두 개의 미메시스가 작동하지 않으면 아무 의미를 갖지 못한다. '미메시스 1'은 전(前)형상화(prefiguration), 즉 이야기를 구성하는 것에 대해 우리가 가지고 있는, 다시 말해서 읽을 때 텍스트에 우리가 가져오는 전(前)이해다. 여기서는 미메시스의 대상이 되는 행동의 뜻을 체험된 시간의 층위에서 풀어보고 이해하여 행동의 균열과 무의미를 극복하고 의미를 찾으려고 한다. 그래서 이를 통해 할 이야기가 생긴다. 그런데 이것은 할 이야기는 많지만 아직 말로 표현되지 않은, 이야기되기를 기다리는 이야기라고 할 수 있다.

'미메시스 2', 즉 형상화(configuration)는 '미메시스 1'에서 이해된 행동의 뜻을 줄거리로 꾸며 실제 이야기로 옮기는 과정이다. 현실을 재현하는 창조 행위의 과정인 것이다. 이 단계에서 형상화와 줄거리 구성, 즉 뮈토스는 일치한다. 여기서는 이야기되기 이전의 이야기와, 의미 있는 행동으로 체험된 시간에 질서와 형상을 부여하게 된다. 그래서 여기에는 불협화음보다 화음이 우세하게 된다. 이야기의 시학적 구성에서 세 번째 단계는 '미메시스 3', 즉 재형상화(refiguration) 단계이다. 여기서 이루어지는 일은 이야기의 수용자가 이야기의 뜻을 해석해서 삶의 의미를 찾아가는 작업이다. '미메시스 1'의 아직 이야기되지 않은, 앞으로 형상화 될 이야기는 '미메시스 2'의 이야기된 이야기를 거쳐, '미메시스 3' 단계에서 이야기 수용자가 속한 현실의 세계로 넘어간다. 여기서는 세계에 대한 새로운 관점을 이야기가 제공함으로써 우리의 세계 이해가 증진되게 된다.

리쾨르는 이렇게 미메시스를 세 겹으로 나눈다. '미메시스 1'은 선이해로서 이야기로 구성되기 이전의 현실에 대한 이해이고, '미메시스 2'는 세 겹의 미메시스 중에서 제일 중요한 것으로서 형상화를 의미한다. '미메시스 1'에서 '미메시스 2'로 전환될 수 있는 것은 뮈토스가 있기 때문이다. 여기서 뮈토스는 허구의 공간을 열고 문학작품의 문학성을 생산한다. 한편 미메시스로 표현된 이야기 텍스트는 미메시스 3을 통해 현실화된다. 그런데 이러한 세 단계의 미메시스적 순환은 이야기에 의해, 선행하는 이야기의 끊임없는 수정과 그 결과인 재구성의 연쇄에서 유래한다는 점에서 이야기 정체성의 형성과정과 동일하다. 이야기 정체성은 이러한 해석학적 순환의 시학적 해결이라고 리쾨르는 말한다.

5) 허구적 이야기와 역사 이야기

앞에서 이야기의 종류를 구분하고 민담, 동화, 소설 같은 허구적 이야기뿐만 아니라 현실의 실제 이야기도 언급하였다. 그런데 리쾨르가 이런 허구와 실제를 아우르는 이야기 이론을 전개해서 주목을 끈다. 여기서도 뮈토스가 연결고리를 하고 있다.

리쾨르에게는 두 유형의 이야기가 있다. 역사와 허구가 그것이다. 서로 다름에도 불구하고 역사와 허구는 공통점이 있다. 둘 다 지시적 진리보다 인간의 진리를 보여준다. 그리고 역사와 허구가 이해되려면 둘 다 같은 종류의 '서사 능력'이 필요하다. 리쾨르는 역사와 허구가 공통점이 있을 뿐만 아니라, 삶에 대한 서사적 경험 속에서 상호 직조되어 있음을 증명하고자 한다.

역사는 이야기의 형식으로 이해된다는 것이 리쾨르의 테제이다. 역사적 이야기와 허구적 이야기는 단순히 그것들이 사건들의 목록에 불과한 것이 아니라는 공통점이 있다. 허구에서 그 사람이 독약을 마셨다. 그 사람이 죽었다'는 이야기가 아니다. 하지만 '그 사람은 독약을 마셨다. 그러고는 죽었다'는 이야기이다. 그 사람의 죽음은 음독의 결과라는 것이 함축되어있기 때문이다. 이와 유사하게 역사에서 사건들의 목록은 단순한 연대기일 수 있다. 역사는 사건들 간의 인과적 관련성을 묘사하고 그 사건들을 설명한다.

작가가 허구에서 이야기의 소재를 구하지만, 역사가는 사실에서 그 소재를 구한다는 차이점은 있지만, 양자는 나열된 사건들을 줄거리로 구성한다는 점에서 비슷하다. 역사가 이야기가 되려면 역사에서도 줄거리 구성이 마찬가지로 중요한 위치를 차지해야 하기 때문이다.

리쾨르는 허구적 이야기와 역사적 이야기가 다른 점도 있지만 두 이야기가 뮈토스를 통해 의미를 재구성한다는 점에서 비슷하다고 본다. 그는 역사와 허구가 상호 직조되어 있다고 주장한다. 이것은 허구 이야기와 역사 이야기가 씨줄과 날줄이 되어 삶의 의미라는 직물을 함께 구성한다는 의미이다. 역사는 어떤 식으로든 시간을 재형상화 하고자 허구를 사용하고, 허구도 역시 같은 목적으로 역사를 사용한다. 역사는 허구에서 두 가지를 빌려 온다. 첫째, 허구는 (형상화의 층위에서 작동하는) 구성 기법을 사용한다. '역사의 글쓰기는 이야기의 전통으로 전수된 줄거리 구성 유형을 모방한다.' 하지만 둘째, 더 중요한 것은 역사가 재형상화의 층위에서도 뭔가를 끌어온다는 것이다. 그것은 리쾨르가 '역사적 상상력의 재현적 기능'이라고 부른 것이다. 허구가 역사 안에 직조되어 있다면 역사도 허구 안에 직조되어 있다. 허구적 이야기는 그것이 사건들을 마치 과거인 양 말하는 한 역사 이야기를 암시하고 있는 것이다. 이야기되는 비실재적 사건들이 독자에게 말을 건네는 이야기적 목소리로는 지나간 일들이라는 점에서 허구 이야기는 준역사적이다. 바로 이 점에서 허구 이야기들은 과거 사건들과 비슷하고 허구는 역사와 비슷하다.

6) 해석학적 순환

리쾨르의 이야기 해석학은 해석학이다. 그래서 해석학의 핵심인 해석학적 순환 모델은 여기서도 작용한다. 그의 이야기 이론에서 이것은 크게 세 측면에서 이루어진다. 첫 번째 해석학적 순환은 시간성과 이야기성 사이의 것이다. 시간과 이야기는 해석학적 순환의 관계에 있다. 시간은 이야기 양태로 구성되는 한에서 인간의 시간이 되며, 이야기는 그것이 시간적 실존의 조건이 되는 한에서 그것의 충만한 의미에 도달한다. 두 번째 해석학적 순환은 세 겹의 미메시스 사이에서 이루어진다. '미메시스 1'에서 출발한 이것은 뮈토스(줄거리 구성)의 매개를 통해 '미메시스 2'로 나아가서 '미메시스 3'으로 진행되는데, 이것은 이야기를 접하고 난 후에 가지게 되는 세계이해라고 할 수 있다. 그런데 이것은 여전히 미메시스이다. 지금 우리가 가지고 있는 세계이해는 그 안에 이야기를 포함하고 있기 때문이다. 우리는 방금 원을 크게 한 바퀴 돌았다. 우리는 세계를 이해하기 위하여 우리의 세계 이해를 이야기로 가져왔다. 이것은 해석학적 순환이다. 왜냐하면 우리의 세계, 즉 독자의 세계만큼이나 텍스트의 세계를 받아들임으로써 우리의 이해가 늘었기 때문이다.

해석학적 순환은 또 이야기와 삶의 사이에서도 일어난다. 이야기는 인간행동의 미메시스이다. 이야기와 삶의 사이에는 건강한 해석학적 순환이 있다. 이야기는 삶을 모방하고 우리는 이야기를 통해 삶을 배운다. 그리고 이 순환 속에서 삶에 대한 이해는 고양된다. 이렇게 리쾨르는 이야기의 해석학에서 해석학적 순환을 다층적으로 발견하는데, 이것은 선순환 구조, 원으로 보고자 한다. 원이 돌때마다 같은 지점은 더 높은 차원으로 이동하고 그 결과 자기 이해를 통해 인간 이해에 도달하고자 한다.

2. 문화구성주의

지식구조론에 대한 견해를 제시한 후, 브루너는 보다 확장되고 변화된 입장을 지속적으로 제시하여 왔다(1983; 1986; 1990; 1996). 그 변화된 입장을 한마디로 '문화 구성주의'라고 부를 수 있다. 그의 구성주의에 대한 입장은 매우 포괄적이다. 이 입장에서 가장 핵심이 되는 것은 문화가 인간의 마음을 형성한다는 문화주의(culturalism)의 전제이다. 이 전제는 마음에 대한 정보처리이론적 설명방식에 대한 반성이다. 문화주의에서 마음의 본질은 의미구성에 있으며, 마음을 형성한다는 것은 의미를 만든다는 일이다. 여기에서 의미 구성의 과정은 내러티브(narrative)를 통하여 세계 만들기(world-making)를 수행하는 일이며, 이 일은 세상의 실재를 구성하는 일이다. 그런데 내러티브 사고를 통한 의미 구성은 문화 속에서 이루어지며 인간의 역사를 반영하는 문화의 도구들을 통해 마음이 구성된다. 결국 문화 속에서 내러티브 사고를 통하여 실재를 구성하며 의미를 만들고 마음을 구성하는 것이다. 이러한 맥락에 비추어 보면 브루너의 문화 구성주의의 본질은 의미 구성의 문화심리학, 해석적 구성주의 인식론, 내러티브 사고로 이해될 수 있다(Bruner, 1996: 13-42).

이 관점은 브루너(1996: 13-42)가 제시하고 있는 교수의 9가지 원리(tenets)에 구체적으로 표현되고 있다. 그중에서 가장 근본적인 것은 2장에서 제시한 것처럼 마음과 의미의 구성 문제를 다루는 문화심리학의 관점, 구성주의 인식론, 내러티브 사고, 그리고 교수-학습의 상호작용적 측면 등이다. 이것을 설계 근거 차원에서 그 관계를 그림으로 재구성하여 제시해보면 다음과 같다.

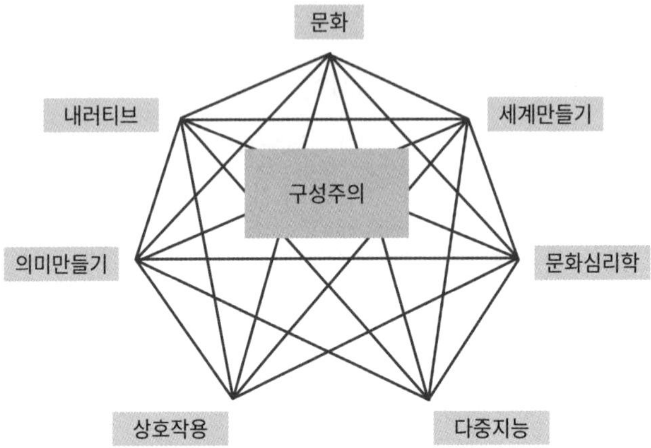

[그림 1] 문화 구성주의의 구조

이상의 그림을 보면 문화 구성주의는 크게 7가지 차원으로 관련지어 설명될 수 있다. 이러한 맥락과 유사하게 Smith(2002)는 브루너의 문화 구성주의가 교수의 설계에서 활용될 수 있는 방향이나 지침을 다음과 같이 제시하고 있다. 첫째, 비계설정을 통하여 타인의 도움을 제공하는 일, 둘째, 모든 교과는 독특하지만 서로 관련되는 구조를 지니고 있으며 그 구조는 인간 마음의 조작과 연관되어 있다는 점을 유의할 것, 셋째, 언어사용을 통한 의미 교섭으로서 학습의 본질을 고려할 것, 넷째, 마음의 사용에 의해 실재가 만들어지고 학습은 의미를 만드는 일과 관련되어 있기 때문에 설계는 이 점을 고려해야 한다는 점, 다섯째, 교수-학습에서 내러티브와 사회적 대화는 중요한 역할을 하며, 대화와 의미 형성에서 내러티브가 중요한 본질이라는 것이다. 이러한 문화구성주의가 지니는 의미 구성의 측면에서 본다면 교수 설계 행위 자체가 해석적 의미 구성과정의 성격을 지니는 동시에 설계 방향도 해석적 구성의 과정을 지향해야 한다는 점을 알 수 있다.

문화구성주의에서 가장 핵심적인 것은 내러티브 인식론이다. 따라서 과거 지식구조론의 핵심적 아이디어를 내러티브 사고양식에 근거하여 해석함으로써 대체적인 설계의 방향을 설정할 수 있다. 첫째, 지식의 구조의 문제에서는 구조의 생성적 본질과 의미 교섭을 통한 구성성을 고려하여 지식의 생성적 구조에 대한 의미(구조감)를 학습자에게 주는 것이 중요하다는 점이다. 둘째, 교육내용과 관련하여 경험적 증명과 형식적 절차에 의존하는 패러다임적 교육내용은 내러티브적 해석에 의해 보완될 필요가 있다. 이와 관련하여 Bruner(1996: 42)가 제시하고 있는 내러티브 역량을 기르기 위한 방법, 즉 신화와 역사, 민담 등을 통해 정체성을 길러주는 것과 소설을 통해 상상력을 높이는 일 등이 반영될 필요가 있다. 셋째, 나선형과 관련하여 인간 학습의 본질을 고려하여 학습의 흐름을 유의할 필요가 있다. '직관적' 설명으로 시작하여 생성적 힘이 길러질 때까지 순환을 하면서 점차 구조화된 설명으로 순환적으로 회귀한다는 점을 고려해야 한다. 넷째, 내용구성의 측면에서는 교재에 제시되는 완결의 지식과 "정답"보다는 해당 교과의 문제를 해결하는 과정에 강조를 두어야 한다. 여기에서 도전적 질문을 제기하는 기술(art)과 그런 질문을 풍부하게 하는 기술, 훌륭한 질문을 생기 있게 유지하는 기술 등이 중요하게 고려되어야 한다. 다섯째, 교수-학습에서는 간주관성을 토대로 한 의미교섭의 상호작용을 고려하며, 가르치고 배우는 상황을 상호 학습자의 공동체로 인식한다. 여기에서 비계설정이 활용되며 간주관적 교수법의 맥락에서 설계가 이루어져야 한다. 이것은 상호작용적 교수법(interactive pedagogy)의 근거가 된다.

우선 문화구성주의와 관련하여 문화심리학에서는 문화가 마음을 구성한다는 전제하에 마음의 본질을 의미의 구성으로 보고 있다. 1950년대부터 시작된 이른바 '인지혁명'은 심리학의 초점을 행동에서 마음으로 바꾸었지만 그 과정에서 인간 마음이 어떻게 작용하는지에 관해서는 서로 상충하는 관점이 대립하였다. 마음이 컴퓨터처럼 기능한다는 컴퓨터 메타포에 의한 '연산주의(computation)'와 문화에 의한 마음의 형성을 상정하는 문화심리학(cultural psychology)이 바로 그것이다. 인간의 마음은 인간의 역사를 반영하는 문화의 도구를 통해 형성된다. 문화심리학도 일종의 문화 도구이다. 문화와 마음은 일상 심리학 속에서 서로를 구성하며 의미를 만들어 나간다. 의미 만들기 과정은 해석적 사고를 통하여 이루어진다. 문화와 무관한 인간 심리나 본성은 없기 때문에 인간은 문화에 참여함으로써 의미를 공적이게 하고 그 의미를 서로 공유할 수 있게 된다. 문화 속에서의 삶의 방식은 공유된 의미와 개념에 의존하는데, 이 과정에서 인간은 의미와 해석상의 차이점을 대화하고 협상하기 위해서 공유된 담론의 양식에 의존한다는 것이다. 그러므로 인간 마음은 인간의 신념이나 의도에 내재되어 있는 공유된 개념적 구조와 언어에 기원을 둔다. 그리고 마음은 문화가 반영된 것이므로 앎의 방식뿐만 아니라 문화의 가치방식에 참여함으로써 의미를 구성할 수 있다는 것이다.

둘째, 구성주의 인식론에서는 Goodman(1978)의 견해를 수용한다 (Bruner, 1983: 93-105). 우리의 실재는 주어진 것이 아니라 만들어지는 것이다. 따라서 실재는 창안되는 것이다. 우리가 살고 있는 세계들은 상징적 구성으로 창안된 것이다. 그래서 실재의 본질은 인간 사고의 산물이며, 정신적 산물로서의 세계관은 다수의 실재를 인식하는 것이다. 우리가 세계관을 만들며 올바른 세계관이 세계를 만든다. 우리가 찾는 것을 우리가 만들어야 한다. 이와 같은 Goodman의 구성주의를 토대로 보면 인간의 정신적 활동이나 상징적 언어와 무관하게 선천적으로 존재하는 유일한 실세계는 없다. 지식은 절대적인 또는 선험적인 어떤 것에서 출발하는 것이 아니라 세계의 창조를 이루는 여러 종류의 구성들로부터 시작한다.

셋째로 브루너의 인식론은 내러티브 사고에서 보다 구체적으로 드러난다. 우리는 이야기를 통해 세계를 구성하며, 그 구성과정은 해석적이다. 우리는 이야기를 설명하지 않으며 다만 이야기에 대해 다양한 해석을 할 따름이다. 최근에 브루너는 내러티브 사고를 강조함으로써 자신의 인식론에서 변화를 보이고 있다. 이러한 자신의 인식론적 입장 변화에 중요한 단서를 제공하는 것은 그의 내러티브 사고 양식의 강조에 있다. 1980년대 이래 그는 지식의 본질을 발견적 특성과 함께 생성적 특성을 가진 것으로 보고 있다. 즉 지식의 발견적 특성이 원인-결과를 다루는 패러다임적 사고에 기안한다면, 생성적 특징은 의미 구성을 중시하는 내러티브 사고와 밀접하게 관련된다는 것이다. 우리는 내러티브의 규칙과 장치에 따라 구성된 세계에서 대부분의 삶을 살고 있다. 실재는 내러티브로 구성될 수 있다. 인간 마음은 우리가 의미를 만들기 위해 사용하는 구성의 도구이다.

의미를 만드는 행위는 대화를 통해서 이루어진다. 내러티브 사고는 해석을 필요로 하며 거기에서 이야기 만들기가 가능해진다. 사고양식으로서 내러티브의 제안(Bruner, 1985)은 그의 인식론적 입장의 확장으로서 기존의 패러다임적 사고 양식의 한계를 극복하기 위한 자신의 인식론적 지평의 확장이다.

3. 내러티브 전회

가. 사회 연구에서 내러티브 전회

지난 수십 년 동안 사회 연구자들은 개인과 집단의 내러티브나 이야기에 점점 더 많은 관심을 보이고 있다. 많은 사회 과학자들은 이것을 '내러티브 전회'라고 표현한다(Polkinghorne, 1988; Czarniawska, 2004; Herman, Jahn & Ryan, 2005). 그 많은 저자들 중 일부는 내러티브가 담론 분석과 페미니즘을 비롯한 서사론(narratology), 해석학, 구조주의 및 문학 전통에서 시작되었다고 주장한다. 사실 내러티브 전회는 자신, 타인, 공동체, 사회적·정치적·역사적 역동성 간의 관계에 관한 철학적 논의의 새로운 흐름의 맥락에서 출현했다. 또한 내러티브 전회는 사회적인 세계를 조사하고 인간의 경험을 이해하는 실증주의적 접근 방식에 대해 의문을 제기하고 도전하는 것을 포함한다.

실증주의적 접근에 대한 주요 비판은 실증주의가 인간 행동과 사회적 상호작용을 적절하고 면밀하게 검토하거나 보여주지 못한다는 사실에 초점을 두고 있다. 실증주의 연구는 자신이 속해 있는 사회적, 역사적 구조와는 독립적으로 사회 현실의 외부에 '관찰자' 또는 '연구자'를 두는 경향이 있으며, 따라서 그 현실을 이해하는 데 있어 문제를 제기한다. 그러나 이와 같은 복잡한 역동성은 단순히 객관적 세계에서 외부 세계인 '저기에' 존재하는 것이 아니라, 오히려 사회적, 역사적으로 중재된 인간 의식의 결과이다. 게다가 사회적인 세계를 조사하여 기술하는 실증주의적 접근이 현재의 상황에 반드시 의문을 제기하는 것은 아니며, 이러한 공백이 암묵적 지지를 보낼 수 있다.

비판적 이론가들은 종종 실증주의가 사회적인 세계 내의 복잡한 관계를 조사하는 데 필요한 반성적인 요소가 결여되어 있다고 주장한다. 어떤 사람들은 "사회에서의 전기와 역사의 교차점을 다루고 개인적인 트러블들이 공적이고 대중적인 이슈들과 관련되는 방식을 파악하기 위한 사회학을 요청했다"(Berger & Quinney, 2004, p. 4). 그러므로 내러티브는 각기 다른 개인적, 집단적 전기와 사회사를 포괄하는 사회 현상에 대한 자기 반응적 탐구 양식에 대한 필요성이 절실하던 시기에 발생했다(Giddens, 1991; Taylor, 1991). 이러한 변화는 내러티브 정체성의 이론적 발전의 초기 탐구와, 특히 포스트모더니즘 시대에 사회적인 세계 속의 자아를 연구하는 새로운 접근법과 분리될 수 없다.

내러티브와 생애사 연구방법이 사회학자와 사회 연구자, 그리고 학자들 사이에서 언제부터 일반적으로 사용되었는지 정확하게 설명할 수 없지만, 인류학자들이 20세기 초에 아메리칸 인디언 추장에 관한 연구를 진전시킬 때 처음 생애사 연구를 사용한 것으로 보인다. 그 이후, 생애사 연구방법은 인문학 분야의 학자들, 특히 사회학자들에 의해 점점 더 많이 적용되었다. 생애사 연구방법은 학계를 휩쓸다시피 한 표준적인 방식의 움직임이 되었고, 그 시기를 지나자 거의 사용하지 않게 되었다.

Martin Bulmer(1984)가 권위 있는 시카고학파의 연구에서 밝히는 것처럼, Thomas와 Znaniecki(1918-1920)의 훌륭한 연구인 *The Polish Peasant in Europe and America*의 출판은 생애사 연구 발전에서 중요한 사건이 되었다. Thomas와 Znaniecki는 폴란드 농부들의 미국 이주 경험을 탐구하면서 이민 경험에 관한 '개인사적인 육체 피부색'를 드러내기 위해 생애사 방법을 사용했다. 이러한 개척적인 연구는 시카고학파 내에서 생애사 연구를 진실한 연구 도구(a bona fide research tool)로서 정착시켰으며, 특히 그 이후 Robert Park(Park, Burgess, & McKenzie, 1925; Park, 1952)에 의해 시카고에서 사회학 연구가 성행하는 전통이 되면서 그 위치는 더욱 강화되었다.

몇 가지 언급하자면, 생애사 방법은 Park에 의해 완성된 도시 생활에 관한 연구에서 적극적으로 사용되었다: The Gang(Thrasher, 1927), The Gold Coast and the Slum(Zorbaugh, 1929), The Hobo(Anderson, 1923), The Ghetto(Wirth, 1928). 아마도 생애사 연구를 위한 모델은 Clifford Shaw의 책, *The Jack-Roller*(1930)의 강도에 관한 서술에서 찾을 수 있다. Shaw의 연구에 대한 Howard Becker의 논평은 생애사 방법의 주요 장점 중 하나를 강조한다.

> 일반적으로 지식인들, 특히 사회학자들에게 대개 알려지지 않은 문화와 상황으로부터 이러한 종류의 목소리를 들려줌으로써 The

> Jack-Roller는 우리가 이론을 가장 심오한 수준까지 발전시키는 것을 가능하게 한다: 자신을 스탠리의 피부 속에 둠으로써, 대개 우리의 생각 속에 퍼져 있고 연구 문제를 형성하는 사람들에 대한 깊은 편견을 느끼고 인식할 수 있다. 진정으로 Stanley의 삶 속에 들어감으로써, 우리가 연구를 설계하는 데 있어 당연하게 생각한 것(그리고 그러지 말아야 할 것)을 이해할 수 있다. 범법자, 빈민가, 폴란드에 대한 어떤 종류의 가정이 우리가 연구하는 질문을 설정하는 방식에 포함되어 있다(Becker, 1970, p. 71).

생애사적 접근은 1930년대에 절정에 이른 이후 추락했고, 다음 몇십 년 동안 사회과학자들은 거의 관심을 두지 않았다. Dollard는 생애사의 방법론적 기초에 관한 가장 중요한 연구 중 하나인 *Criteria for the Life History*(1949)를 출판하였다. Dollard는 생애사 방법이 쇠퇴한 후에 글을 썼기 때문에 그의 연구는 정당한 관심을 받지 못했다.

1970년대 일련의 연구들이 시카고학파의 연구와 함께 반향을 불러일으키면서 부활이 시작되었다(Plummer, 1990). 그 후 수년 동안 페미니즘 연구자들은 생애사적 접근을 강하게 지지했으며, 1989년 개인적 내러티브 그룹(Personal Narratives Group)의 경이로운 연구인 '여성의 삶을 해석하기(Interpreting Women's Lives)'는 생애사 방법의 실질적인 재건을 이끌었다. 주관성에 대한 관심이 많아짐에 따라, 우리는 어떻게 생애사 연구가 다시 사회 과학 연구의 중심에 서게 되었는지 알 수 있다.

사회 연구의 관점에서 내러티브는 탐구방법이자 탐구 중인 현상,

즉 개인이 이야기된 삶을 이끄는 연구이다(Clandinin & Connelly, 2000). 내러티브는 인류학에서 정신 의학으로, 역사에서 신학으로, 미디어 연구에서 조직 연구로, 담론 분석에서 교사의 삶과 교수(teaching)로, 정치에서 보건 의료 분야에 이르기까지 등 많은 학문 분야에서 발견된다. 또한 내러티브는 현상학, 해석학, 구성주의, 페미니즘, 비판이론 등을 포함한 다양한 인식론적 위치에서 발견된다. 내러티브는 이러한 방식으로 사회 연구에서 '혼합적 장르'를 위한 기회를 제공한다(Geertz, 1983).

삶의 내러티브에 마주쳐 질문하는 것은 학습과 이해 및 기관과 인간 행동을 위한 문제에서의 근대적(modern) 관심과 담론 및 권력과 같은 포스트모더니즘의 관심을 결합시키며, '사회과학이 새로운 이론과 방법, 그리고 자아와 사회에 대해 이야기하는 새로운 방식을 발전시키게 한다'(Denzin, 2004, p. xiii).

내러티브는 생생한 개인의 경험에 대한 통찰력을 얻을 수 있는 기회를 제공함으로써 현장이나 문화의 전체적 이해를 밝힐 수 있다. 질적 사회 연구자들은 컴퓨터 분석을 위한 개괄적이고 탈맥락적인 정보와 수치 자료보다 내러티브에 대해 항상 관심을 가지고 있다(Polkinghorne, 1992). Dollard(1949: 4)는 "개인의 삶에 관한 상세한 연구는 형식적인 관찰의 단면에 머무를 때에는 접근할 수 없는 전체로서 문화에 대한 새로운 관점을 보여줄 것이다"라고 주장하며, 그 점을 설명하였다.

또한 개인의 삶에 관한 상세한 연구는 지배적인 정치 구조와 과정에서 제외되거나 무시되는 목소리를 퍼뜨리며 이야기가 정치적 반응으로 작용할 수 있게 한다. 이전에 소외된 사람들의 새로운 목소리는 그들이 경험한 사회 체제와 기관에 대한 그들의 '진실'(필연적으로 여러 목소리)을 조명한다. 따라서 내러티브는 인간의 경험, 권력, 사회적 역동성의 깊이와 복잡성을 드러내어 연구자들이 연구를 통해 현상의 다양한 수준을 고려하여 그들의 분석을 확장할 수 있게 한다(Plummer, 2001).

나. 다양한 학문 분야에서 내러티브 전회(narrative turn)

최근 몇 년 동안 다양한 학문 분야에서 내러티브에 대한 논의가 활발히 이루어지고 있다. 문학이론, 역사학, 인류학, 드라마, 미술, 영화, 신학, 철학, 심리학, 언어학, 교육학을 위시하여 심지어는 진화론적 생물학에서조차 내러티브론(narratology)이라는 용어가 쓰이고 있다(Connelly & Clandinin, 1990: 2). 내러티브 연구는 이제 문학연구가들이나 민속학자들만의 영역이 아니라 인문·사회과학과 자연과학의 모든 분야에서 공유되는 지적 통찰이 되었다(Mitchell, 1981). Barth는 내러티브는 어디서나, 어느 사회에서나 항상 있어 왔으며 "인간은 이야기하는 동물"이라고 말한다(Barth, 1966: 14, Polkinghorne, 1988에서 재인용). MacIntyre(1985)는 내러티브는 시인이나 극작가, 소설가의 전유물이 아니라 모든 인간이 삶을 이해하는 기본 원리이며, 인간은 이야기를 통하여 자아를 구성한다고 주장한다. Coles(1989)에 따르면, 우리는 각양각색의 이야기를 통해서 서로 다른 사람들이 처해 있는 상황, 문화, 생각뿐만 아니라 좋은 행위와 그렇지 못한 행위, 옳은 행동과 옳지 않은 행동, 그 사이에 존재하는 윤리적 딜레마 등에 대해서 배운다. 우리는 이야기를 통하여 자신과 타자를 관련짓고, 인간과 자연을 관조하고, 세상과 역사를 이해하며, 삶에 의미를 부여한다(박민정, 2012).

이와 같이 내러티브가 경험을 조직화하고 이해하는 가장 근본적인 수단이라는 사실에도 불구하고 우리는 내러티브를 '지어낸 이야기' 또는 '허황된 이야기'로 간주할 뿐만 아니라 내러티브는 단지 현실을 재현 또는 모방한다고 봄으로써 그것이 존재의 가능성을 창조하고, 표현하고, 드러내는 주요 수단이라는 점을 간과해왔다. 보편성과 객관성을 추구하는 근대 인식론 속에서 거대 담론(meta-narrative)만이 강조되면서 일상적인 삶의 이야기의 중요성은 과소평가되어 왔고 교육은 패러다임적 사고만을 강조하는 방향으로 이루어져 온 것이다.

그러나 최근 들어 포스트모던 담론이 영향력 있는 담론으로 떠오르면서 교육현장을 이해하고 해석하는 시각들도 많이 변화되었다. 과거의 교육에 대한 논의의 핵심을 이루던 보편성, 획일성, 안정성, 합리성의 논리들이 비판받으면서 인간의 다양한 앎의 방식과 다차원적인 삶의 측면들을 이해하고 표현하는 다양한 표상형식들에 대한 관심이 확대되고 있다. 이러한 교육에 대한 논의의 흐름 속에서 내러티브에 대한 인식론적, 교육적 관심이 부각되기 시작했다. 내러티브는 인간이 경험을 조직화하고 이해하며 지식을 구성하는 주요 사고양식이라는 점이 강조되면서 내러티브와 관련된 연구가 활발히 진행되기 시작했다.

우리나라에서도 내러티브에 대한 관심이 증가하면서 내러티브와 관련된 연구들이 여러 측면에서 이루어지고 있다. 이들을 크게 나누면 교수-학습 방법으로 내러티브의 활용을 다룬 연구논문, 교사교육에서 교사로서의 전문성을 발달시키는 수단으로 내러티브를 보는 논문, 내러티브 탐구방법을 소개하는 연구논문, 내러티브 탐구양식을 활용한 경험연구 등이 있다.

1) 내러티브를 통한 인간 이해 방식

인간에 대한 탐구에서 의식(consciousness)에 대한 연구는 심리학의 주요 과업이었다. 1870년대 과학으로 출발한 심리학적 연구는 단일의 과학적인 방법이 학문에 의해서 이용될 수 있다는 이상에 기초하여 왔다. 즉 모든 신뢰할 만한 지식은 정확하게 동일한 인식론상의 원리로 생성된다는 것이다. 특히 1920년대에서 1960년대까지의 행동주의 심리학으로 대표되는 주류 심리학은 의식을 연구하는 것을 포기하고, 대중들이 직접 지각할 수 있는 것들에 의식의 데이터를 제한하였다(장사형, 2012).

그러나 지난 30여 년간에 걸쳐, 세계에 존재하는 대상이나 사물로서의 인간에 대한 연구에서 마음이나 의식에 대한 연구로 초점의 변화가 있었으며, 이러한 변화는 인간의 정신 능력, 즉 지각하고 기억하고 유추하는 등의 수많은 것들을 인지라고 불리는 복잡한 체제로 조직화시켰다. 인지과학에서 가장 많이 연구되어 온 주제는 지각과 인식, 재생과 기억, 언어의 생산과 수용에서 인지적 활동의 역할이었다. 요컨대 인지과학은 세계의 대산들을 연구하기 위해 동일한 탐구도구를 가지고 의식의 행위에 대한 연구에 접근하여 왔다(Polkinghorne, 1998; 강현석 외 (역), 2009: 34-35).

의미 연구에 대한 연구는 모든 탐구에서 가장 기본적인 것임에도 불구하고, 의미 연구에 내재한 난점들로 인하여 적용가능성이 제한된 방법을 사용하는 것은 인간의 존재에 대한 범위를 탐구하는 데 있어서 인문과학의 성공을 제한하고 있다. 이와 관련하여 Bruner(1990)는 비평가들의 주장을 빌려, 인간의 마음에 대한 연구에서 '객관주의'로 표현되는 인지과학적 설명이 마음의 개념을 탈인간화시켜 버리는 것을 감수하면서까지 일종의 공학적 성공을 쟁취하였으며, 그로 인해 인지과학은 다른 인간과학과 인문학으로부터 심리학의 많은 부분을 소원하게 만들어버렸다고 비판한다. 그리고 지난 수년 동안 인류학, 언어학, 철학, 문학 이론, 그리고 심리학에서 번성해 오고 있는 '의미 만들기'에 관련된 인지문제에 대해 더욱 해석적인 접근을 시도하고 있는 일련의 움직임을 '인지 혁명'(cognitive revolution)으로 언급하면서, 이 인지혁명을 심리학의 핵심개념으로서의 의미, 즉 자극과 반응이 아닌, 명백히 관찰할 수 있는 행동도 아닌, 그리고 생물학적 욕구와 그것들의 변형도 아닌, 그 의미를 확립하기 위해 총력을 다하는 전면적인 노력으로 상정한다(Clandinin, 2007, 강현석 외 (역), 2011: 24-25). 인지혁명의 목적은 인간이 세계와 접촉한 데서 만들어낸 의미를 발견하고 형식적으로 기술하는 것이었다. 그리고 나서 그 어떤 '의미 만들기' 과정이 연관되는 지에 대한 가설을 제안하는 것이었다.

이러한 인식론적 변화의 중심에 내러티브가 있다. 내러티브가 인간생활에 가지는 중요한 의미는 자연스러운 이야기 욕구를 통하여 인간의 삶과 행위를 이해할 수 있다는 것이다. 또한 인간의 경험이 이야기 형식을 통해서 비로소 의미를 부여받게 된다는 점이다. 내러티브로서 이야기는 단순한 사건들 그 이상이며, 인간의 삶에서 특정 경험들은 이야기 상황으로 구성됨으로써 나름대로의 정당성과 의미를 부여받는다.

우리의 존재와 행위에 대한 이해는 우리가 우리의 행위와 표현들을 안내하는 데 출발점이 되는 경험을 한 영역이나 삶을 산 영역을 만들어낸 구조에 대한 지식을 필요로 한다. 따라서 의미 영역에 대한 연구는 특히 인간 경험을 설명하는 데 관련된 학문에 핵심적으로 중요하다. 인간 경험, 나아가 인간존재의 본질을 설명하는 하나의 방법으로서 의미 영역에 대한 연구는 결국 인간의 의식, 혹은 사고 과정에 그 초점을 맞춘다. 인간의 사고 양식은 의미 내지 지식을 조직하는 구조이다.

Bruner는 실재를 구성하고 경험을 배열하는 상이한 방법을 제공하는 두 가지 양식의 인지적 작용, 즉 두 가지 사고양식이 있음을 말하고, 이를 각각 "좋은 이론, 엄격한 분석, 논리적인 증거, 건전한 논증, 추론적인 가정을 이끌어 내는 경험적인 발견"을 가능케 하는 '패러다임적 사고'(paradigmatic thought)와 "좋은 이야기, 마음을 사로잡는 드라마, 반드시 진리인 것은 아니지만 믿을 수 있는 역사적인 설명"을 가능하게 하는 '내러티브적 사고'(narrative thought)로 구분하였다(Bruner, 1986: 13).[27]

패러다임적 사고는 이론적, 형식 논리적, 추상적, 그리고 일반적

27 내러티브 심리학 영역에서 Bruner는 "앎의 내러티브적 양식"으로 불리는 내러티브 접근의 권위자로 불린다. 그는 자서전, 이야기, 그리고 삶의 내러티브에서의 심리학적 연구에 대한 중요한 틀을 제공해 주었다. Bruner는 앎의 내러티브 양식은 인간 사고에서 중심적인 형식으로서 기능을 한다고 주장했다. 더 나아가 이들 양식은 자아와 정체성 구성에서 핵심적인 역할을 한다. 이러한 아이디어들은 특히 경험주의, 실험연구, 통계가 심리학과 거의 동일시되던 전통을 고려해 볼 때, 심리학 분야에 특히 미국에서 인식론적 도전을 가져왔다. Bruner는 우리에게 내러티브, 특히 면접을 통해 인간 삶을 탐구하도록 허락함으로써 그러한 연구들이 심리학이라는 학문 영역의 일부분이 되도록 해 주었다(Clandinin, 2007, 강현석 외 (역), 2011: 140).

인 진술로 구성된 과학적 사고라고 할 수 있으며, 사고의 진위에 대한 검증이 가능하고, 구체적인 상황적 맥락에 의해서 논리가 좌우되지 않는다. 이 사고의 용어는 일관성과 비모순성의 원칙에 지배를 받는다. 아이들을 이 사고에 바탕을 둔 생각과 행동을 하도록 교육을 받는다. 반면에, 내러티브 사고는 사람들 간의 관계 맥락, 교류 상태, 행위의 의도 등을 묘사하고 있기에 구체적이고 상황 특수적인 사고이다. 그리고 이것은 사람과 그들의 행위, 행위 의도, 목적, 주관적 경험에 초점을 맞추고 있으므로, 맥락적 상황에 따라 다르게 나타난다.[28]

이 두 가지 사고양식은 상호 보완적이지만, 서로 환원될 수는 없다. 하나의 양식을 다른 것으로 환원하거나 하나만 사용하고 다른 쪽을 무시하면, 우리 주위에서 벌어지는 사건들을 이해하거나 설명할 때 풍성하고 다양한 사고를 포착하는 데에는 실패할 것이다.

그런데 근대 인식론의 영향으로 현대 교육은 전반적으로 패러다임적 사고만 중시하고, 인간의 삶의 심층적인 모습을 이해하려는 목적을 가진 내러티브적 사고는 도외시해 왔다. 내러티브는 의식적으로나 무의식적으로 자신이 알고 있는 것을 말할 수 있도록 해 준다. 그리고 현실을 새롭게 바라보고 구성할 수 있도록 해 준다. 그러한

28 한승희는 이 내러티브 사고를 다음과 같이 좀 더 해석학적으로 설명한다. 패러다임 사고와 내러티브 사고는 각기 다른 목적을 염두에 두고서 서로 다른 '세계 만들기'를 수행한다. 전자가 인간의 의도와 무관한 불변의 세계를 만든다면, 후자는 독자의 관점에 따라 변화하는 예측 불가능한 세계를 다룬다. 전자가 사물과 사건들의 불변성에 연결된 '존재'의 세계를 만든다면, 후자는 삶의 요구들을 반영하는 '인간적' 세계를 이해하려 한다. 진위 검증을 요구하는 전자와는 달리 후자는 옳다고 느끼거나 상상할 수 있는 어떤 관점과 부합되는 설명을 요구한다. 그리고 전자가 우리의 바깥 세계를 지향한다면 후자는 세계에 대한 관점과 입장을 추구한다. 바로 이 둘은 실재를 구성하는 두 가지 상이한 모델이다(1997: 404).

과정을 통하여 현실을 더 깊고 의미 있게 이해할 수 있다. 내러티브는 혼란 상태의 사건들을 선택하고, 조직해서 다양한 요소들을 의미 있는 경험으로 묶을 수 있는 틀을 제공한다. 이러한 의미에서 내러티브는 현실의 의미를 이해하는 방식이며, 지속적으로 삶을 채우는 사건들의 의미를 이해하는 방식이다.

사실, 심리학에서 내러티브 연구는 그다지 새로운 것이 아니다. James(1901/1994)는 "살아 있는 활동 속에서의 인간 마음의 다양성"을 이해하고자 하는 노력으로 내러티브 연구의 정신을 심리학에서의 신생 영역으로 인지했었다. 1930년대에서 1960년대에 이르기까지 개인의 삶의 심리학을 탐구하는 주요 촉매제가 된 것은 Murray(1938)의 인간학적 심리학(personology)[29]인데, 그의 학생이었던 White(1952)와 Allport(1937), 그리고 그의 동료들은 개별 사례 방법과 개인별 기록을 자신들의 연구에 활용하고 있었다. 이후 내러티브 심리학을 개념화하는 문헌은 지난 수세기 동안 확산되어 왔다(Clandinin, 2007; 강현석 외 (역), 2011: 139-140).

내러티브의 기초가 되는 것은 인간들이 갖는 의도성이다. 우리 각자는 자신의 의도에 따라 삶에서 경험하는 사건들을 이해한다. 교육적인 상황에 있어서 내러티브는 학습자들에게 의미를 만들어 주는 수단으로써, 삶에서 경험하는 사건이나 체험을 이해하고, 전달하는 효과적인 도구로 사용될 수 있는 것이다. MacIntyre(1984)는 "인간은 근본적으로 이야기를 말하는 동물"이라고 지적하면서, 내러티

29 인간학적 심리학은 주제통각검사 등과 같은 도구로 개인의 내러티브를 탐구하도록 고안된 방법을 사용하여 성격적 특성들이 어떻게 사회적 가치와 개인적 역사에 의해 영향을 받는지를 이해하려는 시도였다.

브는 시인과 극작가와 소설가들의 전유물이 아니라고 한다. 왜냐하면 우리는 내러티브에 의해 우리 자신의 삶을 이해하고, 삶을 내러티브로 살기 때문이다. 이는 곧 인간은 이야기를 통해서 자아를 구성하고 이야기적 삶의 관계망 속에서 살아간다는 것을 의미한다. Taylor(1989) 또한 인간 존재를 '자기 해석적(self-interpreting) 동물'로 보고 있는 바, 인간으로서의 정체성은 그들의 언어적 공동체의 기반에서 도출된다는 것이다. 인지과학자인 Shank와 Abelson(1995)도 인간의 지식 체계는 이야기 구조로 구성되었다고 한다. 모든 지식이 전부 이야기 구조로 되어 있는 것은 아니지만, 대부분의 사회적 지식이 이야기 구조를 지니고 있다는 주장은 폭넓게 받아들여지고 있다(Baumeister & Newman, 1994; Graesser & Ottati, 1995, 이현정, 2003: 19-20에서 재인용).

이러한 주장들과 관련하여, 우리가 지적해 볼 수 있는 것은 우리가 삶에서 어떤 사건들을 순서에 따라 이야기한다고 하였을 때, 그것은 우리의 경험을 있는 그대로 기술하는 것이 아니라는 점이다. 내러티브화 작업은 필연적으로 최초의 즉각적인 경험을 변형하게 마련인 것이다. Ricoeur가 주장한 것처럼 '이야기를 내러티브화한다는 것은 이미 이야기된 사건에 대해 반성하는 것'(Tappan, 1990: 246)이다. 이야기를 말한다는 것은 최초의 즉각적인 경험을 역사적으로 그대로 기술하는 것이 아니라, 특정한 방식으로 경험을 구조 짓는 것이며, 삶의 내용과 계속성에 형식을 부여하는 방식에서 경험을 구조 짓는 것이다. 그리하여 Bruner는 우리의 삶을 열거한다는 것은 해석학적인 작업이라고 말한다. "삶은 그것이 어떠했는가가 아니라, 그것이 어떻게 해석되고, 재해석되고, 말해지고, 되풀이되는가이다."(1987: 36) 우리의 삶에 대해 말한다는 것은 일어났던 것에 대한 단순한 기록으로서가 아니라, 우리의 경험을 계속적으로 해석하고 재해석함으로써 우리의 삶을 만들게 된다는 것이다(이흔정, 2003: 20-21에서 재인용).

논리 실증주의적 전통에 서 있는 과학자들은 진리 또는 진실이라고 볼 수 있는 항상성에 미리 주어진 대상이 있다는 관점을 갖고, 대상과 대상의 관계 또는 대상의 불변하는 속성을 밝히려고 노력한다. 이들이 보기에, 관찰자와 대상은 독립적이며, 관찰자가 대상에 영향을 주지 않음으로써 대상들의 관계에 대한 보편적인 법칙이 발견될 수 있다. 그러나 사람들의 인식 체계는 상황마다 다르고, 개인 혹은 집단마다 다를 수 있다. 객관주의에 대립하는 주관주의는 문화와 개인의 경험에 따라 구성되는 내적 정보처리 구조에 의해서 자극에 대한 해석이 변한다는 관점을 지칭한다.

인간은 세계에 대한 경험을 통해 앎을 얻고, 삶의 방향을 설정한다. 그런데 일상 현실의 경험에 대해 특별한 주의를 기울이지 않게 되면 그것은 그대로 잊혀져 흘러가 버리고 만다. 인간은 그러한 무의미함을 극복하기 위해 삶과 존재의 의미를 찾는다. 인간은 끊임없이 반성적 사고를 통해 경험에 의미를 부여하는 행위를 지속한다. 이러한 의미에서 인간은 끊임없이 내러티브를 수행하는 존재인 것이다.

요컨대, 내러티브는 하나 혹은 일련의 사건에 질서를 부여한 담론 형식으로서 인간이 세계를 이해하고 구성하는 매개로 작용한다. 세계를 이해함에 있어, 인간은 세계를 자신과 분리할 수 있는 객관적 대상이 아니라 자신이 속해 있는 어떤 것으로 받아들이기 때문에 세계는 인간의 경험과 동시에 존재하게 된다. 그러므로 내러티브는 경험을 이해 가능한 형식으로 변형함으로써, 자신의 삶과 세계를 구성하고, 타자와 의미를 공유하도록 해 준다. 인간은 내러티브 사고를 통해서 자신의 삶과 자아를 구성해 나가며, 다른 사람의 삶과 행위를 이해할 수 있다.

2) 근원적 은유로서 내러티브

Hopkins(1994: 187-196)는 인간 행동과 경험, 학문 탐구를 이해하는 데에 내러티브를 근본적 은유(narrative as root metaphor)로 규정하고 있다. 이와 관련하여 Donald Polkinghorne(1988)은 다음과 같이 적고 있다:

> 내러티브는 사건을 한데 모아 줄거리를 만드는데 이야기의 주제와 관련되는 사건은 중요성과 의미(signification)를 부여받는다. 줄거리는 여러 사건을 하나의 통일체로 형성하고, 그 사건들은 단순히 연속적이거나 독립된 우연적 사건에서 전체적인 주제(theme)에 공헌하는 의미 있는 사건으로 변형된다. 개별 단어의 의미와 기능이 그 단어가 들어있는 문장이 이해될 때 명확해지는 것과 같이 개별 사건의 의의는 그것이 속해 있는 줄거리를 이해할 때 분명해진다(p. 143).

의미를 유발하는 줄거리구성(emplotment)의 힘과 다른 구조적 요소들과 연관된 상호간의 특질 때문에, 내러티브는 체계적이고 근본적으로 재구성적이며 표현력이 풍부하고 연계적이다. 따라서 내러티브는 재구성적 탐구에 있는 모든 비판적 과정이며 또한 재구성적 사이클에 기술되어있는 것과 정확히 같은 방식으로 판단과 선택을 수반한다. 더 나아가 내러티브 "줄거리구성"은 "주제화하기(thematizing)," 즉 사이클의 초기 단계에서 "계기가 되는(triggering)" 사건과 구분이 되지 않는다. 재구성적 탐구와 마찬가지로 내러티브는 다시 시작되는 끝을 만들어낸다. (인생은 단편적인 사건의 연속으로 보이나 사실 그것은 지속적인 흐름 안에 있다.) 그것은 사람들이 의미-형성의 기초 단계에서 하는 일이지만 조정(mediation)의 대상에 해당되는데, 이는 학생들이 학교라는 배경에서 좀 더 풍부하고 복잡한 결과와 관련될 때 도움을 받을 수 있음을 의미한다.

3) 내러티브를 보는 관점

Polkinghorne(1988)에 의하면, 내러티브는 교육의 과정(process of education)뿐만 아니라 교과 내용(subject matter)의 전체 스펙트럼과 관련될 수 있다. 내러티브가 사회 과학, 문학, 비평, 심리학 및 정신분석, 언어학, 철학, 역사 그리고 심지어 자연과학에서 어떻게 작용하는지에 관한 연구는 최근 들어 급증하였고 이는 해석학적, 기호학적, 현상학적, 구성주의적—그리고 이에 따라 비심리학적—관점과 자주 연관된다. W. J. T. Mitchell(1980)이 편집한 모음집에는 다음과 같은 다양한 인사들의 글이 수록되어 있다: Hayden White(역사); Roy Schafer(정신분석); Jacques Derrida, Paul Ricouer, 및 Nelson Goodman(철학); Frank Kermode, Barbara Hernnstein-Smith, 및 Seymour Chatman(비평과 수사학); Victor Turner(인류학); 그리고 소설가 Ursula K. Le Guin. 자서전적 접근(autobiographical approach)을 수업 과정 연구에 활용하는 것에 대한 시사적인 학술 연구도 있다(Clandinin & Connelly, 1988; Connelly & Clandinin, 1987; Graham, 1989 참조).

내러티브 심리학에 대한 Theodore Sarbin의 연구(Sarbin 1986; Sarbin & Scheibe, 1983)는 "내러티브 원리(narratory principle)—인간은 내러티브 구조에 따라 생각하고 인지하고 상상하며 도덕적인 선택을 한다"—를 밝히고 있다(1986: 8). Sarbin은 내러티브를 잠재적인 새로운 근원적 은유, 즉 "인간 행동에 대한 조직 원리(organizing principle)"로 취급하는데, 이는 인간이 지나간 삶의 경험에 의미를 구축하고 부여하는 수단이 된다.

우리는 과거를 설명하고 미래를 규정하기 위해—우리 삶을 이해하기 위해—이야기를 사용한다. Sarbin과 Mancuso(Sarbin, 1983: 235)는 폭넓은 연구 보고서를 통해 다음을 입증하고 있다.

> 보편적으로 인지되고 있는 사실: 자극 투입은 패턴으로 조직되고 그 패턴의 형식은 이미 습득한 지식의 영향을 받는다. 패턴은 … 내러티브 줄거리의 구성을 통해 표현되는 것 같다. 조직화 원리인 줄거리구성(emplotment)은 의미부여(the assignment of meaning)를 무의미한 자극 투입에 보낸다(p. 235).

Sarbin(1986)은 내러티브를 기본적인 간주관적(intersubjective) 인간의 과정(human process)으로 본다. 이 뿌리 은유는 사회심리학—기계적 뿌리 은유로는 인간의 사회적 행동을 설명하기가 불충분하여 약화되고 있는 분야—에서 효과적으로 사용되고 있다. 그는 다음과 같이 논하고 있다.

> 행동을 통제하기 위한 뿌리 은유의 힘은 심리학 이론가들이 기술적인 범주를 선택할 때 가장 잘 드러난다. 물리력의 전달(the transmittal of force)이 뿌리은유인 메커니즘 세계관은 자연에서 발견될 물리력(forces)을 찾아 내어 통제할 것을 요구하였다. 심리학의 표준 어휘목록—더 이상 이미지를 자극할 힘이 없는 죽은 은유 표현—은 그러한 물리력을 대신하는 용어—충동, 본능, 리비도, 인지, 강화, 정신적 상태 등—로 이루어져 있다. 그것은 마치 인간애의 드라마를 비인격적인 물리력의 연극으로 축소시키는 도덕적 책무가 있는 것 같다(p. 10).

Sarbin의 작업과 Mitchell의 수집문 외에도 내러티브에 관한 최근의 세 논문은 내러티브 원리가 교육에서 수반할 수 있는 것을 명확히 하는 것에 대해 특별한 관심을 받을 만하다.

가장 빨리 발표된 논문은 Polkinghorne의 저서 *Narrative Knowing and the Human Science*(1988)로 내러티브관점을 사회과학에 통합시키는 것에 대한 포괄적인 논쟁을 다루며 나머지 두 논문과 마찬가지로 내러티브를 자아의 성장과 연관 짓는다.

> 우리는 내러티브 구성(narrative configuration)을 활용하여 현재의 정체성과 자아 개념을 성취하고 그것을 전개되고 밝혀지는 하나의 이야기 표현으로 이해함으로써 우리의 존재를 온전한 것으로 만든다. 우리는 자신의 이야기 속 한복판에 있으며 그 이야기가 어떻게 끝

날지 확신할 수 없다. 또한 새로운 사건이 삶에 첨가됨에 따라 지속적으로 줄거리를 수정해야 한다. 그 때 자아는 정적인 것 혹은 물질이 아닌 개인적 사건을 현재까지 발생한 것뿐만 아니라 앞으로 벌어질 일에 대한 예측을 포함하는 역사적 통일체(historical unity)로 구성하는 것이 된다(p. 150).

Jerome Bruner가 쓴 *Acts of Meaning*(1990: 99-138)의 마지막 장, "자서전과 자아(Autobiography and the Self)"에서는 "화자와 타자(speaker and an Other)" 사이의 내러티브 관계에서 발달해 나온 "교섭적 자아(transactional self)"를 소개한다(p. 101). 여기서 Bruner는 독점적인 표준화된 연구 방법론에 얽매인, 즉 "그 자체의 테스트 패러다임에 예속된" 반철학적 실험-경험 심리학(experimental-empirical psychology)을 대체하고 수정하는 새로운 "문화 심리학(cultural psychology)"의 철학적 기반을 찾고 있다(p. 102). Bruner는 테스트 패러다임이 시간과 공간 속에서의 주체를 동결시키기 때문에 인간을 단지 "정보 처리자(information processors)"로 여기며 경험한 삶인 유동적 패러다임을 부정하고 필수적 인간의 과정인 "의미-형성(meaning-making)"을 부인한다고 시사한다.

Mitchell의 수집물에 있는 몇 가지 논의와 크게는 Polkinghorne의 저서를 기반으로 Bruner는 자아의 이해에 이르는 길은 "자서전(autobiography)" 혹은 내러티브와 같은 구성주의적 과정을 통하는 것이 당연하다는 결론을 내린다. 또한 그는 연구 대상으로부터 유용한 내러티브 자료를 끌어내기 위해 동료들과 고안한 연구 프로토콜을 기술한다(pp. 123-136).

마지막으로 Anthony Paul Kerby의 좀 더 최신 저서인 *Narrative and the Self*(1991)는 "언어와 개인 사이의 관계"에 관한 철학적 담론이다. 그가 말하는 "유도 가설(guiding hypothesis)"에서 "자아(self)는 이미 정해진 내용이며 주로 내러티브 구조나 이야기 속에서 묘사 및 구현된다"(p. 1). Kerby에 따르면 "우리가 말하는 이야기는 우리가 되어가는, 그리고 … 시각의 방식, 우리에게 좋은 일과 나쁜 일, 또한 가능한 일과 그렇지 않은 일—우리가 될 수도 있는 사람을 구성하는 것—의 일부분이다"(p. 54).

Kerby에게 내러티브는 발달적 자극의 한 종류이다. 이야기는 "거기"에서 단지 들려주기를 기다리지 않고 재구성적 탐구에서처럼 말하는 상황에 따라 형성된다. 이야기는 우발적(contingent)이고 창발적(emergent)이어서 (교사와 같은) 타인의 조정에 영향을 받는 것 같다. 그는 "내러티브 표현이 단지 정보의 소통이 아닌 구성적이고 종합적인 활동이다"라고 쓴다(p. 92).

4) 경험 구성체로서의 자아(Self as Experiential Construction)

이러한 작가들은 이야기(stories)가 "자아(self)"—Richard Zaner(1981)가 현상학적 해석에서 명백히 밝힌 바와 같이 위압적으로 복잡한 주제—를 구성하는 데 경험을 활용한다고 시사한다. "실제로 우리는 무엇을 생각해야하고 어떤 방식으로 우리의 사고가 진행되어야 하며 언제 '자아'에 관해 사고할 것을 요청받는가?"라고 Zaner는 묻는다. 그는 개념적으로 방대하고 계몽적인 자신의 저서에서 그 주제를 맡아 다음과 같이 제시하고 있다.

> 중요한 것은 인간이 자아의 표현이며 자아들 내에서의 교차점이라는 것이다. 따라서 "인간 전체" 그리고 "인간세계"에 초점을 맞추는 어떠한 학문—사회 및 행동 과학, 역사, 신학뿐만 아니라 생명의학, 의료업무, 그리고 법적 및 교육적 관심사—도 이해와 정당성을 위해 "자아" 현상의 해명에 의존한다.

Bruner(1990) 역시 자아의 개념이 인간의 본질 중 관찰할만한 것에 대한 철학적 언쟁에 뒤엉키게 되면서 "특이할 정도로 왜곡된 역사를 지니고 있다"고 언급한다. 그 주제에 관한 논쟁(99-108)에서 그는 자아에 대한 관심이 심리학의 철학 거부와 인간행동에 대한 과학적 연구 채택에 있어서 희생물이 되었다고 말한다. 자아는 최근까지 학습이론의 미궁 속에서 상실되었다. 연구 대상이 대개 쥐와 원숭이일 때 "자아"개념에 대한 관심이 거의 있을 수 없다!

여기서 자아는 성장과정의 결과로서 또한 주체적인 개인과 개인이 내러티브로서의 경험을 통해 지식을 접하고 비축하는 세계 사이에 있는 구성적인 변증법적 관계의 결과로 다뤄진다. 개개인이 자기-방어나 조작과 같은(불가사의-통달 자극에서처럼) 여러 이유로 자신의 이야기를 감추기로 정한다 할지라도, 내러티브는 그들 경험의 틈에서 이미 서술된 상태에 있으며 그들이 개별적으로 되거나 혹은 되고자 추구하는 자아 속에서 표현된다.

Kerby(1991)는 자아가 "내러티브 줄거리 구성의 산물"(p. 83) 혹은 주제화로 여겨질 수 있다고 제안한다. 인간은 그들의 이야기를 과거를 설명하고 미래를 계획하는 핵심 주제(core themes)에 입각하여 경험적이고 반성적으로 구성한다. 그러나 이보다 더한 것이 있다. 이야기 말하기(the telling of stories)는 이야기를 표현할 자아와 이야기를 들어줄 자아들의 참여(presence)를 함축한다. 내러티브는 이야기뿐만 아니라 행동에서도 표출된다. Polkinghorne(1988)은 다음과 같이 제시하고 있다.

> 하나의 개인을 타인과 구별하도록 하는 것은 발견(discovery)뿐만 아니라 구성(construction)이다. 왜냐하면 그 사람의 이야기는 끝이 없는 미완의 것이기 때문이다. 내러티브로서의 자아실현은 그가 어떤 사람일지 상상하고 이것이 그가 되고 싶어하는 모습인지를 판단하기 위해서 그에 대한 것을 한데 모으는 역할을 한다. 삶은 단지 이야기 글이 아니다. 삶은 경험되는 것이고 이야기는 들려주는 것이다. 삶의 이야기는 경험한 삶에 대한 재기술(redescription)이며 자아의 양상(aspects)을 통합하는 수단이다(p. 154).

내러티브는 인간이 행동, 반성, 그리고 표현력 있는 언어를 통해 그의 삶에 의미를 부여하기 위해 자극하는 통합적인 기능을 표출한다. 그것은 Justus Buchler 판단의 원형적인 예시(prototypical instance)가 된다. 지금 여기서 예견된 목적(ends-in-view)으로 향하는 방식은 반성적인 내러티브의 길(path)이 된다.

그리하여 행위 주체성(agency)으로서의 내러티브는 통제수단을 무력한 삶에 더할 수 있다. Alex Haley는 그가 쓴 Roots—아프리카계 미국인 가족에 관한 아프리카 태생에서부터 현재까지의 역사를 재구성한 책—에 관해 공중파의 인터뷰에서 내러티브 과정, 즉 노예로 출발해서 근대 미국에서의 삶에 이르기까지 자신의 가족이 전설적으로 통과한 의례적인 경험 이야기가 경제적 그리고 사회적으로 애매한 상황에서 어떻게 그 가족에게 힘을 실어주고 "뿌리내리게 했는지"를 이야기하였다.

내러티브와 재구성적 탐구는 각각의 필수과정에서 두드러진 경험의 양극성(polarity)을 중재하기 때문에 동등하다. Ernest Keen(1983)은 Sarbin의 책에서 다음과 같이 제시하고 있다.

> 내러티브의 구조는 경험을 기반으로 하는데 이는 연대표(timeline)에서 뻗어 나와 순서뿐만 아니라 우리의 경험을 한데 모으는 복잡하지만 질서가 있는 관계에서 동기, 이유, 기대 그리고 기억을 전달한다. 그렇게 질서정연한 관계, 즉 경험 그 자체의 구조는 틀림없이 내러티브이다. 경험은 이야기처럼 한데 모인다. 경험은 내러티브 구조를 지니며 내러티브는 경험 구조를 지닌다(p. 176).

내러티브는 명백하게 경험적인 현상이다. 그것은 문명화만큼 오래된 것이다. 경험을 내러티브로 변형하는 데 있어서 복잡한 전환(conversion)의 과정이 있다. Kerby(1991)는 "내러티브 자체는 늘 경험 그 자체와 일치하기 위해 애쓰거나 경험 그 자체가 되기에 충분하다"(p. 38)고 기록한다. 이러한 전환의 과정은 더 큰 힘, 조직화된 충동(organizing impulse), 감각(혹은 의미) 형성의 인간적 성향 혹은 타고난 경향에 대한 기본적인(fundamental) 인간의 충동이다. Bruner(1985)는 그것을 가리켜 세계를 만들고 해석하는 "단순화할 수 없는(irreducible)" 수단이라 하였다(p. 97).

내러티브는 획득되고 동화된 지식의 보도(reporting)가 아니며 의미의 부여를 통한 지식의 창조이다. 인간은 그들의 이야기를 하기 시작하면서 과거에 이미 발생한 사건과 미래에 일어나길 바라는 사건에 의미를 부여하며 현재를 근거로 미래를 형상화한다. 그들은 생각하고 느끼며 창조하고 질서를 도입한다. 그러한 수단을 통해 그들은 세계의 요구(imperatives)에 응하여 발달하고 성장한다.

제3장

내러티브의 확장: 사고양식과 지식의 구조

내러티브는 언어와 담화의 구조일 뿐만 아니라
심리적 실체인 마음이 작동하는 원리가 된다.
자신이 구성하여 축조한 이야기는 지각 경험을 다르게 구조화하고,
기억을 특정한 방식으로 조직하고,
삶에서 사건이라고 불리는 것 자체를 구분지우며,
의도적으로 구성한다.
자신이 체화한 이야기에 비추어 지각, 기억, 사건이 다르게 만들어진다.
동일한 경험이라도 어떤 내러티브 안에서 위치하느냐에 따라
그 의미가 달라진다. 프레임, 스크립트와 관련되어 있다.
우리의 사고와 지식 조직도 마찬가지다.
-Ricoeur & Bruner-

핵심 아이디어

이 장에서는 내러티브가 보다 큰 차원에서 확장되는 측면을 살펴본다. 내러티브는 단지 언어학이나 문학에서의 서사에 그치는 것이 아니다. 그것은 인간 삶의 전체를 상징한다. 내러티브로서 인간 삶은 그 이전의 접근 방식과는 사뭇 상이하다.
사고양식으로서 내러티브는 기존의 패러다임적인 논리실증적 사고, 과학적 사고와는 다른 코드이다. 인간 삶이나 사회 현상을 프레임화하는 것으로서 내러티브는 중요하다. 이러한 내러티브를 넘어서 지식을 조직하는 구조로서 내러티브는 특히 교육의 맥락에서 중요한 의미를 지닌다.

1. 사고양식으로서 내러티브

Bruner(1962)가 *On Knowing: Essays for the Left Hand*를 집필한 당시에 그는 "과학적 방법을 통하여 일상의 내러티브를 검증이 가능한 가설로 길들일 수 있다" 고 믿었다. 그러나 이제, 그는 자신이 근본적으로 실수하였다고 고백하였다. 왜 그런 것인가? 과학적 사고가 아닌 내러티브가 무엇이기에 여기에 큰 가치를 부여한 것인가? 내러티브 사고는 우리가 전혀 몰랐던 사고인가 혹은 기존의 것이 새롭게 재구성된 것인가? 내러티브나 내러티브 사고는 오랜 학문의 역사를 통해서 다양한 장르에서 다양하게 논의되고 있다. 이 절에서는 내러티브를 확장해 볼 수 있는 가능성의 차원에서 주로 브루너가 말하는 내러티브 사고의 특성과 의의를 살펴보기로 한다.

가. 내러티브 사고의 의미와 특성

내러티브 사고를 말하기 전에 우선 내러티브가 무엇인지 살펴보자. 문학의 분야에서 임병권·이호(1996)는 내러티브를 스토리가 있는 모든 이야기라고 정의하였다. 교수 연구자인 한승희(1997)는 내러티브를 하나의 이야기, 즉 시간적 연쇄로 이루어진 일련의 사건들이라고 보고, 간혹 '서사(체)'와 유사하다고 언급하였다. 사실 우리 인간이 창안해낸 문화에는 여러 이야기의 형태들이 존재한다. 여기에는 소설, 영화, 신화, 만화, 뉴스, 광고, 드라마 등 많은 서사적 유형들이 있다. 이 유형들은 모두 '만들어낸 이야기'를 가지고 있다. 이러한 이야기는 인과 관계나 시간적 계열을 통해 구성되며, 이 관계나 계열이 일정한 의미를 나타낸다. 이 계열 속에는 사건, 인물, 상황 장면들이 일정하게 배열되어 의미를 구성하게 된다.

Bruner가 보는 내러티브도 기본적인 의미에서 보면 이와 크게 다르지는 않다. 브루너(Bruner)는 특이하게도 내러티브 개념을 구체적으로 정의하지 않고 패러다임적 사고와의 대비를 통해 그 특징을 설명하고 있다. 내러티브(narrative)란 서사(체)를 말하며 하나의 이야기, 즉 시간적 연쇄로 구성된 일련의 사건들을 의미한다. 이야기(스토리)는 사건들로 구성되며 그 사건들은 특정의 계열(sequence)을 이루며 배열된다. 그러므로 내러티브는 사건들의 계열과 사건들이 만들어내는 이야기에 의해서 특징지어진다. 동시에 사건 외에도 사건을 전달하거나 재현하는 방식도 중요하다. 내러티브는 문학의 재료가 될 수도 있으며, 서사 구조에서 사건(fabula)과 그 사건을 독자들에게 말하는 방식과 순서인 플롯, 구성(syuzhet)이 있다. 내러티브는 양자를 총칭하는 것으로 볼 수 있다. 그러나 문학이론을 넘어서서 내러티브는 인간 삶과도 관련된다. 이야기로서 인간 삶은 우리가 인생을 어떤 스토리로 어떻게 엮어서 누구에게 어떠한 의미를(객관적인 사실과 진실의 조합과 구성) 표현하는가 하는 문제이므로 내러티브는 광의로 보면 그 범위가 매우 넓다.

인간의 삶과 내러티브 사이의 연결은 여러 철학적 관점에서 논의되어 왔는데, 특히, 해석학점 관점에서 적극적이었으며, 몇몇 사상가들은 삶과 내러티브는 내재적으로 연결되어 있으며, 인간의 삶은 내러티브를 통해 해석된다고 주장해왔다(MacIntyre, 1981; Ricoeur, 1988; 1992; Goodson & Gill, 2101). 이들에 따르면, 인간의 삶은 내러티브 해석의 과정으로서 인식된다. 내러티브에 대한 해석학적 해석은 서로 다른 사고의 연원에 근원을 두고 있는데, Gadamer(1989)가 만든 '지평의 융합(fusion of horizons)'을 야기한 해석학적 이해에 대한 대화적 접근법도 포함하고 있다. Barthes에 의하면, 내러티브는 모든 연령, 모든 곳, 모든 사회에 존재하며, 인간이 있는 곳에 내러티브가 존재한다(Barthes, 1987: 79). 이와 비슷하게, Ricoeur(1984)는 삶, 그리고 어떤 의미에서 시간까지 내러티브 안에서, 그리고 내러티브를 통해 인간이 된다고 한다. 인간의 삶은 항상 내러티브의 그물망에 깊이 놓여있으며, 이것은 결국 개인, 사회, 문화, 국가로 하여금 그들이 누구이며, 그들이 어디에서 무엇을 해왔으며, 그들이 어떻게 살아왔으며, 그들이 무엇을 염원해왔는지를 표현하도록 허용해준다. 따라서 내러티브는 인간적 삶의 중심에 놓여 있으며, 이는 우리의 목적, 의미, 자아, 가치, 염원에 대한 의식의 많은 부분이 우리의 내러티브를 기반으로 하고 있기 때문이다(Grassie, 2008).

그리고 내러티브는 삶의 일관성과 지속성을 구성하는 데 있어 인간에게 필수적이다(Taylor, 1989). 동시에, 내러티브는 개인으로 하여금 그들의 이야기에 석능하고, 변형하고, 전환하게 하여 최종적으로 살아온 경험이 전환될 수 있는 가능성을 허용한다. 내러티브는 이야기와 시간성을 통해 개인으로 하여금 특정한 구조와 그들 삶에 대한 의미 구성을 가능하게 한다. 이는 인간이 행동의 방향과 발달을 통합적으로 조정하는 기능도 한다(MacIntyre, 1984). 매킨타이어(MacIntyre)는 내러티브가 인간의 행동을 설명하는데 도움을 주며, 인간은 삶을 얘기하는 것을 통해 자신의 행동을 그들이 속한 환경의 역사 속에서 일정하게 위치시켜서 나름의 정체성을 만들어간다고 주장한다(Goodson & Gill, 2011).

한편, 우리는 이야기를 (과학적으로)설명하지 않으며 다만 이야기에 대해 다양한 해석을 할 따름이다. 왜냐하면 이야기는 화자가 만들어낸 것이기 때문이다. 그런데 과학적 이론이나 논증은 검증됨으로써 판단되지만 이야기는 '있음직한 가능성'에 의해 그 적절성이 판단된다. 과학과 달리, 이야기는 물리적 세계보다는 특정한 목적과 의도를 갖고 행동하는 인간 '행위자(agent)'에 관한 것으로 인간의 의도적 행위에 초점을 둔다. 이러한 의도적 행위로 인해 인간의 행위는 예측 불가능하기 때문에 그 행위 발생의 이유에 대한 명확한 설명은 불가능하게 된다. 이것이 내러티브의 주요 특징을 이룬다(강현석, 1998: 117).

브루너(Bruner)는 이러한 특징을 지니는 내러티브 사고를 제안하면서(Bruner, 1985; 1986; 1987; 1996) 인간이 수행하는 2가지의 사고 양식을 전제한다(한승희, 1997; 강현석, 1998; 이흔정, 2004). 이 사고 양식(mode of thought)은 인지 기능이면서 동시에 인간이 자신의 경험을 조직하거나 세상 현상을 구성하는 방식이기도 하다. 그 하나는 논리적 진술문의 구조를 가지며 인과적 논리를 지니는 과학적 지식에 해당하는 패러다임적 사고 양식(paradigmatic mode of thought)이다. 다른 하나는 서술된 이야기 구조를 가지며, 임의성을 띠고, 비논리적이며 서술체인 내러티브적 사고 양식(narrative mode of thought)이다. 이 두 가지의 사고 양식을 통해서 인간은 자신의 세계에 대한 경험을 서로 다른 문화적 풍토에서 다른 표현의 방식으로 발전시켜 왔다. 이런 점에서 내러티브 사고가 인간 행위를 특징짓는 데에 적합하다. 그런데 인간 행위는 하나로 귀납되지 않으며 다양한 해석을 기다리는 가능태이다. 따라서 인간 행위를 해석하는 사고가 내러티브와 친숙하게 되며, 이것을 다루는 내러티브적 사고는 인간 삶의 의미를 파악하는데 주 목적이 있게 된다. 이 사고방식은 과학이 추구하는 객관적 유일체로 존재하는 것이 아니라 다수로 존재하고 내러티브 사고에서 말하는 이해라는 행위에는 원인이 되는 존재를 상정하지 않는다. 즉, 어떤 현상(결과)과 관련된 유일한 원인을 파악했다고 해서 그것을 이해로 보지 않는다는 것이다. 그 현상과 관련된 이해는 독자의 관점에 따라 변화하며 그 실재(reality)는 검증 가능한 것이 아니며, 우리의 마음속에 존재하는 실재(psychological reality)로 남는다. 그것은 설명의 대상이 아니라 해석의 대상이다.

요컨대, '내러티브'는 이야기 혹은 이야기를 만드는 것으로 이야기(내용)와 담론(표현)으로 구성되며, 그것은 내러티브 사고의 산물이다. '내러티브 사고'는 이러한 내러티브를 만드는 마음의 인지 작용이다. 결국 내러티브란 사건들의 계열과 사건들이 만들어내는 이야기에 의해 특징 지워진다. '실재'는 내러티브적 사고에 의해 '구성'될 수 있다. 인간 마음은 우리가 의미를 만들기 위해 사용하는 구성의 도구이다. 의미를 만드는 행위는 대화를 통해서 이루어진다. 여기에 이야기하기의 중요성이 있다. 이야기하기(story telling)로서의 내러티브 사고는 해석을 필요로 하며 거기에서 이야기 만들기가 가능해 진다. 내러티브는 사고 양식이면서 동시에 우리의 지식을 조직하기 위한 구조이다.

이상에서 제시한 내러티브 사고는 한 가지 사고양식이지만, 브루너(Bruner)의 이론체계에서는 인간 마음을 바라보는 방식과 연계되어 있다. 기존의 심리학에서는 인간 마음을 컴퓨터가 행하는 정보처리의 연산주의적 관점(computationalism)에서 설명해왔다. 브루너가 기대한 인지혁명이 정보처리 방식으로 경도되어 인간 마음의 본질을 놓쳐버렸다고 비판하면서 문화에 주목하여 마음과 사고에 대한 연구를 전환 할 것을 촉구하고 나섰다. 이런 맥락에서 브루너는 정보처리 방식을 비판하면서 문화 속에서 의미를 구성하는 문화주의의 관점(culturalism)에서 설명해야 한다고 주장한다. 전자에서는 사고나 마음을 '정보 처리'의 컴퓨터 비유로 설명한다. 이 방식은 철저히 패러다임적이다. 탈맥락적이며 과학적이고 실증적이다. 기존의 인지심리학이 이 방식을 견인하였다. 후자에서는 '의미 구성'으로 설명한다. 이 방식은 해석적이며 맥락적이고 관점 의존적이다. 이제 문화심리학(cultural psychology)이 이 방식을 견인해야 한다는 것이다. '정보'가 '의미'로 '처리'가 '구성'으로 변화되어야 한다는 것이다. 일단 이 구분에서 보면 내러티브 사고는 후자의 방식을 추동하는 양식이다. 후자에서 인간의 문화 속에서 의미를 구성하고 해석하는 메커니즘을 연구하는 문화심리학은 인지과학보다는 일상심리(folk psychology)에 의존하여 의미구성을 해명하고자 한다.

나. 교육이론 구성: 사고와 정체성 형성 이론

이러한 점에서 보면 내러티브 사고는 인식론적 변화의 중요한 단서를 제공한다. Bruner(1996)에 의하면 지식의 본질은 발견적 특성을 가진 원인과 결과를 다루는 패러다임적 사고와 생성적 특성을 가진 의미구성을 중시하는 내러티브 사고로 이루어져 있다. 이상의 논의에 비추어 보면 내러티브 사고를 통하여 실재가 구성되며, 그 실재 구성에서 가장 중요한 기제가 의미 만들기다. 종국에는 인간의 자아 형성과 관련되는 것으로, 의미형성과 교섭에서는 내러티브적 해석이 중요하다. 즉, 의미는 대화를 통해 만들어지고 이야기 양식은 해석을 필요로 한다는 내러티브의 가정에 근거하고 있다. 즉, 내러티브 사고는 내러티브를 만드는 마음의 인지적 작용이며, 내러티브는 내러티브 사고의 산물이다. 내러티브 사고의 핵심은 내러티브를 통한 의미 만들기라는 점이다.

피아제(Piaget)의 발달심리학은 개인중심 구성주의로 선형적, 논리적, 수학적 지능만을 인정하였다. 이것은 인지적 구성주의라고도 불린다. 인지심리학에서는 문화를 배제한 채, 상황이나 문화와는 동떨어진 개인내의 발달에만 관심을 가졌다. 이러한 상황이나 문화를 개인의 발달을 저해하는 요소로 바라보기도 하였다. 지금까지 우리는 과학적인 방법과 합리적인 사고에 대한 방법들을 가르치는 데 교육학적인 노력을 기울여왔다. 하지만 우리는 내러티브의 규칙과 장치에 따라 구성된 세계에서 우리 삶의 대부분을 살아가고 있다. 교육은 내러티브 실재의 세계와 메타 인지적 민감성이나 감수성을 창안하기 위하여 수행하는 것보다 훨씬 풍부한 기회들을 제공해야한다. 마음의 본질은 의미 만들기에 있다. 의미를 형성하는 메커니즘이 바로 내러티브이다.

내러티브 사고는 교육의 문제, 특히 교수 문제와 직접적으로 연관되어 있기 때문에 매우 중요한 위치를 차지한다. 학교에서 아이들에게 무엇을 어떻게 가르칠 것인가의 문제는 아이들의 마음의 사용과 직접 관련된다. 무엇을 가르칠 것인가, 어떤 사고 양식을 기를 것인가 등의 교수의 핵심 문제에서는 마음의 사용과 분리할 수 없다. 두 가지 사고양식이 균형을 이루어야 한다.

인간은 이야기 속에서 살아간다. 세계에 대한 우리의 경험과 지식을 조직하거나 구성하는 가장 자연스러운 방법은 이야기를 만드는 것이다. 이런 점에서 내러티브는 대화로서의 가치를 동시에 지닌다. 우리가 그 가치에 주목한다면 대화는 아이들과 동료들 간 또는 아이들과 성인들 간의 상호작용으로 아이들에게 그들의 인지발달과 개념 획득을 위한 기제를 제공해주는 의미 구성의 핵심이 된다.

앞에서 논의한 내러티브의 의미나 특성에 비추어 보면 내러티브는 교육이론 형성에 몇 가지 중요한 측면이 있다(강현석, 2005: 94). 첫째, 지식을 보는 관점의 새로운 변화를 가져다준다. 이 관점에서 지식은 사람들이 다른 사람과 자신들의 아이디어와 이야기를 공유하는 상황에서 개인적, 사회적으로 구성되고 재구성된다. 따라서 지식은 개인 내에 구체화된 것으로서, 개인은 개인적 사회적으로 구성된 상징적 형식들을 통해서 경험을 해석한다.

둘째, 실재가 내러티브 사고에 의해 구성될 수 있다. 특히 학교 교육에서 교사와 학생간의 상호작용적 관계, 교수의 전개와 운영, 교육 내용에 대한 취급 방식 등에 중요한 시사점을 제공할 수 있다. 학생들 각자에게 자신의 세계관 형성에 내러티브 능력을 길러주는 일은 교과과정 전개와 교육 목표 설정에 반영될 수 있을 것이다.

셋째, 협동학습의 중요성이다. 교실 수업의 전개에서는 수업 참여자들 모두 언어에 의한 상호 작용을 통해 의미의 거래를 할 수 있다. 이것은 타인의 마음을 설명하고 이해할 수 있는 간주관적 능력에 의해 가능할 수 있다. 이런 점에서 협동학습과 상호작용적 교수법의 가치를 찾을 수 있다.

특히 이흔정(2004: 157-160)은 내러티브 사고양식의 중요성을 개인적 차원에서는 자아 발견의 가능성을, 학습의 차원에서는 기억력의 증진, 상상력의 고양, 의미형성에 도움을 주는 것, 수업차원에서는 학습공동체의 형성으로 제시하고 있다. 이와 유사한 맥락에서 Conle(2003: 11)은 교육내용이해의 촉진, 해석적 능력의 고양, 보다 풍부한 실제적 레퍼토리의 확보, 생활과 삶의 변화, 세상을 보는 관점과 시각의 습득 등을 들고 있다. 이런 점에서 내러티브 사고는 교육의 과정에서 매우 중요한 의미를 지니고 있다.

이상의 중요성에서 자아정체성의 문제에 주목해 볼 필요가 있다. 내러티브는 인간이 '만들어내는' 일종의 이야기다. 세상에는 수많은 형식을 지닌 이야기가 존재한다. 예를 들어 시, 소설, 영화, 드라마, 역사, 신화, 전설 등 그리고 일상적인 대화에서도 내러티브는 우리 주위에 널리 퍼져있다. 이러한 다양한 내러티브들은 시대와 장소, 사회·문화를 초월하여 존재한다. 사실, 내러티브는 인류 역사 자체와 동시에 시작되었다. 모든 인류는 저마다의 내러티브를 가지고 있으며, 내러티브를 잘 보존하여 그 나라나 민족의 정체성을 형성시키는 데에도 중요한 역할을 한다. 유태인의 역사나 정체성은 그 민족의 내러티브가 담겨있는 탈무드를 통해 잘 형성되고 있다. 이러한 내러티브를 통하여 유대 민족은 건강하고, 세계에서 큰 가치를 창출하고 있는 것이다.

이렇듯 이야기는 태고적부터 사용해 온 방법이며 전적으로 인간적인 방법이다. 그런데 내러티브는 단순 대화이기보다는 사건을 적절하게 언어적으로 구성하는 것이다. 사건은 인간 삶의 실제적인 경험일 수도 있으며, 현실에서 유추된 가상의 이야기일 수도 있다. 이러한 사건은 순서 없이 그냥 나열되는 것이 아니라, 어떤 질서를 띠고 시간적 인과관계 속에서 배열될 때(플롯) 의미를 형성하게 된다. 이 경우 우리의 이야기는 우리의 경험을 구조화시켜준다. 이 지점에서 우리는 내러티브 전회(narrative turn)를 통해 견인되는 내러티브 자아 정체성 이론 형성에 주목을 할 필요가 있다. 일찍이 Ricoeur나 MacIntyre는 서사적 자아(narrative self)를 논구하였으며, 교육이론 형성에 가장 핵심적인 부분을 차지해야 한다고 생각한다.

이런 점에서 내러티브 정체성을 통한 자아 구성의 문제로 본다. Bruner(2003)는 이 문제를 내러티브에 의한 자아 구성으로 보고 있다. 전통 형이상학과 데카르트류의 확신에 찬 자아는 이제 언어적 전회로 내러티브 자아로 새로이 자리매김 되어야 한다는 것이다. 우리가 자아를 창조하고 재창조하는 것은 내러티브를 통해서라고, 그리고 자아는 우리의 이야기하기의 소산이지, 주관성의 깊숙한 곳에서 발견되는 어떤 본질은 아니라는 것을 주장해왔다. 오늘날에는, 우리에게 우리 자신에 관한 이야기를 만드는 능력이 없다면 자아와 같은 그런 것은 존재하지 않는다고 하는 증거가 존재한다.

따라서 우리는 내러티브를 통해 우리 자신을 구축하면서 삶을 영위해 나간다. 자기를 규정하는 데 있어서 왜 내러티브가 본질적이며, 또 어째서 우리는 그것을 필요로 하는 것일까? 내러티브적 재능은 인간 문화 속에서 삶을 특징짓는 사물들의 예상된 상태로부터의 그런 일탈을 특징짓기 위한, 인간이 가진 언어 사용의 자연스러운 방법인 것처럼 보인다. 내러티브적 재능이 어떻게 생겨나서 존속해왔는지에 관한 진화의 이야기는 어느 누구도 알지 못하고 있다. 하지만 우리는, 내러티브라고 하는 것이 인간의 상호작용을 이해하는 방법으로서 불가항력적이라는 사실을 잘 알고 있다.

아이들의 자아는 개인의 전 생애를 통해 보여주게 되는 잠재적 가능성을 중시하고, 동시에 발달도 미리 정해진 순서가 아니라 확률적 발생에 따라 이루어진다. 자아가 자신을 둘러싼 사회 문화 속에 분산되어 있다는 것을 의미한다. 즉 자아가 사회적인 네트워크로 분산되어 있으며(distributed self), 자신의 삶의 의미가 이야기로 구성되는 내러티브로서 자아를 의미한다. 내러티브로서 자아는 실체로서가 아니라 자신의 삶에 관한 이야기 구성자의 역할을 한다. 내러티브적 시각에서 볼 때, 부모는 아이들의 자아형성에 필연적으로 연루되는데 이는 아이들의 삶의 이야기의 공동 저자로서 참여하여 함께 자아를 만들어 간다. 공동 저자로서 부모의 역할은 아이들의 삶이 진행되는 장면에 그들의 행동을 안내해주는 줄거리와 배역을 제공해 주는 것이다. 결국 아이들의 자아는 아이들과 부모가 함께 만들어가는 한편의 드라마처럼 어떤 사건들이 일어나는가에 따라 하나의 의미로 구성된다. 이 일에는 무엇보다 내러티브를 창안해내는 작가처럼 예술적 감각이 요구된다. 물론 아이들의 마음을 형성하기 위한 유일한 시나리오는 없나. 하나의 의미를 담아내는 이야기들이 무수히 존재하기 때문이다(한승희, 2002: 93).

자아 형성에 내러티브가 중요한 역할을 한다면 자아존중감에 대해서도 새로운 시각이 필요하다. 영재들의 자아존중감은 주로 특정 성취물에 대한 결과적 성과에 의해 촉진되는 경우가 많다. 그러나 자아존중감은 영재들이 자신의 성취나 삶의 과정에서 스스로 이야기 구성능력에 의존할 가능성이 높다. 자신에 대한 평가나 긍정적인 인식은 자신과 자신을 둘러싼 동료들과의 사회적 관계에 대한 내러티브적 이해에 영향을 받는다는 점이다. 왜냐하면 자아는 하나의 실체도 아니며, 또한 구성된 개념(construct)도 아니기 때문이다. 자아에 대한 실체론적 시각에서 벗어날 필요가 있다. 자아의 기능은 자신의 삶의 이야기를 하는 것이다. 내러티브로서 자아는 자신의 삶을 이야기로 구성하는 자로서의 역할이다.[30] 따라서 자아의 기능은 흔히 작가에 비유되기도 한다. 내러티브로서 자아는 우리 문화로부터 자아를 형성하는 결정적인 줄거리를 제공받는다. 이러한 줄거리들은 내러티브적 양식, 즉 신화, 민담, 동화 등을 통해서 요즘에는 TV 드라마, 소설, 만화 등에 의해 전달된다. 허나 일반적으로 자아를 구성하는 줄거리는 개인에게 일어난 일련의 사건들과 그의 환경, 그리고 그의 실제 역사로부터 생겨나 그의 가능성으로 나타난 이미지와 관련되어 구성된다는 점에서, 그 줄거리를 만드는 것은 작가보다 역사가가 하는 일과 보다 더 유사하다고 볼 수 있다.

2. 지식의 구조로서 내러티브

가. 지식의 구조의 성격: 발견과 구성의 인식론

브루너(Bruner)의 여러 저작물들과 이차적인 연구물들을 통해서

---

30 아이들이 우리가 들려주는 이야기를 듣거나 스토리를 읽고, 그 이야기 속의 주제를 재현하여 등장인물들의 감정에 공감하고, 그 감정이입을 통해서 장차 살아가게 될 삶의 지혜를 깨달아서 종국에는 자신의 삶을 질서 지워주는 윤리적 주체성을 형성해간다(narrative integrity of life). 이 과정이 바로 내러티브 자아 정체성이라고 볼 수 있다. 우리가 교육장면에서 아이들에게 이야기를 들려주려는 이유, 즉 자신의 삶을 이야기로 구성하는 능력을 길러주려는 교육적 이유가 바로 이것이다.

볼 때, 지식의 구조는 학문의 기저를 이루는 근본적인 아이디어, 기본 개념, 원리의 관련성으로 나타난다는 것을 알 수 있다. 이러한 관련성, 즉 아이디어, 기본 개념, 원리의 관계를 알 수 있는 것은 학문 영역에서의 탐구 방법에 의해서이다. 교과에 구조를 제공하는 것은 학문이고, 교과의 구조를 이루는 것은 학문에서 가장 핵심적이고 근본적인 원리, 아이디어라고 하였다(Bruner, 1960). 그에 따르면 구조를 파악한다는 것은 한 가지 현상을 여러 가지 현상과의 관련 속에서 이해할 수 있다는 것이다. 구조란 일반적 아이디어, 개념, 원리 간에 나타나는 규칙적 관계로 보고 있다. 이러한 것이 바로 지식이다. 따라서 지식의 구조라는 말은 개념적으로 보면 동어 반복이다.

이상의 입장이 브루너(Bruner)가 말하는 지식의 구조에 대한 가장 평범한 진술일 것이다. 이러한 지식의 구조의 의미에 따르면 구조는 발견되고 습득되어야 할 대상이지 만들어지거나 생성되는 것은 아닌 것으로 보인다. 그 구조도 단일의 구조로 보고 있으며, 주체가 발견해야 할 객관적인 실재로 보고 있다. 따라서 구조가 가정하는 인식론적 입장은 흔히 실증주의 인식론으로 알려지고 있다. 요컨대 지식의 구조가 가정하는 인식론은 구조의 발견적 속성을 강조하는 실증주의적 인식론이라고 볼 수 있다. 인식 주체가 외부에 있는 단일의 객관적인 구조를 파악하고 발견하는 것이다. 이러한 입장은 Tyler류의 환원주의 입장과 결국 동일한 것이라고 비판되기도 한다. 지식의 객관적인 구조를 중시하는 이러한 입장은 인식 주체의 능동적인 구성 능력보다는 외부 세계의 객관적인 질서를 중시한다.

지식의 구조가 단일의 실재를 가정함으로써 주체와 객체 간의 앎의 과정을 간과하고 있고, 지식의 생성적 본질이나 다원적 실재를 인정하고 있지 않다는 것이다. 이처럼 구조의 성격 문제는 구조의 인식론 문제와 관련되어 있다. 따라서 지식의 구조 성격과 관련한 비판은 구조가 인식 주체와 격리되어 있는 독립적인 객관적 실재라는 점이며, 거기에는 경험주의적 지식관을 전제하고 있다는 점이다(강현석, 2004: 60). 결국 지식의 구조는 주체의 밖에 존재하는 객관적인 실재만을 지식의 본질적인 성격으로 가정하는 실증주의 인식론을 가정하고 있으며, 지식에 대한 경험주의적 가정을 탈피하지 못한다고 비판한다. 따라서 구조는 단일한 구조에 내재해 있는 인식론적 약점을 드러내고 있다는 것이다. 이러한 비판은 한 단계 더 나아가 개념이 누구에게나 고정된 의미를 가지며 외부의 객관적인 대상과 대응하는 것처럼 가르치는 것은 특정 수준의 지식의 구조가 유일한 지식의 구조라고 보는 경우에서 비롯된 것이라는 점이다. 개념의 역동적이고 수정적 측면을 고려하지 않고 구조가 본질적으로 완결되어 있는 개념이라고 보는 생각은 타당하지 못하다. 왜냐하면 객관적 구조, 원자적 지식관, 그리고 완결된 개념으로서의 구조에 대한 비판은 재론의 여지가 있기 때문이다.

그러나 이러한 구조에 대한 비판(한승희, 1990; 손민호, 1995)을 극복하고 그 입장을 보다 풍부하게 해석될 필요가 있다는 지적이 있다. 즉, 구조의 인식론을 실증주의 인식론으로 보는 것은 단순화의 오류를 범하는 것이므로 좀 더 확장된 견해를 수용해야 한다는 점이다.

Bruner는 1980년대 이래로 지식의 구조에 대한 확장된 입장을 제안해오고 있다. 더욱이 1986년 이래로 지식의 구조에 내재한 인식론적 문제를 더욱 확장하고 있다. 즉 지식의 본질을 발견되는 특징과 함께 구성되고 생성되는 측면으로 보고 있으며, 동시에 그 근거로 내러티브 사고를 제시하고 있다. 내러티브 사고를 통한 실재의 해석과 실재의 내러티브적 구성에서 보면 지식의 구조와 관련한 문제는 전통적인 객관적인 인식론을 넘어서는 구성주의적 실재론을 포함한다. 따라서 지식의 구조 문제는 내러티브 인식론에 의해 더욱 확장될 수 있으며, 여기에 근거하여 지식의 구조가 재해석되어야 한다. 따라서 지식의 구조는 인식주체와 독립적인 객관적인 실재이기보다는 인식 주체에 의해 발견되고 구성되어 새롭게 진화하는 구인으로 보는 것이 타당하다.

이제 구조의 인식론은 내러티브 사고에 의한 실재의 구성, 의미형성과 자아의 구성까지 포함하는 해석적 성격의 인식론적 관심사로 확장되어야 한다. 요컨대 구조의 본질을 제대로 이해하려면 해석학적 사고, 경험의 인식론, 구성주의적 사고에 비추어서 새롭게 볼 필요가 있다는 것이다.

요컨대 내러티브 관점에서 지식은 개인 내에 구체화된 것으로서, 개인은 개인적 사회적으로 구성된 상징적 형식들을 통해서 경험을 해석한다. 결국 구조가 내러티브이고, 내러티브가 곧 구조이다. Clandinin은 우리 모두의 내러티브는 복잡하고, 우리의 개인적이고 전문적인 삶에서 일종의 지속성과 통일성을 꿰매어 주는 다양한 실들을 포함한다고 보고 있다(Connelly and Clandinin, 1988: 153). 또한 내러티브는 새로운 상황에 돌려지는 이전 경험을 특수하게 질서 지우는 것이다. 따라서 이러한 질서들은 우리가 누구인지, 그리고 우리가 과거에 행하였던 것을 우리가 어떻게 행하고 있는지에 관하여 스토리를 말하는 새로운 방식을 만들어내고 있다. 과거 지식의 구조 역시 우리의 경험에 질서를 제공하기 위한 개념적 발명품인 것처럼 내러티브 역시 특정한 방식으로 우리의 경험을 구조 짓는 것이다.

나. 지식관: 패러다임적 지식관에서 내러티브적 지식관으로

전기 이론에서 지식의 구조는 결국 구조에 핵심적 의미가 있다. 어떤 교과든지 그 교과를 특징적으로 그 교과답게 해주는 골간으로서 구조가 있다. 교과의 구조란 각 교과가 모태로 삼고 있는 학문 분야의 기본적인 아이디어나 개념 및 원리를 의미한다. 이러한 구조는 기본적이고 일반적이므로 단순하고 어린 나이에도 학습이 가능하며 따라서 새로운 문제에 대한 적용 범위도 넓다. 학습을 통해 획득된 교과의 구조는 한 현상을 어떤 원리의 특수한 사례로 인지할 수 있게 해주고, 여러 현상들 사이의 관련성과 질서를 파악할 수 있도록 해준다. 그러므로 교과의 기본 구조를 이해한다는 것은 관련 현상을 파악하는 안목을 획득하는 것일 뿐만 아니라 일반적 전이를 통해 장차의 활용에도 유익하다.

우선 지식의 구조에 대하여 브루너의 주장을 가장 잘 설명해주는 것은 다음의 표현일 것이다(Bruner, 1964: 120).

> 지식이라는 것은 우리가 하는 경험에서의 규칙성에 의미와 구조를 제공해주기 위하여 우리가 구성하는 모델이다. 모든 지식체계에서의 조직 아이디어는 우리의 경험을 경제적이고 서로 관련되는 것으로 만들어주는 발명품이다. 따라서 우리들은 이해하기 위한 수단으로서 물리학에서의 힘, 화학에서의 결합, 심리학에서의 동기, 문학에서의 스타일과 같은 개념들을 발견하는 것이다. 즉 구조란 서로

관련성을 가지지 않는 여러 관찰의 누적물에 어떤 질서를 주는 커다란 개념적 발명품인 까닭에, 구조는 우리가 배우게 될 내용에 의미를 주게 되며, 새로운 경험 영역을 열어 줄 수 있게 된다. 하나의 아이디어에 다른 아이디어를 따르게 만드는 지식의 관련성과 그의 파생을 지식의 구조라고 볼 수 있다.

이상의 언급에서 보면 지식은 경험의 규칙성에 의미와 구조를 제공해주는 것으로서 우리가 구성하는 모형이며, 구조는 어떤 현상에 질서를 부여해주는 개념적 발명품이다. 브루너(Bruner)에 따르면 모든 학문이나 체계화된 지식 체계가 이해될 수 있는 수단이 되는 어떤 폭넓은 개념적 틀이 존재한다는 것이다. 이것에 의하여 어떤 학문에 관련되는 다수의 아이디어, 개념, 감각, 사실, 자료들은 인식이 가능한 하나의 영역을 구성하기 위하여 하나의 통일된 구조에 조합된다. 따라서 모든 학문에는 기저가 되는 핵심적인 개념과 원리, 명제들의 조합이 구조를 구성한다. 이것이 객관적인 실재의 구현이다. 이러한 지식은 우리의 논리적 분석과 증명, 객관적이고 과학적인 설명을 통하여 발견된다. 소위 패러다임적 지식관의 반영이라고 볼 수 있다. 즉 인식 주체 밖에 존재하는 객관적 실제에서 지식의 본질을 강구하는 입장인 것이다. 이제 지식을 보는 관점은 어느 한 관점만으로 이루어질 수 없으며, 그러한 관점은 약점을 지닐 수밖에 없다.

한편, Bruner(1985; 1986; 1987; 1996)가 제안하는 내러티브 사고는 인간의 관점에 따라 다양하게 변하고 삶의 요구를 반영하는 인간적 세계를 해석하고 이해하고자 하며, 여기에서는 다수로 존재하는 의미를 상황의 적절성이나 있음직한 가능성에 의해 판단된다(강현석,

1998: 117-118). 내러티브 사고에서는 인간은 자신들의 경험을 이야기하려는 보편적 경향을 가정한다. 그것은 인간이 삶을 해석하는 데 있어서 사람이 경험하는 사건, 인물, 행위, 감정과 정서, 의도와 생각, 그리고 상황과 장면 등을 총체적으로 통합시켜주고 특정 경험이 이루어지는 맥락 속에 위치시켜주는 인식의 틀이라고 볼 수 있다(강현석, 2005: 92).

이러한 관점에서 보면 지식은 우리 자신을 자신 및 다른 사람에게 설명하기 위하여 우리 자신의 경험을 이야기할 때 구성되고 재구성된다(소경희, 2004: 195). 즉 이 관점에서 지식은 사람들이 다른 사람과 자신들의 아이디어와 이야기를 공유하는 상황에서 개인적·사회적으로 구성되고 재구성된다. 우리의 이야기는 우리의 특정 경험들로부터 말해지며 이 점에서 그것은 개인적 실천적 지식의 표현이라고 할 수 있다(Olson, 1995). 결국 내러티브 관점에서 지식은 개인이 자신의 경험을 다른 사람과 이야기하는 가운데 형성되며 이는 지속적으로 재구성될 수 있다. 지식이 개별 인식자에 의해 구성되는 것이다. 이러한 지식은 인식 주체인 개인과 무관하게 존재하는 탈맥락적인 것이 아니라, 개인이 처한 상황이나 개인의 주관적인 인식에 의해 영향을 받는 맥락적 주관적인 것이라고 할 수 있다. 따라서 지식은 개인 내에 구체화된 것으로서 개인은 개인적 사회적으로 구성된 상징적 형식을 통해서 경험을 해석한다.

이 말은 지식의 구조를 발견하는 과정은 내러티브의 도움을 받으며, 그 결과로서 구조를 발견한 학습의 결과는 다시 내러티브 형성에도 도움을 준다는 것으로 해석 가능하다. 즉 구조와 내러티브는 인간 경험을 구성하는 두 측면을 의미한다. 그러나 전자가 개인 내적 차원에 초점을 둔다면 후자는 문화적이다. 전자가 개인의 내적인 인식에 초점을 두고 있다면 후자는 상호작용적이고 교섭적이며, 개인 간의 해석적 구성에 초점을 두고 있다.

보다 범위를 넓혀서 보면 인간 마음 구성의 측면에서 구조 발견과 내러티브 사고 형성은 서로 다른 두 측면을 말한다. 브루너가 전기 이론에서 주목한 구조의 발견은 학습결과(엄밀하게 좁게 보면 인지론에서의 마음의 개념)를 말하는 것이며, 후기 이론에서 주목한 내러티브 사고 형성은 마음의 형성 과정(마음을 의미만들기로 보는 인지혁명)을 말하고 있는 것이라고 해석할 수도 있다.

다. 교육이론 구성: 지식(교육)이론

브루너(Bruner)의 구성주의 인식론에 의하면 구조는 객관적 실재가 아니라 구성적 실재이다. 그리고 구조가 전제하는 지식관, 즉 교육내용은 이홍우(1992: 206-207)가 말한 전체주의적 지식관으로 이해할 경우에 원자주의적 지식관에 의한 비판은 다소간 논쟁적이다. 이와 동시에 완결된 개념으로서의 구조에 대한 비판은 구조의 동적인 측면을 고려하면 다소간 재해석할 수 있는 부분이 존재한다. 구조를 정적인 것으로 파악했을 때 구조는 완결된 개념과 원리 그 자체를 가리킨다. 오늘날 사람들은 대체로 이 관점에서 구조를 파악하고 있는 경향이 강하다(이홍우, 1988: 25-26). 그러나 구조는 우리가 그것을 발견하고 활용하는 과정에서 동적인 측면을 지니고 있으며, 완결된 개념을 가지고 다른 특수한 현상을 설명하는 데에 적용된다(강현석, 2004: 60).

지식의 구조처럼 내러티브 역시 우리가 의미를 만들기 위해 사용하는 구성의 도구이면서 이야기의 인지적 도식이다. 동시에 사고양식으로서 내러티브는 우리의 지식을 조직하기 위한 구조도 된다(Bruner, 1996). 실재는 내러티브로 구성될 수 있다. 의미를 만드는 내러티브 행위는 대화를 통해서 이루어지며, 내러티브 사고는 해석을 필요로 하는 동시에 해석학적 순환에 의해 이야기가 만들어진다. 인간은 이야기 속에서 살아간다. 세계에 대한 우리의 경험과 지식을 조직하거나 구성하는 가장 자연스러운 방법은 이야기를 만드는 것이다. 이야기를 말하는 것은 최초의 즉각적인 경험을 그대로 기술하는 것이 아니라, 특정한 방식으로 경험을 구조 짓는 것이다. 이런 점에서 내러티브는 서로 관련이 없는 개별 사건들을 전체 이야기 속에 모으는데 적합한 렌즈가 된다(Polkinghorne, 1988: 36). 결국 어떤 것에 대해 이야기함으로써 경험을 계속적으로 해석하고 재해석함으로써 우리의 삶이 만들어진다. 따라서 내러티브는 삶이 해석적으로 구성되는 과정에서 경험의 구조화 양식으로 기능한다. 이런 점에서 볼 때 지식의 구조와 내러티브는 그 성격상 매우 유사한 차원을 지닌다.

결국 내러티브 관점에서 지식은 개인이 자신의 경험을 다른 사람과 이야기하는 가운데 형성되며 이는 지속적으로 재구성될 수 있다. 지식이 개별 인식자에 의해 구성되는 것이다. 이러한 지식은 인식주체인 개인과 무관하게 존재하는 탈맥락적인 것이 아니라, 개인이 처한 상황이나 개인의 주관적인 인식에 이해 영향을 받는 맥락적 주관적인 것이라고 할 수 있다. 따라서 지식은 개인 내에 구체화된 것으로서 개인은 개인적 사회적으로 구성된 상징적 형식을 통해서 경험을 해석한다(소경희, 2004: 195).

그러므로 이러한 내러티브 지식관에 따르면 학습자의 실제 경험에 가담하고 있는 개인들이 자신들의 경험을 다른 사람과 공유하기 위해 구성하는 이야기 속에 있는 것이다. 이 점은 학습자들의 경험 및 그 경험에 대한 이야기가 지식의 주된 원천이 됨을 알 수 있다. 내러티브 관점은 마음의 구성뿐만 아니라 인식론의 차원이 내포되어 있다. 여기에서는 해석적 관점과 구성주의적 시각을 토대로 하는 생성적 지식관이 핵심이다. 인간의 경험과 지식은 다양한 관점과 담론에 따라 상이하게 해석이 가능하며, 담론의 상황에 따라 많은 영향을 받는다(Bruner, 1990b: 112-114). 그리고 앎의 주체를 객체화하고 경험적이고 실증적 증명을 강조하는 증명의 인식론은 극복되어야 하며(경험의 인식론으로 나아가야 하고), 다양한 시각, 개인적인 주관적 해석을 추구하지 않는 증명의 인식론은 상호작용적이며 대화적인 지식론으로 대체되어야 한다. 이러한 인식론에서는 지식의 발견보다는 창조를, 증명이 아닌 의미 교섭과 간주관성을 강조한다. 여기에서 지식의 능동적 측면을 알 수가 있다. 즉 인간은 문화를 구성하는 상징적 세계의 관점에서 해석되지 않으면 그럴듯한 의미를 만들 수 없다는 것이다.

주지하다시피 Bruner의 이론은 지식의 구조론으로 널리 논의되어 오고 있다. 그 이후의 이론적 입장의 확장과 지식구조론에 대한 다양한 해석들이 제기되고 있다. 브루너(Bruner)가 말하는 내러티브의 의미는 다층적이다. 지식의 구조와 내러티브는 브루너 이론에서 가족 유사성을 지니고 있다. 지식은 인간 경험의 규칙성에 의미를 부여하기 위하여 우리가 만드는 것이다. 이러한 지식의 본질이 인간 경험을 구조화하는 내러티브와 매우 유사하다. 왜냐하면 내러티브는 인간 경험의 구조이기 때문이다.

내러티브 사고에서는 인간은 자신들의 경험을 이야기하려는 보편적 경향을 가정한다. 그것은 인간이 삶을 해석하는 데 있어서 사람이 경험하는 사건, 인물, 행위, 감정과 정서, 의도와 생각, 그리고 상황과 장면 등을 총체적으로 통합시켜주고 특정 경험이 이루어지는 맥락 속에 위치시켜주는 인식의 틀이라고 볼 수 있다.

이와 같이 내러티브를 인식의 틀로 보는 입장에서는 지식의 다양성과 상호작용성이 강조된다. 내러티브를 통하여 우리 자신의 경험을 이야기할 때 지식은 구성되고 재구성된다. 우리의 이야기는 우리의 특정 경험들로부터 말해지며 이 점에서 그것은 다른 사람들과의 상호작용 속에서 형성되는 것이다. 결국 내러티브 관점에서 지식은 개인이 자신의 경험을 다른 사람과 이야기하는 가운데 형성되며 이는 지속적으로 재구성될 수 있다. 이러한 지식은 개인이 처한 상황이나 개인의 주관적인 인식에 따라 다르게 구성되는 맥락적인 것이다.

그러므로 이러한 내러티브 지식관에 따르면 학습자의 실제 경험에 가담하고 있는 개인들이 자신들의 경험을 다른 사람과 공유하기 위해 구성하는 이야기 속에 있는 것이다. 이 점은 학습자들의 경험 및 그 경험에 대한 이야기가 지식의 주된 원천이 됨을 알 수 있다. 내러티브 관점은 마음의 구성뿐만 아니라 인식론의 차원이 내포되어 있다. 여기에서는 해석적 관점과 구성주의적 시각을 토대로 하는 생성적 지식관이 핵심이다. 인간의 경험과 지식은 다양한 관점과 담론에 따라 상이하게 해석이 가능하며, 담론의 상황에 따라 많은 영향을 받는다(Bruner, 1990b: 112-114).

따라서 Bruner의 이론에서 지식은 경험을 간단하게 요약하고 상호관련 짓기 위하여 우리가 구성해내는 발명품이다. 즉 새로운 경험의 세계를 열어주는 개념적 발명품이 바로 구조이다. 한편 우리 경험의 기본적인 구조는 내러티브이다. 따라서 내러티브는 우리의 지식을 조직하기 위한 구조이다. 이 점에서 지식의 구조와 내러티브는 만난다. 지식의 구조는 생성적이고 발전한다. 내러티브는 구성적이다. 이러한 맥락에서 구조 발견의 탐구학습은 발견되기를 기다리는 객관적 대상을 단순히 발견하는 수동적 활동이 아니다. 내러티브 학습 역시 마찬가지이다. 발견학습은 인간 경험을 조직하려는 지식의 능동성을 전제한다. 따라서 그것은 구성성의 또 다른 측면이다. 구조의 내면화 없이 체험의 재구성은 가능하지 않다. 발견의 과정은 인지적 과정인 동시에 의미 구성 과정이며, 문화 속에서의 해석적 구성 과정이다. 더욱이 그것은 간주관적인 상호학습의 문화 속에서 발전한다. 발견학습은 사회문화적 측면을 포함하는 방향으로 확대될 수 있다. 나선형 교수는 인간 마음의 회귀와 학습의 반성적 순환을 전제하고 있다. 순환적 회귀는 반복과는 다르며, 학습의 과정이 누적적이고 양적인 확장이 아니라 구조적이고 총제척 변화의 과정임을 강조한다. 따라서 과거의 나선형은 구조를 지향하는 질서있는 심화 확대에 초점이 있었다면, 내러티브 입장에서의 나선형은 반성적인 순환과 총체적인 학습의 변화를 내재하고 있다.

이러한 점을 감안한다면 과거 인식 주체의 사고나 객관적인 구조를 강조하는 지식의 구조는 내러티브와 상이한 것이 아니라는 점이다. 오히려 지식의 구조의 의미를 확대 발전시킬 수 있는 가능성을 내재하고 있다. 내러티브의 원천이 문화라는 점에 주목한다면

Bruner가 강조하는 문화주의 입장, 즉 문화가 마음을 형성한다는 명제는 지식의 구조를 풍부하게 해줄 수 있다. 지식의 구조에 대한 논의는 Vygotsky의 용어를 빌어 말하자면 정신 내 국면(intra-mental plane)에 주로 초점을 둔 데에 비하여, 내러티브에 대한 논의는 정신 간 국면(inter-mental plane)을 겨냥하고 있다. 그의 이론에서 정신 간 국면은 정신 내 국면의 원천에 해당하며, 이점에 주목하면 내러티브에 대한 논의는 지식의 구조의 본래적 의미를 찾아가려는 노력을 나타낸다고 볼 수 있다(임병덕, 2000: 221). 장차 이 분야의 연구가 요청된다.

이와 동시에 본 연구에서 비교적 소극적으로 다룬 교육이론 형성 작업은 후속 과제로 남긴다. 현 시점에서 연구자가 주목하는 내러티브 교육이론이라 함은 여러 수준을 의미할 수 있겠다. 우선 제일 가치가 클 것으로 생각하는 내러티브 교육이론의 수준은 내러티브가 발달하는 이론 내지 내러티브를 교육시키는 이론일 것이다. 이 수준에서는 당연히 자아형성의 측면이 포함되어야 할 것이다. 소위 내러티브 자아 형성, 내러티브 정체성 이론이어야 할 것이다. 특히 그 구체적 모습은 유아 혹은 학습자의 내러티브 정체성 발달이론으로 표현 될 것으로 예상한다. 두 번째 수준은 교육에서 내러티브를 활용하는 이론이며, 세 번째 수준으로는 내러티브 사고 교육이론에 해당되며, 마지막으로는 문화심리학의 원형인 일상심리학에 기초한 일상교수학을 형성하는 수준이 될 것으로 예상한다. 이 네 가지 수준들은 부분적으로 필자와 여러 연구자들(이흔정, 2011; 한승희, 2016; 김봉석, 2012) 사이에서 부분적으로 다루어지고 있다. 장차 보다 본격적인 연구가 기대된다.

제 II 부

내러티브와 인간

제4장

내러티브 이전의 인간관

이제 심리학자들은 인간의 마음이
오랜 세월 동안 진화된 생물학적인 기관이라는 생각보다는
체계적으로 잘 만들어진 기계와 같다는 생각에 더 끌렸다.
인지는 뇌 기능 중 감각을 제외한 거의 모든 정신 활동을 의미하는데,
인간의 정신은 1.4kg 무게의 신경 하드웨어(뇌)로 작동하는
소프트웨어에 해당한다고 할 수 있다.
이제 심리학 분야에서는 행동주의자들이 팽개쳐 버린 블랙박스인
뇌의 작동 방식을 연구하게 된다. 이것이 인지 혁명이다. 정보 처리 존재로서 인간이다.
그런데 인간의 마음을 컴퓨터에 빗댄 데서 발생하는 문제가 있다.
바로 컴퓨터는 감정이 없다는 점이다.
감정은 정보 단위로 축소될 수도 없고,
프로그램 언어의 논리 구조로 파악할 수도 없기 때문이다.
정보 처리가 아니라 의미를 구성하는 존재로 가야 하는 걸까
-어느 대학원 수강생의 노트-

핵심 아이디어

이 장에서는 내러티브 사상이 본격적으로 등장하게 된 이전에 우리가 접해왔던 인간관의 문제를 살펴본다. 보다 근본적으로는 인간 마음에 대한 관점에서 그 인간관을 접근할 수 있다. 인간 마음을 연구하는 심리학의 틀에서 보면 정보 처리 은유로 보는 인간관이 주류를 차지하게 된다.
철학적인 전통의 시각으로 보면 인간을 근대의 주체로 보는 시각 역시 오래 역사를 통해 지배적인 시각으로 군림해 온 시각이다. 교육의 백락에서는 인간관을 교육받은 존재로서 접근하기도 한다. 교육의 맥락에서 한하여 그러하다. 인간 마음에 대한 은유로서 인간관이 변하고 있다. 정보 처리에서 의미 구성으로. 정보는 의미로, 처리는 구성으로 대체된다.

1. 기본 전제: 인간의 마음에 대한 관점

내러티브 이전의 인간관을 살펴보기 전에 인간 마음에 대한 관점을 살펴보기로 하자. 이 주제와 관련하여 한승희(2002)의 논의는 매우 유의미하다. 그는 인간의 마음에 대해서 인류가 두 가지 오류를 저지르고 있다고 보았다. 하나는 자아중심성의 오류이고, 나머지 하나는 인공 지능의 오류이다. 전자의 오류에 대해서 브루너는 아동의 자아중심성은 능력이 아니라는 점, 마음은 요소로 분화하여 볼 수 없다는 점을 주장한다. 후자의 오류에 대해서도 인간 마음을 정보처리로서가 아니라 의미 구성으로 보아야한다는 점을 강조한다. 이하는 한승희(2000: 258-282)의 논의에 의존해본다.

20세기를 통해 우리는 인간이란 대상을 인식하고 기술하기 위해서 몇 가지 이야기를 만들어 왔다. 이들은 흔히 발달이론이라고 불리는데 일단 현존하는 문화에 흡수되면 문화적 표상으로 수용되어, 인간을 단지 기술하는데 그치지 않고 그 이론들이 설명하려는 과정들에 대한 사회의 실재(reality)로서 또는 그 존재를 증명할 수 있는 사실(facts)로서의 역할을 하게 된다. 따라서 발달이론이 우리의 문화에 수용되어, 그 이론은 이제 하나의 담론이 아닌 우리 삶의 부분이 된다. 브루너(Bruner)는 20세기의 대표적인 발달이론으로 프로이트(Freud)의 정신분석이론, 피아제(Piaget)의 인지발달이론 그리고 비고츠키(Vygotsky)의 이론을 들고 있다. 이들은 각기 인간에 관한 이야기 특히, 마음의 발달에 관해 각각의 독특한 논리와 언어로 이야기한다. 이제 그들의 이야기는 인간 발달에 대한 20세기의 대표적인 담론들로서 우리들의 패러다임이 되었다.

그러나 학문의 세계에는 어떤 어휘도 그리고 어떤 논리도 결코 절대적이지 않다. 아무리 명백한 것으로 여겨지는 개념과 논리도 어느 날 근본적으로 의심을 받게 된다. 학문의 본질은 그 언어가 끊임없이 재편성되고 갱신되는 역동성을 지니고 있기 때문이다. 여기에는 위에서 언급한 발달이론들도 예외가 아니다. 실제로 최근 들어 그 이론들은 발달이론으로서의 적합성에서 심각한 도전을 받는다. 예컨대, 피아제 이론의 기본 전제인 자아중심성(egocentricism)과 프로이트의 자아(self)에 대한 견해에 심각한 오류가 잠재되어 있음이 지적된다(Bruner, 1993: 12-13). 브루너가 지적한 것처럼 우리들의 패러다임이 되어온 그들의 이론들이 적절하지 않다면, 새로운 이야기를 위한 논의가 필요하다.

인간을 보는 우리의 전통적 패러다임에 오류가 있음을 인식한다. 이미 많은 사람들에 의해서 지적되는 그들 이론의 오류는 그 원천이 이론 자체에 있기보다는 20세기 후반의 학문적인 인식 패러다임의 혁명적 전환에서 비롯한 것이다. 우리는 지금까지 대상을 기술하기 위한 언어가 대상에 종속되는 투명한 것으로 여겨 왔다. 미지의 대상이 있으면 그것을 인식하고 기술하기 위한 언어가 필요하다. 이런 언어들은 그 시대 고유의 일정한 어휘와 논리를 갖추고 있는 것이 보통이다. 그런데 언어가 대상에 종속되는 것이라면 학문의 논리는 대상의 논리이며, 또한 대상이 하나라면 그것을 기술하는 논리도 하나로 한정될 수밖에 없다.

그러나 20세기의 새로운 학문적 패러다임은 학문이 대상의 논리가 아니라 언어가 대상에서 독립된 자율적인 논리를 갖는다는 이른바 관계의 논리로 바뀌었다. 다시 말해서 대상에서 언어를 발견하려는 생각으로부터 언어가 대상을 규정한다는 생각으로 바뀌게 된 것이다. 이는 무엇이 대상인지는 언어에 의해 정해질 수 있음을 의미한다. 즉, 실체적인 대상이 미리 주어져 있어서 그것을 우리가 기술하는 것이 아니라 우리가 대상을 인식한다는 것은 언어가 만들어 내는 관계 망을 통해서 이루어지는 것이기 때문에 오히려 관계가 대상을 규정하게 된다. 이러한 학문적 인식의 전환은 실체를 전제로 삼고 인식을 그 실체에 대한 의식의 활동이라고 생각하며, 또 언어를 주체-객체를 매개하는 것으로서 여겨온 기존 이론들이 근거하는 기본 전제들의 타당성 자체에 의혹을 제시한다.

이제 학문의 추세는 존재론이 아니라 인식론의 문제이다. 20세기의 교육학 이론들이 존재론적 입장이었다면 21세기에는 인식론의 입장에서 새로운 논리를 찾아야 한다. 이런 관점에서 새로운 교육학의 새로운 논리와 언어가 무엇인지 탐색해야 한다. 이 일은 기존의 이론을 부정하는 데에서 시작하지 않는다. 오히려 그것을 바탕으로 새로운 이야기를 구성하는 일이라 할 수 있다. 이런 점에서 교육학의 재개념화라는 표현이 더 적절할 것 같다. 재개념화는 이제까지 당연시되던 것들을 의문시하며 반면에 의문시되던 것들을 당연시하기도 한다. 마찬가지로 존재론적 시각에서 당연한 것이 인식론의 시각에서 의문시된다. 교육학의 재개념화를 위해 우리는 인간(마음)이란 대상에 의문을 던지면서 그 대상을 기술할 수 있는 새로운 논리의 틀을 만들어 내야 한다. 그리고 논리가 반드시 대상 속에 미리 부여되어 있는 것이 아닌 한, 우리는 다른 영역에서 사용하고 있는 논리를 차용한다거나 또는 몇 가지 논리를 조합시킬 수도 있다. 아니면 지금까지 없었던 새로운 발상 하에 논리를 만들 수도 있을 것이다.

가. 마음에 대한 오류

프로이트와 피아제 그리고 비고츠키의 발달이론들을 아이들을 보는 우리의 지배적인 패러다임으로 언급하면서 최근의 학문적 인식의 전환에 의해서 그 이론의 적절성이 의심을 받고 있음을 지적하였다. 그러나 마음에 대한 오류는 발달이론뿐만 아니라 또 다른 분야에서도 나타난다. 이른바 마음에 대한 컴퓨터 메타포로서 이는 정보처리이론이 인지 심리학의 중심을 차지함으로서 강력히 대두되었다. 컴퓨터는 20세기가 이룩한 놀라운 과학의 성과들의 중심에 자리잡고 있다. 이제 컴퓨터는 우리의 일상을 지배할 지경에 이르렀다. 나아가 이들의 네트워크가 형성됨으로써 컴퓨터는 인류의 사회적 존재를 좌우하는 엄청난 권력을 보유하게 되었다. 컴퓨터는 이제 비로소 모습을 드러내기 시작했을 뿐 그 위력을 아직 다 드러내지 않았다. 많은 사람들은 컴퓨터가 인간을 대신할 것으로 예측하면서 다음 세기는 인간과 컴퓨터의 관계에서 형성되는 사이버 문화를 기대하고 있다. 사이버 문화는 우리에게 새로운 접근을 요구한다. 즉, 기계라는 객체에 대한 새로운 이해를 통해 인간이라는 주체에 대한 새로운 성찰이 요구된다.

1) 자아중심성 오류

피아제가 우리 마음에 심어준 아동관은 자아중심적 사고의 아동이다. 그가 만들어낸 자아중심성 은 본래 아이들의 사고와 언어에서 보이는 특성을 설명하기 위한 개념으로, 많은 논란에도 불구하고, 이미 우리 문화에 실재로서 예컨대, 자아중심적 사고는 성인과 아이를 구분하는 준거로 사용된다. 브루너(1986: 57-69)는 자아중심적 사고는 근거 없는 것으로 다음의 4가지의 문화적 편견: (1) 자아중심성(egocentric perspective), (2) 프라이버시(private self), (3) 비-매개적 개념화(unmediated conceptualism), (4) 마음의 분화(tripartism)로 설명한다. 이를 구체적으로 살펴보자.

첫째, 자아중심성의 신념이란 아동은 발달 초기에 타인의 관점을 이해할 수 없다는 믿음이다. 브루너 등은 자아중심성에 대한 실험적 연구를 통해 정상적인 유아들은 이미 태어난 첫해부터 습관적으로 타인의 관점을 이해하고 있음을 보여준다. 그는 생후 일년 미만의 유아들이 어머니가 응시하는 대상을 추적하는 유아들의 응시 행동을 밝힘으로써 그들도 다른 사람과의 공통의 지시 대상을 인식하는 능력이 있음을 보여주었다. 동일한 맥락에서 넬슨과 도날손(Nelson & Donaldson)의 연구도 자아중심성 자체는 아동의 사고에서 중요하지 않다는 점을 시사해준다. 이 연구는 아동이 타인의 관점을 파악하지 못하는 것은 아동의 자아중심성 자체의 문제가 아니라, 아동이 사태의 구조를 파악하지 못함에 있음을 밝혀준다. 다시 말해서 자아중심성의 문제는 능력이 아니라 행동이라는 점이다.

둘째, 우리는 프라이버시로서 자아, 즉 문화와 무관한 선천적인 내면의 자아에 대한 믿음을 갖는다. 이러한 내면적 자아는 점차 '자아동일시'와 '내면화' 등의 과정을 통해 최종적으로 사회화된다고 생각한다. 서구인들이 가지고 있는 자아에 대한 이런 생각은 유태-기독교의 전통과 역사적으로 문예부흥 시기 이후의 인문주의적 영향을 받아 형성된 것으로 여겨진다. 인류학자들 대부분 公(public) vs 私(private)의 구분은 사람들이 의미를 규정하는 방식에 따라 다르게 나타나는 문화적 구분이라고 주장한다. 문화인류학자 로살도(Rosaldo)의 주장에 따르면 자아 또는 '정의적 내용'(affect)은 결코 외부의 사회적 세계와 무관한 내적 본질에서 생성되는 것이 아니라 자신의 문화 속의 의미, 이미지 그리고 사회적 유대감 등의 경험으로부터 발전한다는 것이다(Rosaldo, 1984: 137-157). 인류학자들의 공통적 주장은 공과 사의 의미는 문화적이며 한 문화가 프라이버시를 정의하는 방식이 그 문화 속에서 사람들이 사적인 감정을 느끼는 방식에 커다란 영향을 미친다는 것이다.

셋째, 피아제의 관점에서 아이들이 다른 사람과의 상호작용이나 교섭을 통한 대리적 매개 없이 세계에 직접 접함으로써 지식을 갖게 된다고 여긴다. 아이들 혼자 힘으로 문제를 해결함으로써 세계에 대한 지식을 갖게 된다는 생각이다. 그러나 실재를 구성할 때 자연의 대상물과 직접 접하지 않으며 여기에는 반드시 다른 사람들과의 매개가 요구된다. 피아제이론의 오류는 이점을 인식하지 못하는 것이다. 피아제 이론의 아동에 대한 생각은 아동은 세계에 대한 가설을 세우고, 자신의 경험을 반추하고 주변 세계와의 상호작용 속에서 점차 자신의 복잡한 사고 구조를 형성해 나간다는 이른바 '어린 과학자'이다. 그러나 우리가 실재를 구성할 때, 우리들의 지식이 기호와 언어의 작용으로 복잡하게 매개되어 있기 때문에 문화적으로 관계를 구성한 사람과의 매개를 통하지 않고서는 의미를 이해 할 수 없다. 따라서 아동이 직접 대상에 접한다는 직관주의는 성립하지 않는다. 비고츠키의 근접발달영역(zone of proximal development)의 개념에 대한 연구는 비-매개된 개념화 즉, 개념이 매개되지 않고 형성된다는 견해는 잘못된 것임을 실증적으로 밝혀주었다.

넷째, 우리는 인간의 심리적 현상은 인지적(cognitive), 정의적(affective), 심동적(psychomotor)인 세 과정으로 구분된다고 여긴다. 이 세 과정은 점차 사회화를 거쳐 서로상호작용을 하거나 또는 세 영역은 하나의 공통 과정에서 비롯된 것으로 점차 성장함에 따라 자율적인 계(system) 속으로 분화된다는 생각이다. 어느 경우에도 인지적 영역은 세 영역 중 가장 늦게 발달하며 사회적 약점을 가진 가장 취약한 영역으로 생각한다. 브루너는 우리가 자아를 이렇게 세 영역으로 엄격하게 구분함으로써 자아는 자신의 통합된 전체로서의 의미를 잃는다고 지적한다. 그리고 이러한 엄격한 구분은 앞서 언급한 세 가지 오류(자아중심성, 프라이버시, 그리고 비매개적 개념화)가 생기는 근본적 원인이 된다는 것이다. 로살도(1984: 139)는 이들 세 개의 영역이 하나의 자기 지향적 형태로 융합될 때 자아가 형성된다고 한다. 그러나 우리의 문화는 이들을 엄격히 구분함으로써 각 기능들을 전체로 통합시키는 문화의 중요한 기능을 상실하게 된다.

2) 최근의 변화

결국 서구 문화에 잠재된 이러한 믿음이 프로이트(Freud)나 피아제(Piaget)의 발달이론의 근거가 되었으며 그 타당성에서 오류를 갖고 있다는 지적이다. 최근에 자아중심성이 아니라 타인과의 사회성이 발달의 핵심이라는 비고츠키(Vygotsky)의 천재적 통찰에 대다수 심리학자들이 동의를 하고 있음을 볼 수 있다. 피아제와 달리 비고츠키는 사회적 관계를 발달의 기본으로 상정한다. 피아제가 아동은 주변 세계와의 적극적인 상호작용으로 사고를 발달시켜 나간다고 인식한 반면, 비고츠키는 아동의 고등정신기능의 발달은 반드시 사회적 과정을 거쳐 내면화되는 것으로 보았다. 이른바 근접발달영역의 개념은 바로 이점을 함축하고 있다. 자아중심성을 전제하는 피아제 이론의 아동관이 아동이 스스로 세상을 헤쳐 나가는 단독 비행이라면 비고츠키의 이론은 성인과의 공동 작업을 통해 의미를 구성하는 공동 비행으로 비유할 수 있다. 공동 작업으로서 의미구성이란 다른 사람과의 의미를 교섭하는 것으로 여기에는 언어의 간주관성(intersubjectivity)이 전제되는데 서구의 전통적 교수 이론이 간주관성의 중요성을 인식하지 못한 약점이 지적된다(Bruner, 1996: 56-57). 오히려 서구의 전통적 교수 이론은 교사를 모든 것을 알고 있는 전능한 사람으로, 한편 아동은 아무 것도 모르는 학습자로 간주하면서 이들에 대한 설명하기 또는 보여주기 같은 교사 중심의 정형화된 교수법을 고정시켜왔다는 것이다. 공동 작업으로서 의미 구성은 아이들에 대한 새로운 관점을 요구한다. 아이들은 백지(tabula rasa) 또는 빈 그릇이 아니다. 그들은 자신의 관점 위에 다른 사람들과의 대화를 통해 추론하며 이해하는 존재이다. 아이들은 성인과 마찬가지로 학습자일 뿐만 아니라 한 사람의 인식론자로 이해된다.

나. 정보처리의 오류: 인공지능의 오류

이른바 컴퓨터 모델은 인간의 마음을 컴퓨터에 내장된 프로그램으로 비유한다. 이 모델의 이상은 인공지능(Artificial Intelligence)이다. 그러나 인공지능은 컴퓨터 프로그램 자체의 특성에서 비롯된 본질적인 문제를 갖는다. 컴퓨터 프로그램의 규칙이나 연산은 정보가 투입되기 이전에 미리 규정되어야 하며 또 모호함과 애매함이 완전히 배제되어야 한다. 그리고 규칙과 연산은 동시에 일관성이 있어야 한다. 이는 이전의 결과로부터의 피드백에 따라 연산이 바뀔 수 있으며, 그 변화 또한 일관적이어야 하고 미리 규정된 체계에 의해 이루어져야 한다는 것을 의미한다. 요컨대, 컴퓨터 프로그램의 성패는 정확성과 확정성을 확보할 수 있는가에 달려 있다.

정확성과 사전-확정성은 컴퓨터 모델의 강점인 동시에 약점이다. 컴퓨터는 프로그램의 규칙이나 연산이 정보를 분류하는 과정에서, 의미 적재된 모호한 내용과 상황 지향적인 형태의 내용을 다룰 수 없다. 예컨대, '구름' 이라는 단어를 컴퓨터가 인식할 경우를 생각해 보자. 그 단어의 의미가 그 상황에 적절한지를 구분하기 위해서는 컴퓨터는 그 말이 '기상학적 의미'인지 또는 '마음의 정신적 상태' 를 의미하는지 구분해야 하는데, 여기에는 그 단어가 어떤 상황에서 쓰여지는지를 구분해 주는 또 다른 프로그램이 요구된다. 또 다른 프로그램을 컴퓨터에 제공해 주는 것이 그리 어려운 일은 아니나, 한 단어가 함축하고 있는 수많은 의미 중에서 어느 것이 그 상황에 적절한지 결정하기 위해서 컴퓨터는 그 단어 예컨대, '구름' 이라는 말이 나타날 수 있는 모든 상황들을 부호화하고 해석할 수 있는 방법을 찾아야 할 것이다. 따라서 모든 가능한 상황을 찾는 참조 목록들 소위 '상황사전'(contexticon)이 요구될 것이다. 그러나 이는 원칙상 불가능하다. 유한한 단어에 비해 특정 단어가 나타날 수 있는 상황은 무한하기 때문이다.

마음을 컴퓨터로 비유하는 컴퓨터 모델에는 감추어진 의도가 있다. 행동주의자들의 이미 유행이 지난 자극 반응이 컴퓨터 모델의 투입→ 산출이라는 모습의 다른 옷을 입고 다시 나타났다는 것이다

(Bruner, 1990: 99-102). '자극-반응의 배후에 원인→결과의 환원주의 접근이 있으며 그리고 원인→결과'는 인식론의 문제로서 이미 지적되었음을 상기한다면 컴퓨터 모델의 오류의 원천이 원인 결과 환원주의에서 비롯된 인식론적 오류임을 알 수 있다.

결국 컴퓨터 모델의 오류는 마음과 관련한 인식론적 오류의 문제이다. 이러한 인식론적 전제는 '부분의 성질이 먼저 존재하고, 나중에 전체의 기능이 설명될 수 있다' 는 19세기의 실체론적 인식과 맥락을 함께 한다. 원인→결과 인식이 자극 반응으로 그리고 투입→산출로 모습을 바꾸어 나타난 상징이 바로 컴퓨터 모델이다. 설명의 방식은 다르지만 이런 점에서 프로이트의 이론도 마찬가지이다. 그는 인간의 마음의 실체를 밝히기 위해, 이른바 정신분석이란 전자현미경으로 마음의 모습을 단층 촬영하여 'id' 'ego' 'super ego'로 보여주지 않았던가? 심지어 최근에 일부 신경 생리학자들은 우리가 '생각', 즉 마음이라고 부르는 것은, 신경 세포망 내에서 일어나는 화학적 반응과 전기적 현상 및 신경 세포 망의 구조와 기능으로 충분히 설명된다는 극단적인 표현도 서슴지 않는다.

신경 세포적 인간 모델도 본질적으로 컴퓨터 모델과 다르지 않다. 뇌의 체계는 우리가 사용하는 컴퓨터보다 훨씬 더 유연하고 상호작용적이며 자체 형성적이지만 컴퓨터와 근본적인 차이는 없다. 인공지능이 체스 게임에서 인간을 이길 수 있다는 사실은 컴퓨터가 의식이 있다는 것을 의미하는 것이 아니라 단지 의식이 없이도 산술적 계산이 행해질 수 있다는 것을 의미할 따름이다. 인공지능이 무엇을 할 수 있는가보다 무엇을 할 수 없는가를 생각해 보자. 인공 지능은 기쁨, 슬픔, 공포, 우정, 남을 위하는 마음을 느낄 수 없다. 아름다움과 추악함을 평가할 수 없으며, 형이상학적인 의문을 품을 수도 없다. 어떤 인공지능도 자신이 무엇인지 즉, 스스로의 존재에 대해 자문할 수 없다. 컴퓨터 모델이 무엇을 할 수 없는지를 생각해 보면 마음의 본질이 의미(meaning)에 있음은 자명하다.

다. 진화론적 도구주의: MACOS에 가정된 인간관

브루너(Bruner)가 지식의 구조 이론으로 대표되는 전기 이론에서는 인간을 바라보는 관점이 여러 경로에서 나타나지만, 가장 구체적으로 제시되는 것은 인간을 주제로 하여 개발한 코스이다. 그 코스는 MACOS(Man: A Course of Study)로 알려져 있다. 이 코스는 1966년에 수업이론 서설(*Toward a Theory of Instruction*) 4장에 제시되고 있다. 소위 초등학교 사회과에서 학생들에게 인간이 어떠한 존재인지를 가르치는 프로그램이다. 여기에서 브루너는 인간에 대한 기본적인 관점을 제시하고 있다. 그것은 5가지 핵심 주제를 통하여 제시된다. 그 주제는 언어, 도구 제작, 사회조직, 육아 , 세계관 등이다. 이 5가지를 통해서 인간에 대한 기본 관점이 제시된다. 특히 세 가지 핵심 질문, 즉 인간의 인간다운 점은 무엇인가, 인간은 어떻게 그런 인간성의 특징을 갖추게 되었는가, 어떻게 하면 인간이 더욱 인간다워질 수 있는가 하는 문제이다. 이 세 가지 질문은 코스의 본질적인 질문이다(강현석, 1990).

MACOS 개발 이전의 『교육의 과정』을 쓴 것은 Bruner에게 교육에 대한 '새로운 시각'을 가지게 되는 기회를 주었지만, 그 다음의 논리적 단계는 누군가가 그것을 발전시키기 위해 무언가를 했는지를 보는 것이다. Bruner는 그가 재직한 하버드 대학의 학장에 의해 2년간의 휴식 공백을 받았고, 그 시기에 우즈 홀 회의에서 등장했던 원리들을 구현할 수 있는 새로운 교육과정을 개발하는 데 착수하였다. 그의 목표는 '종으로서의 인간의 본성'에 관한 과목으로 인류학, 심리학, 진화생물학의 학문에서 최근의 발전을 혼합하여 새로운 교육과정을 개발함으로써 초·중학교 사회과 수업을 개선하는 데 있었다. 이 과목의 초점은 '인간과 관련하여 인간만이 가진 독특한 점은 무엇인가?'이며, '인간은 어떻게 그러한 방식을 갖게 되었는가?', '그들이 더욱 그러하기 위해서는 무엇이 일어날 수 있어야만 하는가?'였다.

이 과목의 단원 목표는, 처음으로 그리고 가장 중요하게도, 학생들에게 그들의 마음의 힘에 대한 존경과 용기를, 그리고 인간의 조건에 대해 생각할 수 있는 힘을 주는 것이었으며, 사회 세계에 대한 이해를 기반으로 하는 일련의 모형을 개발할 수 있도록, 그리고 인간의 진화는 여전히 진행 중에 있다는 것을 보여주는 데 있었다(Bruner, 1996c, 4장). 학생들로 하여금 생각하게 하는 목표는 사실 인류학에서든 심리학에서든 혹은 생물학에서든 내용지식을 학습하는 것보다 어떻게 더 중요하게 보일 수 있는지를 주목하라. 이 프로젝트의 참여자이자 이후 주요 행정가가 되는 Peter Dow는 프로젝트를 통해 아주 방대한 기록을 하였으며, 이 프로젝트의 역사를 시작에서부터 과정을 거쳐 그 영향에 이르기까지 아주 훌륭하고 상세하게 작성하였다. Dow(1991: 73; 273)에 따르면 목표는 '기존의 패턴을 변화시킬 수 있는 사회과 교육의 새로운 모형을 구축하는 데 있으며' '학문의 문화에서 발생하는 지적인 발견과 당신의 마음에서 발전하여 나타나는 학습 사이의 격차를 없애는 데' 있다.

전문가, 교사, 교사 훈련가, 대학원생과의 협력을 통해 Bruner는 MACOS를 개발하여, 그 과정에서 아동 집단을 대상으로 예비검사를 넓게 수행하였으며, 그 후 수업 자료나 영상이나 글들을 수정하였는데, 그 자료는 Netsilik의 에스키모인과 Kalahari 부시맨과 같은 전통적인 '두 가지의' 인간 사회뿐만 아니라, 개코 원숭이를 포함한 인간이 아닌 동물의 다양한 종의 생활사를 다루고 있다. 여기서의 목표는 종으로서의 인간에게 나타나는 특이점은 무엇인지를 탐구하는 것이며, 환경, 문화, 행동 간의 관계를 탐색하는 것이었다. 에스키모인이 왜 생고기를 먹었는지에 대한 주제는 특히 아동들에게 관심을 끌어 감정을 일으키고 논쟁을 이끌었다. 반면, 잘 진행되지 않은 주제는 프로그램에서 제외되었다. 수업의 한 단원인, '용기(containers) 단원'은 '아동이 날계란과 물이 든 컵 한 잔을 학교에서부터 안전하게 왕복하여 운송할 수 있게 하는 내구성 있는 움직이는 물체를 단순한 재료를 통해 만들어볼 것을 요구하였다. 하지만 그것은 학생들에게 매우 인기가 좋았음에도 불구하고, 기술에 대한 아동의 사고에 눈에 띄는 효과를 만들어내는 데에는 실패하였다.'고 Peter Dow는 논평하였다(1991: 114).

물론 언어는 인간을 독특하게 만드는 것 중 하나이며, 교육과정의 하나에 속한다. 그러나, 무엇이 언어를 특별하게 만드는지를 아동에게 가르치는 것은 예상치 못하게 매우 어려운 것이며, 거의 불가능에 가깝다는 것을 증명하였다. 그때는 1966년으로, Chomsky가 인간에게 유일한 것은 그들에게 내재되어 있는 문법적 유능함이라는 주장을 옹호한 지 얼마 지나지 않아서였다. 문법은, 즉 분절된 단어를 문장으로 만들어주는 규칙은, 표현된 문장의 의미하는 바를 나타내는 의미론과는 구별된다. 그러므로 '색이 없는 초록색의 아이디어는 격노하면서 잔다'는 그것이 아무런 의미를 갖지 못하더라도 문법적인 문장을 가진다. 아동은 이상과 같은 것이 문장에 속한다는 것은 쉽게 이해하지 못하는 반면, '남자 모자는 가진다(The man hat has)'라는 비문법적인 글은 그들이 그것이 의미하는 바가 무엇인지를 알기 때문에 문장으로 인정하려는 경향이 있다. 메타 언어적 개념으로서의 문법은 너무 어려워서 그것은 다른 방식으로 접근되어야만 했다. 이에 따라 다른 방식으로 일련의 단순한 문장들이 칠판에 쓰였으며, 아이들은 새로운 문장을 만들 수 있도록 한 열에 있는 문장을 하나씩 읽도록 격려 받았다.

The	man	ate	his	lunch
A	boy	stole	a	bike
The	dog	chased	my	cat
My	father	skidded	the	car

'나의 아버지는 차를 먹었다'와 같은 몇몇 문장들은 의심할 것도 없이 매우 이상하지만 어떤 의미에서 아동들은 문법이 명사, 동사, 그리고 수식어로 이루어진다는 것을 알게 되어 그 개념을 이해하게 되었으며, 또한 언어가 무엇인지에 대해 생각할 수 있게 되었다(Bruner 1971: 73-4). 아직 교사의 영웅적인 노력에도 불구하고 이러한 열 살의 아동들은 다른 종이 내는 소리가 인간이 내는 소리에 비해 덜 '언어학적'이라는 것을 받아들이는 것을 꺼렸다. 그들은 연어, 재

갈매기, 개코 원숭이를 포함한 모든 다른 종을 쉽게 인식하면서 동시에 그들에게 인간의 감정을 주입시키려는 의지를 표현함으로써 쉽게 의인화를 포기하지 못하였다.

연구는 사실 모범적이었다. 현재 지식의 가장 최고인 것과 인간 과학에서의 진보를 혼합하여, 분명한 목표와 평가를 위한 적합한 수단을 갖고 있었으며, 가르치도록 설계하기 위해 여러 종류의 학생들을 통해 시험을 해보았으며, 교사와 교육가들은 이 프로그램을 어떻게 사용하며 이것을 자신의 학교에 어떻게 도입하는지에 대해 배웠다. 그것은 엄청난 효과를 가져왔다. Bruner는 하버드에서의 2년간의 부재기간 동안 프로그램을 개발하기 위해 헌신하였으며, 2번의 여름에 걸쳐 새로운 교육과정을 실행할 60명이 넘는 스탭들을 모집하였으며, 프로그램의 체계적인 평가를 실시하였으며, 몇 번의 시도 끝에 출판을 하게 되었다.

이 프로그램에서는 코스 계획과 지도의 목적으로 볼 수 있는 인간에 대한 5가지 이상이 제시되고 있다. 첫째, 학생들에게 그들 자신의 지적능력에 대한 자신과 존중심을 갖게 한다. 둘째, 학생들에게 인간의 조건, 상태 및 그의 사회생활에 관하여 사고할 수 있는 능력을 존중하는 마음을 갖게 한다. 셋째, 우리가 살고 있는 사회 세계의 성격과 인간이 자기 자신을 발견하는 조건을 분석할 수 있는 일련의 도움이 되는 모델을 제공한다. 넷째, 종으로서의 인간의 잠재력과 인간성에 대한 존중감을 전달한다. 다섯째, 인간진화는 아직 완성되지 않은 과업이라는 자각을 학생들에게 남겨준다.

다음으로 코스의 핵심 개념(key concept)이라고 볼 수 있는 5가지 주제(subjects)의 핵심 아이디어(big idea), 즉 지식의 구조이다(강현석, 1990).

- 언어 - 사고형성과 마음의 발달에 기여하는 세계 이해 방식의 도구로서 사용하는 마음(문화적 전수로서 기능하며 사고형성과 마음 발달에 기여하는 세계 이해 방식의 도구)
- 도구 제작 - 도구를 문화 창조와 진보의 원동력으로서 사용하는 인간의 생활 방식(문화 창조와 진보의 원동력으로서 인간 특성 및 진화에 영향을 끼침)
- 사회 조직 - 가변적인 통합적 사회구조의 문화와 발전을 가능케 하는 인간의 생활 방식(사회 구조의 분화와 발전을 통한 도구적 사회 진화와 인간 조직)
- 육아 - 상징 문화권 접촉을 통해 문화 창조의 성취충동을 지니는 육아기의 경향성(상징 문화권, 접촉을 통하여 문화 창조 원동력을 지니며, 지속적인 진화를 하는 인간)
- 세계관 - 상징적 도구를 사용하여 자기세계에 대한 의미를 해석할 수 있는 합리적 이성(합리적 이성을 지닌 인간의 상징적 도구를 사용하여 자기 세계의 의미를 해석)

이상의 MACOS 프로그램의 가정에 의하면 인간의 마음의 사용은 자신의 역량을 증폭시키게끔 해주는 도구, 기구, 혹은 기술을 발달시키고 사용하는 능력에 의존한다는 것이다. 생물의 한 종으로서 인간은 진화론적 도구주의의 시각에서 이해하고 이런 인간의 이해방식을 이 프로그램에서 보여주고 있다. 위의 5가지 개념에서 언어 부분을 내러티브로 치환하여 생각해보시라. 어떤가, 어떠한 관련성이 드러나는가! 이후에 강조하게 되는 내러티브는 언어에만 관련되는 것으로 보이지만 실질적으로는 5가지 모두에 관련되어 있다고 보아야 한다.

2. 주체 개념으로 본 인간관

자아는 철학에서 주요한 논의 대상이었다. 근대의 이성주의에 대한 회의와 반성은 전통적 형이상학과 인식론의 동요를 가져오면서 세계와 자아에 대한 반성이 일어났다. 절대적 지식의 독단적 모습과 허구성이 드러났으며 더불어 확고한 이성에 기초한 단선적이고 확정적인 주체와 자아의 모습 역시 반성의 대상이 되었다. 이처럼 전통적 형이상학의 토대가 와해되는 과정 속에서 자아에 대한 새로운 이해가 요구되었으며, 공동체의 생활 속에서 해석되고 실천적으로 구성되는 자아가 그 대안으로 제시되고 있다(노진규, 2022).

가. 근대 이성주의에서의 인식 주체

먼저 근대적 인식론과 근대적 인식 주체에 대한 반성에 대해 살펴보자. 서구의 인식론적 전통은 객관적 실재를 탐구하여 지식의 근거와 본질을 찾는 것이었다. 이러한 인식론적 태도는 지식에 대한 확고한 토대를 확립하려는 것으로서 의심할 수 없는 기초를 발견하려는 인식론적 정초주의로 볼 수 있다.

이러한 객관주의적 인식론은 인식주체와 객체를 이분화하고 인식주체는 어떤 것을 알고 지각하는 자아가 되는 반면 객체는 알려지고 지각되어지는 대상화된 존재가 된다. 이러한 자아의 성격은 데카르트적 자아에서 분명하게 드러난다. 데카르트는 정신을 기계적 법칙의 지배를 받는 육체 안에 거주하는 실체라 생각하였다. 그래서 데카르트는 자아가 기계 속에 있는 유령이라고 보았다. 말하자면 데카르트는 인간을 정신적 속성들의 유령으로 미리 단정된 정신의 측면과 외적 부분들의 기계적 혼합물이라 미리 단정된 육체의 측면들로 구성되었다고 본 것이다. 결국 객관적 실재를 표상하려는 보편적 방법의 추구는 이성적인 자아가 현실과 진리를 있는 그대로 재현할 수 있다는 믿음에 근거하게 된다. 어떤 것의 본질이나 실체를 충실하게 묘사한다는 것 또는 가치중립적일 것을 요구한다.

이와 같이 절대적 지식 혹은 합리적인 지식을 얻을 수 있는 토대를 찾으려는 데카르트적 불안에 기반한 데카르트적 주체는 계몽주의의 발전적 과정 속에서 보다 포괄적인 인간개념을 포섭하기 시작한다. 로크, 루소, 칸트, 헤겔, 마르크스, 후설, 하버마스를 거치면서 전반적인 인간이해는 자율적이고 합리적이며 자기결정권을 갖는 인간개념을 견지해왔다.

그러나 이러한 데카르트적인 인식 중심의 자아 또는 주체를 구성하는 계몽적 이성을 정면으로 부정한 최초의 철학자는 니체라고 할 수 있다. 니체는 세계를 논리적으로 구성하는 통일된 '주체'가 사실은 세계를 지배하고자 하는 '권력의지'의 구상력에 의해 창조된 것이라고 보면서 시의 은유와 같이 허구적이고 임의적인 것이라고 보았다. 그러므로 자아동일성, 의식의 통일성, 중심화된 목적 지향적 활동의 주체를 해체해 버리고자 하였다. 그에게 주체란 다수성, 이질성 및 차별성 및 끊임없는 생성이며 그것도 기원도 목적도 없는 것이라는 사실이다. 또한 니체는 인간 주체가 만든 지식이라는 것이 사실은 인간이 만들어낸 창안물에 불과하며, 존재하는 모든 것이 해석으로 이루어져 있다고 말하면서 우리가 공통으로 받아들인 인간의 지식이라는 것이 사실은 스스로 갇혀 있는 망상과 허위의 틀에 지나지 않는다고 하였다. 특히, 니체는 기본적으로 근대 철학의 '이성', '주체', '지식' 등에 대한 인식론적 전제를 문제 삼았다. 그는 근본적으로 진리는 우리가 채용한 언어의 기능으로 이해하였으며, 따라서 진리란 특정한 언어의 상황 속에서만 존재하는 것으로 생각하였다. 니체에게 진리는 언어의 문제이며 해석학적인 문제였다.

누구보다도 니체가 진리관에 대해 제기한 문제의식을 진지하게 받아들인 학자는 하이데거였다. 하이데거는 데카르트(Descartes)와 칸트가 사고하는 주체인 인간이 세계를 객체로서 만나고 있음을 문제 삼았다. 하이데거는 인간존재를 근본적으로 객체를 대면하고 있는 고립된 내면의 자아가 아니라 사실적 실존으로서 역사 속에 존재하는 이 '세계 안의 존재(being-in-the-world)'라는 말로 표현하였다. 이러한 관점에서 하이데거는 데카르트와 칸트는 인간을 사고하는 주체로 규정하여 이 세계와 대립되는 존재, 즉 이 세계 밖에 있는 존재로 규정하는 오류를 범하고 있다고 보았다.

나. 근대 인식 주체의 비판

이후 근대적 인식론과 인식주체에 대한 비판은 소위 말하는 20세기 철학에서의 '언어적 전회'와 깊은 관련성을 가지며 이와 관련해서 포스트모던적 비판과 관련성을 갖는다. 20세기 철학에서의 언어에 대한 새로운 이해와 접근 태도에서 공통적으로 볼 수 있는 것은 객관적 실재에 대응하는 인식체계를 구성하고 그것을 실제로 표현할 수 있다는 전통적인 인식론적 입장을 붕괴시키는 결과를 초래했다.

1) 추상적 인간존재와 자아

첫째, 영국을 중심으로 한 언어 분석 철학은 언표된 언어 속의 이야기와 그 논리에 초점을 맞추고 있다. 그들에게 언어란 자연을 그대로 묘사하는 명증한 의식 '속'의 관념들의 기호화된 메시지가 아니라 오히려 '언행(speech act)'에 가까웠다. 비트켄슈타인은 그의 '언어철학'에서 언어의 목적이 사실에 대하여 진술하는 것이라고 하였으나 그 후에 나온 '철학연구'에서 언어는 단일한 목적을 지니고 있다는 주장을 뒤집었다. 그는 각각의 언어가 독자적인 법칙을 가지고 각기 분리된 내적 체계 안에서 구사되고 사용된다는 점을 강조하면서 '언어놀이'라는 개념을 제시했다. 이는 의미가 그 진술이 속해 있는 상황에 달려 있으며, 그 진술이 들어있는 언어놀이에 의해 규정된다는 것이다. 또한 비트켄슈타인은 언어라는 것이 '사적인' 의미를 갖고 있다는 통념을 깨뜨리고 출발부터 공적인 성격을 갖고 있다고 보았다. 언어는 사회적인 현상으로서, 사회적인 상호관계 속에서만이 그 말의 의미가 살아난다고 보았다.

둘째, 하이데거 그리고 가다머, 리쾨르로 이어지는 해석학자들은 언어를 인간의 존재론적 조건으로 보았고, 지식과 이해를 전통 속에 축적되고 언어와 개념으로 포착된 문화의 양상으로 이해하기 때문에 언어 및 개념의 형성적, 규제적 기능과 독립해서 세계를 경험하거나 이해할 수는 없다고 보았다. 따라서 이들은 언어 바깥의 어느 중성적 지점을 확보하여 합리성이나 논리적 정합성 따위의 준거를 강조하는 객관주의를 배격한다. 일찍이 하이데거는 "우리가 언어를 사용하는 것이 아니라, 언어가 우리를 사용하고 있다."고 말하였으며, "언어는 존재의 집"이라며 존재가 언어를 통해 스스로 드러난다고 보았다.

2) 추상적 자아의 변화

이러한 언어에 대한 이해와 관련되어 근대의 추상적인 인간 존재와 자아의 본질에 대한 새로운 접근이 요구되었다. 이는 데카르트적 자아를 따라 보편적 자아를 해명하는 것이 아니라 니체가 강조한 실재의 풍성함과 다양성, 그리고 타자를 강조하는 방향으로 선회하게 되었다. 그러나 하버마스는 니체가 본 것처럼 이성은 권력에 다름이 아니라고 보았으나 이성의 이러한 점을 폭로하는 포스트모더니즘적인 경향은 일시적이고 단편적인 방안일 뿐이라고 보았다. 하버마스는 이성의 '변질'을 인정하지만 여전히 이성의 힘을 믿었으며, 그러나 헤겔식의 사변적 이성이 아닌 의사소통적 이성과 주체개념을 통해 이를 극복하려고 했다. 이러한 하버마스의 상호주관적 자아의 패러다임은 규범의 보편화원리를 중요시하는 근대적 전통을 따르면서도 주관적 이성의 유아론적·개별적 추론이 아니라 담론이라는 타자와의 상호작용, 이성의 의사소통적 측면을 통해 보편성을 확보하려는 근대적 자아개념의 발전적 모습을 보여주었다.

그러나 하버마스의 상호주관적 자아와 그가 주장하는 의사소통적 합리성과 소통의 윤리학은 너무 추상적이며 구체적인 맥락의 우연성과 그 역동성을 다루지 못한다는 의구심이 있다. 예컨대 이런 관점에 대해서 미국의 실용주의 철학자 듀이(Dewey)의 철학으로부터 자신의 생각을 발전시킨 로티는 하버마스의 주장에 대해 회의를 표명했다. 로티가 보기에 하버마스는 우리에게 필요한 것을 의사소통과 대화를 근거 지우는 모종의 이론이라고 생각하고서는 여태까지 철학자들이 영속적인 토대와 기본적인 제약을 발견하려는 필사적인 시도 속에서 언제나 저질렀던 그 오류에 빠져있다고 보았다. 즉, 로티는 하버마스가 선험적인 데로 나아가고 있으며 원리를 제시하려고 한다고 보았다. 프랑스 철학에서도 하버마스에 의해 재현되는 이성과 합리적인 논리는 실재의 다양성을 보편적 개념에 우겨넣어 인위적으로 동화시킨다는 우려와 차이 혹은 타자성을 희생시킴으로써 동일성과 보편성을 이끌어낸다는 의혹을 짙게 하고 있다.

이런 가운데 니체를 따르는 해체주의자들은 일반성과 보편성을 넘어 개별성과 특수성을 강조하는 자아이해를 중시하고 있다. 이러한 자이이해는 사람이 언제나 어떤 사건의 중간에 자리하고 있으며 진행 중인 사태에 자리 잡고 있음을 말하는 것으로서 모든 것이 우연적인 것이며 어떤 맥락 속에 놓여 있는 것이다. 이런 관점은 독일의 해석학자인 하이데거에서 인간의 유한성에 주목하면서 인간을 세상에 '던져진 존재' 개념으로 나타난 바 있으며 미국의 실용주의 이론가 로티 역시 데카르트가 자아를 자율적인 사고의 주체로 간주한데 대하여 비판한다. 자아란 행동을 부추기는 신념과 욕구의 그물망과 같은데, 그 그물망은 고정되어 있거나 어떤 중심을 갖고 있는 것이 아니라 계속 변화하는 동시에 아무런 중심을 갖고 있지 않다고 주장한다. 그러면서 그는 우리의 사고와 행동 그리고 자아가 철저히 역사적, 문화적 맥락의 지해 하에 놓여있음을 강조한다. 우리는 우리가 살고 있는 사회의 독특한 이해와 개념을 따라서만 진리 혹은 합리성에 대하여 말할 수 있다는 것이다. 뒤집어 표현하자면 우리는 우리가 처해있는 보편적인 거점을 찾으려는 것은 불가능한 시도라는 것이다. 즉, 자기가 속한 인간 공동체를 넘어서는 것은 불가능하다는 것이며 자기가 속한 공동체를 떠난 해석은 불가능하다는 것이다. 듀이를 따라서 공동체를 강조하는 신실용주의자 로티(Rorty)의 관점에 의하면 우리는 진리탐구를 위한 객관적인 외부의 기반을 찾으려고 해서는 안 된다. 반정초주의자로서 이제 철학의 과제는 인식론이 아니라 해석학이 되어야 한다는 점을 강조하는 로티는 공동체를 강조한다는 점에서 해석학자 가다머의 관점과 공통된다. 다시 말해서 대화와 의사소통, 공동체 등을 강조하면서 대화적 공동체들을 개발해 나가는 데로 우리를 이끄는 것을 강조한다는 점에서 공통점이 있다.

물론 로티는 가다머보다 언어와 문화의 우연성을 강조하며 그 속에서의 차이를 강조하는 경향이 있다. 그러나 로티가 말하는 언어는 독자적으로 형성되고 발전하는 것이 아니라 우리가 속한 맥락 속에서 일어나는 활동 속에서의 언어를 강조하는 것이다. 통시적·공시적 연속성이 보장되고 역사성과 컨텍스트성이 언어와 이야기를 강조하는 것이다. 우리는 말할 때 이미 어떤 언어로 말하고, 전승된 의미의 맥락에서 말한다.

이러한 로티의 주장은 푸코(Foucault)와 같은 포스트모던 주창자들의 생각과는 다른 것이다. 로티는 푸코가 모든 사회적 맥락, 모든 의사소통과의 동일성을 결여함으로써 건조함의 특징을 가졌다고 보았다. 푸코의 저술에는 우리라는 것은 없으며, 사실 니체에서 출발하여 벤야민, 아드르노를 거쳐 데리다에 이르는 탈구조주의와 해체주의적 사고에는 공동체에 전혀 기여하지 않는 급진적 개인주의가 전제되고 있다. 그래서 이들의 논리에서는 우리를 이해하는 것이 불가능하며, 그러므로 우리가 공동체를 이해하기 위해서 추상적인 주체성과 결별하면서 실용주의 전통과 해석학적 전통이 옹호하는 진리를 지지할 필요성에 직면하게 된다.

이러한 필요성은 공동체 안에서의 상호소통적 삶과 의사소통을 지향함에 있어서 타자를 억압하면서도 보편적 가치 체계에 대한 합의를 추구한다는 근대적 자아에 의구심이 든다. 또한 극단적 상대주의와 극단적으로 맥락화 되어버린 자아의 정체성 때문에 우리에게 다가오는 소통불능의 상황으로 우리에게는 의구심이 발생하지 않을 수 없는 것이다. 자아-동일적 주체는 말할 것도 없이, 통일된 자아의 흔적도 발견하기도 곤란한 극단적인 탈구조주의적 혹은 해체주의적 관점은 자아를 단순히 극단적으로 다양화하고 항상 변화 중인 언어 게임의 파노라마 속으로 분산시켜 버린다. 모든 언어의 사용이 사회·역사적 현실에 의해 구속되지 않기에 픽션과 사실이 구분되지 않으며 잔학무도한 폭력과 유해한 인종주의도 도덕적인 측면에서 평가할 수 없으며 이러한 악에 대해 책임을 질 수 없는 파편화된 주체이다.

이러한 자아는 특히 도덕성의 영역에서는 일종의 허무주의로 이어진다는 우려를 갖게도 한다. 푸코의 경우 자유의 실천이 실행되려면 일정한 수준의 해방이 필요하고 윤리적 행위에 의거한 자유의 실천을 통해 해방을 유지해야 함에도 불구하고 올바른 행위와 올바르지 않은 행위, 억압적인 행위와 진보적인 행위를 구분하지 않는 자유주의적 무책임을 보이고 있다고 할 수 있다(Nancy, 1992). 이러한 관점은 또한 저항에 무감각한 무책임한 다원주의로 나아갈 경향성도 갖는다. 푸코에 대한 비판에서 찰스 테일러는 가면과 허위라는 생각은 그것과 대응되는 진리라는 생각이 없이는 분명한 의미를 갖지 못한다. 그러나 푸코의 저술의 역설적인 측면은 그는 역사에서 억압된 선을 들추어내는 것처럼 보이면서도 모든 개념정의들이 동등하게 개념적 구조의 소산이다. 우리는 결코 그것들 중에서 어떤 것을 선택할 수 없다는 점에서, 선에 대한 특정한 정의를 제공할 수 있는 가능성을 배제한다는 것이다. 한편 푸코와 데리다에게 보이는 고립된 개인주의의 문제 역시 제기될 수 있다. 가다머에게 있어서 해석이란 해석자와 해석되는 대상 양자가 해석의 의미를 형성하는데 모두 관여한다는 점에서 상호의존성을 갖는 행위이다. 이와는 반대로 데리다에게 있어서 해석은 상호의존적인 것이 아니고, 의존성을 갖는 것도 아니다. 오히려 해석이란 의존적이기 보다는 독립적인 성격을 갖는 문학적 산출물일 것이다.

이런 측면에서 니체로부터 데리다로 이어지는 극단적인 포스트모더니스트들은 다수성과 불완전성 및 차이성을 찬양하면서 파편화된 주체, 너무 나약해서 자기 행위에 책임을 질 수 없는 주체를 제시한다. 이러한 주체는 차이와 해체라는 기호표현의 끝없는 소음을 추구하기에 공유된 세계 속에서, 생활세계 속에서 구체적으로 살아가는 삶의 이야기와 자아의 이야기에 관심을 갖지 못한다. 이들은 사회적 실천 속에서 이미 공유되어 있는 실천들과 의미들 그리고 이와 관련된 이야기들을 근대적 보편주의가 추상화시키고 주변화 시켰듯이 주변화 시키는 경향이 있다. '우리'와 '공동체'에 대한 사고의 체계적 불가능성을 추구하는 급진적 개인주의를 추구하되 근대적인 혹은 자유주의적인 개인주의가 아니라 잡다하고 우연적인 욕망의 개인주의자가 특징적으로 그들의 주장 속에서 표현된다.

3) 해석학적·이야기적 자아

이러한 탈근대주의자들에 대한 대안으로서 근대적·탈근대적 주체를 의문시하면서 대안적으로 해석학적·이야기적 자아가 제기된다. 이러한 자아는 구체적 현실의 다양한 관심과 맥락의 역동적 연계망에 주의하는 자아이며 역사와 문화, 시간과 공간을 가로지르는 연속성을 전제하는 자아이다. 이러한 연속성은 서사에 의해 지속되며 행위자에 의해 성찰적으로 해석되는 그러한 연속성이다. 이때 자아의 이야기는 문화적 맥락과 분리되어 묘사되거나, 역사적 발전의 구체성에 추상된 것으로 기술되지 않고 구체화된 의미를 맥락 속에서 제시한다.

하버마스의 소통적 자아와 담론윤리가 의미 형성과 이해를 위한 구체적 맥락으로부터 추상화되는 경향을 갖는다면 이야기는 이러한 추상적 담론의 형태들이 구체화되고 진행되는 맥락을 제공한다. 이야기는 담론을 가능케하는 의미들의 지평을 제공한다. 이러한 이야기의 지평은 시간적 흔적을 남긴다. 과거에서 발생하여 미래로 전진하며, 전통의 일부가 되어버린 이야기들을 기억하며 또한 허구적이고 사실적인 장차 이루어져야 할 설명을 예견하기도 한다. 이야기는 계속되는 맥락을 구성하며 과거지향적 배경과 미래지향적 전경으로 확대되는 지평을 구성하고, 이 지평에서 이 지평을 배경으로 하여 우리의 담론의 형태들이 형성되고 소진되며 또한 의미 만들기에 협력하기도 한다. Polkinghorne(1988)은 이야기를 의미 만들기의 한 형식으로 파악하면서 이러한 이야기가 존재의 외견상 독자적이고 연결되어 있지 않은 요소들이 전체의 관련된 부분으로 보이는 렌즈와 같은 기능을 한다고 보았다.

이러한 이야기의 인식적 기능은 고립된 경험적 및 언어학적 자료들의 탈맥락적 객관화나 설명도 아니고 또한 추상적 구조적 도식화도 아니다. 이러한 인식은 담론적 실천 내에서 자아와 세계에 대한 선-객관적 이해로서 전개된다. 인식과 이해라는 기능에서 이야기의 역할은 자아의 지위와 자아-동일성의 문제에 관하여 새로운 통찰을 제공한다. 이야기하는 자아는 이야기를 듣고 전달함으로 스스로를 이해한다. 그 자아-인식과 세계 인식의 지향들과 더불어 이야기의 맥락과 배경을 묘사하는 것은 매우 중요한데, 이러한 인식은 투명한 사유(cogito)에서 그 자신을 이해하고 이해하려고 하는 데로 나아가고자 하는 근대적 인식론의 한계를 보여준다. 이러한 근대적 인식론과 근대적 자아는 마음을 투명한 정신적 거울로 고안함으로써 인간의 자아가 이야기하는 주체이며 그것의 다양한 모습 속에서 이해하는 데는 공헌이 없었다는 것이다. 추상화된 편협한 인식주체의 건설에서 꾸며진 마음과 인식의 근대적 개념은 자아의 인식과 세계의 인식이 그곳에서 일어나는 맥락과 우연성들로부터 단절되어 있다. 추상적인 인식론적 축으로서의 주체, 즉 인식의 무시간적 영점 기원으로서의 주체는 그 자신의 진술과 이야기 속에서 언제나 이미 스스로를 이해하고 있는, 말하고 이야기하는 자아의 구체적으로 체험된 경험으로부터 이탈되어 있다는 것이다.

이런 점에서 이야기 속에서 나타나는 자아동일성은 자아와 세계에 대한 이해를 추상화시킴으로서 삶의 맥락과 우연한 사건 속의 개별자를 무시한 근대적 인식 주체 개념과는 분명하게 다르다. 이런 점에 있어서는 해석학적 혹은 서사적 개념 역시 탈근대론자들과 함께 근대적 주체를 해체하는데 기여하고 있다. 그러나 이야기적 자아는 보편적 가치 체계에 대한 합의의 추구를 거부할 뿐만 아니라 극단적 상대주의와 극단적으로 맥락화되어버린 자아의 정체성과도 다르다. 자아동일적 주체는 말할 것도 없이 통일된 자아의 흔적도 발견하기 곤란한 극단적 포스트모던 관점과 다른 것이다. 반면에 이야기 속에서 자기를 안다는 것은 자신을 해석하는 것이며, 이때 자아는 사회적·역사적 맥락과 공동체적 맥락과 연관된 이야기의 기호와 상징들을 매개로 이해된다. 해석학적 지식과 서사적 지식은 더불어 살아가는 공유된 의미와 배후 관행에 깊숙하게 기초하고 있기에 그러한 맥락 속에 살고 있는 사람들의 감정투여와 일상적 실천, 실천적 선과 무의식적 실천에도 관여한다.

그러므로 카아(Carr)의 말대로 "이야기의 형식은 다른 어떤 것을 포장하는 의상이 아니라 인간의 경험과 행동에 본질적인 구조이다.(Carr, 1986: 65)"라고 할 수 있다. 이야기는 인간 경험과 행동의 영역을 포함하고 있으며 인간 경험의 본질적인 구조로 파악할 수 있다. 이러한 의미에서 커비(Kerby)는 이야기 구조가 삶을 드러내는 분명한 구조임을 말하고자 하였다. "삶이란 본래 이야기적 구조, 즉 우리의 과거와 우리의 가능한 미래에 대해 반성할 때 우리가 분명하게 드러내는 구조이다. 인간 행위자의 행동이 이해 가능한 것이기 위해서는, 원인과 목표, 실패, 달성 및 야망의 역사를 배경으로 하여 고찰되어야 한다(Kerby, 1991: 40)."

3. 교육받은 인간의 특징

다음으로 내러티브 이전의 인간(관)이나 인간형을 논의하는 방식으로, 전통적으로 거론되는 교육받은 인간의 특징에서 찾아볼 수도 있다. 그렇다면 교육 받은 사람의 특징은 무엇일까? 교육받은 사람의 특징은 어느 관점에서 보느냐에 따라 그 대답이 상이하게 달라질 수 있다. 이하에서는 우선 개인을 강조하는 관점과 사회를 강조하는 관점에서 알아보기로 하자. 그 다음으로 학교 교육의 관점에서도 알아보자.

가. 개인적 관점

개인의 입장에서 보면 교육받은 사람은 자신을 잘 이해하고 자신에게 주어진 다양한 문제들을 합리적으로 처리하는 이성적 능력을 가진 사람을 말한다. 이러한 이성적 능력은 어떤 문제를 해결하는 데 있어서 특성 이데올로기나 도그마, 비과학적인 생각이 아니라 과학적 근거나 합리적 자료에 기초하여 사고하는 능력을 말한다. 이 이성적 인간상은 Homo Sapience라고 부른다. 이성적으로 사유하는 인간은 역사적으로 보면 17, 18세기 계몽주의에 근거하고 있다. 대표적인 사상가로 데카르트가 있다. 그는 '나는 생각한다. 고로 존재한다.'라고 말했는데, 여기에서 생각하는 존재인 인간은 과거 신의 노예가 아닌 주체적인 사고를 하는 사람을 말한다. 르네상스와 계몽주의를 거치면서 인간은 신의 노예가 아닌 독자적으로 사고하는 존재인 것이다. 신의 논리가 아닌 과학적 법칙이나 수학적 원리로 사유하는 존재이다.

이러한 관점에서 보면 인간은 진리를 찾아 사유할 줄 아는 주체적이고 합리적인 존재로 보았다. 따라서 인간은 이성을 가진 존재로 다른 동물과 구분되는 이성적 존재가 되었다. 개인의 합리성 차원에서만 보면 개인주의의 문제가 발생한다. 자기 자신만을 생각하고 자신의 합리성에만 의존하여 문제를 보게 되면 우리 주위에 있는 타인들의 문제에 소홀해질 수 있다. 그렇게 되면 우리 모두가 함께 사는 사회 공동체가 위험해진다.

나. 사회적 관점

사회의 관점에서 보면 교육받은 사람은 개인의 욕구나 관심보다는 사회의 공익에 우선하여 모든 일을 처리하고 타인을 배려하는 사람을 말한다. 개인의 욕망이나 이익을 너무 앞세운다면 우리가 사는 사회는 경쟁적이고 행복한 삶을 살기가 어려울 것이다. 아동과 청소년들에게 우선적으로 필요한 것은 옆자리, 이웃의 친구들과 시험 성적을 통한 경쟁이 아니라 건강하고, 성숙한 사회의 모습에 대한 원대한 비전과 꿈을 키워주고 공유하는 일이다.

우리가 함께 만들어 가야 할 사회는 사람들이 일상적 사고에서 자기만 옳다고 하는 독선과 독단을 넘어서고, 사회·정치 상황에서 특정 집단이 주도하는 정치권력의 독재체제와 경제적 이익의 독점을 견제할 수 있는 사회, 구성원들 모두에게 상호 존중과 배려의 가치가 기본이 되는 어울림의 공동체다.

교육자들은 무엇보다 사람들이 함께 살아가는 삶을 실천할 수 있는 기본 가치와 지혜를 학생들에게 가르쳐야 할 것이다. 학교가 아동들에게 기본적인 학습능력의 제공과 함께 이러한 가치에 민감하도록 하고 이 가치들의 실천 의지에 마음 쓴다면 교육은 성숙한 사회를 향한 경쟁력 있는 대안이 될 수 있을 것이다.

다음은 사회적 인간상이다. 사회적 인간상은 개인주의의 문제점을 극복하려는 과정에서 제시된 인간상이다. 시민사회는 전통의 속박으로서 해방을 가져다주었으나 이와 동시에 지나친 개인주의로 인하여 인간의 불행의식을 일반화시키고 계급갈등을 심화시켰다. 이러한 문제점을 해결하기 위한 하나의 방법으로 시민공동체가 등장했다. 시민공동체란 호혜성에 기반을 두고, 누구도 소외되어서는 안 된다는 정의에 입각한 사회협동 체제이다. 이 정의는 근대의 개인주의적 모델에서 전제된 원자적 인간상 대신 사회적 인간상을 전제하고 있다. 인간이 시공간적으로 상호 영향을 주고받는 공동체의 일원으로서 직간접적으로 사회로부터 혜택을 받는 만큼 사회적 부채를 상환해야 한다는 의무를 갖는 사회적 연대주의 관점을 따르고 있다. 이를 위해 호혜적 정의관에 바탕을 둔 정당한 공권력의 확립, 이를 통한 실질적 정의 및 형식적 정의의 구현, 공직자의 도덕성 및 책임의식, 시민연대 내지 시민조직에 의한 정치권력의 통제를 요구하고 있다.

다. 학교교육의 관점

한국교육학회(1996)에 의하면 교육받은 인간을 다음과 같이 구분하고 있다. 합리적인 인간, 공리적인 인간, 문제를 해결하는 인간 등이 바로 그것이다.

사람들은 교육을 매우 중요하게 생각한다. 사람들이 교육을 중요하게 여기는 이유는 교육을 통해서 합리적이고 공리적으로 문제를 해결하는 능력이 길러지기 때문이다. 합리적인 인간은 지식을 습득하고 그것을 통하여 자신의 삶을 생각해 볼 수 있다. 공리적인 인간은 자신의 행복은 물론이고, 다른 사람들의 행복에 도움을 줄 수 있다. 문제를 해결하는 인간은 반성적인 사고의 과정을 통하여 문제를 해결할 수 있다.

교육은 사회를 유지하고 발전시키는 원동력이다. 교육은 문화를 다음 세대에게 전달하고 그것을 발전시키는 중요한 수단이다. 문화를 전달하고 발전시키는 과정에서, 교육은 보수적 기능과 혁신적 기능을 수행한다. 말하자면, 교육은 사회를 유지하고 발전시키며, 문화를 전달하고 발전시키는 기능을 하고 있는 것이다.

1) 합리적인 인간

인간과 마찬가지로 식물도 영양분을 섭취하고 성장한다. 동물들도 욕구를 가지고 있다. 반면에 합리성은 인간만이 가지고 있는 특징으로 간주되고 있다. 그래서 아리스토텔레스(Aristotles)는 이성은 인간의 고유한 기능이라고 주장하였다.

인간이 합리적인 생활을 한다는 것은, 인간은 지식을 습득하고 자신의 삶에 관해 생각하면서 산다는 말이다. 합리성이란 자신의 삶의 근거가 무엇인지를 찾아보고, 그것이 타당한 것인지 아닌지를 살펴보는 능력을 말한다. 인간은 이러한 합리성을 가지고 있기 때문에 다른 동물들과 구별된다.

인간에게는 지성(知性)이 있다. 지성은 인간 정신의 근본이라고 할 수 있다. 지성은 짐승도 소유하고 있는 것처럼 보이는 사물에 대한 지각이나 수동적인 감각이 아니다. 지성이란 감각 기관을 통하여 지각한 것을 파악하는 능력이다. 지성은 사물에 관한 견해나 감각 기관이 전달하는 것 이상의 것을 보는 능력을 말한다. 그것은 모든 진리를 완전히 합리적으로 통일한다는 이상을 지향하는 인간의 노력이라고 할 수 있다.

인간의 교육은 침팬지나 바다표범이나 앵무새의 훈련과 다르다. 인간은 다른 생물들을 뛰어넘으려는 지적 열망과 지적 능력을 가지고 있다. 인간은 이러한 지식에 대한 충동을 가지고 있기 때문에 고차적인 단계로 발전할 수 있다. 인간은 모든 사물을 이해가 가능한 전체의 일부분으로 이해하려는 목적을 가지고 있는 합리적 사고를 습득할 수 있다.

인간은 합리적이고 논리적인 이해 능력을 가지고 있어서 사물이 어떻게 존재하는가를 이해할 수 있다. 과학자들은 대개 자신의 지식은 관찰에 근거를 두고 있기 때문에 가장 궁극적인 지식이라고 믿는다. 반면에, 역사가와 소설가들은 구체적인 특성 안에서 실제적인 상황을 제시하고 있어서 자신들의 지식이 더 진실하다고 주장한다. 일부 이론가들은 미적인 즐거움에는 우리가 언어로 표현할 수 없는 궁극적인 진리가 있다고 한다. 인간의 지식은 이처럼 다양하지만, 인간은 알려는 욕구를 가지고 있으며, 그 욕구를 충족시켜 나가는 과정에서 합리적인 존재로 성장한다는 것은 분명하다.

인간은 교육을 통하여 지성을 소유하게 되며, 이 과정에서 합리적인 인식 능력을 가지게 된다. 이러한 합리적인 능력은 인간을 인간답게 만드는 중요한 특징인 것이다. 인간은 교육을 받음으로써 합리적인 인간으로 성장하게 된다.

2) 공리적인 인간

인간이 교육을 받는 이유는 행복을 추구하는 데 있다고 할 수 있다. 그래서 18~19세기에 영국의 공리주의자들은 인간은 교육을 받으면 더 행복하게 될 수 있다고 주장하였다. 그들은 교육을 통해서만 최대 다수의 최대 행복이 실현될 수 있다고 한다.

사람들은 가능한 한 고통을 줄이고 최대한으로 행복을 누리려고 한다. 그러나 모든 사람이 자신의 행복만을 추구하려고 한다면, 사회 질서는 유지될 수 없게 된다. 벤담(Bentham. J.)이 말했듯이, 모든 사람이 자신의 행복만을 추구해서는 안 된다. 개인의 행복은 다른 사람들의 행복과 조화를 이루어야 한다. 모든 사람이 최대한으로 행복을 누리는 것이 무엇보다 중요하다. 그래서 우리는 경우에 따라 다른 사람의 행복을 위해 자신의 행복을 희생하기도 한다.

이러한 희생정신은 교육을 통하여 길러진다. 교육은 개인을 행복하게 하는 것은 물론이고, 한 걸음 더 나아가 다른 사람들의 행복에 도움을 줄 수 있는 능력을 길러 준다. 그래서 우리는 교육을 통하여 다른 사람들에게 해를 끼치지 않고 서로 도와 가면서 행복한 삶을 영위하려고 노력하고, 다른 사람들의 행복에 도움을 줄 수 있는 능력을 길러야 한다.

3) 문제를 해결하는 인간

인간은 교육을 통하여 반성적 사고(反省的思考) 능력을 기르며, 문제를 해결하는 능력을 기른다. 듀이(Dewey. J.)는 인간이 의문을 가지고 문제를 해결해 나가는 과정, 말하자면 반성적 사고의 과정을 다음과 같이 설명하였다.

> 인간은 의문이 나는 상황에 직면하게 되면, 다음과 같은 과정을 통해 사고한다. 먼저, 가능한 해결책이라고 생각한 것을 제안한다. 그러고 나서, 직접 경험해 보았거나 느꼈던 어려움을 해결해야 할 문제로 간주한다. 말하자면, 이러한 어려움을 문제로 인식하게 된다. 어려움을 문제로 인식하고 난 다음에는 사실적인 자료를 수집한다. 이 과정에서 문제를 해결하는 사람은 관찰과 작용을 주도하는 유력한 관념이나 가설을 하나씩 제안으로 이용한다. 여기에서 이용한 관념이나 가설을 마음속으로 다듬는다. 마지막으로, 공개적이거나 상상적 행위를 통하여 가설을 검증하는 과정을 거치게 되면 문제는 해결될 것이다.

문제 해결의 과정에서 중요한 것은 문제를 해결하는 사람이 스스로 발견하는 활동이다. 그래서 듀이는 실험실에 있는 과학자를 모형으로 간주하고 사람들이 문제를 해결하는 데 사용하는 논리를 연구하였다. 그는 교사들이 과학자들의 사고 식을 모형으로 삼으면, 학교에서 가르치고 있는 사고의 특질은 개선될 것이라고 생각했다.

이런 입장에서 보면, 결국 교육을 받은 사람은 탐구 방법의 학습을 통하여 반성적 사고 능력을 기른 사람이라고 할 수 있다. 문제를 찾고, 가설을 설정하고, 검증하는 것을 배우게 되면, 학습자의 합리적인 문제 해결 능력은 성장할 것이다.

4. 인간 마음에 대한 연구로 본 인간관

마지막으로 브루너가 제안하는 마음의 개념화 방식(1996)에 근거하여 반성적으로 검토해 본다(강현석, 2005).

가. 정보 '처리' 모형: 컴퓨터 연산주의(computationalism)

인간의 마음을 컴퓨터에 비유하는 관점은 정보처리와 관계가 있다. 정보처리 이론이라는 것은 세계에 관해 정형의 부호화되고 분명한 정보가 컴퓨터 장치에 의해 어떻게 등록, 분류, 저장, 정리, 인출, 처리되는가 하는 이론이다. 이 관점에서는 세계의 상태를 지도화해 주는 것으로 사전(事前)에 존재하는 규칙화된 코드와 관련하여 이미 정해지고 설정된 어떤 주어진 것으로서 정보를 취급한다. 이러한 관점이 전제하는 신념은 컴퓨터를 효과적으로 프로그램화하는 방법적 지식을 통하여 어떻게 하면 인간을 보다 효과적으로 가르칠 수 있는가에 관하여 무엇인가를 발견할 수 있어야 한다는 것이다. 예를 들어, 특히 의문이 나는 지식도 잘 정의가 된다면 컴퓨터는 학습자들이 지식의 체계를 습득하는 데 큰 도움을 제공한다는 사실에 거의 의문을 달지 않는다. 잘 프로그램화된 컴퓨터는 결국에는 "인간이 생산하기에는 부적합한 것"으로 볼 수 있는 과제들을 처리하는 데 특별히 유용하다는 것이다. 왜냐하면 컴퓨터가 보다 신속하고 질서정연하며, 기억하는데 덜 불규칙적이고 싫증이 나지 않기 때문이다. 그런데 앎의 과정은 이러한 관점, 즉 컴퓨터 관점이 허용하는 그러한 것 보다 종종 복잡하고 훨씬 더 애매한 것으로 가득 차있기 때문에 이 모형은 문제가 있다. 물론 우리가 사용하는 컴퓨터보다 우리가 잘하거나 혹은 못하는 것이 무엇인가를 물어보는 것이 우리 자신의 마음과 우리가 처해 있는 인간 상황을 풀어헤치는 일이다(Bruner, 1996: 2).

결국 인간의 마음을 컴퓨터로 비유하는 이른바 컴퓨터 모델은 마음을 컴퓨터에 내장된 프로그램으로 여긴다. 이 모델의 이상은 이른바 인공지능(Artificial Intelligence)로 인간의 마음 역시 미리 규정된 규칙에 의해 통제받는 인공지능처럼 설명된다. 그러나 인공지능은 컴퓨터 프로그램 자체의 특성으로 비롯한 근원적 문제점을 갖고 있다. 컴퓨터 프로그램의 규칙이나 연산은 정보가 투입되기 이전에 미리 규정되어야 하며 또 모호성과 애매성을 완전하게 배제해야 한다. 그리고 규칙과 연산은 동시에 일관성이 있어야 한다. 이는 이전의 결과로부터의 피드백에 따라 연산이 바뀔 수 있으며, 그 변화 또한 일관적이어야 하고 미리 규정된 체계에 의해 이루어져야 한다는 것을 의미한다. 요컨대, 컴퓨터 프로그램의 성패는 '명세적 정확성'과 '사전 명세성'을 확보할 수 있는가에 달려 있다(한승희, 2002: 81-82). 이것은 컴퓨터 모델의 강점인 동시에 약점이다. 컴퓨터는 프로그램의 규칙이나 연산이 정보를 분류하는 과정에서, 의미 적재된 모호한 내용과 상황 지향적인 형태의 내용을 다룰 수 없다.

컴퓨터주의의 목표는 잘 구조화된 정보의 흐름을 관리하는 모든 작용체제를 형식적으로 정련되게 재기술(redescription)하는 데에 있다. 이 작업은 사전에 미리 예측할 수 있는 체계적 성과를 산출하는 방식으로 진행된다. 그러한 시스템의 하나가 인간 마음이다. 신중한 컴퓨터주의가 주장하는 것은 정보를 처리하는 모든 종류의 시스템은 투입물을 무엇으로 할 것인가를 통제하는 명세적 규칙 혹은 절차들에 의해 통제되어야 한다는 점이다. "실제 마음"은 그 동일한 인공지능 통칙(AI generalization) 즉, 코드화된 정보의 흐름을 처리하는 명세적인 규칙에 의해 통제되는 시스템에 의해 기술될 수 있다. 그러나 모든 정보시스템에 공통적인 규칙들은 복잡하고, 애매하고, 그리고 맥락에 민감하게 작용하는 의미의 형성의 과정을 다루지 못한다. 이러한 의미형성의 과정은 매우 "애매모호하고", 메타포적인 범주시스템으로 구성되는데, 이것은 이해할 수 있는 성과를 산출할 수 있도록 투입을 분류하기 위해 명세적 범주를 사용하는 활동만큼이나 분명한 활동의 형태이다.

컴퓨터주의자들이 직면하는 난점은 컴퓨터의 조작에서 가능한 "규칙들"이나 연산의 종류에 내재해 있다. 우리가 알고 있는 것처럼, 그러한 규칙이나 연산들은 사전에 미리 명세화되어야 하고, 애매함이 없이 분명하고, 정확해야 한다. 또한 그것들은 컴퓨터의 연산과정에서 서로 조화롭게 일관적이어야 한다. 즉, 연산과정이 직전 단계의 결과로부터 피드백을 통하여 변경될 수 있으며, 그러한 변경은 사전에 일관되게 배열된 체계성을 반드시 준수하면서 일어나야 한다. 컴퓨터 작용이나 연산의 규칙은 우연적으로 적용될 수도 있지만, 그렇다고 하여 사전에 예측불가능한 우연성을 처리할 수는 없다. 그래서 어느 인공지능의 프로그램에서 이러한 일은 성공적으로 일어날 수는 없는 것이다. 아무리 훌륭한 인공지능 프로그램이라 하더라도 인간이 의도하는 일은 일어날 수가 없다. 인공지능 프로그램이 예측불가능한 우연성을 모두 처리할 수는 없기 때문이다. 컴퓨터주의가 지니는 가장 심각한 한계는 정확하게 이러한 범주들이 지니는 명료성과 사전에 확정되어버리는 고정성에 있다(Bruner, 1996: 6; 강현석, 이자현 역, 2005).

나. 마음의 '구성' 모형: 문화주의(culturalism)와 문화심리학

인간마음은 인간문화의 사용을 통해 구성되고, 인간문화의 사용에서 실현된다. 마음은 문화 없이는 존재할 수 없다는 진화적 사실로 출발한다. 인간마음의 진화는 삶의 방식의 발달과 연계된다. 의미의 교섭가능성(소통가능성)을 보증해주는 것이 바로 의미의 문화적 조건과 상황이다. 학습과 사고는 늘 문화적 조건과 상황 속에서 진행되며 문화적 도구와 자원들을 활용하는 방식에 따라 달라진다. 이 모형에서는 인간이 문화공동체 속에서 의미를 어떻게 창조하고 변형하는가 하는 데에 전적으로 관심을 집중한다. 여기서 우리는 학교교실 실제의 "일상교수학"을 형성하고, 소크라테스식의 대화를 선호한다. 문화주의자들의 의미형성의 활동은 해석적이고, 애매하며, 특정사건에 민감하고 사후에 구성된다. 인간의 전반적 문화계획은 이러한 의미의 해석학적 순환에 달려있다(강현석, 이자현 역, 2005).

이 모형은 마음은 문화가 없이는 존재할 수 없다는 사실에 기초하고 있다. 여기에서 "실재"는 문화공동체의 구성원들이 공유한 상징주의에 표현되며, 이러한 문화공동체 내에서의 기술적-사회적 삶의 방식은 그러한 상징주의에 의해 조직되고 구성된다. 그리고 인간의 마음은 실재가 그렇게 표현되는 곳에서의 삶의 방식의 발달과 연계되어 있다. 이 상징적 양식은 공동체에 의해 공유될 뿐만 아니라 보존되고, 정교화되며 후세에게 전달된다. 이러한 전달과정을 통하여 문화의 정체성과 삶의 방식을 지속적으로 유지한다. 이런 점에서 문화는 개인을 초월한 '초유기체적' 성질을 가지고 있다.

그러나 문화는 개인의 마음 또한 형성한다. 문화의 개별적 표현은 '의미 만들기'에 내재되어 있으며, 의미 만들기는 특별한 경우에 상이한 환경에서 사물에 의미를 부여하는 것을 뜻한다. 의미 만들기는 "그것들이 무엇에 관한 것인가" 하는 문제를 알기 위하여 적절한 문화적 맥락에서 세상과 마주치는 것들을 위치시키는 것과 관련된다. 비록 의미가 "마음 속에" 있지만 의미의 기원과 중요성은 의미가 새로 만들어지는 문화 속에 있다. 의미의 교섭 가능성, 그리고 궁극적으로 의미의 소통가능성을 보증해주는 것이 바로 의미의 문화적 상황성(cultural situatedness of meaning)인 것이다. 그래서 문화는 비록 사람이 만든 것이지만, 사람의 마음이 작용하는 가능한 방식을 특징적으로 구성하고 형성해준다. 이 관점에서 보면 학습과 사고는 항상 문화적 상황과 조건 속에 놓여 있으며, 늘 문화적 도구와 자원들을 활용하는 방식에 따라 달라진다. 마음의 본질과 사용방식에 있어 나타나는 개인들 간의 차이조차 상이한 문화가 제공하는 다양한 기회로부터 기인한다. 이러한 다양한 기회들은 비록 정신이 작용하는 기능 방식에서 차이를 가져다주는 유일한 원천은 아니지만, 그 기회에 따라 마음의 사용방식은 얼마든지 달라진다고 볼 수가 있다.

컴퓨터주의자들이 주장하는 정보처리와는 달리 문화주의자들이 강조하는 의미 형성의 활동은 원칙상 해석적이며, 애매성으로 가득 차 있고, 특정의 사건에 민감하며, 사후(事後)에 구성된다. 그 과정에서 "체계적으로 구조화되지 못한 절차들"은 그 성격상 충분하게 명세화가 가능한 규칙들이기보다는 오히려 "공리"에 가깝다고 볼 수 있다. 그러나 그렇다고 해서 그런 절차들이 원칙이 없는 것은 아니다. 그 절차들은 '해석학(hermeneutics)'과 같은 것이다. 그것의 전형적인 경우는 텍스트 해석에서 찾아볼 수 있다. 부분과 전체에 대한 의미의 해석학적 순환의 경우가 그러하다. 텍스트의 해석에서 한 부분의 의미는 전체가 지니는 의미에 대한 종합에 달려 있으며, 다시 그 전체의 의미는 전체를 구성하는 부분들의 의미에 대한 우리의 판단에 기초를 두고 있다. 그러나 앞으로 우리가 많은 경우를 살펴보게 되겠지만, 인간의 전반적인 문화적 계획은 이러한 의미의 해석학적 순환에 달려있다. 그런데 이러한 "해석학적 순환방식"은 의미를 형성하는 활동과 과정의 중심에 놓여있다.

지금까지 논의한 인간 마음에 대한 두 가지 모형을 비교하여 제시해보면 다음과 같다.

〈표 2〉 마음의 두 가지 개념화 방식의 비교

구분	정보 '처리' 모형	의미 '구성' 모형
지향점	· 정보처리(정보처리과정) · 구조화된 정보처리 방식	· 마음의 구성(의미만들기 과정) · 해석학적 의미 형성
기본 신념	· 컴퓨터 연산주의	· 문화주의/문화심리학
전제	· 사전에 예측가능한 성과	· 해석적 의미 형성 활동과 간주관성
목표	· 코드화된 정보의 흐름을 처리하는 명세적인 규칙에 의해 통제되는 시스템에 의한 기술	· 복잡하고 맥락에 민감하게 작용하는 의미 형성과정의 해석
이상적 모델	· 인공 지능	· 문화 속의 마음
방법	· 일관적인 컴퓨터 연산 처리와 규칙의 적용 · 기술적인 조작을 통한 형식화	· 의미의 해석학적 순환 · 내러티브 해석
교수-학습의 관점	· 실증주의적 · 논리적/ 직선적/ 계열적	· 해석학적 · 역동적/순환적/회귀적
한계	· 인공지능 프로그램이 예측가능한 모든 우연성을 처리할 수는 없음	· 간주관성의 문제

이 두 가지 관점은 근본적으로 서로 다른 목적을 위해서 기능한다. 컴퓨터주의는 앞에서 언급한 것처럼, 잘 짜여지고 정형화된 정보가 조직되고 사용되는 모든 방식에 관심을 가지며, 넓은 의미로 보면, 학문 간의 경계나 구분에 대한 인식도 없고, 심지어 인간이 하는 기능과 동물이 하는 기능 간에 구별을 두지도 않는다. 이와는 반대로, 문화주의 관점은 인간이 문화공동체에서 의미를 어떻게 창조하고 변형하는가 하는 데에 전적으로 관심을 집중하고 있다.

그런데 이상의 컴퓨터주의와 문화주의가 교육에 접근하는 방법 역시 상이하다. 마음의 이론이 교육적으로 흥미가 있으려면 마음의 기능과 작용이 어느 정도 중요한 방식으로 어떻게 개선되고 변경될 수 있는가에 대한 어떤 일정한 세부 사항(최소한의 함의점)을 포함해야 한다(Bruner, 1996: 8-9). 교육적으로 흥미로운 마음에 관한 이론들은 마음이 효과적으로 작용하는데 필요한 "자원"에 관한 일종의 세부 사항들을 포함한다. 이러한 세부사항들에는 정신적 "도구"와 같은 수단적 자원뿐만 아니라 효과적 조작에 필요한 상황이나 조건들이 포함된다. 필요한 자원과 상황조건에 대한 세부 사항이 없다면, 마음의 이론은 전적으로 "내부에서 외부로(inside-out)" 차원의 성격을 지니며, 교육의 문제에 대해 제한적으로 적용될 수밖에 없을 것이다. 마음의 이론은 보다 더 "외부에서 내부로(outside-in)" 차원의 성격을 유지할 때만이 흥미로운 것이 되는데, 이 경우 마음을 효과적으로 사용할 수 있도록 하는데 요구되는 세계의 종류, 예를 들어 어떤 종류의 상징체계인가, 과거를 어떠한 방식으로 설명하는가, 어떠한 예술과 과학인가 하는 등등의 문제를 가리키면서 외부-내부적이 될 때 더욱 흥미 있는 이론이 된다고 볼 수 있는 것이다.

교육에 대한 컴퓨터주의의 접근은 기억 속에 세계에 관한 단편적 정보를 새겨 넣음으로써 세계를 마음속으로 들여오는 방식을 취하고 있지만, 본질적으로는 내부에서 외부로의 경향성을 띤다. 이러한 방식은 우리가 앞에서 살펴 본 사전의 예를 든 것과 동일하며 "순람(look-up)"의 절차에 의존한다. 문화주의는 이보다 훨씬 외부에서 내부로의 성격을 지닌다. 비록 정신적 조작 그 자체에 관한 요건을 포함한다하더라도, 가령 연산가능성에 대한 형식적 요건만큼이나 구속적이지는 않다. 왜냐하면 교육에 대한 컴퓨터주의자의 접근은 사실 연산가능성에 관련되는 제약요인에 한정되어 있기 때문이다. 즉, 마음에 제공되는 어떠한 보조물이라도 컴퓨터의 연산 장치에 의해 조작이 가능해야만 한다. 우선 교육에 대한 컴퓨터주의 접근 방식은 세 가지로 나타난다. 첫째, 학습(교수)이론을 컴퓨터처리가 가능한 형태로 재형식화하기, 둘째, 풍부한 프로토콜을 분석해서 컴퓨터이론에 적용하고 나서 그 과정이 어떻게 도움이 될 수 있는지를 해석하기, 셋째, 인간문제 해결을 위한 적응적 컴퓨터 처리방식(시스템)을 위한 만능이론(theory of everything)과 같은 규칙인 재기술(redescribe)이다.

이와는 대조적으로 문화주의자들은 매우 다른 방식으로 교육의 문제에 접근한다. 교육은 홀로 존재하는 섬이 아니라 문화라는 대륙의 한 부분이다. 거시적 측면에서 문화주의는 가치, 권리, 교환, 책임과 의무, 기회, 권력의 체제로서 문화를 탐구한다. 미시적 측면에서 문화는 문화 체제의 요구가 문화 속에서 행위해야 하는 사람들에게 어떻게 영향을 미치는가 하는 문제를 탐색한다. 미시적인 측면에서 볼 때, 문화주의는 각각의 인간들이, 얼마만큼의 자신의 희생과 비용으로, 어떤 기대되는 성과를 가지고 자신들을 그 체제에 적응시키는 "실재"와 의미를 어떻게 구성하는가 하는 문제에 관심을 집중한다. 문화주의는, 특히 의미를 형성하는 인간의 기능에 영향을 미치는 타고난 정신생물학적 구속요인과 관련되는 요인들을 당연하게 생각하고, 문화와 그 속에서 제도화된 교육 체제에 의해 그 요인들이 어떻게 처리되고 관리되는지를 고려한다. 인간이 다른 사람의 마음을 알게 되는 방법인 간주관성(intersubjectivity)과 관련 있다. 문화주의는 주관성(subjectivity)의 과학들 사이에서 중시된다. 문화심리학은 범위 내에서 주관성을 포함하고 실재의 구성을 가리키며 존재론적 의미에서의 실재 또한 포함한다. 인식론적 근거에 비추어 보면 외적이거나 객관적인 실재는 마음의 속성과 마음이 의존하는 상징체계에 의해서만 알려질 수 있다.

그런데 교수-학습의 상황에서 어느 한 사람이 채택하는 인간의 마음에 관한 모형이 어떠한 종류의 것인가 하는 문제는 중요하다. 비교적 타당하다고 판단되는 마음의 구성 모형은 학교 교실 실제의 "일상 교수학"을 형성한다. 연합과 습관 형성의 힘과 동등한 것으로 간주되는 마음의 관점은 진정한 교수학으로서 "반복 연습"에 특권을 주지만, 필요한 진리의 본질에 대한 성찰과 대화를 위한 역량으로서 간주되는 마음의 관점은 소크라테스식의 대화를 선호한다.

제5장

내러티브와 인간 존재

인간은 내러티브 구조에 따라 생각하고,
인지하고, 상상하며, 도덕적인 선택을 하는 존재이다.
이것을 내러티브 원리라고 부르며,
인간은 이 원리에 따라 삶을 살아가는 존재이다.
-Sarbin-

인간은 이야기하는 존재로서 자신의 삶을
통일된 이야기로 구성할 수 있는 사람이 훌륭한 인간이며,
인간의 행위가 목적과 의도라는 틀 안에서
인과적인 방식으로 결정되는 것이 아닌 내러티브적인 방식으로 설명되어야 한다.
-MacIntyre-

핵심 아이디어

이 장에서는 인간의 존재가 내러티브와 어떠한 관련을 맺는지를 논의한다. 이야기하는 동물(Homo Narrans, 호모 나랜스)로서 인간을 내러티브 관점에서 어떠한 존재로 인식할 수 있는지, 그것이 지니는 의미는 무엇인지를 논의한다. 이를 위해서는 인간 존재에 큰 영향을 미치는 시간의 문제, 행위의 문제 등이 동시에 논의된다. 인간은 유기체적 존재인 동시에 의미 구성의 존재이다.
내러티브 관점에서 인간은 그 핵심으로 자신을 관계적 망에서 소통과 교섭을 통하여 자아를 구성한다. 관계적 망은 문화로 상징된다. 내러티브는 우리 인간 삶의 모든 주위에 널려 있다. 세상은 원자로 구성되어 있는 것이 아니라 이야기로 이루어진다.

내러티브 이전의 인간관에 대한 논의는 단순하게 이루어질 수가 없는 중요한 문제이다. 그럼에도 불구하고 본 저서에서는 주로 인간 마음의 측면에서 접근하고자 하였다. 이하에서는 인문사회과학의 측면에서 내러티브를 통합적으로 연구한 Polkinghoren의 관점에서 인간 존재의 문제를 살펴보기로 한다.

1. 내러티브 관점에서 본 인간 존재

가. 어디에나 존재하는 내러티브: 편재하는 내러티브 속 인간[31]

이야기는 일상생활의 거의 모든 곳에 있다. 우리 안방이나 거실에서 극장까지, 병원이나 학교에서 법정까지 우리가 어디에 있든 우리의 삶은 이야기로 가득 차 있다. 식탁에 둘러앉아 가족들은 낮 동안 직장이나 학교에서 있었던 일을 이야기한다. 오랜 친구에게 전화를 걸거나 연휴 뉴스 레터를 쓸 때 우리는 생활 속의 최근 사건을 이야기한다. 장례식장이나 그 곳에서 밤을 새며 우리는 돌아가신 분에 대한 가장 좋아하는 기억에 대한 이야기를 나눈다. 결혼식, 가족 모임, 동창회는 우리의 삶의 경험을 이야기로 나누는 무대이다.

우리는 새로운 관계를 발전시키거나 새로운 직종이나 일자리에 지원하거나 새로운 이웃으로 이사할 때 우리의 경험, 과거의 삶, 미래나 희망에 대한 이야기를 통해 자신을 표현하며, 매일 수많은 이

31 Rossiter & Clark(2007: 20-28)의 내용에 기초하고 있음.

야기와 이야기 조각으로 우리의 개인적인 삶을 소통한다.

우리는 또한 내러티브 설명, 즉 텔레비전과 신문 또는 잡지의 뉴스 기사를 통해 현재 사건을 이해한다. 우리가 주변 세계에서 일어나는 사건을 파악하려고 할 때 우리의 주의를 끄는 것은 지진이나 비행기 추락 또는 테러 공격의 사실만이 아니다. 이러한 사건에 영향을 받은 개인이나 가족의 이야기가 우리의 연민을 불러일으키고 사건에 대한 관심을 높이게 된다.

마찬가지로 공공 정책 심의 및 정치 활동에서 입장이 제시되고 이를 뒷받침하는 주장이 제기될 때 이슈에 관한 사실과 관련된 숫자적 정보는 그러한 이슈를 설명하는 삶의 경험을 가진 사람이나 사람들의 증언에 의해 더 강력해진다. 공직 후보자와 특정 법률 또는 정책의 변경을 옹호하는 사람들은 필연적으로 특정 정책이 지원되어야 하는 이유에 대해 이야기해 줄 수 있는 "평범한" 사람, 가족 또는 공동체를 찾는다. 이러한 시민 활동가들은 우리 모두가 직관적으로 알고 있는 것, 즉 생생한 경험의 실재 이야기가 강력한 설득 방법이 되는 신뢰성과 진정성을 지니고 있다는 것을 알고 있다.

우리 아이들을 키우는 학교에서도 수많은 이야기들이 넘쳐난다. 공부를 잘하는 아이의 이야기, 말썽을 부리는 아이들의 이야기, 왜 그러한지를 나누는 교사들의 이야기들, 교장과 교사의 갈등 이야기, 학교 담장 벽을 넘어가면 안 되는 이야기, 학교 안에서 공공연히 회자되는 이야기, 교사와 학부모와의 갈등이나 연정 이야기 등등. 학교에 기대를 거는 이야기, 학교가 하지 말아야 하는 이야기, 학교의 정체성을 다투는 이야기들을 하면서 우리는 하루를 보낸다.

우리의 법률 체제에서 변호인과 기소의 기본 임무는 실제로 일어난 일에 대해 그럴듯하고 설득력 있는 이야기를 구성하는 것이다. 각 증인의 증언은 특정 관점에서 이야기의 일부를 알려준다. 제시된 이야기의 버전을 종합하고 해석하는 것은 배심원단의 몫이며, 많은 사람들은 배심원단이 제시된 다양한 이야기의 신빙성을 평가하여 결정을 내린다고 주장한다(Pennington and Hastie, 1993).

위에서 언급한 사례들 외에도 이야기는 농담에서부터 부고, 설교에서 광고에 이르기까지 인간 커뮤니케이션의 필수 요소이다. 이것들은 우리의 의미 구조의 기본 내러티브 기반의 표출인 일상 생활에서 이야기의 일반적인 표현의 일부에 불과하다.

여기에서 보다 더 들어가 보면 내러티브는 문화적인 이야기, 가족 내러티브, 개인들의 일상 내러티브, 조직 생활에서의 내러티브 등, 다양한 내러티브가 우리의 삶을 구성한다. 문화적인 내러티브 측면에서 보면 개인들은 지배적인 내러티브의 경계를 벗어나거나 현재의 흐름을 거스르며 살아가는 것이 어렵다는 것을 알게 된다. 더 큰 이야기 안에서, 모든 문화는 주어진 패턴 중 하나에 "적합하지 않은" 많은 사람들에 의해 고통스럽게 경험된 허용 가능한 삶의 방식들을 다시 생각해보고 정의할 수 있는 길들을 제공한다. 잘 알고 있듯이 미국 문화에서, 여성, 유색인종, 게이와 레즈비언, 그리고 다른 비주류 집단의 구성원들이 수용 가능한 것의 경계를 확장, 재정립 또는 제거하기 위해 고군분투했다는 것은 이제 더 이상 뉴스거리가 아니다. 이것은 많은 학생들의 이야기에 반영되어 있다. 그들의 삶의 내러티브는 지배적인 내러티브를 넘어 자신의 삶을 저술할 때 그들이 지불하는 희생의 대가를 증명한다.

우리들 대부분에게 있어서, 눈에 보이는 것이 문화적인 내러티브로 수용되도록 하기 위해서는 예상에서 벗어나는, 평범한 것에 대한 위반이 필요하다. 내러티브가 더 이상 새로운 상황이나 사건들을 설명하기에 충분하지 않을 때, 확대된 내러티브나 다른 내러티브가 재미있어지게 된다. 거대한 사회적 사건들은 오래된 가정(상식)들의 부적절함에 대한 인식을 만들어낸다. 예를 들어, 미국에서 2001년 9월 11일의 테러 공격은 미국 문화적 내러티브에서 널리 받아들여지는 일부 요소들에 심각한 도전을 가했는데, 그중에는 미국이라는 나라가 강력하고 최고라는 그들의 인식과 사회로서 미국인들이 자신들의 집단 정체성을 회복하기 위해 고군분투하고 있다. 우리의 개인적인 삶에서 우리의 가정과 지배적인 문화적 내러티브에 의문을 제기할 수 있는 가능성을 일깨우는 것은 종종 교육의 여정이다.

가족 내러티브는 조상으로부터 진화되고 연장자들에 의해 표현된 가치와 믿음으로 만들어지는데, 그것들은 각각의 새로운 세대에 의해 받아들여지거나 거부될 만큼 충분히 중요하다. 가족 신화의 상징은 명절 풍습, 의식, 가족 "캐릭터"의 캐스팅, 그리고 가족의 슬픔과 승리에 대한 내러티브들이다. 가족의 영웅들은 누구이며, 그들의 내러티브는 수년간 자랑스럽게 전해지고 있는가? 그리고 그 범죄나 변태는 친족의 모임에서 큰소리로 말하지 않고, 삼삼오오 제안하거나 속삭일 뿐인 악당들은 누구인가? 가족들이 반복해서 하는 농담에는 어떤 것들이 있나? 여름 동창회나 명절 식탁에서 반복되는 내러티브는 무엇인가? 이것들은 가족 집단의 내러티브를 구성한다.

미래를 위해 이야기의 씨앗을 뿌리기 위해 우리는 젊은이들에게 어떤 아이템을 나누어 주는가. 그리고 다음 세대가 이 모든 것을 다시 체로 걸러낼 때까지, 책장에 진열하기 위해 집으로 가져가거나 책상이나 다락방에 넣어두는 것은 어떤 기념품일까? 눈 깜짝할 사이에 가문의 신성한 보따리가 정제되고 재생된다. 우리가 하는 선택, 무엇이 지킬 가치가 있고 무엇이 물려져야 하는지에 대한 선택은 Bruner의 말을 빌리면 '의미를 구성하는 행위'이며, 이를 통해 가족의 현재 진행 중인 이야기가 세대를 통해 전개되면서 형성된다.

문화와 가족 신화의 모든 유산과 짐은 개인에게 달려 있다. 우리 모두 각자는 이야기의 보고이다. 우리 중 누구라도 자율과 자치에 도달할 때까지는, 우리는 우리에게 주어진 쓰레기와 보물을 분류하고, 일부는 보관하고 다른 일부는 거부하는 과정을 시작해야 한다. 우리는 우리의 삶에 대한 내러티브 설명을 만들고, 우리의 존재를 극적으로 만들고, 우리의 경험에서 나온 독특한 이야기로 일관된 개인적 신화를 만들어 낼 때에만 우리 인간 존재의 완전한 존엄과 힘을 얻게 되는 것이다.

Neuhauser(1993: 199-200)는 이야기가 정보를 전달하는 효과적인 수단이 되는 이유를 두 가지로 제시하는 바, 이야기는 보고서, 핸드북 또는 강의와 같은 다른 형식으로 제시되는 것보다 정보를 더 기억할 수 있고 더 신뢰할 수 있게 만든다. 이야기 매개체는 사실적, 분석적, 언어적 추론 기술과 관련된 좌뇌와 직관적, 종합적, 상징적 또는 은유적 사고와 관련된 우뇌 모두를 포함한다. 뉴하우저가 강조하는 점은 학습과 기억은 "뇌의 양쪽에 정신적인 즙을 일으키는" 이야기에 의해 강화된다는 것이다. 경험담은 진짜로 받아들여지기 때문에 다른 정보 형식보다 더 신뢰할 수 있다. 교과서 발표보다 실생활의 경험을 믿는 경향, 전문가의 강의보다 실무자의 계정을 선호하는 경향은 성인 및 지속적인 교육 전문가들에게 꽤 친숙하다.

이러한 내러티브는 조직 문화를 반영하고 형성하는 몇 가지 일반적인 유형의 조직 이야기를 식별한다. 유머나 불손한 어조를 사용하여 조직 내의 긴장을 완화하는 스토리와 자부심과 열정을 반영하고 사기를 향상시키는 "우리는 대단한 존재이다." 라는 이야기가 바로 그 예이다. 기업들과의 작업에서 확인한 이야기 유형은 반드시 교육 프로그램에서 들려주는 이야기의 리뷰에서 나올 수 있는 유형은 아니다. 그러나 중요한 것은 어떤 조직 환경에서든 이야기가 공식적이고 비공식적으로 공개적이고 사적으로 전달된다는 것이다.

이상에서 이야기한 것처럼 우리 인간 존재는 우리 주위 도처에 널리 퍼져 있는 이야기 속에서 삶을 이루어가는 존재라는 점이다. 그러한 이야기들은 다양한 형태나 장르로 존재하며 우리가 우리 삶에 대하여 의미를 구성하게 해주는 기존 도식, 프레임이 된다.

나. 새로운 존재로서 내러티브 자아

인간은 태어나는 순간부터 죽음에 이르기까지 다양한 경험들과 마주하며 살아간다. 이러한 경험들은 주어진 시간과 공간에서 다양한 인물, 사건, 딜레마가 혼재하며 지속적으로 진행된다. 그리고 학생들은 자신의 경험에 의미를 부여하기 시작한다. 의미가 더해진 경험은 하나의 이야기로 완성되고, 타인과 소통하며 경험을 공유하고 확장된다. 이와 같은 경험과 의미는 시간과 공간, 내가 속한 문화, 그리고 다양한 상황과 함께한다(노진규, 2022).[32]

---

32 우리는 어떤 경험을 하며 어떻게 살아갈지에 대하여 끊임없이 고민한다. 인간은 흔히 '무엇

정범모(1997)는 인간적 존재로서 자아의 개념을 설명하며, 갓난아이의 의식 세계를 다음과 같이 묘사하였다.

> 갓난아이의 의식 세계는 '나'와 세계가 구분이 없이 그저 두루뭉술 뭉쳐 있는 한 덩어리고, '내가 세계고, 세계가 나다'. '나'라고 따로 꼬집어 낼 것이 없다. 자아의식, 자아개념이 없다. '나'는 '나'라기보다는 엄마가 불러주는 철수가 '나'인 셈이다(정범모, 1997: 52).

우리는 태어날 때부터 자아에 대한 의식을 가지고 있는 것은 아니다. 그저 내 욕구대로 살아가지 못하면서 나와 세계가 다름을 구분하기 시작하고 나의 행동이 환경과 영향을 주고받으면서 조금씩 자아의식이 싹트기 시작하는 것이다. 그런데 지난 시간 자아와 관련한 연구는 지나치게 합리주의, 논리적 실증주의(logical positivism)에 근거하고 있었다. 인간의 행동을 통제하고 분석하는 방법에 관심이 있었던 것이다. 특히 심리학의 핵심 주제가 자아라 할 정도로 자아와 관련한 개념이 심리학의 중요한 탐구 대상으로 다루어졌다. 개인의 인지, 언어, 성격, 사회성, 지능 등 다양한 분야를 실증적 방법으로서 자아와 관련한 객관적 특성을 찾으려 하였다(송인섭, 2013: 20). 그러나 인간의 마음은 창조를 기반으로 하는 생성적 성격이고, 교육 또

으로 사는가? 우리는 어떤 삶을 살아야 하는가?'와 관련한 본질적 질문을 하고, 이러한 질문에 대한 막연한 대답은 그저 인생을 열심히 살아야 한다는 정도로 답할 것이다. 그렇다면 열심히 산다는 것은 또 무엇인가? 정확한 대답은 아닐 지라도 '자신이 만족하고 의미 있는 삶'이라는 대답이라면 누구나 공감할 수준은 될 것이다. 우리는 삶으로서 경험이 의미 없이 지속되는 양상을 경계해야 한다. 그저 맹목적으로 하루를 살아가기보다는 어떻게 하면 인생을 유의미하게 구성할 수 있을지에 대한 고민이 필요하다.

한 인간의 마음을 형성하는 데 목적이 있으므로, 여기에 비추어 보면 과거 자아에 대한 탐구 방식은 한계가 있어 보인다. 오히려 최근에는 심리학 이외 철학의 실존적 관점이 자아와 관련한 나름의 설득력 있는 주장을 하고 있어 보인다.

삶이란 다양한 이야기가 복잡하게 얽힌 이야기들의 집합이다. 이러한 이야기들 집합에서 개인이 살아가기 위해서는 나만의 이야기뿐만 아니라 서로 영향을 주고받는 문제에 집중할 필요가 있다. Bruner가 이야기하는 문화주의로서 일상심리 문제는 문화와 의미 사이의 관계를 매개한다. 인간은 태어나며 기존의 문화에 의식화되며, 동시에 주체로서 새롭게 반응한다. 문화 심리학에 입각한 인간의 마음은 실재가 문화 공동체 구성원이 함께 공유하는 상징 양식과 체계를 기반으로 구성되고 표현된다. 이러한 상징 양식은 문화 구성원들이 함께 공유하는 동시에 보존되고, 정교화되는 과정을 거치게 된다. 이를 통하여 문화 정체성과 삶의 방식이 지속적으로 유지되는 것이다(강현석, 2012).

Bruner는 자아란 기존의 심리학적 입장에서 벗어난 관계적이고, 교류적 입장의 구성적 자아론 입장을 견지한다.[33] 사실 이와 같은 자아의 개념은 다양한 학자들에 의하여 논의되고 있다. 심리적 관점에서 James는 자아가 상호작용에 의해 영향을 주고받는다고 설명한

33 Bruner는 내러티브 기반의 문화 속 상호교섭 속으로 구성되는 관점으로 자아를 설명한다. 『Actual Minds Possible Worlds(1986)』에서 자아는 기본적으로 내러티브 기반 상호교섭(transaction)으로 다른 사람의 마음을 아는 문제에 관심을 가졌다. 이후 『교육의 문화(1996)』에서 간주관성(intersubjectivities)으로 문화화된 인간의 마음이 서로의 마음을 알게 되는 방법에 관심을 기울였다. 『Making Stories: Law, Literature, Life(2002)』에서 자아의 구성은 하나의 내러티브 기술(art)로 정의되며, 자아의 내러티브 창조에 대한 입장을 밝힌다.

다. Cooly는 자아개념에 사회적 관점을 도입하였고, Mead는 Kant와 Hegel의 주체와 객체의 구별을 발전시켜 '나(I)'와 '나를(Me)'이라는 자아의 두 측면을 제안했다(송인섭, 2013). '나'는 개인적, '나를'은 사회적 자아의 측면이다.

국내·외 연구자들 사이에서는 자아를 이야기로서 형성되는 관점으로 해석하기도 한다. 장사형(2020)은 근대 이성주의와 계몽주의에 대한 비판이 Nietsche를 시작으로 Heidegger와 Gadamer로 이어지며, 사고하는 주체성을 강조하기 시작하였다고 설명한다. 주체의 입장에서 자아는 내면에 자리 잡은 고정불변의 실체이기보다는 환경과 상호작용으로 형성되는 것으로 판단하는 것이다. 앞서 이야기한 인간 경험 문제도 환경, 문화와 상호작용에 의한 해석으로 그 의미가 달리 생성됨을 뜻한다. 한승희(1997; 2006; 2016)는 내러티브 사고의 교육적 의미에 대한 새로운 관점을 제시하는데 내러티브를 사용하면서 하나의 이야기로 통합되고, 이로써 자아가 만들어지는 것이다.[34]

MacIntyre(1984)는 이야기에 시작과 중간, 끝이 있듯이 자아 개념도 태어나서 살다가 죽는 이야기처럼 하나의 이야기를 그리며 삶을 살아가는 것으로 설명한다. 한 개인은 그물처럼 얽힌 복잡한 구조 속에서 교육을 받으며, 자신의 이야기를 발전시켜 나간다. 개인들은 나름의 내러티브 틀(narrative frame)로서 세상을 재구성해 나가는 것이

34 자아는 자신을 둘러싼 문화에 분산되어 있다. 그리고 전 생애를 통하여 드러나는 가능성으로 확률적으로 이루어지는 것이다. 이는 사회적으로 분산되어 있는 자아(distributed self)이다. 따라서 자아를 만든다는 것은 이야기를 만들어 내는 기술이라고 할 수 있다. 이야기를 만드는 과정에는 내부적, 외부적 요인의 영향을 받는다(한승희, 2016: 85). 만약 내러티브 페다고지가 개인의 내부가 아닌 문화로서 인간의 마음 문제에 집중하고 있다면, 지식 교육을 넘어 내러티브 자아의 문제와도 깊은 관련이 있어 보인다.

다. 그래서 인간은 과거 내러티브 도식의 영향을 받을 수밖에 없으며, 과거 틀에 대한 불만은 새로운 해결을 위한 노력을 이끌기도 한다.

Ricoeur(1983)는 인간의 인식과 존재의 특징으로서 서사성에 주목한다. Ricoeur의 주체 개념에는 인간의 마음 형성에 대한 문제가 담겨 있다. 특히 텍스트를 매개로 하는 이해와 해석은 자아의 형성과 표현의 관점에서 주체의 이해를 가능하게 한다. 텍스트를 매개로 끊임없이 주고받는 이야기는 지적 모험의 과정인 동시에 자아의 형성 과정이다(이재호, 2008).

이상의 논의들을 종합해 볼 때, 자아는 자신의 경험들로 의미를 만들고 그 장면 속의 자신의 모습을 기억으로 남기면서 하나의 이야기를 구성하는 과정으로 형성된다. 그래서 인간의 삶과 관련한 자아의 개념은 더욱 사회, 문화와는 단절될 수 없어 보인다. 그러나 그동안 자아와 관련한 심리학적 해석은 다른 사회 과학과 보조를 맞추지 못하는 상황에서 학문적 고아가 되고 말았다. 기존의 심리학은 인간 마음으로서 장치를 미리 가정하며, 더 중요한 인간과 문화 사이의 단절이 생기고 만 것이다(강현석, 2016b: 154).

다. 의미 영역 중심의 융합 존재

인간 존재에 대한 내러티브 이론에 의하면, 각 연구는 개인이 살고 경험하고 해석하는 것으로서의 존재에 주의를 기울이고 초점을 맞출 필요가 있다. 이러한 해석은 궁극적으로 의미의 질서뿐만 아니라 언어의 과정을 포함하게 되는데, 이때 의미의 질서는 언어와 상호작용하면서 언어에 물리적 및 유기체적 질서를 부여하는 것이다

(Polkinghorne, 1988: 125-126).

Heidegger는 인간 경험의 원형은 해석학적 의미성에 있다고 제안하였다. 내러티브는 해석학적 의미가 표현되는 일차적인 틀이다. 인문학을 실제로 수행하는 데에 정보를 제공해 줄 수 있는 인간 존재에 대한 이론은 인간 경험과 존재에 있어서 내러티브가 중심이 된다는 것을 분명히 보여주는 것이어야 할 것이다. 이 장의 첫 번째 절에서는 인간 경험에서 나타나는 시간성의 수준에서 내러티브의 기능을 다룬다. 그리고 두 번째 절에서는 인간 행동을 내러티브에 의한 시간적 순서에 의해 구성되는 것으로 이해하는 문제를 다룬다. 마지막 절에서는 자아와 개인의 정체성을 정의하는 데 있어서 내러티브의 역할을 다룬다.

인문학들의 탐구 대상은 인간이며, 이러한 학문들이 각 주제에 관한 적절한 지식을 산출하기 위해서는 인간의 특성에 부응할 수 있는 지적 도구를 가져야만 한다. 계몽주의 시대에 형식 과학의 발달은, 행동과 반응이 불변의 법칙에 의해 지배되는 사물들로 구성된 평면 위에 인간을 포함한 실재가 궁극적으로 위치한다는 생각에 기초하였다. 이러한 관점에서 보면, 인간의 존재는 여러 가지 사물들 중의 하나일 뿐이었다. 이것은 인간 존재의 본성은 일차적으로 영적이며, 자연의 법칙보다는 하나님과의 관계에 의해 지배된다는 계시적 생각을 뒤집는 것이었다. 그러나 인간 존재에 대한 계몽주의적 정의는 지나치게 환원주의적이다. 그것은 인간적 영역을 이해하기 위한 언어의 중요성을 간과하였다. 인문학들이 보다 설득력을 가지기 위해서는 인간 존재의 모든 단층들에 주의를 기울이는 이론을 발전시킬 필요가 있다.

Maurice Merleau-Ponty와 Stephan Strasser는 인간 존재는 물리적 영역의 객관적인 단계로부터 언어학적 표현의 단계로 확장되는 실재의 상호작용적 단층들로 구성되었다고 주장하였다. 이러한 다양한 단층들을 통합하는 것은 표현하는 행위의 부분이며 언어적 특성에 따라 순서를 가지게 된다. 언어적 영역은 장소가 아니며, 일종의 활동이다. 그것은 존재의 의미를 창조하는 지속적인 과정으로서, 어떤 사람이 문장을 말하거나 시를 쓸 때 나타나는 의미의 창조 과정과 비슷하다. 따라서 인간이 된다는 것은 하나의 사물이 되는 것이 아니라, 일종의 의미 생성 활동을 하는 것이다. 그것은 살을 붙이고 구체화하여 의미를 만드는 것—즉, 그것은 일차적으로 존재의 표현 양식이다.

내러티브는 삶의 사건들이 일관성 있고 의미 있는 통합된 주제로 연결되는 표현 양식들 중의 하나이다. 하나의 관점에서 보면, 인간 존재는 하나의 삶으로 연결되는 일련의 지속적인 활동들의 연속이라고 볼 수 있다. 그러나 이러한 활동들은 여러 가지 분절된 시간에 따라 나누어진다. 분리된 사건으로 인식되는 짧은 기간의 활동들은 의식적 또는 무의식적 목적들의 결과로 이해된다. 즉, 그것들은 사고, 정서, 신체의 움직임과 같은 사건들을 포함한다. 다른 활동들은 개인적 시간의 장기적 기간에 해당하는 것으로 표시된다. 즉, 그것들은 아동에서 어른이 되기까지의 발달상의 변화를 포함한다.

인간경험의 시간성은 (예컨대 50회 생일처럼) 자신의 고유한 삶에 따라 구획지어질 뿐만 아니라 (1980년대와 같은) 역사의 장기간의 시간과 사회 진화 속에서 자신의 위치에 따라 구획지어진다. 내러티브는 이러한 시간에 대한 다양한 경험을 보여주는 의미 생성 양식이다.

내러티브 의미론(강현석, 2011)과 관련하여 Polkinghorne(1988)에 따르면, 경험은 유의미해야 하며, 인간 행동은 이런 유의미성으로부터 나오고 그 의미나 중요성에 의해 풍부해진다. 그래서 인간 행동의 연구는 인간 경험을 형성하는 의미 체계에 대한 탐구를 포함할 필요가 있다. 여기에 내러티브 탐구의 중요성이 놓여 있다. 내러티브는 인간 경험을 의미 있게 만드는 일차적인 형식이다. 내러티브 의미(narrative meaning)는 인간 경험을 시간적으로 의미 있는 에피소드로 조직하는 인지 과정이다. 그것이 인지과정, 즉 정신적 작용이기 때문에 내러티브 의미는 직접적인 관찰로 볼 수 있는 대상이 아니다. 그러나 인간 내러티브를 창안하는 과정에서 나타나는 각 개인의 이야기와 역사는 직접적인 관찰로 가능하다. 이러한 내러티브의 예에는 우리가 우리 자신의 행위와 타인의 행위를 설명하기 위하여 사용하는 개인적이고 사회적인 이야기, 신화, 동화, 소설, 그리고 (우리가 우리 자신의 행위와 타인의 행위를 설명하기 위하여 사용하는) 일상의 이야기들이 포함된다.

내러티브 관점에 따르면, 인간 존재는 상이하게 조직된 실재의 세 가지 영역, 즉 물질적 영역, 유기적 영역, 정신적 영역들이 층화된 체계로 이루어져 있다. 따라서 인간 존재는 다양한 종류의 실재(reality)를 체계적으로 종합한 것으로서 물질, 삶, 의미가 융합되는 종합적인 존재이다. 이 경우 내러티브는 이런 실재들 중의 하나인 의미의 영역의 한 측면으로서 간주된다. 내러티브는 의미의 영역의 작용들 중의 하나이기 때문에 내러티브를 이해하기 위해서는 의미의 영역을 구체적으로 검토할 필요가 있다.

첫째, 의미의 영역은 사물이나 실체가 아니라 활동이다. 활동은 활동이 산출해내는 구조와는 다르다. 활동은 실체가 아니라 퍼포먼스이다. 퍼포먼스가 산출하는 인공물이 실체이다. 활동의 일차적 차원은 시간과 계열이다.

둘째, 의미 영역의 활동의 산물은 요소들의 명칭이고 요소들 간의 관련성과 관계이다. 관련성을 확립하거나 자각하기 위하여 의미의 영역이 작용하는 것은 의식의 내용이다. 의식의 내용의 산물은 유기체 영역의 일이다.

요컨대 내러티브 의미는 정신적 영역에 의해 산출된 의미의 한 형태이다. 그것은 주로 인간에 영향을 미치는 인간 행위와 사태를 연결시키는 작용을 한다. 내러티브는 행위와 사태가 특정한 성과를 만들고 그러고 나서 이 부분들이 전체 에피소드로 틀 지어짐으로써 그 의미를 만들어낸다. 그리고 내러티브 의미는 정신적 영역의 과정들 중 하나이며, 의식의 요소들을 의미 있는 에피소드로 구성하고 조직해주는 기능을 한다. 의미의 영역에서는 해석학이 내러티브를 이해하기 위한 가장 적합한 도구를 제공해준다.

따라서 내러티브는 인간이 일상의 일시적인 경험과 개인적이고 사적인 행위에 의미를 부여하는 수단이 되는 도식(scheme)이다. 내러티브 의미는 삶에 대한 의도를 이해하는 데 일정한 형식을 제공해주고, 매일의 일상적인 행위와 사건들을 에피소드적인 단위로 통합시켜주는 기능을 한다. 따라서 그것은 우리 삶의 과거 사건을 이해하고 미래 행위를 계획하기 위한 틀(framework)을 제공한다. 그리고 내러티브는 인간 존재가 의미 있게 되는 데 수단이 되는 주요 도식이다. 이런 점에서 인간 과학을 통하여 인간을 연구하는 데에는 일반적으로는 의미의 영역에, 특히 내러티브 의미에 초점을 둘 필요가 있다.

이상에서 논의한 내러티브 인간 존재의 문제에서 알 수 있는 것은 우선 첫 번째 문제로 전통적으로 대상의 논리로 파악해 온 인간의 마음이 이제 새롭게 파악되어야 한다는 점이다. 지금까지 존재론적 시각에서 마음의 실체를 파악하려는 오류에서 벗어나 이제는 마음이 어떻게 의미를 만드는지, 즉 마음에 의해 실재가 어떻게 만들어지는지의 문제에 관심을 가질 필요가 있다. 이제는 마음의 실체가 무엇인지보다는 마음은 어떻게 활동하는지의 문제가 관심의 초점이 되었다. 다음으로 인간 마음과 문화의 관계를 새롭게 보는 Bruner의 문화심리학과 Polkinghorne의 내러티브적 앎의 문제이다. 즉 마음과 문화의 관계는 내러티브 사고로 볼 수 있다는 점이다.

요컨대 내러티브 존재와 불가분의 관련성이 있는 내러티브 인식론은 실재의 구성, 의미 만들기, 자아형성에 모두 관련되어 있으며, 특히 의미 형성과 교섭에서는 내러티브적 해석이 중요하다. 이러한 관련성은 의미는 대화를 통해서 만들어지고 이야기 양식은 해석을 필요로 한다는 내러티브의 가정에 그 근거를 두고 있다. 따라서 인간 존재론에 영향을 미치는 내러티브 인식론은 지식 그 자체의 문제만이 아니라 실재, 의미, 자아를 구성하는 주체의 마음을 문화적 상황 속에서 어떻게 구성하며 인간 발달의 문제를 사회 역사적 텍스트에서 어떻게 형성하고 해석하는가 하는 문제와 관련이 있다. 이런 점에서 내러티브 존재론과 내러티브 인식론은 지식의 문제뿐만 아니라 문화적 상황성 속에서 구성되는 실재, 의미, 자아와 총체적으로 연관되어 있다. 내러티브를 사용함으로써 자아가 만들어진다는 것은 인식론적 시각에서 본 마음으로 우리의 존재가 하나의 전개되는 이야기(의미)로 통합되는 것을 말한다.

내러티브를 흔히 '지어낸 이야기'라고 하는데, 곧 사실과 다른 허구의 세계를 의미한다. 내러티브는 이제까지 존재하지 않았던 새로운 세계를 만들어 낸다. 현실의 삶을 소재로 그것을 내러티브 사고의 상상력과 주관을 통해서 재구성하는 것이다. 그리고 그 현실의 세계에 대해 의미를 부여하는 것이다. 현실의 세계와 유사하면서 현실의 세계에서는 찾아 볼 수 없는 어떤 독특한 세계, 그것이 곧 허구의 세계이며 내러티브이다. 이제 내러티브는 단순한 이야기를 넘어서 삶의 근원적이고 포괄적인 이해자로 인식되어야 한다.

Polkinghorne(2016: 302-311)에 의하면 내러티브적 존재로서 인간은 언어를 통한 의미의 영역에서 이해될 필요가 있으며, 인간 존재와 내러티브의 관련성에 주목할 필요가 있다. 인간 존재에 대한 내러티브 이론에 의하면, 각 연구는 개인이 살고 경험하고 해석하는 것으로서의 존재에 주의를 기울이고 초점을 맞출 필요가 있다. 이러한 해석은 궁극적으로 의미의 질서뿐만 아니라 언어의 과정을 포함하게 되는데, 이때 의미의 질서는 언어와 상호작용하면서 언어에 물리적 및 유기체적 질서를 부여하는 것이다. 이를 위해서 인간 행위와 내러티브 문제, 인간의 내러티브적 행동, 내러티브로서의 자아에 대해 논의해보기로 한다(강현석 외 역, 2009: 255).

2. 내러티브와 시간성

인간 존재를 구성하는 또 다른 경험의 차원은 시간 차원이다. 내러티브 경험의 입장에서 시간은 어떻게 이해가능한가?

형식과학이나 계몽주의에 의해 주창된 실재에 대한 객관주의적 견해에 의하면 세계는 현재의 순간을 이루는 시간의 단면을 움직이는 무의미한 사물들이 가득 찬 공간으로 묘사되었다. 세계에 대한 원래의 인간 경험으로부터 객관적 시간과 공간을 추상화할 때, 세계는 실지 있는 모습 그대로 보다 정확하게 묘사될 수 있다고 생각되었던 것이다. 그리하여 원래의 인간 경험의 위계적 조직은 무너지고 형식 논리학의 틀에 맞도록 재조직되었으며, 인식되는 사물의 외형에서 의미가 배제되었다. Merleau-Ponty와 Heidegger에 의하면 원래의 인간 경험은 다층적이고, 해석학적으로 조직되며, 의미가 풍성하다. 이러한 원래의 경험을, 인간 경험과 분리하여 실재가 실지로 어떤 것인가라는 계몽주의적 관념을 창조하는 것으로 환원시키는 것은, 인간 경험에서 다양하고 풍부한 시간의 개념과 대비되는 극단적으로 빈약한 시간의 표상을 창출하였다(Polkinghorne, 1988: 126-127).

가. 변화하는 시간: 순간들의 연속

시간의 경험과 해석은 인간 실재의 기본적이고 지배적인 주제이다. 내러티브는 해석학적 원리에 따라 시간을 구조화하고 조직할 수 있으며, 다양한 해석 수준들을 통해 시간을 설명한다. 시간과 내러티브에 대한 Paul Recoeur의 두 권의 책은, 시간에 대한 인간 경험을 반영하기 위하여 내러티브 양식이 언어를 조직하는 방법을 철저히 파헤친다. Ricoeur의 기본적 가설은 "이야기를 말하는 행위와 인간 경험의 시간적 특성 사이에는 우연적이 아닌, 문화를 초월한 필연적인 상관관계가 있다."라는 것이다. 시간은 내러티브를 통해 말해질 때 인간적인 것이 된다. Ricoeur에 의하면 내러티브는 시간적 경험의 조건이 될 때 완전한 의미를 가지게 된다는 것이다.

그러나 인간의 시간성과 내러티브적 특성에 대한 Ricoeur의 탐구를 설명하기에 앞서, 우리는 먼저 시간에 대한 인간 경험을 이해하려는 여러 가지 이전의 시도들을 살펴보아야 한다. 시간은 우리 삶의 근본적이고 가장 널리 퍼진 현상들 중의 하나이다. 그러나 시간은, 사물과는 달리, 맛볼 수도, 볼 수도, 냄새 맡을 수도, 들을 수도 혹은 만질 수도 없는 것이다. 시간은 인간 이해에 있어서 당황스럽고 문제가 많은 현상으로 여전히 남아 있다.

전통적으로 시간은 사물로 비유되어, 눈 깜짝할 순간들이 기하학적 일직선을 따라 진행되는 것으로 그려졌다. 이 비유에서 시간은 인간의 인식과 무관하게, 전적으로 그 자체로 존재하는 매개체로 간주되었다. 생물학적 유기체는 '내적 시계'를 가지고 있어서, 선의 분비에서의 다양한 변화들을 알린다. 그러나 이러한 신체적 앎은 의식적 앎의 부분은 아니다. 시간에 대한 전통적인 표현은 일련의 질서 내지 공간에서 사물의 움직임을 측정하는 "현재들"의 연속이다. 시계와 연대기적 도구들은 시간선상에 있는 사건들 사이의 시간의 길이를 나타내는 데 사용된다. 그러나 이러한 생각은 인간의 존재가 발현되는 영역으로서의 시간의 의미를 간과하는 것이다. 사람들은 시간을 단순히 순간들의 연속으로 경험하지는 않는다.

나. 내러티브에서의 시간

시간 경험의 세 가지 수준에 대한 Heidegger의 생각을 서술된 작품의 분석에 적용하면서, Ricoeur는 먼저 내러티브에서 플롯의 중요성을 지적한다. 플롯은 이야기의 '원전' 및 내용에 대한 판단과 구분되어야 하며, 그 대신 내러티브의 '의미'로 이해되어야 한다고 본다. 플롯이 사실에 근거한 역사적 내러티브 및 반드시 사실에 기초할 필요는 없는 허구적 이야기에 공통된 구조임에도 불구하고, 플롯은 종종 역사가와 문학가에 의해 간과된다.

내러티브 표현에서, 플롯은 사건의 전개를 주도하며 의미를 부여하는 이야기의 주제를 가리킨다. "플롯을 통해 사건과 이야기가 연결된다. 이야기는 사건들을 재료로 해서 만들어지지만, 플롯이 사건들을 이야기로 만드는 것이다." 시간적이기 위해서 사건은 일회적인 것 이상이 되어야 한다. 즉, 사건은 그것에 앞선 것과 그것 뒤에 올 다른 사건들과의 관련 속에서 위치 지어져야 한다. 처음 수준에서의 관련은 연대기적으로 하나의 사건 뒤에 다른 사건을 단순히 나열하는 것이다. 이러한 열거는 한 순간이 다른 순간을 직선적인 방식으로 따른다는, 시간에 대한 일상적 표상을 반영한다.

플롯은 이러한 사건들을 하나의 통일된 이야기로 모음으로써, 다른 사건들과의 관련 속에서 그것들에게 의미를 부여하게 되며, 이런 과정을 통해 플롯은 사건들을 직선적 시간의 단계로부터 구분시킨다. 플롯은 두 영역, 즉 연대기적 영역과 비연대기적 영역을 결합시킨다. 연대기적 영역은 이야기라는 특징을 나타내며, 이야기가 직선적인 시간에서의 사건들로 만들어짐을 보여준다. 비연대기적 영역은 사건들을 상대적인 배치를 통한 형태로 승화시킴으로써, 비록 분산된 것 같지만 의미 있는 전체를 구성하게 한다. Ricoeur는 상대적인 배치 행위를 기술하기 위해서 Louis Mink의 "함께 붙잡음

(grasping together)"이라는 말을 사용한다. 플롯이라는 행위는 연속되는 것으로부터 형태를 끌어내는 것이며, 그것은 사건들을 존중하는 동시에 그것들을 전체로 포괄할 수 있는 모종의 형태를 플롯이 구성할 때까지 사건들과 플롯 사이를 왕복하는 일종의 추론을 포함한다. "가장 보잘 것 없는" 내러티브조차 항상 사건들의 연대기적 열거 이상의 것이다. 즉 그것은 사건들을 의미 있는 이야기로 함께 모으는 것이다.

내러티브에서 플롯 구조의 중요성을 소개함으로써 Ricoeur는 자신의 가설, 즉 내러티브의 언어 구조의 궁극적인 출처가 시간성이라는 가설과, 삶의 형식으로서의 시간성은 서술된 작품에서 표현된다는 가설을 검증하고자 하였다. 그는 내러티브가 시간에 대한 인간 경험의 다양한 수준을 상징적인 방법으로 설명하기 위한 모형을 제공하는지를 탐색하는 데 관심을 가진다. 그는 내러티브의 분석을 Heidegger가 도입한 시간 경험의 다양한 수준들에 관련시키는 방식으로 탐색을 한다.

3. 행위를 설명하는 내러티브

이 문제는 내러티브적 행동(Polkinghorne, 1988)으로 해석할 수 있다. 인간은 자신, 타인 그리고 세계를 의미 있게 이해하기 위해서 사회적으로 주어진 언어적 영역을 이용한다. 그 언어적 영역과 인간의 의미 질서는 해석학적 합리성에 따라 조직되며, 다양한 상호 작용 수준에 따라 정렬된다. 이를 기반으로 하여 인간은 그들이 무엇을 원하는지와, 자신이 원하는 것을 만족시키기 위해 무엇을 할 필요가 있는지를 결정한다. 우리는 우리 자신과 공동체의 과거에 대한 이야기들을 회상하며, 이것들은 행동과 결과가 어떻게 연결되는가에 대한 모델을 제공한다. 회상한 모델을 사용하여, 우리는 우리의 전략과 행동들을 계획하고 다른 행위자들의 의도를 해석한다. 내러티브는 인간 행동에 형태를 부여하고 인간 행동을 의미 있게 해주는 담화 구조이다.

인간 행위를 물리적인 신체 움직임으로 보는 입장이 있으나 인간 행위를 설명하기 위하여 물리적인 원인 모델을 사용하는 것은 전체적으로 평판이 나쁘다. 이에 대한 대안으로 제시된 것이 규칙에 의해 지배되는 것으로서의 행위 입장이다. 즉, 행위를 규칙에 따르는 활동으로 보는 것이다. 여기에는 세 가지 전통이 있다. (a) 행동은 수단-목적 합리성의 이상에 따라 구조화될 수 있다는 Max Weber의 입장, (b) 행동은 선천적이며, 논리적으로 조직된, 정태적인 일련의 규칙에 의해 인도된다는 구조주의자들의 입장, (c) 행동은 사회적으로 만들어진 규칙들을 따르는 것이라는 언어 게임의 입장이 그것이다. 이들 입장도 여러 제한점을 갖고 있는 것으로 드러나고 있다.

이러한 입장들을 넘어서서 본 연구에서 주장하는 입장은 내러티브적 입장이다. 즉, 행동은 내러티브적으로 이해된 기획들의 표현이라는 입장이 바로 그것이다.

계몽주의는 주체를 그의 신체 및 신체의 움직임과 분리시켰으며, 인식주체를 인식된 세계의 부분으로서가 아니라 관람자로 보았다. 형식 과학은 이러한 분리를 받아들였고, 결과적으로 인간 행동을 행위자 및 행위자의 결정이라는 용어로 설명하는 것은 그릇되다고 보았다. Martin Packer는 『미국의 심리학자(*American Psychologist*)』에 실린 최근 논문에서 "최근의 연구들은 심리학이 인간 행동의 구조와 조직을 연구하는 방법 면에서 부족하다는 사실을 지적해왔다."라고 말했다(Polkinghorne, 1988: 135). 이와 관련하여 Polkinghorne이 제안하는 내러티브적 앎의 방식은 위의 문제와 관련된다.

이상과 같이 내러티브 접근이 제안하는 인간 행동의 개념에 의하면, 행동은 존재의 표현이며 그것의 조직은 인간 경험의 내러티브적 조직을 보여준다. 행동한다는 것은 이야기를 쓰는 것과 같으며, 행동을 이해하는 것은 이야기의 해석을 하는 것과 같다(Polkinghorne, 1988: 290-297). 이러한 생각에는 신체 동작과 행위자로서의 개인 사이에 간격이 없다. 즉, 신체가 움직이도록 밀고 당기는 어떤 것을 설명할 필요가 없는 것이다. 그 대신 통합된 존재가 신체 동작을 통해 자신을 직접 표현하는 것이다. 원인의 개념은 물리적 원인으로부터 표현적 원인으로 완전히 변화된다. 표현적 원인은 책의 한 면에 있는 문자들이 독자들로 하여금 그 문자들의 의미를 이해하도록 "야기하는" 과정, 혹은 시의 단어들을 읽는 것이 독자들로 하여금 그것들이 무엇을 뜻하는지를 "듣도록", "야기하는" 과정과 연결된다. 인간의 행동은 신체를 가진 행위자의 의미 있는 진술들을 신체적으로 구성하는 것이며, 신체 동작은 표현하려는 의미에 의해 "야기된" 것이다.

인간 행동은 신체적 동작 이상의 것으로서, 특정한 동작을 행위자의 행위로 포괄하는 인간 능력의 결과이며, 말하거나 쓰는 행위에서 상징적으로 재표현되거나 재연될 수 있는 것이다. 펜을 잡거나 악보를 그릴 때의 손의 신체적 동작, 혹은 다른 사람에게 말할 때 혀와 발성기관의 신체적 동작 등을 유기체의 도르래와 울리는 소리라는

식의 기계적 움직임으로 설명하는 것은 이치에 맞지 않는다. 그것들은 표현을 하는 통합된 인간의 측면들인 것이다. 이와 비슷하게, 방을 가로질러 가거나 혹은 작은 물체를 보기 위하여 눈의 초점을 맞추는 것은 개인이 세계에 참여하는 것을 표현해 준다.

앞에서 기술했던 것처럼, 내러티브는 사건들을 플롯으로 함께 연결시키는 것을 포함하며, 사건들이 이야기의 주제에 연결될 때 사건들에게 의미가 주어진다. 플롯은 사건들을 전체로 형성하며, 사건들은 단순히 연속되는 독립된 우발적 사건들로부터 전체 주제에 기여하는 의미 있는 사건들로 변형된다. 개별적 단어를 한 부분으로 하는 전체 문장이 이해될 때 개별적 단어의 의미와 기능이 분명해지는 것처럼, 개별적 사건을 한 부분으로 하는 전체 플롯을 알게 될 때 개별적 사건의 의미도 분명해진다. 일련의 사건들로부터 의미 있는 플롯을 만드는 것은 한 세트의 단어들로부터 의미 있는 문장을 만드는 일에 관계된 해석학적 추론 과정과 동일한 과정을 사용하기 때문에, 문장들로부터 나온 예들은 내러티브 과정과 유사할 뿐만 아니라 그 과정을 잘 설명한다.

문장의 의미는 그것을 구성하는 각각의 단어들에게 단순히 부과되는 것이 아니다. 오히려 단어들의 합성이 문장에게 특정한 의미를 주는 것이다. 동일한 단어들의 조합은 여러 개의 의미 있는 문장들을 만들 수 있다. 예를 들어, "날고 있는(flying) 비행기들은 위험할 수 있다."의 단어들은 두 가지 방식으로 의미 있게 될 수 있으며, 어떻게 해석하는가에 따라 "날고 있는"이라는 단어의 의미는 변한다. 마찬가지로, 동일한 일련의 사건들도 다른 플롯들로 구성될 수 있으며, 이 경우 특정한 사건들의 의미가 달라진다. 그러나 일련의 단어들을 아무렇게나 해석하는 것이 허용되는 것은 아니며 오직 때때로만 여러 가지 해석들이 가능하듯이, 일련의 사건들도 오직 때때로만 다양한 방식으로 구성될 수 있다. 문장에서와 같이, 사건들이 의미 있는 전체 플롯을 만드는 데 기여하고자 한다면, 사건들의 시간적 순서는 중요하다. "생쥐가 고양이를 쫓아다녔다."와 "고양이가 생쥐를 쫓아다녔다."라는 두 문장은 동일한 단어들로 구성되어 있으나 단어의 순서가 다르기 때문에 그 의미도 다르다. 게다가 일련의 단어들이 있다고 해서 의미 있는 문장을 만드는 것도 아니다. 예를 들어, "무색의 초록색 생각은 격분하여 잔다."라는 문장은 문법적으로 정확하지만, 의미 있는 전체를 만들지 못함을 직관적으로 알 수 있다.

Ricoeur는 인간이 행동의 세계에 대한 능력 내지 전이해를 가진다고 믿는다. 이것은 어떤 단어군들이 의미 있는 문장을 만드는지를 알 수 있는 능력과 비슷하다. 문장이 주어질 때 이러한 능력은 어떤 종류의 조직이 말이 되는 문장을 만드는지, 어떤 단어들이 의미 있는 방식으로 연결될 수 있는지, 그리고 어떻게 순서가 이해에 영향을 미치는지 등을 알게 해준다. 의미 있는 플롯들을 인식하고 구성하기 위해서는 인간 행동을 구성하는 활동의 종류, 하나의 플롯으로 연결될 수 있게 하는 사건들의 종류, 그리고 사건들을 하나의 플롯으로 배열할 때 시간적 순서의 중요성 등에 대해서 위에 상응하는 이해가 필요한 것이다.

이 말은 플롯을 구성하는 일이 행동의 영역을 신체적 동작의 영역과 구분하는 인간의 능력에 의존한다는 뜻이다. 어떤 신체 동작이 인간의 행동인가를 아는 능력은 실제적 이해라고 불리며, 내러티브를 구성하고 이해하는 데에 기본적 단위를 제공한다. Ricoeur는 이러한 능력의 일부를 구성하는 여섯 가지 용어들을 제시한다. (1) 행동은 목표를 함의한다. 다시 말해서 행동은 결과를 성취하기 위해서 혹은 목적을 달성하기 위해서 수행된다. (2) 행동은 어떤 사람이 그것을 왜 했는지 혹은 하고 있는지를 설명하는 동기를 가리킨다. 이러한 설명은 어떻게 하나의 물리적 사건이 다른 사건을 야기하는지를 보여주기 위한 설명과 분명히 다르다. (3) 행동은 행위자에 의해 수행된다. 사람이 행위하거나 행동의 수행자가 되며, 따라서 행동은 책임을 질 수 있는 사람의 작품이나 행위로 간주된다. (4) 행동은 닫힌 물리적 체계들로 구성된 상황에서 일어나며, 행위자는 그 행동이 일어나는 상황들이 앞으로 행해질 수 있는 일에 제한을 두거나 행동의 결과에 영향을 줄 우호적 혹은 비우호적 조건들에 한계를 설정한다는 것을 인식한다. (5) 행동은 그것이 협력, 경쟁, 혹은 다툼 어느 것이든지 간에, 다른 사람들과 상호작용 하는 가운데 생긴다. 동료들은 행위의 성취를 도울 수도 있고 방해할 수도 있다. (6) 행위의 결과는 그의 운세와 기분에 변화를 가져올 수 있다. 요컨대 우리는 "무엇?", "왜?", "누가?", "어떻게?", "누구와?", 그리고 "누구에 반대해서?" 등의 질문들이 단순한 신체 동작에는 부적절하며 오직 인간의 행동과 관련해서만 적절히 던져질 수 있음을 깨달을 수 있다.

내러티브가 가능하기 위해서는 화자와 청자 편에서의 실제적인 이해와 더불어, "행위자", "목표", "수단", "성공", "실패" 등과 같은 용어들을 이해하고 사용하는 능력이 전제되어야 한다. 내러티브는 단순히 행동을 진술하는 것에다가 플롯의 구조를 추가한다. 내러티브 구성을 위한 규칙들은 행위 문장들을 어떻게 한 이야기의 전체적인 행위의 전개로 순서 매김지를 결정한다. 문장들을 순서적으로 연계하여 하나의 플롯으로 이해함으로써, 행위자, 그들의 행위, 그리고 그들의 고통은 보다 깊은 의미를 가지게 된다.

인간의 행동이 일어나는 것은 행동을 명료하게 기술하는 데 사용되는 상징적인 내러티브 형식을 가지고 있는 문화적 배경에서이다. 이러한 상징적 형식들은 공적 특성을 가지는 것으로서, 특정한 행위자를 개인적으로 이해하는 것이 아니다. 따라서 어떤 행위든지 그 행위가 이루어진 공동체에 어떤 의미를 가질 것인지를 알고 행하게 된다. 특정한 문화에 속한 행위자는 다른 사람 앞에서 머리를 숙이는 것이 공동체 안에서 참회를 표현하는 수단임을 알며, 그 공동체의 다른 사람들에 의해서도 참회의 표현으로 이해될 것임을 안다. 행동의 공동체적 의미는 그들에게 기본적인 "독해능력"을 준다. 예의, 관습, 그리고 다른 사회적 합의들 역시 행동이 도덕적 규범에 부합하는지에 비추어 행동을 평가하며, 어느 행동이 좋은지 혹은 나쁜지, 더 나은지 혹은 부족한지를 정의한다. 이야기를 말하는 사람들은 청중이 이야기 속의 행동에 대한 적절히 평가가 무엇인지를 이해하고 있을 것이라고 가정한다. Ricoeur에 의하면, "[내러티브에서] 아무리 적은 정도라도, 선과 악이 양 축이 되는 가치 위계의 기능으로서의 찬성 또는 반대를 하지 않는 행동은 없다." 이와 비슷하게, Aristotle은 이야기에서 주인공들의 윤리적 특질이 바로 청자의 감정적 반응, 예컨대 부당하게 불행을 경험하는 선한 인물에 대한 동정심을 불러일으킨다고 주장하였다.

행동에 대한 문장들을 이해하는 능력과 더불어, 행동에 대한 문화적으로 주어진 의미와 가치를 인식하는 능력에 추가하여, 내러티브는 인간의 시간성에 대한 청중의 이해를 전제한다. 시간은 현재 순간의 틈을 따라 지나가는 순간적인 지금들의 연속이라기보다는 다음과 같은 특성을 포함한다. (1) 행동 계획은 미래와 관계되며, 의도된 그리고 의도되지 않은 결과들과 관계된다. (2) 행동을 하는 동기는 과거로부터 물려받은 경험을 현재에 되살려내는 능력과 밀접하게 관련된다. (3) "나는 느낀다.", "나는 고통을 겪는다.", "나는 할 수 있다.", 그리고 "나는 한다." 등과 같은 진술들은 현재에 대한 감각에 기여한다.

내러티브는 인간 행동이 이해되고 의미 있게 만드는 해석학적 표현 양식이다. 행동 자체는 개인적 및 사회적 삶에 대한 살아 있는 내러티브적 표현이다. 일련의 일화들을 우리의 이야기의 부분으로 이해하는 능력은 우리가 원하는 목적을 향하여 움직이게 하는 행동에 참여하려는 우리 자신의 결정에 정보를 준다. 이야기되는 행동의 길이는 짧은 모험담으로부터, 우리의 출생과 죽음 사이의 시간, 혹은 인류의 모든 세대의 기간까지 폭넓게 걸쳐 있다. 내러티브를 시작과 중간과 결말을 가지고 있는 하나의 모험담이 되도록 연결된 일화들의 연속—혹은 문제를 제기하고 그것을 해결을 할 수 있는 행동을 이어서 하는 것—으로 정의하는 것은 이미 행동에 대한 우리의 일상적 이해에 포함된 것을 단순한 말로 기술하는 것이다.

행동과 내러티브 사이의 관계를 인식하는 것은 적어도 Aristotle 이후 서양 전통의 일부였다. 『시학』에서 Aristotle은 내러티브를 인간 행동의 모방 혹은 표현으로 정의하였다. 내러티브의 플롯은 정태적 구조가 아닌 종합적 작용 내지 구성으로서 사건들의 조직이다. (Ricoeur는 사건들을 전체로 모아서 배열하여 형태를 만드는 적극적인 특성을 나타내기 위하여 "플롯 구성(emplotment)"이라는 용어를 사용하는 것을 선호한다.) 『시학』은 부분들 사이의 관계가 드러나도록 만드는 해석학적 활동이라고 볼 수 있는 내러티브의 구성에 관한 것이다.

Aristotle은 플롯이 전체성과 완전성의 특징을 가진다고 생각하였다. 그는 "어떤 것이 시작과 중간과 끝을 가지면 그것은 전체이다."라고 말했다. 시인은 시작을 밝히는데, 시작은 그 전에 아무 것도 일어나지 않은 시점이 아니라, 그 다음에 오는 것에 중요한 사건이 시작되는 시점을 가리킨다. 중간은 사건의 연속이며, 끝은 모험을 해결하는 데 기여하는 사건들의 연속이 완결되었다고 시인이 결심하는 곳이다. 플롯은 저자에 의해 결정된 적절한 규모를 가져야만 한다. 내러티브는 드라마와 같은 혹은 해석학적인 통일성을 창조하는 데 관심을 가지며, 일정 기간에 일어났던 모든 사건들을 단순히 기록하는 데 관심을 가지는 것이 아니다. 플롯 구성은 만들고 있는 이야기에 중요하게 공헌하는 사건들을 전체 사건들의 흐름으로부터 선별하는 데 관심을 가진다.

제 6 장

의미 구성 존재로서 인간: 내러티브 자아

우리가 살아온 시간을 설명하는 방법은 이야기 외엔 없다.
시간을 살아가는 존재로서의 인간을,
우리가 살아온 시간을 설명해내기 위해서는 내러티브가 필요하다.
강물처럼 흐르는 우리 인생을 있는 그대로 이해할 수는 없다.
거기에서 조각을 모아 가지런하고 정연하게 배열, 배치하고 엮어내면
우리의 인생이 된다.
그리고 그렇게 고르고 패턴을 찾아 시간의 축 위에서
연결하여 구성하는 일이 내러티브라고 할 수 있다.
-Bruner, Life as Narrative-

핵심 아이디어

이 장에서는 인간을 바라보는 새로운 자아관을 논의한다. 과거 인간을 규정하는 자아는 개인 고유의 심리적 특성을 지칭해 왔다. 홀로 고요히 존재하는 인간 내면의 고유한 특성을 지칭한다. 이러한 인간은 시효가 다한 근대의 주체적 인간과 관련되어 있다.

이제 인간의 자아는 관계적 망에서 만들어지는 것이다. 주어진 자아가 아니라 문화 속에서 구성되는 자아이다. 이러한 의미 구성 존재로서 인간 자아에 대한 접근이 타당한 것이라면 우리의 교육은 상당히 달라져야 한다. 왜냐하면 교육은 싫든 좋든 자아를 형성하거나 개발하는 일과 직·간접적으로 관련되어 있기 때문이다.

앞 장에서 내러티브 관점(언어적 영역과 내러티브 표현)에서 일차적으로 인간 존재의 측면을 다루었다면 인간 존재의 가장 중요한 측면인 정체성 측면을 살펴보아야 한다. 이 측면과 관련하여 인간 존재는 내러티브 자아로 접근할 수 있다.

1. 기존의 자아관(실체로서의 자아)과 변화하는 자아관(구성되는 내러티브 자아)

가. 실체로서의 자아[35]

"나는 누구인가?"(타인과 구별되는 특별한 사람으로서의 나의 정체성을 부여해주는 것은 무엇인가?)라는 질문은 다양하게 답변되어 왔다. "자아정체성"이라는 말은 두 개의 상반된 용어로 구성되어 있다. 즉, 다른 것이나 낯선 것의 반대말로서의 "자아(ipse)"와, 변화와 반대되며 극단적인 유일성을 가지고 동일성을 지키는 것으로서의 "정체성(idem)"으로 구성된다. 자아정체성의 개념은 이질성과 동질성이라는 긴장관계에 있는 두 용어를 포함한다. 계몽주의가 주장하는 실체관은 실체를 동일성을 가지는 것, 사물의 특질 변화 밑에 깔려 있어서 시간의 경과에 따라 어떤 변화가 일어나든지 그 변화 속에서 사물의 계속성을 제공하는 것으로 보는 것이다. 실체에 대한 형이상학에 기초하여, 자아정체성에 대한 질문은 개인에게 동일성과 독특성을 부여

35 실체로서의 자아는 4장 2절의 주체 개념으로 본 인간관과 직·간접적으로 관련되어 있다.

하는 기본적인 실체 혹은 토대가 무엇인가를 이해하고자 탐색한다.

위의 질문에 대해 두 개의 경쟁적이면서도 중요한 최근의 답변들이 있는데, 그것은 신체의 정체성과 기억의 정체성이다. 신체의 정체성은 이렇게 풀어 말할 수 있다. "내가 나 자신인 것은 나의 실체가 시간상으로 지속된 이 특정한 신체이기 때문이라는 사실을 나는 안다." 그러나 성형수술과 신체 기관 이식의 출현은 새로운 의문을 제기한다. "만약 나의 신체가 다른 사람의 일부를 포함하거나 인위적으로 변형된다면, 그것은 진정한 나인가?" 또한, 만일 개인의 정체성이 필연적으로 신체의 시간상의 계속성과 관련된다면, 신체의 죽음 후에 개인의 정체성이 존속되는 것은 논리적으로 불가능하다. 부활이라는 히브리 용어는 매장 관습과 죽은 사람의 유해에 대한 관심을 지지하는 것으로서, 사람의 정체성은 일차적으로 그 신체에 의해 확인된다는 말과 연결된다. 히브리적 사고에 의하면, 죽음 후의 생명은 분리된 영혼의 형태를 가지는 것이 아니라, 다시 생명을 가지게 되는 몸의 부활을 요청하는 것이다.

"내가 독특하게 나 자신인 것은 내가 이 특정한 신체를 가지고 있기 때문이다."라는 말은 최근 상당히 수정되고 있다. 신체는 고정된 것이 아니며 낡은 세포는 죽고 새로운 세포가 생성되면서 끊임없이 변화한다는 사실은 신체의 정체성을 외형을 강조하는 것으로부터 구조를 강조하는 것으로 변화시켜야 함을 뜻한다. 오직 몇 개의 신체적 특징—예컨대 지문—만이 평생 동안 변하지 않는다. "개인의 실체 혹은 독특성이 무엇인가?"라는 질문의 초점은 개인의 독특한 유전적인 형태에 맞춰지고 있으며, 개인의 신체의 일부를 복제하여 동일한 복제물을 만들려는 환상은 이러한 생각을 뒤늦게 깨달은 것에 불과하다.

개인의 독특한 실체가 무엇이며 개인의 정체성을 결정하는 것이 무엇인가에 대한 둘째 입장은 각 사람이 자신의 경험에 대해 독특한 일련의 기억을 가지고 있다는 사실이다. 이 입장은 다음과 같이 말할 수 있다. “내가 나 자신인 이유는 세상의 어느 누구도 내가 개인적으로 경험한 특별한 기억들을 가지고 있지 않기 때문이다. 나의 신체가 죽고 내가 육체로부터 벗어나 존재한다고 할지라도 나는 나 자신의 독특한 기억을 계속 가지고 있을 것이기 때문에 나는 나 자신임을 알 것이다.” 사람들은 때때로 서로 누구인가를 확인하기 위해 이러한 기억을 사용한다. 어릴 때 친구를 보면 신체적으로는 알아볼 수 없을 만큼 변하였지만, 동일한 기억을 가지고 있는 것이다.

개인의 정체성의 문제에 대한 이러한 두 가지 최근의 답변들 외에도 역사적으로 중요한 세 번째 답변이 있다. 이러한 입장은 궁극적으로 우리들은 단순한 신체라기보다는, 영적 자아 혹은 정신적인 존재라는 생각에 기초한다. 그 결과 개인의 정체성은 경험 자체에 관련된 것이 아니라, 경험하고 기억하는 정신적 주체에 관련되어야 하는 것이다. 일련의 정신적 혹은 심리적 상태에 깔려 있는 하부 구조는 영혼 또는 독특한 자아이며, 우리들 각자는 이러한 자아에 대해, 그리고 자아에 대한 상태들이 생겨날 때 그 상태들에 대해, 비록 사적이기는 하지만 절대적으로 확실한 지식을 가지고 있다.

Descartes는 이 이론을 발전시켰으며, 개인의 정체성은 독특한 정신적 실체나 각 사람의 자아에서 발견된다는 주장을 하였다. Descartes에 의하면, 우리는 이러한 자아를 직접 알게 되며, 우리의 개별성을 신체의 지속성이나 기억의 내용에 비추어 확인할 필요는 없다. 그는 인간 경험에 대한 탐구 및 그가 '사고의 형식(cogitationes)'이라고 불렀던 모든 다양한 정신적 과정과 상태에 대한 탐구를 통해 이러한 입장을 가지게 되었다. 우리가 추위를 느끼거나, 실망을 경험하거나, 공상을 하거나, 의심하거나, 혹은 어떤 것을 분명히 인지할 때—사물이 실지로 존재하든지 아니면 우리가 꿈을 꾸거나 환각에 빠져있든지 간에—우리는 "사고"를 하고 있는 것이다. Descartes는 "자신의 것"이라고 부르는 고유한 신체를 포함하여 어떤 사물의 존재에 대해서도 잘못 생각할 수 있음을 우려하였다. 그러나 비록 그 사고들이 오류를 범하거나 혼란될 수는 있으나, 그가 사고를 한다는 사실 자체를 가정하는 것은 잘못될 수 없는 것이다. 이러한 논의로부터 네 가지 결론을 이끌어 낼 수 있다고 그는 생각하였다. (1) 나는 이러한 특별한 "나" 혹은 "자아"가 존재하며 사고한다는 것을 안다. (2) 나는 특히 나의 자아와 그것의 작용에 대해서 모종의 직접 경험이나 혹은 자기 성찰적 지식을 가진다. (3) 나는 그 밖의 모든 것에 속을 수 있으므로, 이러한 "내"가 사고하는 것 외의 다른 특징들을 가질 수 있는지 없는지는 모르며, 안전한 결론은 자아는 오직 사고한다는 것이다. (4) 나는 나의 신체가 존재한다는 것에 대해 잘못 알고 있을 수도 있으며, 나의 신체가 존재하는지를 내가 알 수 없지만 나의 자아가 존재한다는 것은 확실히 알고 있기 때문에 자아와 신체는 구분되어야만 한다. 즉 자아는 신체가 아닌 것이어야 한다.

따라서 자아는 우리의 존재 속에서 동일한 상태로 있으며 사고를 하게 하는 비신체적 실체로 상정되었다. Descartes는 독특한 자아가 존재한다는 것을 우리가 확실히 안다고 생각했지만, 우리가 그것의 특성을 설명할 수 있을 것이라고 믿지는 않았다.

개인의 정체성이 자아에 연결된다는 생각는 Hume에 의해 비판되었다. Hume은 사고가 이루어지는 "사물"이나 "실체"는 없으며, 마음이나 자아는 단지 다양한 지각들의 묶음에 불과하다고 주장하였다. 신체라는 기계 속에 진짜의 독특한 나를 가리키는 유령이 있는 것이 아니라는 것이다. 따라서 자아는 개인의 경험들 배후에 있는 어떤 안정된 것이 아니라 단지 개인의 모든 경험들의 총합으로 이해되어야 하며, 그러한 자아는 개인의 통일된 정체성을 유지하는 데 부적합한 것이다.

나. 구성으로서의 자아

William James는 자아정체성의 개념이 정신적 혹은 신제로서의 자아에 기초한다는 생각에 대한 대안을 제시하였다. 그는 개인의 정체성이라는 것은 발견되어야 하는 기저의 실체가 아니라 한 개인이 만드는 것이라고 말했다. 그는 개인 정체성이나 자아의 발달은 자신에 대한 매우 다른 생각들과 다양한 측면들을 하나의 자아 개념으로 종합하는 지속적인 노력이라고 믿었다. 그는 전체 자아의 세 가지 구성 요소들을 다음과 같이 설명하였다. (1) "물질적 자아"는 개인의 의복, 가족, 가정, 재산 등을 포함하는 자신의 신체 전체를 아는 것에서 나온다. (2) "사회적 자아"는 한편으로는 자신에게 개인적으로 중요한 타인들이나 그룹들이 자신에 대해 가지고 있다고 생각하는 지각과 이미지들을, 그리고 다른 한편으로는 자신이 다른 사람들과 공유하는 사회적 가치와 규범들을 포함한다. (3) "영적 자아"는 자기 자신의 연약함, 성향, 자기 이해 그리고 판단 등을 가리킨다.

지난 몇십 년간 일상 언어 철학자들 역시 개인의 정체성은 경험의 표상을 받아들여서 간직한다는 비물질적인 자아라고 보는 전통적 이해를 비판해왔다. 그들은 이러한 정의가 인위적이며 "자아"라는 말의 일상적인 사용법들을 무시한 것이라고 주장했다. 그들은 개인의 정체성의 자리에 비물질적이고 사고하는 자아 대신, 신체적 행위를 하고 다른 사람들과 대화하는 완전한 신체를 가진 사람으로 대치하였다. "나를 나 자신이게 하는 요인은" 종종 자신을 지칭하는 언어를 사용하기도 하고, 행동하고 생각하며 느끼는 독특한 "나"에 대해 말하기도 하는, 충분히 기능하는 사람이다. "내가 나 자신에 대해 말할 때 그리고 다른 사람들이 특별한 사람으로서의 나에 관해 말하는 것을 내가 들을 때 나는 나 자신의 정체성을 깨닫는다."

그동안 인문학은 형식 과학의 모델을 채택함으로 인하여 자아의 개념에 대해서 거의 탐구해오지 않았다. 형식 과학의 모델은 과학적 지식은 시공간에서의 물체 및 그 관련성으로 구성된다는 평면적인 실체와 관련하여 가능하다고 믿는다. 이러한 신념이 정신적 사물에 까지 확대되는 경우라고 할지라도, 자아를 분명히 탐구할 수 있는 정신적 사물로 포함시키는 것은 어려운 일이다. 그러나 최근 몇 년간 자아 개념은 인문학의 연구 프로그램에서 다시 등장하고 있다. 그것은 실험 설계를 사용한 연구에서 나타나는 인간 행동의 설명되지 못한 변인들을 형식 과학의 연구가 대부분 설명해주지 못함에 따른 "재발견"인 것이다.

인문학에서 최근에 나타난 자아 개념은 Descartes의 비신체적 실체보다는, 일상 언어 철학자들이나 James의 자아 개념에 더 가깝다. 인문학은 개인의 정체성과 자아라는 용어의 발달을 사회적 환경 속에서의 상징적이고 신체적인 상호작용에 기인한다고 본다. 자아의 개념은 모종의 선천적인 "나"를 발견하거나 해방시키는 것이 아니다. 그것은 어떤 사람을 향한 타인의 반응과 태도를 바탕으로 구성되는 것이며, 본질적으로 변화무쌍하고 일관성이 없는 이러한 반응들이 변함에 따라 자아의 개념도 그 성격이 변하게 된다. 따라서 통일되고 일관성 있는 자아 개념 및 개인의 정체성을 가지기 위해서는, 개인이 자신이 경험하는 다양한 사회적 반응들을 종합하고 통합할 필요가 있다.

다. 내러티브로서의 자아

자아 개념은 일생동안 겪게 되는 수많은 상호작용들로부터 통합된 것으로서, 어떤 특정 시점에서 보면 내면화된 역할, 지위, 규범, 가치 등의 내용은 모순이거나 상호 배타적이 될 수밖에 없다. 자아 개념은 때때로 모호하거나 통합되지 않으며, 자아 개념을 행동 지침이나 행위 기준으로 작용할 수 있도록 하는 힘은 분산될 수 있다. 일상생활의 주요 부분에 있어서 개인의 자아 개념은 무의식적으로, 그리고 언어 이전의 정서 내지 "느껴진" 성향 수준에서, 정립되고, 수정되고, 시행되는 것처럼 보인다. 인문학에서 이러한 감정과 성향을 의식을 수준으로 끌어올리고 그것들을 정확한 범주로 번역하려는 시도들은 문제에 부딪친다. 그것들은 대부분 인지되지 못하고 수행되는 애매하고 일관성이 없는 것들을 명료한 것으로 바꾸려고 시도하는 것이다.

게다가 자아 개념에 도달하기 위해 인문학에서 사용하는 도구들은 일반적으로 사물이나 물체들을 위치지우고 측정하기 위해서 형식 과학에서 고안한 전통적인 연구 장비들이다. 이와는 달리, 우리의 연구가 취하는 입장은, 우리는 우리의 개인적 정체성과 자아 개념을 내러티브적 구성을 사용하여 만들며, 우리의 존재를 하나의 전개되고 발전되는 이야기의 표현으로 이해함으로써 그것을 전체로 만든다는 것이다. 우리는 우리 이야기의 중간에 있으며, 그것이 어떻게 끝날지를 확신할 수 없다. 새로운 사건들이 우리의 삶에 추가됨에 따라 우리는 끊임없이 플롯을 개정해야만 한다. 그 경우 자아는 정태적인 것이나 실체가 아니라, 개인적 사건들을 이제까지 자신이 어떠했는지 뿐만 아니라 앞으로 자신이 어떻게 될지 기대하는 것을 포함하는 역사적 통일체로 구성하는 것이 된다.

David Carr는 개인의 자기 이야기에서 내러티브의 작용을 탐색하였다. 그의 입장은 "내러티브적 서술은 '실재'를 왜곡하거나 부정하거나 그것을 회피하기는커녕, 오히려 실재의 일차적인 특징들을 확대하고 확증하는 것이다."라는 것으로 이 책에서 제시된 입장과 비슷하다. 그는 개인에게 일어난 모든 것은 자신의 삶의 한 부분임을 지적한다. 그러나 개인의 자기 이야기에서 비본질적인 세부사항들은 선별을 통해 배경으로 처리된다. 자기 이야기는 청중뿐만 아니라 이야기하는 사람이 요구된다. Carr는 우리 자신을 청중 중의 한 사람인 동시에 저자라고 규정한다.

> 우리의 나날과 삶을 계획할 때 우리는 이야기와 드라마를 만드는 것이다. 이러한 이야기와 드라마를 우리는 살아갈 것이고, 그것이

우리의 관심과 노력의 초점을 결정할 것이며, 지나간 일과 다가올 일을 구분하는 원리들을 제공할 것이다…. 우리는 끊임없이 우리 자신을 다른 사람들에게 설명하고 있다. 그리고 마침내 우리들 각자는 자신을 자신의 청중들 중의 하나로 간주하게 된다. 왜냐하면 우리 자신을 다른 사람들에게 설명하는 가운데 우리는 종종 우리 자신을 설득하려고 하기 때문이다.

만일 자신의 통일성과 독특성이 내러티브의 과정을 통해 성취되며, 또한 자신의 특별한 존재를 신체적이거나 정신적인 사물로서가 아니라 특별한 이야기로서 생각한다면, 개인의 정체성을 연구하기 위해서는 보다 적절한 해석학적 경향을 가진 연구 도구들이 필요할 것이다. 이러한 도구들은 자아를 표현으로 이해할 것을 추구하며, 특징이나 특질을 확인하기 위한 절차에 관한 것이 아니라 개인이 어떤 문장의 의미를 이해하기 위해 사용하는 과정에 관한 모델을 만들고자 할 것이다. 우리의 언어에서 "그것이 무엇입니까?"라는 질문에 대한 답변은 어떤 물체나 사물일 것으로 기대된다. 이러한 질문들을 모델로 사용한다면, "나는 무엇입니까?"라는 질문에 대한 답변은 실체일 것이 기대되는 것이다. 예를 들어 "당신은 당신의 영혼입니다." 혹은 "당신은 당신의 신체입니다."와 같은 답변이 그것이다. 여기서 제안된 답변은 자아는 내러티브의 형식을 가지는, 인간 존재를 표현하는 과정으로 정의되는 개념이라는 것이다.

이야기로서의 자아라는 접근은 실체의 형이상학으로부터보다는 유기체적 삶에서 나타나는 변화에 초점을 맞추는 잠재가능성과 실현성의 형이상학으로부터 발전되었다. 이러한 관점에서 볼 때 개인

정체성의 초점은 밑에 깔려 있는 실체의 동일성에 맞춰지는 것이 아니라, 개인의 삶에서 잠재적으로 가능한 것을 실현하는 과정에 맞춰지는 것이다. 강조점은 "내가 무엇인가?(What am I?)"에서 "내가 누구인가?(Who am I?)"로 변화된다. 이러한 "누구"는 개인의 행위에서 발견되며, 이러한 행위는 행위를 단순한 신체 동작과 구분하는 전이해와 능력에 의해 해석된다. 앞 절에서 기술된 바와 같이, 인간의 행위로서의 동작에 대한 전이해는 내러티브에 의해 변형되고 재형성된다. 내러티브는 행위를 이해하기 위하여 인간의 능력을 전제하며 그것을 필요로 한다. 자아정체성은 개인의 삶의 이야기에 연결되며, 행위를 통일된 플롯으로 결합시킨다.

Peter Strawson 경은 자아를 개인의 삶의 내러티브로 보는 입장을 옹호한다. 그는 "인간"이라는 개념은, 예컨대 물질적 혹은 정신적 속성들로 더 이상 환원될 수 없는, 논리적으로 원초적인 개념이라고 보았다. 일상 언어 사용에서 사람은—자기 자신과 타인 모두—생활세계에서 기본적인 자료가 되는 것이다. 사람의 개념을 사용하는 데에 "의식의 상태나 경험을 그 자신에게 속하는 것으로 보는 것은 필요조건이며, 자신의 것이 아닌 의식의 상태나 경험은 다른 사람들에게 귀속시키거나 그렇게 할 준비가 되어 있어야만 한다." 개인이 가지고 있는 특별한 특성이나 "인물됨"에서 그 또는 그녀는 시공간에서 특별한 위치를 점유하며, 따라서 특정한 개인을 나타내는 개인의 특성과 관계의 네트워크를 개별화시키는 준거점을 제공한다. Strawson은 그의 "개체의 구성"을 이야기 속에서, 그리고 한 걸음 더 나아가 역사 속에서 개인의 위치를 강조하는 것으로 보았다. 그 결과 "여기", "지금", "나", 그리고 "당신" 등과 같은 단어들은 개인의 영역에 속할 뿐만 아니라, 개인 자신의 주관성을 넘어서 개성에 대한 간주관적이고 공적인 준거점을 제공한다.

"내가 누구인가?"라는 질문은 "나는 미국인이다.", "나는 남자이다.", 그리고 "나는 농부이다." 등의 구절에서처럼 "나"라는 주어에 서술어를 단순히 붙임으로써 답변되는 것이 아니다. 일상의 답변은 "나는 세인트루이스에서 태어났다. 그리고 나는 학교를 다녔고, 그곳에서 이러한 일에 흥미를 가지게 되었다." 등과 같은 일종의 내레이션으로 주어진다. 자아의 경험은 내러티브의 사건들이 플롯에 의하여 하나의 통일된 이야기로 조직되는 것과 같은 방식으로 시간의 영역에 따라 조직된다. 자아를 보면, 인간 존재의 시간적 순서는 그 이야기가 출생으로 시작되어, 중간에는 삶의 에피소드들이 있고, 죽음으로 끝난다. 이러한 사건들을 일관되고 의미 있는 통일체로 묶으며, 각각의 에피소드들이 사람이라는 전체적인 형태를 만들어나가도록 하는 데 맥락과 의미를 부여하는 것이 플롯이다. 각각의 인간 존재의 전체는 내러티브의 플롯에서 자세히 진술된다. 그것은 인생의 사건들에 대한 난순한 연대기적 목록 이상의 것이다. 그 경우 자아는 실체나 사물이라기보다는 의미를 가리킨다. 객관적 수준에서의 의미를 찾는 것은, 잉크가 인쇄한 단어의 의미를 찾기 위하여 종이 위 잉크의 실체를 조사하는 것과 유사한 잘못을 범하는 것이다.

일반적인 자아의 플롯은 개인의 실제 역사로부터 확장될 가능성이 있는 상상력의 프로젝트들뿐만 아니라 개인이 자신을 표현하는 에피소드나 환경에 의해 결정된다. 플롯의 구성은 허구를 쓰는 작가보다는 역사가의 작품에 가깝다. 개인은 단순히 자기 자신이 선택한 이야기를 실제로 살지는 않는다. 자신의 플롯에서 의미 있는 것으로 수집될 필요가 있는 사건들은 우연한 사건들의 결과, 유기체적 혹은 사회적으로 주어진 것들, 그리고 개인의 동기뿐만 아니라 의도되지 않는 결과들이다.

자기 플롯이 반드시 통합하는 하나의 사건은 인간 존재에서 유기체적으로 주어진 단층이다. 개인은 자연적 사건의 경과에 참여하고 환경에 변화를 가져오기 위하여, 물리적 환경과 상호작용하며 자신의 신체를 사용한다. 신체는 개인의 심리적 상태를 담아내며 정서적 반응을 통해 자신을 표현한다. 이러한 유기체적 단층은 정태적인 것으로 주어진 것이 아니다. 그것은 무력한 유아가 성장하여 어른이 되고, 시간이 흘러 신체가 퇴화하기까지, 역사적으로 변화하는 단층이다. 자신의 플롯은 유전적으로 만들어진 신체적 영역 및 개인의 특질뿐만 아니라, 유기체적으로 생겨난 욕구의 변화에 주의를 기울인다. 그것은 삶의 사건들이 생겨나는 사회적 문화적 배경과, 다른 사람들의 반응 및 요청에 주의를 기울인다. 부상과 질병, 많은 재산, 성공, 그리고 성취들, 그리고 패배와 실패들은 모두 전체 플롯과의 관련 속에서 의미를 가진다.

자신의 플롯에서 나타나는 행동하려는 일련의 성향과 경향들은 그가 특정하게 연기하려는 역할들을 보여준다. 플롯이 드라마 비유와 연결되기 때문에, 사회적 역할의 수행은 개인의 플롯 전개와 혼동될 수 있다. 무대 위의 배우가 마치 자신이 다른 사람인 것처럼 행동하고 자신을 청중에게 연극 중의 인물로 보이도록 역할 연기를 하는 것처럼, 사람들이 사는 사회적 배경들은 행위를 이끄는 수단이 될 수 있는 사전에 정해진 역할들을 제공한다. 사람들은 자신의 이야기들의 측면들을 허구적인 내러티브와 드라마로부터 빌려 오며,

인물들을 통해 질투의 깊이와 약속을 어기는 것의 결과들과 같은 관념들을 배운다.

사회적 역할을 하는 것은 개인의 삶을 자신의 정체성인 플롯으로 구성하는 것과 동일한 것이 아니다. 사회적 역할을 연기한다는 것은 개인이 자신의 행동을 해나가며 활기 있게 만드는 방법이며, 어떤 인물의 역을—평생에 걸쳐 맡는 많은 역들 중에서—맡는 것은 삶의 이야기의 내용을 구성하는 에피소드들 중의 하나만을 보여주는 것이다. 사람은 자신의 사는 동안 일시적으로 자신의 정체성을 부여해주는 매우 다른 인물들의 역할을 한다. 그러나 이러한 다양한 역할들은—"조숙한 아이", "좋은 학생", "빠른 선수" 등은—인생 플롯에 의해 규정되는 한 사람의 하나의 사건의 관점에서 의미를 가진다.

Alasdair MacIntyre는 플롯과 인생 사이의 관계에 대하여 말했다. "분명히… 인간의 삶은 결정된 형태, 어떤 종류의 이야기의 형태를 가지고 있다. 시나 모험담들이 남녀 사람들에게 일어난 일들을 이야기하는 것에 그치지 않고, 그러한 내러티브 형식을 통해 시나 모험담들이 그것과 관련된 삶 속에 이미 존재하는 형식을 취하게 된다는 것이다." 문화들은 바로 그 구성원들이 자신을 형성하는 데 채택할 수 있는 특정한 유형의 플롯들을 제공하는 것이다. 이러한 플롯의 개요들은 신화나 동화들을 통해, 영웅담을 통해, 그리고 드라마 구성을 통해 문화 속에서 보존되고 전달된다. 북미 문화에서 보면 그것들은 영화, 텔레비전 드라마, 만화책, 그리고 소설들에 의해 전달되고 있다. 비록 삶의 플롯의 내용이 각각의 사람에게 독특하다고 할지라도, 그것은 일반적인 플롯의 개요의 특징들을 공유할 수 있다. 예를 들어 개인 삶의 이야기들은 선의와 순수성을 가진 사람이 많은 고통과 고난을 겪는 비극적 이야기의 개요에 따른 플롯으로, 혹은 어떤 사람이 대의명분을 위한 투쟁에 관련된다는 일반적인 영웅담에 따른 플롯으로 구성될 수 있다.

어떤 사람을 다른 모든 사람들과 구별시키는 것은 발견뿐만 아니라 구성이다. 왜냐하면 개인의 이야기는 끝이 열려 있고 완결된 것이 아니기 때문이다. 내러티브의 과정 중에 있는 것으로서의 자아의 실현은 그가 미래에 어떠할지를 상상하고 이것이 그가 되기를 원하는 것인지를 판단하기 위하여, 과거에 그가 어떠했는지를 함께 엮어내는 것에 기여한다. 삶은 단순한 이야기책이 아니다. 삶은 사는 것이며, 이야기는 말하는 것이다. 삶의 이야기는 살아온 삶을 다시 기술하는 것이며 자아의 여러 측면을 통합하는 수단이다. 삶은 실체가 아니기 때문에, 그리고 삶은 잠재된 것을 현실태로 바꾸는 행위들로 구성되기 때문에, 삶에 대한 이야기는 편집되고 개작될 수 있는 것이다. 그것은 변화될 수 있다. 자신의 삶의 사건들로부터 자신이 만든 이야기는 도덕적 특질을 가지며 따라서 가치가 많고 적은지를 판단할 수 있다고 Nietzsche는 생각했다. Nietzsche에 의하면 자아는 항상 동일한 불변의 실체가 아니다. 오히려 자아는 되어지는 존재, 만들어지는 존재이다. 자아는 자신을 직접적으로 알지 못하며, 자기 해석의 표시와 상징들을 통해서 간접적으로만 자신을 알 수 있다. 그러한 자아는 형상화된 혹은 표상화된 자신이며, 자아가 존재가 될 수 있는 것은 자신이 스스로에게 부여한 형상화를 통해서이다.

동일성을 유지하는 진정한 실체 없이 개인의 행위를 자신의 이야기로 형상화하는 과정에는 두 가지 위험이 있다. 첫째는 의심의 해석학에서 제기하는 것으로서, 진정한 행위를 형상화하는 것이 아니라 욕구를 투사하는 자기만의 이야기를 만드는 것이다. 두 번째 위험은 자신의 이야기를 만드는 것을 거부하고 문화의 허구적인 내러티브에 의해 제공되는 상상의 다양한 변인들 사이에서 목적 없이 방황하는 것이다. 이러한 위험에는 자신이 되는 것의 실패, 그리고 자기 이해 및 자기 정체성의 결여가 포함된다. 개인의 삶의 일관성은 자신이 미래의 행동에서도 일관성을 가질 것이라는 약속에 의해 생겨난다. 다른 사람에게 어떤 방식으로 행동할지를 약속하는 것, 그리고 파트너나 단체와 맺은 계약은 행동 및 행동에 의해 형성된 내러티브적 기술의 계속성을 유지할 것을 전제한다. 어떤 심리치료는 내담자가 자신의 행위의 통합되지 않은 파편들로부터 의미 있는 이야기를 구성하도록 돕는 일을 하는 것으로 이해된다.

Nietzsche는 존경할 만한 사람은 자신의 사고, 욕망, 행동들을 되는대로 하는 사람이 아니라, "모든 경우에 스타일이 있음을 보여주는 민첩한 방식으로" 사고, 욕망, 행동들을 연결시키는 사람이라고 믿는다. Nietzsche는 존경할 만한 자아는 강력하고 갈등하는, 그러나 조절되고 조화된, 수많은 경향성들로 구성된다고 주장한다. 이러한 경향성들이 약점과 모방성 때문에 일관성을 가지게 되는 것이라고 할지라도, 존경할 만한 사람은 자신의 일관성 있는 스타일을 창조함으로써 많은 경향성들을 조화시킨다. Nietzsche의 삶의 모델은 문학이었으며, 그는 문학 작품이 만들어지는 방식으로 삶이 만들어져야 한다는 생각을 강조하였다. 그는 과거의 사건들이 변할 수는 없지만 그것들을 현재에 연결시키는 데 사용되는 내러티브는 바꿀 수 있으며, 이러한 방식으로 우리의 과거의 사건들조차도 행동들로, 즉 우리가 기꺼이 책임을 지고자 하는 사건들로 탈바꿈할 수 있는 것이다.

개인의 삶의 사건들은 여러 관점들을 가지고 읽을 수 있으며, 다양한 종류의 플롯에 따라 달라진다. 이야기에 대한 다른 이해들의 수는 제한되며, (어떤 문장에 대한 다른 이해들이 주어진 단어들에 부합되어야 하듯이) 주어진 사건들에 부합되어야 한다. Nietzsche의 관심은 사람들이 단순히 문화적으로 주어진 플롯의 줄거리를 따른다는 것이다.—예를 들면, 선한 행실 혹은 믿음에 의해 구원을 얻는다는 기독교적 플롯의 줄거리, 혹은 프로이드적 플롯의 줄거리인 "유아와 영아기를 짐승으로서, 다른 말로는 이드라고 알려진 것으로 시작하며, 그것의 본성에 적대적인 문명의 발달 과정에서 좌절을 통해 길들여지고 사육된 짐승으로서 마친다."는 것이 있다. Nietzsche는 개인의 정체성이 질과 스타일을 갖춘 창조적인 작품이 되기를 원했다.

이상은 교육학의 핵심 주제인 인간의 존재를 기술하는 데 있어서, 인간의 존재는 객관적인 시간과 공간의 단계 안에 있을 뿐만 아니라 그것 밖에 있다는 말에 기초하였다. 해석학적으로 표현되는 인간 존재의 영역을 형식과학의 틀에 맞추기 위해서 분해하는 것은 교육학(인문사회과학)이 알고자 탐구하는 주제를 오해하는 것이고 왜곡시키는 것이다. 인간 존재는 언어적 환경 안에서 일어나며, 그것에 의해 형성된다. 이때 내러티브는 사람들이 그들의 삶의 의미 영역을 구성하고 그것을 의미 있는 것으로 이해하는 데 일차적인 형식이 되는 것이다.

2. 내러티브 자아 구성[36]

가. 등장 배경

최근 교육학 분야에서 내러티브에 대한 관심이 증가하고 있다. 물론 전공 영역이나 연구 주제에 따라서 경험 중심의 과학적 연구의 필요성을 인정하나 전체적인 시각으로 바라보면 기존의 실증주의를 넘어서고자 하는 경향이 큰 것이 사실이다. 이러한 관심은 포스트모더니즘 이후 변화된 패러다임이 교육에 큰 영향을 미친 결과일 것이다. 즉 교육은 학생들이 이론적 지식의 양적인 습득의 문제가 아니라 학습자의 질적인 성장과 그들의 삶과 밀접한 관련이 있어야 하는 것이다. 이것은 기존의 고답적인 자아개발이 아니라 자아를 바라보는 새로운 입장에서의 내러티브 자아, 관계적이고 교류적인 자아를 구성해가는 일에서 시작할 수 있다.

갓난아이의 의식 세계는 '나'와 '세계'의 구분이 없이 그저 두리뭉실하게 뭉쳐 있는 한 딩어리나. '내가 세계이고, 세계가 나'인 것처럼 '나'를 따로 구분할 수 없는 것이다. 다른 말로 표현하면 자아의식, 자아개념이 없는 상태이다. 그저 부모가 불러주는 '철수'가 '나'인 셈이다. 그러나 시간이 지나면서 내 욕구대로 세상이 움직이지 않는다는 것을 경험하기 시작하면서 점점 세계와 나를 구별하기 시작하며 자아의식이 싹트게 된다(정범모, 1997: 52). 이러던 아이가 조금 더 성장하면 거울 속 자신의 모습을 쳐다보며 질문한다. '엄마, 난 누구

---

36 내러티브 자아 구성은 자기 주도성 문제로 접근한 노진규·강현석(2021c)에 토대를 두고 있음.

야?' 아이들은 언제부터인가 세상에서 '나'란 존재에 대하여 호기심이 생기고 이 과정에서 세상에서 하나 뿐인 '나'의 존재를 인식하기 시작한다. 우리는 철학이나 심리학 영역에서 이와 같은 질문에 탐구 대상이 되는 개념을 '자아(自我)'라고 부른다. 인간이 삶의 가치를 찾아가는 과정은 '자아(自我)' 존재를 인식하는 것에서 시작한다. 특히, '나는 누구인가?'에 대한 자문(自問)은 중요하다.

그런데 자아와 관련하여 기존 학교 교육의 방향에 대한 의문이 생긴다. 송슬기·곽덕주(2016)는 학교교육에서 학생들의 자아가 경험 과학적 연구 결과에 의존한 개인의 심리적 특성에 초점을 두어 이루어졌고, 결과적으로 학생들이 자신의 삶을 인식하고 자신을 이해하고 자신의 삶의 의미와 가치를 중요하게 생각하는 진정한 정체성 형성이 부족하다고 문제의식을 제기한다. 정경훈(2021)은 신경과학적 입장으로, 프로이드, 라캉, 신경과학, 유식의 자아론을 통하여 자아가 가상현실이고 중층적인 특성을 가졌다고 논의한다. 이 외에도 자아와 관련된 심리학 분야의 연구는 개인의 인지, 언어발달, 성격, 사회성, 지능, 인지양식, 사회성 영역에서 실증적인 방법으로 자아의 객관적 의미를 찾고자 노력했다.

사실 인식론적 정초주의(foundationalism)에서 지식의 확실한 토대를 마련하고자 하는 노력은 자연과학이 발전하면서 인간 이성에 대한 확고한 믿음을 가진 계몽주의와 관련이 있다. 과학적 지식이 가지는 합리성은 세계를 보다 정확하게 예측하는 통제력을 가지고 이러한 과학적 학문의 성과는 객관적 성격의 실재에 관련한 진리를 파악하는 것으로 여겨지기 때문이다. 그런데 문제는 객관주의적 태도에서는 지식을 인식 주체와는 무관하게 주체 밖에서 실재를 찾는다는 점이다. 객관주의적 인식론에서는 인식의 주체와 객체를 이분법적으로 나눈다. 여기서 인식 주체는 무엇인가를 알고 지각하는 바가 되고, 객체는 알려지고 지각되어지는 대상화 존재가 된다. 결국 객관적 실재를 표상하려는 보편적 방법의 추구는 현실과 실재를 있는 그대로 재현할 수 있다는 믿음에 근거한 것이고, 이러한 확실하고도 객관적인 지식과 방법의 추구를 실현시키는 중심적 주체가 '이성적 자아'인 것이다.

그러나 이후 근대 이성중심주의와 계몽주의에 대한 비판이 니체(Nietsche)를 시작으로 하이데거(Heidegger), 가다머(Gardaner) 등에 의하여 사고하는 주체로서 인간을 세계 안의 존재로 보는 새로운 주체성을 설명하였다(장사형, 2020: 58). 또한 포스트모던적 시각에서 자아는 구성적인 성격에서 문화적, 사회적, 역사적 실제를 인정하는 주체로서 바라본다. 여기서 학생은 순응하고 고착된 주체가 아니라 타자와의 다양한 소통을 통해 만들어져 가고, 창조적인 새로운 대안을 만들어 내는 주체적 의미를 지니게 된다(박병락, 2007: 83).

이와 관련하여 인간 주체 및 자아와 관련한 새로운 방향의 연구도 다양한 분야에서 의미 있게 진행되고 있다. 박라미(2006)는 자아를 현상학적 입장에서 미술 교육을 중심으로 학습자의 의미를 살펴보았고, 고미숙(2014)은 자아실현의 도덕적 의미라는 주제로 그동안 자아의 의미에 개인적, 심리적, 능력적 측면으로 접근하면서 진정한 의미의 존재적 측면이 간과된 것에 대한 아쉬움을 설명한다. 특히 문학 분야의 자아 관련 연구는 인간이 말과 글을 통하여 자신의 생각과 감정을 전달하는 과정 속에서 자아의 의미를 찾는다는 점, 문학의 네 갈래(서정, 서사, 수필, 희곡) 모두 자아와 세계 사이의 관계 속에서 내러티브가 작용한다는 점에서 상당한 공통점이 있다[37]. 최근에는 자아의 존재를 개인의 이해와 해석, 성장, 구성, 발견의 측면에서 바라보고자 하는 시도가 사회 각 영역에서 다양하게 전개되고 있다. 또 흥미롭게 노벨경제학상을 수상한 최초의 심리학자인 Daniel Kahneman은 인간은 기억하는 자아는 소중히 대하면서 자신의 삶을 살아가는 경험 자아의 소중함은 모른다고 지적하면서 기억 자아의 횡포로 경험 자아가 설 곳이 없는 한 인간은 불행하다고 설파하였다(이진원 역, 2012: 466-467).

그렇다. 누구든 자아에 대한 고민이 삶의 전체적인 상황에 대한 궁금증으로 확장된다. 본 연구에서는 자아와 삶이란 결국 개인의 이야기라는 관점으로 바라보고자 한다. 생활 속에서도 이와 관련된 상황을 쉽게 살펴볼 수 있는데, 개인은 가정이라는 울타리 속에서 부모와 나의 이야기를 그려나가고, 학생들은 위인전 이야기로 삶의 지혜를 배운다. 흥미로운 점은 학생이든 성인이든 이야기에 관심이 많다는 점이다. 사람들이 생활 속 타인의 이야기에서 자아의 문제를 나와 관련하며 각자 나름의 내러티브적 가치를 만들어 간다. 이러한 관점은 자아의 구성에 문학적 요소가 크게 관련되어 있음을 알 수 있다. 인간이 말과 글을 통해서 사고와 감정을 전달하는 것이 문학의 갈래(서정, 서사, 교술, 희곡) 등으로 굳이 구분 짓지 않더라도 자아와 세계의 관계 속에서 일어나는 삶의 양상에 대한 표출이라는 측면에서 기본적으로 타당한 설명이기 때문이다. Polkinghorne(1988)도

37 자아의 세계화인 교술, 세계의 자아화인 서정, 세계와 자아의 갈등인 서사 및 희곡 등으로 분석할 수 있다. 이점과 관련하여 문학(교육) 분야에서의 풍부한 심사와 제안을 해주신 심사자께 감사드린다.

문학과 내러티브와 관련하여 독자와 텍스트 사이의 상호작용 과정을 통하여 세계를 구성해 나가는 과정이며, 해석은 텍스트에 결정된 의미를 발견하는 것이 아니라 오히려 의미를 창조하는 경험이라고 설명하기도 했다.

이야기로서 내러티브는 인간의 자연스러운 욕구인 이야기를 통하여 우리의 삶을 이해하도록 도움을 줄 수 있다. 특히 우리 삶에서 경험은 이야기 형식을 필요로 하는데, 경험들 자체로서 의미에 이야기 형식이 더해질 때 망각되지 않고 삶의 의미가 더해질 수 있다. 인간의 삶은 이야기적 삶이고 우리는 이야기를 통하여 인간의 경험을 이해할 수 있다. 이야기를 통하여 우리는 인간다운 삶을 살아갈 수 있는 것이다. 그리고 개인의 자아 역시 이러한 이야기 속에서 더 확장되고 완성되어 나아가는 것이다.

이야기와 함께 하는 인간 이해의 핵심 개념인 자아(self)와 자아의 정체성(identity)에 대한 논의는 20세기 후반부터 활발히 이루어졌다. 특히 인류학, 언어학, 심리학, 사회학, 역사학 등 다양한 분야의 연구들에서 언어적 전략이 인간의 정체성을 창출하고 협상하는 데 중요한 역할을 담당하고 있음을 설명하는 데 주목해야 한다. Polkinghorne(1988)은 내러티브란 이야기 형식으로 표현되는 조직적 도식이라고 설명하고, Clandinin & Connelly(2000)는 내러티브를 단순한 이야기의 수준을 넘어서 사건을 담는 이야기로 정의하며 개인의 고유하고 개별적이며 특수한 사건의 경험을 포함한다고 말한다. Bruner(2002)는 자아와 관련하여 이야기를 통해 우리의 삶을 의미 있게 만드는 새로운 방식을 제안하였다. 우리가 자신의 이야기를 어떻게 만드는지 이해하고 교육의 새로운 가능성을 제시한 것이다. 이야기는 우리 세상에 만연해 있고 세계를 이해하는 새로운 방식을 제시한다. 우리 모두가 이야기를 만들고 이야기를 듣는 것을 좋아하는 것처럼 이야기는 우리 삶의 근본이지만 이야기의 가치에 대한 제대로 된 판단을 내리지 못하는 실정이다. 국내 학자인 한승희(2006)는 '내러티브'를 경험과 지식을 조직하고 구성하는 자연스럽고 쉬운 방법으로 이야기를 만드는 것이라고 설명한다. 강현석(2005; 2008; 2015; 2020)은 교육 문화학, 내러티브의 의미와 가치에 대한 다방면의 연구를 통해 내러티브 자아의 중요성을 논의하였다.

인간 정체성의 형성과 관련한 언어적 과정과 전략의 발전 속에서 본 연구에서는 브루너가 이야기하는 내러티브와 이를 통한 자아의 구성에 집중한다. 브루너는 1980년대 이후부터 과거 지식의 구조에 대한 논의에서 발전하여 내러티브에 대한 논의로 강조점을 전환했다. 특히 그가 집필한 다양한 저서나 논문을 통하여 이를 확인할 수 있으며 본 연구에서는 이를 적극 활용하고자 한다. *Actual Minds Possible Worlds*(1986), *Act of Meaning*(1990), *The Culture of Education*(1996), *Making Stories: Law, Literature, Life*(2002) 등이다. 특히 주목해야 할 점은 대부분의 저서에서 내러티브의 의미와 자아의 구성과 관련된 문제를 다룬다는 사실이다. 브루너 역시 자아의 중요성에 대한 가치를 인식하였으며 이는 내러티브적 방법을 통하여 바르게 생성할 수 있다는 생각을 가졌다.

나. 내러티브 속 자아의 의미

이하에서는 그동안 자아 관련 연구 및 개념이 지나치게 합리주의,

논리적 실증주의(logical positivism)에 집중하였고, 인간의 행동을 분석하고, 통제할 수 있다는 신념에 기반한 것은 아닌지에 대한 반성으로 시작한다. 이와 같은 패러다임에서는 세계에 대한 지식이 철저하게 경험에 근거해야 한다고 생각한다. 하지만 교육을 인간의 마음 형성이라는 측면에서 바라보면 과연 이와 같은 실증주의적 측면이 올바른지에 대한 의문이 생긴다. 왜냐하면 마음이란 창조를 기반으로 하는 생성적 성격의 과정이기 때문이다. 그래서 본 장에서는 자아에 대한 새로운 가능성으로 내러티브 자아(narrative self)를 제시한다. 이를 기반으로 브루너의 내러티브를 통한 자아의 구성에 대한 가능성을 찾고자 한다.

1) 심리학 기반의 자아 관련 연구

자아라는 용어는 심리학, 철학 등 교육학 분야에 따라서 다양한 의미로 사용된다. 그래서 '자아'라는 용어를 일반적으로 사용하는 하나의 개념으로 일치하기에는 한계가 있어 보인다. 아마도 자아의 개념과 관련하여 가장 세분화하고 전문적으로 연구하는 분야는 심리학 영역일 것이다. 심리학에서 자아의 개념은 자아(self), 자신(ego), 자아지식(self-knowledge), 자아정체(self-identity), 자기이해(self-understanding), 자아상(self-image), 자아존중감(self-understanding), 현상적 자아(phenomenal self) 등 다양한 의미로 활용된다(송인섭, 2013: 20). 자아에 대한 다양한 정의는 심리학 분야의 다양한 연구를 기반으로 형성되었으며, 관찰하기 어렵거나 실험으로 연구하기 불가능한 주제는 심리학 분야에서 받아들이기를 거부하였고 해석적, 질적인 방법을 통한 연구 결론은 인정하지 않으려는 태도도 강했다.

자아와 관련하여 초창기 연구로 정신분석학 영역의 프로이드(Freud, 1856-1939)는 자아를 에고(ego), 이드(id), 초자아(super-ego)로 구분하여 설명했다. 우리는 흔히 에고(ego)의 영역을 자아라고 이야기하고 이드(id)는 충동의 영역으로 생물학적인 본능을 의미한다. 초자아(super-ego)는 도덕적인 감정으로 양심의 가책을 불러일으킨다. 인간들의 사회적 관계 속에서 절제를 담당하는 것이 초자아의 역할이다. 자아는 이드의 요구와 초자아로부터 절제를 받아들이며 외부의 자극을 조정하는 역할을 한다. 중재자인 에고의 조절로 이드와 초자아가 적절하게 조화가 되면 인간은 건강하고 건전하게 사회생활과 개인생활을 할 수 있는 것이다. 에릭슨(Erikson, 1902-1994)은 미국 최초의 소아정신 분석가로서 아동 심리 연구를 하였다. 청년기 학생들은 '나는 누구인가?', '나는 무엇을 좋아하는가?', '나는 어떻게 살아가야 하는가?'와 같이 일상적인 맥락 속에서의 자아와 관련된 물음을 가진다. 이를 심리학적으로 분석하면 유일한 존재인 '나'는 시간의 연속성인 과거, 현재 미래의 '나' 와 합쳐지는 경험으로부터 생성되는 자신(自身)이다. 프로이드 이론을 심화시킨 에릭슨의 심리 사회적 발달 이론(psychosocial development theory)은 모든 유기체는 특정한 목적을 가지고 태어났으며 성공적으로 발달하면 이 목적을 완수한다는 후성설(epigenesis)을 기반으로 한다.

이 외에도 심리학의 핵심 주제가 자아와 관련된 개념이라고 할 정도로 자아개념은 심리학 분야에서 중요한 개념이 되었다. W. James는 자아가 상호작용에 의해 영향을 받는다고 하였고, C. H. Cooly는 자아개념에 새로운 사회적 관점을 도입하기도 하였다. 또한 Mead는 Kant와 Hegel 이후 주체와 객체의 구별에 시사를 받아서 '나'와 '나를'로 발전시켰다. 이 외에도 자아개념을 심리적 관점으로 보는 학자들은 각 영역별로 다양하다(송인섭, 2013).

그런데 우리는 심리학 영역에서 자아의 의미와 관련된 연구에 대하여 현실과 관련하여 제기되는 몇 가지 질문을 가질 수 있다. 예를 들어 프로이드와 에릭슨 등 심리학자들의 아이디어와 관련하여 인간의 정신 혹은 발달을 특정 시기별로 구분 짓고, 이 단계의 결핍 혹은 발달의 요소만으로 자아를 객관적으로 설명 가능한지에 대한 의문이다. 우리는 발달상 단계적 구분이 개인마다 정확히 들어맞는 하나의 정답이 아님을 경험적으로 느낄 수 있다. 개인마다 살아가는 환경, 문화가 다르고 이에 따른 자아의 구성 차이가 존재한다는 것을 알고 있는 것이다. 대부분의 심리학 연구가 20세기 중반부터 미국, 유럽의 일부 국가에서 활발히 진행되었고, 서양 문화권의 학문적 결과가 아시아권 지역의 우리 상황에 꼭 들어맞는 것은 아니다. 오히려 우리는 지금 우리 문화 속에서 자아의 생성, 성장에 대한 관심이 더 크다.

최근에는 인지 심리학 분야의 획기적인 발전으로 뇌 과학 연구에서는 나와 너의 차이를 두뇌의 기능으로 설명하기도 한다. 우리는 타인과 같은 의견을 가질 수 있지만 똑같은 생각을 한다는 것은 불가능하다. 누군가와 깊은 공감을 한다고 하더라도 완벽히 타인과 똑같은 느낌을 가질 수는 없는 것이다. 이것이 나와 너의 차이다. 이 차이는 누군가에 의한 배움으로 형성되는 것은 아니다. 단지 태어난 순간부터 계속적으로 변화하는 뇌에 의한 것이다. 나의 뇌는 세상에서 딱 하나뿐이고 누구도 나와 같은 뇌를 가질 수는 없다는 설명이다(박문호, 2008).

이상의 연구 결과만으로도 우리는 자아와 관련된 연구 방향이 심리학적 관점으로 편향되었다는 점을 느낀다. 특히 방법론적 측면에서도 실증주의에 기반한 결과물이 주류였다. 이는 그동안의 심리학 연구가 인간의 행동을 학문적으로 바로 보고 이와 관련된 기능을 알고자 하는 경향이 지배적이었기 때문이다. 교육학 분야에 많은 영향을 끼친 실증주의는 인식론적으로는 경험주의와 방법론적 측면의 과학주의가 통합되어 있다. 그런데 자연과학이 모델인 실증주의 방법론을 인간과 사회의 세계를 이해하기 위한 분석 수단으로 활용한다면 과연 어느 수준까지 적용할 수 있을까에 대한 의문이 존재한다. 다시 말하여 사회과학의 실증주의 방법론의 정당성 혹은 적절성과 관련한 문제를 제기할 수 있는 것인가의 문제이다. 이 문제의 핵심은 자연과학의 관찰 대상인 '자연'과 사회과학의 관찰 대상인 '인간'과 '사회'를 동일한 본질을 가진 대상으로 구분할 수 있는지와 관련한 문제에서 출발한다. 자연 과학과 사회 과학 사이의 '자연'과 '인간', '사회'의 차이에도 불구하고 '사회'를 과학적으로 관찰하고 연구하는 데서 연구 방법상의 아쉬움이 느껴진다. 그래서 본 연구에서는 교육학 분야에서 자아 개념을 이와 달리 해석하고자 하는 것이다. 교육이 자아를 형성하는 과정이라는 측면에서 본다면 자아 관련 요인의 분석 및 연구에 초점을 두는 것이 아니라 자아를 형성해 나아가는 과정과 생성적 측면에 초점을 두어야 한다. 그래서 본 연구에서는 이와 관련한 해답을 브루너의 내러티브적 자아에서 찾고자 한다.

브루너는 기존의 심리학이 인간의 마음을 컴퓨터가 작동하는 정보처리 방식인 연산적 관점(computationalism)으로 설명하였기에 인간 마음의 본질에 대한 탐구를 놓쳤다고 비판하였다. 그리고 그 대안으로 인간이 창안한 문화에 주목하면서 마음과 사고에 관련된 연구로 전환할 것을 촉구하였다. 브루너는 기존의 정보처리 방식을 비판하고 문화 속에서 의미를 구성하는 문화주의 관점(culturalism)을 제안한다. 기존의 방식이 철저히 패러다임적이고 탈맥락적이고 과학적이며 실증적이라면 후자의 방식은 맥락적이고 해석적이며 관점지향적이다(강현석, 2020: 221). 또한 브루너는 기존의 이성을 기반으로 하고 있는 실증주의적 인식론에 대한 대안으로 생성적 인식론을 상정(想定)하였다. 실증주의적 인식론이 경험 중심의 논리성과 합리성을 중심으로 하는 인식론이라면 생성적인 인식론에서 인간은 스스로 변용과 창조를 하는 나가는 생성적 존재로 바라볼 수 있다. 그래서 교육은 진리의 인식이 아니라 지식 자체를 스스로 생성해 나가는 경험이자 학습자의 구성적 능력을 발휘하는 과정으로 바라볼 수 있는 것이다. 이와 같은 인식론적 변화의 중심에는 내러티브 인식론(narrative ways of knowing)이 자리 잡고 있다(강현석, 2005).

2) 내러티브 자아(narrative self)의 새로운 가능성

듀이는 『경험으로서의 예술』에서 인간의 마음은 개인적 측면에서 욕망, 욕구와 필요, 관심, 목적 등으로 구성되어 있으며, 지식과 정서를 비롯하여 개인의 생애를 통하여 획득된 경험의 결과 전부가 들어있다고 말한다. 그래서 개인의 마음에는 사회의 전통, 관습, 공통의 목적을 포함하고 있는 것이다. 이 모든 것들이 통합된 전체로서 마음은 인간이 경험하는 과정에서 의식적이든 무의식적이든 필연적으로 작용하며, 경험 대상과 교변작용 하는 것이다(Dewey, 1934; 박철홍 역, 2016: 110). 그래서 그는 자아와 관련하여 '자아는 어떻게 형성되는가?'라는 동사형 질문에 초점을 두었다. 이는 인간의 자아가 개인의 고유한 능력을 삶 속에서 구현해 나가는 과정이라는 의미를 가진다. 인간은 자신을 둘러싸고 있는 주변의 인간성을 총체적으로 흡수하며 자아를 형성한다는 것이 듀이의 자아 형성 과정의 기본 원리다(권영민, 2018).

듀이의 이와 같은 경험 이론은 브루너의 내러티브 방식과 관련된다. 패러다임적 방식이 논리의 규칙에 의해 지배되는 보편적인 방식이라면, 내러티브 방식은 스토리텔링을 통하여 의미를 생성해 나간다. 그리고 자아와 관련하여 인간이 삶에서 가능성을 발견하고 탐색해 나가는 하나의 매체가 될 수 있다. 이는 내러티브 사고를 통한 실재의 해석과 내러티브적 구성의 관점에서 보면 전통적인 인식론을 넘어서는 구성주의적 실재론을 포함하는 것이다. 세상은 인식 주체와 구분된 독립적이고 객관적인 실재가 아니라 주체에 의하여 발견되고 새롭게 구성되어 진화하는 구성개념(construct)으로 보는 것이 더 타당하다. 이를 위해서는 해석학적 사고, 구성주의 인식론, 내러티브 사고에 비추어 세상을 새롭게 바라보아야 하는 것이다(강현석, 2020: 228).

듀이와 브루너의 생성적 관점, 구성적 관점과 관련하여 자아를 바라보면 내러티브 자아(narrative self), 이야기적 자아로 생각해 볼 수 있다. 매킨타이어는 인간은 근본적으로 이야기를 하는 동물이며, 우리가 삶을 서사적으로 살아가고 서사에 의하여 자신의 삶을 이해한다는 사실을 강조했다(장사형, 2020: 64). 이는 인간은 이야기를 통하여 자아를 형성하고 이야기적 삶의 관계 속에서 삶을 살아감을 의미하는 것이다. 인간은 삶의 방식을 위한 자신만의 고유한 방식을 가지고 나름의 방식에 따라서 자기 자신에게 스스로 진실한 삶을 살아가기 위해 노력한다. 타인의 방식이 아니라 자신만의 고유성에 따라 각자의 삶을 완성할 때 우리는 비로소 '나의 삶'을 완성할 수 있는 것이다.

교육의 관점에서 내러티브 자아(혹은 서사적 자아)는 자신의 삶을 하나의 이야기로 구성하고 해석하는 과정에서 형성해 가는 자아이다. 따라서 외부의 규범이나 법칙에 의해서가 아니라 자신의 삶에 대한 이야기로서 서사를 통하여 자신의 정체성을 스스로 찾아가는 과정이다. 서사적으로 살아가는 삶은 이러한 탐구를 통하여 더욱 선에 관한 자기의 인식을 증가시키는 삶인 것이다(장사형, 2020: 72). 우리는 이러한 자아와 관련된 생각의 변화에 관하여 주의를 기울여야 한다. 자아의 구성 요소를 구분하여 설명하고, 자아 존중감의 요소에 대하여 분석하고, 학생들의 자아 정체감 수준과 관련 요인에 관련하여 연구하여 이를 채워주는 요인을 설명하는 것이 아니라 이제는 자아를 형성해 나아가는 과정으로서, 전체 속에서 상호작용하는 과정 속에서 성장해 나아가는 과정으로 관심이 필요한 것이다. 이 점과 관련하여 브루너는 보편적으로 간주되는 자아나 자아성(selfhood)의 두 가지 측면, 즉 주체적 행위(agency)와 자기 평가를 검토하면서 특히 자아 존중감을 주체적 효능감과 자기평가의 결합으로 강조하고 있다(Bruner, 1996: 37-38). 이는 심리학 영역의 자아 개념을 개인의 문화 속, 삶 속으로 확장하는 것이며 또한 자아 생성 과정에 초점을 두는 새로운 방향의 전환을 의미한다.

브루너는 내러티브를 자아의 마음을 구성하는 방식으로 설명한다. 내러티브 사고는 인간의 마음을 구성하는 인지작용이면서 동시에 세상의 실재를 만드는 방식이다. '실재'는 내러티브 사고에 의하여 구성(narrative construal of reality)될 수 있다(강현석, 2020: 221). 그래서 자아는 마음을 활용하여 의미를 만든다. 의미를 만드는 행위는 대화를 통해서 이루어지며 이 대화는 자신과의 대화, 타자와의 대화뿐만 아니라 내러티브 텍스트와 대화도 포함된다. 이런 점에서 자아구성은 문화 속에서 이루어지는 구성이며, Goodman의 세계만들기(world-making) 입장을 기저로 한다(Bruner, 1991). 따라서 이 이야기는 대화로서 단순한 이야기가 아니라 해석을 필요로 하고 여기에서 자아의 이야기가 만들어진다. 결론적으로 내러티브는 사고 양식인 동시에 자아의 경험과 삶을 조직하기 위한 구조인 것이다.

다. 내러티브를 통한 자아의 구성

Bruner는 다양한 저서에서 내러티브와 관련한 다양한 가능성을 제시한다. 『교육의 과정』(1960), 『교육의 적합성』(1973), 『교육의 문화』(1996)는 그의 역작이다. 여기서 우리는 그의 지적 행로가 초창기 합리주의 중심의 탐구 방식에서 발전하여 점차 내러티브 문제에 관심을 기울임을 알 수 있다. 특히 『교육의 문화』(1996)에서는 인간 마음의 문화적인 측면에서 교육의 새로운 가능성 및 인간의 성장 가능성에 대하여 언급한다. 그리고 이를 발전시켜 『이야기 만들기』(2002)에서는 삶 속의 내러티브 생성적 문제를 심층적으로 논의한다. 본 장에서는 브루너의 인식론적 변화를 기반으로 내러티브 사고를 중심으로 하는 내러티브 자아의 구성 가능성에 대하여 살펴보고자 한다. 그리고 자아의 구성 요소에 대한 분석 및 내러티브 자아 속 딜레마의 중요한 가치를 탐색한다.

1) 내러티브 자아의 구성 가능성: 내러티브 사고를 중심으로

내러티브를 통한 자아의 구성의 가능성을 설명하기 위해서 먼저 내러티브 사고에 대한 이해가 필요하다. 인간은 일생의 경험을 조직하면서 크게 두 가지 사고방식을 가지고 있다. 하나는 논리적 규칙에 의한 지배를 받는 패러다임적 사고 양식(paradigmatic mode of though)이고 이를 논리-과학적 사고(logical-scientific thinking)로 부른다. 다른 하나는 스토리텔링을 통해 의미(meaning)를 형성해 가는 내러티브 사고 양식(narrative mode of though)으로 내러티브 사고(narrative thinking)라 부른다. 인간 정신 활동의 대부분은 이 두 가지 양식의 결합이며 그 속에서 조화를 이루게 된다. 브루너는 내러티브란 서사(체)를 말하며 시간적 연쇄 속 일련의 사건들로 구성된 하나의 이야기라고 설명한다. 이야기는 사건들로 구성되고 사건들은 특정한 계열(sequence)을 이루면서 배열되는 것이다. 그래서 내러티브는 사건들의 계열과 사건들이 만들어 내는 이야기에 의하여 특징지어 진다(강현석, 2020).

브루너는 자아 개념을 놀라운 만큼 기발한 개념이고 직관적으로 분명한 개념이기는 하지만 엄밀한 철학자들의 정의에 따르면 포착하기 어렵기로 악명이 높은 것이라 진술하며(Bruner, 2002; 강현석·김경수 역, 2010: 97), 한편으로 자아의 내러티브 구성에 대한 가능성을 언급한다. 자아는 우리가 마주치는 상황 속의 필요에 따라서 지속적으로 새로운 자아를 재구축하면서 과거에 대한 우리의 기억과 미래에 대한 희망과 두려움의 안내를 받아가면서 만들어 가는 것이다. 이를 달리 말하면 우리가 누구이며 무엇을 하고 있고, 무슨 일이 일어났으며 무슨 까닭으로 지금 일을 하는지와 관련하여 하나의 이야기를 만드는 것과 같다(Bruner, 2002; 강현석·김경수 역, 2010: 99). 여기서 내러티브 사고는 인간의 마음을 구성하는 인지 작용인 동시에 실재를 만드는 방식으로 작용한다. 그래서 '실재'는 내러티브 사고에 의해 '구성'될 수 있는 것이다. 한편 인간의 마음은 우리가 의미 만들기를 위해 사용하는 구성의 도구라고 할 수 있는데 이 과정은 대화를 통하여 이루어진다. 대화는 자신과의 대화, 타자와의 대화뿐만 아니라 텍스트와의 대화 등 범위가 넓다. 이때 이야기는 단순한 이야기가 아니라 대화로서의 이야기하기가 중요하다. 이야기하기(story telling)로서 내러티브 사고는 해석을 필요로 하고 이때 이야기 만들기가 가능한 것이다. 내러티브는 사고 양식이면서 동시에 우리의 경험과 삶을 조직하기 위한 구조인 것이다(강현석, 2020: 221).

브루너에게 자아란 이야기에 의하여 묘사되기를 기다리는 대상이다. 우리는 마주하는 상황의 필요성에 따라서 우리의 자아를 구축하게 된다. 이 측면에서 자아의 구성은 내러티브 기술(art)이라고 할 수 있고, 이 과정은 개인 내부로부터 '자율(autonomy)'과 외부적 요인인 사회적 '연관(commitment)'으로 구성된다(한승희, 2016: 82). 내부의 요소에는 개인의 기억, 느낌, 관념, 믿음, 주관성이 있다. 이 내면성의 부분은 시간과 장소를 초월하는 연속성에 대한 우리의 강력한 느낌과 우리 자신에 대한 우리의 감각처럼 선천적이며 인간에게 고유한 것이다. 한편 자아의 구성의 상당 부분은 외부로부터 안으로 들어오는데 그것은 타인에 의한 평가, 우리의 문화에서 기반한 무수한 기대에 근거를 둔다(Bruner, 2002; 강현석·김경수 역, 2010: 100).

이때 내면과 외부 자아의 구성이 어떠한 엄격한 규칙을 따르는 것은 아니다. 단지 우리가 어떠해야 한다고 생각한다든지 일반적으로 자아는 어떠해야 한다고 생각하는 우리의 생각에 의해 좌우될 뿐이다. 그래서 자아 지향적 내러티브는 남들이 우리에게 기대하는 무언가를 표현할 가능성도 있다. 그래서 자아의 본질과 형태가 실제로는 문화적인 관심사라는 결론에 이를 수 있다. 만약 자아가 타인과의 관계 속에서 제대로 연결되지 못한다면 사회적 존재로서 자아의 책임감 결여를 만들어 낸다. 따라서 자아는 공적인 문제이며 어떤 도덕적 질서를 유지할 책임이 있는 곳—가정, 학교, 국가—과 관련된다. 우리는 누구나 자신이 어떠해야 하고 어떠해서는 안 되는지에 대한 암묵적인 문화의 지배를 받는다. 문화는 자신이나 다른 사람에게 자아를 말하기 위한 플롯의 요약과 자아에 대한 전제나 전망을 제공하는 것이다.

한편 자아와 관련하여 내러티브의 생성적인 사고에 대한 고민도 필요하다. 사실 브루너는 지식의 구조와 관련한 발견석 속성을 강조하는 학자로 알려져 있다. 하지만 그의 후기 학문적 행로에 따르면 내러티브를 강조했고 이를 기반으로 지식의 생성적 측면을 강조하는 구성주의적 인식론을 함께 강조하였다는 점에 주의를 기울여야 한다(강현석, 2020). 이 점은 학교에서 아이들에게 무엇을 어떻게 가르치느냐의 문제로 확장된다. 사실 배움이라는 것은 결국 학생들의 마음과 관련된 일이고 학생들이 자신의 경험과 지식을 이야기 방식으로 구성하는 방식이 자연스럽다. 브루너는 특히 자아(self)와 관련된 배움을 중요하게 생각했는데, 내러티브의 생성적 사고방식을 교육방법으로 활용할 것을 제안한 것이다(강현석, 2020: 224).

브루너 내러티브의 생성적 사고와 관련하여 자아의 형성에 개인의 경험이 관여한다면 다음과 같은 설명도 가능하다. 내러티브는 경험의 구조화를 의미한다. 사고양식으로 내러티브는 인간의 경험 구조화 의미가 내재되어 있다. 내러티브는 특정한 방법으로 경험을 구조화하는 것이고 삶의 내용과 계속성에 형식을 부여하는 방식으로 경험을 구조화하는 것이다. 이는 Polkinghorne(1988)의 내러티브 도식(sheme)으로 설명가능하다. 내러티브 도식을 통하여 관계들을 파악하면서 일련의 사건들을 통일된 사건으로 배열하기 위한 내러티브 힘을 빌리는 것이다. 내러티브 배열은 각 요소들이 속한 전체를 파악하면서 개별 사건들을 이해하도록 돕는다. 자아는 확실히 그렇게 '언어화된 사상(事象)'의 하나로서 경험의 덩어리에 일관성과 지속성을 제공하는 이론의 메타 사상으로 생각할 수 있다(Bruner, 2002; 강현석·김경수 역, 2010: 110).

2) 내러티브 자아의 구성 요소

앞서 우리는 내러티브 사고를 기반으로 하는 내러티브 자아의 구성 가능성에 대하여 살펴보았다. 지금부터는 내러티브의 자아 생성 가능성을 기반으로 과연 내러티브 속 자아를 구성하는 요소는 무엇인지 탐색하고자 한다. 그리고 그 범위를 인물, 사건 그리고 이 사이의 맥락과 해석 및 딜레마의 가치로 구분하여 설명하고자 한다. 브루너는 『교육의 문화』(Bruner, 1996; 강현석·이자현 역, 2014: 7장)에서 내러티브의 성격 9가지를 인간적으로 적절한 시간, 개별성, 의도와 이유가 있는 행위, 해석학적 구성, 정통적 규범으로부터 일탈, 지시의 모호성, 갈등 상황, 협상가능성, 역사적 확장으로 제시한다. 본 절에서는 이 부분이 자아의 구성과 매우 밀접한 관련이 있다고 판단하고 인물, 사건, 배경, 맥락이라는 네 가지 구분을 바탕으로 9가지의 특징을 함께 설명하고자 한다.

첫째, 내러티브 인물과 사건

우리가 일반적으로 알고 있는 이야기(story)는 특정한 시·공간 속에서 인물들이 사건을 수행하는 과정을 뜻한다. 우리는 누구나 태어나면서부터 삶이 다할 때까지 수많은 사건 속에서 살아간다. 다행히도 우리는 이 모든 사건들을 기억할 수는 없다. 단지 내가 어느 시점 또는 상황을 되돌아봤을 때 기억에 남아 있는 장면 속의 나를 발견할 뿐이다. 이러한 측면에서 자아는 나의 과거 시간 속 흔적일지도 모르겠다. 아마 우리의 자아를 형성하는 것은 다양한 문제 상황에서 우리가 그 문제를 어떻게 받아들이고 해결했는지에 대한 기억이 중요하다.

이즈음 우리는 내러티브 속 인물과 사건은 자아를 형성하는 중요한 요소임을 알 수 있다. 아이들이 스토리를 읽고(mythos), 그 이야기 속의 주제를 재현하여(mimesis) 인물의 감정에 공감하고(catharsis), 감정이입을 통해서 삶의 지혜를 깨달아서(phronesis), 종국에는 삶을 질서지우는 윤리적(ethos) 주체성을 형성(narrative integrity of life)하는 과정을 내러티브 자아의 발달 과정이라 할 수 있는 것이다(강현석, 2020: 226).

자아형성 과정에서 환경은 매우 중요한 요인이 된다. 자아는 주어진 자극을 무조건적으로 흡수하는 수동적 존재가 아니다. 오히려 개인의 고유성을 삶 속에서 적극적으로 실체화하려 한다. 이는 지구상의 모든 사람들이 제각각 다른 개성을 가지고 살아가고 있음으로 설명 가능하다. 자아는 개별성과 더불어 개인이 겪는 다양성이 함께 하는 것이다. 특히 인간은 나 혼자서는 살아갈 수 없는 사회성이 기본이다. 나는 최소한 가족부터 시작하여 친구, 동료, 사회 속 인물들과 다양한 관계를 맺으며 살아간다. 그래서 내러티브에는 자아 이외에 다양한 인물과 상호작용할 수밖에 없다. 혹자는 '한 사람을 만난다는 것은 그 사람의 인생이 통째로 나에게 오는 것이다.'라고 가치를 더하여 설명하기도 한다. 이 부분에서 자아의 형성에서 부모와 교사의 역할이 얼마나 중요한지 알 수 있다. 그리고 학교 교육의 목표를 굳이 지식 전달에 한정하지 않더라도 학생 개인 자아의 구성을 위하여 어떤 역할을 해야 하는지에 대한 고민이 필요한 것이다.

우리는 어린 시기부터 내러티브 세계로 진입한다. 그들은 오늘 겪었던 일에 대하여 흥미를 가지며 이야기하고 때로는 이야기에 새로운 인물과 사건을 투입한다. 그들의 이야기는 항상 새롭다. 이야기를 통해서 우리는 나름의 세상을 만들고 세상을 배워나간다. 이야기 속 갈등은 이야기를 더욱 흥미진진하게 만든다. 그리고 이 갈등에 새로운 인물이 투입되면 이야기의 내용은 더욱 풍부해지고 새로운 국면을 맞이하기도 한다. 그런데 아직도 이야기를 단순한 이야기 자체로만 바라보아야 하는 것인가? 개인의 이야기는 개인의 역사이고 삶의 토대가 된다. 내러티브 속 삶의 주인공은 나의 이야기로부터 시작한다. 사실 우리의 삶은 무수한 경험으로 가득 차 있지만 이 모든 것을 다 기억하지는 못한다. 그저 수많은 경험들 중 의미를 부여하는 몇 가지만 기억할 뿐이다. 여기서 경험에 의미를 부여한다는 것은 경험에 이야기를 더하는 것이다. 누구나 자신의 삶이 의미가 있기를 원한다. 그리고 이야기의 선후 관계와 맥락을 고려하여 자신만의 삶의 이야기를 만든다. 혹자는 이를 '내러티브 자아'라고 설명한다. 즉 내러티브를 사용함으로써 자아(self)가 만들어진다는 것을 의미하는 것이다(한승희, 2016: 77).

둘째, 내러티브 맥락과 해석의 중요성

내러티브의 배경은 사건의 맥락과 밀접한 관련이 있다. 무슨 일이든 상황 속에는 그 상황이 발생하게 되는 맥락이 존재한다. 이러한 맥락은 사건의 진행 과정에서 필연적이다. 누구는 이러한 상황적 맥락에 대한 거부, 반항으로 상황을 바꾸려 하지만 이 또한 사건 전개의 한 부분일 뿐이다. 맥락이란 간단하게 사건들이 서로 관련되거나 연결된 관계를 뜻한다. 그래서 똑같은 말이나 문장, 상황이라도 맥락에 따라서 전혀 다른 뜻으로 해석될 수도 있는 것이다. 혹은 같은 말이라도 받아들이는 사람의 관점에 따라서 전혀 다른 의미로 받아들일 수 있다.

내러티브 속 맥락과 해석은 인간의 삶에서 발생하는 다양한 행위와 사건에 주목하고 그 의미를 새롭게 창안해 낸다. 그리고 각 요소들의 의미를 전체적인 맥락 속에서 적절하게 배열하며 또 하나의 새로운 의미를 형성한다. 내러티브는 단순한 사건이나 실체의 변화를 말하는 것이 아니라 전체의 의미에 비추어 이해하고 해석하는 활동을 포함한다. 브루너에게 해석의 과정은 다른 사람의 마음을 이해하는 것이다(Bruner, 1996; 강현석·이자현 역, 2014: 100). 완전한 의미에서 다른 사람의 마음을 이해하는 것은 내 마음과 다른 사람의 마음이 일치되는 것, 즉 다른 사람의 마음을 내 마음으로 받아들일 수 있는 것을 의미한다. 교육 상황에도 이러한 일들이 빈번히 일어난다. 교사가 무엇인가를 가르친다는 것은 학생의 마음 상태를 고려하고 학생이 받아들이기 적합한 방식으로 조직하여 가르치기 때문이다. 인간의 존재에 대한 내러티브 관점에 의하면 개인의 삶과 경험을 해석하면서 존재에 주의를 기울일 수 있다.

이즈음 우리는 다음과 같은 고민을 할 수 있다. 맥락을 주어진 채로 받아들이느냐 혹은 자신이 맥락을 만들 수 있느냐의 문제인 것이다. 이와 관련해서 인간은 상상력과 주관을 통하여 현실을 재구성하고 이를 내러티브적으로 표현하는 존재라고 이야기하고 싶다. 내러티브는 현실을 이해하고 해석하는 과정이다. 이는 타자와의 끊임없는 대화의 연속이며 인과적이고 일관적인 해석을 지향한다. 해석은 결국 삶을 이해하고 학생들의 이해 정도를 확인하는 것이다. 결국 인간은 이야기 속에서 살아간다. 우리가 삶에 대한 경험과 지식을 조직하는 가장 자연스러운 방법이 이야기를 만든다. 이야기를 만드는 것은 경험 그대로를 드러내는 것에서 발전하여 특정한 방식으로 새롭게 구조화하는 것이다. 우리는 무언가를 이야기하면서 경험을 해석하고 반영하며 삶을 구성해 간다. 그리고 이 과정이 우리의 삶이자 교수가 되는 것이다. 이처럼 내러티브는 삶을 해석하고 경험을 구조화하는 데 도움을 준다(노진규, 2021: 19-21).

이러한 맥락은 때로 우리 삶에 새로운 의미를 부여하기도 한다. 인간은 아무리 힘든 일이 나에게 오더라도 순간 그 일의 원인과 과정, 결과에 대한 고민을 하기 시작한다. 그리고 나와 관련된 사건의 맥락을 찾아내려 하는 것이다. 이는 나의 삶을 되돌아보거나 혹은 앞으로 나의 삶을 새롭게 그리는 모습이기도 하다. 우리 삶의 문제 상황 속에서 우리는 맥락을 통하여 우리에게 맞는 삶의 의미를 찾을 수 있다. 이와 같은 새로운 의미의 형성은 맥락과 상관없는 독립적인 것이 아니라 개인이 속한 사회 속의 다양한 인과관계 속에서 살아가고 그 과정 속에서 겪게 되는 다양한 경험을 통하여 삶을 새롭게 해석하고 재구성하면서 삶을 이해하는 존재임을 뜻한다.

그래서 때로 맥락은 나를 지키는 힘이 된다. 내가 어느 조직이나 사회 집단에 소속되어 있을 때 우리는 맥락을 잘 파악해야 한다. 건전한 관계를 맺는다는 것은 맥락을 잘 파악하고 이와 관련된 좋은 관계 맺음을 한다는 의미와도 같은 것이다. 상황에 맞추어 혹은 상대방의 의미에 맞추어 생각하고 행동하는 것은 기본적인 맥락적 행동이다.

인간 존재에 대한 내러티브 이론에 의하면 각 연구는 개인이 경험하고 해석하는 것으로서의 존재에 주의를 기울이고 초점을 맞출 필요가 있다. 이러한 해석은 궁극적으로 의미의 질서뿐만 아니라 언어의 과정을 포함하게 되는데 이때 의미의 질서는 언어와 상호작용하면서 언어에 물리적 및 유기체적 질서를 부여하는 것이다(강현석, 2016: 74). 하이데거도 인간 경험의 원형이 해석학적 의미에 있다고 설명하였다. 내러티브는 해석학적 의미가 표현되는 일차적인 틀이라고 할 수 있으며, 인간 존재와 관련된 이론은 내러티브가 중심이 된다는 점을 분명히 해야 한다. 내러티브는 삶의 사건들을 일관성 있고 의미 있는 주제로 연결하는 표현 양식이다.

셋째, 내러티브 구성에서 딜레마의 가치

누구나 삶에 있어서 불만, 좌절, 고민, 갈등의 문제가 없을 수 없다. 딜레마적으로 문제가 너무 없는 상황이 오히려 문제일 수 있다. 어쩌면 삶에 있어서 행복이란 문제를 긍정적으로 해결하는 과정 속에 있는 것은 아닌지 생각해 본다. 중요한 것은 크고 작고, 어렵고 쉬운 문제들의 해결 없이는 우리 삶의 성공을 보장하지 못한다는 것이다. 우리는 삶 속에 필연적으로 문제 상황을 가질 수밖에 없다. 그렇다면 이러한 문제 상황을 이왕이면 보람 있게 해결하는 측면이 더 올바른 방향인 것이다. 이를 위한 교육적 조치는 '문제가 없는 상황'을 바라는 것이 아니라 '문제를 해결하는 힘'을 키우는 데 초점을 두어야 한다. 삶 속 좌절, 불안, 고민을 회피하지 않고 이를 직시하고 해결하려는 자세를 가르치는 것이 내러티브 속 구성에서 딜레마의 가치다. 학교에서 아이들을 지도할 때 이러한 문제 상황에서 보호하는 데 초점을 두는 것이 아니라 적절하게 대응하는 힘을 키워서 마음이 깊고 두꺼운 아이로 성장하는 데 집중해야 한다.

이러한 측면에서 내러티브는 기대된 것과 지나가 버린 것 사이의 변증법적 대립의 성격을 가진다. 왜냐하면 하나의 이야기가 성립하기 위해서는 예기치 않던 무슨 일이 반드시 발생해야 하기 때문이다. 그래서 이야기는 문제를 해결하는 도구이면서 동시에 문제를 발견하는 도구라고도 할 수 있다(Bruner, 2002; 강현석·김경수 역, 2010: 27). 이야기에 묘사되는 곤경은 해결뿐만 아니라 곤란한 상황을 경고하고 이야기하기 위한 활용으로 사용될 수 있다.

한편 딜레마는 내러티브의 추진력이라고도 설명할 수 있다. 내러티브 실재(reality) 중심에는 언제나 '문제'가 자리하기 때문이다. 말할 가치가 있다고 판단되거나 해석할 가치가 있다고 판단되는 내러티브들은 전형적으로 문제 상황 속에서 나타난다. 브루너는 이를 문제 사건의 중심성(the centrality of trouble)이라 부른다(Bruner, 1996; 강현석·이자현 역, 2014: 358). 역사 속 위인의 이야기, 최근 인기 있는 연예인 이야기, 가까운 친구 이야기, 부모 이야기 속 딜레마에 대하여 불행하게만 생각할 필요는 없다. 오히려 계획하고 예상한 결과가 초래하는 불확실성을 신속하면서도 유연하게 해결하는 노력이 필요하다. 역경에 스스로가 무너지는 것이 아니라 이를 계기로 새로운 나를 찾는 기회로서 딜레마는 자아의 새로운 반전을 생성한다. 흔히 '나는 그 순간을 계기로 새로운 사람이 되었다.', '나는 그 일을 계기로 한 단계 더 성장하였다.' 등으로 표현되는 것처럼 삶에서 딜레마는 성장, 변화를 위한 부분으로 받아들여야 한다.

우리의 삶을 내러티브로 구성한다는 것은 한편으로 이 다음 시점에 무슨 일이 일어날지 모른다는 예측불가능성을 전제한다. 그럼에도 불구하고 우리는 미래를 예측하고 해결하려는 노력을 통하여 삶을 가치롭게 창조해 나갈 수 있다. 이 두 가지는 모순된 특성이지만 서로 공존하기도 하고 적절히 섞여서 나아가며 새로운 이야기로 확장하는 것이다. 이 설명을 우리가 보편타당히디 바라보는 과학사에 비유하면 무척 흥미롭다. 우리가 당연히 진리라 부르는 중력의 법칙, 보일의 법칙 등 보편적 원리가 누구에게나 타당한 결론이지만 오히려 우리는 과학지가 새로운 법칙을 만드는 과정에서 내러티브의 가치, 더 나아가 그 과정에서 일어나는 다양한 문제 상황의 해결을 위해 노력한 과학적 이야기에 새로운 가치를 부여해야 할 필요성을 느낀다. 결과로서 과학적 법칙과 과학 역사 속 내러티브의 딜레마의 과정은 서로 도와가며 공존했기에 세상을 바라보는 새로운 관점의 변화가 필요한 것이다. 이는 비단 과학만의 문제가 아니라 학생들이 겪게 되는 삶의 여정 속 수많은 딜레마 상황과 관련되어 있다.

라. 교육이론 구성의 토대: 자아의 성장과 발견

앞서 우리는 기존 우리가 알고 있는 종류의 심리학, 즉 생물학 기반의 인간 개인의 설명에 지향점이 있는 실험실 중심의 설명에서 벗어나야 한다는 본 연구의 출발 의미를 밝혔다. 사실 이와 같은 문제의식 속에는 브루너가 이야기하는 문화 속의 마음에 대한 상황적 연구 방식, 즉 마음에 대한 더욱 많은 해석을 내릴 수 있는 인류학적 연구 방법에 대한 기대감을 가지고 있었다. 우리는 이를 문화 심리학(cultural psychology)이라 부르며 자아 또한 문화 속에서 소통하며 이는 결국 개인의 삶을 더 풍요롭고 주체적으로 만들 수 있는 것이다. 브루너는 문화 속에서 삶을 다음과 같이 묘사한다. 문화 속에서 삶은 조리법이나 공식처럼 획일적인 그 어떤 것에 따르지 않으며, 요리책의 매뉴얼대로 기계적으로 이루어지는 것이 아니다(Bruner, 1996; 강현석·이자현 역, 2014: 56). 이는 그동안 우리가 지속적으로 언급한 자아의 생성적 측면과 방향이 같으며 자아의 사고, 삶의 방식, 감정의 성장에 풍부함을 제공하는 것이 바로 개인의 의미 해석과 문화 사이의 상호작용인 것이다. 본 장에서는 1980년대 중반 이후로 브루너의 관심사였던 문화 속 내러티브에 관심을 두고 있다. 그 이유로 브루너는 마음과 문화, 삶의 관계 속에 초점을 두고 인간의 마음이 문화의 사용에서 실현된다고 바라보았기 때문이다. 이는 인간의 마음에 관한 새로운 관점이며 교육적으로도 시사점이 크다고 판단했기 때문이다.

1) 문화 속 자아의 성장

자아는 고립되어 성장하지 않는다. 본 절 제목에서 문화라는 의미는 삶의 부분으로서 가정, 학교 등에서 형성되는 공간적 성격과 함께 그 속에서 이루어지는 다양한 활동들과 시간적 속성을 포함하는 의미로 사용된다. 자아는 이 문화 속에서 상호작용하며 성장해 나가게 된다. 브루너는 문화를 체계적이고 안정된 사고나 신념으로 생각하지 않았다. 문화는 항상 변화하는 과정에 있으며, 그 과정에 존재하고 있고, 변화의 속도나 폭, 변화의 정도는 점점 더 커지는 것이다(강현석, 2008: 31). 자아는 내가 속해 있는 '전체'의 소산이며, 나의 사상, 나의 능력, 나의 말, 나의 사고방식은 내가 속한 인류, 민족, 가족 그리고 고향, 학교, 직장에서 '얻은' 것이다. 전체 속에 내가 있고, 내 속에 전체가 있다(정범모, 1997: 95). 따라서 자아의 존재는 문화 속 역할과 위치의 영향을 받을 수밖에 없다.

이 지점에서 학생들 대부분이 시간을 보내는 학교라는 공간을 바라볼 때 문화에 대한 준비를 하기 위한 준비 공간이 아니라 문화 그 자체의 공간으로 바라보아야 한다. 그리고 학교라는 공간 속에서 의사소통을 통한 상호작용, 본 연구에서 지속적으로 이야기하는 내러티브에 집중할 필요가 있다. 브루너는 문화 속 자아의 상호작용을 다음과 같이 설명한다. 이야기하기(story telling)는 문화적인 삶과 얽혀 있으며 때로는 문화적인 삶의 구성 요소다(Bruner, 2002; 강현석·김경수 역, 2010: 59). 사실 상호작용은 듀이의 경험 이론에서도 중요한 설명이다. 문화 속 의사소통의 교육적 의미는 매우 풍부한데, 서로 의사를 주고받는 것은 학생 개인의 경험이 확대되고 변화되는 것뿐만 아니라 문화 자체의 성장에도 큰 영향을 미치기 때문이다. 따라서 학교 문화 속

교사와 학생, 학생과 학생 사이의 활발한 상호작용은 필수적이다.

만약 상호작용의 범위를 인간과 환경 사이로 확대한다면 학교 문화의 중요성은 더욱 커진다. 학생들이 생활하는 학교 문화 역시 성장 가능성을 가질 수 있는 것이다. 상호작용(inter-action)이라는 말에는 서로가 서로를 변화시킨다는 교변작용(trans-action)이라는 의미가 있는데(노진규, 2021), 이는 인간과 문화 역시 서로를 끊임없이 변화시키는 존재이며 이 과정을 통하여 변화된 새로운 결과를 드러내게 된다. 인간은 공동체 속에서 상호작용하며 나름의 목적을 위해 애쓴다. 그리고 이 속에서 자신의 이야기를 만들어 가는 주체로서 존재한다. 또한 공동체의 이야기 속에서 자신의 행위에 대한 정당성을 찾게 되고 정체성을 확립해 나간다. 달리 이야기하면 인간은 하나의 이야기 속에 융화되어 적절한 맥락과 관계 속에서 자기 자리를 찾게 되는 것이다.

브루너는 문화를 내러티브 관점으로 바라보면서 상호주관성 혹은 간주관성(inter-subjectivity)이 자아의 문화 적응에 중요한 요소라고 설명한다. 이 의미는 현상을 바라보는 안목은 일반적인 원리에 기반한 활동이 아니라 문화적인 맥락 속에서 구성원들의 마음을 읽어내고 해석하는 간주간적 행위다. 이때는 인지, 정서, 의지 등 다양한 요소들이 통합되기 때문에 문화 속 다양한 주체들 사이의 상호교섭이 중요한 의미를 지닌다. 또한 현상을 바라보는 눈을 기존의 패러다임적 방식이 아니라 내러티브적으로 구성해야 하는 것이다. 브루너는 이를 민간심리학 혹은 일상심리(folk psychology)라고 설명한다. 이것들은 내러티브 심리학에 기반을 둔다. 결국 타인과 우리의 상호작용은 타인들의 마음이 어떻게 작용하는가 하는 문제와 관련하여 우리의 일상적인 직관 이론에 의하여 깊은 영향을 받는다. 그래서 일상심리는 마음에 대하여 깊이 스며든 문화적인 신념을 반영하기도 한다(Bruner, 1996; 강현석·이자현 역, 2014: 129).

상호작용을 통한 내러티브는 결국 문화를 이야기한다. 교육에서 문화는 나를 제대로 이해하는 것에서 시작하고 서로를 이해하고 더 나은 방향성을 가지고 지속적으로 키워나가는 것이다. 나와 너의 작은 만남의 성공은 지역과 나라의 문화로 발전하는 가능성을 지닌다. 우리는 이 과정이 내러티브를 통하여 완성된다는 점에 주의를 기울여야 한다. 브루너가 '문화'라고 부르는 것은 듀이가 교육을 통하여 '민주주의'를 실현하고자 했을 때와 같은 표현이라 할 수 있다. 이 둘은 전체적 삶의 맥락에서 내러티브를 기반으로 하는 작은 것에서 모두를 하나로 결속하는 문화로 완성되는 과정을 의미하는 것이다(노진규, 2021).

교실 속에서 학생들은 지속적으로 무엇인가를 이야기하려 하고 다음 일에 대하여 호기심을 가지고 설명하려 한다. 이는 학생들 나름의 내러티브를 가지고 더 새로운 이야기를 만들어 가고 있기 때문이다. 교사는 학생들의 내러티브를 알아차리고 이를 더 확장하는 역할을 수행해야 한다. 교육을 단지 교과 지식 전달 정도로만 협소하게 생각할 수는 없다. 교육은 문화 속에서 문화 구성원의 마음 형성과 존재에 관한 과업이고 인간의 성장과 발달의 문화적 도구이기 때문이다(강현석, 2005). 학생들이 자신의 정체성을 가지고 자신의 문화 속에서 위치를 발견하는 과정에서 내러티브 사고의 기술은 중요하다. 교육 내용에서도 이 점을 강조하여 자신만의 내러티브를 만들고 이해하는 방법을 길러야 한다.

2) 삶의 탐구와 발견적 측면에서 자아의 성장

삶은 문화 집합이라는 의미로 다양한 공간적 개념 즉, 가정, 학교, 사회, 직장뿐만 아니라 시간적인 개념이 더해진 총체적인 성격을 지닌다. 자아는 출생에서부터 죽음에 이르기까지 두 변인 사이에서 다양한 사건들을 만난다. 여기서 우리는 한 개인의 존재에 시간적 순서가 더해진 이야기라는 측면에 큰 의미를 부여해야 한다. 자아는 시간 진행 속에서 의미를 찾아가고 전체적인 삶의 맥락 속에서 줄거리를 구성하기 때문이다. 우리의 삶은 이야기와 함께한다. 그리고 이 이야기는 태어날 때부터 시작해서 지속된다. 내러티브는 이와 같은 일상의 경험에 형태를 부여하는 이야기의 힘이 있다(Bruner, 2002; 강현석·김경수 역, 2010: 27).

학생들은 아주 어린 시기에 내러티브의 세계로 진입하여 삶에서 벌어지는 일들을 이야기 형식으로 구성해 나간다. 이야기는 우리의 경험을 세상과 소통이 가능하도록 만드는 가장 자연스러운 방법 중의 하나이기 때문이다. 내러티브 이전의 경험들은 분절적이고 혼란스러운 상태로 우리에게 다가온다. 하지만 이러한 경험들이 적절한 언어와 의미 있는 표현으로 재구성되면 우리에게 깊은 의미가 된다. 이 때 우리의 경험은 '해석(interpretation)'의 과정을 거친다. 브루너는 내러티브의 플롯을 불확실한 상태로 존재하는 경험을 의미 있는 방식으로 재조직하는 해석의 방식으로 설명한다.

한편 삶의 해석과 관련하여 우리는 과거 나의 모습에 대한 이야기하기(story telling)를 즐긴다. 과거 나는 어떠한 생활을 했으며 그 순간 인상 깊은 장면을 생생하게 묘사하며 나만의 이야기를 만든다. 과거 나의 이야기는 현재 나의 모습과 어떤 관련이 있으며 미래 나의 모습과 자연스럽게 연결됨을 은연중 알고 있다. 우리의 삶 속 스토리들은 내러티브적 자체의 고유한 바탕으로 존재한다. 플롯, 등장인물, 장면 모든 것들이 삶 속에서 확장하기 위해 지속하는 것이다. 한편 이러한 내러티브의 삶의 과정 속 '역사'는 서로 뒤따르면서 이어지는 변덕스러운 특수성으로 가득 차 있다. 이러한 역사적 인과관계는 불가항력적이다. 이를 브루너는 내러티브의 역사적 확장 가능성(the historical extensibility of narrative)이라 부른다(Bruner, 1996; 강현석·이자현 역, 2014: 360). 이 역사적 가능성은 자아의 지속적 성장 가능성을 의미한다. 자아는 과거에 머물러 있는 것이 아니라, 혹은 자아는 태생적으로 그 어떠한 모습을 가지고 태어나는 것이 아니라 지속적으로 변형 가능하며 구성 가능한 것이다. 그리고 이는 문화, 삶 속의 다양한 요인들의 영향을 받으며 이 과정 속에서 내러티브는 탐구, 발견, 구성이 중요한 역할을 수행하는 것이다.

이상 삶 속 해석과 역사적 탐구 측면과 함께 본 절에서는 내러티브 확장으로 삶 속에서 탐구와 발견적 측면에 중점을 두어 자아의 성장을 어떻게 바라보아야 하는지에 대하여 설명하고자 한다. 그동안 우리는 자아의 내러티브적 사고의 속성으로 내러티브 자아의 구성 가능성, 내러티브 자아의 구성요소, 그리고 문화 속 자아의 상호작용과 소통 속 성장에 대하여 살펴보았다. 이는 자아의 삶 속 탐구와 발견을 위한 기본 요소로 결국 자아는 삶 속에서 지속적으로 성장해 나아가야 한다는 생각이 본 연구의 핵심 아이디어다.

이를 위해서는 브루너의 '발견'에 대한 의미를 다시 생각해 볼 필요가 있다. 브루너의 초창기 '지식의 구조'를 바라보는 구조의 '발견'을 이미 주어진 것을 찾는다는 의미로 한정하여 생각하는 이들이 많은 듯하다. 하지만 우리가 지속적으로 이야기하는 브루너의 내러티브 및 그의 후기 이론을 생각하면 이는 명백히 잘못된 해석이다. 즉 브루너의 '발견'이라는 생각은 '직관'을 바탕으로 무엇인가 새롭게 창안해 낸다는 의미를 동시에 내포하는 것이다.

브루너는 '지식의 구조'와 관련하여 정적인 측면에서 발견이라는 의미뿐만 아니라 '구조'를 스스로 만들어 간다는 동적인 측면의 '발견'을 강조한다. 이제 구조는 기존의 발견적 속성과 생성적 속성을 동시에 가지고 있으며 '직관'은 생성의 질을 향상하는 데 큰 기여를 하는 것이다. 내러티브는 구조의 생성적 속성의 '발견'을 위하여 중요한 역할을 수행한다. 구조 발견, 구조의 역동적인 생성 과정에는 발견 주제의 내러티브가 관여되어 학습이 진전되고 내면화되어 간다. 이처럼 학습은 내러티브를 통하여 의미를 만들어 가는 과정, 즉 브루너가 이야기하는 '발견'은 '내러티브 발견법(narrative heuristic)'이다(강현석, 2020). 삶 속에서 자아의 구성요소 결핍요인 및 성공요인의 구조를 찾기보다는 이제는 보다 적극적으로 새롭게 '발견'하는 의식의 전환이 필요하다. 자아를 보다 생성적인 입장에서 진취적으로 바라보는 시각인 것이다.

브루너의 삶에 대한 발견적 시각은 자아의 성장에 대하여 시사하는 바가 크다. 삶을 수동적인 시각으로 바라보는 것이 아니라 스스로 변형과 구성을 해나가는 주도적인 자아의 입장을 바라는 것이다. 삶 속에서 나를 찾아가는 과정 그리고 타인과 소통하며 어울리는 과정 속에서 나를 키워 나가서 결국 시간, 공간 속 자아를 형성하는 과정이 우리가 자아를 성장하는 과정이다. 이야기를 만드는 과정은 의미 없이 진행되는 것이 아니다. 이 과정 속에는 무척 다양한 내적, 외적 조건의 영향을 받는다. 자신의 기억, 느낌, 신념, 가치뿐만 아니라 당시의 시대상, 상황, 분위기, 맥락, 다른 사람의 시선까지도 신경을 써야 한다. 자신의 이야기를 만드는 것이 간단한 문제가 아닌 것이다. 우리의 삶은 수많은 자아들이 모이고, 이들의 생각과 행동들에 의하여 사회, 문화, 문명이 만들어진다. 자아는 생각과 행동의 주체이며, 자아에 대하여 어떠한 생각을 가지느냐 따라서 우리의 사회, 문화, 역사의 모습은 달라진다(남경희, 2015).

이 지점은 교육적으로 시사하는 바가 크다. 우리가 지식을 발견하여 전달하는 것을 자아의 관점으로 바라본다면 생득적인 자질과 특성을 찾고 설명해 주려는 시도에만 그칠 위험이 있다. 우리가 교육자라면 그보다는 자아의 가능성을 발견하고 삶의 맥락 속에서 더 나은 방향으로 성장하는 데 관심을 기울이는 것이 중요하다. 지난 시간 자아와 관련한 심리학 연구가 이 과정 속에서 중요한 역할을 수행한 점에 대해서는 충분히 인정한다. 그런데 자아와 관련된 논의로 브루너가 이야기하는 내러티브 아이디어를 확대 및 적용한다면 내러티브 자아의 구성과 관련된 교육이론 성립 가능성이 충분하다.

3) 새로운 교육이론 구성 가능성

이상의 논의에 비추어 보면 장차 교육이론의 구성은 크게 변화되어야 할 것으로 보인다. 왜냐하면 교육이론의 구성에서 가장 핵심적인 문제가 교육의 주체이자 객체인 학습자 자아의 성장과 발달을 무시할 수는 없으며, 이 경우 자아에 대한 이해방식을 기초로 해야 하기 때문이다. 그렇다면 본 논의에서 중점적으로 다루어 온 자아에 대한 새로운 입장을 우리가 수용한다면 마땅히 교육이론은 새롭게 구성되어야 하는 국면을 맞이해야 한다.

주지하다시피 주로 영·미 계통의 교육이론의 흐름이나 한국교육의 이론사적 흐름의 교육이론 구성에서 '인간 행동의 조형'이나 '인지 능력의 발달'로 보는 입장이 큰 영향을 미쳤다. 이 입장은 일반적인 수준이 아니라 교육이 추구하거나 달성하고자 하는 인간형 성취 수준에서의 제한적인 입장으로서, 이 큰 흐름의 다양한 지류적 분파는 여러 가지로 언급할 수 있으나 큰 흐름은 이 두 가지의 것으로 수렴될 수 있을 것이다. 행동의 조형과 인지의 발달로 보는 교육이론 구성에서 학습자 자아는 위에서 논의한 내러티브적 자아와는 매우 다른 입장을 보인다. Bruner의 용어로 말하면 기존의 자아 혹은 교육이론 구성의 양상은 패러다임적 사고양식에 기인하는 것이며, 이제는 내러티브적 사고 혹은 내러티브 인식론에 기초하여 교육이론이 구성되어야 한다.

내러티브로서 이야기는 태고적부터 사용해 온 방법이며 전적으로 인간적인 방법이다. 그런데 내러티브는 단순 대화이기보다는 사건을 적절하게 언어적으로 구성하는 것이다. 사건은 인간 삶 속의 실제적 경험일 수 있으며, 현실에서 유추되는 가상의 이야기일 수도 있다. 이러한 사건은 순서 없이 그냥 나열되는 것이 아니라, 어떤 질서를 띠고 시간적 인과관계 속에서 배열될 때(플롯) 의미를 형성하게 된다. 이 경우 우리의 이야기는 우리의 경험을 구조화시켜준다. 이 지점에서 우리는 내러티브 전회(narrative turn)를 통해 견인되는 내러티브 자아 정체성 이론 형성에 주목을 할 필요가 있다. 일찍이 Ricoeur나 MacIntyre는 서사적 자아(narrative self)를 논구하였으며, 교육이론 형성에 가장 핵심적인 부분을 차지해야 한다고 생각한다(강현석, 2020).

그래서 본 연구에서는 내러티브를 통하여 자아가 구성된다는 입장에서 교육이론은 과연 어떻게 구성되어야 하는지에 초점을 두었다. 즉 서사적 자아를 시작으로 하여 발견적 측면에서 내러티브의 가치와 내러티브 자아의 구성 가능성에 대하여 제안했던 것이다. 특히 교육이론 형성의 측면에서 인간의 성장과 발달에 대한 관심은 클 수밖에 없고, 자아는 삶의 총체적 측면 속에서 매우 중요한 의미이기 때문에 자아와 관련한 새로운 가능성을 탐색하는 것은 큰 의미로 다가온다.

먼저 내러티브에서 자아는 설명이 아닌 이해와 해석의 대상이다. 기존의 심리학적 관점에서 자아는 설명의 대상이었다. 설명을 위해서는 분석적이며 합리적, 객관적인 이론과 틀 속에서 자아를 바라보고자 하는 기본적인 자세를 취한다. 반면 우리가 본 연구에서 집중했듯이 자아를 이해와 해석의 대상으로 바라보면 자아를 바라보는 입장이 확연하게 달라진다. 이해는 인정과 배려, 존중을 기본으로 하며 해석은 고정된 틀이 아니라 맥락, 상황 속에서 자아를 새롭게 바라보고자 하는 것이다. 교육에서 이러한 시각은 학생들을 기회와 가능성의 대상으로 인식하는 것이며 그들 자체를 인정하고 지원할 수 있기 때문에 중요하다. 여기에서 자아는 정형화된 존재로 태어나는 것이 아니라 구성주의적 입장에서 형성되어 가는 존재다. 동양의 사주팔자를 가지고 태어나는 고정적인 인식이 아니라 창조와 변화를 허용하는 구성적 입장인 것이다. 과거의 정초주의(foundationalism)에서 벗어나서 인지적, 정서적, 감정적, 기능적인 측면의 다양한 형태를 인정하려는 시도는 자아의 발달과 성장에서 교육적으로 매우 유의미하다. 이는 교육자 또한 자아의 바람직한 성장을 위한 과정 속에서 더 큰 의미를 부여할 수 있다.

다음은 내러티브 자아의 정체성과 관련하여 내러티브 혹은 서사의 의미에 대한 가능성이다. 먼저 삶에 서사적 형식을 부여한다는 측면에서 다양한 이야기를 만들어 갈 수 있다. 특히 오늘날과 같이 문화가 빠르게 변화하는 상황 속에서 개인의 서사에 대한 중요성은 어느 때보다 중요하다. 이를 두고 김유석·이승하(2011)는 파편적 자아를 극복하기 위해 끊임없이 노력해야 한다고 설명한다. 우리가 서사의 개념을 조금 더 확장한다면 개인성을 강조한 이야기에서 타자와의 소통을 강조하는 의미로 생각할 수 있다. 이는 서사적 이야기가 공유성을 가지고 시간과 문화 속에서 개방된다는 의미로 파악할 수 있는 것이다. 자아는 결국 삶의 내러티브와 함께 탐구되고 발견되는 것이다. 이는 자아와 관련하여 개인의 이야기가 중요하다는 의미를 포함한다. 앞서 살펴보았듯이 우리의 삶은 하나의 이야기다. 사회적 영향력이 큰 저명한 학자나 위인들은 언젠가 그들의 삶을 이야기로 남기려한다. 혹은 그들의 삶에 대하여 주변에 이야기하려 한다. 생활 속 간단한 예에서 알 수 있듯이 누구나 자신만의 역사적 이야기 속에서 오늘 하루에 의미를 부여하며 살아가는 것이다. 그래서 우리는 자아의 탐구 및 발견 측면에서 나의 이야기를 잘 해석하고 이해할 필요가 있는 것이다. 혹은 이야기 형성에 도움이 필요한 학생에게 그들의 위치와 방향성에 대한 지도가 필요한 이유다. 이 과정은 정해진 틀이 아니라 매우 가변적이며 순간의 선택과 기회에 따라서 달리 전개될 수 있다. 따라서 우리는 순간의 선택과 문제 상황에 대한 현명한 대처가 필요한 것이다. 대략적 탐구와 발견의 측면에 대한 설명만으로 우리는 삶 속에서 자아를 내러티브와 함께 탐구, 발견, 구성되는 가치의 중요성에 대하여 이해 가능하다.

사실 자아는 자신을 둘러싸고 있는 문화 속에 분산되어 있다. 그래서 학생들의 자아는 전 생애를 통하여 드러나는 잠재적인 가능성을 가지며, 개인의 성장도 미리 정해진 순서에서 벗어나서 확률적 발생으로 이루어진다. 또한 자아는 사회적인 네트워크로 분산(distributed self)되어 있다. 그래서 내러티브로서 자아는 실체로서 존재하는 것이 아니라 자신의 삶에 대한 이야기의 구성자로 설명할 수 있는 것이다. 이러한 시각에서 학생들의 자아 구성에 부모는 그들 삶의 이야기 속에서 공동 저자로서 함께 자아를 만들어가는 역할을 수행한다. 공동 저자로서 부모는 아이들의 삶 속에서 행동을 안내해 주고 줄거리와 배역을 제공해 주는 역할을 하는 것이다. 결국 학생들과 부모가 함께 만들어가는 한편의 성장 드라마처럼 다양한 사건들이 의미 속에서 구성된다. 그리고 이 과정에서 내러티브의 활용에는 작가처럼 예술적인 감각이 동시에 요구된다(한승희, 2002: 93).

이처럼 내러티브가 자아의 구성에 중요한 역할을 한다면 자아존중감에 대해서도 새로운 접근이 필요하다. 자신에 대한 긍정적인 평가와 인식은 주변의 가족과 동료들 사이의 사회적인 관계 속 내러티브의 영향을 받게 된다. 왜냐하면 자아는 하나의 실체가 아니며 구성된 개념(construct)도 아니기 때문이다. 우리는 자아에 대하여 실체론적인 기존의 시각에서 벗어날 필요가 있다. 학생들이 우리가 들려주는 이야기를 듣고, 스토리를 읽으며, 이야기 속에 등장하는 인물의 감정에 공감하며 삶의 지혜를 깨달아서 결국 자신의 삶을 질서지우는 윤리적 주체성을 형성할 수 있다(narrative integrity). 이 과정을 내러티브 자아 정체성이라고 할 수 있으며, 우리가 교육 장면에서 긍정적 자아존중감 형성을 위해서 자신의 삶에 대한 이야기를 긍정적으로 구성하는 능력을 길러주는 교육목적이 될 수 있다(강현석, 2020).

지금까지 자아와 관련하여 논의한 교육 이론적 가능성만으로도 우리가 왜 지금까지 자아를 기존의 관습과 이론에 치우쳐 설명하려 했는지에 대한 아쉬움이 크다. 본 연구자는 기존의 자아 관련 심리학 연구 결과를 이분법적으로 구분 지으려 하는 것은 아님을 밝힌다. 다만 브루너가 이야기하는 내러티브의 탐구와 발견적 속성으로 자아의 교육적 의미에 대한 새로운 가능성을 제안하고자 하는 것이다. 그리고 이 가능성은 교육자라면 누구나 합당하게 받아들일 이유가 있다고 판단된다.

마. 의미 구성 존재로서 인간

기존의 자아의 개념이 심리학적 연구 방법론에 지나치게 치중된 한계들이 넘친다. 심리학이 인간의 행동과 인지를 이해하고 그들의 성장에 도움을 주는 학문이라면 오히려 자아와 문화 사이의 미묘한 상호작용을 이해하는 데 더 큰 의미가 있어야 한다고 판단하였다. 이러한 의문 속에서 본 연구의 논의를 내러티브 자아의 가능성에서 출발하여 브루너가 이야기하는 내러티브 사고와 내러티브 구성요소와 관련되는 자아의 성장과 발견이라는 측면으로 새로운 교육이론 구성 가능성을 모색한 것이다.

브루너의 내러티브는 인간의 마음을 구성하는 인지 작용인 동시에 실재를 만드는 방식이다. 실재는 내러티브 사고에 의해 구성될 수 있기 때문이다. 그래서 인간의 마음은 의미 만들기를 위해 사용하는 구성의 도구가 될 가능성도 있다. 내러티브는 사고 양식이면서 동시에 우리의 경험과 삶을 조직하기 위한 구조라고 할 수 있다. 이 부분에서 학생들의 자아 성장과 관련하여 중요한 시사점은 내러티브가 생성적 인식론으로서 자아의 마음을 스스로 변용과 구성을 해 나갈 수 있다는 점이다. 이 가능성에서 학교라는 공간은 과거 지식을 전달하는 단순한 장소가 아니라 자아의 생성을 지원하는 공간으로서 의미를 재정립할 수 있다. 학교는 문화로서 그 자체이며 학생들은 이 문화 속에서 서로 상호작용하며 변화하고 성장할 수 있다. 우리가 그동안 자아와 관련하여 실증주의 관점에 초점을 두었다면 이제는 자아가 지속적으로 성장해 나간다는 측면, 이 과정은 삶 속에서 부분적으로 영향을 주고받을 수 있으며, 무엇보다 자아는 태어나는 것이 아니라 지속적으로 만들어져 간다는 가능에 초점을 기울이고 구성적 입장에서 내러티브 자아에 대한 관심을 확장한 것이다.

본 주제의 주된 이론적 기반인 브루너 역시도 그의 후기 철학에서 이와 일맥상통한 생각을 전한다. 사실 우리는 브루너는 1960년대 지식의 구조, 나선형 교수의 학문 중심 교수의 대표 학자로 인식하는 경향이 크다. 하지만 브루너는 그의 후기 이론에서 내러티브, 문화주의(culturalism)를 내세우며 기존 인식론에 대한 새로운 언어적 전회를 맞이한다. 특히 이 부분은 기존의 합리주의와 논리적 실증주의 방식에서 벗어나서 자아를 탐구와 발견이라는 생성적 관점에서 새로 바라볼 수 있는 교육적 가능성을 가진다. 그래서 본 연구에서는 자아와 관련된 반성을 출발점으로 내러티브 자아의 구성 가능성 및 더 나아가 교육이론으로서 가능성으로 논의 범위를 확장하고자 한 것이다.

그리고 이러한 판단 속에서 내러티브와 관련한 새로운 교육이론의 구성과 가능성을 제안하였다. 교육이론 구성의 핵심은 교육의 주체이자 객체인 학생이 중심이다. 그리고 그들의 자아와 관련 문제는 교육적으로도 무척 중요한 논의 주제이다. 그런데 지금까지 자아 문제와 관련된 연구 대부분이 한쪽 방향으로 기울어졌다는 반성과 함께 새로운 대안의 필요성을 제안해 본 것이다. 이 논의의 핵심적 바탕이 되는 이론은 브루너의 내러티브적 사고 혹은 내러티브 인식론이었으며 이에 기반한 교육이론 구성의 가능성이 장차 교육학의 중요한 주제가 되어야 한다는 제안이다.

세상이 복잡해지면서 자신의 모습에 혼란스러워 하는 사람들이 많아졌다. 과거에는 태어나는 순간부터 자신이 소속된 집단의 역할이 어느 정도 정해져 있어서 누구 집 장남이고, 어느 학교의 학생, 누구의 어머니 또는 아버지 등 역할에 대한 거부감이 상대적으로 덜했다. 하지만 현재는 세상이 워낙 급속도로 변하다 보니 과거 우리가 당연시 느꼈던 것들에 대한 막연한 두려움을 생겼다. 특히 학생, 젊은이들이 삶이라는 망망대해에 던져진 기분을 많이 느끼는 듯하다. 빠른 속도로 새롭게 변하는 오늘날 상황 속에서 나 자신의 방향성을 제대로 가지지 못한다면 삶에 대한 기대보다는 두려움이 클 뿐이다. 그래서 더욱더 교육 이론적으로 자아와 관련된 문제를 새로운 관점에서 해결하려는 도전이 필요하다.

우리가 살아가면서 경험 모두를 기억하는 것은 아니다. 그저 삶 속에서 의미 있고 기억에 남는 장면 속 자신의 모습만 기억할 뿐이다.

그저 우리는 언젠가 자신의 삶을 되돌아 볼 때 그러한 기억의 조각을 모으며 나 자신의 모습을 발견하는 것이다. 이 부분에서 내러티브는 자아 정체성 형성이라는 부분에서 교육적으로 매우 유의미하게 다가온다. 자아 문제와 관련하여 사람들은 누구나 한 번쯤은 나는 누구인가에 대한 질문을 가진다는 점을 살펴보고, 이 질문에 대한 각자 나름의 답을 가지며 삶을 채워가야 한다. 누군가는 심각한 고민 속에서 삶의 방향성을 찾으려 노력하고 나와의 약속에 대한 믿음을 채우기 위해 살아가는 것이다. 교육자는 이 과정에서 학생들이 자아개념(self concept)을 제대로 형성할 수 있도록 조력해야 한다. 학생들은 올바른 자아개념을 만들어가며 행복의 주인이 나에게 있으며 삶을 어떻게 꾸려 나갈 것인가에 대한 방향성을 지속적으로 찾을 것이다. 교육이 학습 주체의 성장과 발달과 관련한 문제에 소홀할 수 없기 때문에 교육자 스스로 한 인격체의 바람직한 성장을 위한 고민을 지속해야 한다. 이런 점에서 내러티브 자아, 내러티브와 정체성, 언어와 문화 그리고 자아 등의 문제는 교육(학)론 구성에 중요한 화두이다(Bakhurst & Shanker, 2001; Brockmeier & Carbaugh, 2001).

교육학이 역사적으로 기초학문과 응용학문에 대한 학문적 성격 논쟁, 제도학이 아닌 인간형성학으로서의 교육학의 본질에 대한 논쟁, 교수학과 학습학 사이에서의 방향성 논쟁 등의 다양한 담론 경쟁에서 내러티브 자아를 중심으로 하는 교육학의 본질 구성 노력은 매우 중요하게 전개될 필요가 있다.

추후 이 부분과 관련한 더욱 심도 깊은 논의도 필요하다. 마지막으로 추가하고 싶은 것은 내러티브 혹은 내러티브 자아 구성의 문제는 교육학을 넘어서 문학, 역사, 인류학, 법률학, 의학 및 간호학 등의 많은 분야에서 중요한 테마로 논의되고 있으며, 총체적으로 내러티브 과학(narrative science)으로 발전하고 있다. 이것은 기존의 인문학, 사회과학, 자연과학의 분류법과 문법을 넘어서는 과감한 시도이며, 이런 점에서 내러티브 자아 문제는 모든 학문의 중요 키워드가 될 가능성을 지니고 있으며 실제 다양한 연구들이 진행되고 있다. 이에 대한 사상사적 관심이 요청된다.

제III부

내러티브와 지식

제 7 장

내러티브 이전의 지식관

신이 자연 속에 만든 모종의 법칙들이 거기에 있다.
곰곰이 생각해 본 후에 이러한 법칙이 세계에 존재하거나
세계에서 일어나는 모든 것에서 정확하게 관찰되고 있음을
우리는 의심할 수가 없다.
-Descartes의 Discourse on Method-

자연은 경솔하게 무엇을 하지 않는다.
… 왜냐하면 자연은 안정된 우주 속에서의 규칙과
단순성에 만족하기 때문이다.
-Newton의 추론의 제1 규칙-

지식이라는 것은 우리가 하는 경험의 규칙성에
의미와 구조를 부여하기 위하여 우리가 구성하는 모델이다.
모든 지식체계에서의 조직 아이디어는
우리의 경험을 경제적이고 서로 관련되는 것으로 만들어주는 발명품이다.
이 지식들은 체계적인 기준에 의해 분류되며
학문이라는 안전 장치를 만들어 그 세력을 넓혀나간다.
-Bruner-

핵심 아이디어

이 장에서는 지식의 문제를 다룬다. 특히 내러티브 시대 이전에 작동되었던 지식의 문제를 살펴본다. 그 이전의 지식의 문제를 근대적 지식관으로 명명할 수 있을 것이다. 그 지식은 정초주의를 가정하고 있으며, 실증적 인식론, 경험주의를 추구한다.
이제 이러한 근대적 지식으로부터의 이탈 조짐들이 다양하게 나타나고 있는 형국이다. 세상을 바라보는 이원론적 세계관의 지배로부터 우리는 여러 위험에 노출되고 있다. 지식은 우리 인간 삶과 교육에서 중요한 차원이다. 과거 다양한 지식의 유형들이나 지배적인 분류 방식들이 이제 해체될 상황에 놓여 있는 것이다.

1. 과거 지식 분류

가. 다양한 지식 유형

해방 이후 한국 교육의 제도적 발전에 큰 기여를 한 것으로 평가받고 있는 오천석(1984: 10-16)에 의하면, 지식을 얻는 과정이나 방법에 따라 지식을 다음과 같이 분류하였다. 계시된 지식(revealed knowledge), 직관(intuition)에 의한 지식, 이론을 통한 지식(합리적 이성, 연역적 추론, 추리), 경험을 통한 지식(경험주의, 귀납법, 실험 등)이 바로 그것이다. 신국원(2000)은 첫째, 고대와 중세의 지식이론을 초월적인 이성주의적 객관주의로, 둘째, 근대적 지식이론으로는 객관적 합리론, 경험론, 주관적 관념론적 도피주의로, 셋째, 이성주의 지식론의 쇠퇴루 다원주이의 등장으로 논의하고 있다. 이들 분류방식의 특징은 고대와 중세의 신적 계시나 초월적 지식의 존재를 인정하고 있으며 다음으로 근대적 주체의 이성과 경험을 통한 지식, 근대 이후의 다원주의 등상과 언어적 전회를 기반으로 하는 탈근대의 지식, 가장 최근에는 탈진실(post truth)의 담론이 논의되고 있는 실정이다.

이상의 입장과는 다소 상이하게 Case(Olson 등, 1996)에 의하면, 변화하는 세 가지 지식 관점을 다음과 같이 제안하고 있다. 경험론자, 합리주의자 관점, 사회역사적 인식론 관점으로 분류하고 있다. 이 방식에서는 사회역사적 인식론 관점이 중요하게 부각된다. 왜냐하면 인간이 사회역사적 존재라는 점을 수용한다면 이 관점은 설명력이 매우 크기 때문이다.

이러한 방식들과 다르게 보다 종합적이고 유연하게 지식의 유형을 접근하고 있는 방식들이 등장하고 있다. 특히 최근에 각광을 받고 있는 IB(국제 바칼로레아)의 TOK(Theory Of Knowledge)에서는 지식의 영역(areas of knowledge)을 8가지로 구분하고 있다. 수학, 자연과학, 인문과학, 예술, 윤리학, 역사, 종교적 지식 시스템, 토착 지식 시스템 등이다. 그리고 앎의 방식(ways of knowing)에는 기억, 언어, 감각지각, 정서, 이성적 추리, 상상, 신념, 직관 등이 있다. 여기에서 TOK는 학생들이 지식의 본질을 깨우치고 우리가 알고 있다고 주장하는 것을 아는 방법에 대해 생각하는 기회를 제공해주는 지식생성론에 관한 것이다. 흔히 인식론이라고 알려져 있으나 엄밀하게 말하면 지식을 생성하거나 알고 있는 지식을 어떻게 알고 있는지를 정당화해주는 사고방식에 관한 것이다.

한편, 교육목표로서의 인지 영역의 지식으로는 사실적 지식, 개념적 지식, 절차적 지식, 메타인지 지식 등이 있다. 지식은 학문과 교과를 구성하는 기초적 요소이다. 일반적으로 지식에는 명제적 지식(knowing that)과 방법적 지식(knowing how)으로 구분되며(Ryle, 1949), 명제적 지식은 다시 논리적 지식, 경험적(사실적) 지식, 윤리적(규범적) 지식으로 나눌 수 있다. Ryle의 의도는 명제적 지식과 방법적 지식의 구분에 있는 것이 아니라 지식의 참된 본질은 방법적 지식에 있으며 이 지식을 내면화하는 것은 명제적 지식을 잘 통합하는 데에 있다는 점이다. 이 외에 Polany는 언어화할 수 없는 지식으로 암묵적 지식(tacit knowledge)을 제안했으며, 인격적 지식(personal knowledge)을 강조한바, 지식의 습득과 형성에 인간 주체의 참여 의지와 열정, 그리고 주체적인 의미 부여의 과정이 중요하다고 보았다. 학문이나 교과들 중에는 이러한 지식의 유형과 관련성이 서로 다를 수 있다.

나. 교육내용으로서 지식

교육내용을 지식으로 보는 일단의 학자들이 있다. 여기에서 지식에 대한 의미는 우리가 흔히 알고 있는 상식적인 입장을 넘어서는 매우 심각하고도 중요한 의미를 담고 있다. 즉 지식 자체에 정보나 개념, 원리와 사상, 탐구과정과 사물을 보는 안목, 사고 체계 등이 들어 있다는 것이다. 이런 점에서 지식은 매우 중요하며 이 점을 잘 인식하여 지식을 제대로 가르쳐야 한다는 것이다. 사실 오늘날의 학교교육은 지식을 많이 가르치는 게 문제가 아니라 지식을 제대로 지식답게 가르치지 않는 게 심각한 문제라는 것이다. 지식 속에 담겨 있는 지혜나 안목을 제대로 학습하지 못하므로 학습자가 배우는 지식으로부터 소외당하고 그 지식이 자기의 지식으로 내면화되지 못하는 일이 발생하고 있다. 이러한 입장은 지식을 사실적인 정보나 조각난 지식으로 보는 생각에 매우 비판적이며, 지식을 제대로 이해할 것을 요청하고 있다.

1) 브루너의 지식의 구조

브루너(Bruner)에 의하면 교육내용은 지식의 구조로 볼 수 있다. 지식의 구조는 다양하게 설명될 수 있다. 첫째, 학문의 일반적 원리 혹은 기본 개념이다. 구체적으로는 '학문의 기저를 이루고 있는 일반적인 아이디어, 기본 개념, 일반적인 원리' 등과 동의어로 사용하고 있다. 즉 지식의 구조란 교과에 들어 있는 일반적인 원리를 의미하는 것으로 여러 가지 현상을 설명하는 데에 일반적으로 적용될 수 있는 것이다.

둘째, 사물이나 현상의 관련을 파악하게 하는 틀로서 의미가 있다. 브루너는 지식의 구조를 학습한다는 것은 사물이나 현상이 어떻게 관련되어 있는가를 학습하는 것이라고 보고 있다. 이런 점에서 교육내용은 사물이나 현상의 관련을 파악하게 해 주는 틀로서 개념화할 수 있다.

셋째, 사물을 보는 안목으로서 의미가 있다. 사물을 보는 안목은 곧 탐구방법을 의미하며, 이런 점에서 지식의 구조는 사물에 관한 정보와 지식을 처리하는 장치라고 볼 수 있다.

2) 피터즈와 허스트의 지식의 형식

피터즈(R. S. Peters)와 허스트(P. H. Hirst)는 교육이 실현하고자 하는 가치가 교육의 개념 속에 이미 들어 있다고 본다. 그래서 이들은 교과를 실용적인 가치로 설명하려는 현대의 경향을 비판하고, 교과의 내재적 가치를 강조하는 대표적인 학자이다. 그들은 교육 속에 들어 있는 내재적으로 가치 있는 인간다운 삶의 형식을 가리키며 교육의 목표는 그 삶의 형식으로 입문시키는 데 있다는 것이다. 이러한 그들의 입장은 『윤리학과 교육(*Ethics and Education*)』에 잘 나타나 있으며, 이것은 고대 희랍 이후 서양의 중요한 교육 전통으로 계승되어 온 '자유교육(liberal education)'의 정신을 회복하는 중요한 의의가 있다.

지식의 형식은 교육개념의 인지적 조건으로 제시한 것으로 '지식과 이해', '지적안목'이 내면화되고 상세화된 것을 의미한다. 이것은 인간의 경험(인간다운 삶의 형식)을 일반적으로 인정되는 방식으로 분류한 것이다. 지식의 형식은 우리가 사용하고 있는 '공적(公的) 언어에 담긴 공적 전통'으로 우리에게 전수되고 있으며, 교육은 이 전통에 이미 '입문된' 사람들이 아직 입문되지 않은 사람들을 거기에 유도하는 '성년식'과 같은 것이다. 이러한 지식의 형식들은 독특한 개념, 개념들의 논리적 구조, 검증방법을 기준으로 하여 분류될 수 있으며, 여기에는 형식논리학과 수학, 자연과학, 자기 자신과 다른 사람의 감정에 관한 이해, 도덕적 판단, 심미적 경험, 종교적 주장, 철학적 이해 등으로 나눌 수 있다.

이상의 지식의 형식은 지적인 안목을 통해 현상을 파악할 수 있도록 해 준다. 지식의 형식에는 지적인 안목을 가지게 하는 개념체계가 있어 이를 전수받은 인간은 여러 학문으로 분화된 개념체계를 써서 현상을 파악할 수 있게 된다. 그리고 인간다운 삶의 형식을 가능하게 해 준다. 지식의 형식은 인간이 세상을 합리적으로 이해하고 파악하게 해 주는 인간의 경험이 담겨 있는 것이므로 인간다운 삶을 가능하게 해 준다. 또한 삶의 질 향상에도 공헌하게 해 준다. 특정 현상의 파악은 사람들로 하여금 이전과는 전혀 다른 세상에 살도록 함으로써 삶의 질을 높이는 데 공헌한다.

3) 피닉스의 의미의 영역

P. H. Phenix(1964)는 교육내용을 의미의 영역으로 분류하였다. 의미(meaning)는 인간이 반성적 사고를 통해 얻은 경험내용을 논리적 원칙에 맞게 조직하여, 각 학문에 적합한 상징적 형식으로 표현한 것이다. 그러므로 의미는 인간의 이성이 만들어 낸 모든 것을 뜻한다고 볼 수 있다. 이러한 의미는 반성적 사고, 논리적 사고, 선택적 정련, 표현이라는 특징을 지니고 있다.

인간은 본성적으로 의미를 창조·발견하고 표현하는 동물이다. 그러므로 의미가 있어야 인간은 본성을 실현할 수 있게 된다. 그러므로 의미는 인간다운 삶을 가능하게 해 준다. 피닉스는 의미를 학문의 논리적 구조가 비슷한 것끼리 분류하여 6가지의 의미의 영역을 제시하였다.

- 상징적 의미(Symbolics) : 언어, 수학, 표정, 관습, 의식
- 경험적 의미(Empirics) : 자연과학, 사회과학
- 심미적 의미(Esthetics) : 음악, 시각예술, 신체적 율동, 문학
- 실존적 의미(Synnoetics) : 철학, 심리학, 문학, 종교
- 윤리적 의미(Ethics) : 윤리학, 사회도덕
- 총괄적 의미(Synoptics) : 역사, 종교, 철학

2. 근대적 지식관: 정초주의, 실증경험주의

가. 근대적 지식관의 정초로서 이원론적 세계관

이원론(二元論)은 사상이나 세계가 이질적인 두 개의 원리로 이루어져 있다고 바라본다. 그래서 이를 이원론적 사고, 이분법적 사고로 부르기도 한다. 음과 양, 흑과 백, 이(理)와 기(氣)와 같이 두 가지 상태로 구분하는 것이 어쩌면 인간의 본성일 수도 있다. 태생적으로 인간은 두 가지로 구분하거나, 짝을 지을 수 있으며, 편을 가를 수 있고, 둘 중 하나 선택하기 등 편한 것을 지향한다.

소크라테스의 제자로 알려진 플라톤은 현상계가 아닌 이데아가 실재한다고 설명했다. 이데아는 현실과는 다른 완벽하고 불변한 이

상적인 세계를 뜻하고, 이데아가 진짜 세계이며 현실은 단지 이데아의 그림자 혹은 모사일 뿐이라고 설명했다. 여기서 우리는 플라톤의 이원론적 세계관을 알 수 있다. 이데아와 현실은 서로 독립적이며 결코 융합되거나 단일한 근원으로 환원되지 않는다. 신과 인간, 빛과 어둠, 선과 악, 천국과 지옥, 이성과 감성, 몸과 마음 등 우리가 무엇인가를 이해하는 것은 다름을 부정하면서 시작한다. 플라톤의 이원론적인 세계관은 오랜 시간 동안 서양의 근원적인 사유 체계로 자리매김하게 되었다.

이러한 생각은 신이 세상의 중심이고 신이 이데아가 되는 중세 시대로 이어졌다. 그래서 중세에는 이원론적 세계관이 더욱 빛을 발휘했다. 종교인들은 선과 악, 천당과 지옥, 빛과 어둠, 동류(同流)와 이단과 같은 대립을 즐겨 사용하였다. 이는 신의 세상과 인간의 세상을 구분하고 이를 신앙의 기초적인 관념으로 생각했기 때문이다. 기독교적인 패러다임은 오늘날 우리의 사고방식에도 큰 영향을 끼친 기독교적인 이원론적인 세계관이라고 할 수 있다.

근대 17세기 데카르트가 바라본 자연은 하나의 커다란 기계와 같았다. 그리고 이러한 세상은 두 가지로 구분되었다. 하나는 물리적인 것으로 우리의 몸, 나무, 금속과 같은 것이다. 그리고 이와는 근본적으로 다른 하나는 과학으로는 연구할 수 없는 것으로 우리의 마음을 구성하는 것이다. 이러한 생각에서 인간도 두 종류의 물질로 구분할 수 있는데 그것이 바로 정신과 물질이다. 정신의 세계는 형이상학적 영역에 속하고 물질은 역학법칙의 지배를 받는다. 역학의 법칙은 인과 법칙의 지배를 받고 수학적인 방법으로 설명할 수 있다고 이야기한다. 데카르트는 이 두 가지가 신 이외에 다른 어떤 것에도 존재를 의존하지 않는 가장 독립적이고 세상을 이루는 가장 기본적인 무엇이라고 생각했다. 그래서 데카르트는 본체 이원론에 대하여 주장한 것이다.

고대부터 이어져온 이원론적 사상의 흐름은 현대 서양에서도 인간과 자연의 구분이라는 구분 방식으로 이어졌다. 인간들은 이성의 힘으로 자연의 본질을 파악하기 위해 애쓴다. 시간 속에서 자연이 변화하는 현상들을 인간들은 경험적으로 분석하는 것이다. 우리는 나무의 본질을 어떻게 알게 되는가? 나무와 관련된 다양한 경험 속에서 본질과 실재를 찾는다. 그런데 여기서 불행한 점은 이러한 발견을 명제화하고 문자화하는 방식이다. 지금까지 서양 교육에서는 이러한 명제를 가르치는 방법에 집중하고, 때로 이를 위한 목적으로 이해를 위한 암기라는 방식도 활용했다.

나. 이원론적 세계관의 교육적 영향력

인간은 본래적으로 자연법칙에 따라 사는 존재이지만 또 다른 한편으로 자연의 질서에서 독립적으로 개인의 이성(理性)을 기반으로 자신만의 세계를 구성하는 존재이기도 하다. 세상의 이치를 아는 도구로서 이성을 중요하게 여기는 서양 철학에서는 교육에서 이성적 사고의 결과인 언어, 문자, 명제를 중요한 가치로 생각한다. 확실한 지식은 논리적인 단계를 거쳐서 참인 명제나 이러한 명제를 문자로 표현하는 것이라 생각한 것이다. 플라톤의 이원론적인 관점에서 출발한 서양의 문화는 인간과 자연은 별개이므로 이성을 기반으로 하는 논리적인 과정을 통하여 본질을 이해하려 하였다. 학교 교육에서도 학생들은 이성적으로 생각하고 논리적인 과정을 거쳐 결과를 얻어나 문자화하는 공부 방향을 설정한 것이다.

자연을 바라보는 입장도 동양과 서양은 매우 다르다. 동양에서 자연은 이상적인 존재이며 인간이 닮아가야 할 대상이다. 자연은 '스스로 그러하다(自然)'라는 자존(自存)의 뜻으로 인간이 자연을 닮아가는 것을 하나됨으로 지향하는 것이다. 반면 서양에서는 자연에 대한 객관적인 이해 및 정복의 대상으로 생각했다. 이는 동양에서 자연을 바라보는 모습과 무척 대조적이다. 플라톤이 세운 아카데미아 입구에는 '기하학을 모르는 자는 이곳에 들어오지 말라.'고 쓰여 있는데 자연을 철저한 이해 및 정복의 대상으로 인식하고 과학의 기초인 기하, 수학의 논리적, 명제적 발전을 뒷받침했다.

다시 이야기하지만 이와 같은 서양의 이원론의 가장 큰 문제는 '교육의 문자화'이다(박철홍, 2019). 서양의 이성적 사고를 기반으로 자연에 대한 탐구와 연구 결과를 문자화하여 나타내려는 방법에서 인간은 자연을 탐구하기 위해서 철저히 변화하는 대상에 대한 본질을 위하여 경험하고 탐구하는 과정을 겪는다. 이는 이원론적 사고의 기본적인 시각이었으며 이 과정을 통해 나온 명제와 개념을 우리는 지식이라고 부르고 교육했다. 하지만 우리가 문자를 통하여 지식을 제대로 가르치고 있는가? 라는 질문에 대한 답을 고민해 본다면 자신 있게 이야기하기는 어렵다. 세상 모든 것들을 문자화할 수 없음에도 불구하고 우리는 아는 내용을 대개 단어나 문장으로 표현하고 이를 지식이라고 부른다. 교육학에서는 문장으로 표현될 수 있는 지식을 명제적 지식이라고 부른다. 언어 즉 문자에 대하여 조금 더 고민을 하면 인간의 사고 양식 중 논리적 법칙에 적합한 사고방식을 우리는 지식이라고 부르는 것이다. 인간들은 사고(思考)에 있어서 비논리적, 반논리적인 경향을 싫어하며 논리적, 일관성 있는 지식을 위해 노력한다. 이와 같이 서양의 지식관은 알게 모르게 오늘날 교육 현장에도 많은 영향을 미치고 있다. 먼저 이원론적인 사고와 관련하여 교사는 학생을 바라보며 두 가지 가정으로 분류하는 습관이 있다. 무엇인가를 '안다' 혹은 '모른다'의 가정이다. 그래서 그동안 우리 교육에서는 정답 혹은 오답으로 분류하였고 은연중 학생들도 이러한 이분법적 가정으로 교육을 받은 것이다.

듀이 또한 사고와 언어의 관계에 대하여 언어가 사고의 필수적인 도구라고 인정했다. 하지만 우리는 그 수준에 있어서 '기호'(sign) 정도의 언어 사용이라는 한계에 있다고 말한다(Dewey, 1933; 정회욱 역, 2011: 202-214). 듀이의 이러한 지적은 국어 교과의 예시로 쉽게 확인할 수 있는데 우리는 언어 속에 숨겨진 의미와 삶에 집중하기보다는 단어, 문장의 해석과 평가에 초점을 두는 문제가 있다. 그동안 학교교육에서는 개념 문자화를 교육의 본질로 판단하고 지식을 가르쳤지만 사실 우리는 지식을 왜곡하여 가르친 것은 아닌가라는 반성적 시각도 필요하다. 교과의 본질을 가르치지 못하고 문자화된 사고방식으로서 하나의 교과만을 가르친 것에 대한 반성이 필요하다는 뜻이다(박철홍, 2019).

다. 학문 탐구와 지식의 주류 패러다임: 실증주의적 지식관

지금까지 인문사회과학의 주로 패러다임은 자연과학에서 차용해온 경험주의적이고 실증주의적 지식관이 지배해왔다. 이러한 실증주의적 지식관에서는 지식의 본질을 주체의 밖에 존재하는 객관적인 실재로 인식해 왔다. 실증주의적 지식관에는 패러다임적 사고 양식이 가정되어 있다. Bruner(1986)는 *Actual minds, possible worlds*에서 세계를 바라보는 두 가지 사고 양식으로 패러다임적 사고 양식과 내러티브 사고 양식을 가정하고 이 둘을 비교하여 그 특징을 설명하고 있다. 이러한 두 가지의 사고 양식은 실재를 구성하고 경험을 배열하는 방법을 제공하는 역할을 한다. 실증주의적 지식관과 관련되는 패러다임적 사고 양식의 특징은 논리-과학적 사고 과정으로 형식적이고 경험적 증거를 갖추기 위해 절차를 중요시하며 원인과 결과의 인과적 사고를 다룬다. 이 사고 양식에서는 범주화, 개념화, 조작이나 연산을 중시한다. 범주는 체계를 형성하기 위해 확립되고 구체적인 예와 관련되며 연결에 필요한 모든 자료는 형식적 측면에서 결합과 분리, 상위어와 하위이, 임격한 함축, 특성한 맥락에서의 진술로부터 도출되는 일반적 명제들과 같은 아이디어를 포함한다. 패러다임 사고 양식에서 언어는 관찰 가능한 것뿐만 아니라 원리화된 가실에서 노출하여 관찰할 수 있는 것을 논리적으로 진술한 언어를 의미한다. 또한 전체적인 수준에서 일반적인 원인과 그것의 설정을 다루고 입증할 수 있는 참조를 확실히 하고 경험적 진실을 테스트하기 위해 절차들을 사용한다. 즉, 패러다임적 사고 양식은 세련된 이론, 예리한 분석, 논리적 증명, 타당한 논증, 가설에 의한 경험적 발견 등에서 그 속성이 잘 드러난다(강현석 외 역, 2011).

대표적인 교육 분야의 사례로는 교수 개발에 관한 사고를 지배해온 타일러의 논리를 들 수 있다. Tyler의 목표는 행동과 그 위계로 특징지어지며, 교육내용을 단일한 객관적인 실재로 환원시켜 파악하려는 실증주의적 인식론을 보여주고 있다. 이러한 입장에서 개발한 교수는 논리적 진술문의 구조와 인과적 관계의 논리를 가지는 과학적 지식으로 볼 수 있는 패러다임적 사고 양식의 내용들이 주로 등장해오고 있다. 대부분의 교과에 걸쳐서 경험적 지식, 논리적 증명과 분석, 합리적 사고 양식, 과학적 이론, 논증과 검증된 지식 등이 학교교수의 주요 내용으로 선정되어 학생들에게 제시되고 있다. 이러한 경향을 합리주의적 교수 체제라고 부를 수 있다. 이와 같은 실증주의적 지식관은 주지주의적 합리주의, 자유교육의 전통, Eisner(1979)와 McNeil(1985)이 분류하는 학문적 합리주의 지향성, 본질주의와 신본질주의 교육사조와 같은 다양한 모습을 띠고 있다(강현석, 2016).

이러한 실증주의는 19세기 중반 이후, 과학에서 가장 널리 받아들여진 견해의 기초를 형성하고 있으며 20세기 전체에 걸쳐 지배적인 패러다임으로 작용하고 있다. 1960년 무렵부터 실증주의가 비판을 받아왔지만 지금도 일반적으로 사회과학자들이 가지고 있는 생각은 실증주의에 기초하고 있다. 사회과학분야의 연구 방법 절차인 경험 자료 수집→일반화→이론수립→결론도출→경험 자료에 의한 시험으로 이어지는 연구 절차는 실증주의의 대표적인 주장이기 때문이다. 이와 같이 실증주의는 사회과학 연구에서 여전히 강력한 지배적인 패러다임으로 작용하고 있다(이기홍, 2014). 일부에서는 실증주의를 비판하는 주장이 제기되고 있지만 실증주의는 여전히 영향력을 행사하고 있다. 경제학, 정치학에서는 여전히 실증주의가 지배하고 있으며 심리학에서는 실증주의가 약해지고 있지만 그래도 여전히 우위를 차지하고 있다. 역사학은 고전적으로 고려된 통계적 방법을 시작하고 있으며 교육연구, 경영 연구 등도 실증주의의 입장을 수용하고 있다.

이러한 입장이 교수 분야에도 스며들었다. 교수가 전문분야로 출현한 20세기 초반은 교육사적으로 많은 개혁이 요구되던 시기였다. 당시 근대 과학은 자연 현상에 대한 법칙성을 찾고 이와 관련한 인과론적인 사고로 세상의 원리를 정리하고자 하였다. 자연과학자들은 문제를 해결하기 위하여 합리성을 갖춘 과학적 방법론을 활용하였고 귀납적인 정보와 연역적인 논리성을 기반으로 자연과학 세계를 탐구한 것이다. 근대 학문도 자연과학에서 요구하는 철저한 법칙성과 규칙성으로 사회과학을 동일한 수준으로 대응하려 하였다. 우리는 이러한 패러다임을 실증주의라고 부른다. 자연 과학에 기반한 실증주의 패러다임이 근대 학문의 발전에 큰 영향을 미쳤다는 사실은 자명하다. 이 현상은 교육을 과학적으로 연구하려는 다양한 교육학 영역의 시도로 발전하였다.

실증주의는 인식론적 경험주의와 방법론적 측면의 과학주의가 통합되어 있다. 그런데 자연과학이 모델인 실증주의 방법론을 인간을 이해하기 위한 분석 수단으로 활용한다면 과연 어느 수준까지 적용할 수 있을까에 대한 의문이 존재한다. 다시 말하여 사회과학에서 실증주의 방법론의 정당성 혹은 적절성과 관련한 문제를 제기할 수 있을 것인가의 물음이다(강현석, 노진규, 2021). 이 문제는 자연과학의 관찰 대상인 자연과 사회과학의 관찰 대상인 인간과 사회를 동일한 본질을 가진 대상으로 구분할 수 있는지와 관련한 문제의식에서 출발한다. 자연과학과 사회과학 사이의 본질적 차이에도 불구하고 사회를 과학적으로 관찰하고 연구하는 방법에 문제를 제기할 수 있는 것이다.

노진규(2022)에 의하면 20세기 근대 과학은 자연 현상과 관련한 법칙과 인과론적 사고로 세상을 바라보았다. 과학자들은 세상의 원리를 탐구하는 방식으로서 합리성을 과학적 방법론으로 활용하였고, 귀납적 정보와 연역적 논리성으로 자연과학을 탐구하였다.[38] 이와 같은 패러다임은 자연과학이 요구하는 철저한 법칙성과 규칙성으로 대응되었으며, 우리는 이를 실증주의(positivism)라고 부른다. 실증주의 관점에서 지식은 과학적 탐구 방식으로 인간의 경험 문제를 다룬다. 실증주의에 기반하는 근대 과학의 발전은 우리 삶을 발전시키고, 자연과학의 합리성을 추구하는 삶의 방식이 옳다는 관념을 만들었다. 이러한 경향은 교육학(교수) 분야에서도 마찬가지다.

그런데 자연과학의 검증 모델로서 실증주의가 인간을 이해하기 위한 수단으로 작동할 때 문제가 발생한다. 무엇보다 사회과학의 탐구 대상으로서 인간과 사회는 자연과학의 탐구 대상인 자연과는 본질적인 차이를 가지기 때문이다. 한 때 인간의 마음을 컴퓨터가 정보를 처리하는 작동 장치로 논리적, 합리적, 절차적 도구로 바라보기도 하였다. 당시에는 이러한 마음 탐구 방식이 옳다고 생각했기 때문이다. 그러나 시간이 지난 현재의 관점에서는 인간의 마음 탐구 방식으로는 한계가 있다고 판단된다.

38 한승희(2005)는 과학적 사고로서 인과적 설명 방식은 'if-then'의 사고방식을 함축하고 있다고 설명한다. 일반적으로 연역적 추론이란 일반화된 이론으로부터 어떤 특정 사례를 도출하고, 반면 귀납적 추론이란 사례들로부터 법칙이나 일반화를 도출해 내는 방식이다. 한편 가설적 추론이란 법칙에서 어떤 사례가 어떻게 도출되었는지를 설명하는 방식이다. 그런데 앞서 이야기한 서사적 사고는 이야기를 만드는 마음의 작동 방식이다. 그래서 과학적 사고가 'if-then' 방식이었다면 서사적 사고는 'the king died, and then the queen died'의 특징을 보인다. 이 진술문에서 'then'은 서사적 사고의 특징을 잘 보이는데 과학적 사고와 달리 두 사건 사이의 개연성을 암시하는 것이다. 이야기의 세계에서 내러티브는 논리적인 일관성을 염두에 두면서도 한편으로는 그것을 위반하려는 성향으로 비논리적 임의성을 가진다는 점이 서사적 사고의 큰 특징이다.

이용남(2007)은 학교에서 지식을 보는 관점과 그것을 가르치고 평가하는 방식이 정초주의 인식론에 근거를 두고 있음을 지적하였다. 정초주의 인식론은 근대의 경험론과 합리론 그리고 관념론을 거쳐 현대의 분석철학까지 그 기반이 매우 넓으며, 지식에는 경험 또는 이성과 같은 확실한 기반이 있다고 바라본다. 지금까지 우리 교육의 담론은 주로 경험주의적이고 실증주의적인 지식관에 의하여 크게 영향을 받았다. 이와 같은 지식관에서 지식은 주체의 외부에 존재하며 객관적인 실재로서 존재한다고 믿는다. 경험적 지식 또는 논리적 증명과 분석, 합리적 사고, 과학적 이론으로 논증된 지식을 학교 교수의 주요 내용으로 학생들에게 가르쳐야 한다고 생각한다. 이러한 경향을 패러다임적 교수 혹은 합리주의적 교수 체제라고 부를 수 있다(강현석, 2022: 207).

라. 근대적 지식관으로부터의 이탈 전조들: 마음의 변화와 다양한 앎의 양식 등장

최근 교육학(교수) 분야에서 인간과 교육에 대한 관점 변화와 관련 연구가 활발히 진행되고 있다.[39] 이 연구들의 공통점은 교육은 주체

---

39 소경희(1996)는 현대 교수에서 개인은 세계를 주어진 것으로 바라보는 수동적 존재가 아니라 적극적으로 해석하고 구성하는 능동적인 주체로 바라본다. 정광순(2004)은 교수의 패러다임이 포스트모던 접근(postmodern-approach)이나 재개념주의자(reconceptualist)로 변화하면서 교수 연구의 패러다임이 개발에서 이해로 변화되고 있다고 말한다. 정윤경(2019)은 최근에는 과학 기술의 발달과 인간 삶을 관련지으며, 포스트휴먼(posthuman)으로서 포스트휴머니즘 관련 논의도 대두된다고 설명한다. 이처럼 교육학 분야에서는 실증주의에 대한 패러다임이 변화하고 있다. 그리고 이러한 패러다임의 전환의 중심에는 주체로서 인간이 자리 잡고 있다.

로서 인간을 대상으로 하며, 더욱 인간다운 인간을 위한 교육 목적을 위하여 노력해야 한다는 점이다. 이는 기존의 합리성에 대한 인식론적 비판이며, 논리적 추론이나 엄격한 규칙의 증거로 대표되는 근대의 합리성에 대한 인식론적 모순과 한계에서 벗어나려는 움직임이다.

박철홍(2016)은 이 문제를 인간으로서 자연(nature)과 인간의 본성(本性, nature) 사이의 오해이며, 인간을 탐구하는 방식에 문제가 있었다고 설명한다. 일반적으로 실증주의를 기반으로 하는 자연과학은 자연(nature)을 탐구 대상으로 한다. 그리고 실험과 관찰로서 자연의 인과성과 법칙성을 찾고, 이를 이론화하고자 한다. 그동안 대부분의 자연과학적 지식은 이러한 과정의 결과물이었다. 교육의 대상이 인간이라면 여기에 적합한 탐구 방식이 필요함에도 불구하고, 그동안은 자연 탐구방식과 다른 인간만의 독특한 특성을 살리지 못하였다. 이는 서양의 자연(nature)과 인간의 본성(nature)의 영어식 표현이 같은 데서 오는 오해로 인하여 인간을 탐구하는 방식에 문제가 발생한 것이다.

그렇다면 우리는 인간 주체의 마음에 대한 관심이 필요해 보인다. 마음은 자연과학의 탐구대상인 자연과 마찬가지로 새로운 탐구 대상으로 의미를 가지는 것이다. 그동안 이러한 인식 전환은 교육학(교수)의 영역에서 실천적으로 적절하게 대응하지 못한 문제가 있었다. 따라서 이제부터라도 외부의 자연을 논리적으로 이해하거나 혹은 표상으로서 받아들이는 것이 아니라 주체에 의하여 외부의 자연을 구성해 나가는 과정에 더 집중할 필요가 있다.

강현석(2016b)도 마음의 본질이 정보(information)에서 의미

(meaning)로 처리(processing)에서 구성(construction)으로 전환되어야 함을 설명한다. 마음은 실재를 구성함에 있어서 표상에 집중하는 것이 아니라, 구성의 대상에 대한 집중으로 관심이 전환되어야 하는 것이다. 학생들은 더 이상 외부의 관념을 그대로 받아들이는 존재가 아니다. 개인마다 독특한 인식체계로 태어나는 순간부터 외부 환경의 영향으로 개인의 도식(scheme)도 변화시킨다. 학습도 지식을 그대로 받아들이는 것이 아니라 주체의 도식에 적절하게 재구성하는 것이라고 설명하는 것이 옳다. 이제는 자연으로서 정형화된 법칙보다는 경험의 중첩으로서 가지게 되는 의미를 어떻게 바라보고 해석할지에 대한 관심이 필요하다. 이는 교육 방법론상으로도 순환적, 회귀적, 해석적, 구성적 등의 방법으로 변화되어야 할 필요성을 제시하는 것이다.

한편, 강현석(2005)은 지금까지 학교교육이 주로 경험주의적이고 실증주의적 지식관에 의하여 합리적인 내용들이 선정되고 제시되는 문제를 제기하였다. 일반적으로 우리는 주체 밖에 존재하는 객관적인 실재만을 지식의 본질로 바라보는 경향이 있었던 것이다. 자연과학에는 세상을 구성하는 개념, 원리, 법칙으로서 세상이 움직인다고 바라볼 수도 있다. 그러나 인문사회과학의 문제나 특히 인간의 문제에서는 꼭 실증적이고 경험적인 방법으로 그 이치를 파악하기에는 한계가 있다. 교육의 문제도 그러하다. 교육의 대상은 인간이기에 자연과학적 방법으로 그들의 교육, 성장 문제를 해석하기에는 무리가 따른다. 그런데 그동안 학교 교육은 지나치게 경험적 지식, 논리적 증명, 합리적 사고, 과학적 이론 등의 방식으로 교육하려는 경향이 있었다. 따라서 본 연구는 기존 학교 교육이 지나치게 합리성

(rationality)에 집착하는 문제가 있었던 것은 아니었는가에 대한 반성에서 시작되었다.

인간이 살아가는 세상은 합리성으로만 설명하기 어려우며 자연과학적 분절적 특징과는 달리 오히려 총체성을 특성으로 한다. 박철홍(2007; 2019)은 지식의 총체성과 관련하여 듀이의 경험 개념에 비추어 본질적인 지식의 탐구 의미에 대하여 논하였고, 특히 질성적 사고로서 분절성을 뛰어넘는 사고의 결과로서 '하나의 경험(an experience)' 의미를 제시한다. 듀이(J. Dewey)는 인간과 세상의 문제를 그만의 경험 철학으로서 설명하였고, 경험은 인간을 이해하기 위한 필수적인 탐구의 대상이었다. 그는 교육학(교수)에서 경험을 제대로 이해하고 해석하는 활동 혹은 가치 있는 경험 재구성의 중요성을 간파하고, 경험을 핵심 주제로 평생을 탐구한 것이다. 특히 그의 경험 철학은 본 연구에서 관심을 기울이는 내러티브와도 많은 연관성을 가진다(Dewey, 1899; 1902; 1916; 1934; 1938).

한편 브루너(Bruner)는 『교육의 문화』(1996)에서 인간의 마음을 컴퓨터에 비유하는 관점(computational view)과 문화주의(culturalism) 관점으로 구분하였다. 인간의 마음을 컴퓨터에 비유하는 관점은 정보처리 이론(information processing)으로서 합리성을 전제하며, 앎은 사전(事前)에 존재하는 규칙화된 코드와 방법으로서 처리된다는 관점이다. 하지만 조금만 생각해 보면 앎의 과정이 꼭 절차적이고 규칙적이지만은 않다는 점을 알 수 있다. 무엇인가 알아가는 과정에는 무척 복잡하고 애매한 사건들로 가득하기 때문이다. 반면 문화주의 관점에서 인간의 마음은 문화 안에서 형성된다는 전제를 가진다. 문화란 구성원들이 사고하고 행위하며 판단하는 데 있어서 잘 확립되어 있으며 전적으로 뒤집을 수 없는 안정된 방식이다(Bruner, 1996; 강현석 역, 2021). 문화는 소통 가능한 방식으로 세계를 조직하고 이해하기 위한 도구를 제공하며, 인간의 마음은 문화를 통하여 구성되고 문화의 사용으로 실현된다. 그래서 마음은 문화 없이 존재할 수 없다.

문화에서 개인의 마음과 의미 형성은 지속적인 해석학적 순환(hermeneutic circle) 과정으로 볼 수 있다. 전체와 부분은 서로 분리된 것으로 이해할 수 없으며, 전체로서 문화, 역사의 맥락은 이해로서 해석에 영향을 미칠 수밖에 없다. 자연과학에서 귀납과 연역의 논증이 이론을 형성하는 중요한 과정이라면, 인간과학에서 해석학적 순환 과정은 의미 형성에 중요한 절차인 것이다. 인간은 자신의 경험을 기반으로 나에게 의미 있게 다가오는 현상을 새로운 의미로 받아들인다. 따라서 문화에서 지식은 획일성이 아니라 구성원 사이의 상호 작용 및 개인의 의미 작용으로 형성된다. 이제 학교 수업은 수체로서 학생들이 마음을 형성하는 데에 관심을 가질 필요가 있다. 그리고 내러티브는 주체가 새로운 세계를 창조하는 데 도움을 줄 수 있을 것이다(노신규 · 강현석, 2021b).

이러한 사상의 흐름에 유관한 지점들이 발견된다. 최근에는 인간 지식과 사고 양식의 다양성을 여러 학자들이 제기하고 있다. Harste(1994)의 다중적 앎의 방식이나 Eisner(1985)의 앎의 방식에 대한 강조, Bruner(1986)의 내러티브 사고 양식, Polkinghorne(1988)의 내러티브적 앎의 제안, Eisner의 제시 양식과 반응 양식의 다양성, 정보화 사회에서의 문자 언어의 탈피 등이 바로 그것이다. 인간의 지식은 하나의 형태, 하나의 앎의 방식, 하나의 의미 영역으로 통일되어 있지 않다. 여러 개의 다양하고 분명한 형태, 앎의 방식, 의미

영역으로 구분되어 있다. 그리고 각각 영역의 지식은 그 고유한 의미와 진리를 나타낸다. 즉, 세상에 대한 이해와 경험이 이루어지는 기본 방식을 제각기 가지고 있다(강현석, 2016).

Polkinghorne(1988)은 이야기를 내러티브의 산물로 보고 있으며 내러티브는 시간의 변화에 따라 발생한 일련의 사건들에 의미를 부여하고 일상에서 일어나는 사건들의 에피소드를 통합적 이야기로 구성하며 과거의 경험을 현재에 비추어 재구성하고 재해석하며 동시에 미래의 계획을 염두에 두는 것이 특징인 방식이라고 하였다(박민정, 2006에서 재인용).

Bruner(1986)가 패러다임 사고 양식과 비교하여 제시하고 있는 내러티브 사고 양식의 특징은 삶의 요구들을 반영하는 인간적 세계를 이해하려고 하는 사고 양식이다. 따라서 삶과 유사한 스토리를 통해 진리가 아니라 있음직함, 그럴듯함을 만들어내어 사람들에게 진짜 같음을 확신시킨다. 또한 내러티브 사고 양식은 정련화된 것으로 스토리 구조에 의존한다. 이러한 내러티브 사고 양식의 상상적 적용은 훌륭한 스토리, 흥미를 끄는 드라마, 믿을 수 있는 역사적 설명과 관련된다. 내러티브 사고 양식은 그 과정을 나타내는 변화의 결과, 인간 혹은 인간과 같은 의도와 행위를 다루며 특수하고 상세한 내용에 초점을 맞추고 있다. Bruner(1960)는 교육의 과정에서도 직관적 사고와 분석적 사고에 대해 언급하면서 직관적 사고의 중요성을 설명하고 있다. 지금까지는 학교 교육에서 언어화하는 능력, 언어적 또는 수학적으로 공식을 재생하는 능력 등 분석적 사고만을 강조해 왔다고 지적하면서 직관적 사고 역사, 학습을 할 때 중요한 능력이라고 하였다. 직관적 사고는 명백히 계획된 단계를 따라 전개되는 것이 아니라 전체 문제 사태의 포괄적인 지각을 기초로 전개된다. 직관적 사고는 해당 분야의 지식, 지식의 구조를 기초로 가능하며 이 구조를 통해서 사고의 도약이 가능하다. 이러한 직관적 사고는 이후, 브루너가 제시한 내러티브 사고라고 할 수 있다.

Eisner(1985)는 의미의 추구에 관심을 가지고 있는 학자로 인간의 의미는 스스로 구성하는 것이며 의미는 다양한 형식으로 표상된다고 주장하였다. 현재의 학교 교육은 정답과 오답을 구분하는 이분법적 사고, 주지 교과의 지나친 강조, 예술 교과의 경시 등을 문제로 제시하였다. 이를 해결하기 위한 대안으로 질적 사유의 중요성과 세상을 파악하는 방식의 다양성을 강조하면서 학교에서 예술 교과를 중시해야 한다고 주장하였다. 또한 학교에서 의도적으로 가르치지 않아서 학생들이 배우지 못하는 기능이나 과목을 가리키는 영 교육과정을 개념화하였다. 영 교육과정을 통해 학교에서 소홀하거나 공식적으로 가르치지 않는 지식, 사고 양식, 교과 등의 가치를 환기시켰다.

더욱이 최근에는 포스트모더니즘 시대로 세상을 한 가지 방법으로 인식하지 않으며 거대 담론도 존재하지 않는다. 오히려 다양한 관점으로 세상을 바라보려고 하는 시도이며 미시 담론에 초점을 맞추고 있으며 해체주의 입장에 있다. 따라서 고정된 사고의 틀을 부정하며 지식이나 세상은 지속적으로 구성되고 변화된다고 보는 입장이다. 이와 같이 최근 인문사회과학은 실증주의적 패러다임에서 벗어나 다양한 앎의 방식에 관심을 가지는 방식이 새로운 패러다임으로 자리 잡게 되었다.

이러한 변화를 우리가 앞에서 주목하는 브루너의 내러티브 사고의 교육적 함의 측면에서 살펴보자.

전통 서양철학에서는 인간을 이성적인 존재로 바라보았으며 교육의 목적은 인간의 이성적 특성을 개발하는 것이었다. 특히 18세기 계몽주의를 거치면서 그 성향은 더 강화되었다. 19세기 자연과학의 발달은 실증적 관점으로 발전하여 합리적인 사고를 기르는 공부의 목적을 형성하였다. 합리적이라는 말은 과학적으로 증명된 일련의 절차로서 인간이 달성해야 하는 목표와 순서가 있다는 점을 가정한다. 우리는 합리적 마음을 학교 공부를 통해 학습하고 개발하려 한 것이다. 여기서 합리적인 마음은 경험을 특정한 개념 구조에 맞도록 구조화한다는 뜻이 포함되어 있다(이홍우, 2015).

Oakeshott는 '합리적 행위'를 추구하기 위한 순서로 첫째, 목적을 명제로 제시하고 둘째, 목적 달성을 위하여 필요한 수단을 결정한 후 셋째, 그에 따른 행위를 하는 삼단 방식을 제안하였다. 그러나 아무리 합리적 절차라 할지라도 전통을 무시할 수 없으며, 고유한 방식으로 상황에 적합한 수행방식을 충실히 따르는 것이 무엇보다 중요하다고 지적한다(홍은숙, 2007). 즉 논리, 합리를 뛰어넘는 과거의 경험 가치를 받아들일 필요가 있다는 것이다.

우리는 합리성을 기반으로 자연, 삶과 관련한 수많은 경험을 교과로 구성하며 논리와 체계를 갖추었다. 그런데 곰곰이 생각해 보면 교과를 통한 배움은 내용 자체뿐만 아니라 교과 이면의 전통과 문화와 관련한 이야기에 더 풍부한 내재적 가치가 숨겨있다. 따라서 이 문제를 해결하기 위해서는 지식과 관련한 논리성만이 아니라 교과에 내재한 마음과 사고의 해석에 새로운 의미를 부여해야 하는 것이다. 우리는 이를 내러티브 발견법(narrative heuristics)이라 한다(강현석, 2020).

학생들은 교과 관련 문제 상황에서 지식과 기능을 활용하여 문제를 해석하고 해결하는 과정을 통하여 배운다. 이와 같은 공부는 자신의 이야기를 확장하는 과정이라 할 수 있다. 그런데 문제를 만들고 해결해 나가기 위해서는 이야기의 역사, 맥락, 논리를 종합적으로 파악하고 재구성해야 한다. 이때 내러티브 사고는 기존의 사고와 관련을 맺으며 그 범위를 확장하는 역할을 수행하는 것이다. 심리학에서는 이를 메타인지라는 용어로 설명하기도 하지만 이 둘은 명확히 다른 개념이며 둘 사이의 상호 보완적인 노력이 필요해 보인다. 보충하여 설명하면 일반적으로 메타인지는 이해의 내용을 점검하고 모니터하는 능력으로서 학습자의 부족한 부분을 점검하고 채우는 전략으로 설명된다. 즉, 우리가 생각하는 패러다임 사고로서 인지를 향상시키는 사고인 것이다. 그런데 패러다임 사고를 향상하기 위해서는 사고의 전후 맥락을 파악하고 부족한 부분은 보충하고 더 나은 방향으로 개선하기 위한 스토리 전개가 필요하다. 내러티브 사고는 새로운 의미를 구성한다는 측면에서 사고에 대한 사고로서 새로운 내러티브 실재(narrative reality)를 구성할 수 있는 것이다(Bruner, 1996; 강현석 역, 2021). 듀이가 경험에서 반성적 사고와 질성적 사고를 함께 활용한 것처럼 기존의 패러다임 사고 중심의 학교 교육에서 내러티브 사고는 상호 보완적인 관련성을 가질 수 있다.

정리하면 우리는 내러티브로 가득 차 있는 세계에서 살아가지만 역설적으로 과학적 사고를 기반으로 하는 실재에 집착하는 경향이 있었다. 하지만 제아무리 논리적, 과학적이더라도 세상의 이치와 관념 모두를 이해할 수는 없다. 또한 우리가 지식이라 여기는 것도 사실 실재를 정확히 이해하는 것은 아니다. 왜냐하면 우리는 언어로 개념화된 대상에 대하여 제각기 다른 해석을 하기 때문이다. 따라서 지식에 대한 메타인지적 민감성, 즉 내러티브 사고를 기존의 패러다임 사고와 함께 고려하는 노력이 필요하다.

제 8 장

내러티브와 새로운 지식관

우리는 언어적 존재이며,
우리가 생성하는 이야기를 벗어날 수 없는 존재이다.
이성 합리주의에 기댄 과학적 지식은 이제 이야기적 지식과 소통해야 한다.
-Lyotard-

세계는 원자가 아니라 이야기로 구성된다.
-Muriel Rukeyser-

학습자들이 알고 있는 것은 자신들이 그것을 만들어내기 이전에 존재하지 않았던 것으로
그것은 구성된 의미이다.
-Callison-

핵심 아이디어

이 장에서는 내러티브 입장에서 지식을 어떻게 새롭게 바라볼 수 있는지를 살펴본다. 우리가 전통적인 통념으로 바라보던 지식들을 새롭게 바라보는 변화의 징후들은 다양하다. 그 본질에 인간 마음을 새롭게 바라보는 것이 자리한다.
특별히 브루너가 제안하는 입장에서 지식은 대단히 입체적으로 다채롭다. 내러티브 지식은 과거 지식의 구조로 대표되는 구조주의와 다른 듯하면서도 연계적인 연속성이 자리한다. 구조와 인식의 틀로서 내러티브가 우리의 주목을 끈다. 지식의 구조와 내러티브는 절연이 아니라 연속의 망이다. 경험의 규칙과 구조를 모델화한 것이 지식이라면 그 지식은 바로 내러티브가 된다.

1. 지식을 바라보는 변화의 징후들

일반적으로 무언가를 안다는 의미로서 인지는 개념형성, 문제해결, 논리적 조작, 언어의 사용 등과 같은 문제들과 맞물려 있다. 특히 교육 관점에서 학습과 배움의 의미는 경험을 특정한 개념 구조에 맞게 구조화한다는 뜻으로 이해된다(이홍우, 1987).

그런데 그동안 학교 교육에서는 인지와 관련된 관념이 체계적 규칙으로 범주화되거나 실증적 논의, 논리적 논의, 규범적 논의로서 합리성에 기반하는 경향이 있었다. 합리적인 마음에 대한 지나친 경향성은 패러다임 사고로서 편향적인 사고 교육을 한다는 점, 교사와 학생이 모두 수업에서 수동적인 입장이라는 점, 교과와 삶이 분리된다는 점 등을 문제로 지적할 수 있다. 교수-학습이 인간의 마음 형성에 깊이 관여한다면, 교육은 학생들의 다양한 사고 개발에 관심을 기울여야 함에도 불구하고 그러지 못한 문제를 지적할 수 있다(노진규·강현석, 2022d).

이러한 문제들 중에서 사상적 흐름의 심각한 문제는 실증주의의 과도한 강조이다. 20세기 근대 과학은 자연 현상과 관련한 법칙과 인과론적 사고로 세상을 바라보았다. 과학자들은 세상의 원리를 탐구하는 방식으로서 합리성을 과학적 방법론으로 활용하였고, 귀납적 정보와 연역적 논리성으로 자연과학을 탐구하였다.[40] 이와 같은

40 한승희(2005)는 과학적 사고로서 인과적 설명 방식은 'if-then'의 사고방식을 함축하고 있다고 설명한다. 일반적으로 연역적 추론이란 일반화된 이론으로부터 어떤 특정 사례를 도출하고, 반면 귀납적 추론이란 사례들로부터 법칙이나 일반화를 도출해 내는 방식이다. 한편 가설적 추론이란 법칙에서 어떤 사례가 어떻게 도출되었는지를 설명하는 방식이다. 그런데 앞서 이야기한 서사적 사고는 이야기를 만드는 마음의 작동 방식이다. 그래서 과학적 사고가

패러다임은 자연과학이 요구하는 철저한 법칙성과 규칙성으로 대응되었으며, 우리는 이를 실증주의(positivism)라고 부른다. 실증주의 관점에서 지식은 과학적 탐구 방식으로 인간의 경험 문제를 다룬다. 실증주의에 기반하는 근대 과학의 발전은 우리 삶을 발전시키고, 자연과학의 합리성을 추구하는 삶의 방식이 옳다는 관념을 만들었다. 이러한 경향은 교육학(교수) 분야에서도 마찬가지다.

그런데 자연과학의 검증 모델로서 실증주의가 인간을 이해하기 위한 수단으로 작동할 때 문제가 발생한다. 무엇보다 사회과학의 탐구 대상으로서 인간과 사회는 자연과학의 탐구 대상인 자연과는 본질적인 차이를 가지기 때문이다. 한때 인간의 마음을 컴퓨터가 정보를 처리하는 작동 장치로 논리적·합리적·절차적 도구로 바라보기도 하였다. 당시에는 이러한 마음 탐구 방식이 옳다고 생각했기 때문이다. 그러나 시간이 지난 현재의 관점에서는 인간의 마음 탐구 방식으로는 한계가 있다고 판단된다.

이용남(2007)은 학교에서 지식을 보는 관점과 그것을 가르치고 평가하는 방식이 정초주의 인식론에 근거를 두고 있음을 지적하였다. 정초주의 인식론은 근대의 경험론과 합리론 그리고 관념론을 거쳐 현대의 분석철학까지 그 기반이 매우 넓으며, 지식에는 경험 또는 이성과 같은 확실한 기반이 있다고 본다. 지금까지 우리 교육의 담론은 주로 경험주의적이고 실증주의적인 지식관에 의하여 크게 영향을 받았

'if-then' 방식이었다면 서사적 사고는 'the king died, and then the queen died'의 특징을 보인다. 이 진술문에서 'then'은 서사적 사고의 특징을 잘 보이는데 과학적 사고와 달리 두 사건 사이의 개연성을 암시하는 것이다. 이야기의 세계에서 내러티브는 논리적인 일관성을 염두에 두면서도 한편으로는 그것을 위반하려는 성향으로 비논리적 임의성을 가진다는 점이 서사적 사고의 큰 특징이다.

다. 이와 같은 지식관에서 지식은 주체의 외부에 존재하며 객관적인 실재로서 존재한다고 믿는다. 경험적 지식 또는 논리적 증명과 분석, 합리적 사고, 과학적 이론으로 논증된 지식을 학교 교수의 주요 내용으로 학생들에게 가르쳐야 한다고 생각한다. 이러한 경향을 패러다임적 교수 혹은 합리주의적 교육과정 체제라고 부를 수 있다(강현석, 2022: 207). 그래서 우리는 교육과정 설계 모형도 체계성에 기반을 두는 선형적인 과정에 익숙하다. 이 모형 대부분은 목표 설정을 출발점으로 인간의 경험을 선정 및 조직하며, 과정이 합리적으로 잘 진행되었는지 여부를 평가를 통해 확인한다. 이는 마치 인간의 배움 과정을 실험실의 대상처럼 조작할 수 있으며, 그 결과로써 과정을 반성하고 더 나은 방향의 교육을 조작할 수 있다는 가정이 내재한 문제가 있었다.

그러나 사실 인간의 마음 및 세계 구성은 합리성 이외의 다양한 방식이 복합적으로 작동한다. 학생과 교사의 주체와 관련한 문제도 마찬가지다. 합리성에 기반한 지식관은 주체의 마음보다는 외부의 실재를 정확하게 받아들이는 데 초점이 있다. 만약 교육 현장에서 학생과 교사가 수업의 주체로서 역할을 제대로 수행하지 못한다면, 주체의 의미가 합리성의 논리에 가려 제대로 된 역할을 하지 못하는 경우일 것이다. 또한 교과 학습이 삶과 단절된다면 교육이 인간의 성장을 목적으로 하는 기본적 원칙에서 벗어난 상황일 것이다. 합리성은 삶의 총체성, 유연성의 문제와 분리될 위험이 있으므로 이 문제에 대한 대안이 필요해 보인다.

기존 학교교육은 주로 패러다임적 사고 양식으로 학생들의 마음 문제를 다루었다. 교육 받은 학생은 이성적이고 합리적인 사고를 할 수 있으며, 지식 문제를 객관적·논리적 절차로 학습하는 것을 당연하게 생각하였다. 학교 교육의 목적이 합리적 이성을 개발하는 것이라면, 교육 받은 학습자는 문제 상황에서 합리성에 기반한 이성을 활용하여 문제를 해결해 나가길 기대하였다.[41]

이 문제는 오늘날 학교 문화 형성에도 영향을 미쳤다. 강현석(2005)은 지금까지 우리 교육과정 체제가 지나치게 합리주의적 도식(rationalistic scheme)에 의하여 편향적으로 개념화되었음을 지적한다. 그동안 논리 과학적이고 검증 가능한 객관적·과학적 지식으로 교육과정이 구성되었으며, 교과 내용도 일정 부분으로 제한되는 문제가 생긴 것이다. 그 결과 교육과정에서 이론적 학문과 명제적 지식이 과도하게 강조되는 현상이 발생하였다.[42]

그런데 Bruner의 후기 이론은 기존 교육학(교수)의 지나친 합리성에 대한 새로운 대안을 제시한다. Bruner가 기존 교육의 문제를 지적하며 내러티브 인식론(narrative ways of knowing)을 강조했다는 점은 기존 인식론의 전환을 뜻하는 것이다. 특히 앞서 살펴본 문화 심

41 사실 이 문제는 고대 그리스에서 근대에 이르는 서양 전통철학에서 지속적으로 논의되어 온 문제였다. 고대 그리스 철학의 중요한 주제였던 이성과 실재의 관계 탐구는 인간은 이성적으로 사유하면서 세계의 참모습으로서 실재를 발견할 때 그 기능을 가장 잘 발휘할 수 있다는 교육의 정형적 모습을 형상화하기 시작한 것이다. 아리스토텔레스가 인간을 이성적 동물이라 정의하고 Plato와 Descartes에 이르기까지 인간과 자연, 정신과 육체, 이성과 경험은 전혀 다른 속성의 이질적인 것이었으며, 이성을 개발할 필요성이 오늘날 교육의 중요한 목적이었다(박철홍, 2013).

42 박철홍(2019)도 인간의 이성에 기반하는 합리성 문제가 교육의 문자화 문제를 발생시켰다고 설명한다. 전통 서양철학에서 인간은 이성적 존재라는 대전제로 받아들여졌고, 인간이 이성적 존재라는 점은 이성적으로 사고할 수 있음을 뜻한다. 그래서 인간은 세계의 참모습인 실재를 파악하기 위하여 이성이라는 도구를 사용한다. 그렇다면 인간의 이성적 사고의 결과로서 지식은 주로 문자와 언어라는 상징으로써 표현하는 것이다. 그리고 전통철학의 사상적 기반으로 학교 교육에서는 문자와 언어로 표현되는 지식을 전달하는 과정과 이성적 사고의 개발을 중요한 목적으로 삼게 된 것이다. 그러나 이러한 인식과 방법 자체가 교육의 문제를 가졌고, 이 한계를 교육의 문자화로 지적한 것이다.

리학은 기존 주류 심리학에 대한 비판으로 제안된 대안이며, 문화심리학 관점에서 인간은 능동성을 가진 주체로서 적극적으로 의미를 구성하는 존재로 바라볼 수 있다.

2. 인간 마음을 새롭게 보기

이 주제와 관련해서는 민속심리학을 제안하는 한승희(2005: 91-116)의 연구에 주목할 필요가 있다.

인류학자 기어츠(Clifford Geertz)는 인간을 생물학적·심리적·사회적·문화적 요인 사이의 '층위적 관계(stratigraphic)'에서 이해할 것을 제안한다. 그의 설명에 의하면 인간은 몇 개 층의 복합체인데, 각 층은 하위 층에 덧붙여 상위 층을 받치고 있다. 따라서 인간을 분석하려면 그 층들을 한 층씩 벗겨야 하는데, 각 층들은 그 자체로 완전하여 환원할 수 없기 때문에 한 층을 벗기면 또 다른, 완전히 다른 종류의 하위 층이 드러난다. 문화의 잡다한 형식을 벗겨내면 사회 조직체의 구조적이고 기능적인 규칙성을 찾아낼 수 있다. 그 껍질을 벗겨내면 그것을 지탱하고 기능하게 하는 기본적 욕구 등과 같은 심리적 요인을 찾아낼 수 있다. 심리적 요인을 벗겨내면 우리에게는 인간 삶의 유기적 구성물인 생물학적·해부학적·신경학적 기초들이 남겨진다(문옥표 역, 문화의 해석, 1998: 56-54).

이런 점에서 볼 때, 앞에서 언급한 인간마음에 대한 컴퓨터 모델은 인간의식을 정보의 투입-산출 과정으로 환원시키는 오류를 범하는 것이라 할 수 있다. 인간이 일종의 진화적으로 누적된 산물로서 위계적으로 층화된 동물이라는 점에서 정말로 인간을 이해하기 위해서는 가장 상위의 층인 문화에서 인간에게만 특정적으로 나타난 것을 찾을 수 있다. '문화 없는 인간은 상상조차 할 수 없다'는 기어츠(Geertz)나 인간을 '자신이 뿜어낸 의미의 그물 가운데에 고정되어 있는 거미와 같은 존재'로 파악한 베버(Max Weber)의 통찰은 인간 존재가 의미의 영역에 있음을 암시해 준다.

문화 심리학에서는 '의미'가 인간 심리학의 중심 개념이 되어야 한다는 확신 위에 마음이 어떻게 의미를 만들며 또 인간 상호 간에 의미의 거래가 이루어지는지에 관심을 두고 있다. 따라서 개인이 의미를 구성하고 표현하는 상징체계는 문화의 핵심 개념이 된다. 이 상징체계는 특정한 종류의 의사소통을 위한 일종의 도구로서 문화와 언어에 깊숙이 침윤되어 있다. 문화 심리학자들은, 유기체가 자연환경에 적응하기 위해서 기능을 습득하는 것처럼, 개인들이 자신이 속한 문화의 상징체계를 어떻게 습득하고 자신의 것으로 만드는지에 관심을 갖는다.

의미는 인간과 문화를 연결시키는 것으로 문화 심리학이 의미의 구성과 의미의 상호교섭에 관심의 초점을 맞추는 것은 당연하다. 문화적으로 적응된 우리의 삶의 방식은 공유된 의미와 공유된 개념 그리고 공유된 담론에 의존하고 있기 때문이다. 공유된 담론 방식을 통해 우리는 의미를 만들고 해석하는 데 있어서 야기되는 차이들을 다룰 수 있다. 만일 다른 사람과 의미를 공유하거나 거래하지 못한다면 결코 문화에 참여할 수 없다. 이는 우리가 공적인 의미와 공유된 의미의 해석과 거래 과정을 통해서 공적으로 살아간다는 것을 말한다. 어린이들도 처음 문화에 입문할 때 반드시 공적 의미가 거래되는 공적 과정 속으로 들어오게 된다. 이 과정에서 다른 사람들과 의미를 공유하지 못하면 의미는 결코 자신의 것이 되지 않는다.

마음의 의미 구성이나 거래는 문화 심리학의 배경을 이루는 이른바 '민속 심리학(folk psychology)'을 통해서 이루어진다. 모든 문화는 자신의 가장 강력한 구성 도구로서 민속 심리학을 갖고 있다. 민속 심리학이란 인간이 무엇이며, 자신이나 다른 사람의 마음이 어떻게 같으며, 어떤 것이 다른 것보다 더 중요하다거나 어떤 사물을 원한다거나 하는 것 등등 한 문화의 인간의 마음에 대한 설명을 제공해 준다. 민속 심리학은 문화가 추구하는 가치나 앎의 방식에 구체적으로 참여함으로써 문화를 반영한다. 실제로 민속심리학은, 법과 교육 제도 그리고 가정 등과 같은 문화가 규범적으로 지향한 제도가 요구하는 기능을 수행하면서 동시에 민속심리학은 그러한 수행의 적절성을 판단하는 역할을 수행하기도 한다.

한승희는 민속 심리학과 내러티브(narrative)를 논의하면서 민속 심리학을 문화 속에서 사람들이 경험하는 것, 또 세상에 대한 지식, 그리고 사회에서의 거래들을 조직하는 하나의 체계로 보고 있다. 우리는 민속 심리학을 통해서 자기 자신과 타인을 경험하며, 서로에게 기대하고 판단하며, 자신들의 삶에 대한 가치 등등에 관해 결론을 도출하기도 한다. 다시 말해서 민속 심리학은 문화의 도구역할을 수행한다. 이를 통해 우리는 의미의 영역으로 들어갈 수 있는 것이다.

한편 내러티브는 민속 심리학의 원리로서 의미 구성의 매개체이며 동시에 의미의 운반체라고 할 수 있다. 내러티브가 민속 심리학의 원리라고 하는 까닭은 사람들이 자기 자신과 타인 또는 세상을 인식하고 이해할 때 개념(concept)이나 범주(category)를 통해서가 아니라 이야기의 형태로 자신의 경험을 조직하고 이해하고 해석하기 때문이다. 내러티브란 하나 또는 일련의 사건에 질서를 부여한 담론 형식으로서 인간이 세계를 이해하고 구성하는 매개로 작용한다. 세계를 이해하는 데 있어서 인간은 세계와 자신을 주체 vs 객체로 분리할 수 있는 객관적 대상이 아니라 자신이 속해 있는 어떤 것으로 받아들이기 때문에 세계는 인간의 경험과 동시에 존재하게 된다. 그러므로 내러티브는 경험을 이해 가능한 형식으로 변형함으로써 인간으로 하여금 자신의 삶과 세계를 구성하고 타인과 의미를 공유하도록 해준다. 다시 말해서 내러티브는 사회적 관계를 유지하는 보편적 인지의 틀(도식)이다.

이상에서 중요한 역할을 하는 민속 심리학은 문화 심리학의 도구로서 또 핵심 개념으로서 설명된다. 브루너(Bruner, 1990)는 민속 심리학을 '민속 사회과학(folk social science)' 또는 '상식(common sense)' 등으로 부르는데 이는 세상의 본질에 대한 보통 사람들의 상식적 생각이 민속 심리학의 개념에 함축되어 있음을 암시한다. 다시 말해서 세상이 어떻게 구성되었고, 사람들의 마음은 어떻게 유사하며, 사람들이 원하는 것은 무엇이며, 어떤 것을 다른 것보다 더 중요하게 생각하는지, 무엇이 가능한 삶의 방식인지 등등에 관한 사람들의 생각을 말한다. 우리는 사람들의 신념이 특정한 방식으로 시간과 관련되어 있음을, 즉 현재뿐 아니라 과거와 미래에 관한 신념을 가지고 있음을 믿는다. 사람들의 신념과 욕망이 일관성을 가지고 잘 조직되어 우리가 추구하는 '삶의 양식' 등을 이룬다. 이러한 응집성은 사람들의 특성을 나타내는 어떤 '성향'으로 이해되는데 예컨대, 충실한 아내, 헌신적인 아버지, 성실한 친구 등 개인의 성격 자체는 민속 심리학의 구성 개념이다.

민속 심리학은 우리 자아의 외부에 한 세계를 위치시킨다. 이 세계는 우리의 신념, 욕망, 행위를 위한 상황으로서 우리의 욕망과 신념에 대한 근거와 이유를 제공해 준다. 산이 '거기에' 있기 때문에 에베레스트를 등반하였다는 힐러리(Hillary) 경의 사례는 그 상황에서 의미를 찾으려는 인간의 욕망을 상징적으로 보여준다. 작은 배로 대서양을 건넌다거나 도보로 사하라 사막을 횡단하는 것은 개인의 독특한 의지로 설명될 수 있다. 세상에 대한 인식과 자신의 욕망 간의 관계는 서로 영향을 주면서 인간의 행위에 관해 미묘하고 예측 불가능한 드라마를 만들기도 한다. 한 문화 속에서 누구든지 세상의 상태를 납득될 수 없는 방식으로 믿거나 바라거나 행동할 경우 그는 민속 심리학적으로 비정상으로 판단된다. 민속 심리학적으로 비정상으로 판단될 경우 실제적 삶에서 사법적 심판의 대상이 되기도 하며, 소설의 경우에는 새로운 장르의 이야기가 출현하기도 한다. 이러한 상황들을 수용할 여지를 갖는다는 점이 민속 심리학의 특징이다.

3. Bruner의 내러티브 이론에서 바라보는 새로운 지식

가. 지식(교육)의 이론적 문제들

학교교육에서 지식 교육이 차지하는 비중은 매우 크다. 학교교육이 곧 지식을 가르치는 교육이라고 할 정도로 지식 교육은 학교교육의 대부분을 차지한다고 하여도 과언이 아니다. 따라서 지식 교육의 성패가 학교교육의 성패를 결정한다고 볼 수 있다. 이런 점에서 교수의 연구에서 지식 교육에 대한 논의는 다양하게 이루어져 왔고 그 가치나 중요성도 여전히 유효하게 작용하고 있다. 특히 특정한 교수 이론들은 지식 교육에 대한 특정의 입장들을 가정하고 있는 만큼 지식에 대한 논의는 교수에서 매우 중요한 주제임에 틀림이 없다. 그래서 지식을 어떻게 보고, 어떻게 가르치고, 어떻게 조직하는가 하는 문제는 교수 이론과 학교교육의 실천에서 핵심적인 문제이다.

그런데 지식을 가르치는 문제는 여타의 요인들이 작용하는 복잡한 성질을 지니고 있다. 특히 현대 사회가 급속히 변화하고, 인간이 해결해야 할 문제가 복잡다단해지면서 학교에서 가르쳐야 할 지식도 다양한 시각과 방법이 요구되고 있다. 더욱이 지식을 보는 다양한 관점들이 출현하고, 지식에 대한 본질적인 생각들이 확장되고 발전하면서 학교교육에서의 지식교육은 보다 깊이 있고 성찰적인 연구가 요구되는 중요한 문제임이 분명하다.

이와 같이 학교교육의 발전이 지식을 가르치는 문제와 직결되어 있다는 점을 감안한다면 이러한 문제는 사소하게 취급할 수 없는 것이다. 따라서 학교교육이 더욱 발전하기 위해서는 지식교육에 대한 폭넓은 성찰과 새로운 이해가 필요하다. 학교교육에 대한 논의에서 지식에 대한 문제는 매우 중요하면서도 항구적인 논쟁 사항이다.

그런데 브루너의 내러티브 이론에서는 지식의 문제를 어떻게 이해할 것인가 하는 문제에 초점을 둔다. 필자는 특히 그의 전·후기 이론에서의 핵심적인 주제가 되는 지식의 구조와 내러티브 문제에 주목하여 지식을 가르치는 문제와 관련하여 그 관련성을 논의하고자 한다. 주지하다시피 Bruner는 패러다임적 사고와 대비되는 것으로 내러티브 사고를 제안하면서, 학교교육의 일대 변혁을 예고하고 있다. 내러티브 사고는 어의적으로 보면 내러티브를 만드는 마음의 인지적 작용이며, 내러티브는 내러티브 사고의 산물이다. 내러티브의 기본적인 의미는 이야기 혹은 이야기를 만드는 것이다. 내러티브 사고에서 인간은 자신들의 경험을 이야기하려는 보편적 경향을 가정한다. 이러한 내러티브는 거시적으로는 교육의 문화 차원에서, 미시적으로는 교실 수업의 실천 문제에서 많은 시사점을 얻을 수 있다. 특히 교실 수업과 관련하여 학생들의 교과 지식의 학습에서도 내러티브는 중요한 역할을 한다.

그런데 지식교육을 제대로 하기 위해서는 지식교육과 관련하여 이론적으로 밝혀야 할 문제들을 제대로 알아보는 것이 중요하다. 일찍이 Scheffler(1965)는 이와 관련하여 다섯 가지 문제를 제시한 바 있다. 첫째, 지식이란 무엇인가, 둘째, 어떤 지식이 가장 가치 있는 지식인가, 셋째, 지식은 어떻게 생성되는가, 넷째, 지식에 대한 탐구는 어떠한 방식으로 수행되어야 하는가, 다섯째, 지식은 어떻게 가르치는가 하는 문제 등이다.

이상의 문제에서 지식이란 무엇인가, 지식을 어떻게 가르치고 학습하는가, 지식을 어떻게 조직할 것인가 하는 문제를 중심으로 살펴본다. 오늘날 학교교육에서 지식을 가르치는 문제와 관련하여 열린 교육, 홀리스틱 교육, 구성주의 교육, 인지이론 등 다양한 입장들이 제시되고 있다. 이러한 시점에서 Bruner가 주장하는 내러티브가 과연 과거의 지식의 구조와 어떻게 관련되는지를 살펴보는 것은 매우 중요한 일이라고 판단된다. 이하에서는 주로 지식관의 문제를 중심으로 살펴보고자 한다.

나. 인식론과 지식관: 구조와 인식의 틀

이하에서는 지식의 구조와 내러티브에 가정된 각각의 인식론과 지식관에 대하여 살펴보기로 한다. 지식교육에서 가장 우선시되는 것은 지식을 무엇으로 볼 것인가 하는 문제이다. 지식에 대한 브루너의 논의가 매우 함축적이기 때문에 이 문제를 논의하는 데에 다소간 어려움이 있으며, 이러한 이유로 지식의 구조와 내러티브에 가정되어 있는 인식론과 지식관의 문제를 논의하는 일은 다소간의 추론을 필요로 한다.

1) 인식론: 발견과 구성

대체적으로 과거 지식의 구조는 발견적 속성을 강조하는 실증주의적 인식론을 가정하는 반면에 내러티브는 생성적 속성을 강조하는 구성주의 인식론을 가정하고 있는 것으로 논의가 이루어지고 있다. 지식의 구조와 내러티브가 서로 다른 성격을 지니는 것을 흔히 발견과 구성으로 이해하고 있다. 발견은 객관적인 외부의 실재에 주목하는 것이며, 구성은 인식 주체의 실재 구성에 주목하는 것이다. 따라서 양자의 인식론적 성격을 살펴볼 필요가 있다.

브루너의 여러 저작물들과 이차적인 연구물들을 통해서 볼 때, 지식의 구조는 학문의 기저를 이루는 근본적인 아이디어, 기본 개념, 원리의 관련성으로 나타난다는 것을 알 수 있다. 이러한 관련성, 즉 아이디어, 기본 개념, 원리의 관계를 알 수 있는 것은 학문 영역에서의 탐구 방법에 의해서이다. 교과에 구조를 제공하는 것은 학문이고, 교과의 구조를 이루는 것은 학문에서 가장 핵심적이고 근본적인 원리, 아이디어라고 하였다(Bruner, 1960). 그에 따르면 구조를 파악한다는 것은 한 가지 현상을 여러 가지 현상과의 관련 속에서 이해할 수 있다는 것이다. 구조를 일반적 아이디어, 개념, 원리 간에 나타나는 규칙적 관계로 보고 있다. 이러한 것이 바로 지식이다. 따라서 지식의 구조라는 말은 개념적으로 보면 동어 반복이다.

이러한 지식의 구조의 의미에 따르면 구조는 발견되고 습득되어야 할 대상이지 만들어지거나 생성되는 것은 아닌 것으로 보인다. 그 구조도 단일의 구조로 보고 있으며, 주체가 발견해야 할 객관적인 실재로 보고 있다. 따라서 구조가 가정하는 인식론적 입장은 흔히 실증주의 인식론으로 알려지고 있다.

일반적으로 지식의 구조에 대하여 비판적인 입장을 견지하는 사람들은 지식의 구조가 단일의 실재를 가정함으로써 주체와 객체간의 앎의 과정을 간과하고 있고, 지식의 생성적 본실이나 다원적 실재를 인정하고 있지 않다는 것이다. 결국 지식의 구조는 주체의 밖에 존재하는 객관적인 실재만을 지식의 본질적인 성격으로 가정하는 실증주의 인식론을 가정하고 있으며, 지식에 대한 경험주의적 가정을 탈피하지 못한다고 비판한다. 따라서 구조는 단일한 구조에 내재해 있는 인식론적 약점을 드러내고 있다는 것이다. 이러한 브루너의 입장은 구조란 파악되어지고 발견되어져야 하는 어떤 객관적인 대상이라는 점에서 객관론의 인식론을 암시하고 있으며, 따라서 지식의 구조라는 것이 인식 주체가 파악하고 발견할 때까지 기다리고 있어야 할 객관적인 실재라는 것이다(한승희, 1990; 손민호, 1995; 강현석, 2004: 59).

요컨대 지식의 구조가 가정하는 인식론은 구조의 발견적 속성을 강조하는 실증주의적 인식론이라고 볼 수 있다. 인식 주체가 외부에 있는 단일의 객관적인 구조를 파악하고 발견하는 것이다. 이러한 입장은 Tyler류의 환원주의 입장과 결국 동일한 것이라고 비판되기도 한다. 지식의 객관적인 구조를 중시하는 입장은 인식 주체의 능동적인 구성 능력보다는 외부 세계의 객관적인 질서를 중시한다. 그러나 이러한 구조에 대한 인식과 비판은 타당한 것인가. 구조는 발견되는 것인가 구성되는 것인가. 구조의 인식론을 실증주의 인식론으로 보는 것은 단순화의 오류를 범하는 것은 아닌가.

Bruner는 1980년대 이래로 지식의 구조에 대한 확장된 입장을 제안해오고 있다. 더욱이 1986년 이래로 지식의 구조에 내재한 인식론적 문제를 더욱 확장하고 있다. 즉 지식의 본질을 발견되는 특징과 함께 구성되고 생성되는 측면으로 보고 있으며, 동시에 그 근거로 내러티브 사고를 제시하고 있다. 내러티브 사고를 통한 실재의 해석과 실재의 내러티브적 구성에서 보면 지식의 구조와 관련한 문제는 전통적인 객관적인 인식론을 넘어서는 구성주의적 실재론을 포함한다. 따라서 지식의 구조 문제는 내러티브 인식론에 의해 더욱 확장될 수 있으며, 여기에 근거하여 지식의 구조가 재해석되어야 한다. 이제 구조의 인식론은 내러티브 사고에 의한 실재의 구성, 의미 형성과 자아의 구성까지 포함하는 해석적 성격의 인식론적 관심사로 확장되어야 한다. 요컨대 구조의 본질을 제대로 이해하려면 해석학적 사고, 경험의 인식론, 구성주의적 사고에 비추어서 새롭게 볼 필요가 있다는 것이다.

2) 지식관: 패러다임적 지식관에서 내러티브적 지식관으로

전기 이론에서 지식의 구조는 결국 구조에 핵심적 의미가 있다. 어떤 교과든지 그 교과를 특징적으로 그 교과답게 해주는 골간으로서의 구조가 있다. 교과의 구조란 각 교과가 모태로 삼고 있는 학문 분야의 기본적인 아이디어나 개념 및 원리를 의미한다. 이러한 구조는 기본적이고 일반적이므로 단순하고 어린 나이에도 학습이 가능하며, 따라서 새로운 문제에 대한 적용 범위도 넓다. 학습을 통해 획득된 교과의 구조는 한 현상을 어떤 원리의 특수한 사례로 인지할 수 있게 해주고, 여러 현상들 사이의 관련성과 질서를 파악할 수 있도록 해준다. 그러므로 교과의 기본 구조를 이해한다는 것은 관련 현상을 파악하는 안목을 획득하는 것일 뿐만 아니라 일반적 전이를 통해 장차의 활용에도 유익하다.

우선 지식의 구조에 대하여 브루너의 주장을 가장 잘 설명해주는 것은 다음의 표현일 것이다(Bruner, 1964: 120).

> 지식이라는 것은 우리가 하는 경험에서의 규칙성에 의미와 구조를 제공해주기 위하여 우리가 구성하는 모델이다. 모든 지식체계에서의 조직 아이디어는 우리의 경험을 경제적이고 서로 관련되는 것으로 만들어주는 발명품이다. 따라서 우리들은 이해하기 위한 수단으로서 물리학에서의 힘, 화학에서의 결합, 심리학에서의 동기, 문학에서의 스타일과 같은 개념들을 발견하는 것이다. 즉 구조란 서로 관련성을 가지지 않는 여러 관찰의 누적물에 어떤 질서를 주는 커다란 개념적 발명품인 까닭에, 구조는 우리가 배우게 될 내용에 의미를 주게 되며, 새로운 경험 영역을 열어 줄 수 있게 된다. 하나의 아이디어에 다른 아이디어를 따르게 만드는 지식의 관련성과 그의 파생을 지식의 구조라고 볼 수 있다.

이상의 언급에서 보면 지식은 경험의 규칙성에 의미와 구조를 제공해주는 것으로서 우리가 구성하는 모형이며, 구조는 어떤 현상에 질서를 부여해주는 개념적 발명품이다. 브루너(Bruner)에 따르면 모든 학문이나 체계화된 지식 체계가 이해될 수 있는 수단이 되는 어떤 폭넓은 개념적 틀이 존재한다는 것이다. 이것에 의하여 어떤 학문에 관련되는 다수의 아이디어, 개념, 감각, 사실, 자료들은 인식이 가능한 하나의 영역을 구성하기 위하여 하나의 통일된 구조에 조합된다. 따라서 모든 학문은 기저가 되는 핵심적인 개념과 원리, 명제들의 조합이 그 구조를 구성한다. 이것이 객관적인 실재의 구현이다. 이러한 지식은 우리의 논리적 분석과 증명, 객관적이고 과학적인 설명을 통하여 발견된다. 소위 패러다임적 지식관의 반영이라고 볼 수 있다. 즉 인식 주체 밖에 존재하는 객관적 실제에서 지식의 본질을 강구하는 입장인 것이다. 이제 지식을 보는 관점은 어느 한 관점만으로 이루어질 수 없으며, 그러한 관점은 약점을 지닐 수밖에 없다.

주지하다시피 일찍이 브루너(Bruner)는 패러다임적 사고와 대비되는 것으로 내러티브 사고를 제안(Bruner, 1985; 1986; 1987; 1996)하였다. 이러한 사고 양식들은 인지기능이면서 동시에 인간의 경험을 조직하거나 현상을 구성하는 방식이다. 내러티브 사고는 서술된 이야기 구조를 가지며 임의성을 띠고 비논리적이며 서술체인 사고 양식이다. 그것은 인간의 관점에 따라 다양하게 변하고 삶의 요구를 반영하는 인간적 세계를 해석하고 이해하고자 하며, 여기에서는 다수로 존재하는 의미를 상황의 적절성이나 있음 직한 가능성에 의해 판단한다(강현석, 1998: 117-118). 내러티브의 기본적인 의미는 이야기 혹은 이야기를 만드는 것이다. 내러티브 사고에서는 인간이 자신들의 경험을 이야기하려는 보편적 경향을 가정한다. 그것은 인간이 삶을 해석하는 데 있어서 사람이 경험하는 사건, 인물, 행위, 감정과 정서, 의도와 생각, 그리고 상황과 장면 등을 총체적으로 통합시켜주고 특정 경험이 이루어지는 맥락 속에 위치시켜주는 인식의 틀이라고 볼 수 있다(강현석, 2005: 92).

이러한 관점에서 보면 지식은 우리 자신을 자신 및 다른 사람에게 설명하기 위하여 우리 자신의 경험을 이야기할 때 구성되고 재구성된다(소경희, 2004: 195). 즉 이 관점에서 지식은 사람들이 다른 사람과 자신들의 아이디어와 이야기를 공유하는 상황에서 개인적·사회적으로 구성되고 재구성된다. 우리의 이야기는 우리의 특정 경험들로부터 말해지며 이 점에서 그것은 개인적·실천적 지식의 표현이라고 할 수 있다. 이러한 개인적·실천적 지식은 사회·문화·역사적 맥락 내에서 구현되고 구체화된다. 즉 개인적·실천적 지식은 다른 사람들과의 상호작용 속에서 형성되는 것이다. 인식에 대한 이러한 견해는 인식의 과정에 개방성과 융통성을 허용하며, 지식을 탐구 바깥에 있는 혹은 탐구 이면의 종착시로서가 아니라 탐구 그 자체로, 즉 탐구 내의 목표로 다루는 관점이라고 할 수 있다(Olson, 1995).

결국 내러티브 관점에서 지식은 개인이 자신의 경험을 다른 사람과 이야기하는 가운데 형성되며 이는 지속적으로 재구성될 수 있다. 지식이 개별 인식자에 의해 구성되는 것이다. 이러한 지식은 인식 주체인 개인과 무관하게 존재하는 탈맥락적인 것이 아니라, 개인이 처한 상황이나 개인의 주관적인 인식에 의해 영향을 받는 맥락적·주관적인 것이라고 할 수 있다. 따라서 지식은 개인 내에 구체화된 것으로서 개인은 개인적·사회적으로 구성된 상징적 형식을 통해서 경험을 해석한다. 이러한 지식관에서 인식자는 인식 대상으로부터 분리되지 않는다. 오히려 개인은 경험을 나타내기 위해 지식을 지속적으로 구성하고 재구성하는 인식 존재로 간주된다. 개인이 자기 경험의 권위적인 원천이 되는 것이다. 내러티브 관점에서는 모든 사람들이 이야기를 말할 수 있는 인식자이기 때문에 모든 목소리가 권위를 가진 자원이 된다. 그리고 개인의 내러티브 권위는 경험의 지속적이고 상호작용적인 성격을 통해서 형성되고 재구성된다. 즉 개인의 내러티브 권위는 경험을 통해서 성장하며, 모든 경험은 이전에 겪었던 경험으로부터 무엇인가를 취하고, 나중에 겪게 될 경험의 질에 영향을 준다는 점에서 지속성을 갖는다(소경희, 2004: 195).

그러므로 이러한 내러티브 지식관에 따르면 학습자의 실제 경험에 가담하고 있는 개인들이 자신들의 경험을 다른 사람과 공유하기 위해 구성하는 이야기 속에 있는 것이다. 이 점은 학습자들의 경험 및 그 경험에 대한 이야기가 지식의 주된 원천이 됨을 알 수 있다. 내러티브 관점은 마음의 구성뿐만 아니라 인식론의 차원이 내포되어 있다. 여기에서는 해석적 관점과 구성주의적 시각을 토대로 하는 생성적 지식관이 핵심이다. 인간의 경험과 지식은 다양한 관점과 담론에 따라 상이하게 해석이 가능하며, 담론의 상황에 따라 많은 영향을 받는다(Bruner, 1990b: 112-114). 그리고 앎의 주체를 객체화하고 경험적이고 실증적 증명을 강조하는 증명의 인식론은 극복되어야 하며(경험의 인식론으로 나아가야 하고), 다양한 시각, 개인적인 주관적 해석을 추구하지 않는 증명의 인식론은 상호작용적이며 대화적인 지식론으로 대체되어야 한다. 이러한 인식론에서는 지식의 발견보다는 창조를, 증명이 아닌 의미 교섭과 간주관성을 강조한다. 여기에서 지식의 능동적 측면을 알 수가 있다. 즉 인간은 문화를 구성하는 상징적 세계의 관점에서 해석되지 않으면 그럴듯한 의미를 만들 수 없다는 것이다.

3) 비판적 논의: 지식 구조의 비판에 대한 재해석

첫째, 구조의 인식론 문제

이 문제는 구조에 대한 단순한 비판과 관련되어 있다. 지식의 구조를 실증주의적이라고 비판하는 것은 일면 타당한 면이 없는 것은 아니다(강현석, 2004: 59-60). 그러나 지식의 구조가 객관적인 단일의 실재만을 가정한다는 비판은 재론의 여지가 있다. Bruner는 실재를 조직하는 다원적인 방법을 강조하고 있으며, 여기에서 구조라는 것이 인식 주체에 의해 발견되어야 할 대상인 동시에 구성해야 할 발명품으로서의 성격도 존재한다. 그리고 객관적인 실재론이나 상식적인 소박한 실재론적 관점에 입각하여 구조의 문제를 보는 것은 구조의 문제를 단순하게 축소시키는 면이 있다. 왜냐하면 Bruner에게 지식의 문제는 구성주의적 속성을 지니고 있기 때문이다. 그가 1970년대 Oxford 시절과 그 이후에 보여준 실재와 인식론의 문제에서 인식의 구성주의 측면과 기능적이고 사회적 맥락을 강조하고 있다는 점에서 구조의 단순 비판은 타당하지 못하다. 그의 이러한 포괄적인 인식론의 입장에서 볼 때 구조는 단순하게 비판할 수 있는 것이 아니라 구조의 구성 문제, 기능적이고 사회적인 맥락의 문제를 동시에 고려해야 한다. 구조는 발견되는 대상인 동시에 구성될 수 있는 개념적 구안이다. 인식 주체에 의해 실재가 다수로 구성될 수 있음을 전제하는 것이다. 이 지점에서 Bruner는 Goodman(1978)의 구성주의 견해를 받아들이는 것이다.

더욱이 1986년 이래로 지식의 구조에 내재한 인식론적 문제를 구성주의적 시각으로 확장하고 있다. 즉 지식의 본질을 발견되는 특징과 함께 구성되고 생성되는 측면으로 보고 있으며, 동시에 그 근거로 내러티브 사고를 제시하고 있다. 내러티브 사고를 통한 실재의 해석과 실재의 내러티브적 구성에서 보면 지식의 구조와 관련한 문제는 전통적인 객관적 인식론을 넘어선다. 여기에 구성주의적 실재론이 자리한다. 따라서 지식의 구조 문제는 내러티브 인식론에 의해 더욱 확장될 수 있으며, 여기에 근거하여 지식의 구조가 재해석될 필요가 있다. 요컨대 구조의 인식론은 내러티브 사고에 의한 실재의 구성, 의미형성의 문제를 포함하는 해석적 인식론으로 확장되어야 한다. 구조는 이제 실증의 대상을 넘어 구성의 문제로 확대된다.

둘째, 지식구조의 성격

구조의 성격 문제는 구조의 인식론 문제와 관련되어 있다. 따라서 지식의 구조 성격과 관련한 비판은 구조가 인식 주체와 격리되어 있는 독립적인 객관적 실재라는 점이며, 거기에는 경험주의적 지식관이 전제되어 있다는 점이다(강현석, 2004: 60). 이러한 비판은 한 단계 더 나아가 개념이 누구에게나 고정된 의미를 가지며 외부의 객관적인 대상과 대응하는 것처럼 가르치는 것은 특정 수준의 지식 구조가 유일한 지식의 구조라고 보는 경우에서 비롯된 것이라는 점이다. 개념의 역동적이고 수정적 측면을 고려하지 않고 구조가 본질적으로 완결되어 있는 개념이라고 보는 생각은 타당하지 못하다. 왜냐하면 객관적 구조, 원자적 지식관, 그리고 완결된 개념으로서의 구조에 대한 비판은 재론의 여지가 있기 때문이다.

따라서 지식의 구조는 인식주체와 독립적인 객관적인 실재이기보다는 인식 주체에 의해 발견되고 구성되어 새롭게 진화하는 구인으로 보는 것이 타당하다. 브루너(Bruner)의 구성주의 인식론에 의하면 구조는 객관적 실재가 아니라 구성적 실재이다. 그리고 구조가 전제하는 지식관, 즉 교육내용은 이홍우(1992: 206-207)가 말한 전체주의적 지식관으로 이해할 경우에 원자주의적 지식관에 의한 비판은 다소간 논쟁적이다. 이와 동시에 완결된 개념으로서의 구조에 대한 비판은 구조의 동적인 측면을 고려하면 다소간 재해석할 수 있는 부분이 존재한다. 구조를 정적인 것으로 파악했을 때 구조는 완결된 개념과 원리 그 자체를 가리킨다. 오늘날 사람들은 대체로 이 관점에서 구조를 파악하고 있는 경향이 강하다(이홍우, 1988: 25-26). 그러나 구조는 우리가 그것을 발견하고 활용하는 과정에서 동적인 측면을 지니고 있으며, 완결된 개념을 가지고 다른 특수한 현상을 설명하는 데에 적용된다(강현석, 2004: 60).

지식의 구조처럼 내러티브 역시 우리가 의미를 만들기 위해 사용하는 구성의 도구이면서 이야기의 인지적 도식이다. 동시에 사고양식으로서 내러티브는 우리의 지식을 조직하기 위한 구조도 된다(Bruner, 1996). 실재는 내러티브로 구성될 수 있다. 의미를 만드는 내러티브 행위는 대화를 통해서 이루어지며, 내러티브 사고는 해석을 필요로 하는 동시에 해석학적 순환에 의해 이야기가 만들어진다. 인간은 이야기 속에서 살아간다. 세계에 대한 우리의 경험과 지식을 조직하거나 구성하는 가장 자연스러운 방법은 이야기를 만드는 것이다. 이야기를 말하는 것은 최초의 즉각적인 경험을 그대로 기술하는 것이 아니라, 특정한 방식으로 경험을 구조화하는 것이다. 이런 점에서 내러티브는 서로 관련이 없는 개별 사건들을 전체 이야기 속에 모으는 데 적합한 렌즈가 된다(Polkinghorne, 1988: 36). 결국 어떤 것에 대해 이야기함으로써 경험을 계속적으로 해석하고 재해석함으로써 우리의 삶이 만들어진다. 따라서 내러티브는 삶이 해석적으로 구성되는 과정에서 경험의 구조화 양식으로 기능한다. 이런 점에서 볼 때 지식의 구조와 내러티브는 그 성격상 매우 유사한 차원을 지닌다.

요컨대 내러티브 관점에서 지식은 개인 내에 구체화된 것으로서, 개인은 개인적·사회적으로 구성된 상징적 형식들을 통해서 경험을 해석한다. 결국 구조가 내러티브이고, 내러티브가 곧 구조이다. Clandinin은 우리 모두의 내러티브는 복잡하고, 우리의 개인적이고 전문적인 삶에서 일종의 지속성과 통일성을 꿰매어 주는 다양한 실들을 포함한다고 보고 있다(Connelly and Clandinin, 1988: 153). 또한 내러티브는 새로운 상황에 돌려지는 이전 경험을 특수하게 질서 지우는 것이다. 따라서 이러한 질서들은 우리가 누구인지, 그리고 우리가 과거에 행하였던 것을 우리가 어떻게 행하고 있는지에 관하여 스토리를 말하는 새로운 방식을 만들어내고 있다. 과거 지식의 구조 역시 우리의 경험에 질서를 제공하기 위한 개념적 발명품인 것처럼 내러티브 역시 특정한 방식으로 우리의 경험을 구조화하는 것이다. 그러나 전자가 개인의 내적 차원에 초점을 둔다면 후자는 문화적이다. 전자가 개인의 내적인 인식에 초점을 두고 있다면 후자는 상호작용적이고 교섭적이며, 개인 간의 해석적 구성에 초점을 두고 있다.

제9장

내러티브 인식론의 전개

현실적 존재의 있음(being)은 그 생성(becominig)에 의해 구성된다.
이것이 '과정의 원리'이다.
-Whitehead-

은유는 우리가 모르는 것을 알도록 해준다.
은유는 열려 있고 발견적이며 대화를 야기한다.
대화라는 이야기 양식은 해석을 필요로 한다.
좋은 이야기 속에는 독자가 이야기 속에 참여하도록 유도하는 불확정성이 있다.
-Doll-

내러티브는 우리 삶을 의미 있게 만들어주는
기본 구조(basic structure)라고 볼 수 있다.
우리 인간 존재의 삶은 행위, 사건, 에피소드들이라는 삶의 원재료로 구성된다.
그러나 인간의 의미는 어떤 일련의 사건들(happenings)이 나열된 그 이상이다.
그 사건들의 의미를 이해하는 과정이 없으면
그러한 사실들은 단순한 자료에 지나지 않는다.
내러티브가 추구하는 의미(meaning)는 가치와 신념, 맥락, 해석과 관련되어 있다.
-Rossiter & Clark-

핵심 아이디어

이 장에서는 내러티브 입장에서 바라보는 새로운 지식의 문제를 한층 심화된 인식론의 차원에서 살펴본다. 그것을 내러티브 인식론이라고 명명할 수 있을 것이다. 이 인식론의 대두를 브루너의 인식론을 중심으로 살펴본다. 내러티브 인식론은 내러티브적 앎을 가정한다. 이 방식의 앎은 세상을 이해하는 수단으로서 내러티브를 채택하며 실재가 내러티브적으로 구성되며, 행함과 앎이 통합적이다. 이러한 내러티브적 앎은 독특한 이론적 위치를 차지한다. 내러티브 의미를 추구하며 그 속에 잉태된 지식은 개인적·실천적 지식으로 구성된다. 보다 엄밀한 측면에서 내러티브 인식론은 실재의 구성의 문제, 인식론의 성격(해석적 인식론과 구성주의 인식론), 인간 발달의 문제와 맞닿아 있다.

1. 내러티브 인식론의 대두: Bruner의 인식론을 중심으로

내러티브 전회로 출발한 새로운 변화의 중심에는 인식론의 변화가 자리하고 있다. 이른바 근대적 이성에 바탕을 둔 실증주의적 인식론에 대한 반성적 대안으로 논의되고 있는 생성적 인식론이 그것이다. 근대적 패러다임에서 인간 정신은 객관적 실체를 반영하는 표상적 존재로 이해된 반면에 생성적 인식론에서 '마음'은 주어진 외부 진리를 받아들이는 표상적 존재로만 이해되지 않고, 스스로 변용과 창조를 해 나가는 생성적 존재로 이해된다. 따라서 교육에서 중요한 것은 '진리의 인식'이 아니라 스스로 지식을 생성해 나가는 '생생한 경험'이며, 교육은 학습자가 인간의 창조적인 조직능력과 재조직 능력을 발휘하는 데 주안점을 둔다.

이러한 인식론적 변화의 중심에 내러티브 인식론이 자리하고 있다. 내러티브 인식론은 직접적으로는 Bruner의 인간사고 양식의 구분에서 단서를 찾을 수 있으며, 심리학의 인지혁명으로부터 촉발된 인간 마음과 사고(앎)의 양식을 보는 관점의 전환에서 그 간접적인 배경을 엿볼 수 있다. 이것은 Robinson과 Hawpe[43]의 내러티브 사고(narrative thinking)와 Polkinghorne의 내러티브적 앎, 그리고 Noddings의 대화의 가치에 주목하면서 발전을 보인다. 이러한 내러티브 인식론은 기본적으로 마음에 대한 Bruner의 아이디어에 기

43 Robinson, J. A. and Hawpe, L., "Narrative Thinking as a Heuristic Process", In Theodore R. Sarbin(Eds.) *Narrative Psychology: The Storied Nature of Human Conduct*. (New York: Preger, 1986).

반을 두고 있으며, 그 중심 특징은 문화주의(culturalism)에 있다. 문화주의는 인지혁명 이후 마음의 작용에 관해 서로 극명하게 구분되는 두 가지 관점, 즉 인간의 마음은 컴퓨터처럼 기능한다고 보는 '컴퓨터 연산적 관점'과 마음이 문화 속에서 형성된다고 보는 '문화심리학(cultural psychology)' 관점으로 구분한 것 중에서 후자의 관점과 관련된다. 전자가 인간 마음의 본질을 컴퓨터 장치에 비유하여 '정보 처리' 프로그램의 작동으로 설명하는 데 비해, 후자는 문화가 마음을 구성한다는 전제 위에 마음의 본질을 '의미 구성'에 있다고 본다. 이제 정보처리이론으로 인해 왜곡된 인간 마음의 본질을 정보 '처리'에서 의미의 '구성'으로 복귀하려는 것이다.

이러한 내러티브 인식론은 후술하겠지만, 내러티브 실재론을 전제한다. 즉, 인간은 실재를 해석하기 위하여 내러티브 방식을 활용함으로써 세계의 의미(실재의 본질)를 구성한다. 내러티브 인식론은 내러티브 실재론과 맞물려 있다.

내러티브 인식론은 본질적으로 해석적이고 구성주의적 인식론의 성격을 지닌다. 인간은 세계를 해석하는 데 다양한 관점과 담론의 상황성에 영향을 받는다. 이 과정에서 인간은 능동적이고 적극적으로 지식을 구성한다. 이러한 관점은 과거 증명의 인식론을 극복하는 경험의 인식론에 대한 강조이다. 이 인식론에서는 해석적이고 구성적인 행위를 중요시한다. 해석학적 사고는 Bruner가 언어의 해석학적 기능을 강조하고, 인간 조건에 대한 존재론적 사고보다는 세계구성을 이해하는 방법을 강조하는 것에서 그 특징을 알 수 있다.[43] Bruner 자신도 자신의 입장을 해석주의자 조망(interpretivist perspective)으로 보고 해석적 관점의 특징을 다양한 관점, 담론 의존적, 담론의 상황성 등 3가지로 제시하고 있다.[45] 그리고 경험의 인식론은 앎의 주체를 객체화하고 경험적이고 실증적 증명을 강조하는 증명의 인식론에 대한 극복 방안이다. 다양한 시각, 개인적인 주관적 해석을 추구하지 않는 증명의 인식론은 이제 상호 작용적이며 대화적인 지식론으로 대체되어야 한다는 것이다.

이러한 인식론에서는 지식의 발견보다는 창조를, 증명이 아닌 상호교섭의 과정을 강조한다. 여기에서 지식의 능동적 측면을 알 수가 있다. 지식은 객관적으로 주어져 있는 것을 발견하는 것이기보다는 능동적 구성 과정을 통하여 새롭게 창안해내는 것이다. 교섭의 과정은 문화 속에 존재하는 인간 마음의 본질이며, 문화 도구를 통하여 의미를 만들고 거기에 기초하여 자아에 대한 이야기를 구성하는 것이다. 이와 관련하여 Bruner는 자아는 사회적 세계와 비교적 무관한 '내부이' 본질에서 성장하는 것이 아니라 모든 사람들이 불가피하게 관련되는 의미, 이미지, 그리고 사회적 유대 속에서의 경험에서 나온다고 보았다.

Bruner는 인간 마음에 대하여 기존의 객관적인 실증주의적 방식을 비판한다. 그 근거로 문화 심리학을 제안한다. 인간 발달과 마음의 구성에 대한 새로운 조망으로서 문화심리학은 인간 발달의 새로운 이해 방식을 요청한다. 각 문화는 사람들이 어떻게 존재하는가, 그들은 어떻게, 그리고 왜 행위하는가, 그리고 문제를 어떻게

---

44 Bruner, J. S., *Actual Minds, Possible Worlds*. (Cambridge, Mass.: Harvard Univ. Press, 1996), pp. 46

45 Bruner, J. S., *Acts of meaning*. (Cambridge. MA: Harvard University Press, 1990), pp. 112-114.

처리하고 해결하는가에 관하여 내러티브 형식으로 '일상심리(folk psychology)'를 만들어 낸다. 이 내러티브들은 전형적으로 사물의 규범적이고 표준적 상태를 묘사하고, 전형적으로 한 문화의 제도적 조직과 구조는 그 일상심리학을 승인하고 심지어 실행토록 하는 데 효율적으로 기능한다. 아동들은 어려서부터 그가 속한 문화의 일상심리학 내에서 행위하기 위한 내러티브 형식을 숙달한다. 정신은 의도적 인간을 지칭하며 문화는 의도적 세계를 지칭한다. 즉, 문화적으로 구성된 실재(의도적인 세계)와 실재를 구성하는 정신(의도적 인간)이 계속적으로 상호작용하고 서로의 정체성에 침투하며 서로의 존재를 조건화한다. 결국 문화와 정신이 서로를 구성한다는 의미이다.[46]

그 새로운 변화의 단서는 이른바 근대적 이성에 바탕을 둔 실증주의적 인식론에 대한 반성적 대안으로 논의되고 있는 생성적 인식론에서 찾아볼 수 있다. 근대적 패러다임에서 인간 정신은 객관적 실체를 반영하는 표상적 존재로 이해되었다. 반면, 생성적 인식론에서 '마음'은 주어진 외부 진리를 받아들이는 표상적 존재로만 이해되지 않고, 스스로 변용과 창조를 해 나가는 생성적 존재로 이해된다. 따라서 교육에서 중요한 것은 '진리의 인식'이 아니라 스스로 지식을 생성해 나가는 '생생한 경험'이며, 교수는 학습자가 인간의 창조적인 조직능력과 재조직 능력을 발휘하는 데 주안점을 둔다.

앞서 논의한 바와 같이 이러한 인식론적 변화의 중심에 교수의 측면에서는 내러티브 인식론(narrative ways of knowing)이 자리하고 있

46 Shweder, R. A, *Thinking Through Cultures: Expeditions in Cultural Psychology*. (Cambridge, Mass.: Harvard Univ. Press, 1991), pp. 98-106. 김의철(外)(譯), 『문화와 사고』, 서울 : 교육과학사, 1997.

다. 이것은 직접적으로는 Bruner의 인간사고 양식의 구분에서 단서를 찾을 수 있으며, 심리학의 인지혁명으로부터 촉발된 인간 마음과 사고(앎)의 양식을 보는 관점의 전환에서 그 간접적인 배경을 엿볼 수 있다. 이것은 Robinson과 Hawpe(1986)의 내러티브 사고(narrative thinking)와 Polkinghorne(1988)의 내러티브적 앎(narrative knowing), 그리고 Noddings(1991)의 대화의 가치에 주목하면서 발전을 보인다. 이러한 내러티브 인식론은 기본적으로 마음에 대한 Bruner의 아이디어에 기반을 두고 있으며, 그 중심 특징은 문화주의(culturalism)에 있다. 문화주의는 인지혁명 이후 마음의 작용에 관해 서로 극명하게 구분되는 두 가지 관점, 즉 인간의 마음은 컴퓨터처럼 기능한다는 소위 '컴퓨터 관점'과 문화를 마음의 핵심으로 상정하는 문화심리학(cultural psychology)이라고 구분한 것 중에서 후자에 관심을 둔다. 전자가 인간의 마음의 본실을 컴퓨터 장치에 비유하여 정보처리 프로그램의 작동으로 설명하는 데 비해, 후자는 문화가 마음을 구성한다는 전제 위에 마음의 본질을 의미(meaning)의 구성(constructing)에 있다고 본다. 이제 정보처리이론으로 인해 왜곡된 인간 마음의 본질을 정보 처리에서 의미의 구성으로 복귀하려는 것이다.

이처럼 Bruner의 내러티브 인식론은 마음을 보는 관점의 전환과 문화심리학의 제안으로 구체화될 수 있으며, 더 나아가 '내러티브 탐구'라는 연구방법의 발전을 가져왔다. 우선 첫 번째 문제로 전통적으로 대상의 논리로 파악해 온 인간의 마음은 이제 새롭게 파악되어야 한다는 점이다(Bruner, 1987). 지금까지 존재론적 시각에서 마음의 실체를 파악하려는 오류에서 벗어나 이제는 마음이 어떻게 의미를 만드는지, 즉 마음에 의해 실재가 어떻게 만들어지는지의 문제에 관심을 가질 필요가 있다. 이제는 마음의 실체가 무엇인지보다는 마음이 어떻게 활동하는지의 문제가 관심의 초점이 되었다. 다음으로 인간 마음과 문화의 관계를 새롭게 보는 Bruner의 문화심리학의 문제이다. 즉 마음과 문화의 관계를 내러티브 사고로 볼 수 있다는 점이다. 내러티브는 실재의 구성, 의미 만들기, 자아형성에 모두 관련되어 있으며, 특히 의미 형성과 협상에서는 내러티브적 해석이 중요하다. 이러한 관련성은 의미는 대화를 통해서 만들어지고 이야기 양식은 해석을 필요로 한다는 내러티브의 가정에 근거를 두고 있다. 마지막으로, 교수 연구방법으로서 '내러티브 탐구'(Clandinin과 Connelly, 1987; 1998; 2000)의 등장이 인식론의 발전을 가져왔다. 이 방식에서 인간은 언제나 상황과 특정 공간, 시간성 속에서 존재하며, 한 사람으로서의 교사나 학생이 자신의 경험, 정신과 신체, 그리고 의도 속에서 이야기를 하고 다시 그 이야기를 구성하고 또한 이야기를 계속해서 구성, 재구성할 때, 한 사람의 독특한 개인적·실제적 지식(personal practical knowledge)이 드러난다는 점을 강조하고 있다. 따라서 교수는 경험과 상황, 상호작용, 시간과 공간의 모든 측면들을 고려해야 하며 여러 상황들 안에서 경험된 무엇이다. 질적 탐구에서 내러티브는 이야기를 만드는 과정, 이야기의 인지적 도식, 그 과정의 결과 모두를 의미하는 것으로 보는 것이 타당하다(Polkinghorne, 1988: 13-15). Denzin과 Lincoln(2000: 733-768)도 개인의 내러티브(personal narrative)를 강조하면서 교수 연구행위는 연구의 공간과 상황, 연구의 역동적 맥락 속에서의 상호작용, 결과에 대한 해석상의 문제 등을 내포하면서 나타나는 의미 구성의 작업으로 보고 있다.

우리가 잘 아는 교수의 포스트모던주의자인 Doll(역서, 183) 역시 포스트모던적 지식관을 피력하고 있다. 그는 우선 근대성(근대적 지식관)의 초월을 강조하면서 근대 이전의 질서를 Plato와 Aristotle의 합리적 연역의 미덕 대(vs) 실증적 귀납의 미덕의 균형 잡힌 질서로 보고, 다음으로 근대적 세계관을 데카르트의 방법론(방법서설)과 뉴턴의 안정된 우주질서로 접근하면서 이들과의 초월을 바라보고 있다. 특히, 이러한 Bruner의 입장은 단지 지식 그 자체의 문제만이 아니라 실재, 의미, 자아를 구성하는 주체의 마음을 문화적 상황 속에서 어떻게 구성하며 인간 발달의 문제를 사회 역사적 텍스트에서 어떻게 형성하고 해석하는가 하는 문제와 관련이 있다. 이런 점에서 그가 제시하는 새로운 인식론은 지식의 문제뿐만 아니라 문화적 상황성 속에서 구성되는 실재, 의미, 자아와 총체적으로 연관되어 있다. 내러티브를 사용함으로써 자아가 만들어진다는 것은 인식론적 시각에서 본 마음으로서 우리의 존재가 하나의 전개되는 이야기(의미)로 통합되는 것을 말한다. 내러티브를 흔히 '지어낸 이야기'라고 하는데, 곧 사실과 다른 허구의 세계를 의미한다. 내러티브는 이제까지 존재하지 않았던 새로운 세계를 만들어 낸다. 현실의 삶을 소재로 그것을 내러티브 사고의 상상력과 주관을 통해서 재구성하는 것이다. 그리고 그 현실의 세계에 대해 의미를 부여하는 것이다. 현실의 세계와 유사하면서 현실의 세계에서는 찾아볼 수 없는 어떤 독특한 세계, 그것이 곧 허구의 세계이며 내러티브이다. 이제 내러티브는 단순한 이야기를 넘어서 삶의 근원적이고 포괄적인 이해자로 등장하였다(한승희, 2002: 94-95).

2. 내러티브적 앎의 성격

강현석(2011)에 의하면, 인간이 사물이나 현상을 이해하는 데에는 다양한 앎의 방식이 존재한다. 최근 들어 인간 과학(human science)에서 내러티브적 앎(narrative knowing)에 대한 중요성이 강조되고 있다.[47] 이것은 자연 현상을 설명하는 패러다임적 사고방식이 인간의 문제를 이해하는 영역에까지 침투하면서 발생하는 여러 문제점에 대한 경종을 울리는 의미를 지니기도 한다. 더욱이 최근의 내러티브의 중요성에 대한 재인식은 많은 학문 탐구 분야의 논의에서 다양하게 나타나고 있다. 문학, 언어학, 사회과학, 철학, 과학사, 역사 등의 전문가들은 진실된 이야기, 즉 다른 학문에서 확립된 규준적인 방법에 따른 이야기를 말하기 위해 부수적으로 수반되어야 하는 내러티브를 보여준다. 이제 교과교육 분야에서도 내러티브에 대한 국내의 논의는 교사교육, 교수 분야, 질적 연구방법에서 매우 역동적으로 진행되고 있다.[48] 특히 특정 교과를 가르쳐야 하는 교사의 교수활동을 이해하고 보다 타당한 교사양성 교수와 수업 활동의 구성에서 내

---

47 Polkinghorne, D. E., *Narrative Knowing and Human Science*. (Albany: SUNY Press, 1988).

48 내러티브에 대한 국내의 논의는 다음을 참고할 수 있다.
한승희, 「내러티브 사고 양식의 교육적 의미」, 『교수연구』, 15(1), 1997, pp. 400-423.
강현석, 「지식구조론 이후 Bruner의 교수이론 탐구」, 『교수연구』, 16(2), 1998, pp. 105-128.
한승희, 「왜 내러티브인가」, 한국교육인류학회 발표 자료집, 2002, pp. 79-95.
소경희, 「교사양성 교수에 있어서 '내러티브 탐구'의 함의」, 『교육학연구』, 42(4), 2004, pp. 189-211.
강현석, 「합리주의적 교수 체제에서 배제된 내러티브 교수 가능성과 교과목 개발의 방향 탐색」, 『교수연구』, 23(2), 2005, pp. 83-115.
박민정, 「내러티브란 무엇인가?: 이야기만들기, 의미구성, 커뮤니케이션의 해석학적 순환」, 『아시아교육연구』, 7(4), 2006, pp. 27-47.

러티브의 중요성이 새롭게 인식되고 있다.[49]

가. 이해수단으로서의 내러티브

내러티브를 긍정적으로 바라보는 것도 있는데 이는 이성(reason) 외에 다른 것—상상력의 실행—을 반영하기 때문이다. 지난 18세기 이래로 다양한 사상가들이 논리(이성)와 반대 의견을 가지고 고전주의에 반대하는 낭만주의를, 이성(the Apollonian)보다는 감성(the Dionysian)을 주장하였다. 논리(이성)가 감성으로 인해 전복되는 것까지 보기 원하는 사람은 거의 없었다. 반면에 많은 사람들은 논리가 감정을 전복할 수도 있다고 두려워한다. 이 아이디어는 종종 인간의 의식은 처음에는 상당히 분리되어 있다고 추정되는 이 두 가지가 서로 균형을 이룰 때 잘 이루어진다고 주창한다. 김싱과 상상에 대한 위상이 밝혀져야 한다. 이것은 허구적 이야기가 만들어내려고 애쓰는 것이다(Baldock, 2006).

Moffcctt는 네리티브 형식에서 이성(reason)이 불충분한 경험의 묘사로부터 천천히 나타나는 것으로 이해한다. 다른 사람들은 객관

49 이와 관련된 연구는 다음과 같다.
Egan, K., *Teaching as story telling*.(The University of Chicago Press, 1986)
Gudmundstrottir, S., "The Narrative Nature of Pedagogical Content Knowledge", In H. McEwan & K. Egan(Eds.) *Narrative In Teaching, Learning, and Research*. (Teachers College Press, 1995), pp. 24-38.
Conle, Carola., "Why Narrative? Which Narrative? Our Struggle with time and place in teacher education", *Curriculum Inquiry*, 29(1), 1999, pp. 7-33.
Conle, Carola., "An Anatomy of Narrative Curricular", *Educational Researcher*. 32(3), 2003, pp. 3-15.
이흔정, 앞의 논문.

성을 거스르는 허구적인 내러티브를 내던지는데 그들은 그것을 상상이 위협받는 이성 단독의 지배에 반하여 발전하는 하나의 맥락으로 본다.

이러한 두 가지 접근에 대한 대안은 Bruner의 연구(1986, 1990)에서 제공된다. Bruner는 많은 상황에서 '패러다임적' 사고로 적용하는 일반화를 만들기 위한 시도를 기술한다. 이것은 우리가 세계를 이해하고자 하는 시도에 필수적이다. 그러나 내러티브 사고 또한 중요하다. 그는 내러티브와 패러다임 사이에 있는 대립—하나가 다른 것을 대신함을 의미하거나 혹은 그 둘이 기껏해야 평형상태에 있어야만 하는 것—을 거부한다. 내러티브는 일반 규칙의 단순한 예로 몰아넣을 수 없는 사건의 독특한 배열을 기술하기 위해서 우리가 사용하는 수단이다. 우리는 발생한 것에 대한 그림(광경)을 구성하기 위해 많은 요인(그리고 그것과 관련시킬 수 있는 규칙)을 결합시켜야 한다. 또한 그 사건이 우리 스스로에게 무엇을 의미하는지 이해하려고 노력해야 한다. 이것은 개인적 경험이 될 수 있으나 우리가 메타 표상(meta-representation)을 위해 지닌 도구는 우리 주변의 사회로부터 온다. 고로 경험을 이해하려는 시도는 항상 문화적인 차원을 가지고 있다. 이것은 예를 들면 우리가 사용하는 언어의 특질(idiosyncrasies)처럼 문화에 의해 우리가 판단됨을 의미하는 것은 아니다. 이런 유형의 단순한 판단은 사건들이 우리가 수립한 시험적 규칙과 종종 모순이 되기 때문에 발생하지 않는다. 이것은 이해란 것이 보통은 공유된 사고의 산물이며 우리가 복잡한 사건의 배열을 이해하고자 할 때 그 사고는 내러티브 형태를 갖게 된다.

Bruner의 접근은 감성적 차원뿐만 아니라 인지적 차원까지도 인정하는 내러티브에 자리를 내주는 장점을 가지고 있다. 그것은 내러티브를 패러다임과 반대되는 감정이나 환상의 영역으로 세우지 않았다. 그의 내러티브에 대한 아이디어는 아마도 패러다임적 사고의 전형인 자연과학에서 그리고 환상의 요소를 거부하는 내레이션의 유형인 역사의 기록에서 발생하는 것을 숙고함으로써 더욱 확대될 수 있다.

나. 실재의 내러티브 구성

Bruner(1996)에 의하면, 실재는 내러티브에 의해 구성된다. 즉, 내러티브적 실재가 구성된다는 점이다. 지성은 현실 속에서 이루어지는 실천의 미시문화를 반영한다. 과학자가 되기 위한 학습은 "과학을 학습"하는 것과는 동일하지 않다. 즉, 그것은 문화와 함께 소화를 이루는 "비합리적인" 의미 만들기에 수반되는 모든 것들을 가지고 문화를 학습하는 것이다. 이런 점에서 내러티브 해석이 그것이 만들어내는 실재에 형태를 주는 9가지 방식들을 설명하는 데 있어서, 사고의 내러티브 형식이 무엇인지, 내러티브 "텍스트" 또는 담론이 무엇인지를 엄밀하게 구분하는 것은 사실상 불가능하다. 사고는 그것을 표현하고 결국은 그것에 형태를 부여해주는 언어로부터 분리될 수 없는 것처럼 각각은 서로에게 형태를 부여한다.

내러티브 시간은 Ricoeur가 언급하였듯이, 인간적으로 적절한 시간이다. 장르와 스토리들 간의 관계 혹은 장르와 하위 장르들 간의 관계를 비유하는 말로 장르라는 구멍도 그 수보다 많은 여러 하위 장르들이 드나들면서 양식화된다는 것이다. 주체적 행위는 선택을 미리 가정한다. 책임감은 선택을 수반한다. Charles Taylor가 말했듯이, 우리는 전체 텍스트에 대한 읽기를 성립시키기 위하여 노력하며, 이것을 위하여 우리는 텍스트의 부분적 표현들의 읽기에 호소한다. 아직도 우리는 (표현들이 이해되거나 다른 표현들과의 관계 속에서 이해되지 않는 곳에서) 의미를 다루고 의미 있게 하는 것을 다루고 있기 때문에 부분적 표현들의 읽기는 다른 표현들의 읽기에 의존하며 궁극적으로는 전체에 의존하는 것이다.

모든 화자는 하나의 관점을 가지며, 그리고 우리는 그것에 질문할 수 있는 양도할 수 없는 권리를 가진다. 내러티브화된 실재들은 어디에나 존재하는 것이다(Bruner, 1996). 내러티브화된 실재들의 구성은 손쉬운 정밀검사나 조사에 쉽게 접근할 수 있을 만큼 너무나 습관적이고 무의식적인 것이다. 브루너의 비유에 의하면, 우리는 내러티브의 바다에 살고 있으며 물을 발견하는 마지막 존재가 될 물고기와도 같아서 우리 자신은 스토리 속에서 헤엄치는 것이 무엇과 같은지를 이해하는 어려움에 직면해 있다. 그것은 우리들이 우리의 실재에 대한 내러티브적인 이야기체의 설명이나 평가를 창안하는 능력이 부족하다는 것은 아니다. 오히려 그것으로부터 멀리 떨어져 있다. 우리는 지나치게 전문가인 셈이다. 오히려 우리의 문제는 고대로부터 존재해 온 "마음 잡기(prise de conscience)" 문제를 성취하는 것이다. 그것은 우리가 습관적이고 자동적으로 매우 손쉽게 하는 것에 대한 자각이나 의식을 성취하는 것이다.

강현석 외(2005: 330)에 의하면, 내러티브 해석들이 구성한 실재에는 어떤 보편적인 것이 있는가? 필자는 실제로는 보편적인 것이 있다는 것, 그리고 이러한 것들이 하나의 문화 내에서 이루어지는 삶에 있어서 본질적이란 사실을 본 장에서 논의하고자 한다. 필자의 논점을 주장하기 위하여, “실재”에 대한 개념을 형성함에 있어서, 그와 같은 해석을 활용함으로써 얻은 것과 잃어버린 것에 관한 서두적 질문을 소개하기 위하여 내러티브 실재에 대한 아홉 가지 보편적인 실례를 말하고자 한다.

내러티브에 대한 논의는 인간 사회 내의 의미의 협상에 관한 반영이 아니라 “스토리”에 대하여 분개하며 거절한 것에 관한 사례인 것이다. 내러티브가 있을 법한 모든 사례에 대해서 진리를 생산할 수는 없다. 진리를 발견한다는 것은 과학과 논리만의 특권이다. 우리는 과학적인 방법과 합리적인 사고에 대한 방법들을 가르치는 데 교육학적인 노력을 기울인다. 증명에 관련되는 것, 모순을 구성하는 것, 단순한 발언에 지나지 않는 것을 검증 가능한 명제로 어떻게 전환시키는지 등등. 왜냐하면 이것들은 “과학에 따른 실재”를 창안하기 위한 방법들이기 때문이다. 하지만 우리는 내러티브의 규칙과 장치에 따라 구성된 세계에서 우리 삶의 대부분을 살고 있다. 교육은 내러티브 실재의 세계와 메타인지적 민감성이나 감수성을 창안하기 위하여 수행하는 것보다 훨씬 풍부한 기회들을 제공해야 한다.

다. 행함으로서의 앎: 활동의 문화심리학

Bruner(1986)는 Sylvia Scribner의 사례를 통해 우리의 앎이 실제의 맥락에서 실천과 연관이 깊다는 점을 강조하고 있다. 그 사례를 통하여 우리는 우리가 하는 일이 우리가 세계라고 부르는 심리적 현실을 형성해 나갈 때 그것이 이루어지는 묘한 방식인 “직업변형”이라는 사고방식을 새롭게 창안해낸 것으로 해석할 수 있게 된다.

마음(정신)이란 우리가 흔히 사용하는 손과 연장 도구의 확장된 형태라는 점이며, 아울러 마음(정신)은 그러한 연장도구를 사용하는 데 대한 활동의 확장된 유형이라는 사실이다(Bruner, 1996). 문화 구성원으로 존재하는 것과 관련된 상당수의 사람들은 우리 주위의 "대상(things)"들이 요구하는 것을 수행하고 있다. 이러한 입장에서 Vygotsky의 아이디어는 유효하다. 즉, 손이나 지성 그 자체는 도움이 되지 못한다. 연장과 도구가 전체 대상을 완성시킨다는 것이다. 기능이라는 것을 친숙한 말로 달리 말하면 "습관적인" 것이지만, 그것은 신비와 함께 빛날 만한 가치가 있는 것이다. 하나의 두뇌에 지능의 위치를 지정하는 것은 중대한 오류이다. 지능은 우리가 갖고 있는 특정의 책, 사전 및 노트에도 존재하고 있고 우리와 상호작용하는 친구들의 머릿속과 습관 속에도 있으며 심지어는 사회생활을 통해 주고받게 되는 모든 대상 속에도 존재한다.

이러한 앎에 대한 인식은 우리가 공유하고 있는 공동체의 확장된 정보 속에서 그 공동체의 구성원으로 소속된 우리의 모습과도 관계가 있다. 분산된 지능을 형성하고 있는 정교한 "공유"이다. 이미지는 범주의 원형으로 존재할 뿐만 아니라, 내러티브에 있어서 정지된 행위 프레임으로 존재한다.

이런 점에서 강현석 외(2005: 380)는 주로 Scribner와의 대화를 통한 "일의 심리학(the psychology of work)"의 의미에 대하여 강조한다. 인간이 수행하는 일이나 노동의 의미를 '사회적이고 문화적인 실제에서 어떻게 이해할 수 있는가' 하는 문제이다. 그러한 맥락에서 우리의 앎의 성격과 의미를 논의할 필요가 있다는 점이다. Scribner가 브루너에게 말하고자 했던 바는, 우유 배달업자들의 제반 업무 요건이 그들의 문제 해결 과정, 사고방식 및 제반 문제를 공식화하는 방법을 형성하고 있다는 사실이다. 그녀는 이러한 활동을 Vygotsky식 인지 심리학의 확장된 유형으로 보고 있다. 정신이란 흔히 사용하는 손과 연장 도구의 확장된 형태이고, 그러한 연장도구를 사용하는 데 대한 활동의 확장된 유형이다.

수수께끼 그림 맞추기(rebus)는 글자보다는 물건(물체)이나 *대상*이 우리가 하는 일을 어떻게 지배하고 조절하는지를 보여준다. 이것은 사물로 어떤 것을 설명하고, 얘기하는 것 말고 **어떠한 것을 실행함으로써 이해하는 것**을 의미한다. 우리는 왜 그러한 일들을 수행해야 하는지를 규범적으로 설명하거나, 우리가 하는 일을 개념상으로 설명하기도 전에 그러한 일들을 수행하는 방법을 알고 있는 경우가 많다. 그것이 바로 Sylvia Scribner의 사례에서 시사하는 점이다. 즉, 노동이나 실천(praxis)이 문화의 원형을 어떤 식으로 제공하는지를 고려해볼 필요가 있다는 것이다.

Vygotsky의 "사고와 언어" 서두에 나타난 의미는 "손이나 지성 그 자체는 도움이 되지 못한다. 연장과 도구가 전체 대상을 완성시킨다."는 것이다. 연장과 도구는 뛰어난 "사고의 흐름"을 형성하는 데 있어서 단어와 똑같은 유형의 기능을 돕는다는 사실이다. 하지만 대상을 완성시키는 연장과 도구는 사고를 형성하는 어휘와 문법과 같은 유형에서 정신 형성에 대한 역할에 기여하지는 못한다. 그러한 연장과 도구들은 우리가 하는 일을 완수하기 전에 그 일을 정의하는 데 따른 해당 연장과 도구들을 설명하고 있는 것이다. 일반적으로 실천(praxis)이 법칙(nomos)보다 선행하고 있는 경우가 대부분이다.

기능이 행위를 전달하는 "이론"은 아닌 것이다. 기능이란 이론에서 파생된 대상이 아니라, 제반 대상을 다루는 방식이다. 기능이란 이론과 함께 향상될 수 있다. 이는 마치 우리가 스키의 안쪽과 바깥쪽 끝부분에 대해서 알고 있더라도 스키 기능에 대한 해당 지식을 파악하기 전까지는 스키를 타는 기능이 향상되지 않는다는 사실과 같은 이치이다. 지식은 습관으로 이어질 때 비로소 도움이 된다.

기능에 대한 의미(가치)를 낮추어 보는 관점을 비판적으로 검토할 때 두 가지 이유가 존재한다. 인습화-관례화(conventionalization) 혹은 분산(distribution)이라고 부르는 것이다. 이 두 가지는 문화를 광범위하게 함축하고 있다(Bruner, 1996).

인습화라는 것은 우리가 어떤 일을 능숙하게 수행할 경우 그 수행 방식이, 우리가 명백한 형태로 "알고 있는" 것들을 종종 뛰어넘는 문화와 친밀해지는 방식을 반영한다는 사실을 가리킨다. 그리고 그 수행 방식과 문화와의 친밀해지고 협력하는 형태는 일정하게 변하지 않는 문화적 상호의존성에 대하여 심층적 원천을 제공한다. 그런데 만약 이것이 없다면 문화는 이내 표류해 버리게 되는 것이다.

분산된 지능(distributed intelligence)이란 앞서 논의하였듯이 다음과 같다. 하나의 두뇌에 지능의 위치를 지정하는 것은 중대한 오류이다. 지능은 우리 주위의 사물에도 존재하고 내 친구들과의 상호작용 속에도 존재하고 모든 인간과 대상 속에도 존재한다.

이미 노벨상을 한 번 수여받은 사람의 연구실에서 우리가 연구하고 있는 경우 그러한 사실만으로도 우리가 노벨상을 받을 기회는 매우 높다. 그 이유는 우리가 공유하고 있는 공동체의 공유 문화에 있다. 하나의 공동체 구성원으로 소속됨으로써, 우리는 일련의 습관(관습)에 참여할 뿐만 아니라 지능을 사용하는 방법에도 참여하게 된다. 이러한 규칙이 노벨상의 영역에서만 유효한 것은 아니다. 우리는 관습을 공유한다. 개인의 차원을 초월하는 습관의 세계에서 관습의 공유는 깊숙이 자리 잡고 있다. 여기서 습관의 작용은 분산되어 있는 공동체에 따라서 달라진다. Bruner는 이러한 습관(관습)을 글자 맞추기 혹은 그림 맞추기의 연결 집합이라고 생각한다. 즉 관습은 실행함으로써 이해하는 대상들이다.

일찍이 Bruner(1966)가 제안한 『인지적 성장에 대한 연구』에서 인간이 세계를 표현하는 방식은 세 가지이다. 첫째는 작동(enaction)에 의한 방법, 둘째는 영상(imagery)에 의한 방법, 셋째는 상징적(symbolic) 체계를 구성하는 방법이다. 우리는 행위의 반복, 심상, 상징으로 세계를 표현하며, 성숙해 갈수록 시작점보다는 진보의 끝점을 더 선호한다. 그 당시 우리는 작동적 표현 양식에서 시작하여 영상적 표현 양식을 거쳐 상징적 표현 양식에 이르는 과정이 향상과 발전이라고 생각하였다. 브루너는 더 이상 그렇게 생각하지 않는다. 이것에 관해 브루너는 발달적 근거를 기초로 하지는 않지만, 표현 양식을 3가지 유형으로 구분하는 것이 유용하다고 본다.

작동적(enactive) 표현 양식은 안내하고 지도하는 활동에 있어서 결정적인 요소이며, 숙련된 활동이다. 이는 수단-목적적이고 도구적인 구조를 세계에 부여하는 양식이고, 절차적 양식이다. 작동적 표현양식을 통해 브루너가 말하려던 것은 정신적 문제 해결이 아니다. 문제 해결이 복합적 운동기능과 유사하다는 사실을 인정하는 것이다. 이것은 “작업” 혹은 지시된 활동과 관련되어 있다.

영상적 표현 양식에 관한 이미지는 사상과 대상의 특수성을 포착

할 뿐만 아니라, 사상의 부류(종류)에 대한 원형을 탄생시킨다. 영상적 표현 양식은 그러한 원형으로 역할하고 있다. 그러한 부류에 포함될 자격이 있는 여러 종류와 사례들을 서로 비교할 경우에 그 비교 대상들에 대하여 기준점을 제시하고 있다. 사고가 전형적 이미지와 유사하다는 점에서, 세계를 설명할 우리의 설명력은 선개념적 구조(preconceptional structure)를 제시한다. 이러한 구조를 통해 우리는 세계 속에서 작용할 수 있는 것이다.

상징적 표현양식에서 우리가 완전한 이해를 얻는 것은 아니다. 그래서 브루너는 행위, 절차 및 문화 심리학에 대한 초기 연구 대상으로 돌아가고자 한다. Cover의 주장에 따르면, 최초의 신전이 파괴된 후 유대인 거주지가 처음으로 발생한 때부터 추상적 개념이 발전되었다고 한다. 이 단계에서 공동체는 흩어지게 되었다. 한때 법으로 존재했던 집단의 개념 작용은 하나의 생활 방식에서 정의, 공평 및 권리를 정의하는 법전(규범)으로 변모하였다. 또한, 숙련 행위는 보다 추상적인 지식으로 변형되었다.

그러나 그 이후에도 법은 행위와의 연계를 결코 포기하지 않았다. 제반 규칙과 절차로 형식화가 이루어졌음에도 불구하고, 그 이후에 발생한 법은 종래의 관습적인 행위와 분산 개념에 기원을 두고 있다. 현재 존재하는 특정 판례에 대한 판결 내용에 따르면, 법정은 과거에 존재했던 유사한 판례들에서 내려진 판결내용을 따르고 있다. 법은 연역적 원리에 구속되는 것이 아니라 판례에 구속된다. 판례란 과거에 수행된 모든 법적 사항, 과거의 판결 방법이다. 또한 우리는 그러한 판례들을 구체적인 행위의 예증을 통해 처리한다. 사람들의 습관으로 제반 활동 방법이 제도화될 때, 그러한 활동 방법들은 쉽게 변경되지 않는다. 제반 활동 방법은 우리의 문화에 대하여 때때로 상당히 요구되는 일관성을 제공한다.

브루너는 세계를 다루고 처리하는 행위와 관련된 양식들 중 가장 강력한 기법으로 묘사나 서술에 의한 방법을 제시한다. 인간의 행동은 결국 단어에 의한 개념 작용에 이르게 되는데 바로 이때, 인간의 행동은 절대적이며 시대를 초월한 방식으로 존재하지 않고 오히려 하나의 이야기(스토리)로 표현된다. 이는 취하였던 행동, 그에 따른 절차나 과정 및 기타 사항에 대한 이야기인 것이다. 법의 실행 혹은 의료 행위와 마찬가지로, 우유와 유제품 배달은 그러한 업무에 종사하는 사람들의 활동을 사실상 일으키게 하는 실행의 절차와 밀접한 관계가 있다. 이 복잡한 유형을 일의 심리학에 있어 중심적인 부분으로 간주해야 한다. 그것은 바로 활동의 문화심리학이다.

3. 내러티브적 앎의 이론적 위치

가. 내러티브 의미와 연계된 내러티브 앎

제1장에서 논의한 내러티브 의미(narrative meaning)는 내러티브 앎을 함축하고 있다. 내러티브적 성향에 관한 인식론적 함의를 이해하는 것은 교육적 노력의 효과적인 적용에 있어 필수적이다. 이전에 논의된 이야기와 관련해서 맥락성(contextuality), 의도성(intentionality), 해석 가능성(interpretability)들과 같은 특성들에 의해 간단히 정의되었던 것처럼 내러티브적인 앎의 방식은 의미에 관한

것이지 사실에 관한 것은 아니다. 내러티브적 앎의 방식은 연결되어 있고 관계적이며 지식에 관해 구성주의적 경향을 가진다. 이것은 지식에 대한 실증주의적 접근과는 대조적인 입장을 취하는데 실증주의적 입장은 지난 세기를 통해 서구 사회에서 학문적 공동체에서 가장 선호되었던 접근 방식이다. 최근 몇십 년간 많은 작가들이 과학적 양식의 대안으로 내러티브 앎에 대해 토론하고 개발해 왔다. 내러티브 앎에 관련한 기본 추론과 철학적 토대는 Bruner의 *Actual Minds, Possible Worlds*(1986)에서 깊이 다루어지고 있다. 다시 말해 내러티브 앎에 대한 우리의 토론을 시작하는 출발점으로 Bruner의 연구를 기반으로 하고자 한다.

브루너는 사고의 두 가지 양상, 즉 지식의 두 가지 방식인 과학적 방식과 내러티브적 방식을 설명한다. 그의 주장에 따르면 이것은 두개의 다른 인지적 기능이며 의미를 구성하는 두가지 방식이며 실제를 이해하는 두 가지 접근법이다. 이 두 가지는 지식에 대한 다른 태도를 가진다. 다시 말해, 하나는 다른 하나의 파생물이 아니다. 지식에 관한 두 가지 방식 또는 지식의 종류는 그 목적이나 사용에 있어서 다르고 지식의 타당성을 판단하는 데 수용되는 범주에 있어서도 다르다. 브루너는 "좋은 이야기(내러티브 앎)와 잘 구성된 논증(과학적 앎)은 다른 종류이다. 논쟁은 그들의 진실 중 하나를 확신시키고, 이야기는 그들의 삶과 같은 이야기를 확신시킨다."(Bruner, 1986: 11)라고 하였다. 브루너가 패러다임이라 부르는 논리·과학적 사고방식은 탐구에 있어 실증주의적 접근에서 볼 수 있다. 이것은 과학적 방식의 기초가 된다. 이것은 인과 관계와 논리적 일관성의 설명에 초점을 맞춘 지식 접근 방식이다. 반면에 내러티브 양식은 인문학에서 사용되는 접근이다.

Bruner(1986)는 패러다임적 사고 양식을 이렇게 묘사했다. 그것은 하나의 시스템을 형성하기 위해 범주가 설정되고, 이상화되고, 서로 관련되는 범주화 또는 개념화 및 작업을 사용한다. 총체적 수준에서, 패러다임적 양식은, 일반적인 원인과 그 확립을 다루고 검증 가능한 참고 자료를 보장하고 경험적 진실을 테스트하기 위한 절차를 사용한다. 그 언어는 일관적이고 모순되지 않는 요구 사항에 의해 규제된다. 그것의 영역은 기본 진술과 관련된 관찰 가능한 항목에 의해서만 정의되는 것이 아니라 논리적으로 생성되고 관찰 가능한 항목에 대해 테스트될 수 있는 일련의 가능한 세계에 의해 정의된다. 즉, 원칙에 입각한 가설에 의해 작동된다. … 패러다임적 양식의 상상적 적용은 좋은 이론, 치밀한 분석, 논리적 증명, 건전한 논증, 합리적인 가설에 따른 경험적 발견으로 이어진다(1986: 12-13).

Bruner는 패러다임적 사고 양식과 내러티브적 사고 양식을 다음과 같이 묘사하고 있다.

> 내러티브 방식의 상상력이 풍부한 적용은 좋은 이야기, 매력적인 드라마, 믿을 수 있는(반드시 '진실'은 아니지만) 역사적 설명으로 이어진다. 그것은 인간 또는 인간과 같은 의도와 행동, 그리고 그들의 과정을 표시하는 변천과 결과를 다룬다. 상상력이 풍부한 적용은 특정한 경험에 기적을 넣고 시간과 장소에서 그 경험을 찾으려 노력한다(1986: 13).

Bruner는 다중 실제("가능한 세계")가 존재한다는 점을 지적한다. 그것들은 문화에 의해 중재되는 인간의 정신적 구성 기능 즉 내러티브 의미 구성이다. 그는 과학조차도 우리가 세상의 의미를 만드는 상징체계의 심오한 구조에서 벗어나거나 분리될 수 없다고 제안함으로써 요점을 확장한다. 그러한 객관주의는 그러한 시스템의 일부이며 그 시스템 안에 존재한다. 의미 만들기의 체계는 우리가 보는 눈이지만 볼 수 없는 눈이다. 그들의 기능 자체가 비전을 전달하고 구성한다.

Polkinghorne(1988; 1996) 또한 "과학적" 또는 "전통적인" 지식과 구별되는 내러티브 지식의 개념화에 주요한 기여를 했다. 1988년 저서인 *Narrative Knowing and the Human Sciences*에서 그는 실재(reality)의 세 가지 수준 또는 영역, 즉 물질 영역, 유기 영역 및 의미 영역을 식별한다. 그것들은 복합성을 증가시키는 진화적 과정을 통해 순차적으로, 즉 재료 다음의 유기적 영역과 유기적 영역 이후의 의미 영역으로 발전했다. 기본 아이디어는 진화의 두 가지 "임계점"에서 근본적인 변화가 발생했다는 것이다. 첫 번째 전환은 물질에서 생명으로, 즉 물질영역에서 유기적 영역으로의 전환이었고, 두 번째 전환은 생명에서 의식으로의 전환이었다. 그는 "일반적인 생명에서 성찰적 의식과 언어로의 인간 존재의 출현은 내가 '의미의 순서'라고 부르는 고유한 수준의 실제를 가져온 임계점 변화이다."라고 말했다(1988: 2). 여기서 요점은 물리 과학이 물질 및 유기적 영역에 있는 것을 연구하기 위해 개발되었다는 것이다. 반면에 인문 과학은 의미의 영역에 속하는 문제를 연구한다. 그럼에도 불구하고 많은 인문 과학은 철학적 전제와 방법론 측면에서 자연과학을 모델로 삼았다.

Polkinghorne(1988: 183)의 관점에서 이것은 의미 영역에서의 탐구가 물질적 또는 유기적 영역에서 얻을 수 있는 지식과는 다른 유형의 지식을 산출하기 때문에 불행하고 부적절한 것이다. 그는 의미 영역의 지식은 "언어적 형식에 따라 구조화되며 인간 존재에서 의미를 창출하는 가장 중요한 형식 중 하나는 내러티브다."라고 지적한다.

Polkinghorne(1996: 77)은 "내러티브 앎"은 "사람들이 자신과 타인의 행동과 삶의 사건을 이해하는 근본적인 이해 방식"이라고 말한다. 그는 세 가지 주요 영역에서 내러티브 지식 및 탐구 방법을 과학적 지식 및 방법과 구별한다. 첫째, 과학 또는 패러다임은 범주에 따라 특정 사건 또는 이벤트를 분류한다. 개념 또는 범주는 구성원의 공통 특성으로 정의되고, 그들은 한 구성원이 다른 구성원과 다르게 범주를 만드는 요소를 고려하지 않는다. 반면 내러티브 앎은 반드시 범주가 아니라 일련의 사건에 초점을 맞춘다. "이 사건은 어떤 유형 또는 범주에 속하는가?"에 대한 관심은 그리 많지 않다. 대신 "이 사건은 무엇을 의미하는가?" 그리고 "더 큰 사건에 어떻게 맞추어지는가?"에 관심을 가진다. 이야기에서 우리는 줄거리의 맥락을 벗어난 어떤 행동의 의미를 이해하지 못하는 것처럼, 내러티브 앎에서 강조하는 것은 하나의 특정 사건이 다른 사건과 관련되거나 혹은 다른 사건과의 상호 작용에서 가지는 중요성이 무엇인지를 인식하고 그러한 사건들이 어떻게 함께 전체 에피소드를 구성하는지를 인식하는 것이다.

둘째, 실증주의적 방식의 과학적 지식에서 지식은 관찰 가능하고 측정 가능한 것으로 간주된다. 객관성의 기준은 여러 개별 관찰자가 동일한 현상을 관찰한다는 것이다. 사실로서 관찰 가능한 것은 관찰자에게 의존하거나 영향을 받거나 관찰자와 관련되지 않는다. 다시 말해, 아는 사람, 인식 주체(the knower, 인식자)는 알려진 것, 즉 인식 대상(the known)과 분리되어 있다. 대조적으로, 내러티브 양식은 관찰되거나 알려진 것(인식 대상)이 아는 사람(인식 주체)의 태도 및 참조 프레임과 분리될 수 없음을 인정한다. 내러티브는 객관적으로 관찰 가능한 사실을 다룰 뿐만 아니라 인간 경험에 내재된 동기, 욕구 및 의도에도 주의를 기울인다.

셋째, 패러다임적 방식의 절차와 방법은 관찰 가능하고 측정 가능한 데이터를 강조함에 따라 통계적 분석을 기반으로 한다. 내러티브 데이터 및 내러티브 앎에 적합한 방법은 해석적이고 언어 기반적이어야 한다. 내러티브 데이터는 실제 경험에 대한 해석이다. Polkinghorne(1996: 95)이 지적한 바와 같이, "내러티브 데이터의 중요성에 대한 기준은 보고된 사건이 '참'인지 '거짓'인지, 즉 실제로 발생했는지 여부가 아니다. 그 기준은 오히려 이야기의 주제가 되는 에피소드에 기여하는 그들의 가치와 중요성에 대한 당사자의 현재 평가를 표현하고 있는지 하는 것이다".

정리하면, 앎의 내러티브 방식은 아는 사람(the knower-인식자)과 알려진 것(the known)의 관계와 관련된 인식론적 가정의 집합체를 포함한다. 앎에 대한 우리의 지향은 개념적으로뿐만 아니라 기능적으로도 중요하다. Parker Palmer(1983: 21)가 말했듯이, "인식 대상인 알려진 것(the known)과 인식 주체인 아는 자(the knower, 인식자)의 관계는 살아 있는 자아와 세계의 관계가 된다. 우리의 인식론은 우리의 윤리가 된다". 내러티브 인식론은 우리가 알고자 하는 것과의 관계에 우리를 참여시킨다. 우리가 추구하는 지식과의 관계 속에서 우리는 지식의 계시와 창조에 참여한다.

나. 개인적·실천적 지식과 인식론

강현석(2007a)에 의하면, 내러티브적 앎은 실천적 지식으로서의 내러티브를 강조한다. 내러티브(narrative)의 기본적인 의미는 이야기 혹은 이야기를 만드는 것이다. 따라서 내러티브에서 인간은 자신의 경험을 '이야기'하려는, 즉 정보와 경험에 내러티브 해석을 부여하려는 보편적 경향을 가지고 있다고 가정한다. 매우 기본적인 수준에서 보면 "이야기는 인과관계 및 의미를 나타내는 시간적 계열 속에 배열된 사건, 인물, 장면으로 이루어진다"(Carter, 1993: 6). 그래서 이야기는 사물이나 사태가 어떻게 작용하고 돌아가는지 그리고 사건이 어떤 의미를 지니고 있는지에 대한 정보를 전달한다. 그러나 내러티브는 다양하게 정의되고 있다. 이야기를 만드는 과정과 그 결과로 보는 Polkinghorne(1988: 23), 하나의 스토리를 구성하는 데 필요한 구조, 지식, 기술을 지칭하는 것으로 보는 Gudmundsdottir(1995), 내러티브(담론), 스토리(담론의 대상), 나레이팅(말하는 행위)으로 보는 Conle(2003) 등이 있다. 특히 "의미 만들기"의 한 형식(Polkinghorne, 1988: 36)으로 보는 입장에 유의할 필요가 있다.

이들의 견해를 종합해보면 내러티브는 인간이 삶을 해석하는 데 있어서 사람이 경험하는 사건, 인물, 행위, 감정과 정서, 의도와 생각, 그리고 상황과 장면 등을 총체적으로 통합시켜주고 특정 경험이 이루어지는 맥락 속에 위치시켜주는 인식의 틀이라고 볼 수 있다(강현석, 2005: 92).

이러한 내러티브에 의하면 지식은 개인의 경험을 통해 구성된다. 내러티브를 통한 실천적 지식의 구성은 그동안 학계에서 '개인적 지식'의 문제로 다양한 논의가 이루어져 왔다. 개인적 지식이란 개인이 갖는 의미에 보다 초점을 두고 의미 구성의 다양성과 능동성을 강조하는 것으로 Clandinin과 Connelly, Elbaz 등에 의하여 정교화된 개념이다(조덕주, 2003: 56-57). 특히 Elbaz(1983)에 따르면 행위자(교사)들은 자신들이 가르치는 일의 모습을 결정하고 방향을 짓기 위해 적극적으로 사용하는 복잡하고 실제적으로 지향된 일련의 이해체계를 가지고 있다. 그는 이 지식을 '실천적 지식'이라고 명명하였고 이와 유사하게 Connelly와 Clandinin도 이 지식을 개인의 모든 의식적·무의식적 경험에 영향을 받아 형성되고, 행동으로 표현되는 신념체라고 보았다. 지식은 마음에 있는 것이 아니라 몸에 있는 것이며 우리의 실제 속에서 드러나고 발견되는 것이며, 행위자(교사)의 이야기 속에는 이러한 의미에서의 지식이 고스란히 들어 있다고 말한다. 특히 그들은 행위자의 이야기가 드러내는 이러한 지식을 가리켜 '개인적·실천적 지식'이라고 부른다.

이들의 공통점은 개인이 자신의 지식 체계나 틀을 가지고 세계를 구성하는 것이 중요하다는 것이다. 이러한 세계의 구성에서 가장 중요하게 작용하는 것이 내러티브이다. 요컨대 내러티브는 실천적 지식을 형성해가는 과정에 중요한 메커니즘이다. 즉 내러티브는 실천적 지식의 원천인 동시에, 실천적 지식의 내용이 되며, 실천적 지식을 사용하는 과정에 총체적으로 관여한다. 왜냐하면 내러티브에서 지식은 사람들이 다른 사람과 자신들의 아이디어와 이야기를 공유하는 상황에서 개인적·사회적으로 구성되고 재구성되기 때문이다. 우리의 내러티브는 우리가 행하는 특정 경험들로부터 말해지기 때문에 그것은 개인적·실천적 지식의 표현이라고 할 수 있다. 이러한 지식은 사회·문화 역사적 맥락 내에서 구체화된다. 결국 개인적·실천적 지식은 다른 사람들과의 상호작용 속에서 형성되는 것이며 그것이 우리의 내러티브를 구성한다.

이상의 논의에서 알 수 있듯이 실천적 지식이란 인간 개개인이 가지고 있는 이론적 지식을, 그가 관여하는 실제 상황에 맞도록 자신의 가치관이나 신념을 바탕으로 종합하고 재구성한 지식이다. 이 지식은 개인적이고 암묵적인(tacit) 총체적 지식이므로 자신의 관심 행위에 근거로서 작용한다. 따라서 이러한 지식은 인간의 행위에 묻혀 있게 되며, 이 지식의 적절한 구현을 통해 사람은 성장하게 된다. 이 과정에서 인간의 내러티브가 실천적 지식 형성에서 중요한 기제가 된다.

요컨대 인간의 실천적 지식은 사람들이 유목적인 활동을 수행하는 실천의 상황(현장, 맥락, 실제 등)에서 형성되는 것으로서 개인적인 성격을 띤다. 인간의 전인성(혹은 경험의 총체성)이 반영되어 특정 현장에서 구성되는(현장의 경험으로부터 학습되고, 검증되고, 개발되는) 지식이므로 여기에는 반드시 당사자의 (현장)경험에 대한 내러티브가 매개될 수밖에 없다. 따라서 인간의 자기 내러티브(self-narrative)가 이 지식을 구성하게 하는 토대가 된다. 이 점에서 인간의 실천적 지식은 경험에 주목하는 내러티브와 밀접한 관련을 맺게 된다. 왜냐하면 사람들이 스스로 구성한 실천적 지식은 인간 자신의 경험을 토대로 이루어진 것이며, 특히 경험의 반성과 재구성을 통하여 형성되고 이 과정에서 인간의 내러티브가 중요한 기제로 작용하기 때문이다.

개인적·실천적 지식은 인간의 목표 구현이나 실천에서 기초가 된다(Clandinin과 Connelly, 1991). 사람은 언제나 상황과 특정 공간, 시간성 속에서 존재하며 한 사람으로서 자신의 경험, 정신과 신체, 그리고 의도 속에서 이야기를 하고 다시 그 이야기를 구성하고 또한 이야기를 계속해서 구성·재구성 할 때 자신만의 독특한 개인적·실천적 지식이 드러난다. 실천적 지식은 내러티브적으로 구성되며, 그것은 성찰의 과정을 통하여 자신의 삶을 이야기하고 다시 이야기함으로써 형성되고 그 과정에서 경험은 성장하는 것이다. 따라서 특정 상황에서 개인적·실천적 지식은 관심 현장에서의 자신의 지식, 즉 앎의 형성 과정에 초점을 두기 때문에 자신의 내러티브와 밀접하게 관련을 맺을 수밖에 없다. 결국 인간의 구체적 행위의 경험에 대하여 내러티브적으로 설명하는 것, 구체적 경험을 이야기하는 것은 의도와 목적을 구현하기 위해 자신이 지니는 개인적·실천적 지식의 구현을 의미한다. 따라서 내러티브 구현체로서 실천적 지식은 인간의 목적적 행위 구현에서 중요한 기제가 된다.

앞에서 논의된 내러티브의 관점에서 보면, 교사와 그 밖의 모든 사람들은 이야기된 삶을 살아가며(Bruner, 1985), 그 결과 내러티브 구조에 따라서 생각하고 지각하고 상상하고 도덕적 결정을 한다(Sarbin, 1986: 8). 이렇게 볼 때 내러티브는 인간으로서 우리가 우리의 삶을 해석하는 데 있어서 하나의 틀로 기능한다. 다른 말로 하면 인간으로서 우리는 경험상의 사건, 사람, 행위, 감정, 생각, 그리고 장면을 결합시키고 상호관련 지어주며 해당 맥락 속에 위치 지어주는 종합적인 틀을 엮어서 구성함으로써 우리의 삶을 해석하려는 경향을 지닌다. 이러한 종합적인 틀이 바로 내러티브이다.

이러한 내러티브 관점에서 지식은 개인이 자신의 경험을 다른 사람과 이야기하는 가운데 형성되며 이는 지속적으로 재구성될 수 있다. 지식은 맥락적이고 주관적인 것이라고 할 수 있다. 따라서 지식은 개인 내에 구체화된 것으로서 개인은 개인적·사회적으로 구성된 상징적 형식을 통해서 경험을 해석한다. 이러한 지식관에서 개인은 경험을 나타내기 위해 지식을 지속적으로 구성하고 재구성하는 인식 존재로 간주된다. 개인이 자기 경험의 권위적인 원천이 되는 것이다. 그러므로 내러티브 관점에서는 모든 사람들이 이야기를 말할 수 있는 인식자이기 때문에 모든 목소리가 권위를 가진 자원이 된다. 그리고 개인의 내러티브 권위는 경험의 지속적이고 상호작용적인 성격을 통해서 형성되고 재구성된다. 즉 개인의 내러티브 권위는 경험을 통해서 성장하며, 모든 경험은 이전에 겪었던 경험으로부터 무엇인가를 취하고, 나중에 겪게 될 경험의 질에 영향을 준다는 점에서 지속성을 갖는다(소경희, 2004: 195). 요컨대 내러티브 관점에서 지식은 개인적·사회적으로 재구성된다. 우리의 이야기는 특정 경험들로부터 말해지기 때문에 그것은 개인적·실천적 지식의 표현이라고 할 수 있다.

내러티브 관점에서 볼 때 제8장 3절에서 논의한 바와 같이 지식은 우리 자신 및 다른 사람에게 설명하기 위해 우리 자신의 경험을 이야기할 때 구성되고 재구성된다. 즉 이 관점에서 지식은 사람들이 다른 사람과 자신들의 아이디어와 이야기를 공유하는 상황에서 개인적·사회적으로 구성되고 재구성된다. 우리의 이야기는 특정 경험들로부터 말해지며 이 점에서 그것은 개인적·실천적 지식의 표현이라고 할 수 있다. 이러한 지식은 사회-문화 역사적 맥락 내에서 구현되고 구체화된다. 즉 개인적·실천적 지식은 다른 사람들과의 상호작용 속에서 형성된다. 이런 관점에 기초해 보면 특정 대상에 대한 지식은 인간이 수행한 대상 관련 행위를 자신 및 타인에게 설명하기 위해 우리 자신의 대상 관련 경험을 이야기할 때 구성되고 재구성된다. 즉 특정 대상이나 주제에 대한 아이디어와 이야기를 다른 사람과 공유하는 상황에서 개인적·사회적으로 구성된다. 사회적 상호작용 과정에서 동조(resonance)를 이끌어 낼 수 있다.

사람들은 자신들의 관심사에 대한 개인적 경험을 이야기하고 저술함으로써 스스로 지식을 구성해 나간다. 특정 행위의 경험에 대한 내러티브적 설명을 구성하는 것은 행위를 구현한 주체가 지니는 개인적·실천적 지식의 구현을 의미한다. 실천을 통하여 개인적·실천적 지식에 대한 우리의 내러티브를 말하고 체험하고, 다시 말하고 다시 체험함으로써 경험이 쌓이게 된다. 이 과정이 바로 경험의 성장이다. 사람들이 현장에서 행위를 구현해나가면서 겪게 되는 경험을 '이야기하고(telling)' 다시 이야기하는(retelling) 과정을 통하여 특정 행위의 '경험의 의미를 찾고(living)' 이를 토대로 '새로운 삶을 살아가게 되는(reliving)' 과정이다.

내러티브적 앎의 이론적 위치는 내러티브 인식론의 논의와 유관하다. 추갑식(2012)에 의하면 내러티브 인식론에는 몇 가지 특징이 있다.

첫째, 내러티브 인식론은 서술된 이야기 구조를 가지며 임의성을 가지는 비논리적 서술체를 가리킨다(Bruner, 1985). 이것은 예측 불가능한 인간의 습성을 인간의 행위와 관련시켜 삶의 이야기로 만들어 낸다는 특징을 가진다. 따라서 내러티브 인식론은 이러한 내러티브적 사고에 기초한 것이며 실증주의적 인식론의 오류에서 벗어날 필요가 있다. 위와 같은 맥락에서 본다면 우리 사회는 전근대적 사회에서 포스트모던 사회로 넘어 오면서 객관적 실재를 지식의 본질로 보던 정초주의가 무너지고 실증주의적 인식론의 오류가 밝혀지고 있다. 이에 교육 현상의 다원성, 개방성, 불확실성을 인정하며 세상을 이해하고 해석하는 다양한 사고양식과 표상방식에 대한 관심이 확대되고 있다. 따라서 학교에서 배우는 지식의 종류도 '이야기적 지식'과 '과학적 지식'으로 구분될 때 이야기적 지식의 우선성을 강조한다고 볼 수 있다.

둘째, 내러티브 인식론에서는 학습의 의미가 하나의 의미로 고정되어 있지 않다. 교육에서의 '발견' 혹은 '발견학습'의 의미가 패러다임적 인식에서는 객관적 실재의 발견으로 이해되었다. 그러나 실재가 객관적 단일 실재가 아닐 경우, '실재의 발견' 역시 객관적 실제의 파악이 아니라, 주어진 내용을 이해하려는 학생 개개인의 해석적이고 구상적 과정이 된다. 이러한 의미 구성의 과정은 인간이 그 자신과 처해 있는 세상을 이해하기 위한 상징적 내러티브 활동이 된다 (Bruner, 1990; 강현석, 2005: 89에서 재인용).

패러다임적 사고에서 학습은 학생이 주어진 정보를 수동적으로 받아들이는 과정으로 이해된다. 그러나 내러티브적 인식에서 학습은 학생이 능동적으로 새롭게 의미를 구성하고 지식을 구조화해 나가는 발견의 과정이 된다. 이때 새로운 발견과 의미 구성에 필요한 것들은 사회적 상호작용을 통하여 학습하게 된다. 따라서 학습은 주어진 문화 속에서 내러티브를 통하여 의미를 만들어 가는 과정, 즉 내러티브 발견법으로 볼 수 있다.

셋째, 내러티브 인식론에서는 문화가 인간의 마음을 형성한다고 보고 있다. 인간의 마음을 컴퓨터처럼 정보를 처리하는 프로그램이 작동하는 것으로 보는 관점에서 벗어나 마음이 어떻게 의미를 만드는지, 마음에 의해 실재가 어떻게 만들어지는지, 마음이 어떻게 활동하는지에 관심을 가지는 등 마음을 새롭게 이해하고 있다. Bruner(1996; 강현석 외 역, 2005: 4)는 문화가 마음을 형성한다고 보는 '문화심리학(cultural psychology)'을 제안하며 이것은 교육이 벌어지고 있는 공간에서 학생들 각자가 가지는 마음과 문화의 관계가 실재의 구성, 의미 만들기, 자아형성 등에 필요하다고 보는 내러티브 인식으로 설명될 수 있을 것이다.

이러한 관점에서 보면 내러티브 인식론은 구성주의와 그 맥이 닿아 있다. 구성주의는 인간의 마음이 경험을 어떻게 처리하는지, 특히 지적 조직, 기억, 학습이 어떻게 이루어지는지에 관심을 갖는다. 인간의 마음이 정보를 어떻게 조직하고, 재현하며, 회상하는지를 이해한다면 우리는 수업을 어떻게 인식할 것인지를 파악할 수 있을 것이다. 이를 통해서 학습자들이 마음이 정보를 처리하는 방식과 아주 근접한 방식으로 정보를 획득할 수 있도록 도움을 줄 수 있다.

행위 당사자는 자신이 경험하는 바의 의미를 스스로 구성함으로써 학습한다. 이는 얼핏 단순하고, 분명한 것처럼 보인다. 그러나 실제로는 아주 복잡하다. 예를 들어 학교교육의 경우 학생은 자신들에게 제시된 바를 그저, 어떤 순수한 형태로 받아들이지 않는다. 오히려 그것을 파악하려 하고, 이를 위해 그것을 다른 정보나 기존의 지적 조직과 연결시키려 한다. 이 과정에서 학습자가 이미 가지고 있는 마음의 틀이 변할 수도 있고, 또 기존의 틀에 맞도록 새로운 정보를 수정할 수도 있다. Piaget는 이런 과정을 가리켜 동화(assimilation)와 조절(accommodation)이라고 말했다. Piaget는 대상의 영속성이라는 아이디어나 틀을 갖고 있지 않은 학생에 관한 유명한 사례를 제시하였다. 대상의 영속성이라는 아이디어가 없는 학생은 어떤 대상을 보이지 않게 감추어 버릴 때 그것이 사라지고 없다고 믿는다. 자기 눈앞에서 벌어진 일을 제대로 동화시킬 틀을 아직 갖고 있지 못한 어린 학생은 눈에 보이지 않는 대상은 실재하지 않는다고 보는 틀에 맞추어 그의 경험을 조절한다.

구성주의는 어느 정도의 정확성이나 타당성은 정말 중요한 것이지만, 그것은 학생들이 의미를 부여하는 주체임을 신중하게 인정하면서 추구해야 한다는 것이다. 따라서 구성주의에서 지식은 새로운 정보, 새로운 경험, 새로운 자극은 학생들이 그것에 의미를 부여하는 것을 촉진하는 방식으로 제시되어야 한다.

위와 같은 관점에서 이전의 인식은 인간의 자아를 아무것도 의심하지 않으며, 외부의 기준과 정보만을 무감각하게 내면화하는 것으로 보는 반면에 내러티브 인식에서 자아는 문화, 성별 등의 요인들이 특정 역사적 맥락 속에서 역동적으로 교차하는 다중적 경계에 위치하여 끊임없이 변화하는 존재로 볼 수 있다. 따라서 교육은 교사와 학생이 가지는 내러티브의 실체를 파악하여 스스로 성찰과 반성을 할 수 있는 기회를 제공해 줄 수 있다.

4. 내러티브 인식론

내러티브 전회로 출발한 새로운 변화의 단서는 이른바 근대적 이성에 바탕을 둔 실증주의적 인식론에 대한 반성적 대안으로 논의되고 있는 생성적 인식론에서 찾아볼 수 있다. 근대적 패러다임에서 인간 정신은 객관적 실체를 반영하는 표상적 존재로 이해되었다. 반면, 생성적 인식론에서 '마음'은 주어진 외부 진리를 받아들이는 표상적 존재로만 이해되지 않고, 스스로 변용과 창조를 해 나가는 생성적 존재로 이해된다. 따라서 교육에서 중요한 것은 '진리의 인식'이 아니라 스스로 지식을 생성해 나가는 '생생한 경험'이며, 교수는 학습자가 인간의 창조적인 조직능력과 재조직 능력을 발휘하는 데 주안점을 둔다(강현석, 2016: 598-591).

1절에서 논의하였듯이 교수의 측면에서는 이러한 인식론적 변화의 중심에 내러티브 인식론(narrative ways of knowing)이 자리하고 있다. 내러티브 인식론은 직접적으로는 Bruner의 인간사고 양식의 구분에서 단서를 찾을 수 있으며, 심리학의 인지혁명으로부터 촉발된 인간 마음과 사고(앎)의 양식을 보는 관점의 전환에서 그 간접적인 배경을 엿볼 수 있다. 이것은 Robinson과 Hawpe(1986)의 내러티브 사고(narrative thinking)와 Polkinghorne(1988)의 내러티브적 앎(narrative knowing), 그리고 Noddings(1991)의 대화의 가치에 주목하면서 발전을 보인다. 이러한 내러티브 인식론은 기본적으로 마음에 대한 Bruner의 아이디어에 기반을 두고 있으며, 그 중심 특징은 문화주의(culturalism)이며 인지혁명 이후 마음의 작용에 관해 서로 극명하게 구분되는 두 가지 관점, 즉 인간의 마음은 컴퓨터처럼 기능한다는 소위 '컴퓨터 관점'과 문화를 마음의 핵심으로 상정하는 문화심리학(cultural psychology)이라고 구분한 것 중에서 후자에 관심을 둔다. 전자가 인간의 마음의 본질을 컴퓨터 장치에 비유하여 정보처리 프로그램의 작동으로 설명하는 데 비해, 후자는 문화가 마음을 구성한다는 전제 위에 마음의 본질을 의미(meaning)의 구성(constructing)에 있다고 본다. 이제 정보처리이론으로 인해 왜곡된 인간 마음의 본질을 정보 처리에서 의미의 구성으로 복귀하려는 것이다.

가. 실재의 내러티브 구성

인간은 실재를 해석하기 위하여 내러티브 방식을 활용함으로써 세계의 의미를 파악한다. Bruner는 앞서 제시한 열 가지의 내러티브 특성에 기초하여 실재가 내러티브적으로 구성되는 문제를 다음과 같이 아홉 가지로 제시하고 있다(1996: 133-147; 강현석·이자현, 2005: 337-363).

① 내러티브의 시간은 시계로 잰 물리적 시간이 아니라 인간적으로 적절한 시간이며, 의미가 부여되는 시간의 구조를 지닌다.
② 내러티브는 불변의 보편적인 원리가 아닌 개별적 특수성을 다룬다.
③ 내러티브에 포함되는 행위에는 이유가 있으며, 내러티브는 행위에 잠재된 의도적 상태의 이유를 찾으려 하며, 그 이유는 사물의 규범의 틀 속에서 판단되고 평가된다.
④ 내러티브를 이해하는 방식은 유일하지 않고, 해석학적 순환을 상정한다.
⑤ 내러티브는 정통적 규범으로부터의 일탈을 함축한다.
⑥ 내러티브는 철학이나 시적 용어처럼 지시의 모호성을 보인다.
⑦ 내러티브의 추진력과 그 가치는 갈등을 불러일으키는 문제(상황)에 있다.
⑧ 문화의 상호 교섭과 경쟁 속에 존재하는 내러티브는 본질적으

로 절충가능성을 갖는다.

⑨ 내러티브는 계속적으로 확장하여 역사를 구성한다.

이상에서 제시한 내러티브 구성의 특성에 비추어 보면 내러티브는 자연 세계보다는 주로 인간 행위자의 문제를 다루고 있다. 즉 인간 행위자의 의도, 신념, 목적, 가치 등과 관련된 삶의 문제를 다룬다. 그리고 내러티브를 이해하는 방식은 유일하지 않으며, 여러 관점의 해석이 가능하다. 그러나 내러티브의 구성 부분을 전체에 비추어 보고, 동시에 구성 부분을 통하여 전체를 읽음으로써 이야기에 의미를 부여하게 된다. 내러티브에서 진실이란 원칙적으로 확실치 않다. 내러티브는 논증 가능한 잘못된 생각을 포함하고 있을 때조차도 사실일 수 있고, 사실처럼 보일 수도 있다. 내러티브적 진실의 속성은 내러티브를 구성하는 요소들을 검증하여 얻게 되는 참 여부와는 관계없이 불변으로 남는다. 이런 것이 내러티브 사고가 겉으로 드러난 모습이다(강현석 외, 2005: 223).

나. 해석적이고 구성주의적 인식론

인간은 세계를 해석할 때 다양한 관점과 담론의 상황성에 영향을 받는다. 이 과정에서 인간은 능동적이고 적극적으로 지식을 구성한다. 이러한 관점은 과거 증명의 인식론을 극복하는 경험의 인식론에 대한 제창이다. 이 인식론에서는 해석적이고 구성적인 행위를 중요시한다.

해석학적 사고는 Bruner가 언어의 해석학적 기능을 강조하고(1986: 125) 인간 조건에 대한 존재론적 사고보다는 세계구성을 이해하는 방법을 강조하는 것에서 그 특징을 알 수 있다(1986: 46). Bruner 자신도 자신의 입장을 해석주의자 조망(interpretivist perspective)으로 보고 해석적 관점의 특징을 다양한 관점, 담론 의존적, 담론의 상황성 등 3가지로 제시하고 있다(Bruner, 1990: 112-114). 그리고 경험의 인식론은 앎의 주체를 객체화하고 경험적이고 실증적 증명을 강조하는 증명의 인식론에 대한 극복이다. 다양한 시각, 개인적인 주관적 해석을 추구하지 않는 증명의 인식론이 상호 작용적이며 대화적인 지식론으로 대체되어야 한다는 것이다.

이러한 인식론에서는 지식의 발견보다는 창조를, 증명이 아닌 교섭적 과정을 강조한다. 여기에서 지식의 능동적 측면을 알 수가 있다. 지식은 객관적으로 주어져 있는 것을 발견하는 것이기보다는 능동적 구성 과정을 통하여 새롭게 창안해내는 것이다. 교섭의 과정은 문화 속에 존재하는 인간 마음의 본질이며, 문화 도구를 통하여 의미를 만들고 거기에 기초하여 자아에 대한 이야기를 구성하는 것이다. 이와 관련하여 Bruner(1990: 42)는 자아는 사회적 세계와 비교적 무관한 '내부의' 본질에서 성장하는 것이 아니라 모든 사람들이 불가피하게 관련되는 의미, 이미지, 그리고 사회적 유대 속에서의 경험에서 나온다고 보았다.

다. 인간 발달과 마음의 구성: 의미 형성

Bruner는 인간 마음에 대하여 기존의 객관적인 실증주의적 방식을 비판한다. 그 근거로 문화 심리학을 제안한다. 인간 발달과 마음의 구성에 대한 새로운 조망으로서 문화심리학은 인간 발달의 새로운 이해 방식을 요청한다. 이와 관련하여 Bruner(1990a: 344-355)는 문화 심리학에 대해서 다음과 같이 진술하고 있다.

> 각 문화는 사람들이 어떻게 존재하는가, 그들은 어떻게, 그리고 왜 행위하는가, 그리고 문제를 어떻게 처리하고 해결하는가에 관하여 내러티브 형식으로 '민속심리학'을 만들어 낸다. 이 내러티브들은 전형적으로 사물의 규범적이고 표준적 상태를 묘사하고 … 전형적으로 한 문화의 제도적 조직과 구조는 그 민속심리학을 승인하고 심지어 실행토록 하는 데 효율적으로 기능한다. 아동들은 어려서부터 그가 속한 문화의 민속심리학 내에서 행위하기 위한 내러티브 형식을 숙달한다. …

이와 같이 그는 문화 심리학을 구체적으로 정의하고 있지 않으며 여러 경로를 통해 인간 마음의 구성과 문화의 관계만을 설명하고 있다. 흔히 문화 심리학에서는 정신적 삶의 원리가 본래 고정되어 있고, 보편적이고, 추상적이고, 내적이라고 가정하지 않으며 순수 심리학적 법칙이 없으며 의도성을 가정한다. 정신은 의도적 인간을 지칭하며 문화는 의도적 세계를 지칭한다. 즉, 문화적으로 구성된 실재(의도적인 세계)와 실재를 구성하는 정신(의도적 인간)이 계속적으로 상호작용하고 서로의 정체성에 침투하며 서로의 존재를 조건화한다. 결국 문화와 정신이 서로를 구성한다는 의미이다(Shweder, 1991: 98-106).

한편 제5장 1절에서 논의하였듯이 Polkinghorne(1988)에 따르면, 경험은 의의가 있으며, 인간 행동은 이런 의미 있음으로부터 나오고 그 의미나 중요성에 의해 풍부해진다. 그래서 인간 행동의 연구는 인간 경험을 형성하는 의미 체계에 대한 탐구를 포함할 필요가 있다. 여기에 내러티브 탐구의 중요성이 놓여 있다. 내러티브는 인간 경험을 의미 있게 만드는 일차적인 형식이다. 내러티브 의미(narrative meaning)는 인간 경험을 시간적으로 의미 있는 에피소드로 조직하는 인지 과정이다. 그것이 인지과정, 즉 정신적 작용(mental operation)이기 때문에 내러티브 의미는 직접적인 관찰로 볼 수 있는 대상(object)이 아니다. 그러나 인간이 내러티브를 창안하는 과정에서 나타나는 각 개인의 이야기(story)와 역사는 직접적인 관찰로 가능하다. 이러한 내러티브의 예에는 우리가 우리 자신의 행위와 타인의 행위를 설명하기 위하여 사용하는 개인적이고 사회적인 이야기, 신화, 동화, 소설, 그리고 (우리가 우리 자신의 행위와 타인의 행위를 설명하기 위하여 사용하는) 일상의 이야기들이 포함된다(Polkinghornc, 1988).

인간 존재는 상이하게 조직된 실재의 세 가지 영역, 즉 물질적 영역, 유기적 영역, 정신적 영역들이 층화된 체계로 이루어져 있다. 따라서 인간 존재는 다양한 종류의 실재(reality)를 체계적으로 종합한 것으로서 물질, 삶, 의미가 융합된 종합적인 존재이다. 이 경우 내러티브는 이런 실재들 중의 하나인 의미의 영역의 한 측면으로서 간주된다. 내러티브는 의미의 영역의 작용들 중의 하나이기 때문에 내러티브를 이해하기 위해서는 의미의 영역을 구체적으로 검토할 필요가 있다.

첫째, 의미의 영역은 사물이나 실체가 아니라 활동이다. 활동은 활동이 산출해내는 구조와는 다르다. 활동은 실체가 아니라 퍼포먼스이다. 퍼포먼스가 산출하는 인공물이 실체이다. 활동의 일차적 차원은 시간과 계열이다.

둘째, 의미 영역의 활동의 산물은 요소들의 명칭이고 요소들 간의 관련성과 관계이다. 관련성을 확립하거나 자각하기 위하여 의미의 영역이 작용하는 것은 의식의 내용이다. 의식의 내용의 산물은 유기체 영역의 일이다.

요컨대 내러티브 의미는 정신적 영역에 의해 산출된 의미의 한 형태이다. 그것은 주로 인간에 영향을 미치는 인간 행위와 사태를 연결시키는 작용을 한다. 내러티브는 행위와 사태가 특정한 성과를 만들고 그러고 나서 이 부분들이 전체 에피소드로 틀 지어진다는 점을 주의함으로써 그 의미를 만들어낸다.

내러티브 의미는 정신적 영역의 과정들 중의 하나이며, 의식의 요소들을 의미 있는 에피소드로 구성하고 조직해주는 기능을 한다. 의미의 영역에서는 해석학이 내러티브를 이해하기 위한 가장 적합한 도구를 제공해준다(Polkinghorne, 1988: 6).

내러티브는 인간이 일상의 일시적인 경험과 개인적이고 사적인 행위에 의미를 부여하는 수단이 되는 도식(scheme)이다. 내러티브 의미는 삶에 대한 의도를 이해하는 데 일정한 형식을 제공해주고, 매일의 일상적인 행위와 사건들을 에피소드적인 단위로 통합시켜주는 기능을 한다. 따라서 그것은 우리 삶의 과거 사건을 이해하고 미래 행위를 계획하기 위한 틀(framework)을 제공한다. 그리고 내러티브는 인간 존재가 의미 있게 되는 데 수단이 되는 주요 도식이다. 이런 점에서 인간 과학을 통하여 인간을 연구하는 데에는 일반적으로는 의미의 영역에, 특히 내러티브 의미에 초점을 둘 필요가 있다(Polkinghorne, 1988: 116).

이상에서 논의한 인식론의 문제에서 알 수 있는 첫 번째 문제는 전통적으로 대상의 논리로 파악해 온 인간의 마음을 이제 새롭게 파악해야 한다는 점이다(Bruner, 1987). 지금까지 존재론적 시각에서 마음의 실체를 파악하려는 오류에서 벗어나 이제는 마음이 어떻게 의미를 만드는지, 즉 마음에 의해 실재가 어떻게 만들어지는지의 문제에 관심을 가질 필요가 있다. 이제는 마음의 실체가 무엇인지보다는 마음이 어떻게 활동하는지가 관심의 초점이 되었다. 다음은 인간 마음과 문화의 관계를 새롭게 보는 Bruner의 문화심리학과 Polkinghorne의 내러티브적 앎의 문제이다. 즉 마음과 문화의 관계는 내러티브 사고로 볼 수 있다는 점이다.

요컨대, 내러티브 인식론은 실재의 구성, 의미 만들기, 자아형성에 모두 관련되어 있으며, 특히 의미 형성과 협상에서는 내러티브적 해석이 중요하다. 이러한 관련성은 의미는 대화를 통해서 만들어지고 이야기 양식은 해석을 필요로 한다는 내러티브의 가성에 근거를 두고 있다. 따라서 내러티브 인식론은 지식 그 자체의 문제만이 아니라 실재, 의미, 자아를 구성하는 주체의 마음을 문화적 상황 속에서 어떻게 구성하며 인간 발달의 문제를 사회·역사적 텍스트에서 어떻게 형성하고 해석하는가 하는 문제와 관련이 있다. 이런 점에서 그가 제시하는 새로운 인식론은 지식의 문제뿐만 아니라 문화적 상황성 속에서 구성되는 실재, 의미, 자아와 총체적으로 연관되어 있다. 내러티브를 사용함으로써 자아가 만들어진다는 것은 인식론적 시각에서 본 마음으로서 우리의 존재가 하나의 전개되는 이야기(의미)로 통합되는 것을 말한다.

내러티브를 흔히 '지어낸 이야기'라고 하는데, 곧 사실과 다른 허구의 세계를 의미한다. 내러티브는 이제까지 존재하지 않았던 새로운 세계를 만들어 낸다. 현실의 삶을 소재로 그것을 내러티브 사고의 상상력과 주관을 통해서 재구성하는 것이다. 그리고 그 현실의 세계에 대해 의미를 부여하는 것이다. 현실의 세계와 유사하면서 현실의 세계에서는 찾아볼 수 없는 어떤 독특한 세계, 그것이 곧 허구의 세계이며 내러티브이다. 이제 내러티브는 단순한 이야기를 넘어서 삶의 근원적이고 포괄적인 이해자로 등장하였다(한승희, 2002: 94-95).

이상의 논의를 기초로 내러티브 인식론의 특징을 표로 제시해보면 다음과 같다.

〈표 3〉 내러티브 인식론의 특징

구분	기존의 인식론	마음의 '구성' 모형
기본 관점	· 논리-과학적 사고에 근거함 · 관찰 가능하고 측정 가능한 지식에 초점 · 통계적 분석에 초점 · 컴퓨터 연산주의에 기초	· 내러티브 사고양식에 근거함 · 인식주체와 대상이 분리 안됨 · 삶의 경험의 해석에 초점 · 문화주의에 기초
근거 학문	인지심리, 실증과학, 행동과학	문화심리학, 해석학, 문화인류학
주요 학자	Keringer, Anderson, Morgan & King, 행동주의자	Polkinhgorne, Bruner, Sarbin, Hopkins, Dewey
지식의 성격	분석적, 과학적, 정보처리적 성격, 탈맥락적	구성적, 해석적, 총체적, 관계적, 의미구성적, 맥락적, 간주관성
탐구과정	실증과학적, 경험과학적, 탈맥락적	문화맥락적, 해석적, 총체적, 언어적 의미 구성 과정
존재론과의 관련	존재론에서 인식론으로	인식론에서 존재론으로
탐구론과의 관련	· 중립적 탐구 중시 · 탐구 주체와 대상의 분리	· 삶의 경험에 대한 총체적 접근 · 인식 주체의 참조체제와 통합

제Ⅳ부

내러티브와 교육의 과정

제10장

내러티브 이전의 교육 양태

원자재를 가장 적합한 완제품으로 만들어라.
교육에 적용해보면 원자재인 학생들을 능력에 따라
시간과 돈의 낭비를 줄여서 교육시켜라.
-Bobbitt-

우리 학교는 삶의 다양한 요구를 충족시키기 위해
원자재를 생산품으로 가공하고 만드는 공장인 것이다.
-Cubberly-

현재 관습의 쓸모없고 어리석은 특성은 학습을 왜곡시킨다…
순응, 규제, 회의론과 실험의 굴복.
우리가 어린 학생들의 순응(docility)을 생각할 때, 우선 우리는
어른들이 전달하고자 하는 정보를 생각하고 학생들이 재생산하는 행동의 방법을 생각한다.
그다음에 학생들의 신선함을 가리고
그들의 생생한 호기심을 둔감하게 만드는 거만한 강압,
환심을 사기 위한 뇌물, 교육학적 엄숙함을 생각한다.
교육은 어린 학생들의 무기력함으로부터 이점을 취하는 기술이 되고 있다.
-Dewey-

핵심 아이디어

이 장에서는 앞부분에서 논의된 내러티브에 비추어 교육의 문제를 살펴본다. 이를 위해서 우선 내러티브 이전의 교육이 진행되어 온 양태를 살펴본다. 그 양태의 특징을, 지식을 일방으로 전달하는 방식으로 규정하고 그 방식이 오랫동안 교육의 흐름을 지배해온 잘못된 역사라고 비판한다.
이러한 흐름 속에서 브루너가 제안해 온 기존의 수업 이론의 특징을 몇 가지 차원에서 살펴본다. 기존의 통념적인 접근으로 내용을 학습자에게 잘 전달하기 위한 방안들의 요체이다. 브루너는 이 방식을 중간언어 방식이라고 비판한다. 내용 전달자가 교과 내용과 학습자의 중간에 위치하여 교과에 관한 내용을 전달하는 방식이라는 것이다. 이제 이 방식을 넘어서 교과언어 방식으로 가야 한다. 이것이 지식의 구조를 구현하는 것이다.

1. 도관을 통한 전달식 교육 모형: Conduit Metaphor

일찍이 Hopkins(1994)는 학교교육에서 지식을 가르치는 전형적인 방식을 근원적 은유에 빗대어 기계적인 방식으로 설명하였다. 당대 교육은 학교에서 지식을 기계적으로 가르치고 있다는 진단이다.[50]

가. 기계 작동 방식의 은유(mechanistic metaphor)

미국과 산업화된 세계의 학교교육은 이러한 기계론적 은유로부터 심오한 영향을 받는다. 학교교육은 그의 의무 교육적 지위에서부터 모든 본질적인 속성에 이르기까지 기계론적이다. 이는 시간과 공간을 조직하는 것, 수업을 실행하고 교실을 조직하는 것에서 나타난다. 우리 시대의 탁월한(그렇게 보편적이지는 않을지라도) 교육학은 교사들이 공장의 일차 단계의 감독관이 하듯이, 정해진 목적을 달성하기 위하여 미리 서술된 과제를 실행함으로써 학생들의 경험을 통제하는 목적을 가진 것처럼 행동하게 한다. 자유로운 경험적 교육이 존재하기는 하지만 매우 드물다.

C. A. Brown과 David Flinders(1990)는 방대한 "교실경영 패러다임"—교수 모델—즉 교육대학에서 전달되고 "의식의 공학적 형태"의 산물로서 교육적 계속성 안에서 모든 수준의 교실에서 적용되는 것을 기술한다. 그 기원은 17세기로 거슬러 올라간다

---

50 Fink(2003: 17-22)는 티칭(teaching)을 위한 교육의 양태를 구패러다임과 신패러다임으로 비교하여 제시하였다. 여기에서 옛날 방식인 전달 패러다임에서 새로운 방식인 내러티브 패러다임으로 전환되고 있다고 보고 있다.

(Bacon, Descartes, Newton). 우리 시대에 좀 더 밀접하게, Raymond Callahan(1962)이 "효율성의 추종"이라고 부른 것에서 나타난다. 이것은 20세기부터 학교교육의 맥락에서 유지하고 있는 엔지니어링, 행동주의 기계주의의 원리들이다. 학교 경영에서 시작되었지만, 교육학에도 점차로 반영되어 갔다. 이것은 미리 설정된 목적을 향하여 학생들을 의도적으로 조작하고 학생들 자신의 경험을 무시하고 그것을 전체 과정을 오염시키는 것으로 간주한다.

이 모델은 성인은 아동이 알아야 하는 것이 무엇인지 알고 있고, 교사의 과제는 알아야 하는 것을 학생들의 의식과 깨달음 속에 포함시키고 흥미를 유발하고 노력을 지속하도록 조건을 만드는 데 있다고 가정한다. 교수는 (마치 전쟁, 축구, 공장 과정, 정치와 같이) 규칙적이고 순서적이며 기술적이고 전략과 전술을 포함하는 것으로 인식되었다. 교육적 시스템과 실제로 만들어지는 전략은 지식 혹은 정보가 교사 혹은 교과서 혹은 밖의 다른 곳에서부터 학생들에게 이동되도록 안내한다. 교사는 이러한 무관심의 전쟁에서 전술가이다.

Lee Shulman과 Neil Carey(1984: 507)는 이것을 교육의 "합리적인 모델"이라고 했으며, 다음과 같이 기술하였다.

> 교사는 지식과 기술을 가지고 있는 어떤 사람으로서 교실을 조직하고 지식을 학생들에게 전달하는 수업을 수행하는 것으로 간주한다. 교사는 학습의 촉진자, 지식의 전달자이다. … 교육적인 접근을 "전달 시스템"으로 비유하는 설명이 이상한 것은 아니다.

언어는 교사가 학생들에게 의미를 제시하는 전달자이다. 그다음에 학생들은 교사의 언어로부터 그 의미를 뽑아내는 의무를 가진다. 다양한 교실 전략은 학생들이 이러한 추출과정을 완성하도록 조작하고 유인하기 위하여 사용된다. 가장 흔한 것으로, 교사는 질문을 던진다. 그리고 정답을 구하기 위하여 교실을 쭉 훑어본다. 어떤 의미 맥락이 결여된 분절된 자원의 제시는 만연되어 있다. 전달의 과정은 일방적이고 학생들의 "의미구성의 내적인 세계, 의도성, 문화적 형태의 무의식적인 수행"은 무시된다(Bowers & Flinders, 1990: 10). 학생들이 그 메시지를 받은 것으로 나타날 때, 그들은 보상을 받게 되고, 그렇지 않을 때는 벌을 받게 된다.

실제적인 연구의 주류는 학생들이 이 모델에 내재된 역할에 맞게 훈련된 것에 대한 교사의 성공을 평가해 왔다. Thomas Greenfield (1984)는 "학교는 정보의 형태로 가치를 분배하는 곳이다. 그들은 권력을 가진 리더의 압력에 의하여 그렇게 한다. 그 리더는 권력의 폭력으로 그렇게 하는 것이 충분하지 않을 때, 물리적인 폭력을 가할 것이다."라고 하였다.

그래서 성공적인 교사는 교실에서 행동의 순응을 일으키도록 교육을 받는다. 그들은 의도한 역할과 과제 구조에 사회화된 학생들을 양성한다. P. C. Blumemfeld와 그의 동료들(1983: 148)은 어떻게 이 시스템이 작동하는지를 매우 진솔하게 기술하였다.

> 현대 학교는 아마도 교사의 행동이 형식적인 역할 제한에 의하여 주도되는 관료체계로 간주되어야 할 것이다. 교사는 위계 속에서 교장과 다른 행정가의 감독과, 학생들의 행동과 생산성을 감독하는

> 감시하에 행동한다. 그래서 학교에 들어오는 아동은 교사는 관리자, 학생은 노무자인 조직을 만나게 된다. 학교가 아동을 동시에 일꾼과 생산물로 취급하는 일은 관료주의에서는 흔한 일이다.

교사는 대부분 말하기를 주로 한다. 거의 모든 이야기를 주도한다. 학생들에게 말할 기회가 주어진다는 것은 교사가 처음에 말한 것을 언어적으로 수용 가능한 방법으로 반복하기 위함이다.

몇몇 사람들이 말한 것처럼, 내러티브는 학교에서 학생들의 기능으로서 노골적으로 제외된다. 그 결과, 학생들은 그 공동체의 진짜 구성원이 아닌, 그들을 가르치는 사람이 포함된 그 집단의 공동 구성원이 아닌 것이 된다.

그래서 학교는 지식, 기술, 마음의 습관, 태도의 전달(생성, 창조, 구성이 아닌)을 위한 곳이다. 즉, 어떤 것이 학생들에게 일어나고, 학생들의 의식을 변화시키기 위하여 노력이 기울여지는 장소이다. 이곳은 관점을 공유하고, 세계에 대한 학생들의 호기심을 충족하기 위한 장소가 아니며, 심지어는 학교에서 가르쳐진 주제에 의하여 만들어진 프레임워크에 학생들의 삶이 녹여지는 것도 잘 되지 않는 곳이다.

학생들은 노동자가 작업장에서 일하는 것처럼, 특정하게 생산적인 과정을 수행하기 위하여 "학교에 나온다". 이러한 절차들은 학생들의 관점을 확대한다기보다는 제한한다. 그리고 산업 현장에서 나타나는 것처럼, 교사의 권위와 학생들의 수동적·공격적 저항력 간에 무의식중의 분투가 일어난다. "학교교육은 아동과 교수의 형식적인 프로그램 간의 계약 그 이하도 그 이상도 아니다"라고 발달심리학자 William Damon(1990: 45)은 말했다. "이러한 계약의 속성은 학생들이 그들로부터 무엇을 배웠는지를 결정하기 위하여 중요하다. 어떤 학교의 계약은 학습을 만들고 어떤 다른 학교들은 그렇지 않다".

이러한 계약의 속성은 행동주의 심리학으로부터 많은 영향을 받는다. 이것이 기계론적 구조의 가장 순수한 전형이다. Theodore Sarbin(1986: 8)은 다음과 같이 말했다.

> 기계론적 세계관은 자연에서의 사건들을 서로 영향을 주고받는 전달시스템의 산출물로 본다. 현대 과학은 이러한 세계관을 형이상학적 기반, 즉 과학자들이 원인을 찾는 것을 지원하는 관점으로 본다. 행동주의와 급진적인 실험주의는 이러한 세계관을 가진 심리학적 철학의 동향을 나타내는 예이다.

이러한 영향은 교제, 평가, 교수에서 잘 나타나지만, 더 심각하게는 교사의 실천, 즉 Seymour Sarason(1982)이 말한 학교교육의 "규칙"과 그것을 준비하는 교사의 이데올로기에서 나타난다는 것이다. 학교교육는 자극-반응 게임이다. 학생들은 목적을 향하여 관리되는데, 그 목적은 기본적으로 그들에게도 모호하며 어떤 경우에는 한 문화 집단의 구성원으로 통합하는 데에 방해가 되기도 한다. 교육학적 가정은 수업을 운영하는 사람들과 거의 공유되지 않는다. 여기에서 미스터리를 유지하는 것이 핵심인데, 왜냐하면 미스터리를 유지하는 것이 기계적 구조를 유지하는 것이기 때문이다.

극단적인 경우에는, 이러한 교육학이 학생들은 컴퓨터와 같은 유기체이고, 문자, 소리, 단어, 역사적 사실과 같은 정보 바이트에 의하여 프로그램화 될 수 있다는 가정하에 구성된다. 그러나 Mihaly

Csikzentmihalyi(1990)가 말한 것처럼, 아동은 예측 가능하게 프로그램화 될 수 없다. 그들은 그들의 경험 속에서 의미 없는 것들을 무시할 수 있는 자유가 있다. 그들은 이 자유를 규칙대로 수행한다. 그들의 신체는 통제 가능할지라도 그들의 마음은 그렇게 되지 않는다. 교사들은 그들의 자유를 억압하거나 할 수 있지만, 그들의 의식은 그렇게 할 수 없다. 그래서 교사들은 학교의 의심스러운 조작에 대항하는 학생들의 무의식적 전략을 통제할 수 없다.

아마도 성인들은 비록 명백한 사실이 아닐지라도, 아동들이 하기 전에 미리 해야 하는 것을 더 잘 알 것이다. 문제는 한 사람에게 의미 있는 것이 다른 사람에게는 그렇지 않다는 것이다. 학생들은 그들을 위하여 의미가 있는 교재만 오로지 학습할 것이다. 교사들은 학생들에게 좋은 것이 무엇인지를 모르면서 그들의 완강한 저항에 괴로워하겠지만, 젊은 세대에게 불평하는 것이 문제를 해결하는 것은 아니다. 우리 모두는 때때로 노력하지 않아도, 우리의 편안하고 이로운 삶에서 우리에게 의미 있는 것을 가진 자원을 공부한다. 다른 사람들의 실제를 부인하는 것은 그들의 독특함의 진정성을 거부하는 것이고 그래서 그들의 관심을 잃게 만든다. 이것이 모든 사람이 손해를 보는 어려움이다.

교육의 경영은 Chris Argyris와 Donald Schön(1974)이 전문적인 이론이라고 부르는 것과 "행위 속의 이론"과의 불일치, 즉 사람들이 교육에 대하여 믿는 것과 실제로 행하는 것의 차이에 의하여 규정된다. 미국교육의 언어는 "진보주의적 주제"에서 나타나는 것으로 가득하다. 유명한 교육심리학자 Howard Gardner(1990)는 미국교육의 전통과 진보의 지속적인 긴장 관계를 말했다. "진보적인 주제에 대한 지속적인 집중은 미국 유산의 중요한 부분이다. 이 요소는 미국교육을 위한 어떤 처방에서 심사숙고되어야 한다"고 말했다.

수사적 수준에서 어떤 현상이 일어나든 간에, 기계론적 원리는 교실 상황의 우세한 고지를 차지하고 실제 실행 수준에서 적용되고 있다. 우리의 현황에서는 좀 더 융통성 있고 유연한 뿌리 메타포가 필요하다.

나. 도관 전달 모델(conduit model)

하나의 연결된 논문에서 Asghar Iran-Nejad(1990: 573)는 다음과 같이 기술한다.

> 두 가지 암묵적인 가정이 학교의 학습을 주도하는 것 같다. 하나는 외적인 정보가 학습의 오직 한 가지 자원이라는 것이고 다른 하나는 교사에 의한 수행 통제가 자기 조절적 학습 과정의 오직 한 가지 내적 자원이라는 것이다. 그 결과, 주어지는 자극에 대하여 학습자가 억지로 주의를 집중하는 것은 학교 학습에서 가장 중요한 조절자로 간주한다. 이러한 두 가정은 많은 자원들의 역할을 심각하게 제한하고 학습 영역을 사실과 정의를 암기하는 것에 국한시킨다.

Iran-Nejad의 "학습에 동시에 영향을 미치는 다양한 자원"은 학생들의 경험 영역 안에 있지, 다른 곳에는 없다. Iran-Nejad의 논문의 목적은 그가 "전달 모델"이라고 부르는 것을 설명하고 비판하는 것이다. 그는 "아이디어, 생각, 혹은 감성이 화자로부터 청중에게 전달된다"는 가정은 인지심리학에서 부정확한 설명 모델이며 수업 실천의 잘못된 지침이라는 것을 알아낸다(1990: 574). 결국, "전달 모델"은 미국교육의 많은 실패를 설명하는 메타포이다. "전달 메타포 개념화는 실패, 학교에 대한 부정적인 태도에 연계되고, 분열을 가져온다. 반면에 구성적인 개념화는 목표 지향점과 체계적인 연구를 성취하는 내적인 학습 동기와 연계된다"(1990: 577).

잠재적인 패러다임 변화의 더 많은 증거는 탁월한 인지심리학자 Jerome Bruner(1990)의 현재 업적에서 찾을 수 있다. 그는 인간 삶의 의미 조직자로서 의도적인 상태를 인정하는 새로운 문화심리학을 주창하였다. 그는 인간 삶에서 경험의 힘을 부인하고 인간들의 의도성을 무시하는 과학적 심리학은 지적으로나 실제적으로도 황량하다고 보았다. Bruner가 그의 책에서 문제시한 실천적·실험적 심리학은 교육을 이해하고 우리 사회에서 그 기술을 구성하기 위한 주도적인 모델이다. 교육연구 공동체 내에서의 이러한 비판의 메시지는 그 지배적인 뿌리 메타포가 학습을 위한 황폐한 맥락을 제공한다는 것이다.

2. 기존의 수업이론

Bruner(1996)는 그의 수업 이론을 네 가지 원리로 제시하였으며, '인간을 주제로 한 교수요목(MACOS)'에서 제시된 활동들 중 일부를 참조하여 예를 들었다. 이하에서는 Olson(2007)의 진단을 통해 살펴보자. 그 원리는 어느 학문이나 영역에 적용 가능한 것으로 보였다.

우리는 이미 한 종으로서의 인간을 어떻게 연구할 수 있는지를 고려하였다. 그러나 우리가 이것들을 과학 수업에서 적용하거나 확증할 수 있다면, 그것들은 다른 영역에도 동일하게 적용될 수 있다.

최근의 과학 교육 수업에서 나타나는 이런 주제들 중 하나는 빛의 성질이다. 이 주제에서 흥미로운 점은 이 주제가 빛에 대한 더 많은 정보의 집합체이기만 한 것이 아니라, 빛에 관련된 관점의 극적인 변화를 보여주는데, 그것은 개념적 변화로 정의될 수 있는 변화를 나타낸다(Carey and Spelke 1994). Piaget의 초기 실험들에 근거하여 Roth와 Anderson(1988)과 Shapiro(1994)는 중학생들이 우리가 어떻게 무언가를 볼 수 있는지를 설명하는 것을 보여주었는데, 그들은 식물을 예로 들어, 빛이 식물을 비추며, 그렇기에 우리가 식물을 볼 수 있다고 말하였다. 빛을 다루는 단원의 한 방법으로 아동들은 Newton의 광학론의 관점에서 사고하도록 배우게 된다. 그러므로 빛이 식물을 비추고, 우리의 눈에 그 빛이 반사된다. 그러나 이것은 단순히 새로운 정보를 학습하는 문제가 아니다. 왜냐하면 누군가 이것을 시험해본다면 많은 학습자들에게 오래된 관점이 온전하게 유지되고 있다는 사실이 명백해지기 때문이다. 그러므로 "벽돌 뒤에 있는 사물을 왜 보지 못하는가?"라고 질문을 받으면, 그들은 "왜냐하면 벽을 통과해서 볼 수는 없기 때문이다"라고 답할 것이다. 이러한 아동들에게 빛은 눈에서 비롯되기에 벽돌을 통과하지 못하는 것으로 생각될 것이다. 이러한 수업을 통해 그들은 개념적 변화를 이루었으며, 그들은 '빛이 벽돌을 통과하지 못하기 때문에' 물체가 보일 수 없다는 것을 알게 될 것이다.

가르침이 효과를 내는 데 있어서 어떻게 성공하고 실패하는지가 설명되어야 한다. 그들이 Newton의 광학론(optics)을 배웠다거나 Newton의 광학론에 대한 단원이 학습을 발생시켰다고 말하기에는 충분하지 않다. 그보다 학습자들은 그들이 했던 것과 생각했던 것들이 학습을 낳았으며 수업의 환경이 이러한 학습을 촉진시켰음을 알아야 할 것이다.

학습자의 마음속에 무엇이 일어나는가는 다음과 같다. 어린 아동들은 무언가를 하면 그에 대응하여 그 무언가가 발생한다는 이론인, 의도적인 이론의 관점에서 자연 현상을 설명한다. 우리는 어떤 사물을 보기(see) 때문에 그것을 볼(look) 수 있게 된다. 보는 것(looking)은 의도적인 행동이다. 그들이 배워야만 하는 것은 이러한 의도적이고 주관적인 참조 틀에서 주관적인 참조 틀로의 전환인데, 이는 빛의 역학적 특성을 설명한다. 현재의 연구들은 처음의 설명들이 잘못되었다고 단순히 주장하기보다는 아동들이 잘못 만든 가설의 기초를 명확히 하여 새로운 것을 위한 단계를 마련하여, 단순한 학습이 아니라 개념적 변화를 이끌 수 있도록 하는 것이 더욱 효과적이라고 제안한다.

이제 수업 이론에 대한 Bruner의 제안들을 참고하여 아동들이 빛을 이해하는 과정을 살펴보자(Olson, 2007).

가. 선행경향성

처음으로 할 일은 특정한 주제를 학습하기 위한 성향을 고립시키고 활성화시키는 것이다. 이러한 성향은 주제에 대한 아동의 입장이 순수하게 나타난다. 빛을 학습할 때, 이것은 빛의 성질에 대해 아동이 가지고 있는 신념들을 확인하는 과정을 통해 나타날 수 있다. 앞서 본 바와 같이 아동들은 빛에 관한 질문을 '우리는 어떻게 보는가'라는 질문으로 바꾸는 데 실패하는 경향이 있다. '우리는 식물을 보며(look), 그리고 우리는 식물을 본다(see). 만약 우리가 보려고(look)하지 않는다면 그것은 보이지(see) 않을 것이다', '물론 (어둠 속에서 손전등이 필요한 것처럼) 식물에 비출 빛이 필요하며 그래서 우리는 볼 수 있다' 등이 있다. 이런 설명들이 바로 앞서 말했던 의도자(intentionalist)의 설명이다. 그러한 것들은 아동들이 학교에 가져오는 것이며, 그것은 종종 그들이 배운 것을 무시하기도 한다. 사실, 교육받은 성인들조차 이러한 방식으로 말을 하고 무언가를 비추어, 우리의 눈에서 그 보여진 사물을 보게 된다고 가정하는 것을 선호한다. 심지어 17세기의 유명한 프랑스 화가인 Poussin도 '눈에서 나오는 광선'을 말한 바 있는데, 아동들과 대부분의 성인들은 슈퍼맨의 '엑스레이 광선'의 이례적인 점을 발견하지 못한다(Olson, 2003: 165). 학습하려는(혹은 학습에 반대하는) 성향은 우리 인간 생물학과 세상을 바라보는 일상적인 방식에 깊게 자리 잡고 있다. 가끔 이러한 성향은 이해의 더욱 일반적인 형태 안에서 떨어지거나, 더욱 정확히 말하여, 포함되어야만 한다.

나. 지식의 구조

두 번째로, 수업 이론은 학습자들에게 손쉽게 이해될 수 있도록, 지식의 요체가 어떻게 조직되어야 하는지를 구체화한다. 빛을 이해하는 장면에서는 아동들이 이미 가지고 있는 의도적 설명 방식과

Newton의 광학론에서 제시되는 순전히 역학적이거나 인과적인 설명 방식을 대비함으로써 학습이 될 수도 있을 것이다. 우리는 아동들에게 우리가 의도적인 질문—이 사람은 무엇을 하는가—이나 빛은 무엇을 하는지, 즉 빛의 성질은 무엇인지를 물어볼 수 있다는 것을 보여준다. 이러한 대조는 광학론의 과학이 후자와만 관련되어 있다는 사실을 강조한다. 사실 이것은 Newton이 후자에 초점을 맞추고 공식화하는 것이 가능했기 때문에 광학에 관한 이론이 그에 의해 이름을 얻게 되었다. 아동들은 그들이 선호하는 설명방식이 명확하게 나타나지 않는 이상, 성인들의 도움 없이 자신의 준거 틀을 바꾸려고 하지는 않는다. 만약 그들이 그렇게 한다면, 아동들은 그들의 참조 틀을 바꿀 것이며, 그에 따라 개념적 변화가 나타날 것이다.

다. 계열

세 번째로, 수업이론은 수업의 적절한 계열을 구성함으로써 그러한 구조의 발달이 새로운 문제로의 엄청난 전이를 가능하게 한다는 확신을 줄 수 있게 된다. 우리의 사례에서, 만약 빛의 특성을 배운다면, 단독으로 배우는 것이 아니라, 설명의 일반적인 양식의 참조에 의해, 즉 의도 대 역학적 혹은 인과 관계적 설명에 의해 배운다면, 이러한 새로운 지식은 전이 가능하고 다른 영역에 적용할 수 있는 것으로 예측된다. 여기에는 아동이 힘과 움직임을 이해할 때 필요한 이해에서의 비슷한 변화를 들 수 있다. 빛의 사례에서처럼 아동들은 힘을 밀거나 당기거나, 혹은 들거나 내려놓아 그들이 무언가를 하는 것으로 생각하는 경향이 있다. 그러나 물리법칙은 관찰자가 있든 없든 이미 존재하고 있는 자연 성질로서 힘을 생각하도록 요구한다. 여기서 의도적인 양식은 자리를 물러서야 한다. 힘은 Newton의 법칙과 같이 질량과 가속도의 관계로 이해되어야 한다. 그러므로 가르침의 깊이, 즉 구조를 가르치는 것은 학습을 새로운 과제나 영역으로 전이 가능하게 해준다. 어떤 영역에 관한 지식의 구조는 독립 개념들과 관계뿐만 아니라 의도적 양식과 인과관계적 양식이라는 설명 양식 또한 포함한다.(후에 Bruner는 이러한 설명양식을 내러티브 양식과 패러다임 양식으로 불렀으며, 양쪽 모두 교육에서 나타난다고 주장하였다. 내러티브 양식은 인간 주체를 그 중심에 놓은 반면, 패러다임 양식은 인과관계적 법칙을 그 중심에 놓았다.)

아동들이 선호하는 설명의 의도적 양식과 자연 과학에서 선호하는 인과관계적 역학적 양식의 차이를 이해한다면, 우리에게 시작되는 인지 혁명을 더 잘 이해할 수 있게 될 것이다. 이것은 심리학을 '자연 과학'으로 만들기 위해 엄격한 인과적 설명 양식을 강조하고 인간 행동의 의도적 설명 양식을 폄하하는 행동주의자의 목표이기도 하다. 또한 이는 가정을 번복하고 주체, 행위, 의도가 행동을 설명하는 데 역할을 할 수 있도록 하는 인지 혁명이기도 했다. 의도적 설명에 반대하는 거센 비난을 극복하기 위해서는 과학적으로 적합한 방식의 범위를 넓혀야 한다. Bruner에게는 어떤 방식의 질문이 사용되건 간에, 질문이 우선이며, 방법에 대한 선택은 그다음이었다.

라. 보상

네 번째로, 수업이론과 관련하여, Bruner는 보상과 처벌을 주장한다. 보상과 처벌에 대해 말하는 것은 확실히 구식으로, 행동주의적 의미를 상기시킨다. 그러나 여전히 중요한 주제이다. 학습자들을 위해 무엇이 그 속에 있는가? 그러므로 이 주제는 자격과 의무의 관점에서 논의되어야 하며, 더욱 구체적으로는 성적과 자격증을 부여할 때 사용되는 평가의 본질적 측면에서 논의되어야 한다. Bruner의 관심은 내용뿐만 아니라 과정에도 동등한 강조를 해야 하며, 답하는 것을 배우는 만큼이나 질문하는 것을 배우는 것에도 동등한 강조가 필요하다. 그리고 경험 그 자체는 학습자에게 보상적이어야 한다.

마. 방법

수업 과정의 핵심은 새로운 내용이 나타났을 때, 그것을 아동의 성향과 기대에 맞추는 것이다. 이러한 일치를 달성하기 위해 Bruner가 선호하는 방식은 바로 발견의 과정을 통하는 것이다. 이것은 단순히 무언가를 주입하거나 암기를 하는 방식이 아니다. Bruner는 '가설적 양식'을 촉구하였다. 그는 "요구되지 않는 정보를 주는 것은 별로 도움이 되지 않는다."라고 말하였다. 그러고는 다시 "어떤 사람이 스스로 사실을 이해하려고 시도한 이후에 그 사실을 학습하게 되면 그것은 훨씬 재미있을 것이다."(1996: 94-95)라고 말했다. 이는 앞서 인지 '전략'이라 표현하였던 것에 누군가의 예감과 추론을 시험하기 위해 정보를 얻고 사용하는 기술이라 할 수 있다.

Bruner는 그의 아내이자 협력자인 Carol Feldman이 제시한 몇몇의 증거를 언급하였는데, 그것은 대부분의 교실 환경에서 공통적으로 부재하는 가설적 양식을 잘 묘사한다. Feldman은 교사들이 말할 때 그들의 입장을 표현하는 용어 사용을 기록하였다. 일반적으로 교사들끼리 이야기를 할 때는 공통적으로 '어쩌면, 가능하게도, 아마도, 내가 생각하기에는, 내가 보기에는'과 같이 학습자들에게 자신의 견해에 대한 여지를 남겨두는 표현들을 사용하였다. 그러나 교실에서는 거의 이렇게 말하지 않았다. Bruner는 "교사가 학생들에게 보여야 하는 세계는 그들의 동료에게 그들이 보여주었던 것보다 좀 더 고착화되어 있고, 가설과는 거리가 멀며, 교섭이 거의 일어나지 않는 세계"라고 말했다(Bruner, 1986: 126; Astington and Pelltier, 2005: 218). 정확성도 중요하지만, '세계를 덜 고정적으로, 덜 진부하게, 그리고 재창조에 더욱 민감하도록 만들 수 있는' 아이디어에 대한 개방성도 중요하다. Bruner는 '그들 스스로' 학습자들이 생각해볼 수 있는 주제를 개방하는 것을, 그것은 학교에서 정해진 목표를 달성하도록 가차 없이 압박하여 실천하기가 어려운 것을 염려하였다. 놀랄 것도 없이, Bruner는 국립학술원(National Academy of Education)에서 90번째 생일을 맞이할 때 그에 대한 화답으로 '가설적인 것을 가르치기(Teaching the Hypothetical)'를 연설하였다.

수업을 위한 틀이나 이론을 구성하려는 노력은 이론을 그동안 실제에서 저평가된 것으로 도입하기 위한 강한 시도였다. 이것은 주어진 측정과 그에 따른 능력 측정과 같은 멀리 떨어진 요인을 통해 결과를 예측하려고 하기보단 교사와 학생이 실제로 생각하는 것의 관점에서 수업을 다루는 미덕을 가지고 있다. 그러나 수업 이론들은 이것으로부터 검증 가능한 가설을 추론하는 데 필요한 정확성이 부족할 것이기에, 결국 엄격한 과학보다는 좋은 교수법 실천의 통찰력 있는 해석으로 남게 될 것이다. 이것은 실패를 의미하지 않는다.

Bruner가 지적했듯, 가르침과 교육 같은 복잡한 영역에서 가장 적합한 방식은 연역적이고 실증적인 것이 아니라 해석적이고 해석학적인 것이다. 그리고 더욱 명확하게, 수업 이론은 우리가 보았듯이, 수업에서 무엇이 일어나며, 그것이 왜 종종 실패하는지를 이해하는 방법을 제공한다.

3. 중간언어 교육: 중간언어 접근 (Middle Language Approach)

중간언어 접근이란 학교교육에서 가르치는 내용의 본질을 제대로 파악하지 못하는 일을 지적하는 말이다. 즉, 학교교육에서 가르치는 사람들은 교과 그 자체를 가르치지 않고 교과의 중간언어를 가르친다는 지적이다. 이 경우 교과 자체는 교과의 본질을 의미하며 교과의 중간언어는 교과 본질 자체가 아닌 교과에 관한 사실이나 지식들을 의미한다. 교육현실에서 중간언어(middle language)는 부정적인 뉘앙스를 가리킨다. 이하에서는 Bruner의 입장을 중심으로 이흔정의 문헌(2004)에 제시된 바를 논의해보기로 한다.

가. Bruner의 중간언어: 지식의 구조를 지향

Bruner(1960)는 『교육의 과정(The Process of Education)』에서 '무엇을 가르칠 것인가'의 문제에 대해 '지식의 구조'를 가르쳐야 한다고 주장했다. 그는 기존의 교육에서 '교과'를 가르치지 않고 교과의 '중간언어'를 가르쳤기 때문에 교육이 제대로 이루어지 못하였다고 비판하였다. 따라서 중간언어로 가르치지 않고 수업이 이루어진다면, "어떤 교과든지 올바른 형식으로 표현하면 어떤 발달단계에 있는 어떤 아동에게도 효과적으로 가르칠 수 있다"는 것이다.

Bruner는 중간언어와 대비하여 교과 본질 자체를 지식의 구조로 표현한다. 지식의 구조는 교육내용의 선정과 조직뿐만 아니라 교수방법에까지 중요한 영향을 미쳤다. 특히 '지식의 구조'라는 아이디어는 학문중심 교수의 기초가 되어, 수업에서 발견학습이나 탐구학습을 강조하고, 교사의 역할에도 많은 변화를 준 이론이라고 볼 수 있다.

브루너의 책에서 중간언어와 관련된 부분을 이흔정의 연구(2004)에 기반하여 살펴보면 다음과 같다.

> 이제 학생은 과학자나 역사가와 다른 종류의 사람이 아니다. 물리학을 배우는 학생은 물리학자가 물리학을 연구하는 것과 똑같은 방법으로 물리학을 배운다. 우즈 호울 회의에서 얘기된 소위 '중간언어'라는 것은 우리가 극복해야 할 것이다. 학생들은 물리학에 관한 포장된 사실들을 갉아먹는 소비자로서 배우는 것이 아니다. 중간언어는 교과를 이야기하는 언어가 아니라 교과에 관하여 이야기하는 언어이다. 학생들은 교과에 관하여 학습한 것이 아니라 교과 그 자체를 이야기할 수 있어야 한다.(Bruner. 1960: 14)

Bruner가 '탐구'의 방법을 통해 '지식의 구조'를 가르쳐야 한다고 했을 때, 그는 학문의 '중간언어(middle language)'와 그것을 통해 궁극적으로 배워야 할 것을 구분했다. 종래 교육의 문제점은 지식의 표층만을 가르쳤지, 그 지식의 표층 이면에 내재해 있는 지식의 구조를 가르치지 않았다는 것이다. 그리하여 종래의 교육에서는 지식의 표층에 있는 '사실의 더미'나 해당 학자들의 탐구결과만을 외우게 했다는 것이다.

『교육의 과정』이 출판되고 10년이 지난 후 Bruner(1971)는 「교수의 재음미」라는 글에서 '교사의 중간언어'에 대해 다시 다음과 같이 언급하였다. "1960년대 초기의 여러 교수 개발 사업에서 우리는 훌륭한 수업으로서 학생들의 능력을 최대한으로 발휘하게 하는 것이 얼마나 어려운 일이라는 것을 몇 번이고 되풀이하여 깨닫게 되었다. 소크라테스와 노예 소년의 이야기가 끊임없이 사람들의 입에 오르내렸다. 우리가, 어떤 교과내용이든지 올바른 형식으로 표현하면 어떤 발달단계에 있는 어떤 아동에게도 가르칠 수 있다는 결론을 내리는 것도 무리는 아니다. 이 말은 반드시 어떤 교과내용이든지 그것을 가르치는 궁극적인 형식이 있다는 뜻이 아니라, 학생들이 배워야 할 개념이나 원리를 학생들이 파악할 수 있는 형식으로 친절하게 '번역'해 주는 방법이 있다는 뜻이다. 이런 번역을 해주지 않을 때, 우리는 학생들을 불친절하게 대하는 것이다. 이 이상을 추구하게 되었다는 것은 아마도 1960년대 교수 대 건설기의 가장 중요한 소득이라고 볼 수 있을 것이다"(이홍우 역, 2003: 191).

나. 교과언어가 아닌 교과에 '관한' 언어

교과를 가르치는 데에 있어서 그간의 방식은 교과에 관한 내용을 학습자들에게 전달하는 방식이 주류를 이루었다. 교과에서 가르쳐야 할 이러저러한 내용들을 선별한 다음 그 내용들을 가장 효율적이고 효과적으로 전달할 방식들을 사전에 알아보고 찾아서 그것을 활용하여 전달하는 방식이었다. 이러한 방식에서는 온갖 종류의 방법들이 수업방법이나 전략이라는 이름으로 동원되기에 이르렀다. 수업방법이라는 타이틀을 지닌 각종 전달 방식들이 교과 내용에 관한 것들을 가르치는 수업전략으로 활용된다.

이러한 방식을 흔히 교과에 '관한' 언어라고 부를 수 있다. 브루너가 강조하는 지식의 구조는 교과에 관한 언어가 아니라 교과 그 자체의 언어를 말한다. 교과 구조라는 것은 사실 이것을 의미하기도 한다. 교과 구조는 교과 자체의 문법이나 근본 원리를 말하는 것으로, 교과를 가르치는 방식 역시 교과 자체의 문법에서 구해야 하는 것이다. 그런데 기존의 교과를 가르치는 상황에서는 교과 구조인 교과 자체의 문법에서 그 수업방법들이 도출되는 것이 아니라 교과를 이루는 다양한 내용들이 어떠하다는 것을 설명하는 언어로 가르쳐 왔다는 것이다. 이러한 방식을 교과에 관한 언어라고 명명할 수 있다.

이제 교과를 가르치는 교육방법은 교과에 관한 언어가 아니라 교과 자체의 문법과 근본 구조에서 나와야 한다. 다른 말로 표현하면 교과 구조에서 수업방법이 나와야 한다는 의미이다. 보다 근본적으로 보면 구조 자체에 방법이 내재되어 있다고도 볼 수 있다. 이렇게 본다면 교과 구조는 교과를 가르치는 방법만이 아니라 교과를 가르치는 목적, 내용, 평가 방향 등을 결정하기도 한다.

브루너가 제안하는 지식의 구조 아이디어는 이런 점에서 교육의 과정을 보다 근본적으로 새롭게 보고자 하는 시도를 말한다. 브루너는 과거 교과를 가르쳐 오던 방식을 중간언어 접근이라고 비판하면서 교과에 관한 문법이나 언어가 아니라 교과 그 자체의 내재적 논리에 담겨 있는 방법을 구현할 것을 강조하고 있는 셈이다.

그러나 교과를 가르치는 수업 현장의 현실을 감안해 본다면 분명히 교과언어로 수업을 하는 것은 맞지만 처음부터 모든 수업이 그러한 방식으로 이루어지는 것은 아니다. 교과 내용의 성격에 따라 처음에는 교과에 관한 언어로 수업이 출발하지만 보다 중요한 것은 교과언어로 본격적인 수업이 이루어지고 마무리되어야 한다는 점이다. 왜냐하면 수업은 내용의 언어뿐만 아니라 학습자의 언어(인지)도 고려해야 하기 때문이다. 교과 내용의 구조와 학습자의 인지 구조가 교섭하는 맥락에서 수업이 이루어질 필요가 있는 것이다. 따라서 교과를 가르치는 교육의 양태는 이전의 중간언어 접근을 넘어서 교과언어로 전환되어야 하는 것이다.

제 11 장

내러티브와 교수학: Folk Pedagogy와 교수 설계

가르친다는 것은 학습자의 마음의 본질에 대한 생각에 근거를 두어야 한다.
가르치는 모든 행위는 교사가 학습자에 대하여 가지고 있는 신념과 가정을 직접 반영한다.
교사는 학생들의 배경, 스타일, 흥미에 맞추어 가르치고자 한다.
그러나 여기에서 멈추지 않고 학습자의 마음에 관하여
습관적으로 어떻게 생각해 왔는지, 학습자의 마음에 대한 일상적 가정으로부터
기존의 교육 실제가 어떻게 이루어져 왔는지를 탐구한다.
이 일을 넘어서 교사들이 가지고 있는 일상적인 심리적 가정에 스스로 대면하도록 해야 한다.
-Bruner-

교사는 지식과 기술을 가지고 있는 어떤 사람으로서
수업을 조직하고 지식을 학생들에게 전달하는 수업을 수행하는 것으로 간주된다.
교사는 학습의 촉진자, 지식의 전달자이다.…
이런 수업 접근을 "전달 시스템"으로 비유하는 설명이 이상한 것은 아니다.
그러나 경험과 내러티브에 주목하도록 상황이 변하고 있다.
경험은 언제나 어떤 사람의 독특한 경험을 가리킨다.
경험은 구체적인 상황에서 독특한 삶을 살며
매일의 생활 실천 속에서 역동적 균형을 성취하는 독특한 개인에게 주어지는 것이다.
어떤 사람의 경험을 묘사하거나 이해하려고 한다면,
우리는 반드시 그 사람의 자연스러운 실제적 삶의 관점을 받아들여야만 한다.
-Rolf von Eckartsberg-

핵심 아이디어

이 장에서는 내러티브 입장에서 변화하는 교수의 양상을 살펴본다. 그 이론적 토대로서 지식을 가르치고 학습하는 토대가 변하고 있다는 점을 논의한다. 내러티브는 이제 교수와 학습의 중심에 자리하면서 학교교육의 모습을 새로운 방식으로 견인해야 하는 위치에 있게 된다.
이처럼 변화하는 방안의 핵심으로 folk pedagogy를 주목해야 한다. 이 방식의 기저로는 내러티브 교수학을 들 수 있다. 내러티브 입장에서 교과를 가르치는 문제는 내러티브와의 관련성 속에서 모색해야 하는바, 그 방안이 narrative pedagogy인 셈이다. 일상 교수학 혹은 민간 교수학으로도 불리는 folk pedagogy는 특정 문화 구성원의 내러티브에서 구성되는 것이므로 양자는 동전의 앞뒷면이다. 이제 교수의 문제는 내러티브 학습과 페다고지의 문제를 융합해야 한다.

1. 지식의 교수-학습의 변화 토대

Ⅲ부에서 논의된 새로운 지식의 관점은 지식교육에서 가장 근본적인 방향을 안내해준다. 그러나 그것만으로는 올바른 지식교육을 담보할 수 없다. 왜냐하면 지식을 가르치고 배우는 문제가 해결되어야 교육적 맥락에서 지식의 문제를 해결할 수 있기 때문이다. 따라서 본 장에서는 지식을 가르치고 배우는 문제에서 지식의 구조와 내러티브에 들어 있는 의미를 탐색해본다.

가. 탐구와 발견학습

주지하듯이 지식의 구조가 요청하는 교수-학습의 문제는 탐구와 발견학습의 차원이다. 발견학습에서 발견 행위는 인간, 세계, 탐구의 세 측면을 지니고 있다(이경섭·김민남, 1973: 123-124). Bruner(1966)는 인간 고등 정신의 발전을 확신하며 세계는 인간에 의해서 고안된 전망체(set of perspectives)로 해석하고, 지식은 대상에 대한 인간의 규칙성과 관계성의 발견 결과로 보고 있다. 우선 인간은 추상을 통해서 경험을 표현하는 힘을 가지고 있기에 현상과는 다른 상징적 세계를 구성할 수가 있다. 그런데 구성된 추상적 세계는 인간경험을 체계화하고 해석해 주는 기능을 가지게 되며 역으로 인간은 자기에게 부닥치는 대상의 변화와 그 대상을 번역하는 방법의 변화에 의해서 정립된 상징적 세계를 재창조해가는 것이다(Bruner, 1966: 159). 이러한 인간관은 경험적 기능주의와 대칭되는 진화적 도구주의에 입각한 것이라고 볼 수 있다. 세계는 무작위적인 것이 아니며 사태 간의 규칙성과 관계성은 세계에 대한 일정한 질서를 부여하고 있기 때문에 형태, 즉 사태 간의 규칙성과 관계성이 다름에 따라 동일한 세계도 다양한 의미적 세계로 나타나는 것이다. 인간과 세계의 상호작용인 탐구는 대상 간의 규칙성과 관계성을 찾으려는 기대감에서 출발한다. 발견 행위는 새로운 통찰에 의해서 주어진 자료를 뛰어넘도록 변혁하고 재조정하는 일련의 행위이다. 이 행위는 효과적인 범주 체제(다양한 정보를 조직하는 데 이용될 수 있는 형식이나 도식)하에서 창조적인 개념들이 형성되고 이들 개념들을 위치 지우는 행위이다.

개념은 경험을 경제적인 것으로 만들고 경험상호 간에 관련을 지어주는 발명품이다(Bruner, 1966). 즉 개념은 이해를 위한 수단으로서 우리가 발명해낸 것이다. 우리가 어떤 현상에 대한 규칙성과 관계성을 발견해낸다는 것은 현상 자체에 대한 직접적 결과가 아니고 개념(상징적 세계)을 통해 형성된 결과이다. 발견법에 있어서 지식의 구조란 서로 관련성이 없는 여러 관찰한 것들에 어떤 질서를 주는 개념적인 발명품이므로, 우리가 구조를 배우게 되면 어떤 내용에 의미를 주게 되고 새로운 경험 영역을 열어줄 수 있게 된다. 이렇게 볼 때 구조란 학습 경험에 규칙성과 관련성을 부여해 주며 새로운 발견의 영역을 제시해주는 것이라고 할 수 있다. 학습자의 앎의 과정은 인식 주체의 입장에서 보면 수동성보다는 능동성을 함축하고 있다. 인식 주체는 자신의 모델 구축 과정, 즉 발견의 행위에 참가해야 한다.

이러한 발견학습과 관련한 비판은 크게 세 가지로 요약될 수 있다(강현석, 1998; 2004). 첫째는 발견학습이 가정하는 구조의 실재 문제이고, 둘째는 발견학습의 의미, 셋째는 구조의 교수-학습의 문제이다. 이 문제들은 물론 관련되어 있다. 우선 구조의 실재 문제는 앞에서 어느 정도 논의하였기 때문에 여기에서는 두 가지 문제만을 살펴본다. 발견학습 의미를 축어적으로 해석하는 문제이다. 즉 발견학습의 이면에는 '발견'이라는 말이 시사하듯이 실재론적인 관점이 개재되어 있다는 것이다. 발견은 인간 자신에 의해 만들어지는 발명이나 창조와는 달리 사전에 완전히 주어진 형태로 존속하며 발견되는 것은 이미 거기에 존재하는 것이라는 비판이다.

그러나 지식의 구조의 발견을 '발견'이라는 사전적 의미에 집착하여 외부 실재를 경험적으로 발견하는 것으로 보아서는 안 된다(강현석, 2004: 62). 왜냐하면 Bruner가 말하는 발견에는 발명이나 창조의 의미가 들어 있기 때문이다. 발견과 발명, 창조를 서로 다른 것으로 보는 것은 온당치 않다. 손민호(1995: 33-34)의 지적, 즉 발명과 창조는 새로운 과학철학에 의해 가치를 지니지만 발견은 실증주의 유산이라고 보는 것은 제한적 해석이다. 과학철학에서 논의되는 '과학적 발견'의 성격을 가지고 Bruner의 구조의 발견과 탐구학습의 성격을 논의하는 것은 범주 착오로 판단된다. 양자는 논의의 맥락이 서로 다르다고 보아야 할 것이다. 따라서 과학적 발견과 자연에 대한 발견의 문제를 비교하는 논리를 가지고 지식 구조의 발견 문제를 단순 비교하는 데에는 무리가 따른다. 아울러 구조를 발견하는 탐구학습이 구성주의 학습의 본질을 제대로 파악하지 못한다는 비판이 있다(박선미, 1999: 40-43). 구성주의에서 말하는 구성의 의미에 비추어 보면 탐구학습에서의 탐구의 의미는 제한점을 지니고 있다는 것이다. 구성은 발견 이상의 것을 필요로 한다는 것이다. 이 비판 역시 축어적 의미에만 초점을 두고, 발견의 구성적 속성을 간과하는 약점을 지니고 있다.

또 다른 비판은 지속적 창조의 과정을 무시한 발견에 대한 축어적 비판이다. 즉 어린 학생들과 학자 간의 구조적 수준 차이 문제를 형식적으로 비판하는 경우이다. 이러한 의문은 발견학습을 문자 그대로 해석하여 원래의 의미를 잘못 이해한 경우이다. 교육방법은 교육내용과 밀접한 관련을 맺고 있다. 발견학습은 지식의 구조라는 교육내용을 가르치는 방법상의 원리인 것이다. 발견학습은 학생들로 하여금 뉴턴과 같이 만유인력의 법칙을 발견해낼 수 있도록 하는 것이 아니라 그러한 법칙을 가르치는 방법상의 원리이다. 따라서 탐구와 발견학습에 대한 축어적 해석을 통한 비판은 온당치 못하다. 구조적 수준차에 대한 문제를 브루너는 보다 적극적으로 인지적 도제 혹은 비고츠키의 비계설정으로 해결하고자 한다. 모든 학습이 발견이 될 필요는 없다. 발견은 단지 수업의 기법이 아니며, 그 자체는 중요한 수업의 성과이다. 종국적으로 교육은 발견의 과정이다. 발견은 객관적 실재의 파악이 아니라 지속적인 창조의 과정이다(강현석, 2004: 62).

발견학습이나 탐구학습에 대한 상식적인 가정에는 구조의 정적인 측면이 강하게 전제되어 있다. 즉 완결된 형태로서 구조를 이해하고, 구조의 학습을 '저기에 존재하는' 그 완결된 객관적인 실재를 단순히 발견하는 것으로 본다는 점이다. 그러나 구조는 동적인 측면도 동시에 지니고 있으며, 동적인 측면이 구조의 본질에 더 가깝다. 이런 점에서 동적인 구조의 학습이 Dewey의 문제해결 과정과도 유사하다고 보는 Taba(1962)는 Bruner의 발견법과 듀이의 교환적 경험은 모두 능동적 학습을 의미한다고 제안한다. 특히 Bruner는 이러한 능동적 학습을 조장하기 위한 방법으로 구조를 통한 직관을 강조하고 있다. 따라서 역동적인 구조는 '변형과 생성'을 허용한다. 그리고 구조는 일반화와 특수화를 가능케 함으로써 세계에 대한 우리의 이해에 도움을 주며, 귀납과 연역의 역동성과 전이(transfer)의 문제를 내포하는 다차원적인 성격을 지니고 있다. 더 나아가 구조는 완결된 개념으로서 내용만을 의미하지 않으며 내용과 과정을 동시에 통합한다. 따라서 탐구학습은 구조의 계속적인 변화를 상정하고 있으며, 구조를 완결된 것으로 보는 것이 아니라 계속적인 변화, 수정, 진화를 해 나가는 것으로 해석할 수 있다.

나. 내러티브 학습: 내러티브 발견법으로

앞에서 살펴본 바와 같이 우리가 지식을 이해하고 추구하는 궁극적인 목적은 탐구를 통한 새로운 지식의 생성에 있다. 따라서 구조의 학습은 지식의 내적 구조(개념체계)와 외적 구조(탐구구조)를 동시에 고려해야 한다. 구조의 발견 행위를 주어져 있는 것의 단순한 발견으로 보는 생각은 지식의 외적 구조, 즉 지식의 탐구구조에 대한 것을 배제하기 때문에 생기는 문제이며, 탐구활동의 역동성을 모르는 처사이다. 따라서 지식의 구조는 기존의 지식을 도구적으로 사용함으로써 세계에 대한 새로운 통찰을 부여할 수 있는 개념적 장치이며, 결국 도구적 지식에 통일성을 부여할 수 있는 구성 개념이다(강현석, 2004: 61). 따라서 구조가 가정하는 지식은 생성적 지식이며, 역동적 지식이다. 구조는 내용이면서 과정이고, 지식이 탐구되는 과정인 동시에 구성적 개념이다. 이런 점에서 구조는 고정된 불변의 체계로서 객관적인 실재가 아니며, 주관과 객관의 상호작용 속에서 계속적으로 그 의미가 재구성되는 해석적 체계로 보아야 한다.

이런 점은 발견학습을 내러티브 사고 체계에서 볼 때 더욱 분명하게 드러난다. Bruner는 내러티브가 세계에 대한 우리의 경험과 지식을 조직하거나 서로 간의 의사소통과 학습에 있어서 가장 보편적이면서도 자연스럽고 손쉬우며 강력한 형식 가운데 하나라고 보고 있다(Bruner, 1996). 내러티브는 우리가 의미를 만들기 위해 사용하는 구성의 도구이다. 실재는 내러티브로 구성될 수 있다. 의미를 만드는 내러티브 행위는 대화를 통해서 이루어지며, 내러티브 사고는 해석을 필요로 하는 동시에 해석학적 순환에 의해 이야기가 만들어진다. 인간은 이야기 속에서 살아간다. 세계에 대한 우리의 경험과 지식을 조직하거나 구성하는 가장 자연스러운 방법은 이야기를 만드는 것이다. 우리의 경험을 구조화하고, 경험을 계속적으로 해석하고 재해석함으로써 학습이 심화되어 나간다. 이러한 교수 속에서 삶이 해석적으로 구성되며, 그 과정에서 내러티브는 경험의 구조화 양식으로 기능한다.

이상과 같이 우리의 경험을 조직하기 위한 구조로서 내러티브는 발견학습에 대한 새로운 해석의 중요한 근거로 작용한다. 내러티브가 학습이나 교육의 과정에서 하나의 수단으로 작용한다(Bruner, 1996: 119)는 점에서 보면 학습은 본질적으로 내러티브적으로 일어나는 것이며, 경험의 조직을 지속적으로 하면서 학습의 내면화가 이루어진다고 볼 수 있다. 왜냐하면 학습의 주요 대상인 지식은 사람들이 다른 사람과 자신들의 아이디어와 이야기를 공유하는 상황에서 개인적·사회적으로 구성되고 재구성되기 때문이다. 이 점에서 지식을 학습하고 내면화하는 것은 개인 내에 구체화된 지식을 재구성하는 것이며, 개인적·사회적으로 구성된 상징적 형식들을 통해서 경험을 해석하는 것이라고 볼 수 있다. 이 과정에서 내러티브가 곧 구조의 역할을 하는 것이다.

지식의 구조는 학습자와 독립적인 객관적 실재이기보다는 학습자와 상호작용을 통하여 부단히 새롭게 구성되는 해석적인 체계 속에서의 생성적인 구조이다(강현석, 2004: 65). 그러한 구조는 사회적 상호작용을 통하여 해석적인 구성의 과정에서 발견되는 동시에 창안되고 발명되는 것이다. 따라서 구조를 발견하는 학습은 학습자 외부에 존재하는 객관적인 실재를 단순히 찾아내는 일 그 이상을 포함한다. 여기에는 구조를 발견하는 활동뿐만 아니라 학습자의 해석적이고 구성적인 활동을 통하여 구조를 만들어내는 활동까지 포함된다. 이 과정에서 의미 구성의 과정이 중요하게 이루어지는데 이것은 인간이 그 자신과 그가 처해 있는 세상을 이해하기 위한 상징적 활동이다(Bruner, 1990). 이러한 활동 속에서 구조를 내면화하고 거기에서 출발하여 자신의 체험적 변화를 통하여 세계를 조망하고 구성한다고 볼 수 있다.

발견학습에서는 의미의 교섭이 중요하며, 학습은 단순히 어떤 지식을 가르쳐줌으로써가 아니라 문화적 수단에 익숙해지게 함으로써 스스로 발견적 과정들을 통하여 일어난다. 결국 지식의 구조라는 것은 발생적인 것이므로 당연히 알아야 되는 것보다 더 많이 알 수 있도록 해주는 방식으로 어떤 사실들을 학습자의 머리 속에 잘 조직하게 해준다는 것이다. 그리고 이러한 일은 반성과 숙고를 거쳐야 하며 학습자가 이미 알고 있는 것에 대해 곰곰이 생각하는 성찰적 사고를 요구한다(Bruner, 1996: 129). 그리고 브루너는 학습에서 사회, 문화적인 측면들을 포함하는 방향으로 발견학습 이론을 확대시켜가고 있다(1986; 1990b; 1996). 이는 여러 가지 측면에서 비고츠키의 사회 구성주의 이론과 맥을 같이하고 있는 것으로 해석될 수 있다. 이 점에서 볼 때 학습은 학습자 자신의 발견을 통해 새롭게 의미를 구성하고 지식을 구조화해 나가는 과정으로서, 새로운 발견과 의미 구성에 필요한 것들을 사회적 상호작용을 통하여 학습해 나가는 것이라고 볼 수 있다(Bruner, 1996: 151-153).

특히 학습은 내러티브를 통하여 의미를 만들어 가는 과정, 즉 '내러티브 발견법'으로 볼 수 있으며, 그 발견은 일상 심리학의 맥락에서 작용한다. 일상심리학은 사회적 세계 속에서의 경험과 지식, 상호작용과 관련된다. 이 관점에서 보면 인간 학습의 이유는 주어진 문화에 있으며, 그 문화 내에서의 의미를 위한 탐구 활동에 있다. 사람이 문화에 참여함으로써 그 속에서 의미는 공적인 성격을 띠며, 공유되는 것이다. 일상심리학은 의미 구성과정에 관련된 상호적 과정이다. 따라서 발견학습은 내러티브 사고에 의한 의미 구성 과정인 동시에 문화 속에서의 해석적 구성의 과정이다. 따라서 발견학습은 더 이상 객관적인 구조를 수동적으로 혼자 찾아내는 활동이 아니다. 이러한 점에서 Bruner는 자신의 탐구학습에 관한 초기의 생각이 불완전하다고 보고, 새롭게 탐구학습에 대하여 사회적 장면에서 구성원들의 교섭과 공유에 의해 재창조되어 가는 과정이 강조될 필요가 있다고 지적하였다(강현석, 2004: 65).

이상의 탐구-발견학습에 대한 재해석은 지식의 역동성을 기초로 하는 상호적 학습의 가치를 환기시킨다. Bruner에게 있어서 학습은 단지 지식획득-변용-평가의 에피소드만을 의미하지는 않는다. 학습은 해석적 사고를 통한 의미형성의 과정이며, 그것은 구성주의적 과정인 동시에 교사-학생 간의 상호작용적 과정을 말한다. 상호작용 과정에서 학생들 간의 대화는 중요하며, 대화를 통해 언어에 의한 상호작용이 일어나며, 이 과정에서 의미의 교섭과 거래가 일어난다. 협동으로서 내러티브 학습의 가치는 여기에 있다. 동시에 학습은 언어에 의한 상호작용 속에서 일어나지만 문화의 맥락에 놓여 있으며, 그 맥락 내에서 의미가 만들어지고 의미를 구성해내는 교육적 상호작용으로서의 내면화가 일어난다. 따라서 학습은 상호 학습 공동체인 교실에서 내러티브적으로 이루어진다.

다. 구조의 내러티브 학습

Bruner는 우리가 특정 의미가 창조되고 전달되는 맥락 내에서 의미와 의미 구성과정을 해석할 수 있을 것이라고 본다(강현석, 2004: 69). 우리가 구성하는 삶과 우리 자신은 이러한 의미 구성과정의 결과물이다. 인간은 이야기 속에서 살아간다. 세계에 대한 우리의 경험과 지식을 조직하거나 구성하는 가장 자연스러운 방법은 이야기를 만드는 것이다. 이와 같이 내러티브가 세계에 대한 우리의 경험과 지식을 조직하거나 서로 간의 의사소통과 학습에 있어서 가장 보편적이면서도 자연스럽고 손쉬우며 강력한 형식이라면 교과 지식의 학습 역시 자연스럽게 내러티브적으로 진행될 수밖에 없으며, 학습은 본질적으로 내러티브적이다. 이러한 점은 교과 내면화에도 시사하는 바가 크다. 내면화는 내러티브의 또 다른 이름이다. 내면화의 기제나 과정, 완성은 모두 내러티브적으로 이루어질 수밖에 없다. 이러한 점에 비추어 본다면 교수-학습은 내러티브를 중심으로 이루어질 수밖에 없다. 학습은 내러티브를 통해 의미를 만들어 가는 과정이다.

요컨대, Bruner가 강조하는 지식의 구조는 학습의 온전한 상태가 이루어지는 것을 말한다. 온전한 학습은 이제 내러티브적으로 이루어진다. 사태를 인식하고 경험을 구성하는 틀로서 내러티브는 이제 학습을 구조화하는 기제이다. 우리의 경험을 조직하기 위한 구조로서 내러티브는 중요한 의미를 지닌다(Bruner, 1996: 119). 왜냐하면 이야기 구조는 학생들의 내적 지식에 이야기의 전형적인 구조를 형성하는 스키마로서, 학습에서 이야기를 이해하도록 안내하는 인지적 구조 역할을 하기 때문이다.

내러티브는 상상력과 해석적인 재구성을 통하여 학생의 이해 능력과 양식을 다양화하고 학생의 의미 형성 기제로서 중요한 역할을 수행할 수 있다. 교수의 구현체로서 내러티브 수업은 이야기하기로서의 교수를 토대로 학생들의 교육적 관심과 발달적 측면에 초점을 두면서 이야기 양식을 활용하는 것이 중요하다. 그리고 학습기회의 제공을 의미하는 교수는 결국 이야기를 통한 학습의 통합으로 구체화되어야 한다. 보다 근본적으로는 학습 그 자체가 의미 만들기이며, 그것이 결국 내러티브를 의미하며, 그것은 곧 학습이 통합적으로 전개될 수밖에 없다는 것을 의미한다.

라. 수업에서 문화화(Enculturation)로

수업 이론은 매우 학교교육 이론이라고 할 수 있는데, 즉 학교가 할 수 있는 것은 지식과 기술의 활용을 확실히 해주어야 한다는 점이다. 이는 학습자에게 특정한 효과나 이해를 생성하는 것과 매우 직결된다. 이러한 점에서 수업 이론은 학습자의 마음에 닿기를 시도하려고 하여도, 실제로는 상향식 이론이라 할 수 있다. 교사는 달성될 효과를 알며, 이론은 그 효과를 달성하기 위해 무엇을 할 수 있는지를 설명한다. 그의 후기 연구에서, Bruner는 그의 주제를 일반적인 교육으로 그 범위를 넓혔으며, 이것은 문화화(enculturalization)라고 불리는 것이 적합한데, 이것은 사회 세계를 타인과 공유하게 되는 더욱 기본적인 과정을 다룬다. 학교교육은 문화화의 단지 한 요소일 뿐이다. 좀 더 보완된 이 교육의 관점은 아동들이 어떻게 사회를 이해하는지보다는 아동들이 다양한 관점을 수용하는 공유된 사회에 어떻게 참여하는지를 다루고 있다. 그의 연구에서 고정된 목표와 목표의 성취는 공유된 지적 삶에 참여하는 것보다는 덜 중요한 것이 되었다. 교육은 독백의 용어가 아니라 대화석 용어를 통해 논의되기 시작했다. 즉, 어떤 신념에 대한 논의와 사유는 진리와 타당성에 대한 집착을 좀 더 좁히는 단계를 공유하게 되었다.

『교육의 과정』(1960)에서 Bruner는 중요한 주제에 관한 수업이 지적 구조와 학습자의 전략으로 조정될 수 있지만, 그것은 그가 언급하였듯이, '상향식(top-down)' 형태를 유지해온 것을 지적하였다. 사회의 지식은 과학 내에 존재하는 것처럼 보였으며, 정신적 성장 또한 그 지식을 습득한 결과로 보였다. Bruner는 내재적인 흥미와 발견에 참여함으로써 생기는 만족감의 중요성을 강조하면서 동기의 문제를 논의한 반면, 그 전에는 관여의 실제적인 절차에 관해서는 크게 말하지 않았었다. 이는 즉, Bruner가 교사에 의해 주장되는 것과 학습자의 흥미가 일치한다는 것을 확신하도록 하는 것에 관해서는 거의 얘기하지 않았다고 할 수 있다. 명확히 말하면, 흥미가 시선을 얼마나 끌지는 몰라도, 단순한 흥미 그 자체만으로는 학교교육의 의제(agenda)를 만족시킬 수 없을 것이다. 교사의 목표는 학생의 흥미를 교사의 의제로 유도하는 것이다. 말하자면, 학생의 흥미를 갑옷 사이의 벌어진 틈으로 보고 교사가 주입하려는 필요한 지식을 그 속에 넣는 것으로 활용하자. 다른 비유를 사용하면, 교사와 아동이 꼭 같은 페이지에 있을 필요는 없다. 그것은 간주관성이라는 후기의 개념을 필요로 했다. 문화화는 마음을 주조하는 것보다는 마음과 교감하는 간주관성의 산물이었다.

마. 마음의 만남으로서의 교수

Bruner의 생각에 있어서의 중요한 발전은 초기 개념이었던 간주관성을 확장한 데 있다. 그의 초기 교육연구가 학습자의 경험과 이해의 중요성을 강조하면서 주관성의 중요성을 강조한 반면, 1980년대의 유아에 관한 연구는 그를 간주관성의 중요성을 강조하도록 이끌었다. 그 차이는 중요하다. 주관성은 교사가 다루고자 하는 관점을 학습자도 가질 수 있다는 것을 나타낸다. 간주관성은 아동과 교사가 함께 바라보고 생각할 수 있으며, 그 관점을 공유할 수 있게 된다는 아이디어를 표현한다. 간주관성은 주관성이 공유된 것이다. 우리가 앞서 보았듯이, 간주관성에 대한 Bruner의 아이디어는 유아의 언어학습에 관한 연구물들을 통해 형성되었다.

만약 언어가 마음의 핵심이라면, Bruner가 절대 포기하지 않은 입장은 정확히, 사고방식의 출현을 나타내는 언어의 습득이라 할 수 있다. Noam Chomsky는 Bruner에게 문법은 언어의 중심임을 확신시켰으며, Roger Brown은 아동의 문법 역량이 어린 시절에 어떻게 발달하는지를 보여주었다. 하지만 J. L. Austin(1962)이 하버드에서의 William James의 강의에 나타난 문제점을 처음으로 진술한 것처럼, Bruner는 아동이 '단어를 통해 무언가를 하는' 점점 발달하는 역량을 어떻게 사용하는지에 더 관심이 있었다. 무언가를 가리키거나 목표나 서비스를 요구하는 것처럼 언어로 무엇을 하는 것은 확실히 문법을 배우는 것만큼이나 중요한 것이다.

언어를 사용의 사회적 맥락에 놓음으로써, Bruner는 언어를 사용하거나 의사소통하려는 시도는 언어 발달을 일으키는 '엔진'과 같다고 주장할 수 있게 되었다. 더욱 형식적으로 언급하자면, 그 주장은 언어의 실용성(사용)은 의미론(의미)과 문법(구문론)을 앞선다는 것으로, 그 주장은 여전히 논쟁적인 것으로 남아 있다. 그의 실증적 연구는 아동이 어떤 형식적인 언어 구조를 습득하기 한참 전부터 어떤 요청을 하거나 인사를 표하기 위해 의사소통하는 시도를 한다는 것을 확실히게 보어주고 있다. 사실, Bruner가 주장하길, 이 모든 것의 근간에 놓여 있는 것은 의도이며 '타인의 의도에 대한 지각'이다(Bruner, 1980: 144). 심지어 언어를 배우기 전의 아동들도 무언가를 원하며, 그들은 그 목적을 달성하기 위해 비언어적 요청을 하거나 무언가를 가리키거나 혹은 우는 등의 특정한 소리를 내서, 타인에게 그 소망을 드러내고자 시도한다. 의도와 타인의 의도의 인지는 그의 심리학에 있어 중심 주제가 되었으며, 이는 가르침과 학습을 이해하는 데 중요한 시사점을 가진다.

Bruner와 그의 동료들은 일상생활 속의 사회적 상호작용에서 나타나는 유아의 간주관성의 서막을 탐색하였다. 아기와 엄마는 왜 서로의 눈을 바라보면서 그렇게 많은 시간을 보내는 걸까? 왜 그러한 눈 마주침은 유아로 하여금 제일 먼저 미소를 짓게 하는가? 그들에게 적용되는 것이 우리에게도 적용되는가? Bruner와 그의 동료들은 심지어 유아들조차 새로운 사물을 바라보거나 (혹은 탐색하기 위해) 성인의 응시를 따라 하며, 또한 심지어 한 살짜리 아이들도 만약 엄마가 큰 소리로 말하면, 그 새로운 사물로 주의를 기울이게 된다고 하였다. 그들이 곧 '보는 것'은 새로운 것에 대한 친숙함과 흥미의 인식뿐만 아니라, 12개월까지 대부분의 유아는 그 속에 놓여 있는 행동과 의도를 볼 수 있으며, 그들은 성인의 행동을 모방하기 시작한다.

모방은 엄청난 성취라고 Bruner의 또 다른 제자인 Michael Tomasello(1999)가 면밀히 분석하였다. 우리는 일반적으로 다른 동물들이 모방하는 것을 가정한다. '원숭이가 본다. 원숭이가 한다.' 하지만 그것은 사실이 아니다(Visaberghi and Fragazy 1996을 보라). 우리의 가장 가까운 원시 사촌인 침팬지조차 서로를 모방하는 것에 실패한다. 12개월까지 성인의 행동을 관찰하는 유아는 유능한 모방자가 되기 위해 그것을 달성하기 위한 수단을 인식할 뿐만 아니라 행동의 목표나 목적도 인식한다. 그들은 성인이 하는 것과 그들이 어떻게 그것을 하는지를 이해하며, 그러한 이해는 그러한 행동을 모방할 수 있는 능력을 부여한다.

사실, Tomasello(1999)는 간주관성의 성장을 기술하기 위한 유용한 도식을 제공하였다. 약 6개월 동안, 유아는 공동의 관심을 보이고, 성인과 같이 같은 것을 바라보기 시작한다. 1년이 되자 그들은 타인을 목표를 달성하기 위해 무언가를 하는 의도적인 주체로 인식한다. 그리고 4살 정도가 되면, 그들은 타인을 무언가 생각하거나 믿기 때문에 무언가를 하는 '정신적인' 주체로 인식한다. 우리는 이러한 세 단계를 주체 인식, 목표지향적인 의도 인식, 정신 상태 의식으로서 요약할 수 있다. 정신 상태는 보통 '의도성'의 특성을 가지는 것으로 기술된다. Bruner의 역할은 의도와 의도의 지각에 관한 연구를 찾고 시작하는 것이었으며, 또한 자연 과학에 기초하는 '인과관계적' 심리학을 인간을 자연본성에 순응하는 존재보다는 주체로서의 인간으로 다루는 의도 심리학으로 전환할 것을 촉구하는 것이었다. Bruner가 1976년 옥스퍼드(Oxford)에서 Herbert Spencer의 강의에서 주장한 것처럼, 사람은 의도적으로 행동하고, 이성을 가지며, 책임을 가지는 주체로 보여야 할 것이다(그 당시 그는 청중들이 매우 비공감적이었다고 느꼈다고 한다)(1980: 144). 그럼에도 불구하고, 아동들의 '마음의 이론'에 대한 습득에 관한 엄청나게 많은 중요한 연구들은 현재 세계의 연구실에서 수행되고 있으며, 많은 연구들이 Bruner에 의해 영감을 받았다.

Bruner는 그의 책 『교육의 문화(*The Culture of Education*)』에서 간주관성의 시사점을 탐구하였는데, 이 책에서 그는 문화를 전체 사회집단의 간주관성의 네트워크로 정의하였다. 우리는 어떻게 Bruner가 Vyogtsky의 입장의 편을 들어 '마음'이 문화의 주관적인 면으로서 가장 잘 보이는 것임을 확인할 수 있었다. 즉, 마음과 마음의 발달은 자연적인 성장의 산물이 아니라 오히려 특정한 문화에서 보는 것과 하는 것의 민속적 방법을 배운 산물로 보여야만 한다. 이러한 입장에서 사람들은 수학적으로 생각하는 경향이 있는데, 그들은 2~3천년의 수학적 전통의 축적으로부터 혜택을 본 세대이기 때문이다. 아동은 이러한 전통을 학교에 들어가서 직면하게 되며, 어느 정도 그들은 이러한 전통의 유능한 참여자가 되며, 또한 그들은 수학적으로 생각할 수 있게 된다. 수학적 능력은 전통적으로 생각되어온 성향이나 학습의 '능력'이라기보다는 학습의 산물이라 할 수 있다. 인간의 마음은 수학학습을 가능하게 하는 방식으로 진화론적으로 설계되어 있다는 것을 확실하게 부정하지 않는 것은 마음이 그러한 목적을 위해 설계되었음을 부정하는 것이다. 오히려 시간이 지나 사람들은 그것이 문화적으로 의미 있는 목적을 위한 것이건 아니건 간에 마음의 자원을 사용할 수 있는 방법을 발견하게 된다. Bruner는 '마음은 문화 보존을 위해 존재할 수 없다'고 썼다(1996: 3). 다시 말하면, 이것은 마음의 능력에 대한 전통적인 개념과는 매우 차이를 보이는 것이라 할 수 있다.

2. Folk Pedagogy로의 전환

가. 교수의 변화 배경

소위 '정보처리이론'으로 대표되는 인지혁명 이후 지난 10년간 인간 마음의 본질을 어떻게 이해하고 개념화할 것인가 하는 문제에 대하여 그 입장을 상이하게 전개해 오고 있는 근본적 변화들이 도처에서 포착되고 있다. 현 시점에서 이 변화들은 인간의 마음이 어떻게 작용하는가에 관한 두 가지 확연히 구분되는 개념화 방식에서 유래하는 것으로 볼 수 있다. 그중 첫 번째 방식이 인간의 마음을 '컴퓨터 장치'로서 간주할 수 있다는 가정이었다. 이 가정이 완전히 새로운 아이디어는 아니지만 최근에 발달된 컴퓨터 과학에서 강력하게 재인식되고 있다. 다른 한 방식은 인간의 마음은 인간 '문화의 사용'을 통해 구성되고, 인간 문화의 사용에서 실현된다는 제안이었다. 이 두 가지 견해는 인간 마음 자체의 본질과 마음이 어떻게 발달되는가에 대해 매우 상이한 개념화를 갖게 하였다. 각각의 관점은 그 지지자들로 하여금 마음이 어떻게 기능하고, 마음이 '교육'을 통해 어떻게 개선될 수 있는가에 관한 뚜렷하게 상이한 전략을 따르도록 하였다(Bruner, 1996: 1).

타인이 어떻게 사고하고, 어떤 의도와 목적을 가지고 행위하는지를 이해하는 문제는 교육학의 영역에서 중요한 시사를 던져준다. 교사가 학생을 가르치는 장면에서 학생의 마음을 이해하고, 학생이 교사의 마음을 이해하는 문제는 교수-학습의 맥락에 매우 실질적인 함의를 지닌다. 아동이 마음 및 정신 과정과 외부 세계와의 관계를 이해하는 현상을 가리켜 아동이 '마음의 이론(theory of mind)'을 획득한다고 말한다(Astington & Gopnik, 1991). 그 이해의 과정에 대한 메커니즘이 상이하게 조망될 수는 있지만 이러한 마음의 이론은 교수나 수업의 설계 문제에 대하여 매우 구체적인 단서를 제공해줄 수 있다. 그러나 지금까지 교육학의 맥락에서 마음의 이론 그 자체에 대한 논의나 교수적 상황에서의 적용은 대단히 제한적으로 진행되어 왔다고 볼 수 있다.

교육은 교사와 학생의 상호작용을 통해서 이루어진다. 이 상호작용의 과정에서 교사와 학생의 마음을 이해하는 문제, 보다 구체적으로는 교사와 학생의 사고과정을 이해하고 그것을 수업에 반영하는 문제는 중요하다. 왜냐하면 수업은 내용을 일방적으로 전달하는 문제가 아니기 때문이다. 과거의 교수-학습의 역사는 '대화'가 아닌 '전달' 모형에 입각한 방식이 우세를 차지하였다. 이제 인간 행동과 마음에 대한 다양한 학문적 연구 결과로 인해 교수나 수업 설계는 인간 마음(사고)에 대한 새로운 변화에 주목할 시점에 놓여 있다.

이와 관련하여 최근에 브루너(1990a)는 교수를 인간 발달의 문제로 보고, 인간 발달의 문제를 인간 마음과 의미의 문화적 구성 과정으로 조망하고, 인간 발달의 이해 도구로서 문화심리학을 제안한다. 특히 일상심리학(folk psychology)으로서 문화심리학을 사용하면서 인지과학을 비판한다. 요컨대 문화와 인간 성장의 새로운 조망은 인지과학에서 일상심리학으로의 전환을 요청한다. 즉 감환주의, 설명과 예언이라는 전통적 실증주의 과학의 특성을 극복하고(1990b: xiii) 문화심리학을 인간 발달의 토대로서 이해할 것을 지적하고 있다. 특히 문화 참여를 통해 인간 지력의 반성을 실현할 수 있으며, 의미가 공적이 되고 서로 공유할 수 있다는 점이다. 문화적으로 적응된 삶의 방식은 공유된 의미와 개념에 의존하고 의미와 해석상의 차이점을 대화하고 교섭하기 위한 공유된 담론의 양식에 의존한다는 것이다. 인간 마음은 인간의 의도적 상태—신념, 희망, 의도, 헌신 등에 스며든 공유된 개념적 구조와 언어에 기원을 두면서 문화가 반영된 것이므로 앎의 방식뿐만 아니라 문화의 가치방식에 참여함으로써 의미를 구성할 수 있다는 것이다. 여기에서 인간 발달과 마음의 구성에 작용하는 문화심리학의 중요성을 엿볼 수 있다.

Bruner의 일상심리학의 제안은 인간 조건의 연구에 대한 그의 신념을 표현한다. 인지 과학과 실증주의 사유방식의 한계를 비판하면서 인간 행위의 문화적 상황성에 기초한 문화의 도구로서 일상심리학을 강조하고 있다. 이러한 그의 입장은 과거 인지혁명이 핵심적 주제로서 의미 만들기를 포기하였고 대신에 정보처리와 컴퓨터 연산을 선택한 것을 이유로 인지혁명을 비판(1990b: 1-32)하는 데서 나온 것이다. 문화심리학은 자신과 타인, 그리고 자신이 살고 있는 세계에 대한 관점을 조직함으로써 문화적으로 형성된 개념이다. 그것은 사람들의 사적인 의미뿐만 아니라 문화적 융합의 근본적 기초가 될 수 있다. Bruner는 문화심리학의 구성이 논리적 명제의 체계라기보다 내러티브와 이야기하기(storytelling)에서의 실천으로서 내러티브 문화의 구조에 의해 지원된다고 보고 있다(1990b: 137-138). 그러므로 그것은 문화의 도구가 되는 것이다.

따라서 지금까지 인간 마음에 대한 실증 과학적 설명방식과 인지과학의 입장은 수정되어야 하며 인간 마음은 그 논리대로 보편적 인간구성으로 나타나지 않는다. 즉 인간 마음의 내부 세계와 정신의 보편적 구조를 심리적으로만 규명하는 데 관심을 가져온 기존의 관심이 비판을 받기 시작하였다. 브루너는 이 비판의 근거로 문화심리학을 제안하는 것이다. 그것은 정신적 삶의 원리가 본래 고정되어 있고, 보편적이고, 추상적이고, 내적이라고 가정하지 않는다. 또한 순수 심리학적 법칙이 없는 것으로 보고 의도성을 가정한다. 정신은 의도적 인간을 지칭하며 문화는 의도적 세계를 지칭한다. 즉, 문화적으로 구성된 실재(의도적인 세계)와 실재를 구성하는 정신(의도적 인간)이 계속적으로 상호작용하고 서로의 정체성에 침투하며 서로의 존재를 조건화한다. 결국 문화와 정신이 서로를 구성한다는 의미이다(Shweder, 1991: 98-106).

이러한 일상심리학 혹은 문화심리학의 교육적 전환이 민간(민속) 교수학 혹은 일상교수학(folk pedagogy)이다. 즉 일상심리학을 토대로 구성되는 교육 체계(pedegogical system)를 말한다. 브루너는 일상교수학을 통해 새로운 교수와 수업의 문제를 제안하고 있다. 인간의 성장은 세계 그 자체와 문화를 표상하는 개인적인 능력의 발현이다. 의미(meaning)는 인간의 세상에 대한 해석이다. 인간은 의미를 만들고 의미를 사용하는 존재로 조직화되어진다. 인간은 문화를 통해 의미를 구성하고 사용한다. 마음의 본질은 의미 만들기에 있다. 의미 만들기는 해석적 사고를 통해 이루어진다. 여기에서 문화와 의미 간의 관계를 매개하는 것이 일상심리학(folk psychology)이다. 그것은 인간의 삶에 대한 문화적 설명이며, 일반인이 세상을 해석하고 지각하는 방법이다. 따라서 일상심리학이 의미를 만들며, 그것은 문화와 강하게 연결되어 있다. 일상심리학은 문화를 반영하고 그 속에 가치를 내포하며 일반인이 나름대로 지식을 얻는 방법을 가지고 있다. 일상심리학은 문화가 모든 규범과 제도를 함축하고 있기 때문에 문화적 의미를 중시한다. 이 모든 문화적 의미가 일상심리학을 지원하고 일상심리학은 다시 문화를 지원한다. 그런 점에서 일상심리학은 문화의 도구이며(Bruner, 1990: 33-34), 문화심리학의 또다른 표현이다. 이러한 일상심리학을 토대로 일상 교수학이 구성될 수 있다. 문화의 도구에는 여러 가지가 있다. 인간은 문화의 도구를 사용함으로써 발달한다.

이러한 점을 인정한다면 상이한 문화 속에서 발생하는 교수의 다양한 방식들에 주목할 필요가 있는 셈이다. 또한 한 학습자에 대해 가지고 있는 교사의 생각이 교사가 어떠한 수업을 채택할 것인가 하는 문제를 구체화하는 데 치중할 필요가 있다. 이제 교수-학습에 대한 논의는 중립적인 기법적 논의에서 학습자의 마음을 고려하는 맥락적 논의로 전환할 필요가 있다. 학습자의 마음에 대해 주목하고, 학습자의 마음에 대한 일련의 신념을 바탕으로 전개되는 교수 현상을 조망할 필요가 있다. 지금까지 교수에서 교수이론은 실증주의적 사고방식에 편향되어 논의되고 있다. 브루너의 이러한 제안은 서구의 패러다임적 사고방식과 실증주의적 교수문화를 반성할 것을 요청하는 대목이라고 볼 수 있다. 교수(teaching)에 대한 혁신적 변화의 필요성은 이제 타인의 마음을 이해하고 설명하는 마음의 이론에 주목하는 교수에 초점을 둘 필요가 있다. 특히 교실 수업의 전개에서는 수업 참여자들 모두 언어에 의한 상호작용을 통해 의미를 교섭할 수 있다. 이것은 타인의 마음을 설명하고 이해할 수 있는 간주관적 능력에 의해 가능한 것이다. 이런 점에서 협동학습(collaborative learning)과 상호작용적 교수법(interactive pedagogy)의 가치를 찾을 수 있다. 이런 교수-학습은 경험론적 전통에 의한 서구의 전통적 교수법의 실패를 반성하는 Bruner(1996)의 사색에서 나온 것으로 간주관성의 가치를 강조한다는 점에서 타당한 것으로 받아들여지고 있다.

나. Bruner 내러티브 이론에서 Folk Pedagogy의 문제

이하에서는 앞 장에서 제안한 문화심리학의 관점에서 기존의 교수모형을 재개념화하는 데 초점을 둔다. 이를 위하여 브루너의 교수이론에서 일상 교수학의 문제를 다룬다. 마음의 모형과 관련한 교수모형과 일상 교수학의 중요성을 우선적으로 살펴보고, 새로운 문화심리학에 기초한 교수모형을 재개념화한다.

1) 마음의 모형과 가르침의 모형

우리 시대에서 널리 통용되어 온 학습자의 마음에 관한 네 가지 지배적인 모형들이 존재하고 있다(Bruner, 1996: 53). 각각의 모형들은 서로 다른 교육목표를 강조한다. 이러한 모형들은 우리가 어떻게 가르치고 "교육시키는가" 하는 문제를 결정해주는 마음에 관한 개념화인 동시에 마음과 문화와의 관계에 대한 개념화들이라고 볼 수 있다. 교육심리학을 다시 생각해보고 반성적으로 검토해보는 일은 우리가 인간 발달에 관한 이러한 각각의 대안적인 개념들을 검토해보고, 그것이 학습과 교수에 대해 지니는 함의점을 재평가해보는 것을 요청하고 있다.

첫째, 모방적 학습자 모형: 방법적 지식의 습득

성인이 하나의 숙달된 행동을 한 아이에게 시범을 보이거나 혹은 모델이 될 때, 시범(demonstration)은 무엇을 하는 방법을 모르는 아동이 그 무엇을 수행하는 것을 봄으로써 그 방법을 배울 수 있다는 어른들의 신념에 기초를 두고 있다. 모델링(modeling) 행동도 역시 아동은 무엇을 하고자 원하며, 그 아동은 무엇을 하기 위해 노력할 것이라고 미리 가정한다. 모방에 의한 학습을 하기 위해서 아동들은 어른들이 추구한 목표와, 그러한 목표에 도달하기 위해서 사용된 방법들, 그리고 시범된 행동이 자신들에게 성공적으로 그 목표에 도달하게 해줄 것이라는 사실을 인식해야만 한다. 그러한 모델링은 초보자들을 전문가의 숙달된 방법으로 안내한다. 전문가는 반복된 실습을 통하여 획득한 기능을 초보자에게 전수하기를 바라는데, 초보자는 성공하기 위해서 모델이 된 그 행동을 연습해야만 한다. 이 모형에 기저가 되는 우선적인 가정은 덜 숙달된 사람들은 봄으로써 배울 수 있다는 것이며, 그리고 그들은 모방을 통해 학습하는 능력을 가지고 있다는 것이다. 그리고 이러한 과정에서 또 다른 가정은 모델링과 모방은 문화적으로 관계가 있는 지식의 축적을 가능하게 하며, 심지어 한 세대로부터 다음 세대로의 문화전수를 가능하게 한다는 사실이다.

그런데 인간능력은 지식과 이해보다는 오히려 재능, 기능, 그리고 능력으로 구성된다. 모방적 관점에서 보면 능력은 단지 실습을 통해서 나온다. 지식은 습관처럼 성장하는 것이며, 이론이나 협상 혹은 논쟁과 전혀 연관되어 있지 않다. 고도로 세련된 기능을 전수하기 위한 도제와 교습 기간에서와 같이 기술적으로 더욱 앞선 문화도 역시 그러한 함축적 모방 이론에 크게 의존한다. 과학자 혹은 시인이 된다는 것은 이론을 알거나 규칙을 아는 것보다 더 많은 것을 요구한다.

그러나 단순히 "하는 방법"을 시범 보이고 그렇게 하는 실제(practice)를 제공하는 것만으로는 충분하지 않다. 여러 연구에 의하면 단지 능숙하게 실연하는 방법만 학습하는 것은 어떤 사람으로 하여금 그가 실제와 개념적인 설명을 결합하여 배울 때와 같은 수준의 융통성 있는 기능을 습득할 수 없다는 것이다. 그래서 만약 단순한 모방 학습 이론이 "전통적"인 사회에 부합한다면 그것은 보다 발달되고 진보된 사회에는 확실히 어울리지 않는다. 이러한 이유 때문에 인간 심리에 대한 다음의 가정이 필요해지는 것이다.

둘째, 설명식 교수 모형: 명제적 지식의 습득

아동들을 교훈적인 사태에 노출시키는 것으로부터 학습이 이루어진다고 보는 설명식 교수모형에서 가르침이란 학생들에게 학습되고, 기억되고, 적용될 수 있는 사실, 원리, 행위 규칙들을 제시하는 것이다. 이러한 방식으로 교수한다는 것은 학습자는 "p를 모르며", 학습자는 사실, 규칙, 말로 전달될 수 있는 원칙을 모르고 그것을 가지고 있지 않다는 점을 가정하고 있다. 여기서 지식은 단순히 청취되거나 조사되어지는 것이다. 지식은 하나의 명백한 규범이요, 집적(集積)이다. 즉 알려진 그 무엇을 대표하는 것이다. 여기서 능력이란 "능숙하게 하는 방법을 아는 것"이 아닌 "새로운 지식을 획득하는 것"이다. 이 관점은 오늘날 실제(practice)와 관련한 일상 교수학에서 가장 널리 추종되고 있다. 모든 교과에서 중요하게 학습되어야 하는 것이 무엇인지, 문제시되는 것은 무엇인지에 대해 분명한 상세화를 제공하고, 그것의 성취를 평가하기 위한 기준을 제시한다. 이것은 다양한 모습의 객관적 검사를 많이 생산해 왔다. 세계는 정말 사실들로 가득 차 있다. 그러나 사실들은 너무 많이 제공되었을 때 별 소용이 없다. 즉 교실에서 "객관적" 시험에서 너무 많은 명제적 지식들이 제공되었을 때는 별 소용이 없다.

이러한 설명식(didactic) 모형에서는 아동의 심리는 백지(tabuls rasa)로 가정한다. 나중의 지식이 먼저 존재하는 지식을 기초로 세워진다고 본다. 아동의 마음은 수동적이며, 채워지기를 간절히 기다리고 있는 그릇이다. 적극적 해석과 추론은 그 상황에 들어가지 않는다. "아동의 사고 속으로 들어가려고" 노력하는 것보다 오히려 바깥에서, 제3자의 견지에서 아동들을 바라본다. 이 모형은 단적으로 말하면 일방적이다. 교수는 서로 간의 대화가 아니라, 한 사람에 의해서 다른 사람에게 전달되는 일방적인 하나의 이야기이다.

셋째, 사고 주체 모형: 간주관적 상호교환의 발달

이 모형에서는 아동을 사고 주체자로 인식한다. 상호의존적 교육학에서는 모든 인간의 마음은 신념과 아이디어를 유지할 수 있으며, 토론과 상호작용을 통하여 그것이 공유된 쪽으로 옮겨질 수 있다고 가정한다. 아동과 어른들 모두는 자신들의 견해를 가지고 있으며, 다른 사람의 마음을 고려하고 인식하도록 격려되어진다. "틀렸다"라고 하는 것은 그 견해가 얼마나 좋은 근거로 되어있느냐에 달려있다. 아동도 자신의 사고에 대하여 생각할 수 있고, 반성을 통해 아동 자신의 아이디어나 개념을 바로잡을 수 있다. 아동은 학습자일 뿐만 아니라 인식론자이다. 아동도 세상과 자신에 대해서, 그 세상과 자신이 어떻게 작용하는가에 대해서 일관적인 "이론"을 소유하고 있다. 이것은 모방이나 교훈적 가르침을 통해서가 아니라, 이야기의 교환, 협력, 교섭에 의해 부모님이나 교사의 이론과 조화를 이루어간다. 이 모형에서 지식은 이야기의 교환 안에서, "텍스트적(textual)" 공동생활 안에서 공유되어진다. 진실은 권위의 교육학적인 산물이 아니라, 구성과 논쟁, 증거의 산물이다. 이러한 교육 모델은 상호 부조론적이고 변증법적이다. 이것은 사실적 지식, 숙달된 실천의 성취와 관련되기보다는 해석이나 이해와 더 관련이 있다. 이러한 상호부조론자 견해에서는 교사와 아동 간의 이해의 상호작용과 교환을 수립하고자 시도한다. 즉 듀이가 주장한 것처럼 아동의 직관에서 체계적인 지식의 근원을 밝히고자 시도한다.

이 모형을 보다 타당하게 보충해주는 최근의 네 가지 연구들이 제시되고 있다(Bruner, 1996: 57). 이러한 연구들은 간주관적 상호교환성의 관점을 보강해 왔다. 첫째, 상호주관성에 관한 연구는 아동들이 "다른 사람의 심리를 읽기" 위해서, 다른 사람들은 무엇을 생각하고 느끼고 있는지 알기 위해서 그들의 능력을 어떻게 개발시키는가 하는 문제와 관련이 있다. 둘째, "탐구(inquiry) 프로그램"으로 다른 사람의 "의도적 상태"에 대한 아동의 이해를 포함한다. 신념, 전제, 의도, 욕망 등 타인의 심리 이론과 관련하여 사람들이 다양한 정신적 상태를 어떻게 유지하고, 포기하게 되는가에 대한 그들의 개념을 아동들이 어떻게 획득하는가 하는 문제를 연구하는 것이다. 뿐만 아니라 이것은 진실 혹은 거짓 같은 사람들의 신념과 의견을 분류하는 것과 관련된다. 셋째, "메타인지에 대한 연구"이다. 아동들은 학습과 기억, 사고에 대해서 무엇을 생각하는가, "인지적 작용에 대한 사고"가 자신의 정신적 과정에 어떻게 영향을 미치는가 하는 문제에 대한 연구이다. 마지막으로 협동학습과 문제 해결에 관한 연구이다. 아동들이 이야기를 주고받는 과정, 즉 담화의 교환 과정에서 어떻게 신념을 교정하고 명백하게 설명하는가에 초점을 둔다. 아동들이 어떻게 이해하며, 어떻게 그들 자신의 학습을 해나가는가 하는 연구에 관심을 둔다.

위에서 언급한 네 가지 연구가 공통적으로 가지고 있는 것은 아동들이 학습, 기억, 추측, 사고를 그들 스스로 어떻게 조직하는가 하는 문제를 이해하고자 하는 것이다. 아동들의 인지 활동에 관한 "과학적" 모델을 제시하고자 했던 오래된 심리학 이론과는 다르다. 이 모형에서는 아동 자신의 일상 심리학과 성장이 연구의 목적이 된다. 그러나 아동들을 사고 주체자로 보는 이 모형이 지니는 약점은 "지식"에 관하여 받아들일 수 없을 정도의 관계성까지도 묵인한다는 것이다. 신념을 정당화하기 위해서는 단순히 그것들을 다른 사람들과 공유하는 것 이상의 많은 것이 요구된다. 결국, 지식은 정당화된 신념이다.

넷째, 유식자 모형: 객관적 지식의 관리

이 관점에서 교수(teaching)는 개인적인 지식과 문화에 의해서 "알려진 것으로 여겨지는 것" 간의 차이를 아동들이 이해하도록 도와준다. 그러나 아동들은 이러한 차이를 이해해야 할 뿐만 아니라, 개인적 지식의 역사에서 그 지식의 기초나 기저도 파악해야 한다. 현재 지식을 추구하는 데 관계하는 사람들은 오래전에 죽은 사람들과 함께 추측의 공유자가 된다. 이 관점은 옛날 원문 속에 여전히 살아있는 작가에게 하는 "담화(talking)"에 관하여 특별한 것이 있다고 주장한다. 그것은 과거에 관한 사상에 대하여 담화를 주고받는 것이며, 해석하는 것이다. 또한 과거에 관한 사상에 대하여 "이면에 있는 것으로 초월하여 넘어서는 것(going meta)"이라고 한다. 이 과정에서 수업 실천을 함께하면서, 교사는 그렇지 않으면 멀리 떨어져 있을 과거 세계를 연결하기 위해서 아동이 그 자신의 생각 그 이상에 도달하도록 돕고, 지자(知者)로서 그의 한계를 뛰어넘도록 돕는다.

그런데 실제의 학교교육은 결코 하나의 학습자 모델 혹은 하나의 교수(teaching)모델에 한정되지 않는다. 학교에서의 대부분의 일상적 교육은 기능과 능력을 배양하기 위해, 이론과 사실에 관한 지식을 전하기 위해, 사람들의 의도나 신념에 대한 이해를 위해 고안되어진다. 교육학 실제 중에 어떤 것을 선택하더라도 학습자에 대한 개념을 포함한다. 그리고 그 학습자에 의해서 학습 과정에 대한 적절한 사고 방법으로서 시의적절하게 채택될 것이다.

이상에서 제시된 네 가지 교수모형을 핵심적 특징과 학습자의 본성에 관련지어 나타내보면 [그림 2]와 같다. 또한 이상의 교수-학습의 네 가지 견해를 두 가지 차원으로 구분하여 생각해 볼 수 있다. 첫 번째는 내부적-외부적 차원이다. 아동 내부에 초점을 두는 내면주의자, 본질주의자(internalist)와 외부에 초점을 두는 외면주의자, 형식주의자(externalist)이다. 형식주의자 이론은 학습을 촉진시키기 위해 어른이 외부에서 아동을 위해 무엇을 할 수 있는가를 강조한다. 전통적인 교육 심리학의 영역이 그러하다. 본질주의자 이론들은 아동이 무엇을 할 수 있으며, 아동은 무엇을 생각하면서 하고 있느냐, 학습이 그러한 의도적인 상황에 어떻게 전제되어질 수 있느냐에 초점을 둔다.

두 번째 차원은 간주관적-객관적 차원으로 교육이론가와 이론에 관련되는 대상자들 간에 요구되는 공통의 이해나 간주관성의 정도를 설명한다. 객관주의자들은 아동들을 지식을 습득하고 훈련받아야 할 대상으로 간주한다. 한편, 간주관적 이론에 관심을 가지는 학자들은 아동들이 자신의 학습을 조직하고 삶을 경영하는 데 있어서 아동들을 위한 유용한 심리학 이론을 창조하고자 한다.

이상의 두 가지 차원을 그림으로 제시해보면 다음의 [그림 2, 3]과 같다.

위에서 언급된 일상심리학에 관한 네 가지 관점들이 일관된 통일성으로 잘 융화되어져야 하며, 공통된 하나의 부분들로서 인식되어야 한다. 우리는 네 가지 관점을 부분적으로 나누어 생각하는 편협한 배타주의에서 벗어나야 한다. 인간발달 연구에 있어 최근에 이루어진 진보는 교수-학습의 통합된 이론이 성립될 수 있는 기반을 제

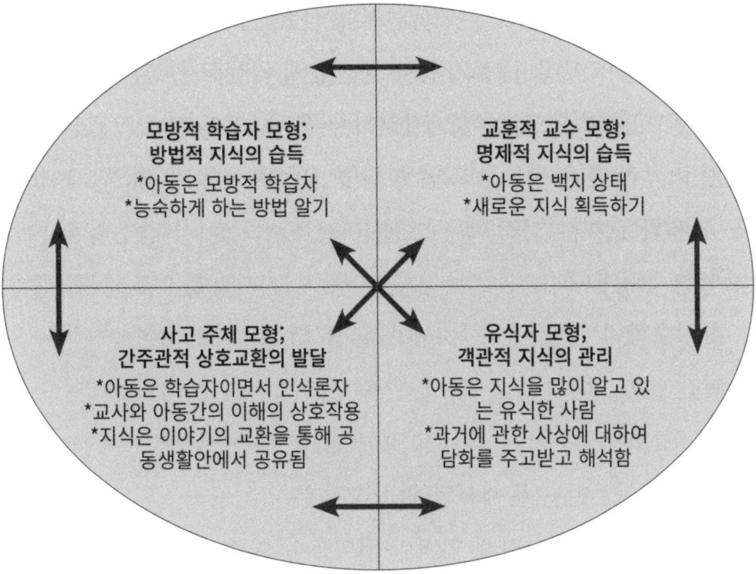

[그림 2] 마음의 모형과 가르침의 모형

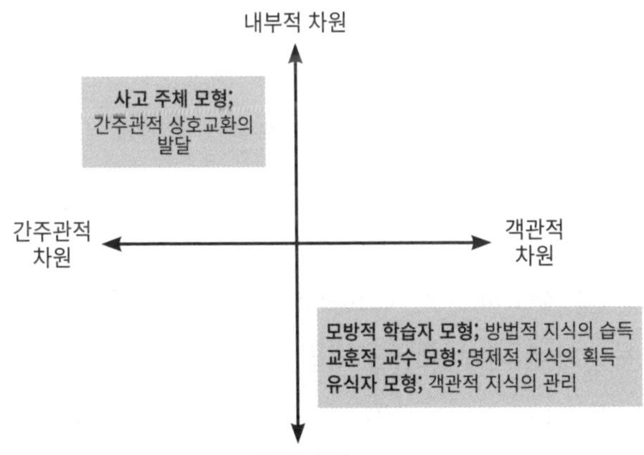

[그림 3] 교수-학습의 네 가지 견해를 두 가지 차원으로 구분하기

공한다. 이러한 진보와 더불어 우리는 아동을 하나의 적극적, 의도적인 존재로 이해할 필요가 있다. "사람에 의해서 만들어진" 지식과 세상 및 서로에 대한 우리의 지식이 어떻게 구성되어지며, 동시대의 사람과 오래전에 세상을 떠난 사람들 모두와 어떻게 협의했는가 하는 문제와 관계가 있기 때문이다(Bruner, 1996: 63).

2) 교수학에서 민간 교수학(Folk Pedagogy)의 의미와 중요성

민간(일상) 교수학은 어의상 민속 교수법이지만 여기에서는 어떤 특정 이론과 전문적인 과학적 접근에 의한 교수법이기보다는 일상적이고 상식적인 수준에서의 일반적인 세상 사람들, 즉 일반인의 교수학을 의미한다. 따라서 이러한 의미를 종합하여 보면 상식적인 일상 교수학이라고 개념화할 수 있다. 그렇다고 하여 그것이 액면 그대로의 상식적인 수준에서의 교수학이라기보다는 실제 일반인의 교수 활동 속에서 자연스럽게 구현되고 있었지만 그동안 전문 교수학의 탐구대상에서 배제되어 왔던 분야로 이해하는 것이 타당할 것이다. 즉 일상 교수학은 전문 연구 대상에 포함되지 못한 채 교육 일상 속에 묻혀있었던 탐구 대상을 상징적으로 표현한 것으로 이해할 수 있다(박소영, 2005: 17).

메타인지를 강조하는 현대교육학에서는 아동들이 어떻게 학습하고 사고하는지에 대해 관심을 가진다. 교수와 학습에서 우리가 늘 당면하는 문제는 "인간이 어떻게 마음의 합일점을 이루어내는가?"이다. 그것은 교사들의 입장에서는 "내가 어떻게 아이들을 이해시키지?", 아이들의 입장에서는 "우리 선생님은 무얼 말하려고 하는 거지?"라는 문제들로 표현되어진다.

"마음이 어떻게 작용하는가 하는 문제"는 "일상 심리학"이라는 이름으로 최근에 와서야 집중적인 연구 대상이 되고 있다. 일상심리학에서 인간성향이란 자신의 의지와 통제에 따라 행위 하는 것이고, 이 인간 성향들은 문화적인 신념들을 반영한다. 일상심리학은 "마음이 여기에서 어떻게 작용하는가?" 하는 문제에 몰두할 뿐만 아니라, "아동의 마음은 어떻게 학습하며, 무엇이 학습을 성장하게 하는가?" 하는 문제에 관심을 가진다. "아동들의 심리는 무엇과 같으며 아동들이 학습하도록 어떻게 도울 것인가?"에 대해 교사는 고민한다. 교수는 학습자의 심리 본질에 대한 개념들을 기초로 한다. 브루너는 아이들이 무엇을 하고 있는가 하는 문제만을 설명하는 것만으로는 충분하지 않다고 주장한다. 아이들이 무엇을 생각하면서 하고 있는가, 그리고 그것을 하는 이유가 무엇인가를 결정하는 것이 중요하다. 문화적 접근에서 아동은 세상에 대해 직접적으로 행동하고 있는 것이 아니라 세상에 대해 갖고 있는 신념에 근거하여 행동하고 있다. 교사가 아이들을 돕기 위해 무엇을 할 수 있는가에 대해 고민하는 것을 시작으로 아이들은 그들 자신의 학습과 사고에 더 많은 책임을 질 수 있다. 아이들은 "세상"에 대해서뿐만 아니라 "사고에 대한 사고"를 시작할 수 있다. 이로 인해 아이들이 어떻게 사고하고 지식을 얻게 되는지에 관심을 가진다.

교실에서의 교육의 실제는 학습자 마음에 대한 일상적 신념을 바탕으로 전제된다. 고등 영장류에게는 부족하지만 인간이 계속 발달시키고 있는 것은 마음에 대한 신념들이다. 이러한 신념들은 사고와 행동의 전달능력과 원천에 대한 신념들을 바꾸어 놓는다. 그렇다면, 우리가 어떻게 아동들의 마음을 이해하게 되는가 하는 문제에 대한 발전은 교육학에 있어서 개선을 위한 필수 요건이 된다.

첫째, 지식이란 무엇인가? 구체적으로 특수하게 아는 것과 일반적인 규칙의 한 예로서 아는 것 사이에는 차이가 있다. 둘째, 지식은 어디에서 나오는가? 어떤 것을 추상적으로 이해한다는 것은 보다 간단한 형태로 전환되어 축소될 수 있다. 셋째, 어디에서 어떻게 지식을 얻는가? 공부를 시작할 때 우리는 교사가 지식을 가지고 있고 수업시간에 그것을 학생들에게 전달해준다고 가정한다. 하지만 학급의 다른 친구들도 역시 지식을 가지고 있고, 그것은 공유되어질 수 있다. 하지만 지식은 집단 내에도 존재하지만 무기력하고 생기가 없을 수 있다. 단순히 누가 무슨 지식을 가지고 있는가를 파악하기보다는 오히려 지식을 창조하는 한 방법으로서 집단토론이 중요하다. 학생들은 해답들을 찾아내기 위해서 문화 속으로 뛰어든다. 개개인이 알고 있는 것보다 집단에 의해서 알려진 것들이나 혹은 집단 내에서의 토론에 의해서 발견될 수 있는 것이 더 많다. 그리고 "문화 속"에는 훨씬 더 많은 것들이 저장되어 있다. 다른 문화적 상황 속에 처해있는 교실에서 발생하는 교육 실제를 결정할 수 있는 학습자 심리에 대한 몇 개의 대안적 개념들에 대한 고려가 중요한 시점이다.

3) 문화심리학에 기초한 교수모형의 재개념화

최근에 교수와 교수의 지배적인 양식에 대한 비판이 다양하게 제기되고 있다. 즉 패러다임적 사고방식에 경도되어 논의되어 온 기존의 교수의 문제는 인간이 삶과 의도의 문제, 의미 구성의 문제를 등한시함으로써 교수의 문제를 왜곡시켜왔다고 볼 수 있다. 내러티브 사고방식을 중심으로 교수의 문제를 조망하는 문화주의 이론에서는 문화 속에서 형성되는 인간발달과 마음의 구성 문제에 주목한다. 그것은 내러티브 사고양식을 매개로 하는 의미 형성의 문제를 중핵으로 한다. 보다 근본적으로는 내러티브 사고에 의한 실재의 구성 문제에 토대를 두고 있다.

이러한 문제들은 인간 경험의 조직 방식에 대한 새로운 제안으로 볼 수 있다(강현석, 1998: 109). 그것은 인간 개체의 내적인 심리적 문제만을 중립적으로 탐구해온 인지심리학에 대한 새로운 반성으로 나타나고 있다. 기존의 인지심리학은 시공을 초월한 인간 보편의 마음과 심리의 문제를 소위 중립적이고 과학적으로 다루어 옴으로써 인간의 문제를 이해하는 데 제한적인 방식을 고집해오고 있다. 이러한 문제에 대해 문화심리학은 의미 있는 대안이 될 수 있다. 그것은 의미구성, 문화와 사고의 문제를 다루는데, 인간경험의 조직방식에 대한 대안으로 기능할 수 있다. 따라서 문화심리학은 인간의 문제와 교수의 문제를 새롭게 조망할 수 있는 기초를 제공해주며 교수의 문제에서 인간 발달과 마음의 구성 문제, 해석적이고 구성주의적 인식론의 문제, 내러티브 사고 등에 주목한다. 요컨대 문화심리학은 심리학의 또 다른 하위 유형이 아니라 심리학의 새로운 조망 방식으로서 인간 연구 혹은 교수 연구의 적절한 언어이자 새로운 탐구방식을 의미한다. 따라서 그것은 타당하게 인간 연구를 수행하기 위한 방법론을 의미한다.

그러므로 문화심리학에서는 지식 구성과 내러티브 사고의 문제가 중핵적이며, 인간 발달의 문화적 상황성을 중시하고, 마음의 구성물로서 문화를 조망하고 있다. 이 속에서 마음은 특정한 문화 형태의 역사에서 특정 시간에 일어나는 구성물로 이해함으로써 컴퓨터 인지과학을 통한 인간 내부 구조의 보편적 규명의 한계를 넘어서야 한다.

사실 문화주의는 인간이 다른 사람의 마음을 알게 되는 방법인 "간주관성"과 깊이 관련된다. "문화 심리학적" 접근 또는 간단하게 "문화 심리학"은 그 범위 내에 주관성을 포함하고, 종종 "실재의 구성"을 가리키지만, 존재론적 의미에서의 "실재"를 분명히 제외시키지는 않는다. 인식론적 근거에 비추어 보면, "외적"이거나 "객관적인" 실재는 마음의 속성과 마음이 의존하는 상징체계에 의해서만 알려질 수 있는 것이다.

이러한 입장에 비추어 보면 기존의 교수모형은 몇 가지로 재개념화될 수 있다.

첫째, 대화적 모형(dialogue model)이다. 교수는 많이 아는 교사가 잘 모르는 학생에게 '전달'해주는 일방적 활동이 아니다. 이제 교수는 전달 메커니즘에서 탈피할 필요가 있다. 특정 내용을 어느 일방으로 전달하는 과정에는 타인의 마음에 대한 고려가 소극적일 수밖에 없다. 가르치는 활동은 쌍방간의 대화의 과정으로 나아갈 필요가 있다. 대화는 관심과 배려(caring)에서 출발한다. 관심과 배려는 다양하게 구현될 수 있다. 학습자의 수준에 대한 고려, 인지구조에 부합하는 학습과제의 구성, 역동적 학습환경의 마련 등으로 나타난다.

둘째, 의미 교섭적 구성 모형(negotiation model)이다. 교수활동은 소위 객관적인 지식을 전달하고 습득시키는 관리적 차원에서 일방적으로 진행되는 사업(enterprise)이 아니다. 그것은 교육적 상황에서 당사자 간의 협상과 교섭을 통한 의미 거래의 과정이다. 그 과정에서 의미를 형성하고 서로 간의 반성적 숙의를 통하여 지식을 구성해나가는 것이다. 학습은 학습자 자신의 발견을 통해 새롭게 의미를 구성하고 지식을 구조화해 나가는 과정으로서, 새로운 발견과 의미 구성에 필요한 것들을 사회적 상호작용을 통하여 학습해나가는 것이라고 볼 수 있다(Bruner, 1996: 151-153).

셋째, 내러티브 모형(narrative model)이다. 학습은 가장 자연스럽게 이야기를 통하여 이루어진다. 학습의 과정, 즉 지식 획득-변용-평가라는 에피소드는 학습자의 이야기를 통해 가장 잘 조직될 수 있다. 학습 조직의 한 수단으로서 내러티브는 학습의 목적인 동시에 수단이 된다. 이제 발견학습은 더 이상 객관적인 구조를 수동적으로 혼자 찾아내는 활동이 아니다. 그것은 내러티브적 발견에 의해 가능하며, 학습의 해석적 과정을 고려할 필요가 있다. 따라서 탐구학습 역시 사회적 장면에서 구성원들의 교섭과 공유에 의해 재창조되어 가는 과정이 강조될 필요가 있다.

넷째, 인지적 상호작용 모형(cognitive interaction model)이다. 비고츠키(Vygotsky)의 선농에 의하면 사회적(상황적) 구성주의에서 학습은 문화적으로 조직된 실제 활동들에의 공동참여이다. 따라서 지식 구성 영역에서의 의미의 교섭이 중요하다(Driscoll, 2000; 이차숙, 2001). 기본적으로 발견 행위는 인지적 성장에 대한 구성주의적 시각을 가정하고 있다. 인간의 인지적 성장은 단순히 어떤 지식을 가르쳐줌으로써가 아니라 문화적 수단에 익숙해지게 함으로써 스스로 발견적 과정들을 통하여 일어난다. 결국 지식의 구조라는 것이 발생적인 것이므로 당연히 알아야 되는 것보다 더 많이 알 수 있도록 해주는 방식으로 어떤 사실들을 학습자의 머리 속에 잘 조직하게 해준다는 것이다.

그리고 이러한 일은 반성과 숙고를 거쳐야 하며 학습자가 이미 알고 있는 것에 대해 곰곰이 생각하는 성찰적 사고를 요구한다(Bruner, 1996: 129).

다섯째, 문화적 상황학습모형(situated model)이다. 학습은 객관적인 조건에서 모든 학습자에게 공통적이고 보편적인 내적 과정을 거쳐 이루어지기보다는 교육상황이 처한 문화적 맥락과 조건(cultural situatedness)에 영향을 받는다. 따라서 내적이고 중립적인 메커니즘으로 학습을 이해하기보다는 교수-학습의 당사자들의 언어와 사고, 마음의 이론, 즉 의도, 목적, 신념 등에 영향을 받는다.

여섯째, 해석적 순환 모형(hermeneutic circle model)이다. 기존의 실증주의적 도식에서는 학습은 주로 직선적이고 논리적인 계열을 따라 이루어지는 것으로 본다. 그러나 학습은 직선적 계열을 띠기도 하지만 근본적으로는 순환적 성질을 띠면서 질적인 변화를 통해 내면화되는 과정을 밟는다. 외부에서 지식을 주입하거나 타인이 전달해 주는 것만으로는 학습의 총체적 모습을 온전히 설명할 수는 없다. 학습의 과정은 해석적 체계로 설명되어야 하며, 그 기제는 순환적이다.

이상의 모형들은 기존의 교수-학습모형과는 많은 차이를 보이며, 교수 설계의 방향에 직접적으로 영향을 미치게 된다.

다. Folk Pedagogy와 교수 설계의 방향과 원리

여기에서는 앞에서 구체적으로 논의된 일상교수학의 관점에 비추어 교수 설계의 방향과 원리를 예비적으로 구성하는 것에 초점을 둔다. 일상교수학의 관점은 문화심리학에 근거한 교수모형의 재개념화와 문화구성주의로 구체화될 수 있다.

우선 문화심리학에 비추어 본 교수모형은 내러티브 사고를 중심으로 하는 의미 교섭의 해석적 구성과정으로 이해될 필요가 있다. 이 경우 기존의 교수모형은 대화모형, 의미 교섭적 구성 모형, 내러티브 모형, 인지적 상호작용 모형, 문화적 상황학습 모형, 해석적 순환 모형 등으로 재개념화될 필요가 있다. 문화구성주의(강현석, 2004: 79-80)에서는 내러티브를 중심으로 이루어지는 학습이 중시된다. 학습은 대화와 의미 만들기 과정이다. 내러티브 사고를 통하여 이루어지는 의미구성은 문화의 내면화과정이다. 내러티브를 통해 만들어지는 세계 속에서 문화 구성원들 간의 상호작용을 통해 의미창조와 의미교섭이 이루어진다. 더 나아가 지식구성 영역에서 의미 교섭이 일어난다. 학습은 의미구성과 교섭에 관련되어 있으며 교수 설계는 여기에 초점을 두어야 한다.

이상의 재개념화된 교수모형과 문화구성주의 관점에 비추어 이하에서는 교수 설계의 문제를 논의해본다.

1) 교수 설계의 방향

첫째, 문화구성주의 설계

문화가 인간의 마음을 구성한다. 즉 마음의 구성도구가 문화이다. 인간은 문화 속에서 자신의 의미를 발견하고 실재에 대한 시각을 만들어간다. 인간의 역사를 반영하는 문화 도구를 통해 마음이 형성된다. 인간은 자신들의 지적 능력을 보여주는 다양한 방식을 가지고 있지만 거기에는 두 가지 기본적인 사고의 요소가 있다. 논리-과학적 사고와 내러티브 사고가 있다. 내러티브는 대화와 의미 만들기의 중요한 부분이다. 내러티브 사고를 통하여 이루어지는 의미 구성은 문화의 내면화과정이다. 내러티브를 통해 세계를 만들어 나간다. 실재는 내러티브에 의해 구성된다. 세계의 실재가 이야기에 의해 만들어진다. 따라서 세상에는 여러 가지 세계관이 존재한다. 이러한 세계 속에서 문화 구성원들 간의 상호작용을 통해 의미창조와 의미교섭이 이루어진다. 더 나아가 지식구성 영역에서 의미 교섭이 일어난다. 학습은 의미구성과 교섭에 관련되어 있으며 세상에는 발견되기를 기다리는 실재나 진리가 존재하지 않는다. 각자 문화 공동체 내에서 협력하면서 실재를 만들어나간다. 따라서 학습은 문화 속에서 의미를 만들어나가는 과정이다. 이 과정 속에서 내러티브가 중요한 역할을 한다. 언어 사용을 통한 의미교섭은 문화의 내면화과정이며, 상호작용을 통하여 타인과 의미를 공유하게 되어 간주관적이 되어간다. 이 방향에서 이루어지는 교수 설계는 지식 구성에서 이루어지는 의미교섭 과정, 해석적 사고과정, 이야기를 통한 의미 창조 과정, 문화 속에서의 의미 형성 과정 등이 고려될 필요가 있다.

둘째, 지식의 역동성을 기초로 하는 상호학습 설계

지식의 구조는 고정적인 실체가 아니라 생성적 구성체이며, 그런 점에서 기능적인 역동성을 지닌다. 이러한 구조는 지속적으로 구성되고 진화하며 적극적으로 창조의 과정에 놓이게 된다(강현석, 2004: 68). 따라서 설계는 구조의 구성성과 지식의 지속적인 창조의 과정에 놓여야 한다. 객관적 구조를 단순히 발견하는 선형적인 설계는 적합하지 않다. 이제 선형적인 설계 방식은 내러티브 사고양식을 통하여 지식의 창조성을 고려하는 역동적인 설계로 대체되어야 한다. 따라서 교수는 학습자들에게 구조의 탐구와 발견과정에 일치하는 학습기회를 제공하여 구조감(sense of structure)을 내면화할 수 있도록 설계되어야 한다. 더욱이 지식의 구조는 자체의 구조를 새롭게 창조하여 생성시키면서 발전해 나가는 역동적 성질을 지니고 있기 때문에 설계의 단위도 이 점을 고려해야 한다. 특히 구조 자체가 창조적이고 생성적인 측면을 지니고 있다는 점은 지식의 기능성을 최대한 발휘할 수 있는 역동적인 설계의 가능성을 말한다. 그리고 구성주의 인식론에 의한 구조의 적극적 창조 과정과 문화적 상황 속에서의 의미의 교섭과 구성의 관점에서 보면 선형적이고 절차적인 설계 방식은 극복되어야 하고 기존의 일방적 교수에 대한 대안적 설계 방식이 요청된다고 볼 수 있다.

셋째, 협동학습 설계

학습은 보여주고 말하는 활동을 통해서가 아니라 서로에게서 상호학습하는 상호작용적 과정이다. 상호학습자 공동체 사회를 형성하는 것은 인간문화의 본질에 내재한다. '간주관성'이란 언어, 제스처, 혹은 다른 수단을 통해서든 다른 사람의 마음을 이해하는 인간의 능력이다. 우리는 간주관성으로 인해 상호학습이 가능하다. 상호적인 학습사회는 실천과 앎의 방식을 모형화하고 경쟁의 기회와 해설, 초보자를 위한 비계와 맥락을 제공한다(Bruner, 1996: 20-22). 그리고 상호 학습자의 공동체 형성은 훌륭한 교수를 위한 관건이 된다. 학습을 서로 배우는 상호작용적 과정으로 이해하는 노력과 간주관적인 의미협상이 가능한 상호 공동체의 형성은 인간 문화의 본질이다. 이러한 상호 공동체 학습의 문화는 교실을 상호 학습자의 공동체로 인식하고 상호조력(scaffolding)이 가능하며 간주관적 교수법이 구체화되는 모습을 띠게 된다. 이것은 상호 작용적 교수법의 근거가 된다(강현석, 2002: 53). 이 방향에서 교수 설계는 상호 학습 공동체 구성원으로서 그리고 미숙한 학습자에 지식을 전수하는 사람이 아니라 상호 학습자 중의 하나로서 교사를 볼 것을 요청한다. 이런 점에서 Vygotsky의 ZPD 설계는 타당하다. 그리고 쌍방향의 상호작용적 교수설계가 이루어져야 한다.

넷째, 내러티브 과정 설계

Bruner는 세계에 대한 우리의 경험과 지식을 조직하거나 서로 간의 의사 소통과 학습에 있어서 내러티브가 가장 보편적이면서도 자연스럽고 손쉬우며 강력한 형식 가운데 하나라고 보고 있다. 학습은 내러티브를 통하여 의미를 만들어 가는 과정, 즉 내러티브 발견법으로 볼 수 있으며, 그 발견은 일상 심리학의 맥락에서 작용한다. 일상 심리학은 사회적 세계 속에서의 경험과 지식, 상호작용과 관련된다. 이 관점에서 보면 인간 학습의 이유는 주어진 문화에 있으며, 그 문화 내에서의 의미를 위한 탐구 활동에 있다. 사람이 문화에 참여함으로써 그 속에서 의미는 공적인 성격을 띠며, 공유되는 것이다. 일상심리학은 의미 구성과정에 관련된 상호적 과정이다. 따라서 발견학습은 내러티브 사고에 의한 의미 구성 과정인 동시에 문화 속에서의 해석적 구성의 과정이다(강현석, 2004: 64-65). 이런 점에서 교수 설계는 내러티브적 발견을 지향해야 한다. 이상의 내러티브적 발견과 해석적 체계에 의하면 발견학습은 더 이상 객관적인 구조를 수동적으로 혼자 찾아내는 활동이 아니다. 이러한 점에서 브루너는 자신의 탐구학습에 관한 초기의 생각이 불완전하다고 보고, 새롭게 탐구학습에 대하여 사회적 장면에서 구성원들의 교섭과 공유에 의해 재창조되어 가는 과정이 강조될 필요가 있다고 지적하였다.

내러티브로서 이야기 구조는 학생들의 내적 지식에 이야기의 전형적인 구조를 형성하는 스키마로서, 학습에서 이야기를 이해하도록 안내하는 인지적 구조 역할을 한다(이흔정, 2003: 42). Egan(1986)의 이야기하기로서의 교수(teaching as story telling) 모형에서 수업은 달성해야 할 목표들의 집합체가 아니라 좋은 이야기이다. 요컨대 내러티브를 활용하는 수업은 두 가지 차원 즉, 소극적인 방법으로는 기존의 내러티브 구조를 가지고 있는 이야기를 활용하여 수업을 전개하는 것이며, 보다 적극적인 방법으로는 수업의 전개 자체를 내러티브식 구조로 조직하는 것이다. 더 나아가 이야기식 구조를 가지지 않는 사건들을 내러티브 구조로 조직하는 수업 모델이 개발되어야 한다.

2) 교수 설계의 원리

첫째, 구성주의 원리

실재의 구성은 전통과 사고방식에 대한 문화 도구장치에 의해 형성된 의미 구성의 산물이다. 이 원리는 크게 해석적 구성(hermeneutic composition)에 의존한다(Bruner, 1996: 137-138). 이러한 내러티브 사고에 의한 구성주의 입장에서 보면 교수 설계는 교수 자체에 대한 근본적인 관점의 변화, 교수 내용의 성격에 비추어 재개념화되어야 한다. 일반적으로 구성주의 인식론에 기초하여 보면 학습목표에서 추출된 세부적 요소들을 논리정연하게 제시하는 방식은 지식의 기능적 성격과는 거리가 있다. 목표를 사전에 행동적으로 설정하여 그 달성 방법을 기술적인 절차의 처방으로 규정하는 방식을 넘어서야 한다. 그리고 전달하고자 하는 대상의 객관적인 의미를 학생들에게 그대로 전수하는 객관주의 관점과는 달리 인식의 주체인 교사가 가르치는 내용의 의미를 구성하며, 또 다른 인식 주체자인 개별 학생과의 협동적인 상호작용을 통하여 새로운 의미를 창출하는 것으로 보아야 한다. 따라서 교수와 교육내용은 주어지는 객관적인 실체가 아니라 그야말로 가르치고 배우는 당사자들에 의해 구성되어 가는 것이다. 따라서 교과서 내용을 마스터해야 될 내용으로 정련화한 다음, 그 논리적인 계열성을 기초로 설계할 것이 아니라 학습자와의 실질적인 상호작용을 통해서만 그 의미가 발현되게 하는 경험적인 계열을 기초로 설계될 필요가 있다. 이런 점에서 본다면 교과별로 내용을 구분하여 설계하는 방식은 문제나 쟁점, 사고기능, 개념이나 범주 중심으로 교과 간의 학습내용을 통합적으로 재조직할 필요가 있다. 따라서 보편적이고 절대적인 내용의 설계보다는 학습자의 관심, 해석, 견해가 반영되어 내용이 특정 맥락에서 유의미하게 해석되고 적합한 의미가 재구성될 수 있는 방식으로 설계되어야 한다.

둘째, 내러티브 원리

교수는 기본적으로 의미를 만드는 것에 관한 것이다(Gudmundsdottir, 1991: 216-217). 교사는 그들이 가르치는 내용 속에서 자신들을 위해서 의미 만들기를 해야 하며, 자신들의 사적인 의미를 학생들이 이해할 것이라고 느끼는 형식으로 전환해 주어야 한다. 이것을 하기 위하여 교사들은 교수내용지식을 필요로 한다. 교수는 하나의 스토리를 쓰는 것과 같다. 교수를 이해한다는 것은 하나의 스토리를 해석하는 데에 도달하는 것과 같은 것이다(Polkinghorne, 1988: 142). 이런 점에서 내러티브가 수업의 소재, 전달 수단, 수업 내용, 인식의 도구(김한종, 1999)로 활용될 수 있다. 수업의 내용으로서 내러티브는 수업 소재로서 이야기나 사건, 즉 교사가 가지고 있는 수업 소재에 관한 내용 지식이 변형과정을 거쳐서 만들어진 것이다. 대부분의 교사들은 자신이 가장 잘 아는 부분에 대해서 설명을 길게 한다. 인식 도구로서 내러티브는 경험의 흐름을 이해할 수 있게 한다. 내러티브는 무수히 많은 내적 관계를 맺고 있는 일련의 사실들을 하나의 이야기로 인식하게 되는데 이것이 사태 인식의 기본적 성격이다(강현석, 2005: 96).

내러티브와 관련하여 브루너는 교수 설계에서 고려해야 할 5가지의 원리를 제시하고 있다(Bigge, 1999: 143-144; 강현석, 2005: 98). 첫째, 학교 교수를 통하여 학생들 자신의 추측의 가치와 수정 가능성을 발견하도록 촉진하고, 문제해결에서 가설을 수립하고 해결을 시도하는 활동의 효과를 자각하도록 권장할 필요가 있다. 둘째, 현재의 조건과 미래의 결과를 관련시키는 마음의 사용을 통해 문제해결의 가능성에 대한 학생의 신뢰를 개발하는 데 강조점을 두어야 한다. 셋째, 다양한 교과내용과 관련하여 학생 자신의 추진력을 배양하고, 스스로 조작해 나갈 수 있는 능력을 개발해야 한다. 넷째, 마음을 경제적으로 사용할 수 있는 능력을 개발할 필요가 있다. 다섯째, 학생의 지적인 정직성을 개발하는 것이다.

셋째, 상호작용의 원리

학습의 본질은 상호작용적 과정에 있다. 학습은 간주관적인 의미 교섭 과정이다. 이러한 과정을 통하여 상호 공동체 학습의 문화가 형성된다. 학습에서의 상호조력과 간주관적 교수법을 활용하는 상호작용적 교수법을 전제해야 한다. 이러한 상호작용 원리는 간주관적인 상호학습과 비계 설정을 통하여 교수-학습이 전개되며, 우리의 자아가 교섭적으로 형성된다는 점을 가정한다. 지적인 발달을 가져오는 상호작용의 본질은 간주관성에 기초한 협동이며, 개인의 지적 발달은 더 발달된 사람과 아동간의 상호작용을 통한 내면화를 의미한다. 따라서 타인의 적극적인 개입과 역할이 중요하며, 비계설정의 과정과 효과, 인지적 도제 제도, 합법적인 주변적 참여, 근접발달 영역과 관련한 교사의 수업 방법, 역동적 평가이론 등이 설계에서 강조되어야 한다(곽영순, 2003).

넷째, 회귀적 나선성의 원리

학습의 과정은 직선적이면서 누적적이기보다는 이전에 배운 내용을 단서로 하여 보다 높은 수준으로 나아가면서 이전의 수준과 대화하면서 끊임없이 새로운 관점에 의해 재해석하는 과정이라고 볼 수 있다. 따라서 학습의 초기 단계에서 취급하였던 내용을 다시 정교화시킨 점차 발전된 형태로 제시할 필요가 있다. 즉 이전에 배운 내용에 기초하여 다음의 내용을 지속적으로 학습할 수 있도록 나선형으로 설계되어야 한다. 이 과정은 이전과 이후의 수준과의 관계를 반성적으로 성찰한다. 나선형의 조직은 지식의 단순한 누적적 이행도 아니며, 동시에 동일 수준의 반복도 아니다. 따라서 나선형의 과정은 바로 대화와 반성을 통한 성장의 과정이다. 성장의 과정은 직선적 계열이기보다는 해석적 순환을 의미한다(강현석, 2005: 75). 순환은 회귀를 포함한다. 이런 점에서 함축적인 교수는 반성적 재조직을 필요로 하며, 함축성과 정교성 속에서 발전하기 때문에 나선형의 회귀성은 중요하다. 이상의 맥락에서 보면 나선형은 해석적 순환 속에서 대화를 통한 반성에 의해 학습자 체험의 구조적이고 총체적인 변화가 일어나도록 설계되어야 한다.

다섯째, 내면화의 원리

지식을 학습한다는 일은 구조의 내면화를 의미한다. 그리고 구조의 내면화를 거쳐 궁극적으로는 총체적인 체험성의 재구성으로 나아가야 한다. 구조를 발견하는 탐구학습의 목적은 학습자의 기존 체험 구조를 허물면서 한 수준 더 높은 지식 체험 구조를 추구하는 역동적 과정에 참여하도록 하는 데에 있기 때문에 탐구학습은 지식의 구조를 내면화하는 동시에 학습자의 현재의 수준보다 더 높은 지식을 추구하도록 해주는 일이라고 볼 수도 있다. 따라서 탐구학습에서는 각 학습자에게 맞는 학습자의 현 수준을 극복하고 한층 더 끌어올리는 학습자료의 제시가 필요하다. 브루너의 구조의 발견을 적극적으로 해석할 경우에 이 점을 포함하고 있다. 일상적 교수법 역시 이 점을 겨냥하는 교수설계를 요청한다고 볼 수 있다.

발달단계를 새롭게 해석한 발견학습에서는 가능성의 탐색을 상위 수준의 과제를 제시하여 불확실성이 유지되도록 하는 맥락과 유사하다. 즉 아동의 현 수준보다 한 단계에 더 높은 지식을 학습하도록 설계할 필요가 있다. 학습자의 인지구조와 새로운 지식 간의 모순을 경험하게 하여 학습이 일어나도록 하는 특정 조건을 생각할 수 있다. 최종적 지식의 수준과 학생의 수준 사이에는 간극이 존재하므로 자신의 지적 구조를 점차적으로 재구성하면서 계속적으로 의미의 창조과정을 체험하도록 해야 한다. 따라서 교육내용을 선정할 때에는 최종적인 지식이 아니라 학습자의 현 지적 체계보다 한 단계 더 높은 수준의 지식이 선정되도록 해야한다. 그런 점에서 이것은 논리적 계열도 아니고 심리적 계열도 아닌 교육적 계열성, 즉 순차성을 의미하며, 설계는 이 점을 고려해야 한다.

이상의 다섯 가지 설계 원리들은 따로 떨어져 존재하는 개별적인 것들이 아니라 앞에서 논의한 교수모형과 학습자의 마음 모형에서 제시한 것처럼 일상교수학을 중심으로 체계화될 수 있다. 즉 일상교수학은 문화심리학의 틀에서 학습의 문제를 내러티브적으로 이해하는 것이다. 따라서 설계 원리들은 내러티브 학습을 중심으로 통합될 수 있다. 학습자들은 내러티브 사고를 통하여 학습을 구성해나가며 이 과정에서 학습자들 간의 상호작용을 통하여 학습 내용의 구조를 내면화한다. 내용의 구조를 내면화하는 과정은 해석적 순환 과정을 밟는 회귀적 나선성을 띤다. 요컨대 학습의 최종 도달점은 내면화이며, 그것은 회귀적 나선적 과정을 거치며, 학습자들간의 상호작용 속에서 이루어지고 상호작용은 내러티브 학습의 틀 속에서 기능한다. 이러한 학습은 구성주의 인식론에 토대를 두고 있다. 이 과정들은 일련의 동심원적 관계로 통합될 수 있다. 이것을 그림으로 제시해보면 다음과 같다.

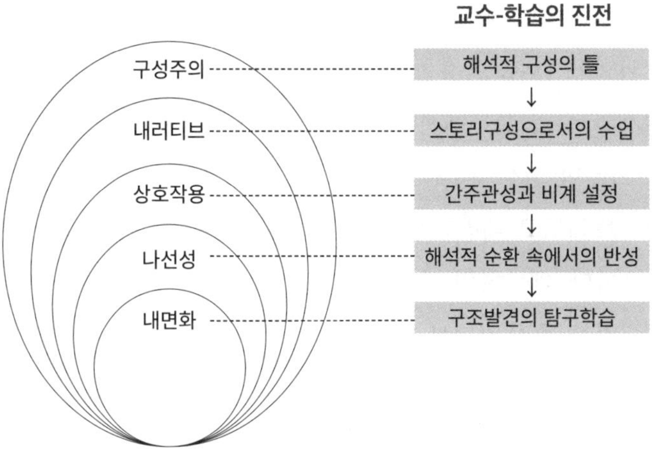

[그림 4] 일상교수학 중심의 동심원적 설계 원리

이상의 동심원적 설계 원리들을 받아들인다면 학습 내용의 조직에 초점을 두는 설계는 내용의 교수-학습에 내러티브 학습의 과정과 이러한 메커니즘을 반영할 필요가 있다.

이상의 설계 원리들은 여러 다양한 수준, 예를 들어 교과 수준이나 단원 수준 등의 교수를 구체적으로 설계할 때 설계의 구성도구, 즉 스코프나 시켄스, 통합성 등에 입각하여 구체화될 필요가 있다. 이런 점에서 본 연구에서 제시한 설계 원리들은 설계의 방향과 설계의 도구들의 중간 수준에서 구체적인 교수 설계를 매개하는 성격을 지니는 차원의 것들로 볼 수 있다.

3) 단시 수업안의 설계

첫째, 스토리를 통한 수업 설계

내러티브 사고과정과 탐구기능을 개발할 수 있도록 설계되기 위해서는 설계 과정과 절차 역시 내러티브 사고의 속성을 반영하는 것이 되어야 한다. 이것은 최근에 등장하고 있는 이야기를 통한 교수 설계와 수업 설계에서 다양하게 이루어지고 있다(Doyle & Holm, 1998). 이러한 방식에서는 전통적인 교수 설계와 수업 설계에 대하여 재검토해보고 내러티브 탐구로서 교수 설계를 재개념화하는 것이 중요하다. 왜냐하면 교수의 실재가 내러티브에 의해 구성되며 설계의 행위가 곧 내러티브 행위이기 때문이다. 전통적인 단시 수업안을 반성적으로 검토하여 대안적인 수업계획안을 제시하는 Doyle & Holm(1998)에 따르면 장차 수업 안은 스토리를 통한 수업설계가 강조되어야 한다고 보고 있다.

다음으로는 이야기를 통한 통합 학습을 활용하는 방안이다. Lauritzen과 Jaeger(1997)는 '이야기를 통한 학습의 통합'을 내러티브 교수로 보고, 이야기를 통해 어떻게 수업에 활용할 수 있는지를 단계적으로, 즉 '맥락파악-질문 구성-목표점검-탐구-정리'로 나누고, 각 단계에서의 활동을 구체화시킨 점이 특징이다. 이것을 응용하여 이흔정(2003)은 Lauritzen과 Jaeger(1997)의 모형을 활용하여 5단계 모형을 제안하고 있다.

Witherell과 Noddings(1991)에 의하면 내러티브를 활용한 수업은 또한 서사적 대화 모형으로 구체화될 수 있다는 것이다. 서사적 대화(narrative dialogue)는 대화 참여자들이 자신의 삶의 경험들을 상호작용적으로 말하고 경청하고 응답함으로써 그들 자신의 관점이 변화되고 자신의 삶에 변화를 동반하는 대화이다. 이러한 서사적 대화 모형은 인간의 삶을 전체적인 것으로 만든다(Polkinghorne, 1988: 150-161). 우리가 자신의 삶의 경험들을 말하게 될 때 우리는 플롯을 만들게 되고, 이러한 플롯은 우리의 개별적인 경험들을 관련짓고, 하나의 전체적인 이야기가 되도록 한다.

둘째, 내러티브 중심 수업 설계

지식의 구조는 '발견되는' 것인 동시에 '만들어지는' 것이다. 이것은 내러티브에 의해 풍부하게 해석되고 확장된다. 브루너는 이 점이 모든 훌륭한 교수, 교수-학습, 훌륭한 단시 수업 지도안의 중심에 놓여야 한다고 강조한다(Bruner, 1996: 115-129). 이 방안에서는 우선적으로 내러티브 설계 원리를 활용하는 방법이 가능하다. 강현석(2004)은 내러티브 중심의 내용 선정과 조직 방안을 제시하고 있다. 내용 선정에서는 내러티브 사고과정과 기능, 자기 추진력과 조작 능력 개발, 지적 정직성의 개발을, 내용 조직에서는 이야기 구조, 개연성과 아이러니, 해석적 재구성, 융통성과 개방성을 제안하고 있다.

기본적으로 내러티브식 수업의 형태는 크게 두 가지로 진행할 수 있는데, 하나는 이야기를 통한 수업이고, 또 다른 하나는 일련의 사건들을 내러티브식으로 구성한 수업이라고 볼 수 있다. 이러한 기본적 형태에 비추어 보면 내러티브와 수업의 측면에서는 크게 3가지 관점에서 내러티브를 활용할 수 있다(강현석, 2005: 102-103).

첫째, 수업의 소재로서 보는 관점이다. 수업에서 다루는 내러티브의 소재는 수업에서 나오는 사실이나 인물과 관련된 이야기인 경우가 많다. 특히 사료에서 나오는 신화나, 전설, 민담 등은 역사 수업에서 가장 자주 이용되는 내러티브의 소재이다.

둘째, 내용 전달 수단이나 방식으로서 내러티브를 보는 것이다. 교사가 알고 있는 이야기의 내용은 내러티브를 통해 수업 내용으로 바뀌는 경우가 많다. 교사는 흔히 수업 내용을 전달하는 방식으로 내러티브라는 형식을 사용한다. 여기에서 내러티브는 교사가 알고 있는 이야기나 사건을 수업 내용으로 바꾸는 변형 도구(transformative instrument)의 기능을 한다는 것이다. Gudmundsdottir(1995: 27-29)에 의하면 교사가 알고 있는 이야기들은 내러티브를 통해 교수내용 지식(pedagogical content knowledge)으로 변형된다. 즉, 교사의 담론으로서 내러티브는 이야기의 내용을 토대로 하여, 교사의 해석, 수업관 내지는 학생관, 또는 이야기를 전달하는 교사의 기법 등이 혼합되어서 나타나는 산물이다. 그러므로 내러티브를 통해 나타난 이야기들은 교사에 의해 선택되거나 혹은 배제되고 변형되면서 새로운 의미가 부여된 이야기들로서, 학생들은 변형의 과정에 포함된 내러티브의 형식에 따라 이야기를 기억하거나 재미를 느끼기도 하고 그것의 의미를 해석하게 된다.

셋째, 수업 내용으로서 내러티브는 수업 소재로서 이야기나 사건, 즉 교사가 가지고 있는 수업소재에 관한 내용 지식이 변형의 과정을 거쳐서 만들어지는 것이다. 따라서 수업 내용으로서 내러티브는 교수내용 지식의 성격을 가지고 있다. 여기에서 수업 내용으로서 내러티브와 교수내용 간의 관계가 중요하다. Grossman, Wilson과 Shulman(1989)은 내용 지식을 교수내용 지식으로 만드는 구성 요소로 네 가지 영역을 제시하고, 이를 다시 크게 가르치기 위한 교과내용지식(subject matter knowledge)의 영역과 교과내용에 대한 믿음이라는 두 가지 영역으로 구분하고 있다. 교과내용에 대한 믿음은 교사가 수업에서 어떤 교과내용을 포함시키거나 우선시해야 하는가와 관련된 믿음이다. 학생들이 중요하게 알아야 한다거나, 그들에게 가르치는 것이 적합하거나 부적합하다고 생각하는 것이 여기에 해당한다. 교과내용에 대한 믿음은 교사의 수업에 커다란 영향을 주는 학생, 학교, 학습, 교수의 본질에 대한 믿음과 결부되어 있으며, 교과내용에 대해 가지고 있는 교사의 선행지식이나 관점과도 관련이 있다는 것이다(Aubery, 1994: 1-13; 김한종, 1999). 결국 이러한 네 가지 구성 요소 중 수업 내용으로서 내러티브에 가장 커다란 영향을 주는 것은 가르치기 위한 교과내용지식 중의 내용지식과, 교과내용에 대한 믿음이다. 자세한 내용지식을 가지고 있는 것이 곧 수업내용으로 바뀌는 것이라고 할 수 있다. 여기에는 수업소재로서 내러티브에 대한 교사 자신의 해석이 포함된다.

이상에서 제시한 세 가지 측면들에 비추어 보면 내러티브식 수업의 구성 방안은 일반적으로 내러티브의 구조적 특징과 그것을 받아들이는 학습자에 대한 고려에 따라 달라진다. 따라서 내러티브의 구조를 결정하는 데 우선 문제가 되는 것은 어떤 이야기나 사건을 수업 내용의 소재로 삼을 것인가 하는 점이다. 교사들은 자기 나름의 기준에 의해 내러티브 구성에서 어떤 사건을 포함시킬 것인가를 결정한다. 고려해야 할 것은 내러티브의 구조나 거기에 내재되어 있는 의미에 대해 학생들이 이해할 수 있는 능력이다. 다음으로 수업의 전개 과정 중에 학생들이 수업 내용을 얼마나, 그리고 어떻게 인식하는가에 따라 교사는 전달 방식을 달리한다. 내러티브의 종류나 학생들의 발달 단계에 따라 내러티브식 수업을 진행하는 방식에 대해 유의할 필요가 있다.

3. Narrative Pedagogy로의 혁신적 변환

내러티브 페다고지는 일차적으로 학습자들의 내러티브 능력을 발달시켜주는 데에 목적을 두어야 한다. 이 문제를 해결하기 위해서는 학습자들의 내러티브 형성과 발달의 문제를 살펴보아야 한다. 아이들의 내러티브는 어떻게 형성되는가.

가. 내러티브 형성과 내러티브 역량 발달

내러티브 문법이 존재할 수 있다는 생각이 매력적이라는 것은 쉽게 알 수 있다(Baldock, 2006; 강현석 외 공역, 2012: 58-62; 강현석, 2016: 326-329). 언어는 개별적 문장들 그 이상의 것으로 구성되며, 언어에 대한 연구는 단일 문장들보다 더 넓은 범위의 단위들(units)을 고려해야만 한다. 보다 근본적인 문제는 내러티브 안에서 영원한 구조를 발견하고자 하는 시도와 세밀하게 구성된 그 어떤 내러티브가 갖추어야 할 내재적으로 연대기적 형식 간에는 모순이 있다는 것이다. Ricoeur(1985)는 Bremond, Barthes, 그리고 다른 사람들에 대한 예리한 분석에서, 내러티브에 대한 구조주의자 작가들이 가지는 본질적으로 받아들이기 어려운 목표들을 증명해 보이고 있다.

이야기의 형성과 관련하여 내러티브의 문법을 구성하거나 혹은 내재적인 논리를 발견하고자 하는 시도는 내러티브들이 연대기적 결과들에 대한 기술이라는 사실과 잘 들어맞지 않는다. 그 문제는 처음부터 제기되었었다. Todorov는 20세기 초에 러시아 학자들에 의해 fabula(이야기의 소재가 되는 사건들)와 syuzhet(이러한 사건들이 차례대로 하나하나 열거되는 방식) 간에 가장 먼저 분명하게 만들어진 구분을 출발점으로 삼았었다. 동유럽 출신으로서, 그는 이러한 일단의 이론들을 1965년에 출판된 책을 통하여 서구의 관심 영역으로 가져오는 데 도움을 준 중요한 인물이었다.

그 구분은 명백한 것처럼 보인다. 그 어떤 이야기도 서로 연관된 사건들의 계열을 묘사한 것이지만, 작가가 그것을 이야기하는 데에는 다른 방법을 사용할 수 있다. 내러티브는 1인칭이나 3인칭으로 이야기될 수 있으며, 원래의 사건들에 대한 편집된 채집(편지, 신문 기사 등)으로 여겨질 수 있는 것으로 구성될 수도 있다. 그것은 일어난 일에 대해 코멘트를 달거나 혹은 없이도 기술될 수 있다. 또한 그것은 행동에만 엄격히 제한하여 설명할 수도 있고, 좀 더 광범위한 코멘트를 달 수도 있다. 그것은 가장 초기 사건을 가지고 시작해서 점차적으로 마지막 이야기로 전개해 나갈 수도 있고, 플롯을 간략히 요약하고 난 후 세부적인 사실들을 설명할 수도 있으며, 혹은 사건의 중간부터 시작하여 그 이후에 앞뒤로 일어난 사건들을 설명할 수도 있다.

fabula와 syuzhet 간의 구분은 일견 그럴듯해 보이지만, 실제에서 그 구분을 유지하는 것은 어려울 수 있다. 내러티브로 이야기된 것을 하나의 매개를 사용하여 다른 형태(가장 흔한 경우로 소설의 영화화)로 바꾸는 것은 제대로 성공하지 못할 가능성이 있다. 이야기하는 방법은 분명히 중요하다. 그러나 기술된 사건들은 충분히 고려되지 않을 수 있는 문법이나 논리를 확인하고자 시도한다는 점에서 구조의 한 중요한 부분을 제공한다.

이야기의 구조를 기술하는 데 있어서 가장 일반적인 가정은 이야기의 시작과 중간, 그리고 끝이 있다는 것이다. 이야기는 반드시 모종의 클라이막스를 거쳐서 시작과 논리적으로 일관성이 있는 결말에 이르게 된다. 중간 부분은 시작에서부터 결말 상태에 이르기까지 변화의 과정이 설명되는 부분이다. Ricoeur(1985)는 내러티브 작품의 결말을 그 통일성(unity)의 시금석으로 보았다. Kerby(1991)는 하나의 대조되는 견해를 내어 놓았다. 그에게 있어, 결말(ending)은 하나의 문학적 장치일 뿐만 아니라 우리가 우리의 삶을 이해하고자 추구하는 근본적인 방법을 반영한다.

우리는 우리 삶의 부분들을 내러티브로 구성해낼 때 사건들을 창조하는 것이다. 내러티브는 우리들로 하여금 시간의 정상적인 흐름 밖으로 걸어 나가도록 한다. 시작과 결말이 이러한 방법으로 이루어진다는 사실은 독자나 청중들이 그 이야기가 실제적 삶이 아니라 다른 그 어떤 것이라는 사실을 이해하도록 돕기 위하여 그것으로 하여금 내러티브 그 자체의 구조에 있어서의 개막과 종결을 나타내는 데 덜 본질적이게 만든다.

경험의 기술로부터 보다 형식적인 스토리텔링으로의 이동이 중요하다. Fludernik(1996)는 소설이나 다른 잘 짜여진 이야기 형식에 뿐만 아니라 일상적인 담론에서 일어나는 것에도 기본적인 내러티브 이론이 필요하다고 주장했다. 그녀는 이것이 보다 '자연스러운' 내러톨로지를 제공할 것이라고 주장했다. 물론 '일상적' 대화는 종종 형식 문법 측면에서 볼 때 허점투성이인(결점이 많은) 발화들에 의해 특징지어진다. 마찬가지로 일상적인 대화에서 일어나는 경험에 대한 설명이나 혹은 그 어떤 인쇄된 담론에 대한 설명이라 할지라도 빈번하게 잘 구성된 플롯을 결여하고 있다. 따라서 그녀가 확립하고자 하는 자연스러운 내러티브학에서 플롯은 필연적인 역할을 가지지 못한다. 그녀의 책은 언어학과 심리학, 그리고 문학 비평가들 간에 새로운 만남의 장소를 제공하고 있다. 그러나 내러티브의 기초를 고찰하는 데 있어서, 그녀는 좀 더 인습적인 의미에서 내러티브가 갖는 유의미성을 과소평가하는 경향이 있다. 이야기들은 지속되는 존재로부터 요소들을 추출하고, 지속적인 흐름을 결여하고 있는 그 요소들에 형식을 제공함으로써 세상을 분석하고자 하는 시도들이다. 그것들은 과학적 이론들일 뿐만 아니라 또한 인위적인 이론들이다. 그것을 구성하고자 하는 우리의 충동이 그 이야기들이 발생되는 경험적 토대만큼이나 중요하다. 따라서 내레이션을 지배하는 '자연적' 대화는 그것들의 관점에서 볼 때 매우 중요한 주제들인 것이다.

내러티브 역량(능력)은 이야기를 이해하고 만들어내는 능력이다. 이 용어는 완전한 모습을 갖춘 모형이나 제공된 이론이라기보다는 기술이다. 내러티브 능력은 유년시절 전체 기간과 그 이후에 걸쳐 발달하는 인지(cognition)의 다양한 양상 중의 하나이다. 이와 관련하여 Baldock(2006)은 여기에서 이 능력에서의 발달이나 진보(advances)가 2-6세, 좀 더 구체적으로 3-4세에 이루어진다는 사실을 지적하고, 어떻게 이것이 발생하는지와 그것의 중요성을 제시하기 위해서 다양한 학술분야의 연구 자료와 논의를 활용하고 있다(Baldock, 2006; 강현석 외 공역, 2012: 112-114).

내러티브 역량에는 다섯 개의 주요 요소가 있는 것 같다:

- 연대순으로 구조화된 사건의 배열을 이해하고 구성하는 능력

(ability)

- 시간의 흐름과 그것의 중요성을 이해하고 그것을 일상이나 주기의 반복 이상으로 보는 능력
- 내러티브 배열에서 작용하는 인과관계를 이해하는 능력: 많은 경우에 있어서 사건은 앞선 사건이 일어났기 때문에 발생한다
- 어떠한 내러티브든지 특정 견지에서 이야기된다는 것과 이야기 속의 다양한 등장인물은 사건이 전개되면서 당연히 서로 다른 관점을 가진다는 것을 이해하는 능력
- 특정 문화에서 내러티브에 부착된 관례를 사용하고 그러한 관례가 엄밀히 관례임을 인식하는 능력, 고로 다른 곳에서 다른 것이 있을 수도 있고 우리 자신의 문화에 있는 관례는 특정한 효과와 이해를 얻기 위해 다양한 방식에서 전복될 수 있다.

위의 네 개는 개인적인 심리(psychology), 마지막의 것은 다른 문화적인 영향과 관련되는 것으로 보일 수 있지만, 브루너와 많은 다른 심리학자들이 말한 것처럼, 개인의 인지 발달은 문화적 맥락에서 분리될 수 없다. 그것이 발생하려면 맥락이 필요하다.

나. Narrative Pedagogy의 특징

내러티브 페다고지는 내러티브 인식론을 기반으로 한 인간의 마음 구성에 목적이 있다. 이를 교육적으로 설명하면 지식으로서 교과를 학습자에게 경험하게 하며, 이 과정은 하나의 이야기 형태로 사고하고 그 결과를 도식화한다. 교사는 지식의 생성 과정에 집중하고 학습자의 마음속 의미 형성 과정에 초점을 둔다. 이후 내러티브 페

다고지는 학습의 영역을 넘어 개인의 자아 형성 문제까지도 발전한다. 이를 구체적으로 구분하여 설명해 보자.

첫째, 내러티브 페다고지는 생성적 지식관을 지향한다. 이는 Bruner의 지식의 구조를 기반으로 한다. 학문중심 교수로 대표되는 Bruner의 지식의 구조는 오늘날 교수의 구성 방식에 큰 영향을 미쳤다. 교과는 지식의 핵심으로 구성되었고, 교수-학습은 지식으로서 교과를 탐구하고 발견하는 것이라고 생각하였다.

그런데 지난 학교의 지식 교육은 일방적인 전달이라는 교수-학습 방식의 문제가 있었다. 이 문제의 원인을 생각해 보면 먼저 지식이란 고정 불변의 상태로 변함없이 존재한다는 인식이었고, 교수-학습 방법 측면에서 바라보면 그러한 지식을 정확하게 습득하는 것이 인간 이성의 바람직한 성장이자 평가 대상이라는 교수-학습 방법, 평가에 대한 오해가 있었던 것이다.

그러나 내러티브 페다고지는 생성적 지식관으로서 지식의 구조를 새롭게 해석하고자 한다. 즉 지식이란 주체의 마음으로 새롭게 받아들이고 해석하는 대상이라는 점이다. 그리고 이러한 지식은 고정 불변의 대상이라기보다는 지식 자체를 경험화하여 탐구하고 받아들이는 과정에서 나에게 의미 있게 다가오는 과정, 그 자체에 집중하고자 한다. 따라서 교육은 결과보다는 과정을 중요하게 생각하며, 결과로서 지식의 발견이 아니라 과정으로서 지식의 창조과 발견을 더 중요하게 생각하는 것이다.

한편 지식의 문제만큼이나 중요한 논의는 인간의 경험과 관련한 논의다. 우리 교수 발전사에 있어서도 학습자의 경험과 관련한 논의는 지속적으로 있어 왔다. 특히 Dewey의 경험 이론은 교육학에서 경험과 관련한 지침으로서 역할을 한다고 해도 과언이 아닐 것이다.

그렇다면 내러티브 페다고지는 지식을 어떻게 경험화할 수 있는지와 관련한 대안이 있어야 할 것이다. 내러티브는 언어로서 교과의 지식을 경험화할 수 있다. 인간은 언어라는 고도의 상징적 도구를 활용하여 개념을 언어로서 경험할 수 있다. 이때 내러티브는 개인의 경험과 이야기를 구조화하는 데 중요한 역할을 수행한다. 인간은 본래 이야기를 좋아하며 지식을 탐구하는 과정 그 자체도 하나의 이야기로서 구성하며 계속되는 경험을 통하여 더 나은 방향으로 성장하는 것이다.

사실 위의 문제는 학습자를 주체로서 바라보는 인식이 바탕이 된다. Bruner 자신도 과거 심리학의 문제를 주체의 상실 문제로 지적하기도 한 것처럼, 교육에서 주체에 대한 인정은 중요한 문제로 판단된다. 교육은 학습자가 주체로서 그들의 이야기를 하고, 수정하고, 더 나은 방향의 이야기로 재구성하는 과정이기 때문이다.

둘째, 내러티브 페다고지는 내러티브 사고를 특성으로 한다. 앞선 내러티브 페다고지가 생성적 지식관을 지향한다면 그 안에서 작동하는 인간의 마음에 대한 관심이 필요하다. 앞서 살펴본 것처럼 과거 학교 교육에서는 지나친 패러다임 사고에 치중한 경향이 있었다. 합리성에 초점을 둔 인간의 이성을 개발하기 위한 교수-학습 방식은 교육의 장면에서 인간을 도외시하는 문제를 가져오게 되었다.

한편 내러티브 페다고지는 내러티브 사고를 중심에 둔다. 내러티브 사고란 인간의 경험을 대상으로 하고, 그 경험을 의미화할 수 있다. 따라서 내러티브 페다고지에 기반한 지식 교육은 지식을 경험화하여 나만의 이야기로 구성하는 과정이다.

그런데 내러티브 사고로서 교수-학습의 대상은 지식 측면, 교수 측면, 학생의 삶 측면으로 확장 가능하다. 먼저 지식의 측면에서 개념은 그 개념의 역사, 필요성, 개념의 구성 과정을 하나의 이야기로서 탐구하고 발견해 나간다. 내러티브 사고는 이 과정 자체를 하나의 이야기 형태로 도식화하고 기억한다. 둘째, 교수 측면에서는 다양한 지식과 개념을 활용하여 보다 큰 범위에서 하나의 주제를 탐구해 나간다. 교수는 교과 내, 교과 간, 보다 긴 차시 호흡으로서 학생들의 탐구를 지향하며, 내러티브 교수 구성 요인으로서 인물, 사건, 맥락, 딜레마 등이 복합적으로 작동한다. 이는 교수라 할 수 있으며 동시에 하나의 이야기를 구성해 나가는데 부딪히는 다양한 문제를 내러티브로서 연습, 공부한다고 할 수 있다. 마지막으로 내러티브 페다고지로서 교수-학습은 학생들의 삶과도 밀접한 관련이 있다. 과거 교과와 교과학습을 이분법적으로 구분하는 것과 달리, 내러티브 페다고지는 교수-학습 과정이 이야기를 생성, 수정하는 연습이다. 이 연습을 삶의 문제로 확장하면 자신의 삶 이야기를 구성하고 수정하는 방법으로 내러티브 페다고지로서 학습하게 된다. 이는 지식과 교수-학습 방법의 구분이 아니라 통합 차원에서 그 자체로 삶을 성장하는 힘을 기르는 것이다.

마지막은 내러티브 자아이다. Ricoeur의 '주체' 개념으로 텍스트를 매개로 끊임없이 주고받는 이야기는 지적 모험의 과정인 동시에 자아의 형성 과정을 설명한다. MacIntyre(1984)는 자아의 개념을 하나의 이야기를 그리며 삶을 살아가는 것으로 설명한다. 한 개인은 그물처럼 얽힌 복잡한 구조 속에서 교육받으며 자신의 이야기를 발전시켜 나간다. 내러티브 페다고지는 교수-학습 차원에서 작게는 지식으로서 개념을 이야기하며, 조금 더 큰 범위로는 교수를 하나의 이야기 형태로 학습하여, 그 안에서 발생하는 다양한 교수 구성 요인 조율을 학습한다. 그래서 내러티브 페다고지는 내러티브 자아를 지향한다고 볼 수 있다. 학교 교육이 학습자의 삶, 자아를 교육할 수 있는 이유는 내러티브 페다고지 자체가 내러티브를 구성하는 방식을 학습하기 때문이다.

4. 내러티브 학습

우리가 현재 논의하는 내러티브 교수학의 문제는 내러티브 학습과 상호적으로 접근해야 한다. 이제 학습의 문제는 내러티브를 중심에 두고 접근해야 한다. 내러티브 학습이 어떻게 이루어질 수 있는가. 이 문제 탐구를 위하여 전현정(2009; 2011)의 연구를 살펴보자. 여기에는 내러티브 학습을 이론적으로 강조하는 McEwan과 Egan의 방식, 구체적인 내러티브 학습 모형들을 논의한다.

가. McEwan의 내러티브 해석 & Egan의 이야기 형식

McEwan(1995)에 의하면, 교수에 관한 철학적 성찰의 목표는 본질에 대한 인식론적 탐구 방법이 더 해석학적인 접근법 때문에 버림받게 될 때 변화하게 된다고 우회적으로 말한다. 철학적으로 논의하는 데 있어서의 요점은 이제, 교수를 해석하는 것이며 교수가 무엇인지를 알아내는 것이 아니라 교수에 관한 "새롭고 더 나으며 더 흥미로운 이야기 방식"을 찾아내는 것이다.

학습에 대한 새로운 목표는 새로운 것을 이야기하는 데 있어서 우리가 그것에 대해 더 잘 학습하게 될 것이라는 희망으로 교수에 관한 이야기를 들려주는 것이다. Rorty(1979)와 Gadamer(1975)에게 해석학은 진실을 확립하는 또 다른 방법이 되는 것은 아니기 때문에 이는 인간 세계에 관해 우리가 더 잘 이해하게 될 것이라는 희망의 표현이다. 이러한 움직임이 교수 철학에서 일으키는 변화는 본질에 대한 탐구를 교수에 관한 논리적 이론에서 교수가 의미 있게 이해될 수 있는 다양한 방식들에 대한 탐구로 대체시킨다. 이러한 방법론적 변화는 교수 행위의 핵심적 부분으로부터 벗어나 구성적 요소들로 향하게 하며 다양한 교수 실천들이 어떻게 변화하였는지를 설명하는 데 도움을 주는 내러티브 쪽으로 향하게 한다.

이러한 움직임은 분석에서부터 해석으로, 인식론에서부터 해석학으로, 공시적 설명과 논리적 주장에서부터 '내러티브적 해석'으로 나아간다. 우리는 이러한 움직임으로부터 인식론적 이점을 가져오게 된다. 교수의 본질에 대한 남색을 멀리함으로써 철학자들은 더 역사적인 맥락 내에서 교수 행위에 대한 자신의 형식적 분석을 바라볼 수 있다. 우리는 교수의 개념이 교사들이 공식적으로 차명하는 다양한 실천을 통해 어떠한 지식을 가져올 수 있는지를 관찰할 수 있다. 우리는 교수 실천의 특성에 대한 조사를 활용할 수도 있으며 이러한 개념들의 역사적 및 내러티브적 특징들에 주목할 수도 있다. 교수의 철학적 연구에서의 이러한 방향 전환의 결과는 교수에 관한 이론화와 교수의 실증적 연구 및 교사들의 실천 사이의 격차를 좁히는 것이다. 우리는 연구와 이론의 요점이 단지 교수를 이해하는 것이 아니라 교수를 변화시키는 것이라는 Marx의 주장으로 결론을 내릴 수도 있다. 또한 이러한 유형의 변화는 실험, 관찰, 중립적인 관점 적용 등을 통해 저절로 나타나는 것은 아니다. 변화는 이전의 이론적 논평의 부적합성이 설명되고 새롭고 더 생산적인 실천 분야가 구성되는 실천의 재기술(re-description)에 영향을 미침으로써 나타날 수 있다. 실천에 대한 성찰적 참여는 결코 무의미한 것이 아니다.

한편, Egan은 그러한 내용을 가장 자연스럽고 이해하기 쉽게 조직하는 방법이 이야기이고 학습자들이 가장 잘 이해하는 방식 또한 이야기라 하였으며 이를 교육과정(교수)에 활용할 수 있는 이야기를 형식 모형을 제시하였다. Egan(1997)은 학습자인 아동을 교사가 채워야 할 빈 존재로 보지 않고 명확하게 설명할 수는 없지만 기본적인 개념 도구를 가지고 있는 상태로 본다. 아이들이 '신데렐라'나 '백설공주' 이야기를 즐겨 읽고 이해하는 이유는 '선과 악'이라는 대립적인 개념 구조를 이미 가지고 있기 때문이다. 이는 학습자를 수동적이고 가르쳐야 할 대상으로 보기보다는 능동적이고 서로 의견을 교환할 수 있는 학습의 협력자로 보는 입장을 바탕으로 하고 있는 것이다.

Egan(1986)은 교육과정을 계획하고 개발하는 데 있어서 목표를 설정하고 내용을 선정하고, 적절한 수업 방법을 고르고 평가를 어떻게 할 것인가를 결정하는 Tyler 방식에서 탈피하고자 하였다. 우리가 경험을 인식하고 의미를 구성해가는 과정은 이런 선형적인 형식으로 이루어지지 않는다. 교사는 가르치기 위해 경험과 기억에 대한 의미를 구성하고, 교수활동 중에 새롭게 인식하는 것도 있으며, 이러한 것들이 순환적으로 영향을 끼쳐 교사의 개인적·실천적 지식이 된다. 이 모든 과정들은 교사 자신의 이야기로 만들어지는 것이다.

기존의 교육과정(교수)에서는 아이들의 창의력과 상상력을 무시해 왔고 학습자 또한 매우 수동적인 존재로 인식하였다. 그러나 과학자의 업적이 단지 과학적 지식의 발견과 증명에 의해 이루어지는 것이 아니라 상상력과 창의력에 근거한 의미구성능력과 과학자적 안목에 의한 것이었듯이 학습 또한 개별 지식의 합으로 이루어지기보다는 어떤 주제에 대한 이야기를 만들어 가는 과정으로 보아야 할 것이다.

Lauritzen과 Jaeger(1997)는 유의미하고 확실한 방법으로 다른 학문을 연결시키는 본질적 요소를 '맥락'이라고 보며, 맥락에 의해 전통적인 교과 영역 접근을 뛰어넘을 수 있는 교수를 구성할 수 있다고 하였다.

Egan(1986)은 교육과정(교수)에서 단원과 차시를 달성해야 할 일련의 목표로 보지 않고 좋은 이야기로 볼 것을 제안한다. 이러한 관점들은 학생의 창의력과 상상력을 사용하여 의미를 강조하는 통합적인 방식으로 교수를 설계, 개발할 수 있다고 하였다. 또한 교육과정(교수)과 수업을 다른 차원의 것으로 보지 않고 교육과정을 개발하는 것이 곧 수업을 계획하는 것이라고 보았다. 따라서 그의 교수 모형은 수업 모형과 거의 흡사한 것으로 보인다. 사실 단원이나 차시 수준에서의 교육과정 설계는 교사의 교수 활동을 설계하는 것과 같다.

Eisner(1979)는 학생들에게 의미있고 다양한 학습기회를 제공할 수 있도록 교육목표와 내용을 변화시키는 능력을 '교육적 상상력'이란 용어로 언급하며, 교사들은 이러한 능력을 가지고 있어야 한다고 하였다. Egan이 제시한 대안적인 교수 모형은 학생들이 이야기를 통해 풍부한 의미에 접근하고 참여하도록 할 뿐 아니라 교사들의 교육적 상상력을 발휘할 수 있게 하는 교수이다.

Piaget나 Dewey와 같은 교육학자들은 교육을 아동, 일상 경험, 내용 연합에 따라 외부세계로 점진적으로 확대해 나간다고 하였다. 이는 곧 현재 아이들이 알고 있는 것, 경험한 것에서 시작하여 모르는 것, 경험해 보지 않은 것으로 학습해 나가야 한다는 점진적 확대의 원리로 나타났다. 그러나 Egan은 환경확대법의 원리가 잘못되었음을 지적하였다. 어린아이들은 실제로 경험하지 못한 판타지 이야기를 이해하며 이에 강한 흥미를 느낀다. 만약 아이들이 구체적이고 친숙한 것만 안다고 한다면 한 번도 본 적이 없고 정확한 개념도 가지지 않은 요정이나 말하는 애벌레들을 어떻게 이해하는 것일까? 그 이유는 아이들이 이러한 것들을 정확한 용어로 설명할 수는 없지만 마음속에 그러한 개념들을 이미 가지고 있기 때문에 이해하는 것으로 본다. 즉 Egan은 아이들이 사랑과 미움, 선과 악, 즐거움과 두려움 등과 같은 도덕적이고 정서적인 범주를 가장 먼저, 가장 잘 알고 있다고 하였다(Egan, 1980; 1983; 이흥열, 2008: 30). Whitehead도 Dewey의 환경확대법이나 Piaget의 학습이론에 대해 반박하였다.

Piaget와 같은 심리학자의 영향으로 아는 것, 쉬운 것부터 배워야 한다는 이론에 대한 대안으로 필요한 것을 먼저 배워야 한다고 제시하였다. 이것은 학생들의 교육의 문화가 발달해 온 방식과 유사하게 조직되어야 함을 시사한다.

Egan이 제시한 이야기 형식 모형을 살펴보자. 이야기 형식 모형은 단원계획이나 수업계획에 관한 원리들을 직접적으로 안내해줄 뿐만 아니라 이야기를 통한 교육과정의 통합 방식도 제안하고 있다.

또 대부분의 이야기들을 보면 강력한 이항 대립쌍을 가지고 있다(예를 들면, 요정과 마녀, 경찰과 도둑, 싸움과 협동 등). 아이들은 이러한 두 가지 상반된 개념을 가지고 그들 간의 타협을 통해 변증법적으로 새로운 개념을 이해해 나간다. 예를 들어, 기온에 대해 배운다면 뜨거운 것과 차가운 것이라는 상반된 개념부터 먼저 배운다. 이런 두 가지의 상반된 것을 상정하고 그들 간의 타협을 도모하는 변증법적 과정을 통해 새로운 개념인 '따뜻한', '미지근한' 등의 개념을 알게 되며 온도의 개념을 이해하고 학습한다.

Egan(1986)은 이야기 속에 이런 변증법적 방식을 활용하여 이야기 형식 교육과정(교수) 모형을 제시하였다. 그가 제시한 이야기 형식 모형은 "주제에서 가장 중요한 것은 무엇인가를 인지하는 것"으로 시작된다. 간단히 말해 "이것은 무슨 이야기인가"를 드러내는 것이다. 그러고 난 후 학생들이 쉽게 이해하고 이를 통해 새로운 지식을 알 수 있도록 해주는 강력한 두 가지 이항 대립 개념(binary abstract concepts)에 기초하여 주제를 구조화시키며 단원(unit)이나 수업(lesson)을 이야기 형태로 조직한다. 이야기가 가지는 특성이 기-승-전-결의 구조를 가지고 있는 것이므로 이야기의 시작부분에 갈등(여기에서는 이항대립)을 제시하고 이야기의 시작 부분에 설정된 갈등이 중재되면서 혹은 해결되면서 이야기를 마무리한다.

이러한 모형에 근거한 교수를 'Great True Stories of the World Curriculum'이라 명명하였다. 이것은 이야기를 통하여 단편적인 지식의 목록이 아닌 보다 통일성 있는 교육과정으로 설계할 수 있게 해 준다. 교사는 어떤 소재나 주제에 대한 체계적이고 상세한 내용보다는 놀라움이나 경이로움을 불러일으키는 질문을 선택하여 아이들의 상상력을 자극해야 한다. 교육적 발달상 이것이 곧 낭만적 단계에 해당하는 학생들의 흥미를 불러일으키는 방법이다.

정리해 보면, 이야기에 근거한 교육과정(교수) 모형은 단원이나 수업의 시작 부분에 갈등이 되는 문제 상황을 제시하고 드라마적인 긴장을 장치해 두며 결말에서 있을 갈등해결을 예측할 수 있도록 한다. 이러한 이야기 형식 모형을 구체적으로 살펴보면 다음과 같다(Egan, 1986; 전현정·강현석, 2009: 180).

〈표 4〉 Egan의 이야기 형식 모형

이야기 형식 모형 (story form model)	
단계	**주요 활동**
1. 중요성 인식하기 (Identifying importance)	- 이 주제에서 가장 중요한 것은 무엇인가? - 이것이 왜 학생들에게 중요한가? - 이것과 정서적으로 연결되는 것은 무엇인가?
▼	
2. 이항 대립 찾기 (Finding binary opposites)	- 주제의 중요성을 가장 잘 나타낼 수 있는 이항 대립쌍은 무엇인가?
▼	
3. 내용을 이야기 형태로 조직하기 (Organizing content into story form)	- 이항 대립쌍을 가장 극적으로 구체화시킬 수 있는 것은 어떤 내용인가? - 주제를 이야기 형태로 가장 잘 만들 수 있는 것은 어떤 내용인가?
▼	
4. 결론 (Conclusion)	- 이항 대립 속에 내재된 극적 갈등을 해결하는 가장 좋은 방법은 무엇인가?
▼	
5. 평가 (Evaluation)	- 교사는 어떻게 학생들이 주제를 이해했고 중요성을 인지했으며 내용이 학습되었다는 것을 알 수 있는가?

나. 내러티브 학습

1) Rossiter & Clark의 내러티브 의미, 내러티브적 앎

브루너와 포킹혼의 내러티브 이론을 학습과 연계시키는 데 주도적인 연구를 해오고 있는 Rossiter & Clark(2007: 13-14)에 의하면 내러티브는 우리의 삶을 유의미하게 만들어주는 기본 구조이다. 우리 인간 존재의 사실들, 즉 행위, 사건, 에피소드 등은 우리 삶의 1차적 자료를 형성한다. 그러나 인간의 삶은 단순하게 발생하는 사건들 그 이상의 의미를 지니고 있다. 그 사건들이 무엇을 의미하는지에 대해서 이해하는 과정이 없다면, 그 사실들은 단순히 자료더미에 불과하다. 의미(meaning)는 가치와 신념과 관련이 있다. 즉 어떤 사건이 일어나기를 바라는가, 우리가 희망하는 것이 우리 삶의 다음 사건에 무슨 영향을 미칠 것인가 등등. 그리고 의미는 맥락(context)과 관련되어 있다. 특정 사건이나 발생한 일이 다른 사건과 관련지어 보거나 전체적인 큰 틀에서 보면 그 의미나 중요성은 무엇인가 등등. 의미는 해석(interpretation)과 관련되어 있다. 이와 같이 가치화, 맥락성, 해석가능성은 내러티브의 특질을 이루고 있다. 따라서 내러티브적으로 의미를 구성한다는 것은 우리 인간 존재의 1차적 자료들을 이야기와 같은 형태로 이해한다는 것을 의미한다. 발달심리학자인 Irwin(1996)은 사람들은 자신들의 행위와 사건의 계열들을 플롯화함(emplotting, 줄거리 만들기)으로써, 즉 자신들의 삶을 이야기 형태로 구성하면서 자신들의 삶을 의미있게 만든다고 하였다(강현석, 2016: 575-584).

이러한 기본적인 개념은 인간과학에서 여러 학자들과 실천가들(Polkinghorne, 1988; Sarbin, 1986; Kenyon and Randall, 1997)에 의해 긍정

되고 표현되고 있다. 이들에 의하면 내러티브 충동(narrative impulse)은 학습된 행동의 결과라기보다는 인간 본연의 욕구라는 점이다. 특히 브루너의 아동 발달 연구에 의하면 의미 구성을 위한 준비도와 상호소통하고자 하는 의도는 언어습득에 선행한다는 점이다. 이러한 점으로 인해 우리 인간 전체의 삶을 통하여 우리의 자연적인 경향은 우리가 보는 것과 경험하는 것에 관하여 스토리를 만들어낸다는 점이다. 우리의 경험을 내러티브에 비추어 만들어내는 우리의 능력은 의미를 만들어내는 중요한 도구가 된다는 것이다.

내러티브 의미에 핵심이 되는 것은 인간 삶에서 메타포로서 스토리의 아이디어이다. Sarbin(1986)은 내러티브를 인간 행동의 탐구와 이해를 위한 적절하고도 근원적인 메타포라고 보았다. 이것은 과거 인간과학에서 강한 영향력을 미쳤던 기계적 메타포나 유기체적 메타포와는 상이한 것이다.

이상의 내러티브 의미는 내러티브적 앎을 함축한다. 앎의 내러티브적 방식은 단지 사실이 아니라 그 사실에 담겨있는 의미나 의미 만들기에 주목한다. 이 방식은 지식에 대하여 연계적이고(connected) 관계적이고(relational) 구성주의자(constructivist) 입장을 견지한다. 이 입장은 지식에 대한 실증주의자 접근과 대조적이며, 브루너(1986)의 내러티브 사고방식과 연관이 있다. 브루너가 제시하는 앎의 두 가지 방식은 과학적 방식과 내러티브 방식이다. 이 두 가지 양식은 서로 상이한 인지적 작용방식(cognitive functions)이자, 의미를 구성하는 방식이며, 실재(reality)를 이해하는 접근 방식을 의미한다. 이 방식들은 지식에 대하여 서로 매우 상이한 입장에 놓여 있으며, 하나의 방식은 다른 방식에서 도출(유래)되는 것이 아니다. 이 방식들은 의도나 목적, 사용법, 지식의 타당도를 판단하는 기준이 상이하다. 과학적 방식은 잘 구조화된 논증의 형태를 지니며 진리에 의존하는데 반해 내러티브 방식은 좋은 스토리의 형태를 지니며 생생한 인간 삶과 유사한 것에 의존한다.

브루너에 의하면 가능한 세계로 표현되는 여러 실재들이 존재한다는 것이다. 그 다양한 실재들은 문화에 의해 매개되는 인간의 정신적 구성의 작용, 즉 내러티브 의미 만들기(narrative meaning making)이다. Polkinghorne(1988; 1996) 역시, 실재(reality)의 3가지 수준 혹은 영역, 즉 물질 영역, 유기적 영역, 의미 영역을 제시하였다. 이 영역들은 점증하는 복잡성의 진화적 과정을 통하여 계열적으로(물질-유기적-의미 영역으로) 발달한다. 이 과정에서 두 번의 큰 전환을 맞이하는데 하나는 물질(matter)에서 생물체(life)로, 다른 하나는 삶에서 의식(consciousness)으로의 전환을 맞이한다. 일반적으로 생물체에서 반성적인 의식과 언어로의 인간 존재의 창발적 출현은 의미의 질서라고 부를 수 있는 실재의 독특한 수준을 일으키는 근본적 변화이다.

내러티브적 앎은 크게 3가지 측면에서 논리-과학적 방식과 지식의 입장에서 차이를 보인다.

첫째, 과학적 방식 혹은 패러다임적 방식은 범주에 의하여 특정 사례나 사건들을 분류하고 분석한다. 개념이나 범주들은 상하위로 구분 가능하며 그 수나 특성에서 공통적인 특성에 의해 규정된다. 그러나 내러티브 방식은 반드시 범주에 의하지 않고 사건의 계열에 초점을 둔다.

둘째, 실증주의적 특징을 지니는 과학적 방식은 측정 가능하고 관찰 가능한 지식에 초점을 둔다. 그러나 내러티브 방식에서는 지식은 관찰된 것과 인식된 것은 인식 주체의 경향이나 참조체제와 분리될 수 없다. 내러티브는 관찰 가능한 사실들을 객관적으로 다루기보다는 인간 경험에 내재해 있는 동기, 바람, 의도들에 주목한다.

셋째, 패러다임적 양식의 절차와 방법은 관찰 가능하고 측정 가능한 데이터에 강조를 두면서 이에 부합하는 통계적 분석에 근거하고 있다. 그러나 내러티브 데이터와 내러티브 앎에 적절한 방법은 반드시 해석적이고 언어에 기반을 두고 있다. 내러티브 데이터는 살아있는 경험을 해석한 것이다. 내러티브 데이터의 중요성을 결정하는 기준은 진실이냐 거짓이냐가 아니라, 즉 실제 일어났는지의 여부가 아니라 사건의 가치와 중요성에 대한 행위 주체자가 현재 평가하는 것을 반영하는지의 여부이다.

요컨대, 내러티브 인식론은 인식 주체와 인식 대상 간의 관련성과 관련이 있는 다양한 인식론적 가정들을 포함한다. 앎과 지식에 대한 이 책의 입장은 기능적으로도 개념적으로도 매우 중요하다. 인식 주체와 대상 간의 관계는 세계와 삶 자체와의 관련성이 된다. 이제 인식론은 윤리의 문제가 된다. 내러티브 인식론은 우리가 어느 것을 알고자 추구하는가 하는 문제와의 관련성 속에 우리를 관련시킨다. 우리가 추구하는 그 지식과의 관계 속에서 우리는 그 지식을 드러내기도 하고 만들어내기도 한다.

2) Moon: 내러티브 학습이론

학습 이론으로서의 내러티브를 활용한 접근법은 특별한 패러다임이며 이는 내러티브에 대한 확실한 이론적 믿음을 동반한다. 사회문화적 틀 속에서 학습 이론의 실행이라는 접근법과 그에 대한 학습법은 효과적인 이론적 모형을 표현한다. 교사는 보다 향상된 학습자의 다양한 학습 결과물의 생성이 가능하도록 계속적인 도움을 제공한다. 이 과정에서 가장 효과적인 지원 방법이 내러티브 모형이 될 수 있다. 또한 계속적인 학습이론의 제공 후 반성적 단계를 통해 보다 실제적인 모형이 될 수 있도록 지원하는 것이 중요하다.

(1) 내러티브의 실제

일반적으로 교사들은 언어를 통해 수업을 실시하며 교수, 학습 원리를 통해 교수를 운영한다. 또한 내러티브에 대한 패러다임과 관련 있는 내용을 조사하기 위해 교사는 글의 이해를 고려하여 내러티브의 활용 방법을 연구한다. 많은 교사들이 앎으로서의 내러티브를 따르면서 내러티브의 적합함에 대한 혼동과 그 자체로 학습 도구로서이 의무 또는 패러다임에 대한 원천적인 개념의 어려움을 느낀다. 이로 인해 내러티브 패러다임은 불명확하게 존재하고 있다(Mcdrury, 2013: 43). 내러티브의 피상적인 의미의 전달과 단순성이 보편화되면서 학습현장에서의 내러티브의 의미, 정의에 대해 혼동이 생기고 있으며 내러티브 그 자체로서 단순히 흥미, 호기심, 동기유발의 한 요소로 인식이 되는 경우가 많으며 보다 심오한 내용적 접근과정은 그 의미 이해의 어려움으로 인해 복잡하고 어렵게 다가온다.

학습자는 정보의 수용보다 지식의 역동적인 구성을 하며 학습자는 다양한 경험, 아이디어, 학습으로의 접근을 조합하게 한다. 학습자는 전이된 지식을 지적활동을 통해 그들 스스로의 의미 구성을 통해 지식을 형성한다. 대화를 촉진하는 학습 과정은 효과적인 내러티브 방식의 핵심이다. 또한 그것은 의미 형성 및 반영 과정을 포함한다. 내러티브를 기본적 수업 도구로 사용하는 경우, 학습이 발생하는 방법에 대한 고민 또한 중요하다. 학습과 내러티브의 상호관련성을 살펴보면 〈표 5〉와 같다(Mcdrury, 2013; Moon, 1999; 이윤호, 2013).

〈표 5〉 학습과 내러티브의 상호관련성

학습 지도(map of learning) (Moon, 1999)	내러티브를 활용한 학습 (learning through narrative)
주목하기(noticing)	이야기 찾기(story finding)
감지하기(making sense)	이야기하기(story telling)
의미 형성하기(making meaning)	이야기 확장하기(story expanding)
의미 활용하기(working with meaning)	이야기 진행하기(story processing)
변형적 학습하기(transformative learning)	이야기 재구조화하기(story reconstructing)

(2) 학습지도(map of learning)

① 주목하기(noticing)

주목하기는 우리 주위를 둘러싸고 있는 것이 무엇인지 이해하는 학습의 첫 단계이다. 이 단계는 다양한 요소들에 의해 영향을 받는데, 그 네 가지 요소는 학생들이 이미 알고 있는 것, 그들이 배우고자 하는 것의 목적으로 떠올리고 있는 것, 어떤 감각적인 반응을 환기할 수 있는 것, 자료가 학생들에게 제시되는 방법 등이 있다. 무엇인가를 알아차리는 것은 학습이 일어날 것이라는 것을 의미하는 것이 아니라 학생들이 표면적인 수준에서 학습하는 것을 의미한다.

② 감지하기(making sense)

학습 측면에 대한 접근을 특징으로 하며 이 단계에서는 학생들은 학습 자료 자체에 관여하며 그 이전의 지식이나 경험과는 관련이 없다. 주요 초점은 학습의 재료를 선택하는 것과 아이디어를 함께 조직하는 것에 있다.

③ 의미 형성하기(making meaning)

이 단계에서 학생들은 자신의 인지 구조에 새로운 내용을 흡수하고, 동시에 인지 구조는 이미 알고 있는 것을 바탕으로 그들의 새로운 학습을 이해하기 위해 이 자료를 활용한다. 그 결과로 의미 있는 학습과 이해가 발생하고 이 경우에 학생들은 정서적 정당성의 의미를 경험할 수 있다.

④ 의미 활용하기(working with meaning)

이 단계에서의 초점은 학습 조절의 과정 안에서 수정될 수 있는 원래의 학습 자료로부터 지속적인 학습의 결과로 생성된 아이디어로의 이동이 시자되며 문제 해결 진략을 구현하고 판단을 하게 된다. 학생들은 개인적인 지식의 활용 상황에서 자신의 의식을 검토하며 학습과정에 참여할 수 있다. 학생들은 전문적인 문맥을 통해 다양한 학습 상황에 영향을 받으며 인식을 높이고 학습 과정을 검토하여 적극적으로 참여할 가능성을 가진다.

⑤ 변형적 학습하기(transformative learning)

이 단계에서는 학습인지구조의 보다 정교하고 종합적인 내용을 포함하고 있다. 학생들은 자신의 프레임을 평가하고 자신과 다른 사람의 지식에 대한 이해를 전달하는 능력을 보인다. 학습 과정 자체의 이러한 인식은 학생들이 자신에 대한 이해 및 다른 사람의 지식을 이해할 수 있는 상황을 제시한다.

(3) 반성적 학습(reflective learning through story telling)

우리는 학습 도구로 내러티브를 사용할 때, 학생의 과거 경험의 이야기는 어떻게 처리되는지와 무엇을 배우는지와 그 방법에 대한 영향을 고려한다. 내러티브는 모든 이야기가 화자와 청자의 관점에서 제시되고 있는 것을 이해하는 것이 기본이 되어야 한다. 화자들은 분명히 감정 개입의 수준을 결정한다. 일부 학생들에게 어필하는 이야기는 의사 표현 과정에 있어 문화적인 관련성을 가진다.

① 이야기 찾기(story finding)

일반적인 반응단계로서 감정적인 내용을 포함한다. 흥분된 상황, 혼란, 호기심 등에 대한 인식의 이유를 발견할 수 있다.

② 이야기하기(story telling)

이야기 자체의 목적을 추구하며 화자와 청자가 조직된다. 표면적인 의미를 지니며 화자와 청자의 관계의 정립을 통해 이야기에 대한 감각 만들기에 관심을 둔다.

③ 이야기 확장하기(story expanding)

이 단계는 공유되는 사건의 의미를 만드는 것이 특징이다. 화자와 청자는 반성적 과정을 통해 기존의 지식과 경험을 활성화하고 인지 구조의 변화를 일으킨다. 특정한 사건과 관련된 느낌의 강도는 다를 수 있지만 이 단계에서 학습의 가능성에 대해 영향을 줄 수 있게 되며 해결방식과 행동양식에 대한 의미를 공유하며 학습이 시작되는 단계에서부터 보다 심층적인 접근이 가능하게 된다.

④ 이야기 진행하기(story processing)

화자와 청자는 개인적인 지식에 영향을 미치는 작업을 통해 실천의 맥락에서 자신의 의식을 강화하며 이야기의 과정 속으로 참여한다. 그들은 이야기를 통제하고, 확인, 통합 및 설명을 시도한다. 이 단계는 다른 이야기와의 결합을 시도하며 비판적 의미와 문맥의 특수성에 대한 중요성을 이해하게 된다.

⑤ 이야기 재구조화하기(story reconstruction)

화자와 청자가 비판적으로 이야기를 분석하게 되며, 자신의 관점에 대해 새로운 구성을 시작한다. 이야기의 다양한 변화를 통해 스토리의 이동과 연결, 일관성에 영향을 주며, 이야기 목표의 명확화를 추구한다. 이 단계에서는 이전에는 미처 알지 못했던 삶의 측면을 알게 되지만, 형식적인 재구조화는 이야기가 계속적으로 반복되며 학습의 기회를 놓칠 수 있기 때문에 주의하여야 한다.

이상의 내용들을 살펴보면 음악과 수업을 하는 데 있어 내러티브는 첫째, 교사의 이야기가 이닌 수업을 하면서 가장 먼저 사용되는 수업 방식이기도 하고, 교사와 교사, 교사와 학생 간의 상호작용이 일어나게 하는 촉매역할을 하기도 한다는 것을 알 수 있다. 둘째, 교사의 내러티브는 음악수업을 하는 데 있어 학습목표에 가장 잘 근접하게 이끌어주는 효과적인 도구가 될 수 있다는 것이다. 교사는 학습목표를 알고 학생들이 이에 잘 다가가게 하기 위해서 내러티브를 사용하여 지식을 구조화하고 구조화된 지식을 학생들이 이해하기 쉽게 나타내는 것이다. 음악과 수업에서는 제재곡에 따른 학습목표가 너무도 분명히 나타나기 때문에 교사의 내러티브적 사고는 학생들에게 다양한 방식으로 나타날 수 있다. 이러한 내러티브적 사고의 양상들이 학생들에게는 의미를 형성하고, 활용하며, 때로는 변형되어 반성적 학습으로 나타나 이야기를 확장하여 지식을 재구조화하는 결과로 나타나는 것이다.

3) 그룹을 통한 내러티브 학습

Hopkins(1994: 208)에 의하면, 내러티브 학교교육은 어떤 면에서는 Freire의 "학습 주기"와 유사한 그룹 주변에서 구성된 학습 공동체에서 일어날 것이다. 그 그룹은(9-10명의 구성원으로 형성되며 "학급당" 교사 1인이고 학생수가 30명이면 3개의 그룹이 구성됨) 혼성집단(학력별 학급편성 배제), 무학년, 자율성을 특징으로 하며 스스로 책무 준거를 수립할 것이다. 그것은 학교의 전체 연령대를 아우를 것이다—즉 매년 학생들이 졸업하고 새로운 학생들이 가입하므로 그룹은 변화한다. 따라서 그룹은 마치 우리 삶 속에서 그런 것처럼 지속성과 변화 모두의 문제점을 다룬다.

교사는 그룹 작업을 촉진하거나 이끌거나 지시한다. 각각의 교사는 2-3개의 그룹을 담당하는데 어떤 경우에는 특정 문제를 수행하기 위해 소그룹을 모아 전체그룹을 만들기도 한다. 교사는 모든 그룹에서 활용 가능하기 때문에 각 그룹은 시간이 경과함에 따라 자립심과 자기-유도 그리고 자기주도성을 개발한다. 교사의 최우선적 강조는 각 그룹의 과정과 개발에 놓이고 개별 내러티브의 최종 생성과 공유를 향해 그리고 각 포트폴리오의 구성, 유지 및 지속적인 성장과 확대로 방향 설정이 된다.

내러티브 프로그램의 중심 도구는 그룹이다: 구두 내러티브는 그룹에 의해 말해지고; 서면 내러티브는 그룹에 의해 읽혀지며; 대리 내러티브(비디오, 드라마, 시, 그래픽 혹은 플라스틱 공예품, 사진, 오디오 레코딩 등)는 그룹에 의해 제시된다. 그 그룹은 (필요 시 교사의 도움을 받으며) 내러티브적 정의(narratory definition)에서 듣고, 감사(audit)하고, 지원하고, 비평하며 보조한다.

사실 그룹의 가장 강력한 기능 중 하나는 내러티브의 개념을 공동체 활동으로 풍요롭게 하고 연장하는 것이다. 각 그룹의 구성원은 서로서로의 과거의 삶, 현재의 삶, 그리고 예견되는 미래의 삶을 이야기한다. 이는 반성적이고 구성적인 과정, 즉 자아형성에 있어서 간주관적인 운동이다. 그러나 구성원들이 연관성과 공통성을 추구하므로 내러티브는 또한 그룹의 것이기도 하다.

학교에서 인종, 민족, 성, 사회계층, 사전 준비 그리고 나이의 견지에서 인구학적 구성이 허용하듯 그룹은 구성에 있어서 이질적이다. 이것은 "다양성"에 대한 낭만적인 약속에서 도래한 것이 아니라 이러한 배치에서 모두들 위해 잠재적으로 더 배울 것이 있기 때문이다. 이것은 민주주의와 공동체를 위한 공감과 사회 평화를 위한 교육이다. 내러티브에 반하는 도관 모형(conduit model)은 사람들 사이의 무지의 벽, 즉 우리가 서로서로 이야기를 모를 때 우리는 잘못된 신념으로 그 사람을 대체한다. 우리가 그러한 신념만을 가동시키면 우리는 그의 진실을 전혀 알지 못한 채 대개 의도하지 않았음에도 그 사람을 상처 입힌다. 사실 우리의 학교와 사회는 그러한 상처로 가득 차 있다. 그 상처는 우리를 갈라놓고 정치에 손상을 주고 이타적이고 공감적인 자극을 질식시켜버린다.

다양성은 실제적이며, 그것은 정치 및 사회적 환경에 존재한다. 내러티브 학교교육은 공동체를 구축하기 위해 다양성을 활용하고자 시도한다. 학생들은 서로에 관해 배우고 "직면하게 된" 서로에 맞서면서 서로서로의 관점을 향해 발전한다. 그룹은 메커니즘 구조의 무미건조한 수직성을 대체할 수평적 입지를 표명한다.

아마도 변형에 일관성을 부여하고 이에 영향을 주는 그룹의 힘은 도관모형학교가 왜 학습촉진에 있어서 그것들을 단지 사소하고 일시적인 방식으로 사용하는 경향이 있는지를 설명한다. 즉 그것들은 성인통제를 위협하는 잠재력을 갖고 있다. 이 모든 것에는 불가피한 갈등 혹은 갈등의 두려움으로부터 발산된 마비가 있다. 갈등은 재구성적 탐구에 있어서 학습 상황에 기여하는 것과 똑같은 스트레스와 긴장 속에서 나온다. 사회적 환경에는 그리고 사람 사이의 관계에는 진정한 갈등이 있다. 그것은 무시되거나 거행되거나 직접 처리될 수 있다. 내러티브 자극은 이러한 대안책의 후반을 명확하게 가리킨다. 그룹과정의 간주관적인 힘은 인간의 차이와 다양성에 대한 창의적인 혼합물에 존재한다.

각 그룹은 스스로를 창조하고 그 자신의 유기체적 자질을 개발하며 한계를 정하고 목표를 수집하고 다소 외적인 영향력에 스스로를 개방한다. 그것이 그룹이다. 그것은 단순한 집합주의자가 아니며 그들을 그룹으로 만든다. 그것들은 복잡한 독립체(entity)이며 늘 구성원들이 그들에게 가지고 들어오는 외부 경험의 영향을 받는 대로 변한다. 더 큰 사회적 이해에 이르는 길은 이러한 미시복잡성(micro-complexity)에 직면하고 이것을 다루는 법을 배움으로써 가능하다. 상호의존적인 소그룹 형성에의 참여는 이렇게 의무적인 각 학생 이야기의 중요한 일부에서 벗어날 수 있도록 하거나 최소한 다르게 사용토록 하는 발달 경험이 될 수 있다.

구성(composition)에 있어서 차이점 때문에 몇몇 소그룹은 의심할 여지 없이 타 그룹보다 그 구성원들의 삶 속으로 좀 더 깊게 더 많이 찾고 더 많이 발견하면서 파고들 것이다. 그러나 다른 간주관적인 배경의 삶에 있는 것으로서, 이것은 개인요소들이 그룹발달과정에서 나올 때 그 요소들의 상호작용에서 기인할 것이다.

어떤 그룹은 구성원들의 사회발달수준 때문에 다른 그룹보다 좀 더 안전하게 발달한다. 어떤 그룹은 더 큰 지지와 안락을 제공하나 학습 잠재력은 다른 문제 그룹만큼 클 수 있다. 왜냐하면 그러한 그룹은 해결할 문제와 좀 더 인간적인 프로젝트가 많기 때문이다. 미숙함은 성장 잠재력과 같다는 John Dewey의 주장을 기억하라. 교사는 그룹 삶의 상태로 인해 흥분된 과정을 중재하기 위해, 그리고 발달된 능력의 현실적인 한계에서 각 그룹이 작용하도록 밀어붙이기 위해 일한다.

5. 브루너의 내러티브 수업이론[51]

가. 페다고지: 교수와 학습[52]

브루너가 포크 페다고지(folk pedagogy)라는 말을 사용하면서 folk의 의미를 비고츠키가 '매일(everyday)'이라고 사용했을 법한 말을 '전

---

51 Bigge & Shermis(1999: 133-159)는 브루너의 이론을 인지적 상호작용주의자, 내러티브 중심 문화심리학 이론으로 보고, 내러티브 수업 이론으로 접근하고 있다.

52 이 입장은 Sandrs Smidt(2011)의 유아교육적 견해를 재구성한 것에 토대를 두고 있음.

문가가 아닌 일상의 평범한 사람들 혹은 민간(folk)'이라는 용어로 사용하는 경향이 있었다. 일부 사람들은 이 용어가 일상적인 것으로 기술될 수 있는 것과 반대되는 편견을 제시하기 때문에 이를 받아들이기 힘들어 한다. 그가 일상(민간) 교수학(folk pedagogy)을 이야기했을 때, 그는 어린이들이 배울 필요가 있는 것과 교사들이 가르칠 필요가 있는 것 그리고 이러한 교수가 행해져야 하는 방법 등에 관한 우리가 소위 '습속으로 수용되는 지혜(received wisdom)'라 칭하던 것을 말하고 있었다. 이 건으로 교육의 측면에 관한 격렬한 논쟁이 쇄도하였다. 미국에서 유년기 교육의 현 측면에 관한 몇 가지 영향—예를 들면 유아 테스트하기, 학교 순위 매기기, 기준에 맞게 가르치기, 정식 교육을 시작하는 유아 연령의 영향 등—을 지속적으로 이야기한다. 이 모든 것은 브루너가 일상 교수학이라 부른 것에 기반을 두고 있다.

브루너가 글을 쓰기 시작했을 때 아동들이 일상의 이론(lay or folk theories)에 따라 교수되어야 한다는 일상 교수학에 기반을 둔 새로운 사조(emerging view)가 있었는데 브루너는 이를 직관적으로 인식하기(being intuitive) 그리고 그가 의심스러워하는 아동과 아동기의 개념—말하자면 아동은 고집이 세서 훈육이 필요하고 순진무구해서 사회의 공포로부터 보호를 받아야 하며 단지 교육자들이 제공할 수 있는 지식으로 가득 차도록 기다리는 빈 그릇임—에 기반을 두고 있다고 기술하였다. 아동들은 자기중심적이며 사회화 학습을 필요로 하는 존재로 인식되었다. 여기서 독자 여러분은 잠깐 멈추고 아동에 대한 이와 같은 태도가 지금 적용되는지 혹은 당신이 어렸을 때 적용되었는지를 생각해보고 이것이 독자 여러분이 교육을 받았을 때 혹은 오늘날의 어린이가 교육받는 방식에 어떻게 영향을 미치는가에 관해 숙고하고 싶을 것이다.

우리는 매체를 통해 아이들의 행실이 얼마나 좋지 않은지, 많은 부모들이 얼마나 부적격한지 그리고 사회는 얼마나 무너지고 있는지에 대해 무수히 듣는다. 이것이 우리의 현행 교육 시스템에 미치는 영향은 자명하다. 그렇지만 일부 시각이 달라졌고 우리는 더 이상 아이들을 수동적 학습자로 보지 않고 그들 자신의 학습을 구성하는 존재로 본다. 또한 우리는 아이들을 사회적이고 문화적인 집단에 명백히 속해있는 존재로 보며 학습에는 상호작용이 중요하다는 것을 잘 알고 있다. 비록 충분하지는 않더라도 우리는 아동 발달에 관해 좀 더 이해한다.

브루너가 교육에 대한 자신의 초기 생각을 쓸 때 그는 다음과 같은 교수학의 네 가지 주요 모형을 식별하였다:

1. *학습자가 근본적으로 모방꾼이라 인식되는 첫 번째 모형에서는 교육자가 기술과 지식을 시범과 모형화(modelling)를 통해 전달한다*. 브루너는 이러한 접근이 기술뿐 아니라 재능과 전문지식을 칭송했다고 제안하였다.

2. 두 번째 모형에서는 *학습자가 직접적인 교수를 통해 이득을 얻을 수 있는 존재로 본다. 따라서 학습자들은 그들이 학습하고 적용할 사실, 행동 규칙 그리고 원칙을 부여받는다*. 확실히 시험의 맥락에서 그러하다.

3. 세 번째 모형에서는 *학습자를 의미를 구성하고 공유하며 타인과 의 상호작용 및 문화적 도구(책, 물리적 도구, 상징적 체계 등)를 활용하여 학습하는 사상가(thinkers)*로 본다. 이는 협동과 대화를 강조한다.

4. 마지막 모형은 이해하기가 힘들다. 이 모형은 *학습자를 그들 자신의 경험으로부터 학습되는 지식을 자각하고 공동체가 가지는 신념과 가치 및 원칙과 같은 보다 추상적인 학습을 숙고하기 시작하는 존재로 본다.* 교육자의 역할은 학습자가 자신들이 알고 있는 것과 문화를 통해 알려진 것 사이의 균형을 맞추도록 돕는 것이다. 이를 위해서는 아동들이 학습하여 알고 있는 것과 그들의 문화나 공동체에 있는 사람들이 알고 또 믿고 있는 것 사이에 균형 잡힌 행동을 할 필요가 있다.

요컨대, 우리는 이러한 교수학 모형이 모든 것을 통제하는 성인으로부터 어린이들을 능동적인 학습자로 보는 현대 이론에 이르기까지의 연속체상에 있는 것으로 본다. 능동적인 학습자는 문화적 도구를 활용하고 그들 자신의 학습을 숙고할 수 있는 능력을 갖추고 상호작용과 조정(mediation)을 통해 학습한다. 이러한 모형의 양상은 현존하는 어린이집과 유아학급, 아동센터와 기타 아동을 위한 공간에서 볼 수 있다. 그리고 일부에서는 심각하고도 가시적인 실행상의 모순이 존재한다. 예를 들면 많은 유아교육 이론가들과 실천가들은 우리 어린이들이 너무도 일찍 정식교육을 시작한다고 믿는다. 그들은 유아들이 추상적이고 종종 관련 없는 과제에 직면하기 전에 가능하면 구체적이고 직접 해 보는 탐구를 경험할 필요가 있다고 믿는다. 그들은 어린이의 관심을 따르며 예정된 목표를 향해 이 어린 유아들을 테스트하고 싶어 하지 않는다. 독자 여러분도 당연히 그러한 실천가들 중 하나일 것이다.

1) 학습에 대한 정의

채택된 교수학은 대개 추정된 학습의 정의에 달려있을 것이다. 브루너는 학습을 수동적이거나 개별적인 행위로 보지 않았다. 그는 학습자를 공동체에 속해있는 존재로 보았고 그에게 경험과 문화는 모두 중요했다. 문화와 마음 그리고 교육에 관한 사고에서 브루너는 심리-문화적으로 교육에 접근하도록 안내하는 네 가지 입장을 (tenets) 다음과 같이 설정하였다:

> 1. 관점의 입장. 본질적으로 이것은 의미 만들기가 의미가 구성되는 관점이나 양식에 편승하는 것을 내포함을 말해주고 어떤 것도 문화와 동떨어질 수 없음을 암시한다. 학습자가 마주치는 모든 것이 문화적 맥락 안에 있고 학습자 자신이 어떤 문화에서 온다 할지라도 그 문화의 거울이 아닐 수도 있다. 이 원칙은 스스로가 의미를 구성하고 의미를 이해할 뿐만 아니라 창출해내는 개인의 중요성을 강조한다.
>
> 2. 제약의 입장. 브루너는 의미를 구성하는 어떤 형식이든 두 가지 방식으로 제한된다고 본다. 첫 번째는 우리가 하나의 종(species)으로서 진화한 방식과 관련되는 것으로 우리의 사고방식은 우리와 함께 진화하였다는 것이다. 우리가 사고하는 방식은 우리가 이전에 사고하였던 것에 의존하고 또 그것에 의해 제한된다. 두 번째 제약

은 우리의 문화적 도구—우리가 문화 속에서 개발한 상징체계—가 우리가 필요로 할 때 늘 도움이 되는 것은 아니라는 것이다. 교육에 암시하는 것은 학습자들이 그들의 학습에 가장 도움이 될 상징체계를 갖추고 있어야 할 필요성이다.

3. 구성주의자 입장. 브루너에게 이것이 의미하는 것은 실재(reality)는 발견되는 것이 아니라 만들어진다는 것이다. 우리는 의미를 구성하고 다른 사람들과 공유함으로써 의미를 재구성할 수 있다. 교육은 학습자들로 하여금 의미를 구성하고 이해를 구축하도록 하기 위해서 도구를 사용할 수 있도록 그리고 변화하는 상황에 적응하기 위해 변화의 과정에서 도움이 될 수 있도록 학습자들을 준비시키는 것에 관한 것임에 틀림없다.

4. 상호작용의 입장. 브루너에게 지식과 기술을 전수하는 것은 상호작용에서 그가 말하는 '소사회(sub-community)'를 내포한다. 학습자들은 그들이 상호작용하는 다른 사람들과 함께 배운다.

다음에 초점을 맞추고자 하는 것이 바로 이러한 학습의 측면이다.

2) 실행 공동체(Communities of practice)

아동이나 성인이 함께 무언가를 학습할 때 그들은 무엇인가에 공동의 초점을 맞추게 됨에 따라서 서로에게 좀 더 연관된다는 것은 자명하다. 만일 당신이 음악을 연주하거나 빵을 굽거나 연극을 하거나 탑을 쌓는 것과 같이 협력과 협상이 필요한 활동을 아동들과 함께한다면, 당신은 그 과정에서 다른 사람들의 역할의 힘을 깨닫게 될 것이다. Jean Lave와 Etienne Wenger(1991)는 '실행의 공동체(communities of practice)'에 대해 이야기하였는데 제롬 브루너는 이 용어를 사용하지는 않았지만 그의 학습에 대한 생각은 이것과 밀접하게 관련되어 있다. Wenger(1998)는 실행 공동체 혹은 실천 공동체는 공유된 인간 노력의 영역에서 집단학습 과정에 참여하는 사람들이 형성하는 것이라 믿었다. 그가 의미했던 것은 다음과 같은 몇 가지 예증—생존을 배우는 부족(사냥하러 나간 사냥꾼-채집자들), 새로운 표현 형태를 고심하는 예술가 집단(인상주의자들), 새로운 기술(아마도 정밀수술)을 개발하는 의사 집단 등—으로 명백하게 이해될 수 있다. 이 집단에서는 핵심 인물로 간주되는 사람들과 주변에 있는 사람들이 있다. 당신이 어떤 집단의 핵심 인물이었던 경험 사례와 확실히 주변 인물이었던 때의 경험 사례를 떠올려보라. 여기에 몇 가지 사례가 있다.

- *헤어스프레이(Hairspray)*를 학교에서 제작할 때 노래, 연기, 춤 혹은 음악제작에 관련된 집단에서 핵심 인물이 될 수 있는 기회를 주는 오디션에 어떤 아이가 참가하지 못했다. 그녀는 무대 일손을 돕는 주변 인물이 됨으로써 그녀의 실망감을 극복했다.
- 학급 읽기 시간 동안 이 나라에 온 지 얼마 되지 않아 아직 영어를 습득하지 못한 데오그라티스는 바닥에 앉아서 쌓여있는 책을 크기별로 정리하였다. 교사에게 책을 읽어주는 아이들의 무리에 끼지 못해서 그는 책과 관련된 활동에 참여하는 것을 선택하였다. 우리는 그가 책읽기 공동체의 주변인이었다고 말할 수 있다.

Wenger는 실행공동체를 다른 집단이나 공동체와 구별하기 위해서는 다음과 같은 세 가지 요소가 필수적이라고 한다:

1. 공유된 관심이 맞춰진 영역. 당신이 정밀 수술을 탐구하는 집단의 핵심 구성원이 되기 위해서는 그 영역(정밀 수술)에 전념하고 그 집단에 있는 다른 사람들과 공유할 수 있는 능력을 갖출 필요가 있다. 앞의 예에서 데오그라티스는 영어로 책을 읽을 수 있는 능력이 없었다.

2. 그 영역에 초점을 맞추고 능력을 공유하며 서로를 돕고 정보를 공유하기 위해서 협력 활동 및 논의에 참여하는 사람들의 공동체가 형성된다. 그들은 학습을 도와주는 관계를 구축하고 있다.

3. 그들이 행하는 실행. 당신은 교육 실천가일 수 있는데 만일 그렇다면 당신이 하는 일을 유아교육 실천가 공동체에 있는 사람들과 함께 나누라. 이것은 훈련과 지금까지의 경험, 당신이 직면하고 극복한 고난 그리고 당신이 맛보았던 보상과 성공으로 이루어질 수 있다. 당신이 모임에 참석하거나 연수를 받을 때 당신은 실행을 공유하는데 여기에는 지속적인 상호작용이 필요하다.

우리 모두는 서로 다른 실행 공동체의 구성원이기 때문에 이것은 이해하기가 쉽다. 이제 이것이 교수와 학습을 위한 교수학에 미치는 영향을 살펴보자. 그 모형은 분명 사회적이다. 학습은 다른 사람들과 더불어 발생하며 이는 의미의 구성과 공유를 내포한다. 학습자들은 다 함께 집단의 실행을 구성하는 데 적극적으로 참여한다. 이는 학습자를 견습생 수준으로 생각하는 사람(apprentice thinker)라 본 Barbara Rogoff를 떠올리게 한다. Lave와 Wenger(1991)는 직업세계—산파, 재봉사, 고기 자르는 사람, 알코올 중독자 갱생회(Alcoholics Anonymous)와 관련된 사람 등—에서 도제제도를 관찰하는 것으로 그들의 이론을 기술하였다. 학습자로서의 아동은 공동체를 위한 실제적 의미나 중요성을 가지는 행동에 있어 적극적인 참여자가 되기 전에 학습자로서 보고 듣고 관찰한다. 어머니가 빵을 굽고 있는 데서 반죽을 가지고 노는 어린이나 여자들이 아기를 등에 업는 공동체에 속한 어린이가 인형을 업는 모습을 떠올려보라. 이 모든 것은 정체성과 언어 그리고 지속적으로 갱신되는 관계의 인식을 내포한다. 어떤 사람들은 그것을 학습자와 학습 모두와 관련된 시각으로 기술하고 경험할 수 있는 학습 너머에 있는 것으로 믿는다. 이것이 의미하는 것은 어린이는 상황 그 자체뿐만 아니라 다른 사람들로부터 학습한다는 것이다.

실행 공동체 사고와 Lave와 Wenger의 '합당한 주변 참여(legitimate peripheral participation)' 개념을 활용하여 당신의 교실을 관찰하고 거기에서 일어나고 있는 일을 주의 깊게 들여다보는 것은 흥미로울 것이다. 이것은 아동들이 모두 집단의 완전한 구성원이 되었는가를 들여다보는 것을 의미한다. 이를 위해 당신은 아동의 사전 경험이 활동에 관여하고 합당하게 참여할 수 있도록 하는 데 도움이 되는지 방해가 되는지를 생각해볼 필요가 있다. 유아기에서의 아동은 관찰자이면서 청자임을 명심하라. 당신이 읽기를 계속할 때 영어를 부가적 언어로 배우거나 최근에 영국으로 온 아동을 기억하고 그런 아동들이 당신의 환경에서 핵심 구성원이 되는 것은 얼마나 쉬운지 혹은 어려운지에 관해 고찰해보라.

Barron(2009)은 아동센터 유아 학급에 있는 Punjabi 아동의 경험을 보았는데 이 학급은 우리 모두가 좋은 실행이라고 여길 만한 방식을 갖춰놓고 있었다. 낮 시간에는 아동들의 선택과 독립을 격려하였는데 직원들은 학습의 촉진자로서 행동하였다. 낮 동안에는 아동들이 좀 더 공식적인 학습을 할 수 있도록 집단에 참여하거나 우유 시간이나 과일 시간 또는 이야기 시간과 같은 일과에 참여하기를 요구하는 집중 활동이 몇 차례 있었다. 근본적인 영향은 브루너나 비고츠키에 기반을 둔 상호작용 접근이며 또한 유아 기본 단계의 요구사항과 제약이라고 말할 수 있다. 학습은 아동들이 성인으로부터 배우고 또한 서로서로에게서 배운다는 점에서 사회적인 것이라고 추정되었다. 언어는 학습에 있어서 필수적인 것으로 추정되었다. 이것은 모두 평범하고 예측된 것으로 보인다. 그러나 사전 경험이라는 견지에서 제공되는 활동은 무엇을 필요로 하는가에 관해 생각해보자. 제공된 활동이 진정으로 모든 아동들로 하여금 관여하도록 할 수 있는지 생각해보자. 먼저 아래에 기술된 놀이방(nursery)을 자세히 살펴보자.

집 한 구석에 부엌과 침실이 있었다. 부엌에 있는 기구 몇 가지는 최소한 파키스탄 어린이들이 그들의 가정에서 접해본 적이 있는 것이었다. 인형은 특징과 의상으로 볼 때 백인 토착 문화를 주로 반영했다. (나중에 직원들이 Barron의 의중을 알게 되었을 때 그들은 좀 더 다양한 인형을 가져다 놓았다.) 변장놀이를 위한 옷도 서구인들의 역할과 의복을 반영하였다. 물놀이와 모래놀이가 있었고 손가락이나 손 그림을 그릴 수 있었다. 역할놀이 영역은 시간이 흐르면서 변경되었는데 종종 소수의 중산층 아동들을 제외한 모든 아이들에게 익숙하지 않은 주제를 제공하였다. 연구 조사 기간 동안에 처음에는 소개 책자에 있는 스키 휴가를 제안하는 여행사 직원으로 설정되었으나 나중에 청과물 상인이 되었다. 당신이 보기에는 모든 아동들이 이러한 활동에 참여할 수 있는 공평한 기회를 지니고 있는가?

Barron이 역할놀이 영역에서 일어난 것을 관찰한 결과 여기서 사용된 언어와 관습 일부는 아동 일부에게는 분명히 차별된 것이었다. Lave와 Wenger의 연구를 토대로 그는 역할놀이 영역을 잠재적인 실행의 공동체로 보았다.

파키스탄에서 온 아동들은 그 영역에 들어와 지켜보기만 하고 놀이에 끼어들지 못했다. 끼어든다 하더라도 (앞의 예에서 애드난이 한 것처럼) 요청하지도 않고 '식품'을 그냥 가져갔다. 이것은 백인 아동들과 직원들을 화나게 했고 파키스탄 아동들은 '나머지'가 되거나 제외되었다. Barron은 이것이 파키스탄 아동이 쇼핑 경험이 없어서 그런 것이 아니라 그들은 별개의 상호작용, 행동 및 존재(being) 유형을 가지고 있기 때문이라고 덧붙였다. 그들은 상점에서 식품을 사기 위해 줄을 서 본 경험 혹은 단지 과일이나 야채만 파는 상점에 가 본 경험이 없는 것이다. 또한 그들은 벌어진 일을 이해할 수 있는 언어를 모르고 있는데 대부분의 분명한 말은 '이건 영국 스타일이긴 하지만 줄을 서서 차례를 기다리면 훨씬 쉽겠지요'라고 어른이 어린이에게 들려준다. 파키스탄 아동들은 고객이 자신의 우유나 DVD를 골라 카운터로 가져오는 것이 관습인 상점에 있었을 것이나 이 모형(그 공간에 있었던 다른 아동들에게는 익숙할 수도 있었던)은 교사가 장려하지 않았다. 이 상황에서 교사는 비록 활동이 아동들이 보기에 적절하여 개방된 것으로 보였음에도 불구하고 매우 단호하게 통제하고 있었다.

파키스탄 어린이들은 그 활동의 중심에 들어오지 못하고 주변에 남아 있었는데 이것은 그들의 자아상(self-image)에 영향을 끼쳤을 것이다. 그들은 참가자로서 요구되는 경험과 기술 및 언어의 부족으로 말미암아 다른 사람들과 대등하지 못하게 보여서 배제를 당했다.

이런 결과는 새롭지 않다. Liz Brooker(2002)는 자칭 '어린이 중심' 1학년 학급에서 실제로 발생한 일을 점검했을 때 매우 유사한 것을 발견했다. 그녀는 많은 부모들이 교육이라는 이름으로 행해지는 일들 중 일부분—예를 들면 소풍 가기, 모래놀이나 물놀이, 손가락 그림 등—에 대해 좋아하지도 이해하지도 못하는 것을 알아차렸다. 이것은 그 부모들의 문화에서 수용되지 않았고 그들의 경험의 일부도 아니었다. 부모들은 그러한 것들이 어떻게 자녀 교육에 공헌할 수 있는지 볼 수 없었다. 교육자들은 이러한 활동을 통해 아동들이 얻는 것에 대해 명확하게 설명할 수 있을 것 같지 않다. 염려되는 것은 학교와 환경이 그러한 우려를 실제로 다루기는커녕 오히려 무시한다는 것이다.

우리는 실천가로서 우리가 당연시하는 것이 우리 자신의 문화 및 본인 스스로의 경험과 밀접하게 관련되어 있음을 또한 우리는 이것을 일반화시킬 수 없음을 기억해야 한다. 이것이 의미하는 것은 우리는 부모들이 이야기하는 것을 경청함으로써 그들을 수용하고 그들의 염려는 진지하게 받아들이며 그들에게 우리가 하는 일 중 일부는 아동 학습과 발달에 왜 중요한 것으로 여겨지는지를 기꺼이 설명할 수 있어야 한다는 것이다.

3) 교육과정: 무엇이 교수되는가(The curriculum: What is taught)

어떤 환경에서든지 미리 정해진 교육과정(주나 정부에서 모든 학생들이 연령에 따라 학습해야 할 것을 결정한 것)이 있고 무엇이 중요한지, 아동들에게는 어떻게 말해야 하는지, 아동들의 기대는 무엇인지, 자료는 무엇이고 직원 각자가 선호하는 것은 무엇인지처럼 덜 명백한 교육과정이 있다. 따라서 특정 사항이 강조되고 다른 사항은 홀대받는 함축된 교육과정(implied curriculum)이 있다. 일부 교실 및 환경에서 우리는 소년들이 우세한 것을 본다. 국가수준 교육과정은 모든 학생들이 동일한 교육을 받아야 한다고 암시하지만 우리 모두는 다른 요인들이 각 아동들의 학교 경험을 결정하는 데 있어서 매우 중요한 역할을 한다는 것을 안다. 잎이 무성한 외곽지역에 있는 Steiner 어린이집에 다니는 아이는 도시 내부에 있는 아동센터의 아이와는 다른 경험을 갖게 될 것이다. 이것이 의미하는 것은 어떠한 교육 환경도 문화와는 별개로 존재할 수 없다는 것이다. 교육과정은 교과목 이상이다. 브루너는 학교의 주요 교과목은 문화적으로 보았을 때에는 학교 그 지체라고 주장한다. 그가 의미하는 것은 학생들이 경험하는 것이 학교나 환경에 존재하는 것의 모든 행위이며 이것은 학생들이 여기에 어떤 의미를 부여하느냐를 결정한다. 몇 가지 예를 살펴보자:

- 레이몬 씨는 엘 살바도르 출신의 은행 직원으로 그녀의 자녀와 함께 캐나다로 왔다. 그녀는 자녀의 학교 경험에 대해 이렇게 말했다. '우리나라에서 아이들은 안녕, 좋은 오후야, 잘 지내?라는 인사를 한다. 교육은 글을 읽는 것 이상으로… 예절의 규칙은 학교에서 가르쳐야 할 중요한 것이다. 여기서는…(아동들이) 학교에서 선생님

께 인사도 하지 않고 내키는 대로 말을 한다'(Bernhard 2004: 59).

- 애비올라는 자녀가 어린이집에서 지켜야 할 몇 가지 확고한 규칙으로 인해 차별받는 것에 대해 걱정한다. 한 가지 규칙은 아동들이 서로서로 다치게 해서는 안 된다는 것이다. 애비올라는 이것이 좋은 규칙이라 여겼고 세 살배기 아이에게 다른 사람을 때리지 말라고 일렀다. 그러나 최근 벌어진 일 때문에 염려스럽다. 두 명의 덩치 큰 소년들이 그녀의 아이인 볼라를 때리기 시작했고 볼라는 한 녀석을 물었다. 그로 인해 볼라는 어린이집에 잠시 동안 나갈 수 없게 되었다. 그녀는 인종차별이 있다고 느끼면서도 볼라가 그 환경으로 되돌아가지 않으려고 할까 봐 두렵다.
- 마리나와 토니아는 동성 커플이고 입양할 딸을 찾고 있다. 그들은 지역사회에 있는 몇 개의 어린이집을 방문해서 아이들의 성격과 상호작용을 관찰하며 시간을 보냈는데 마침내 반인종차별 정책이 있고 많은 어른들이 공동체 언어를 사용하고 개별성(individuality)과 문화를 존중하는 느낌이 강하게 드는 학교를 선택하였다.

당신은 이런 사례를 통해 교과목보다 더 중요한 것이 있음을 볼 수 있다. 기질, 태도, 기대감, 관계 그리고 상호작용은 교육과정의 필수적인 부분으로 국가수준에서 결정하고 관리할 수 없는 것이다.

브루너는 또한 교육자나 실천가가 뭔가 새로운 것에서 아동의 관심을 자극하는데 핵심적인 역할을 한다고 믿었다. 비고츠키와 마찬가지로 그는 어린이에게서 보이는 타고난 호기심의 중요성을 믿었으나 어른 또한 어떠한 학습 상황에서든지 가능한 협력자로 보았다. 우리 모두는 우리가 잘 하는 것을 즐기고 우리가 실패한 것을 포기한다. 당신은 음악 시험을 망친 후에 악기 배우는 것을 포기하는 어린이나 형편없는 독서가(reader)라는 말을 어머니로부터 연거푸 듣고 독서를 포기하는 어린이를 떠올릴 수 있을 것이다. 여기서 우리에게 주는 메시지는 아동이 무엇인가에 흥미를 가지고 있다는 것을 보여줄 때까지 기다리지만 말고 아동이 흥미를 가질 만한 것을 소개하라는 것이다. 때때로 이것은 모든 아동들이 동시에 같은 일을 해야 한다는 것을 제안하는 것으로 여겨진다. 그러나 이것은 그런 의미가 아니다. 실천가는 사고의 범위를 넓히고 새로운 경험을 소개하며 아동을 새로운 장소로 데려가는 데 중요한 역할을 한다는 것이다. 여기 몇 가지 사례 연구가 있다:

- Reggio Emilia에 있는 어린이집에는 화가, 장인, 정비사 혹은 과학자가 항상 스튜디오나 아틀리에에서 작업한다. 그들은 작업자(atelieriste)라고 불린다. 아동들은 자유롭게 스튜디오를 거닐 수 있고 서서 구경할 수 있으며 작업자에게 질문하거나 말을 걸 수 있고 스스로 만들어 볼 재료를 선택할 수 있다.
- 베네수엘라의 가장 가난한 동네에 제공된 멋진 음악 교육에서 아동들은 연주할 악기를 받아 그것을 잘 간수하고 연습하며 다른 사람들과 그룹을 지어 연주하는 데 시간과 관심을 쏟을 것으로 예측된다.
- 바쓰에 있는 학교의 유치원[53] 1학년 교실에서 교사가 책을 만드는 프로젝트를 진행하였는데 이것은 부모를 초대하여 자녀와 함께

---

53 reception class(영국에서 4~5세 아동이 다니는) 유치반 1학년

자녀의 삶에 대한 책을 만드는 프로젝트이다. 이전 해에 다른 부모가 만든 책을 참고할 수 있도록 비치해놓고 교사는 이들의 작업을 돕는다. 만든 책은 학기말에 조회시간에 학교 전체에 공개된다.

- 런던 북부에 있는 아동센터에서 등록하는 모든 아동들을 위해 '삶의 이야기' 책을 만들기 시작하였다. 한 주에 한 번 세 어린이의 책을 선정하여 그 주가 끝날 무렵 이야기 시간에 특별한 관심을 주었다. 모든 아동들이 아무리 작더라도 성취한 것에 대한 인정을 받는 것은 중요했다. 아동들의 책은 그 아동이 이야기를 경청하였거나 다른 아동을 도와주었거나 혹은 멋진 그림을 그리고 블록으로 뭔가를 만들어냈기 때문에 선택되었다. (네 살 난) 빌헬름은 성공적으로 씨앗 심기한 것에 대한 축하를 받고 나서 아버지에게 '나도 아빠처럼 정원사가 될 수 있다고 생각해요'라고 말했다.

4) 답변보다 질문이 중요하다(More questions than answers)

브루너는 우리가 교육을 있는 그대로 다루어야 한다고 말했고 그에게 있어서 과거의 교육은 정치적이었다. 그가 정치적이라고 하는 것은 정당 정치가 아니라 어떻게 사람들의 집단이 다른 사람들에 대해서 그리고 그 사람들과 관련된 것을 위해 의사결정을 할 수 있게 되는가 하는 의미이다. 당신은 단지 사회에서뿐만 아니라 보다 넓은 개념에서 직장을 얻고 돈을 벌며 지위를 얻는 것이 얼마나 중요한 자격인가에 관해 생각하기만 하면 된다. 교육을 특별하게 그리고 중요하게 만드는 것은 그것이 젊은이들로 하여금 문화의 다른 제도에서 좀 더 능동적인 역할을 담당하도록 준비시키는 제도라는 것이다. 그래서 우리는 문화라는 의미를 보다 면밀히 살펴보아야 한다.

브루너는 문화가 단지 역사와 언어를 공유하는 사람들의 집합체를 의미하는 것은 아니라고 말했다. 오히려 문화는 사람들의 역할이 결정되고 이러한 역할에 일치된 관계가 수행되는 (학교, 병원, 대학, 도서관, 은행, 회사, 상점, 법정, 법적 제도 등과 같은) 제도로 구성되어 있다. 우리 사회에서는 의사와 변호사들이 존경을 받고 있지만 아프리카의 일부 국가에서는 치료사와 교사가 존경받고 있다. 제도는 사회에서 많은 교환에 대한 책임이 있는 것으로 회자되는데 서로 다른 유형의 작업에 지불되는 임금, 적용할 선례, 예절과 법규, 언어와 사고, 그리고 심지어 유니폼이나 어떤 목적을 위해 허용될 수 있는 복장에 대한 생각 같은 것이 여기에 속한다. Pierre Bourdieu와 Paulo Freire와 같은 위대한 사상가들은 이러한 제도의 역할을 고심했는데 논쟁은 돌고 돈다. 우리는 모든 학생들 위한 학교의 견지에서 선택의 자유를 가져야 하는가? 그러나 만일 사람들이 특정 유형의 학교나 환경을 위해 돈을 지불한다면 이것은 선택의 자유인가 혹은 부자들만을 위한 선택인가? 우리는 우수한 학생들을 선발하여 능력주의사회를 만들어야 하는가? 종합중등학교(Comprehensive school: 영국의 종합중등학교. 학생들을 수준에 따라 선별적으로 받아들이지 않고 모두 모아 가르치는 중등학교) 교육은 실제로 실패하였고 다시 시도할 수는 없었나? 이러한 모든 질문이 정치적인 것이다.

브루너는 그의 저서에서 우리가 속해 있는 공동체의 늘 변화하면서 종종 복잡하고 항상 중요한 관심사를 마음에 새겨야 한다는 것을 지속적으로 상기시킨다. 어머니가 하루 종일 직장에 나가는 아동의 경험은 어떻게 변했고 만일 그렇다면 어떤 방식이었나? 가난은 아동의 학습과 발달에 어떤 영향을 미치나? 다른 문화에서 온 아동들은 그들의 충성과 헌신을 어떻게 정리하는가? 우리는 우리가 제공하는 모든 활동과 일과에서 어떻게 모든 아동들을 우리의 관심과 교육 안에 포함시키는가? 이렇게 할 수 있는 한 가지 방식은 교실과 환경 그 자체가 사회적 공동체이며 아동들이 이 새로운 세계를 알도록 지원하거나 알지 못하도록 제약을 가하는 장소임을 기억하는 것이다. 영어를 학습하는 초기 단계에 있거나 우리가 상상할 수조차 없는 트라우마(정신적 외상)에서 막 회복된 많은 아동들을 우리의 보살핌 속에서 지원하기 위해서 우리는 시간을 갖고 그들을 지켜보며 그들의 말에 귀를 기울일 필요가 있다. 우리는 또한 그들의 부모나 보호자들의 말을 듣고 그 아동들이 그리고 그들의 가정이나, 길거리 혹은 지역사회와 학교 밖 활동에서 겪었던 그리고 앞으로 계속 겪게 될 경험에 관해 가능한 많은 것을 알고자 노력해야 한다. 그들은 이러한 모든 것을 발판으로 삼을 수 있고 또 그럴 것이다.

나. 교수-학습에서의 주요 아이디어: 생각하지 못한 것들

Bruner(1996; 2021: 251-256)에 의하면 지난 10년간에 걸쳐 교육의 문제에 대한 논쟁이 많았지만 교수(teaching)와 학교 학습의 본질에 대한 심도 있는 논의는 거의 없었다. 이러한 교육의 문제에 대한 논쟁은 성취수행과 기준에 중점을 두었기 때문에 교수-학습의 문제는 실질적으로 다루지 못하였다. 이러한 성취수행과 기준은 교사가 가르치고 학생이 학습하는 방법에 대한 방법은 간과하여 왔고, 학교의 학습과 교수에 대한 국가적 논의 또한 결여되어 왔다. 이러한 문제에 관한 연구에 앞장선 선두 인물은 Ann Brown이다. Joseph

Campione와 함께 그녀의 연구에 영감을 얻은 브루너는 우리에게 네 가지의 중요한 아이디어들을 제안한다.

첫 번째, 행위 주체성(agency)은 자신의 정신활동을 통제하고 제어하는 것이다.

두 번째, 반성(reflection)은 익숙하지 않은 것을 학습하는 것이 아니라 당신이 학습한 것을 이치에 맞도록 합당하게 하고, 그것을 통하여 이해하는 것이다.

세 번째, 협동(collaboration)은 교수와 학습에 관련된 다양한 사람들의 자원을 공유하는 것이다. 마음은 머리 내부에 있지만, 이것은 또한 타인들과 함께한다.

네 번째, 문화(culture)는 삶과 사고의 방식이며, 이것은 우리가 구성하고, 협의하면서, 교섭하고, 제도화한다. 결국에는 우리 자신을 편안하게 하는 "현실(reality)"로 불리어지는 것이다.

우리가 가르치는 활동의 측면에 대한 이러한 네 가지 아이디어들—행위 주체, 반성, 협동 그리고 문화—의 문제를 추론해보면, 이것들은 삶과 우리가 살아가는 방법에 대한 가장 밀접한 주제들이다. 이것들은 학교에서 통용되는 용어로 사회과, 역사, 그리고 문학으로 일컬어진다. 우리들은 이것을 인간의 현재(Present), 과거(Past) 그리고 미래의 가능성(Possible)으로, 3P라고 부를 수 있다. 브루너가 전달하고자 하는 메시지는 교사와 학생들이 이차방정식과 질량보존에 관한 주제들을 이해하는 데 '가능한 한 현실적일 수 있다'는 것이다.

"반성"은 의미를 만들어 이해하고, "메타"로 나아간다. 즉 한 사람의 사고에 대해서 사고하는 것을 말한다. 금세기(20세기)의 초반에 등장한 "해석적 전환(the interpretive turn)"은 드라마, 문학, 역사에 표현되어 있으며, 더 나아가 사회과학, 인식론에도 나타난다. 이제는 교육에서도 나타나고 있다. 해석의 목적은 이해이지 설명이 아니다. 해석의 도구는 텍스트의 분석이다. 이해는 논쟁의 여지가 있고, 입증할 수 있는 명제들을 체계적인 방식으로 조직하고 맥락화한 결과이다. 그렇게 하기 위한 주요한 방법 가운데 하나는 내러티브를 통한 방법이다. 이해는 어느 한 가지만을 선점하거나 하나를 배제하는 우선권이 있는 것이 아니다. 로마의 멸망을 이야기체로 해석하는 한 가지 방식은 다른 방식을 배제하지 않는 것이다. 어떠한 특별한 내러티브의 해석이 다른 해석을 무시하지 않는다. 내러티브와 그것의 해석은 의미상 거래와 교섭이 일어나고, 의미는 비타협적으로 복합체이다. 하나의 내러티브 해석은 모든 다른 대안들을 배제하거나 제외하지 않기 때문에 한 가지 내러티브나 내러티브 해석에 대해, 다른 대안들이 다른 조망에서 추론될 수 있다. 내러티브 설명이 원리화될 수도 있고, 그렇지 않을 수도 있다. 중요한 지위에서 내리는 나쁜 내러티브 해석은 독약이다.

과학에서 설명에 대한 기저가 되는 방법이 신중하고 엄격하게 학습될 수 있고, 학습되어야 하는 것과 마찬가지로, 역사, 사회과, 문학에서의 내러티브 방법 역시 신중하게 학습될 수 있다. "단지 무엇이 일어났는가"에 대한 설명으로서의 역사이기보다는 과거를 이해하는 학문으로서의 역사이다. 역사는 결코 단순히 일어나지 않는다. 역사는 역사가에 의해 구성된다. 아이들도 역사가가 될 수 있다. 브루너는 피츠버그에 있는 학습과 개발 연구센터에서 개발한 역사에 대한 해석적인 접근법을 조사해오고 있다. 그곳의 아이들은 정확한 역사의 소비자, 위선적인 당파적 설명에 대한 열광적인 응원자가 아니라 오히려 역사가가 되는 것을 학습한다. 우리 모두는 경쟁하는 설명이나 해석, 평가들, 경쟁하는 이야기들 사이에서 우리가 결정해야 하는 것들을 판단하고 헤아린다. 그것이 바로 정치적이고 사회적인 실재이다.

과학적 설명은 내러티브 해석을 수반하고, 내러티브 해석 역시 과학적 설명을 수반한다. 결국 스토리는 이론에 대한 인간의 의미를 다룬다. 국가 부의 4분의 3이 우리 인구의 4분의 1보다 적은 사람들의 손에 들어올 수 있었는가? 그것은 바로 다윈의 이론보다 더욱 차별적인 설명적인 이론을 간절히 원하고 구걸하는 흥미로운 스토리이다.

주체적 행위(agency)**와 협동**(collaboration)의 문제를 살펴볼 때, 주체 행위자인 관점은 순향적(proactive), 문제지향적인 마음을 가진다. 신중하고 결론에 주의 깊게 집중하며 선택적이고 구성적이며 목적지향적이다. 결정, 전략, 발견적 교수법 이러한 것들은 마음에 대한 주체적 행위적인 접근의 핵심적인 개념들이다.

마음에 대한 단독의 주체적인 관점은 본질에서 벗어나 있다. 이것은 우리 서구의 개인주의적인 이데올로기의 투영이다. 우리는 삶의 방식과 그리고 세계와 마주하여 남에게 도움을 주거나 받지 않고, 발판이나 비계에 의존하지 않고, 있는 그대로의 벌거벗은 마음을 개발하고 전개하는 방법을 학습하지는 않는다. 주체적인 관점은 협동을 가능하도록 하기 위해 대화를 주고받는 것이다. 주체적인 마음은 능동적일 뿐만 아니라, 다른 능동적인 마음과의 대화와 담론적 교섭을 열심히 찾아내고 추구한다. 이러한 대화와 담론적인 과정을 통해, 우리는 다른 사람과 그의 관점, 그의 스토리를 알게 된다. 우리는 세상에 대해서뿐만 아니라, 다른 사람과의 대화를 통하여 우리 자신에 관해 많은 것을 학습한다. 주체적 행위와 협동은 음양과 같다.

인간의 현재, 과거, 그리고 미래를 해석적으로 구성하는 방법에서 주체적 행위와 협동이 어떠한 모습으로 나타나고 어떻게 작용하는가? 우선, 기능은 협동을 통해 획득되는 주체적 행위의 도구이다. 내러티브 구성을 위한 기능 및 노하우가 없다면 우리는 무력하다. 어린 연령의 아이들이 내러티브의 기초를 알고 있더라도, 성인이 하는 성숙한 내러티브에 도달하기 위해서는 장기간의 방법이 필요하다. 이것이 바로 브루너가 고려하는 것이다. 우리는 삶으로부터 내러티브에 관하여 학습할 수 있고, 내러티브로부터 삶을 학습할 수도 있다. 현재, 과거, 그리고 미래의 가능한 인간의 조건을 해석하기 위하여 해석적 내러티브의 한 예를 소개하고 있다.

하나의 "스토리"는 한 명의 주체적 행위자(Agent)를 수반한다. 내러티브는 내러티브 초기 환경의 일상적인 상태와 합법성을 구축하는 것으로 시작한다. 그 다음은 합법적인 예상이나 기대를 위반하고, 위배하는 쪽으로 이야기가 전개된다. 다음에 이어지는 것은 초기 합법성의 복귀 또는 새로운 합법성의 질서나 순서를 가진 사건의 혁명적인 변화이다. 내러티브는 코다(종결부)로 끝나는데, 말하는 사람과 듣는 사람을 회복시키고, 무엇이 발생하는지에 대한 평가의 힌트를 주면서 종결된다. 초기 합법성의 구축, 복귀, 전복의 처리, 종결부의 암시된 평가에서 이야기는 깊어지고, 일정한 기준을 따르게 된다. 내러티브가 허구적이거나 실제이거나 간에 내러티브는 이중적 전망에서 끝까지 전개된다. 즉, 주인공의 의식에서 주관적인 것과, 내레이터가 그것에 관하여 청취자에게 알려주는 객관적인 것이 쌍방향으로 작용한다.

내러티브 구조는 사건과 인물이 전체적인 플롯 구조의 기능이 되는 방식으로 인물과 사건을 계열적으로 순서 짓기 위한 일련의 문법 유사 규칙의 체계들로 이루어진다. 교사와 학생 또한 이러한 내러티브 문제를 다룰 수 있다. 누구든지 인간의 과거, 현재 그리고 미래를 이해하는 데 사용될 수 있는 다중적 의미, 다중적 조망, 다중적 구도에 대하여 논의할 수 있다. 협동적인 내러티브 구성은 zero-sum 게임이 아니다. 서로 연합하여 의미를 만드는 것은 헤게모니일 필요가 없다. 페미니스트, 제3세계, 소수민족의 소설이 우리의 시야를 개방시킨 것과 같이, 역사와 사회적 비평 역시 보다 풍요로운 민주주의 세계를 창조할 수 있다.

인간 조건에 대한 연구에서 숙련된 주체적 행위와 협동이 기대하는 목표는 만장일치를 성취하고자 하는 것이 아니라, 좀더 나은 자각을 성취하는 것이다. 그리고 더 많은 자각은 항상 더 많은 다양성을 수반한다. 문화는 사고하고, 믿고, 행위하고, 판단하는 데 있어서 잘 확립되어 있는 안정된 방식이 아니다. 브루너는 문화를 체계적이고 안정된 사고나 신념(행위나 판단 방식)으로 보지 않는다. 문화는 항상 변화의 과정에 있으며, 그 과정에서 존재해오고 있으며, 변화의 속도나 폭, 변화의 정도는 점차 더 커진다. 모든 상이한 문화들이 공통적으로 직면하고 있는 것은 불완전의 딜레마이다. 학교는 문화에 대한 준비와 준비 운동을 하는 것이 아니라, 문화 그 자체이다. 문화는 당신의 세계를 이해하고, 적응하면서 처리해나가는 기법과 절차의 도구모음이다. 내러티브 구조에 대해 많은 조사와 검토를 해보면 학생들이 자신들의 세계에 대하여 구성하고 있는 이야기를 이해하도록 도와줄 수 있다. 학생들은 해결해야 할 해석적 과제들에 필요한 기술적 도구(공학)를 이용하는 것과 관련하여 빠르게 학습하고 그 결과를 다른 사람과 공유한다. 인위적인 기술이 문화란 무엇인가 하는 문제에 대해서 중요하긴 하지만 그렇다고 하여 핵심적인 문제는 아니다. 핵심문제가 무엇인가 하는 것은 그 자체가 질문의 과정이고, 마음을 이용하는 과정인데, 이 과정은 해석적인 공동체와 민주적 문화 유지에 중심이 되는 것이다. 1단계는 중요한 문제, 특히 우리 문화 내에서 변화를 촉진시키는 문제를 선택하는 것이다. 문젯거리가 되는 트러블은 내러티브의 원동력이며, 이야기를 가지고 공론화하기 위한 정당화이다.

문화는 패턴에 대한 문화인류학적 산문이나 시가 아니라, 인간문제, 즉 상징으로 묘사된 모든 종류의 인간의 상호작용 문제에 대처하는 양식이다. 문학과 역사, 사회과를 가르치는 훌륭한 교사는 내러티브의 이런 "분쟁의 특징"을 알고 있다. 브루너는 내러티브를 "경쟁하는 트레이드 라이벌 차원"에서라기보다는 "우리의 단점을 극복하는 차원"에서 사회와 인간의 본질, 역사, 문학, 드라마, 심지어는 법률에 대한 연구를 통합적으로 연결해주는 수단으로 본다. 실재를 "이야기로 만드는 것"이 실재를 헤게모니적으로 만들 위험이 있는 반면에, 위대한 스토리는 새로이 의문을 제기하기 위해 스토리를 다시 시작한다. 그래서 폭군이 소설가와 시인을 감옥에 가장 먼저 투옥하는 것이다. 또한 이것이 브루너가 민주적인 교실에서 참신하고 신선한 소설가와 시인을 만들기를 바라는 이유이다.

제12장

내러티브 기반 교육 혁신

선형적인 질서에서 배열된 단위 수의 관점에서 교육과정이 만들어졌으나
이제 계속 변화하는 복잡한 모자이크처럼 변용적 과정으로 교육과정을 디자인하여
심화되고 개방된 경험이 혼합되고 다변인적인 통합으로 교육을 혁신해야 한다.
-Doll-

우리는 내러티브 구성(narrative configuration)을 활용하여
현재의 정체성과 자아 개념을 성취하고
그것을 전개되는 하나의 이야기 표현으로 이해함으로써
우리의 존재를 온전한 것으로 만든다.
우리는 자신의 이야기 속 한복판에 있으며
그 이야기가 어떻게 끝날지 확신할 수 없다.
또한 새로운 사건이 삶에 추가됨에 따라 우리는 지속적으로 줄거리를 수정해야 한다.
그때 자아는 정적인 것 혹은 물질이 아닌 개인적 사건을
현재까지 발생한 것뿐만 아니라 앞으로 벌어질 일에 대한 예측을 포함하는
역사적 통일체(historical unity)로 구성하는 것이 된다.
- Polkinghorne -

핵심 아이디어

이 장에서는 기존의 교육의 문제를 내러티브 입장에서 검토하고 반성해보는 영역이다. 일차적으로 그 핵심으로 사고양식으로서 내러티브에 주목하였다. 그다음으로 내러티브 교수학으로의 전환을 제안하고 있다. 내러티브 사고를 반영하는 교수학의 실천이 핵심이다.
다음으로 내러티브 인식론으로 기존의 수업을 새롭게 바라보는 일이 필요하다. 이 일을 내러티브 기반 페다고지로 접근하고 있다. 여기에는 학습자의 삶과의 연계 문제를 해결하는 방안으로 내러티브를 주목한다. 그리고 핵심으로 내러티브 자아 형성의 문제를 강조하고 있다. 새로운 교육목적으로서 내러티브 자아 형성과 개발은 매우 중요한 목적으로 교육(학)의 재개념화의 핵심으로 기능한다.

1. 내러티브 사고와 교육: 전달이 아닌 구성하는 교육

가. 내러티브 교육 모델

Richard Hopkins(1994)는 내러티브 심리학의 원리를 Dewey의 교육철학에 적용하여 내러티브 교육의 모델을 만들었다. 그의 저서 *Narrative Schooling*은 사실 미국의 중등교육에 대한 비판적인 내용을 담고 있다. 홉킨스는 정규 교육, 특히 중등 교육은 각 학습자의 삶의 세계와 경험을 적절히 고려하고 존중하지 않는다고 주장한다. 그는, 듀이와 함께, 학습자의 희생을 주장한다. 내러티브 및 교육 경험은 학습 과정에 중요하며, 교육자가 콘텐츠 및 학습 활동을 해당 경험과 가장 잘 연결할 수 있는 방법을 고민한다.

그는 인간이 내러티브 라인을 따라 경험의 의미를 만든다는 인식에 학교교육 문제 해결의 해법이 있다고 본다. 홉킨스(1994)는 학교교육을 위한 기본적인 "내러티브 제안"을 제시한다. 내러티브 제안은 경험과 학습에 대한 아이디어에 기반하여 새롭게 재개념화하는 방안이다. 이 방안은 학생들의 세계의 자료들이 경험 속에서 전개될 때, 교실 안으로 들어갈 수 있는 합리적인 방법을 제공한다. 학교들은 경험에 대한 고려를 금지할 정도로 이야기에 대한 인간의 깊은 충동을 방해한다. 경험에 대한 개방성이 없다면, 이야기는 있을 수 없다. 그리고 내러티브는 구상과 의미 구성이 흐르는 필수적인 과정이다. 학습이 일어나는 의미의 프레임은 우리의 삶을 계획하거나 성취하려는 충동에서 성장하는 구조이다. 교육적 메시지를 전달할 수 있는 장소가 우리 삶의 이러한 산물들을 통해 살아가 의미를 부여하는 것 외에는 없다는 것이 사실이라면, 내러티브 학교교육은 이러한 변형적인 목적을 달성하는 수단을 제공할 수 있다.

홉킨스는 이 제안에 근거한 교육의 내러티브 모델을 설명한다. 내러티브 모델은 홉킨스가 말하는 "도관형" 모델과 대조된다. 내러티브 접근법과 대비되는 중등교육의 전형적인 관행인 도관 모델은 교육에 대한 기계론적 뿌리 은유를 기반으로 한다. 학습자가 수동적인 지식의 수용자라는 가정에 의해 특징지어지며, 이는 교사에 의해 완전히 형성되고 완전하게 전달된다. 이러한 유형의 교육의 초점은 과정 내용의 숙달에 있다. 이를 달성하기 위해서는 학생들이 규칙을 준수해야 하고, 교육과정에 명시된 것을 받고 기억해야 하며, 가장 중요한 것은 시험에서 받은 정보를 선생님에게 반복해야 한다. 이 모델은 교육자가 학생이 배워야 할 것을 알고 있다고 가정한다. 그것은 더 나아가 교사가 지신의 마음에서 학습자의 마음으로 지식을 전달할 수 있다고 가정한다. 내러티브와 학습자의 참여나 구성적인 활동이 거의 없는 학습자로 규정한다. 교사의 역할은 질서를 유지하고, 정보를 전달하고, 학생들이 그 정보를 배운 정도를 평가하는 것이다. Hopkins(1994: 13)가 말했듯이, 교실은 교사가 통제하는 곳으로, "교사들이 거의 모든 이야기를 하고, 거의 모든 이야기를 한다". 또한 Hopkins는 교육의 도관 모델이 학습자 개인의 자유와 자신의 학습에 대한 책임을 훼손하는 정도까지 그러한 교육은 민주주의 사회의 원칙에 부합하지 않는다고 주장한다.

대조적으로, 내러티브 교육은 학습자에게 교육 과정에서 발언권, 기본적인 자율성 및 발생하는 학습에 대한 책임감을 부여하기 위한 보다 민주적인 방법을 사용한다. 이러한 참여는 학습자가 자신의 삶의 세계를 학습 과정에 통합하도록 초대받음으로써 시행된다. Hopkins(1994: 166-167)는 서술적 교육이 메커니즘의 구조에서 성장하는 교육과는 교육의 목적에 대해 심오하게 다른 진술을 한다고 말한다. 그것은 각 개인이 적으로 간주될 수 있고 적으로 간주되어야 하는 세상에 살고 있음을 시사한다. 그것은 특히 순수한(또는 예술이 없는) 방식으로 학습 과정의 비통함을 통합하여 삶의 현실을 논의하고 그 의미를 이해할 수 있는 열린 곳으로 가져온다. 자신의 이야기를 살아 있는 그대로 지속적으로 말하는 것은 자신의 이야기 전개 방식에 대한 책임을 지는 것이다. 한 사람의 이야기는 한 사람이 사는 사회적, 문화적 환경을 정의한다.

교육과정은 학생들이 그들의 이야기를 하고, 그렇게 함으로써 그들의 세계의 의미를 구성하고 재구성하며, 민주사회에서 시민에게 요구되는 자율성과 책임을 행사할 수 있는 기회이다. 이러한 의미에서 그의 교육관은 교육을 경험을 재구성하는 과정으로 본 듀이와 매우 유사하다. 홉킨스가 이 사상에 기여한 특별한 공헌은 삶의 이야기의 구성이 과정을 매개한다는 생각이다. 이야기는 홉킨스에 의해 교육에 대한 근본적인 은유로 이해되며, 교육에 대한 이야기의 중심성 때문에 도관모델의 기계적 은유보다 더 적절하다. 인간의 발달과 의미 구성이 중요하며, 내러티브 모델에서 교육은 단순히 세상에 대한 정보를 받는 것이 아니라 세상을 해석하는 것이다. 그것은 새로운 지식을 살아 있는 의미 체계로부터 분리하는 것이 아니라, 새로운 정보와 아이디어를 개인적, 가족적, 문화적 내러티브에 통합하는 것이다.

내러티브 교육은 의미의 재구성으로 이해되며, 그 재구성적 활동의 과정과 산물은 내러티브의 특성을 갖는다. 교육의 내러티브 모델은 학습자 개개인 내에서 내러티브 충동의 존재를 인식하고 존중하며, 학습자의 자아 이야기 구성과 교육적 경험과 내용을 연결하는 것을 목적으로 한다. Hopkins에 따르면, 교육의 내러티브 모델의 구현은 다음과 같은 결과를 낳을 것이다: 학습의 내러티브 과정을 제공하는 커리큘럼; 그들 자신의 발달과 학습의 주인공으로 행동하는 학생; 그리고 교수-학습 과정에서 "도관을 통한 전달자"가 아닌 "자료 제공자(resource person)"로 기능하는 교수진. 그러한 학습은 가능성을 향한 움직임이다. Hopkins(1994: 167)가 말했듯이, "내러티브 교육은 학생들이 알고 경험하는 세계, 그리고 그들이 미래에 가지고 있는 세계를 성찰적인 행동의 가능성에 대해 개방하는 새로운 세계이다.

나. 내러티브 사고의 의미와 중요성

내러티브 사고는 어의적으로 보면 내러티브를 만드는 마음의 인지적 작용이며, 내러티브는 내러티브 사고의 산물이다. 내러티브는 여러 학문 분야에서 다양하게 논의되고 있지만 그 기본적인 의미는 이야기 혹은 이야기를 만드는 것이다. 내러티브 사고에서는 인간은 자신들의 경험을 이야기하려는 보편적 경향을 가정한다. 본 연구에서는 Bruner가 제시하는 패러다임적 사고양식과의 대비를 통해서 드러나는 의미에 주목하면서도 여러 학문 분야에서 제시하는 다양한 의미의 공통성도 동시에 고려한다.

임병권 외(1996)는 스토리가 있는 모든 이야기를 내러티브라고 정의하였다. 한승희(1997)는 내러티브를 하나의 이야기, 즉 시간적 연쇄로 이루어진 일련의 사건들이라고 해석하고, '서사체'와 가장 가깝다고 보았다. 사실 우리 문화에는 소설, 영화, 신화, 만화, 뉴스 등 많은 서사적 유형들이 있으며, 이들은 모두 만들어낸 이야기를 가지고 있다. 이러한 이야기는 인과 관계 및 의미를 나타내는 시간적 계열 속에서 배열된 사건, 인물, 상황 장면으로 구성된다. Polkinghorne(1988: 23)은 내러티브를 하나의 스토리를 만드는 과정, 그 스토리의 인지적 도식, 혹은 그 과정의 결과, 즉 소위 스토리(stories), 이야기(tales), 혹은 역사(histories)를 모두 지칭하는 것으로 보면서, 결국 이야기를 만드는 과정과 그 과정의 결과로 보고 있다. 특히 개인의 삶의 이야기는 자아 정체성과 관련되어 있다(1988: 151). Gudmundsdottir(1995)는 내러티브를 학문 영역에 관계없이 하나의 스토리를 구성하는 데 필요한 구조, 지식, 기술을 지칭하는 것이라고 보았다. 즉 하나 혹은 일련의 사건을 글이나 말의 형태로 전달하는 것, 또는 그러한 글이나 말을 의미한다.

이들의 견해를 종합해보면 대체적으로 내러티브를 구성하는 요소는 전달의 대상인 사건과 전달 방식의 두 부분으로 나누어진다. 여기서 전달 대상인 사건은 이야기(story)라고 불리는 내용의 국면이고, 그 전달 방식은 담론(discourse)이라고 하는 표현의 국면을 가리키는데, 이야기는 내러티브를 구성하는 사건, 인물, 환경 등이고 담론은 이야기를 말하고 표현·제시·내레이션하는 행위를 말한다. Conle(2003) 역시 Genette의 용법을 차용하여 첫째, 내러티브를 말하고 쓰는 담론을 의미하는 '내러티브' 혹은 내러티브 진술, 둘째, 담론이나 진술의 대상이 되는 사건의 연속을 의미하는 '스토리', 셋째,

말하는 행위인 '내레이팅'으로 개념화하고 있다. 이처럼 내러티브에 대한 의미가 매우 다양하고 포괄적이지만 이상의 입장들에 들어 있는 핵심적인 의미를 종합해보면, 내러티브 혹은 내러티브 사고는 인간이 삶을 해석하는 데 있어서 사람이 경험하는 사건, 인물, 행위, 감정과 정서, 의도와 생각, 그리고 상황과 장면 등을 총체적으로 통합시켜주고 특정 경험이 이루어지는 맥락 속에 위치시켜주는 인식의 틀이라고 볼 수 있다.

이런 점에서 Bruner는 내러티브가 세계에 대한 우리의 경험과 지식을 조직하거나 서로 간의 의사 소통과 학습에 있어서 가장 보편적이면서도 자연스럽고 손쉬우며 강력한 형식 가운데 하나라고 보고 있다. Bruner는 인간의 사고 양식을 두 가지로 구분한다. 즉 논리적 진술문의 구조를 가지며 인과적 논리를 가지는 과학적 지식으로 볼 수 있는 패러다임적 사고 양식(paradigmatic mode of thought)과 서술된 이야기 구조를 가지며 임의성을 띠고 비논리적 서술체인 내러티브 사고 양식(narrative mode of thought)이 그것이다. 인간은 자신의 세계에 대한 경험을 서로 다른 문화적 풍토에서 다른 표현 방식을 사용하면서 이 두 가지 사고 양식을 서로 다르게 발전시켜 왔다. 인간 행위를 특징짓는 것은 의도적 행위이며, 이것을 다루는 내러티브 사고는 인간 삶의 의미를 파악하는 데 그 목적이 있다. 내러티브는 사건들의 계열과 사건들이 만들어 내는 이야기에 의해서 특징지어진다. 그런데 우리는 이야기를 설명하지 않으며 다만 이야기에 대해 다양한 해석을 할 따름이다. 과학적 이론이나 논증, 즉 패러다임적 사고는 검증됨으로써 판단되지만 이야기는 '있음직한 가능성'에 의해 그 적절성이 판단된다. 이러한 이야기는 물리적 세계보다는 인간 '행위자'에 관한 것으로 인간의 의도적 행위에 초점을 둔다. 이러한 의도적 행위로 인해 인간의 행위는 예측 불가능하기 때문에 그 행위 발생의 이유에 대한 명확한 설명은 불가능하게 된다(강현석, 1998: 117).

보다 상세하게 Bruner(1996: 133-147)는 내러티브 사고를 설명하기 위하여 내러티브의 성격 9가지—인간적으로 적절한 시간, 개별성, 의도와 이유가 있는 행위, 해석학적 구성, 정통적 규범으로부터의 일탈, 지시의 모호성, 갈등 상황, 협상 가능성, 역사적 확장—를 제시했는데, 여기에 비추어 보면 내러티브가 자연세계보다는 주로 인간 행위자를 다루는 것임을 알 수 있다. 그런데 인간 행위를 특징짓는 것은 인간의 욕망, 희망, 신념, 지식, 의도, 헌신 등과 같은 의도적인 것이다. 따라서 인간의 행위는 예측할 수 없거나, 규범을 벗어난 상황에서 일어나기도 한다. 그리고 인간의 행위가 왜 일어나는지, 어떻게 일어나는지 정확히 설명한다는 것은 본질적으로 불가능하다. 따라서 우리는 내러티브의 규칙과 장치에 따라 구성된 세계에서 대부분의 삶을 살고 있다. 내러티브는 우리가 의미를 만들기 위해 사용하는 구성의 도구이다. 실재는 내러티브로 구성될 수 있다. 의미를 만드는 내러티브 행위는 대화를 통해서 이루어지며, 내러티브 사고는 해석을 필요로 하는 동시에 해석학적 순환에 의해 이야기가 만들어진다.

이러한 내러티브 사고는 교육의 문제, 특히 교육과정 문제와 직접적으로 연관되어 있기 때문에 매우 중요한 위치를 차지한다. 우리의 교육 문화는 보이지 않게 패러다임적 사고 중심으로 편향되어 있다. 학교에서 아이들에게 무엇을 어떻게 가르칠 것인가의 문제는 아이들의 마음의 사용과 직접 관련된다. 우리 학교는 학교가 기르려고 의도하는 마음의 사용과 관련하여 그 내용과 방법을 선택적으로 강조해 왔다. 이른바 기초 또는 필수 교과들이 있으며, 장식, 또는 선택 과목과 같은 주변적인 것들이 학교교육에서 구분된다. 무엇을 가르칠 것인가, 어떤 사고 양식을 기를 것인가 등의 교수의 핵심 문제에서는 마음의 사용과 분리할 수 없다. 두 가지 사고양식이 한 사람 안에 들어와서 하나의 균형 잡힌 세계관을 만들어야 할 것이다.

내러티브는 또한 대화로서의 가치를 동시에 지닌다. 우리가 그 가치에 주목한다면 대화는 아이들과 동료들 간 또는 아이들과 성인들 간의 상호작용으로 아이들에게 그들의 인지발달과 개념 획득을 위한 기제를 제공해주는 의미 구성의 핵심이 된다. 부모와 아동 또는 교사와 아동 간의 대화의 과정에서 상징체계가 매개하는 의미 구성의 문제는 결국 내러티브 사고의 핵심으로서 마음의 작용을 보여주는 마음의 본질이라 할 수 있다. 인간은 이야기 속에서 살아간다. 세계에 대한 우리의 경험과 지식을 조직하거나 구성하는 가장 자연스러운 방법은 이야기를 만드는 것이다. 이야기를 말하는 것은 최초의 즉각적인 경험을 그대로 기술하는 것이 아니라, 특정한 방식으로 경험을 구조 짓는 것이다. 결국 어떤 것에 대해 이야기함으로써 경험을 계속적으로 해석하고 재해석함으로써 우리의 삶이 만들어진다. 그것이 바로 우리의 교수가 된다. 따라서 삶이 해석적으로 구성되는 과정에서 경험의 구조화 양식으로 기능하는 내러티브는 우리가 만드는 교수가 되며, 그러한 만들어지는 교수가 바로 우리의 내러티브가 된다. 요컨대 이상과 같이 우리의 경험을 조직하기 위한 구조로서 내러티브, 혹은 교육의 과정에서 하나의 수단(vehicle)으로서 내러티브(Bruner, 1996: 119)는 중요한 의미를 지니다.

첫째, 지식관에 대한 새로운 변화를 의미한다. 이 관점에서 지식은 사람들이 다른 사람과 자신들의 아이디어와 이야기를 공유하는 상황에서 개인적·사회적으로 구성되고 재구성된다. 우리의 이야기는 특정 경험들로부터 말해지며 이 점에서 그것은 개인적·실천적 지식의 표현이라고 할 수 있다(소경희, 2004: 195). 따라서 지식은 개인 내에 구체화된 것으로서, 개인은 개인적·사회적으로 구성된 상징적 형식들을 통해서 경험을 해석한다. 결국 구조가 내러티브이고, 내러티브가 곧 구조이다.

둘째, 실재가 내러티브 사고에 의해 구성될 수 있다는 점은 인간 마음과 발달의 구성을 새롭게 조망할 수 있는 가능성을 지닌다. 그동안 객관적이고 실증주의적인 인식론에 의한 인간 발달의 문제는 문화적 진공에서 조망되는 문제를 안고 있다. 내러티브 사고는 특히 학교 교육에서 교사와 학생 간의 상호작용적 관계, 교수의 전개와 운영, 교육 내용에 대한 취급 방식 등에 중요한 시사점을 제공할 수 있다. 교육적 상황 속에서 교육 주체들 간의 의미 형성과 관점 만들기는 해석학적 조망에 의해 풍부해질 수 있다. 학생들 각자에게 자신의 세계관 형성에 내러티브 능력을 길러주는 일은 교과과정 전개와 교육 목표 설정에 반영될 수 있을 것이다.

셋째, 교실 수업의 전개에서는 수업 참여자들 모두 언어에 의한 상호 작용을 통해 의미의 교섭을 할 수 있다. 이것은 타인의 마음을 설명하고 이해할 수 있는 간주관적 능력에 의해 가능할 수 있다. 이런 점에서 협동학습(collaborative learning)과 상호작용적 교수법(interactive pedagogy)의 가치를 찾을 수 있다. 이런 교수-학습은 경험론적 전통에 의한 서구의 전통적 교수법의 실패를 반성하는

Bruner(1996)의 사색에서 나온다.

이와 유사한 맥락에서 Conle(2003: 11)은 교육내용이해의 촉진, 해석적 능력의 고양, 보다 풍부한 실제적 레퍼토리의 확보, 생활과 삶의 변화, 세상을 보는 관점과 시각의 습득 등을 들고 있다. 동시에 이흔정(2004: 157-160)도 내러티브 사고양식의 중요성을 개인적 차원에서는 자아 발견의 가능성을, 학습의 차원에서는 기억력의 증진, 상상력의 고양, 의미형성에 도움을 주는 것, 수업차원에서는 학습공동체의 형성으로 제시하고 있다. 이와 같이 내러티브 사고는 교육 혹은 교수에서 매우 특별하고도 중요한 위치를 차지한다고 볼 수 있다.

다. 내러티브와 교육과정과의 관계

인간은 언제나 특정한 시간, 공간과 상황 속에서 존재하며, 한 사람으로서의 교사나 학생은 자신의 경험, 정신과 신체, 그리고 의도 속에서 이야기를 하고, 다시 그 이야기를 계속해서 재구성하면서 의미를 형성해나가고 자신의 교수를 구성해나간다. 교수는 경험과 상황, 상호작용, 시간과 공간의 모든 측면들을 고려해야 하며 여러 상황들 속에서 경험된 무엇이다. 이런 점에서 내러티브와 교수의 관계는 총체적이다. 따라서 내러티브는 교육의 과정 전반, 즉 교육목표, 내용 선정과 조직, 교수방법, 평가의 문제와 관련되어 있다.

첫째, 교육목표의 문제이다. 내러티브 사고는 교육목표에 많은 시사를 준다. 내러티브는 서술 형식일 뿐만 아니라 특정 영역적 사고에 적합한 인지 도구 내지 사고 양식이다. 이런 점에서 볼 때 교육목표는 내러티브 사고의 성장을 촉진하는 목표, 즉 내러티브 사고 기술과 관련된 지식, 능력과 태도를 설정하는 것이 필요하다. 이러한 목표는 이야기 구성 능력, 해석학적 사고 능력, 내러티브를 구성하는(narrativising) 능력들을 포함하며, 특히 Bruner(1996: 125)는 내러티브 발견(narrative heuristics)을 강조하였다. 인지 도구로서의 내러티브 형식이나 영역 특정적 사고방식에 부합하는 것으로서 내러티브는 결국 내러티브적 이해능력을 요청하며, 이것은 교과 학습에서 상상력과 감정 이입을 필요로 한다. 이와 관련하여 Bruner(1996 : 42)가 제시하고 있는 내러티브 능력을 기르기 위한 두 가지 방법(신화와 역사, 민담 등을 통해 정체성을 길러주는 것과 소설을 통해 상상력을 높이는 일)을 고려할 필요가 있다.

둘째, 내용 선정 및 조직의 문제이다. 내러티브 사고양식의 교육내용은 크게 2가지로 분석될 수 있다. 우선 교육 내용 자체가 내러티브적 해석이 성격을 띠는 속성적 차원과, 내러티브 사고 양식 그 자체가 교육내용이 될 수 있는 대상적 차원이다. 전자는 교육내용을 구성하는 여러 차원의 것들, 예를 들어 지식, 기능, 가치관 및 태도 등이 내러티브적 성격을 그 속성상 함축하고 있어야 한다는 측면인 반면, 후자는 내러티브적 사고양식 그 자체가 교육의 과정에서 교수-학습의 대상으로서 기능할 수 있다는 것이다. 이와 관련하여 Bruner(1996)가 제시하고 있는 내러티브 능력을 기르기 위한 두 가지 방법은 대상적 차원의 내러티브 교육내용이 될 수 있다. 자라나는 아이들이 정체성을 갖고 자신의 문화 속에서 한 위치를 발견하는 데 내러티브 사고 기술은 중요하며, 교육내용은 이것을 강조하여 내러티브를 만들며 이해하는 기술과 능력을 학교 교육이 길러주어야 한다. 결국 사고방식, 행위방식, 그리고 감정의 표현의 방식과 관련이 있는 학교의 교수나 교과를 강조해야 한다.

내러티브 사고양식은 또한 나선형 조직을 해석할 수 있는 근거를 제공해준다. 우리가 지식을 조직하고 경험하는 가장 자연적이고 초기적 방식은 내러티브 형식에 의해서 이루어진다. 나선형 교수의 아이디어를 초보적으로 이해하고 과도기를 거쳐 그 아이디어를 충분히 파악하는 일은 나선형의 아이디어를 스토리나 내러티브 형식으로 구체화시켜보는 일에 의존한다. 의미를 전달하는 사태의 계열로서 내러티브는 과학적 설명에 의해 증명되는 것이 아니라 그럴듯한 인간의 의도적 세계를 이야기처럼 다양하게 해석하는 것이다. 결국 이야기 구조로서의 내러티브에 주목한다면 내용, 즉 학교 교과를 이야기 형태로 조직하는 것(Egan, 1986)이 요청되기도 한다.

셋째, 교수-학습 방법의 문제이다. 교수는 기본적으로 의미를 만드는 것에 관한 것이다(Gudmundsdottir, 1991: 216-217). 교사는 그들이 가르치는 내용 속에서 자신들을 위해서 의미 만들기를 해야 하며, 자신들의 사적인 의미를 학생들이 이해할 것이라고 느끼는 형식으로 전환해주어야 한다. 이것을 하기 위하여 교사들은 교수내용지식(PCK)을 필요로 한다. 교수는 하나의 스토리를 쓰는 것과 같다. 교수를 이해한다는 것은 하나의 스토리를 해석하는 데에 도달하는 것과 같은 것이다(Polkinghorne, 1988: 142). 이런 점에서 내러티브가 수업의 소재, 전달 수단, 수업 내용, 인식의 도구(김한종, 1999)로 활용될 수 있다. 수업의 내용으로서 내러티브는 수업소재로서 이야기나 사건, 즉 교사가 가지고 있는 수업 소재에 관한 내용 지식이 변형과정을 거쳐서 만들어진 것이다. 대부분의 교사들은 자신이 가장 잘 아는 부분에 대해서 설명을 길게 한다. 인식 도구로서 내러티브는 경험의 흐름을 이해할 수 있게 한다. 내러티브는 무수히 많은 내적 관계를 맺고 있는 일련의 사실들을 하나의 이야기로 인식하게 되는데 이것이 사태 인식의 기본적 성격이다.

이야기 구조는 학생들의 내적 지식에 이야기의 전형적인 구조를 형성하는 스키마로서, 학습에서 이야기를 이해하도록 안내하는 인지적 구조 역할을 한다(이흔정, 2003: 42). Egan(1986)의 이야기하기로서의 수업(teaching as story telling) 모형에서 수업은 달성해야 할 목표들의 집합체가 아니라 좋은 이야기이다. 요컨대 내러티브 관련 수업에서는 소극적인 방법으로는 기존의 내러티브 구조를 가지고 있는 이야기를 활용하여 수업을 전개하는 것이며, 보다 적극적인 방법으로는 수업의 전개 자체를 내러티브식 구조로 조직하는 것이다. 더 나아가 이야기식 구조를 가지지 않는 사건들을 내러티브 구조로 조직하는 수업 모델이 개발되어야 한다.

끝으로 평가의 문제이다. 내러티브에 대한 폭넓은 이해와 함께 새로운 평가방법이 필요하다. 내러티브는 우리가 이미 아는 것에서 유도되며, 이것을 넘어서 더 멀리 나아가도록 허용해준다. 즉 우리가 이미 마주친 적이 있는 개별적인 사실들을 넘어서 더 포괄적인 미지의 무엇을 깨우칠 수 있게 한다. 이것을 '지식의 구조'라고 한다. 이것을 얻게 되는 것은 우리 인생에서 귀중한 기쁨이며, 학습의 위대한 개가일 것이다. 평가를 통해 학습자에게 이것을 체험하도록 해주어야 한다. 훌륭한 과학 수업을 참관하다 보면 '적을수록 더 좋다(less is more)'는 교훈을 깨닫게 된다. 우리가 지향하는 과학과 교수, 학습계획, 수업실제, 혹은 교육연구의 핵심부에는 늘 이 진부하고도 당연한 지침이 들어 있다. 그런데 좋은 이야기란 바로 최소한을 가지고 최선의 성과를 얻는 경로이다. 또한 이미 알고 있는 것을 가지고 생각하는 것을 배울 수 있게 한다. 이를 통해 과학 만들기가 진행된다. 그러므로 이것이 과학교육을 평가하는 첫 번째 기준이 되어야 한다. 그러기 위해서는 과학교육 현상과 방법에 있어서의 내러티브 위치를 먼저 폭넓게 이해할 필요가 있다(Bruner, 1996: 121-129).

2. 내러티브 교수와 교육과정으로의 대전환

가. 대전환의 배경

학교교육의 목적과 목표는 교수에 의해 구체화되며, 교수를 통해 그 의도가 달성된다. 따라서 교수가 어떻게 구성되고 개발되는가에 따라 교육목표의 달성 여부가 결정된다. 일반적으로 교수를 구성하고 개발하는 일은 교육내용의 선정과 조직을 중심으로 하여 이루어진다. 그러므로 학교교육의 관건은 교육내용의 성격을 어떻게 규정하며, 어떠한 내용들이 학교 교수 속으로 들어오는가 하는 문제이다. 왜냐하면 어떠한 내용들을 포함하여 교과내용을 구성하느냐에 따라 학생들의 행동 특성이 상이하게 습득되기 때문이다. 특히 교수에 선정 조직되는 내용들은 보통 특정 지식관과 관련이 있으며, 인간의 사고 양식을 어떻게 보느냐에 따라 상이하며, 그로 인해 상이한 행동 특성이 길러질 가능성이 크다. 그러므로 학교교수에서 내용을 선정하여 제시하는 일은 어느 한 측면만을 강조하거나, 특정 사고양식을 강조해서는 곤란하며, 인간의 사고양식과 삶의 포괄적인 측면을 고려하여 이루어져야 하며, 그런 점에서 이 일은 중요한 의미를 지니는 것이다. 그런데 최근 들어 지금까지의 학교교수에 대해 특정의 성격을 지니는 지식이나 사고 양식을 반영해왔다는 지적과 비판이 제기되고 있다.

우리가 경험해온 지금까지의 교수 체제는 '합리주의적 도식(rationalistic scheme)'에 의해 편향적으로 개념화되어왔다. 이러한 입장에서 교수 체제는 논리과학적이고 분석적이며, 검증 가능한 소위 객관적이고 과학적 지식이라고 여겨지는 것들을 중심으로 교수 내용이 선정될 수밖에 없었으며, 구체적인 교과 내용들은 일정 부분 제한될 수밖에 없었다. 그 결과로 교육의 과정에서 이론적 학문활동과 명제적 지식이 과도하게 강조되는 문제를 야기하였다고 볼 수 있다. 결국 지금까지 교수 체제에서 교육내용의 이해방식과 선정은 주로 합리주의적 관점에서 이루어져왔으며, 그로 인해 많은 문제를 안고 있다. 그리고 합리주의적 방식은 우리의 사고방식과 연합하여 부지불식간에 우리의 의식에 자리 잡고 있다. 우리는 소위 패러다임적 사고방식에 의해 교육을 받아 왔고, 우리의 교수 체제가 패러다임적 사고방식이 가장 중요한 가치를 지니는 것이라고 패러다임적으로 가르쳐왔다고 볼 수 있다. 그러는 가운데 다른 양식의 교수를 은연중에 상대적으로 무시하거나 배제해왔다고 볼 수 있으며, 그 배제된 것을 여기에서는 '내러티브 교육과정'이라고 부르고자 한다. 그런데 교육과정 체제는 소위 과학적인 지식 이외에도 인간의 삶을 표현하고 이해하는 다양한 지식들로 상호 보완되어 타당하게 구성되어야 한다. 이런 점에서 본 절에서는 우리의 사고방식에 대한 근본적 의문이며, 교육을 보는 방식에 대한 심각한 반성이라고 볼 수 있다. 다양한 문헌을 조사해 보면 인간의 사고 양식은 다양한 것으로 제안되고 있다. 교육과정은 이 점을 놓쳐서는 안 된다. 교육내용을 선정하는 일의 중요성에 비추어 보면 어느 한 방향만을 강조하는 교육내용은 보완되고 개선될 필요가 있으며, 이러한 맥락에서 합리주의적 교수체제는 내러티브 교수에 의해 상호 보완되는 것이 바람직하다.

그러나 문제는 지금까지 합리주의적 도식에 의한 교육과정 체제는 매우 견고하게 위치하고 있으며, 실증주의적 내용에 대한 가치를 매우 정교하게 강조해오고 있기 때문에 이에 대한 반성과 비판은 매우 어려운 일이 될지도 모른다. 하지만 편향적 교육과정은 극복되어야 하며, 교육과정은 인간 삶의 다양한 측면을 담아내야 한다. 따라서 본 절에서는 지금까지 지배적으로 행사해 온 합리주의적 교수 체제에서 무시되거나 배제되어 온 내러티브 교육과정의 가능성을 알아보고, 거기에 기초하여 새로운 교과목 개발의 방향을 탐구하는 데 초점을 둔다. 교육과정 체제에서 교육내용의 선정과 교과목의 위치가 매우 중요하다는 것은 주지의 사실이다. 선정되는 교육내용의 성격에 따라 교육이 진행되는 전반적인 과정에 중요한 영향을 미치게 된다. 이러한 점에서 좁게는 교육내용을 보는 관점에 관한 문제이지만 넓게는 교육내용을 매개로 하여 진행되는 교육의 과정을 반성적으로 이해하는 포괄적인 성격을 지니고 있다고 볼 수 있다. 합리주의적 교수에서 배제된 내러티브 교육과정을 이론적으로 구명하고 그 구체적인 개발 방안을 마련하는 일은 오늘의 편향된 학교교육 문화와 교수 체제를 개선하고 위기에 처해 있는 공교육을 대증적 처방이 아닌 보다 근본적으로 질적 차원에서 재개념화하는 일이 될 것이다.

나. 이론적 배경

1) 합리주의적 교육과정 체제의 한계와 지식의 다양성

지금까지 우리의 학교교수에는 주로 경험주의적이고 실증주의적 지식관에 의해 합리적인 내용들이 선정되어 제시되고 있다. 이러한 전통적 지식관에서는 주체의 밖에 존재하는 객관적인 실재만을 지식의 본질로 인식해 왔다. 대표적으로 교수에 관한 사고를 지배해 온 타일러의 교수는 행동과 그 위계로 특징지어지며, 교육내용을 단일한 객관적인 실재로 환원시켜 파악하려는 실증주의적 인식론을 보여준다. 이러한 입장의 교수에서는 논리적 진술문의 구조와 인과적 관계의 논리를 가지는 과학적 지식으로 볼 수 있는 패러다임적 사고 양식의 내용들이 주로 등장해오고 있다. 대부분의 교과에 걸쳐서 경험적 지식, 논리적 증명과 분석, 합리적 사고 양식, 과학적 이론, 논증과 검증된 지식 등이 학교교수의 주요 내용으로 선정되어 학생들에게 제시되고 있다. 이러한 경향을 패러다임적 교육과정 혹은 합리주의적 교육과정 체제라고 부를 수 있다.

합리주의적 교육과정 체제는 근대 이성에 바탕을 둔 지식관, 즉 근대적 패러다임을 전제로 하여 실증주의적 인식론을 기반으로 한다. 동시에 그것은 여러 다양한 모습을 띠고 있다. 주지주의적 합리주의, 자유교육의 전통, Eisner(1979)와 McNeil(1985)이 분류하는 학문적 합리주의 지향성, 본질주의와 신본질주의의 교육사조에 의한 교수적 입장 등이 그것이다. 이러한 다양한 모습들이 전제하는 핵심적 특징은 '주지주의적 합리주의'라고 볼 수 있다. 특히 주지주의의 의미에는 교과 선택과정에서 이론적 학문활동을 교과로 선택하는 것, 교과의 목적 설정 과정에서 활동의 명제적 요소를 강조하는 것, 교수과정에서 먼저 이론 및 규칙을 가르칠 것을 강조하는 등의 다의적 측면이 있으며(홍은숙, 1999: 13-38), 합리주의적 교육과정 체제는 이러한 점과 무관하지 않다.

따라서 지금까지 우리의 교육과정 체제는 이러한 합리주의적 체제에 편향되어 교육내용이 선정 제시되고 있다. 이러한 방식은 나름대로 장점이 있다. 교과 선택과정에서 이론적 학문활동을 강조함으로써 이론적 이성을 구사하는 탐구활동을 강조하여 인간의 합리성을 개발하는 측면이 강조된 점, 활동의 명제적 요소를 강조하여 인지적 이해를 강조한 점, 교수활동에서 언어로 표현되는 이론적 명제나 방법적 규칙들을 우선시한다는 점 등이 바로 그것이다. 그러나 이러한 방식에도 많은 문제점이 있다. 어느 한 사고양식만을 강조하게 되어 교수의 문제에 심각한 위협이 될 수 있다. 인간이 세계를 이해하는 방식에는 패러다임적 사고양식만이 존재하는 것은 아니다. 이와는 상이한 사고 양식이 존재한다. 그럼에도 불구하고 학교에서 선정되어 제시되는 편향적인 교육내용으로 인하여 학생들의 편향된 학습 문제와 사고 양식으로 인해 공교육의 위기에 부채질하고 있는 형국이 되고 있다. 이 문제의 핵심에는 합리주의적 교육내용으로 인한 학교의 편향된 합리주의적 교육문화가 자리하고 있다고 보아야 할 것이다. 합리주의적이고 패러다임적 교육문화는 학생들로 하여금 특정의 능력과 사고양식만을 강요할 가능성이 높으며, 인간의 다양한 삶의 차원을 폭넓게 경험하는 길을 차단할 가능성이 높다.

Oakeshott(1962)는 데카르트 이후 합리주의자들이 기법적 지식을 실제적 지식과 분리시켜서, 기법적 지식만이 권위를 지닌 유일한 지식인 것처럼 왜곡시켰다고 지적하였다. 기법적 지식이란 글이나 수식으로 기록할 수 있는 지식이며, 암기할 수 있는 지식이다. 그러나 이러한 지식만 가지고는 과학뿐만 아니라 어떠한 실제 활동도 이루어지지 않는다. 그런데 근대교육의 가장 큰 문제는 기법적 지식을 기계적으로 암기하는 학습방식에 있다. 내러티브의 라틴 어원을 살펴보면, 지식과 전문가 혹은 지식과 유능한 실천을 가깝게 연결한다는 의미를 가지고 있다(Gudmundsdottir, 1995: 24). 즉 내러티브는 실제 활동과 가장 가까운 형태의 지식을 학습자에게 전달할 수 있다는 의미를 내포하고 있는 것이다. 이는 교사의 내러티브가 실제적 지식에 중요한 위치를 차지하는 암묵적 차원의 지식 및 전문가의 정서까지 실어 나를 가능성을 암시한다. 그러므로 근대 합리주의의 영향권을 제외한다면 고대로부터 현재에 이르기까지 경험이나 지식을 직접 조직하고 전달하는 방법으로서 가장 자연스럽게 먼저 써온 것이 바로 이 내러티브 형식인 것이다. 따라서 학문 활동과 교과 교육 활동에서도 내러티브는 동일한 가능성을 가지고 있다는 점을 짐작할 수 있다.

최근에는 인간 지식과 사고 양식의 다양성을 여러 학자들이 제기하고 있다. Harste(1994)의 다중적 앎의 방식이나 Eisner(1985a)의 앎의 방식에 대한 강조, Polkinghorne(1988)의 내러티브적 앎의 제안, Eisner의 제시양식과 반응 양식의 다양성, 정보화 사회에서의 문자언어의 탈피 등이 바로 그것이다. 인간의 지식은 하나의 형태, 하나의 앎의 방식, 하나의 의미 영역으로 통일되어 있지 않다. 여러 개의 다양하고 분명한 형태, 앎의 방식, 의미 영역으로 구분되어 있다. 그리고 각각 영역의 지식은 그 고유한 의미와 진리를 나타낸다. 즉, 세상에 대한 이해와 경험이 이루어지는 기본 방식을 제각기 갖고 있다.

이러한 점에서 볼 때 편향된 패러다임적 교육과정 체제는 그 자체로서 편향된 인식론적인 문제를 안고 있으며, 동시에 다른 방식의 교육과정 체제를 차별적으로 무시하고 배제해버리는 결과를 초래할 수도 있다. 이론적 지식이나 실증주의적 지식만을 강조하고 분석적이고 인과적인 사고양식만을 최우선시하는 교육내용의 관점은 이와는 상이한 교수 체제를 선택적으로 배제하여 학교 교수에서 누락시키거나 주변적인 것으로 규정하여 학생들의 접근을 최소화할 가능성이 크다고 볼 수 있다. 이와 관련하여 일찍이 Eisner(1979)는 배제된 것으로서의 영 교육과정(null curriculum)을 개념화했으며, 학교에서 소홀히 하거나 공식적으로 가르치지 않는 지식, 사고양식, 가치, 태도, 행동양식, 교과 등 학습자들이 아직 경험하지 못한 것의 가치를 환기시켰다. 즉 교육적 가치가 있는 데도 이러한 것들을 공식적 교수에서 의도적으로 배제시켜버린다면 학교교육의 가치와 의미가 왜곡될 수 있다고 경고하고 있다. 더욱이 배제의 의미와 양태에는 복합적인 측면, 즉 의도적으로 배제된 것, 우연적으로 배제된 것, 문화적으로 배제된 것 등이 있을 수 있어 그 문제는 더욱 복잡하다. 이러한 교수는 공식적 교수에서 중요하고 가치 있는 어떠한 교육내용이나 가치, 태도 등이 배제되고 있는지를 평가하는 데 중요한 단서를 제공해줄 수 있다는 점에서 가치가 있다.

더욱이 최근에는 교육과정 지식의 탈근대성에 대한 논의가 활발하며, 인간의 사고 양식이나 앎의 방식의 다양성이 중요한 문제로 등장하고 있다. 합리주의적 교육과정 체제에 가정된 패러다임적 사고양식의 문제는 근본적으로는 학교 교육의 문화에 관한 것이다.

우리의 학교 교육은 지나치게 패러다임적 사고로 편중되어 있다. 주체 외부에 존재하는 객관적 실재만을 지식의 본질로 인식해 온 전통적 지식관은 우리의 교육문화를 패러다임적 사고로 편향시킨 근본 원인이라고 할 수 있다. 패러다임적 사고 중심의 교육문화는 마음의 사용방식을 그야말로 패러다임적으로 강화시킨다. 이제 교육내용과 그에 작용하는 인식론적 입장은 새로운 변화를 요청한다고 볼 수 있다.

2) 내러티브 인식론의 대두와 내러티브 사고

그 새로운 변화의 단서는 이른바 근대적 이성에 바탕을 둔 실증주의적 인식론에 대한 반성적 대안으로 논의되고 있는 생성적 인식론에서 찾아볼 수 있다. 근대적 패러다임에서 인간 정신은 객관적 실체를 반영하는 표상적 존재로 이해되었다. 반면, 생성적 인식론에서 '마음'은 주어진 외부 진리를 받아들이는 표상적 존재로만 이해되지 않고, 스스로 변용과 창조를 해 나가는 생성적 존재로 이해된다. 따라서 교육에서 중요한 것은 '진리의 인식'이 아니라 스스로 지식을 생성해 나가는 '생생한 경험'이며, 교수는 학습자가 인간의 창조적인 조직능력과 재조직 능력을 발휘하는 데 주안점을 둔다.

이러한 인식론적 변화의 중심에 교육과정의 측면에서는 내러티브 인식론(narrative ways of knowing)이 자리하고 있다. 내러티브 인식론은 직접적으로는 Bruner의 인간사고 양식의 구분에서 단서를 찾을 수 있으며, 그 간접적인 배경에는 심리학의 인지혁명으로부터 촉발된 인간 마음과 사고(앎)의 양식을 보는 관점의 전환에서 엿볼 수 있다. 이것은 Robinson과 Hawpe(1986)의 내러티브 사고

(narrative thinking)와 Polkinghorne(1988)의 내러티브적 앎(narrative knowing), 그리고 Noddings(1991)의 대화의 가치에 주목하면서 발전을 보인다. 이러한 내러티브 인식론은 기본적으로 마음에 대한 Bruner의 아이디어에 기반을 두고 있으며, 그 중심 특징은 문화주의(culturalism)에 있다. 문화주의는 인지혁명 이후 마음의 작용에 관해 서로 극명하게 구분되는 두 가지 관점, 즉 인간의 마음은 컴퓨터처럼 기능한다는 소위 '컴퓨터 관점'과 문화를 마음의 핵심으로 상정하는 문화심리학(cultural psychology)이라고 구분한 것 중에서 후자의 관점을 의미한다. 전자가 인간의 마음의 본질을 컴퓨터 장치에 비유하여 정보처리 프로그램의 작동으로 설명하는 데 비해, 후자는 문화가 마음을 구성한다는 전제 위에 마음의 본질을 의미(meaning)의 구성(constructing)에 있다고 본다. 이제 정보처리이론으로 인해 왜곡된 인간 마음의 본질을 정보 처리에서 의미의 구성으로 복귀하려는 것이다.

이처럼 Bruner의 내러티브 인식론은 마음을 보는 관점의 전환과 문화심리학의 제안으로 구체화될 수 있으며, 더 나아가 '내러티브 탐구'라는 연구방법의 발전을 가져왔다. 우선 **첫 번째** 문제로 전통적으로 대상의 논리로 파악해 온 인간의 마음은 이제 새롭게 파악되어야 한다는 점이다(Bruner, 1987). 지금까지 존재론적 시각에서 마음의 실체를 파악하려는 오류에서 벗어나 이제는 마음이 어떻게 의미를 만드는지, 즉 마음에 의해 실재가 어떻게 만들어지는지의 문제에 관심을 가질 필요가 있다. 이제는 마음의 실체가 무엇인지보다는 마음은 어떻게 활동하는지의 문제가 관심이 초점이 되었다.

다음으로 인간 마음과 문화의 관계를 새롭게 보는 Bruner의 문화심리학의 문제이다. 즉 마음과 문화의 관계는 내러티브 사고로 볼 수 있다는 점이다. 내러티브는 실재의 구성, 의미 만들기, 자아형성에 모두 관련되어 있으며, 특히 의미 형성과 협상에서는 내러티브적 해석이 중요하다. 이러한 관련성은 의미는 대화를 통해서 만들어지고 이야기 양식은 해석을 필요로 한다는 내러티브의 가정에 그 근거를 두고 있다.

마지막으로, 교수 연구방법으로서 '내러티브 탐구'(Clandinin과 Connelly, 1987; 1998; 2000)의 등장이 인식론의 발전을 가져왔다. 이 방식에서 인간은 언제나 상황과 특정 공간, 시간성 속에서 존재하며, 한 사람으로서의 교사나 학생이 자신의 경험, 정신과 신체, 그리고 의도 속에서 이야기를 하고 다시 그 이야기를 구성하고 또한 이야기를 계속해서 구성, 재구성할 때, 한 사람의 독특한 개인적·실제적 지식(personal practical knowledge)이 드러난다는 점을 강조하고 있다.

따라서 교수는 경험과 상황, 상호작용, 시간과 공간의 모든 측면들을 고려해야 하며 여러 상황들 안에서 경험된 무엇이다. 질적 탐구에서 내러티브는 이야기를 만드는 과정, 이야기의 인지적 도식, 그 과정의 결과 모두를 의미하는 것으로 보는 것이 타당하다(Polkinghorne, 1988: 13-15). Denzin과 Lincoln(2000: 733-768)도 개인의 내러티브(personal narrative)를 강조하면서 교수 연구행위는 연구의 공간과 상황, 연구의 역동적 맥락 속에서의 상호작용, 결과에 대한 해석상의 문제 등을 내포하면서 나타나는 의미 구성의 작업으로 보고 있다.

다. 내러티브 교육과정과 교과목 개발

1) 내러티브 교육과정의 가능성

여기에서는 앞에서 논의한 내용을 바탕으로 내러티브 교육과정의 가능성을 몇 가지 측면, 즉 내러티브 교육과정의 의미, 근거, 설계 원리, 가능 영역, 구체적인 방안을 중심으로 탐색해보려 한다. 지금까지의 논의를 통해서 볼 때 우선 내러티브 교육과정의 의미는 여러 가지로 해석될 수 있다. 즉 어느 특정 측면을 강조하여 내러티브 교육과정의 의미를 구성할 수 있다. 이들 측면을 그 구체성의 정도에 따라 몇 가지로 제시해보면 다음과 같다.

첫째, 내러티브가 곧 교육과정이며(Bruner, 1996), 교육과정은 단순히 내용 그 자체보다는 내용에 대한 해석을 의미한다(Doyle과 Carter, 2003).

둘째, 교육의 과정과 교육과정의 공통요인(common places)인 교사, 학생, 교재, 환경이 내러티브 혹은 내러티브 사고 양식에 의해 재개념화될 수 있다(Conle, 2003).

셋째, 교수 내용이 내러티브 인식론에 의해 정당화된다는 점이다(Polkinghorne, 1988; Clandinin과 Connnelly, 2000).

넷째, 교수 내용 선정과 조직이 내러티브와 이야기 구조를 통해 가능하다는 점이다(Lauritzen과 Jaeger, 1997).

다섯째, 교육과정의 양태, 즉 편성과 운영의 구조가 내러티브 성격을 지닌다는 점이다(McEwan과 Egan, 1995).

여섯째, 교육과정, 즉 학습의 수단이 내러티브라는 관점(narrative learning)이다(Bigge, 1999).

이상의 측면들을 가장 포괄적으로 보면 내러티브가 곧 교육과정이라는 점이다. 내러티브 자체가 교육과정을 의미하고, 교육과정이 곧 내러티브의 의미로 재개념화될 수 있다는 것이다. 이러한 의미는 결국 교육의 과정이 내러티브 혹은 내러티브 사고 양식에 의해 재개념화될 수 있다는 것을 의미한다. 따라서 교수에서 핵심적인 교수 내용이 내러티브 인식론에 의해 정당화되는 관점이다. 구체적으로는 교수 내용 선정과 조직이 내러티브를 통해 가능하다는 것이다. 이러한 과정을 거치면서 결국 교수의 편성과 운영의 논리가 내러티브적 성격을 지니게 된다. 이러한 교수의 체계 속에서는 학교 학습 자체가 내러티브라는 수단을 통해 이루어진다. 따라서 이상의 측면들을 종합해보면 내러티브 교수는 내러티브를 통해 학생의 학습기회를 구성적이고 해석적으로 조직하여 지식과 경험을 지속적으로 재구성할 수 있도록 해주는 구조를 의미하는 것으로, 내러티브 자체가 곧 교수를 의미하는 것이다.

이상의 의미를 지니는 내러티브 교육과정은 다음의 사항들을 근거로 하여 가능해질 수 있다. 첫째, 내러티브 교육과정은 기본적으로 이야기 구조를 전제하고 그것을 반영할 필요가 있다. 이야기의 내용적 측면과 형식적 측면을 고려하여 스토리와 그 스토리의 표현과 전달 체계를 반영할 필요가 있다. 둘째, 내러티브는 상상력과 해석적인 재구성을 통하여 학생의 이해 능력과 양식을 다양화하고 학생의 의미 형성 기제로서 중요한 역할을 수행할 수 있다. 셋째, 교수의 구현체로서 내러티브 수업은 이야기하기로서의 교수를 토대로 학생들의 교육적 관심과 발달적 측면에 초점을 두면서 이야기 양식을 활용하는 것이 중요하다. 넷째, 학습기회의 제공을 의미하는 교수는 결국 이야기를 통한 학습의 통합으로 구체화되어야 한다. 보다 근본적으로는 학습 그 자체가 의미 만들기이며, 그것이 결국 내러티브를 의미하며, 그것은 곧 학습이 통합적으로 전개될 수밖에 없다는 점을 의미한다.

따라서 학습경험과 기회를 적절하게 조직하는 설계의 문제는 내러티브를 중심으로 이루어질 수밖에 없다. 학습은 내러티브를 통해 의미를 만들어 가는 과정이다. 브루너가 보기에 우리는 특정 의미가 창조되고 전달되는 맥락 내에서 의미와 의미 구성과정을 해석할 수 있을 것이라는 것이다. 우리가 구성하는 삶과 우리 자신은 이러한 의미 구성과정의 결과물이다(1990: 64-77). 이러한 내러티브와 관련하여 브루너는 교수 설계에서 고려해야 할 5가지의 원리를 제시하고 있다(Bigge, 1999: 143-144).

첫째, 학교 교수를 통하여 학생들 자신의 추측의 가치와 수정 가능성을 발견하도록 촉진하고, 문제해결에서 가설을 수립하고 해결을 시도하는 활동의 효과를 자각하도록 권장할 필요가 있다. 둘째, 현재의 조건과 미래의 결과를 관련시키는 마음의 사용을 통해 문제해결의 가능성에 대한 학생의 신뢰를 개발하는 데 강조점을 두어야 한다. 셋째, 다양한 교과내용과 관련하여 학생 자신의 추진력을 배양하고, 스스로 조작해 나갈 수 있는 능력을 개발해야 한다. 넷째, 마음을 경제적으로 사용할 수 있는 능력을 개발할 필요가 있다. 다섯째, 학생의 지적인 정직성을 개발하는 것이다.

결국 내러티브 사고과정과 탐구기능을 개발할 수 있도록 설계되기 위해서는 설계과정과 절차 역시 내러티브 사고의 속성을 반영하는 것이 되어야 한다. 이것은 최근에 등장하고 있는 이야기를 통한 교수 설계와 수업 설계에서 다양하게 이루어지고 있다(Doyle & Holm, 1998). 이러한 방식에서는 전통적인 교수 설계와 수업 설계에 대하여 재검토해보고 내러티브 탐구로서 교수 설계를 재개념화하는 것이 중요하다. 이와 동시에 Schwab의 네 가지 공통요인을 활용하여 교수를 설계하는 것이 가능하다(Conle, 2003). 왜냐하면 교수의 실재가 내러티브에 의해 구성되며 설계의 행위가 곧 내러티브 행위이기 때문이다.

그렇다면 이러한 내러티브 교육과정은 어떻게 구성될 수 있는가. 그 구체적인 방안에 대한 논의가 활발하지 않지만, 관련 문헌 분석을 통해 몇 가지를 제안해보면 다음과 같다.

첫째, 스토리 구조를 활용하는 방안이다. Egan(1990)은 학교교과를 이야기 형태로 조직하고, 수업도 달성해야 할 목표들의 집합체가 아니라 좋은 이야기로 보았다. 발달적 내러티브 모형에서는 학생들의 인지적, 정의적 특성과 발달 단계를 고려하여 학생들의 이해와 지적 활동을 도울 수 있는 이야기의 속성을 다르게 조직하는 방안을 제시하고 있다.

둘째, 내러티브 사고를 직접적으로 활용하는 방안이다. McEwan과 Egan(1995)은 학습과 교수는 내러티브적 관심사를 중심으로 전개된다는 점을 지적하고 있으며, Bruner(1996)는 과학의 내러티브에서 내러티브 사고가 과학자 활동과 학생-교수 활동과 어떠한 관련성을 지니는가 하는 문제를 과학교수에서 논의하고 있다. 다른 한편으로는 그가 제안하는 교수는 자아형성 교수이며, 자서전적 교수기도 하다.

셋째, 이야기를 통한 통합 학습을 활용하는 방안이다. Lauritzen

과 Jaeger(1997)는 '이야기를 통한 학습의 통합'을 내러티브 교수로 보고, 이야기를 통해 어떻게 수업에 활용할 수 있는지를 단계적으로, 즉 맥락 파악-질문 구성-목표 점검-탐구-정리로 나누고, 각 단계에서의 활동을 구체화시킨 점이 특징이다. 이것을 응용하여 이흔정(2003)은 Lauritzen과 Jaeger(1997)의 모형을 활용하여 내러티브 교수 모형을 제안하고 있다.

넷째, 교수의 공통 요인을 활용하는 방안이다. Conle(2003: 4-5)은 내러티브 교수를 교사, 학생, 교재, 환경의 측면에서 재개념화하고 있다. 여기에서 교사와 학생은 상호 탐구자이며 상호 학습자이다. 교재는 교사-학생의 실제적 지식이 되며, 환경은 개방적이고 융통적인 구조가 된다.

다섯째, 내러티브 설계 원리를 활용하는 방안이다. 강현석(2004)은 내러티브 중심의 내용 선정과 조직 방안을 제시하고 있다. 내용 선정에서는 내러티브 사고과정과 기능, 자기 추진력과 조작 능력 개발, 지적 정직성의 개발을, 내용 조직에서는 이야기 구조, 개연성과 아이러니, 해석적 재구성, 융통성과 개방성을 제안하고 있다.

이상의 개략적인 구성 방안을 보다 구체화하기 위하여 다소간 도식적으로, 교육목표의 설정, 교육내용의 선정과 조직, 교재 구성과 단원 재구성, 수업, 평가의 문제로 구분하여 논의해보기로 한다.

첫 번째로, 목표 설정의 문제이다. 내러티브 교수에서 달성해야 할 교육목표의 설정과 진술 방식은 다양하게 이루어질 수 있다는 점을 고려할 필요가 있다. 기존의 방식을 활용하거나 보다 급진적으로 변경시키는 방안이 가능하다. 이 경우 달성해야 할 목표의 내용 그 자체보다는 목표를 달성하는 방식과 그 달성 여부의 판단 양식이 문제이다. 우선 달성해야 할 목표로서 구조의 발견은 생성적 차원을 동시에 고려해야 하며, 학생 스스로 형성해 가는 발견의 감각을 길러 줄 필요가 있다. 그리고 교과 지식에 대한 내러티브적 해석 능력을 고려하여 목표가 설정될 필요가 있다. 이것은 교육목표 설정 시에 지식의 구조가 지니는 새로운 인식론적 성격과 그것이 내러티브적으로 해석될 수 있는 가능성을 충분히 고려해야 한다는 점을 의미한다.

내러티브 차원에서 보면 달성해야 할 내용으로 고려될 수 있는 것들로는 내러티브를 통한 자아 정체성의 형성과 자아 발견, 사건을 이야기로 만드는 능력, 의미 형성 능력의 배양, 학습자의 내러티브 지식을 생성하는 것, 내러티브적 앎의 방식과 내러티브 사고 능력 배양, 내러티브적 상상력의 개발 등이 설정될 수 있다.

두 번째로, 내용 선정 및 조직의 문제이다. 교육내용으로서 지식의 구조는 이제 객관적인 실체이기보다는 학생이 내러티브적 해석에 의해 구성하고 생성해야 할 의미체이며, 내용 선정 시에 지식의 발견적 속성과 생성적 속성을 동시에 고려할 필요가 있다. 그리고 교육내용을 선정할 때에는 앞에서 논의한 것처럼 내러티브의 포괄적 차원을 고려하여 교육내용의 성격을 반영해야 하며, 특히 내러티브 사고 기술을 중요하게 선정할 필요가 있다. 내용 조직에 있어서도 나선형 조직을 순환적 회귀의 차원에서 재해석할 필요가 있다.

내러티브 원리에서 보면 내러티브 사고와 관련되는 내용들이 선정되어 논리적인 지식과 보완될 필요가 있다. 신화, 소설, 민담이나 인간의 삶의 목적과 우연성을 담은 내용들, 인간의 상상력을 풍부하게 해주는 내용들이 선정될 수 있다. 이러한 내러티브적 내용들은 논리정연한 질서보다는 이야기 구조 속에서 우연성과 아이러니를 표현하는 방식으로 조직될 필요가 있다. 교육내용은 실재를 내러티브적으로 구성하는 원리에 맞게 조직될 필요가 있다(Bruner, 1996: 133-147). 우선 내용이 기계적이고 규칙적으로 전개되고 조직되는 방식이 아닌 인간적으로 적절한 시간(Ricoeur, 1984)에 맞게 조직되고, 의미가 서로 교섭되는 방식으로, 그리고 전체 이야기 구조 속에서 풍부하게 해석적으로 재구성되는 방식으로 조직될 필요가 있다. 특히 조직에서는 일차적으로 이야기 중심의 주제 통합 단원을 조직할 수 있다. 이것은 하나의 중심 주제를 둘러싸고 일정한 구성 형식, 즉 시작-전개-반전-결말을 갖는 일련의 이야기를 의미한다. Egan의 내용을 이야기 형태로 조직하는 단계로 접근 제공-단원/학습과정 조직-세부 항목과 맥락의 추적(이흔정, 2003: 48)을 제안하고 있다. 그리고 내러티브의 성격에 비추어 보면 학생의 학습 에피소드는 내러티브 중심으로 통합되어 조직될 필요가 있다. 이와 관련하여 강현석(2004)은 교수 설계원리로서 내러티브주의에서 가능한 조직상의 고려 사항으로 이야기 구조, 개연성과 아이러니, 해석적 재구성, 융통성과 개방성을 제안하고 있는바, 이는 해석적 구성과 순환적 회귀의 이야기 구조가 내용 조직의 근거가 될 수 있다는 점을 의미한다.

세 번째로, 교재 혹은 교과서 구성과 단원 재구성의 문제이다. 이 문제를 해결하기 위해서는 Bruner가 제안한(1996: 11-12) 문화주의의 미시적 측면, 즉 의미 만들기, 구성주의, 상호작용, 자아정체감 등을 활용할 수 있다. 이 4가지 기제는 교재 구성에서 교재 내용의 해석의 문제, 지식관의 문제, 교수의 문제, 교재활용의 문제에 구체적 실마리를 제공할 수 있다. 첫째, 특유의 개인 역사가 반영되는 의미해석과 문화의 표준적 방식이 나타나는 실재구성 방식은 교재구성과 관련하여 해석의 문제를 나타낸다. 교재 내용의 국가적 표준을 어떻게 처리하고 내용 학습에서 학습자의 이해 양상을 어느 수준, 어떤 방향으로 유도하는가 하는 점은 인간 사고의 해석적 의미 만들기 측면에서 단서를 얻을 수 있다. 둘째, 교재 내용의 지식관 문제는 교과 성격, 교과 목표, 교과 지식의 성격과 한계에 비추어 지식 구성의 폭을 조절할 필요가 있다. 셋째, 교재는 교사와 학생의 교육의 과정을 물상적으로 매개하는 요소 중의 하나로서 교수학습의 관계와 그 과정은 교재 구성의 중요한 변인이 될 수 있다. 이런 점에서 간주관성을 토대로 의미협상을 통해 상호 공동체를 형성해야 하는 교수 상황은 교재 구성의 영향인으로서 기능한다. 넷째, 교재 학습을 통한 문화적 동질성과 자아 정체감 형성은 교재의 활용 측면에 그 구성원리로서 관련된다. 객체화된 지식의 나열과 탈문화적 표준의 제시로 자아 구성과 그 문화적 표현을 상실하고 있다는 교재 구성에 대한 비판은 이 측면을 고려해야 할 것이다.

위의 문제와 관련하여 Bruner(1996: 126-128)는 R. Karplus의 과학 교수 개혁의 관점에 비추어 교재 구성에 중요한 단서를 제시하고 있다. 특히 교재 구성의 지식관과 교수에 관한 측면에서 교재에 제시되는 완결의 지식과 "정답"보다는 해당 교과의 문제를 해결하는 과정에 강조를 두는 교실 수업을 강조하고 있다. 그리고 여기에는 도전적 질문을 제기하는 기술(art)과 그런 질문을 풍부하게 하는 기술, 훌륭한 질문을 생기 있게 유지하는 기술 등이 포함된다. 훌륭한 질문은 딜레마를 제기하고 분명하거나 표준적 진리를 의문시하고, 우리의 관심과 불일치되는 것을 제기하는 것이다. 그리고 교재 자료 개발과 배치에서 자료는 학생의 학습동기를 유발하고 본문 서술과 유기적인 관련을 맺으면서 학습 내용을 확인·심화시키는가 하면 새로운 문제 의식으로 증폭되기도 한다. 그러므로 자료는 본문 서술을 읽으면서 형성되는 학생들의 역사 인식을 돕고 발전시킬 수 있도록 적절한 지점에 적절한 형식으로 배치되어야 한다. 그런데 현 교과서의 자료들은 대부분 본문 서술과 같은 설명 텍스트이거나 본문 서술과의 유기적인 연관을 가지지 못하고 있는 것이다. 특히 단원 재구성과 수업 지도안의 수준에서는 Lauritzen과 Jaeger(1997)의 내러티브 모형, 즉 상황적 맥락 파악-질문 구성-목표 점검-탐색-정리 단계와, 이것을 응용한 이흔정(2003)의 모형, 즉 얼개 짜기-풀어내기-되풀기-나누기-새로 맺기 단계를 활용하여 단원과 수업 지도안을 새롭게 작성할 수 있을 것이다. 이들이 제시한 모형은 이야기를 통해 어떻게 수업에서 활용할 수 있는지 단계를 나누고, 각 단계에서의 활동까지를 구체화하고 있다. 그리고 이야기 구조학습 전략에 비춘 수업 지도가 가능하다. 이야기 글 지도는 학생들에게 이야기의 구조를 이해하는 방법을 가르쳐주고 학생들 스스로가 구조를 찾아 이해할 수 있는 능력을 길러주는 데 목적이 있다.

네 번째로, 수업의 문제이다. 기본적으로 내러티브식 수업의 형태는 크게 두 가지로 진행할 수 있는데, 하나는 이야기를 통한 수업이고, 또 다른 하나는 일련의 사건들을 내러티브식으로 구성한 수업이라고 볼 수 있다. 이러한 기본적 형태에 비추어 보면 내러티브와 수업의 측면에서는 크게 4가지 관점에서 내러티브를 활용할 수 있다.

첫째, 수업의 소재로서 보는 관점이다. 수업에서 다루는 내러티브의 소재는 수업에서 나오는 사실이나 인물과 관련된 이야기인 경우가 많다. 특히 사료에서 나오는 신화나, 전설, 민담 등은 역사 수업에서 가장 자주 이용되는 내러티브의 소재이다.

둘째, 내용 전달 수단이나 방식으로서 내러티브를 보는 것이다. 교사가 알고 있는 이야기의 내용은 내러티브를 통해 수업 내용으로 바뀌는 경우가 많다. 교사는 흔히 수업 내용을 전달하는 방식으로 내러티브라는 형식을 사용한다. 여기에서 내러티브는 교사가 알고 있는 이야기나 사건을 수업 내용으로 바꾸는 변형 도구(transformative instrument)의 기능을 한다는 것이다. Gudmundsdottir(1995: 27-29)에 의하면 교사가 알고 있는 이야기들은 내러티브를 통해 교수내용지식(pedagogical content knowledge)으로 변형된다. 즉, 교사의 담론으로서 내러티브는 이야기의 내용을 토대로 하여, 교사의 해석, 수업관 내지는 학생관, 또 이야기를 전달하는 교사의 기법 등이 혼합되어서 나타나는 산물이다. 그러므로 내러티브를 통해 나타난 이야기들은 교사에 의해 선택되거나 혹은 배제되고 변형되면서 새로운 의미가 부여된 이야기들로서, 학생들은 변형의 과정에 포함된 내러티브의 형식에 따라 이야기를 기억하거나 재미를 느끼기도 하고 그것의 의미를 해석하게 된다.

한편 Witherell과 Noddings(1991)에 의하면 내러티브를 활용한 수업은 또한 서사적 대화 모형으로 구체화될 수 있다는 것이다. 서사적 대화(narrative and dialogue)는 대화 참여자들이 자신의 삶의 경험들을 상호작용적으로 말하고 경청하고 응답함으로써 그들 자신의 관점이 변화되고 자신의 삶에 변화를 동반하는 대화이다. 이러한 서사적 대화 모형은 인간의 삶을 전체적인 것으로 만든다(Polkinghorne,

1988: 150-161). 우리가 자신의 삶의 경험들을 말하게 될 때 우리는 플롯을 만들게 되고, 이러한 플롯은 우리의 개별적인 경험들을 관련짓고, 하나의 전체적인 이야기가 되도록 한다.

셋째, 수업 내용으로서 내러티브는 수업소재로서 이야기나 사건, 즉 교사가 가지고 있는 수업소재에 관한 내용 지식이 변형의 과정을 거쳐서 만들어지는 것이다. 따라서 수업 내용으로서 내러티브는 교수내용 지식의 성격을 가지고 있다. 여기에서 수업 내용으로서 내러티브와 교수내용 간의 관계가 중요하다. Grossman, Wilson과 Shulman(1989)은 내용 지식을 교수내용 지식으로 만드는 구성 요소로 네 가지 영역을 제시하고, 이를 다시 크게 가르치기 위한 교과내용지식(subject matter knowledge)의 영역과 교과내용에 대한 믿음이라는 두 가지 영역으로 구분하고 있다. 가르치기 위한 교과내용지식에는 다음의 세 가지 영역, 즉 내용지식, 실체적(substantial) 지식과 구문론적(syntactical) 지식을, 두 번째 영역은 교과내용에 대한 믿음이다. 교과내용에 대한 믿음은 교사가 수업에서 어떤 교과내용을 포함시키거나 우선시해야 하는가와 관련된 믿음이다. 학생들이 중요하게 알아야 한다거나, 그들에게 가르치는 것이 적합하거나 부적합하다고 생각하는 것이 여기에 해당한다. 교과내용에 대한 믿음은 교사의 수업에 커다란 영향을 주는 학생, 학교, 학습, 교수의 본질에 대한 믿음과 결부되어 있으며, 교과내용에 대해 가지고 있는 교사의 선행지식이나 관점과도 관련이 있다는 것이다(Aubery, 1994: 1-13; 김한종, 1999). 결국 이러한 네 가지 구성 요소 중 수업 내용으로서 내러티브에 가장 커다란 영향을 주는 것은 가르치기 위한 교과내용지식 중의 내용지식과, 교과내용에 대한 믿음이다. 자세한 내용지식을 가지고 있는 것이 곧 수업내용으로 바뀌는 것이라고 할 수 있다. 여기에는 수업소재로서 내러티브에 대한 교사 자신의 해석이 포함된다.

넷째, 인식의 도구로서 내러티브를 보는 관점이다. 내러티브가 현상의 기본적인 인식도구가 될 수 있는 것은 경험의 흐름을 이해할 수 있게 해주기 때문이다. 내러티브는 그 속에 담겨있는 어떤 일련의 사건이나 현상들의 연속적인 상호관계를 이해할 수 있게 해주는 형식이다. 내러티브는 사건이나 현상들을 관계짓는 다양한 방식을 내포하고 있다. 이러한 다양한 방식의 내적 관계의 총체를 하나의 단일한 전체로 나타내는 것이 내러티브이다. 우리는 내러티브를 통해 무수히 많은 내적 관계를 맺고 있는 일련의 사실들을 하나의 이야기로 인식하는데, 이것이 역사인식의 기본적 성격이다.

이상에서 제시한 네 가지 측면들에 비추어 보면 내러티브식 수업의 구성 방안은 일반적으로 내러티브의 구조적 특징과 그것을 받아들이는 학습자에 대한 고려에 따라 달라진다. 따라서 내러티브의 구조를 결정하는 데 우선 문제가 되는 것은 어떤 이야기나 사건을 수업 내용의 소재로 삼을 것인가 하는 점이다. 교사들은 자기 나름의 기준에 의해 내러티브 구성에서 어떤 사건을 포함시킬 것인가를 결정한다. 고려해야 할 것은 내러티브의 구조나 거기에 내재되어 있는 의미에 대해 학생들이 이해할 수 있는 능력이다. 다음으로 수업의 전개 과정 중에 학생들이 수업 내용을 얼마나, 그리고 어떻게 인식하는가에 따라 교사는 전달 방식을 달리한다. 내러티브의 종류나 학생들의 발달 단계에 따라 내러티브식 수업을 진행하는 방식에 관해서는 Egan(1990)은 8세까지의 아동에게는 이야기 형식 모델(story form framework)을, 8-15세에는 낭만적 모델(romantic model)을 제안하고 있다. 그 외 여러 연구에서 다양한 방안들을 제안하고 있는 바, 도홍찬(1999)은 도덕과 지도방법으로서 내러티브 기법과 활용—도덕 경험 발표하기, 일지 쓰기, 구두편지, 극적인 모험하기 등을 제안하고 있으며, 최인자(2001: 314-330)는 학습자의 서사 지식 생성을 위한 문제중심의 교수-학습 방법론을 제시하고 있다. 이를 의해 실제적(authentic) 문제를 제시하고, 모순적 자료를 논쟁적으로 제시하고, 학습자의 서사 지식 생성을 제안하고 있다. 그리고 보다 미시적인 수준에서는 플롯 중심의 교수요목 구성, 스토리를 통한 수업지도안의 구성(Doyle & Holm, 1998) 등이 요청된다.

다섯 번째로 평가의 문제이다. 일찍이 Bruner(1960)는 분석적 사고를 상대적으로 중시하는 학교 문화를 비판하였다. 학교 공부와 시험에서는 명백히 형식을 갖춘 언어로 표현하여 이해하는 능력을 강조하며, 명백한 형식으로 언어화하는 능력, 언어적 또는 수학적 공식을 재생하는 능력이 강조되고 있다는 것이다. 학교 학습은 형식을 갖춘 내용을 다룬다는 사실 때문에 직관의 중요성이 과소 평가되는 결과를 초래하고 있다. 학생들에게 전통적인 연역법과 증명방법을 가르치기에 앞서 교육내용을 직관적으로 이해하도록 가르치는 것이 급선무이며, 분석이나 증명의 형식적인 방법으로 매개되는 이해와 인지 양식을 상대적으로 강조하고 있다. 이러한 문제는 학교 문화, 상벌 체계, 성적 평가 관행이 직관적 사고를 억누르는 것으로 보인다는 점이다.

인간의 사고 양식은 다양하다. 직관적 사고와 분석적 사고의 상보성은 중시되어야 하고, 패러다임적 사고와 내러티브 사고는 서로를 이해하는 수단으로서 가치를 지닌다. 또한 학생들이 배운 것을 표현하는 방법과 학생들이 사물을 대하는 양식은 다양할 수 있다. 즉 학생들이 배운 지식이나 이해가 표현되고, 머리에 축적되는 형태는 다양할 수 있다. 교수에서 학생들에게 기대하는 사물에 대한 이해는 다양한 경로를 통해 습득된다. 그러므로 학생들이 어떤 상황을 이해하기 위해서는 그 상황을 설명하는 다양한 형태의 표현방식에 접할 기회를 가져야 하고, 학생들이 알고 있는 것을 표현하는 방식 또한 하나로 제한되어서는 안 된다. 그러나 요즘 학교 문화는 쓰인 글이나 말이 너무 강조되고 있다.

2) 교과목 개발과 교과서 서술의 방향

이상의 논의에서 비추어 보면 이제 교과목을 이해하는 입장에도 많은 변화가 예상된다. 우선 교과목에 대한 의미가 과거의 정전적인 규범(canonicity)에서 벗어날 필요가 있다. 주어진 객관적인 실체를 체계화하여 경직되게 학습자들에게 제공되는 학습의 매개체라는 전통적인 관점에서 이제는 다양한 학습의 소재로서 보다 탄력적이고 개방적인 구조를 지녀야 하며, 학습자 당사자들의 목소리가 반영되는 맥락적이고 해석적인 교과목으로 변화될 필요가 있다. 즉 교과목은 이제 완결형이 아니라 점진형으로 그 성격을 이해해야 하며, 규범적 목록이 아니라 학습을 지원해주는 소재형이라는 것이다.

곽병선(1991)에 의하면 교과는 인간의 가치를 드높이는 데 직결되어 사회적으로 지지받고 있으며, 일정한 준거를 가지고 그 생성을 되풀이하는 문화 요소 중 학교에서 가르칠 대상으로 설정되어 들어 온 학문이나 경험 분야를 가리킨다. 이런 점에서 보면 특정의 입장에서 보는 교과목만 강조하는 방식은 지양되어야 한다. 즉 이성과 정신의 세계를 강조하는 항존주의적 입장에서의 훈육적 교과목을, 마음의 세계를 강조하는 이상주의에서의 마음의 교과목(문학, 철학, 종교 등)을, 사물의 세계를 강조하는 사실주의에서의 물리적 세계의 교과목을, 경험의 세계를 강조하는 실험주의에서의 사회적 경험의 교과목을, 현존의 세계를 강조하는 실존주의에서의 선택의 교과목들(예술, 윤리, 철학 등)만을 선택적으로 강조하는 방식을 통합할 필요가 있다. 이제 교과목을 보는 시야가 확장될 필요가 있다. 이런 점에서 볼 때 학교교수에서 필수와 선택의 문제, 기초와 심화 교과의 구분, 장식교과와 실용 교과의 문제, 교과 분류와 통합의 문제는 새롭게 이해될 필요가 있다.

내러티브 입장에서 교과목의 개발은 온건한 입장과 급진적인 입장이 병존할 수 있다. 전자에서는 기존의 교과목을 내러티브적으로 이해하는 것이고, 후자는 내러티브 교과목을 새롭게 개발하는 것이다. 전자가 내러티브 내용의 속성적 차원이라면, 후자는 대상적 차원을 의미한다. 이 두 입장 모두 내러티브 사고의 성장을 중시하는 교과목이 구성되어야 한다.

교과목 개발과 관련하여 교과서 서술의 체제 역시 변화될 필요가 있다. 즉 교육내용의 서술과 표현이 문제다. 이제는 설명적 텍스트에서 내러티브 텍스트로 그 방향을 고려할 필요가 있다. 교재는 일반적으로 서술 형식에 따라 크게 설명적 텍스트(expository text)와 내러티브 텍스트로 나눌 수 있는데, 설명 텍스트는 설명문, 논설문 등 저자의 견해나 정보를 제공하는 것을 목적으로 하는 것인 반면, 내러티브 텍스트는 소설, 드라마 등과 같이 이야기 형식으로 구성된 텍스트를 말한다. Ciborowski(1992: 10-11)에 의하면 대체적으로 사회과, 역사, 과학의 교과서는 설명적 텍스트로 쓰여진다는 것이다. 이야기 형식을 지니는 내러티브 텍스트와는 달리 설명적 텍스트는 내용에 따라 달라지는 다양한 형식이나 구조에 의해 특징지어진다. 과학의 설명적 교재에는 열거, 인과, 비교와 대조 등이 있고, 사회과 설명적 교재에는 문제해결, 비교와 대조, 시간 순서가 존재한다. 내러티브 텍스트는 시작, 중간, 끝이 있으며, 플롯이 있고, 등장인물, 구조, 배경과 장면이 존재한다. 이 속에서 해석적 구성과 순환이 이루어진다. 요컨대 이제는 교과서가 대화체 진술방식을 지향하고 해당 분야의 학자가 들려주는 이야기 구조를 지니는 것이 바람직하다고 볼 수 있다.

실례로 기존의 역사 교재들은 중요성의 원리에 따라 내용을 선정하여 사건의 발생과 경과를 서술해 가는 설명적 형태를 취하고 있다. 그 결과 학생들은 교과서가 역사의 진리를 담고 있다는 완고한 오개념을 가지고 있음은 물론, 이해와 신념의 복잡한 체계로서 교과를 인식하기보다는 시험을 위해 기억하고 암기해야 하는 활력 없고 관련성 없는 사실의 묶음으로 간주하는 경향이 있다. 서브 텍스트, 즉 텍스트 안에 숨겨지고 드러나지 않는 의미에 주목할 수 있도록, 텍스트의 숨은 뜻을 이해할 수 없는 교과서 서술은 지양해야 한다. 역사 서술에서 내러티브의 역할은 흩어진 사실로부터 의미 있는 전체성을 만들어내는 주제들에 있으며, 사건에 초점을 맞춘 내러티브를 사용함으로써 사실들의 무미건조한 목록으로 있을 때보다는 더 풍부한 방법들로 연결시키고 설명할 수 있다. 다양한 자료를 통하여 '학자가 하는 일(doing inquiry)'에 대한 감각을 가져볼 수 있도록 하는 것이 중요하다. 즉 학자의 사고과정이 드러나는 서술이 이루어져야 한다(이미미, 2000; 최소옥, 2000; 안정애, 2002). 그리고 나이 어린 아이들이 기본적 아이디어를 이해할 수 없는 것은 내용이 방정식이나 복잡한 언어개념으로 '형식화'되어 있기 때문인데, 이제 교과서 진술 방식은 언어적으로 형식화하지 말고 내러티브적으로 구성해야한다. 이와 유사하게 양미경(1998: 102-111) 역시 교과서 진술체계를 객관적인 교과서에서 저자의 목소리가 담긴 교과서로, 빠뜨림 없는 교과서에서 흐름이 있는 교과서로, 설명형 교과서에서 소재 제공형 교과서로, 최신형 교과서에서 거듭나기형 교과서로 그 방향을 제시하고 있다.

이상의 논의들을 종합해보면 교과서 진술의 원리는 다음과 같이 제시할 수 있다.

첫째, 맥락의 원리이다. 교과서 진술은 맥락을 강조할 필요가 있다. 교과서는 결과적 지식에 대하여 평면적·기계적으로 기술할 뿐, 지식의 형성된 과정과 그 과정에 참여한 사람들이 그 속에서 생각하고 행동했던 모습을 주체적·역동적으로 보여주지 못하고 있다.

둘째, 해석의 원리이다. 교과서 진술은 해석을 풍부하게 할 수 있도록 할 필요가 있다. 학습에서 중요한 것은 결과적 지식을 제시하여 수용하도록 하는 것보다는 학생들로 하여금 주어진 텍스트나 지식을 특정 맥락 속에서 이해하도록 하는 것이다. 학생들에게 다양한 해석을 요구하는 여러 유형의 자료를 제시할 필요가 있다. 학생들이 경험을 표현하는 방식은 다양한 모습으로 존재하며, 그것들이 모두 내용 해석의 중요한 근거가 된다. 그러므로 문자로 된 자료 이외에 다양한 자료를 교과서 내로 적극적으로 도입하여 학생들이 다양한 자료들을 활용하고 그것을 비판적으로 분석할 수 있는 경험과 훈련이 수반되어야 할 것이다.

셋째, 목소리의 원리이다. 당사자, 즉 주인공의 목소리나 지식을 최전선에서 형성하였던 학자의 목소리가 담겨져야 한다. 특히 역사의 경우 역사를 직접 경험했던 일반 대중의 목소리가 담긴 이야기를 서술하는 것이 요청된다. McKeown과 Beck에 의하면 행동 주체의 능동성을 부각하거나, 구어체를 활용하여 친밀도와 내용 이해를 증진하고, 사건과 사건, 인물의 감정과 행동, 주체와 대상 간의 관련성을 증진하는 등 목소리를 넣어준 서술을 접한 학생들은 그렇지 않은 서술에 비하여 교과 내용을 보다 잘 이해하였다(이미미, 2000: 37-38에서 재인용; 안정애, 2002: 124). 마지막으로 은유를 적극적으로 활용하거나, 표현이 풍부한 언어를 사용하고, 특수한 것에 주의를 기울일 필요가 있다.

3) 합리주의적 교육과정 체제와의 상보성

패러다임적 사고양식과 내러티브 사고양식은 상호보완적이지만 서로 환원될 수는 없다. 하나의 양식을 다른 것으로 환원하려고 노력하거나 하나만 사용하고 다른 쪽을 무시하면, 우리 주위에서 벌어지는 사건들을 이해하거나 설명할 때의 풍성하고 다양한 사고를 포착하는 데에 실패할 것이다. 이런 점에서 합리주의적 교수 체제는 패러다임적 사고양식 위주의, 그리고 내러티브 사고양식을 무시하는 교수 체제이면서 동시에 내러티브 사고양식을 패러다임 사고로 환원하려는 것을 의미한다.

이제는 학교교육에서 내러티브 사고는 패러다임 사고와 상호보완적으로 접근되어야 한다. 우리들이 구성하는 실재는 대체로 자연에 관한 것과 인간의 문제에 관한 것으로 구분된다. 전자는 논리적이며 과학적인 형태로 소위 패러다임 사고의 산물이며, 이야기의 형태인 후자는 내러티브 사고의 산물이다. 세계 만들기와 마찬가지로 과학 만들기는 이 두 가지 사고가 함께 엮여서 이루어진다. 그러나 특히 과학활동은 원인-결과의 패러다임 사고로만 이루어지는 경향이 강해서 과학자의 삶과 과학활동의 실제에 대한 심층적 이해를 가능하게 하는 내러티브 사고에는 대개 신경을 쓰지 않는다. 패러다임 사고가 자연 과학적 설명을 목표로 한다면, 내러티브 사고는 그와 관련된 인간들의 삶에 대한 해석을 목표로 한다. 해석이 추구하는 것은 이해로서 그의 주요한 수단은 내러티브, 즉 어떤 것에 관해 이야기를 하는 것이다. 내러티브의 이해는 의미를 파악하는 데 있으며, 이 의미는 여러 가지이다. 그러나 자신의 이야기에 비추어 파악한 의미가 없이는 우리의 과학도 세계관도 진정한 신념이나 가치로는 존재하지 않을 것이다(김만희 외, 2002). 그러므로 과학에서 설명의 방법이 세련되고 강력하게 아이들에게 가르쳐져야 하는 것과 마찬가지로 내러티브적 방법도 그렇게 되어야 한다.

패러다임적 사고와 내러티브 사고양식은 서로 보완 가능성을 지니고 있다. 앞에서 지적하고 있는 것처럼 모든 교수 내용이 스토리나 내러티브로 구성될 필요는 없는 것이다. 이러한 상보성을 구현하는 데에 유의할 사항을 제시해보면 다음과 같다.

첫째, 객관적 지식관과 생성적 인식론의 장점을 활성화할 필요가 있다. 지식은 발견적 속성과 생성적 속성을 모두 지니고 있다. 인간은 지식을 만들기도 하지만 일정한 범주에 의해 분류하여 경험을 조직화하기도 한다.

둘째, 교과의 의미에 대하여 개방적이면서도 체계적인 기준을 견지할 필요가 있다. 모든 교과를 내러티브로 구성하는 것은 가능하지도 않고 바람직하지도 않다. 동시에 교수를 철저하게 내러티브로만 보는 시각도 경계할 필요가 있다.

셋째, 교과 내면화를 위한 상보적 관계에 관심을 기울일 필요가 있다. 교육목적으로서 교과 내면화를 달성하기 위해 내러티브 교수는 합리주의적 교수에 의해 검증받을 수도 있으며, 형식을 부여받을 수도 있다. 특히 과거 지식의 구조에 대한 논의가 개인 정신의 내적 국면에 초점을 둔 것이라면 내러티브는 개인 상호간 국면에 초점을 두고 있다. 이런 점에서 내러티브에 대한 관심은 지식의 구조의 본래적 의미를 추구하는 것이라고 볼 수 있다.

넷째, 교수가 패러다임적이든 내러티브적이든 결국 그것은 전인적 교육을 위한 것이다. 그 수단으로서 양자는 상보적으로 통합될 필요가 있다. 두 가지 사고 양식은 인간의 경험을 조직하거나 현상을 구성하는 방식일 뿐이다. 교육의 궁극적 목적을 위해 인간의 마음을 설명하기도 하고 해석하기도 하면서 서로 성장해야 한다.

4) 제언

현대 교육학과 교수 논의에서 내러티브에 대한 관심이 점증하고 있다. 구성주의 이론가들이나 대안적 이론을 추구하는 학자들이 근대의 논증적 지식과 교사중심의 수업방법에 대한 대안으로 내러티브 장르를 연구하고 있다. 내러티브는 구체적이고, 윤리적이며, 또 인격적인 사유를 유도한다는 점에서 지식의 새로운 지평을 열고 있다. 이 책에서는 지금까지 합리주의적 사고 방식에서 교수 내용을 선정하고 제시하는 방식에 문제를 제기하고 그 과정에서 선택적으로 배제된 내러티브 교수의 가능성을 탐색해보고, 그 구체적인 교과목과 교과서 개발의 필요성을 제안하는데 초점을 두었다. 이 책에서는 교수 개발에서 교육내용에 대한 실증주의적이고 합리주의적인 접근에 대한 비판적 접근을 시도하며, 그 비판의 근거를 내러티브 인식론에서 찾는다.

합리주의 교수 체제에서 배제된 내러티브적 교수 지식을 조명하고 구체화하는 일은 우리가 경험을 조직하는 방식의 다양성에 기초해야 한다. 인간이 자신의 세계에 대한 경험을 조직하는 방식은 크게 두 가지로 나뉘어진다. 하나는 물리적 세계의 사물을 다루는 것이며 다른 하나는 인간 세계의 문제를 다루는 것이다. 전자의 방식은 전통적으로 논리-과학적 사고 혹은 패러다임적 사고로, 후자는 이른바 내러티브 사고로 알려져 왔다. 이 두 방식은 포괄적으로는 인간 삶의 이해와 관련되기도 하고 지식에 대한 관점과 관련되며, 기존의 편향된 교육내용에 대한 이해방식과 직접적인 함의점을 가진다. 그런데 학교교수에서 문제는 전자의 방식만이 지배적으로 강조되어 왔으며 다양한 기제를 통하여 강화되고 있다는 것이다. 이제는 이러한 방식이 개선될 필요가 있다. 이러한 편향적인 교수 방식은 인간의 삶과 사고양식의 구조와는 배치되는 일이며 계속하여 실증주의적 교육내용만이 배타적으로 강조된다면 기형적인 인간상이 길어질 것이고, 그것은 학교교육의 문제를 더욱 가속화시킬 가능성이 크다고 보아야 할 것이다. 따라서 이 문제를 개선하고 합리주의적인 교육내용에 대한 보완책으로 내러티브 교수의 복원은 삶과 지식의 측면에서 보았을 때 이론적이면서 실제적 요청이라고 볼 수 있다.

학교교육이나 교수는 인간 삶의 다양한 이해방식을 토대로 해야 하며, 인간 존재와 마음의 이해를 필요로 한다. 실증주의적 패러다임에 기초한 교수는 다른 렌즈와 보완될 필요가 있다. 그것은 내러티브 인식론에 의하여 가능하다고 볼 수 있다. 여기에 근거한 내러티브 교수는 다양한 방안에서 구성될 수 있다. 그것을 기초로 교과목 개발과 교과서 서술 방식에 변화를 도모할 수도 있다. 이 책은 실증주의적 인식론에 경도된 학교교수의 구조를 문제삼는 데서 출발하였다. 어느 한 방향으로 편향된 교수는 상이한 접근방식에 의해 상호보완될 필요가 있다. 따라서 기존의 합리주의적이거나 실증주의적 교수에서 배제된 내러티브 교수의 가치를 되살리고 그 중요성을 인식하는 일은 교수의 발전을 위해서도 매우 중요한 일이다. 이제 학교교수에서 논리과학적이고 실증주의적인 성격을 띠는 교육내용을 편향적으로 강조하는 방식은 재고될 필요가 있으며, 인간의 삶과 사고 양식의 본질에 기초하여 학생들에게 내용이 타당하게 선정되고 제시될 필요가 있다.

이하에서는 앞에서 이루어진 논의를 바탕으로 몇 가지 사항을 제언해보고자 한다.

첫째, 내러티브 중심의 교과교육의 실천 방향과 거기에 다른 교사교육을 재정립할 필요가 있다. 우선 교과별 교육에서 교육목표 진술, 내용 선정 및 조직, 교과서 개발과 단원 재구성, 교수방법, 교사와 학생 간의 관계, 교과평가의 문제 등이 새롭게 이해될 필요가 있다. 특히 교사의 수준에서 단원 재구성을 할 때 내러티브와 교수내용지식(PCK)과의 관계를 활용하여 학생과의 이해의 간극을 줄여나갈 필요가 있다. 특히 여기에서 교사의 지식과 사고와 관련하여 교사교육을 새로운 시각에서 이론화할 필요가 있다.

둘째, 교과 내용의 전달 방식, 표현과 제시방식에 내러티브 구조를 활용할 필요가 있다. 내용이 합리주의적이고 실증주의적 성격을 지닌 것이라도 그 전달과 표현, 제시방식을 학생들이 자연스럽게 이해할 수 있는 이야기 구조를 활용하여 내용의 구조를 보다 쉽게 파악하는 방안이 권장될 필요가 있다. 이것은 양자의 통합 가능성을 보다 구체화하는 데서 비롯될 것이다.

셋째, 내러티브 중심의 교과교육을 전개할 수 있는 방안을 강화할 필요가 있다. 특히 언어와 문학, 도덕, 역사, 사회과, 수학과, 과학과, 예체능 과목들을 중심으로 내러티브 접근법을 활용할 필요가 있다. 최근에 문학, 역사, 도덕, 과학교육, 유아교육에서 내러티브 사고를 활용한 방안들이 구체화되고 있다는 점은 고무할 만한 일이다. 그리고 그 분야의 학자들이 들려주는 이야기와 대화체 방식의 교재들이 출간되고, 상담 교육이나 심리 치료, 간호교육에서 까지 내러티브를 활용한다는 점은 이제 학문의 방향이 인간의 의미 형성 기제에 부합하는 패러다임으로 변화를 본격적으로 진행하고 있다는 방증이다.

넷째, 사고력 교육이나 창의성 교육을 새롭게 확장할 필요가 있다. 기존의 사고력이나 창의성 교육 역시 패러다임적 성격이 강하였다고 볼 수 있다. 이제 인간 사고의 양식에 대한 포괄적 이해에 기초한 창의성 교육이 진행될 필요가 있다. 사고력이나 창의성을 구성하는 하나의 구인(constitutes)으로 추가하는 수준에서 벗어나 본격적인 시각 변화가 요청된다.

다섯째, 패러다임적 교육과정과 내러티브 교육과정의 통합 가능성을 구체화할 필요가 있다. 서로가 서로를 배제하고 무시하는 것이 아닌 의미 있는 대화의 수단으로서 혹은 성장의 반려자로서 교육과정을 통합할 필요가 있다. 이제 브루너의 두 가지 사고 양식을 변증법적으로 통합하고 구체적인 교육과정 개발 방안을 탐색해 볼 때이다.

여섯째, 이제 인간은 '이야기하는 인간(homo-narroticus)'으로 이해될 수 있으며, 그런 점에서 교육학 혹은 교육과정은 내러티브학(narratology)의 중심 축을 담당할 필요가 있다. 지금까지는 주로 문학이나 역사학, 심리학에서 많이 논의되고 있지만 앞으로는 교육학, 특히 교육과정과 교수 영역에서 내러티브와의 관계에 대한 구체적 논의가 전개되기를 제안해 본다. 그리고 교육과정 현장의 이야기로서 '내러티브 탐구'의 활성화를 기대해 본다.

마지막으로 내러티브 교육과정의 현장 적용 가능성을 높이기 위하여 정책적인 측면에서 내러티브 교과목 개발과 교과서 개편의 문제를 행·재정적으로 지원해 줄 필요가 있다. 특히 부교재나 참고 교재를 대화체 방식이나 스토리 방식으로 재구성하고, 국가수준의 교육과정 편제나 교과목의 성격도 장기적인 관점에서 재검토해보는 것도 필요하다.

이러한 문제는 패러다임적 사고 방향으로 강화시켜 가는 우리 학교문화의 개선과 그로 인한 공교육의 위기, 학교 폭력의 문제를 다소간 새로운 시각에서 볼 수 있는 단서를 제공해 줄 것으로 기대한다. 이 책에서 논의한 내러티브 교육과정을 통해서 현재 공교육의 위기를 이해하고 그 해결 방안을 구상하는 데 조그마한 도움이 되기를 희망해본다.

3. 내러티브 기반 페다고지: 내러티브 인식론으로 수업 바라보기

일반적으로 내러티브를 처음 접하는 사람들은 내러티브를 일종의 이야기 수준 정도로 이해하는 경향이 있다. 물론 내러티브는 일상적인 이야기 수준의 서사성이라는 특징을 가진다. 그러나 엄밀한 의미에서 이러한 시선은 내러티브 의미를 협소하게 제한하는 우를 범할 수 있다. 최근 다양한 영역(문화인류학, 사회학, 간호학, 법학, 의학) 등에서 내러티브의 가치에 주목하고 있으며, 학문 탐구를 매개로 인간의 지성적 활동에서는 내러티브 전회(narrative turn)로서 인간을 총체적으로 이해하려는 변화가 있다. 이상 광범위한 내러티브에 대한 설명을 본 장에서 모두 하는 데에는 한계가 있으므로, 기존의 학교 수업의 문제에 대한 비판을 전환하는 새로운 인식론 수준으로 네 가지 접근법을 제시하고자 한다.

가. 실증주의에서 포스트모더니즘으로 패러다임 전환

일반적으로 실증주의적 패러다임에서는 인간의 마음을 정보를 처리하는 도구로서 바라본다. 컴퓨터에는 정보를 처리하는 장치가 있듯이, 인간의 마음도 컴퓨터 장치로서 바라보는 것이다. 이러한 입장에서 교육은 경험적인 지식과 논리적인 증명과 분석, 합리적 사고, 과학적 이론으로 논증된 지식이 학교 교육과정의 주요 내용으로서 선정되고, 학생들에게 가르쳐져야 한다고 생각한다. 이러한 경향을 패러다임적 교육과정 혹은 합리주의적 교육과정 체제라고 부를 수 있다(강현석, 2022).

한편 패러다임 전환과 관련한 국내 연구로 소경희(1996)는 현대 교육과정에서 개인은 세계를 주어진 것으로 바라보는 수동적 존재가 아니라 적극적으로 해석하고 구성하는 능동적인 주체로 바라보는 것이 중요하다고 설명한다. 정광순(2004)은 교육과정의 패러다임이 포스트모던 접근(postmodern approach)으로서 재개념주의자(reconceptualist)로 변화하면서 교육과정 연구의 패러다임이 '개발(development)'에서 '이해(understanding)'로 변화되고 있다고 말한다.[54]

이처럼 교육학(교수) 분야에서는 실증주의에 대한 패러다임이 변화하고 있다. 그리고 이러한 패러다임 전환의 중심에는 인간의 마음에 대한 인식 전환이 자리 잡고 있다. 지금까지 우리는 패러다임적 사고를 중심으로 편향되어 있었다. 이러한 측면에서는 과학적 탐구 방법을 통한 지식 획득이 강조된다. 우리 교육은 이를 기반으로 하는 선형성, 보편성, 합리성의 논리에 치중된 것이었다. 반면 포스트모더니즘의 출현은 비선형성, 지속적 변화, 대화와 참여를 통한 의미 구성을 강조한다. 이와 같은 새로운 담론에서 교육은 뚜렷한 목적과 도달점이 정해진 경주 코스가 아니라 미리 정해져 있지 않은 무한한 가능성을 탐색해 나가는 여정 그 자체라 할 수 있다(강현석, 2016b).

브루너는 인간의 마음이 문화의 영향을 받는다는 관점으로서 '문화 심리학(cultural psychology)'을 설명한다. 인지혁명 이후 인간의 마음 작용에 관하여 서로 다른 두 가지 관점, 즉 인간의 마음은 컴퓨터

---

54 물론 최근에는 포스트휴머니즘이나 포스트 트루스(post-truth)를 제안하고 있으나 본 논의의 초점을 위해서 논의에서는 제외한다.

처럼 작동한다는 '컴퓨터 연산적 관점'과 마음이 문화 속에서 형성된다고 보는 '문화 심리학' 관점으로 구분한 것 중에서 후자의 관점과 관련하는 것이다. 전자가 인간 마음의 본질을 컴퓨터 장치에 비유하고 '정보처리' 프로그램의 작동으로 설명하는 데 비하여 후자는 문화가 마음을 구성한다는 전제에서 마음의 본질을 '의미 구성'에 있다고 본다. 이제 정보처리이론으로 인해 왜곡된 인간 마음의 본질을 '정보 처리'에서 '의미 구성'으로 복귀하려는 것이다(Bruner, 1996).

나. 인간의 경험과 해석의 문제

교육학(교육과정)에서 경험을 어떻게 받아들이고 이해하는지를 우선으로 파악하는 것은 중요한 문제다. 듀이는 경험의 조건을 크게 두 가지 조건으로 설명한다. 첫째, 경험의 계속성이다. 인간은 환경과 지속적인 영향을 주고받는다. 이 과정은 인간 삶이 다하는 동안 계속된다. 이 과정에서 인간은 지금보다 더 나은 환경 혹은 상황을 위해 변화해 나아가려 한다. 둘째, 경험의 상호작용 문제다. 일반적으로 상호작용이란 둘 이상의 대상이 서로 영향을 주고받는 상황을 뜻한다. 과학적 논리는 인과 관계로서 선형적인 방향성을 가지는 반면, 상호작용이란 쌍방향으로서 서로가 서로에게 영향을 미치는 순환 관계를 뜻한다. 경험의 두 요소인 개인과 환경은 지속적으로 상호작용하며 서로에게 영향을 미친다. 개인은 또 다른 개인과 만나 서로의 경험을 공유하고 상호작용해 나간다. 그 범위를 넓혀 개인은 한 집단에 소속하여 그 집단의 문화를 이해하고 그 속에서 성장해 나아간다. 필연적으로 개인의 경험은 환경과 상호작용하는 가운데서 변화가 일어나는 것이다(노진규·강현석, 2021b).

한편 내러티브는 인간의 경험을 구조화한다는 측면에서 매우 중요한 가치를 가진다. 우리가 살아가면서 겪게 되는 다양한 경험들이 그저 스쳐 지나가는 무의미한 경험이 아니라 기억으로 남거나 나에게 의미 있는 경험이 되기 위해서는 내러티브로서 구성될 때 가능하다. 내러티브는 우리 삶을 경험으로서 구조화하는 데 중요한 장치로서 역할을 수행하는 것이다. 듀이 경험 개념에 영향을 많이 받은 Clandinin과 Connelly(2000)도 내러티브 인식론으로서 개인의 삶에 대한 경험을 생각할 때 내러티브에 주목할 필요성을 언급한다. 결국 내러티브는 인간의 경험을 이해하는 방식으로 중요한 가치를 가지며, 이를 통하여 인간 경험과 삶에 대한 연구가 가능한 것이다.

강현석(2011)은 내러티브 자체가 본질적으로 해석적이고 구성적인 인식론의 성격을 가진다고 설명한다. 인간은 세계를 해석하는 데 다양한 담론들과 상황의 영향을 받는데 이 과정에서 인간은 능동성을 기반으로 지식을 구성하는 것이다. 이러한 관점은 과거의 인식론을 극복하는 것이며 기본적으로 해석적이고 구성적인 행위를 중요하게 생각하는 것이다.

한때 '교육과정 문해력'이 교사의 전문성을 뜻하는 의미로 사용되기도 하였다. 시중에 나와 있는 이와 관련한 서적들은 이러한 현상을 반영한다. 그런데 해석학의 발달사 측면에서 텍스트로서 교육과정 문서를 정확하게 이해한다는 것은 성서, 법률의 해석을 텍스트의 의미로 한정한 초장기 해석에서 중요하게 생각한 문제였다. 물론 텍스트의 범위를 문서 수준으로 한정하고, 그 의미를 해석하는 것도 기본적으로 중요하다. 그런데 해석학은 초기 텍스트의 정확한 해석에서 발전하여 하이데거, 가다머의 해석학으로 발전하는 과정에서 인간 삶에 대한 이해, 실존 자체에 대한 이해의 문제까지 확장한다(이한우, 2017). 이는 마치 브루너가 내러티브를 통하여 존재를 구성하고, 타인을 이해하며, 세상을 만들어가는 과정과 무척 닮아있다. 특히 인간 경험의 해석과 내러티브 사이의 상보적인 가능성은 교육과정 연구와 해석에 보다 풍부한 가능성을 가진다. 이 논의는 교육과정을 바라보는 관점을 개발에서 이해로, 설명에서 해석으로, 인식에서 존재로 교육과정 패러다임의 새로운 지평을 열 수 있다(노진규·강현석, 2021b).

다. 내러티브 사고와 내러티브 도식 형성

내러티브를 하나의 사고 양식으로서 보는 것은 인간의 마음을 어떻게 이해하는가와 관련이 있다. 마음 구성 모형으로서 내러티브의 의미는 기존의 마음 모형인 정보처리 모형과 비교가 된다. 내러티브란 정보처리 관점과는 달리 인간 마음 구성에 관심이 있음을 알 수 있다. 내러티브는 우리의 경험을 이야기 형태로 구조화하면서 삶을 성찰하고 의미를 생성하는 데 가치가 있음을 알 수 있다. 내러티브 사고는 이른바 과학적인 방법만으로 세상을 이해하기보다는 실재(reality)를 해석하기 위한 내러티브 방식의 필요성을 이야기하는 것이다(Bruner, 1996).

한편 내러티브 사고는 내러티브 도식(narrative scheme)을 형성한다. 일반적으로 도식(schema)이란 생각이나 행동의 조직화된 패턴을 위한 인지적인 개념과 틀로서 이해된다. 교육학에서 피아제의 인지적 구성주의(cognitive construction)는 인간은 태어난 직후 일정한 심리적 구조를 갖추고 있으며, 심리적 발전의 전 과정은 이와 같은 특정 구조로서 도식의 발전 과정이라 설명한다. 동화와 조절, 평형화는 도식을 지속적으로 적용하며 대상을 정확하게 인지하고 점차 내면화하는 과정이다. 반면 비고츠키의 사회문화적 구성주의(sociocultural construction)와는 비교된다. 주요 차이는 지식을 구성하는 주요 요인으로서 개인의 인지적 작용을 강조하느냐 혹은 개인이 참여한 사회, 문화, 역사적인 상황에 주안점을 주느냐의 문제이다. 사실 내러티브 도식은 비고츠키 논의와 많은 부분에서 공감을 하나, 그렇다고 인간의 발생론적 인지와 관련한 설명으로서 피아제의 논의와 적대적인 것만도 아니다.

브루너는 내러티브로서 우리의 경험이 이야기 형식을 통하여 의미를 가지게 된다는 점에 주목한다. 내러티브로서 이야기는 난순한 사건들의 집합 이상이며, 인간의 삶에서 경험은 이야기 상황의 구성을 통하여 나름의 정당성과 의미를 부여받는다. 내러티브는 경험을 자연스럽고 손쉽게 이해하는 한 방식으로서 사람들이 살아오고, 살아가며, 살아갈 이야기로서 경험을 이해하는 방식이다(강현석, 2011). 이를 내러티브적으로 표현하면 다음과 같다. 우리는 실재를 이해하기 위해 수많은 경험의 흐름을 만든다. 우리가 경험하는 것은 세계와 우리가 관계를 맺는 구성 요소들에 대한 구조를 조직하는 행위에서 나오는 결과이다. 내러티브는 개인의 행위와 사건을 상호 관련된 측면으로 연결시켜 이해할 수 있는 복합체로 만드는 도식이 된다(Polkinghorne, 1988). 내러티브의 조직적인 도식은 인간의 행동을 이해하기 위한 중요성을 가지는데, 수많은 사건(events)들이 통일된 사건(happening)으로의 조직은 내러티브를 통하여 가능한 것이다. 내러티브는 개별 사건의 선후관계, 인과관계를 파악하며 전체 속에서 개별 사건들을 이해할 수 있도록 돕는다. 즉, 내러티브는 삶의 총체를 구성하는 경험의 구조인 셈이다. 출생적으로 보면 지식을 낳게 하는 것이 경험이고 그 경험의 구조가 내러티브인 셈이다. 과거 정적 구조를 넘어서는 동적 구조를 포함하면서 말이다. 이야기와 삶에 대한 관심이 이어질 수밖에 없는 것이다.

라. 이야기와 삶(Story and Life)

삶이란 다양한 이야기가 얽힌 복잡한 이야기들의 집합이다. 국가, 문명의 흥망성쇠라는 대서사에서 개인의 출생, 성장, 죽음의 소서사가 맞물려 있으며 한 개인은 그물처럼 복잡한 삶 속에서 교육받으며 자신의 삶을 지속해 나간다. 공교육을 통한 시민 양성의 역사는 사실 짧은 시간이었으며, 그 이전에는 이야기를 통한 전수가 계속되어 왔다. 문명화된 교육이라 불리는 대부분의 수업 형태는 언어를 기반으로 하는 하나의 스토리가 중심이 되었다. 스토리에는 시간성, 개념 등의 요소가 녹아 있으며 이를 잘 활용하는 것이 교육의 핵심이라 할 수 있다.

살아가면서 삶의 중요한 가치들은 부모 혹은 멘토의 이야기, 동료 이야기, 친구와 이야기를 통해 배움을 얻고 중요한 결정에 대한 충고를 받으며 나의 삶을 새롭게 구성해 나아간다. 이러한 과정은 학교 교육이 지식만을 통해 결정되는 것이 아니라 과거 나를 있게 해준 경험과 나만의 이야기, 그리고 현재 나의 위치와 미래 나의 모습이 순환하며 나만의 삶, 즉 이야기를 만들어 가는 것이다.

인류는 삶의 지혜를 후대에게 전달하기 위하여 다양한 방법을 시도하였다. 박물관의 유물을 통하여 우리는 선조들이 생활한 방식과 지혜를 배울 수 있다. 특히 문자 이전의 그림과 기호는 우리에게 형식화된 표상 이외의 무언가를 전달하고 있다. 우리는 나름의 해석체로서 과거 그들의 경험을 파악하고 삶을 추측한다. 우리는 그들이 전달하려는 이야기 방식의 삶을 각자의 방식으로 해석할 수 있는 것이다.

이야기도 지식을 전달하는 중요한 수단이다. 우리는 아직도 교과에는 없지만 웃어른의 이야기를 통하여 삶의 지혜를 배운다. 이야기를 통한 지식과 지혜 전수는 과거에도 그러했다. 사실 이러한 이야기에는 다양한 형태의 상징이 녹아 있다. 그래서 이러한 이야기는 더욱 교육적이라 할 수 있다. 이를 Jackson(1995)은 이야기의 '인식론적 기능'이라고 불렀으며, 나아가 자신을 변화시키는 '변형적 기능'에 주목해야 한다고 보았다. 지금처럼 지식을 체계적인 교과의 형태가 아니었을 때 동양이나 서양에서 전해오는 구전, 우화에는 다양한 삶의 가치가 녹아져 전해왔다. 과학 기술이 우리의 삶을 풍족하게 했다면 당시의 이야기는 우리의 정신을 풍요롭게 만들었다.

이상 이야기를 교수 상황에 적용해보자. 단위 차시의 수업, 단원 중심의 교육과정 계획은 하나의 이야기로서 구성된다. 만약 이러한 이야기에 맥락이 빠져있다면 우리가 반성한 단편적 지식 중심의 수업이 될 것이다. 여기에서 교사와 학생의 주체성은 결여되어 있다. 반면 학생의 이야기를 교과 이야기와 관련 맺고, 학생들의 이야기와 상황을 해석하고 적절한 경험을 구성하도록 지원하는 수업은 새로운 교사의 전문성이며 우리가 바라는 수업형태이다. 교실에서 학생들의 학습은 결국 성공한 하나의 경험이 될 것이며, 이러한 경험은 그들만의 도식을 형성하게 된다. 교과와 삶은 분리된 것이 아니라 이러한 교과 경험을 통하여 성장해 나가는 지속적인 과정이다. 그리고 이는 학생들이 삶을 살아가는 힘을 키우는 원동력이 된다.

마. 내러티브에 기반한 수업의 재형성 메커니즘: 내러티브 페다고지

앞의 내러티브 논의에 근거하면 교실 수업에서 어떤 점을 중요시해야 하며, 특히 교사들이 어떠한 생각으로 교실 수업에 임해야 하는지가 명확해진다. 내러티브 입장에서 지식은 주체 너머에 따로 존립하지 않는다. 교실 수업 주인이 학생이듯이 교사는 주체로서 학생들이 지식을 발견하고 구성하는 과정에 초점을 두어 지도해야 한다. 이 과정은 학생들의 마음이 성장하는 과정이다. 과거 우리가 이야기하던 마음은 사고라 말할 수 있으며, 사고는 문제 상황을 이해하고 해석해 나가는 습관이다. 내러티브 기반 수업에서는 기존 합리주의 사고에 초점을 두는 것이 아니라 내러티브 사고로서 학생들의 성장에 관심을 두게 된다. 교실 수업의 지식 구성과 학생들의 삶은 분절된 것이 아니라 오히려 교실에서 배움은 자아의 성장을 위한 도구로서 역할을 수행한다. 이상으로 이와 관련한 세 가지 문제로서 마음 성장 기제로서 내러티브, 생성적 지식관으로서의 인식변화, 내러티브 자아 문제를 중심으로 수업의 재형성 메커니즘을 설명한다. 이 재형성 메커니즘을 내러티브 페다고지로 접근한다(노진규·강현석, 2022d; 노진규, 2022).

1) 마음 성장 기제로서 내러티브

편향적 사고 교육의 대안을 설명하기에 앞서 먼저 듀이가 이야기하는 질성(質性)에 대하여 살펴보자. 주지하다시피 듀이는 경험과 삶을 분리하지 않았다. 이러한 그의 생각을 우리는 총체성 혹은 '하나의 경험'으로 설명하기도 한다. 듀이는 시작부터 끝까지 경험이 완성될 때 '하나의 경험'으로 이야기하며 '하나의 경험'이 완성되면 또 다른 경험이 다가온다고 이야기한다. 이와 같은 듀이 경험론은 지식의 총체성과도 깊은 관련이 있는 것이다. 듀이에게 지식이란 분절적인 것이 아니라 삶으로서 총체 안에 서로 관련되어 있는 것이며, 교과로서 경험을 재구성하면서 이를 지속적으로 상호작용하고 교과를 경험해야 함을 뜻하는 것이다(이돈희, 2020).

이 과정에서 필요한 사고가 질성의 개념이다. 듀이는 이를 예술적 경험으로 표현하는데, 그 이유는 질성의 개념이 예술로서 가장 잘 표현된다고 생각했기 때문이다. 질성은 앞서 설명한 총체로서 상황을 받아들이고 해석하는 사고로서의 능력이다. 듀이는 이러한 질성이 반성적 사고와 상보적인 관련을 맺으며 경험을 더 확장할 수 있다고 설명한다(Dewey, 1934). 그런데 듀이의 질성이라는 사고는 내러티브와 무척 닮아있다. 내러티브 또한 삶을 총체로 바라보며 인간의 경험을 대상으로 하고 언어를 기반으로 내러티브를 지속적으로 구성해 나아가기 때문이다. 내러티브 사고는 인간의 마음을 형성하는데 있어서 거시적인 인식론이다. 최근 뇌 과학의 발전은 인간의 마음이 결국 뇌와 관련성이 있다는 점을 밝히고 있다. 인간의 마음은 경험의 집합체이며 경험은 언어로서 추억되고 기억된다.

과거 우리는 인간의 발달 단계를 나이별 특징에 따라서 영아기-유아기-청소년기 등으로 구분하였다. 그런데 이 단계를 내러티브적으로 해석한다면 영아기의 경험은 유아기 마음 형성에 영향을 미치며, 또한 청소년기 마음은 과거의 경험으로서 마음이 계속적으로 연결되는 것이다. 경험 사이의 계속성은 학생들의 마음에 의미를 형성하는 기본 요건으로서 중요성을 가진다. 또한 학생과 환경 사이의 상호작용은 학생들의 마음을 더욱 굳건하고, 풍부하게 만드는 조건이기도 하다. 가다머는 인간의 경험이 시간으로서 역사와 문화로서 영향사의 그늘에 있을 수밖에 없음을 밝힌 바 있다. 인간은 과거의 영향 속에서 현재를 살아가는 것이며, 영향사적 의식은 경험의 구조를 취해야 함을 설명한 것이다(Gardamer, 1960).

한편 언어는 마음의 형성 수단으로서 중요한 기제다. 인간만이 언어를 사용하여 사고를 확장하고 타인과 소통하며 지식과 문화를 형성할 수 있다. 인간은 태어나는 순간부터 개별 문화의 영향을 받으며 자신만의 내러티브로 마음을 형성하면서 성장하는데, 언어는 문화를 표현하는 한 가지 수단이 된다. 따라서 문화는 마음의 성장에 큰 영향을 미친다. 특히 우리는 감각적이고 상징적인 표현에 익숙하다. 함축적인 표현으로 시에서 사용하는 단어와 문장으로 우리는 시간 여행을 할 수도 있고, 과거 정겨운 우리네 집으로 이동하기도 한다. 눈앞에 그리운 어머니, 아버지가 있고 구수한 된장찌개 냄새도 맡을 수 있다. 언어는 이러한 힘을 가진다.

이처럼 언어, 마음, 문화는 내러티브로서 마음의 성장에 큰 영향을 미치는 요소다. 따라서 수업 장면에서도 이 문제를 고려해야 한다. 왜냐하면 수업 상황은 이 삼자가 교차하는 맥락의 장이기 때문이다. 교실에는 제각각 다른 가정에서 살아온 학생들이 함께 생활한다. 사실 그들은 태어나는 순간부터 가정의 문화에 물들여진 상태이다. 학교는 이러한 학생들이 국가라는 더 큰 차원의 문화에 적응하고, 인재로 성장하는 장소이다. 이제 교실 수업은 학생의 내러티브로서 마음의 성장에 초점을 두어야 한다. 사실 이 과정은 교사, 학생, 학교 모두가 함께 만들어 나가는 문화, 즉 학습공동체라고 할 수 있다. 그리고 언어는 상호작용으로서 대화뿐만 아니라 문자, 활동 결과물과 관련한 스토리, 딜레마를 해결하는 이야기, 결과 너머 새로운 시작을 위한 이야기 등을 포함한다. 만약 교육의 목적을 내러티브로서 마음 성장에 둔다면 교실의 문화는 매우 달라질 것이다. 오히려 공동체로서의 교실 문화는 교육 당사자들의 마음 형성에 주목하게 될 것이다. 교사들은 교수-학습으로 결과로서 언어를 가르치는 것이 아니라, 학생들의 마음의 변화, 즉 사고를 일으키는 데 집중할 필요가 있다.

이러한 점을 지적으로 확장하여 Reeds(2001)는 Bruner의 문화심리학의 논의와 연계하여 수업의 문화생태학(cultural ecology of instruction)을 제안하고 있다. 문화생태학은 학생의 학습과 사고는 학교의 문화적인 조건과 상황 속에서 영향을 받으며, 학교라는 생태계이자 문화공동체 속에서 의미를 형성한다고 가정한다. 이때 문화생태학은 의미 형성의 핵심적인 매개체로서 내러티브 사고방식을 활용한다. 기존의 생태학은 학교 환경 속에서 학생, 교사, 문화라는 관계의 네트워크를 설명하는 원리를 제시하는 데 부족함이 있었다. 그러나 문화생태학은 기존 생태학의 입장에서 문화(심리)의 내러티브 속성을 통합한 것으로서 규정할 수 있으며, 이 새로운 개념은 기존 생태학의 문제를 해결할 수 있는 가능성이 존재한다. 그것은 문화 안에서 형성되는 일상교수가 지니는 내러티브 통일성(narrative unity)에 있다. 이 경우 교육 혹은 수업은 단순히 문화 전수 이상의 의미를 지닌다(이윤복·강현석, 2016: 737). 이와 관련하여 Olson(2007)은 Bruner의 이론을 전망하면서 학교교육 내지 교수학을 '학교교육의 인류학'과 '교수학의 인지 이론'으로 발전되어야 한다고 내다보았다. 후자의 인지 이론에서는 일상 교수 혹은 민속교수학(folk pedagogy)의 문제에 주목해야 한다고 강조하고 있다. 이러한 점을 고려한다면 이제 교실 수업은 학습생태의 문제이며, 내러티브 사고를 매개로 하는 문화생태의 학습공동체의 장으로 이해되어야 하며, 그 실천적 방안 마련이 요구된다.

2) 생성적 지식관으로서의 인식 변화

지금부터는 생성적 지식관으로서의 인식의 변화에 대하여 설명하고자 한다. 이를 설명하기 위해서는 지식에 대한 기본적인 우리 인식을 살펴볼 필요가 있다. 과장해서 말하면 그동안 우리가 생각하는 지식이란 전달로서 지식관에 머물러 있었다. 이러한 경향의 기원은 주체와 실재 사이의 괴리에서 기인한 이유가 크다. 조금 더 쉽게 설명하면 우리는 일반적으로 지식이 주체 외부에 따로 존재하는 무언가로 생각하였으며, 이와 같은 객관적 실재로서 지식을 주체의 마음에 받아들이려 한 경향이 있었던 것이다. 수용적 학습의 출발이다.

이와 같은 지식은 자연과학의 지식 생성 문제와도 관련된다. 예를 들어 우리가 생각하는 파랑이라는 색은 세상의 수많은 파랑과 관련한 물체들, 예를 들어 하늘, 바다 그 외 다양한 사물의 파랑과 관련한 귀납적 논리성에 근거한 결과이다. 자연 과학에서 진리는 수많은 관찰 대상에서 시작하여 논리적 규칙 혹은 개념을 찾고 여기에 공통적 속성으로서 이름을 붙이게 된다. 혹은 그 반대로서 세상의 이치에 대한 논리로부터 이 논리적 속성이 옳은지에 대한 근거를 연역적 방법으로 지식을 찾아가기도 한다. 우리가 일반적으로 생각하는 지식은 이와 같은 합리성과 논리성에 기인하고 있으며, 이러한 지식은 주체 외부에 존재하는 사실, 개념 원리, 법칙이기에 별다른 의심 없이 우리의 마음에 받아들이려 한 것이다.

하지만 이와 같은 지식관으로 인하여 교육은 수많은 문제에 부딪히게 되었다. 먼저 앞서 지적하였듯이 교육의 모습에서 학생의 주체는 사라지게 되었다. 학생들은 그저 수동적인 존재로서 지식을 얼마나 효율적으로 받아들일 수 있는가 하는 문제에 집착하게 되었다. 이 문제는 교육 방법에 있어서도 얼마나 효율적으로 지식을 습득할 수 있고, 혹은 이 지식을 얼마나 정확하게 성과물로 산출할 수 있느냐의 문제에 이르게 된 것이다. 그 외 평가의 문제, 사고 교육의 문제, 주입식 교육의 문제 모두 기존의 합리주의 지식관에서 시작하는 문제이거나 혹은 구조주의로서 객관적 지식의 존재를 인정하는 데서 오는 학생의 객체화 문제라 할 수 있다.

이 측면에서 브루너는 학문중심 교육과정의 선구자였던 초창기 그의 학문적 관점에서 벗어나서 1980년대 이후 문화주의에 기반한 생성형 지식관으로 전환한 것에 주목할 필요가 있다. 아쉽게도 우리는 아직도 진보주의 교육에 대한 대안으로서 1960년 지식의 구조, 발견학습, 나선형 교수의 브루너 모습에 집중하는 경향이 있다. 이 글은 이 관점에 대한 전환으로서 생성적 지식의 구조, 탐구와 발견의 지식관으로 전환하려는 것이다. 그리고 이 해석을 위해서는 브루너의 내러티브 페다고지(narrative pedagogy)에 대한 이해가 필요하다. 이하에서 상술하겠지만 내러티브 페다고지는 지식 전달을 강조하는 기존의 전통적 페다고지나 비판적 페다고지, 페미니스트 페다고지 등과는 차별을 보이는 것으로서 내러티브 시각에서 교수학을 접근하는 새로운 관점이다. 즉, 내러티브를 기반으로 하는 생성형 지식관을 근거로 하는 교수학 접근이다. 이 접근은 Goodson과 Gill(2011)이 제안하는 삶의 공동체에서의 내러티브적 학습을 통한 페다고지와는 다소 상이하며, Diekelmann과 Diekelmann(2009)이 제안하는 해석학적 현상학(Hermeneutic Phenomenology)의 입장에서 접근하는 페다고지와도 다소 상이하다. 브루너가 강조하는 내러티브 페다고지는 내러티브 인식론을 기반으로 한다.

이와 관련하여 강현석(2020)은 '지식의 구조'를 발견과 구성의 인식론 확장으로 설명한다. 과거 지식의 구조가 습득 대상으로서 발견학습이 강조되던 입장에서 벗어나서, 이제는 인간의 마음을 구성하는 작용이며 동시에 실재를 구성하는 과정으로서 발견과 구성의 입장을 제시하는 것이다. 이는 브루너의 내러티브 인식론에 기인한다. 브루너의 내러티브 인식론을 이해하기 위해서는 문화주의에 대한 이해가 필수적이다. 문화주의 핵심은 인간의 마음과 의미의 구성이 문화 안에서 이루어진다는 것이다. 다시 말하여 기존 우리가 지식이라 생각하는 것이 합리적인 절차로서 우리의 마음이 생성되기보다는 오히려 문화 속에서 구성원들의 참여를 통해 인간 지력의 발달이 이루어지는 것이다. 그리고 그 결과를 서로 공유하는 가운데 앎의 방식 및 문화의 가치를 공유하는 것이다.

이와 같은 브루너의 인식론에 의하면 지식의 생성 방식은 기존

방식과는 전혀 다른 양상을 보이게 된다. 지식이란 문화로서 마음에 스며드는 과정이기에 대화와 해석에 기반한 구성이 지식의 생성에 중요한 요소가 된다. 지식은 문화 구성원들과 지속적으로 상호작용하고 그 의미를 찾기 위해 해석적 순환의 과정을 거친다. 교육 장면에서 학생과 교사는 서로의 주관을 대화를 통한 상호작용으로서 간주관적 상태를 만들어 간다. 브루너는 이를 일상심리학(folk psychology)에 기반한 학습으로서 일상교수법(folk pedagogy)으로 이야기하기도 한다(Bruner, 1996).

이상 브루너의 문화주의로서 생성적 지식관으로 교과를 바라보면, 학생들은 스스로 지식을 구성해 나가는 주체로서 역할을 수행한다. 내러티브 관점에서 지식은 이와 관련한 이야기를 스스로 구성하는 과정이며 동시에 결과이다. 구조의 발견은 내러티브 휴리스틱으로 이어지며, 학생들은 내러티브 사고(narrative thinking)로서 지식의 생성 과정을 구조화하며 내러티브 도식(narrative scheme)으로 기억한다. 분명 이러한 지식관과 인식론은 기존 우리가 일반적으로 학습을 이해하는 방식과는 다른 점이며, 이 부분에 대한 공감대가 필요한 시점이다.

3) 내러티브 자아로서 삶의 지향

이상의 논의의 연장선상에 있게 되는 궁극점으로 교육목적으로서 인간 형성의 문제가 있다. 자아 형성의 문제가 바로 그것이다. 내러티브 자아 문제를 이해하기 위해서는 기본적으로 내러티브 사고에 대한 이해로부터 시작하는 편이 좋을 듯하다. 내러티브 사고는 기본적으로 이야기로서 사고라고 볼 수 있다. 이는 서사체에 기원을 두고 있으며, 인간이라면 누구나 이야기하기를 즐겨하고, 특히 자신의 이야기를 즐겨하는 데서 살펴볼 수 있다. 어린 학생부터 어른에 이르기까지 자신의 경험, 삶을 이야기로 만들어가면서 스토리를 이어나가는 경향이 있다. 이런 점에서 과거 나의 이야기는 나를 표현하는 하나의 형식, 즉 장르이기도 하다. 물론 나중에는 이 장르에 담겨지는 이야기의 내용이 달라지기도 하지만 말이다.

이러한 이야기는 기본적으로 내러티브 사고에서 시작한다. 강현석(2011)은 내러티브 사고를 크게 네 가지 관점으로 설명한다. 첫째, 이야기하기로서 의미다. 이는 내러티브와 관련한 가장 상식적인 접근으로서 내러티브는 인간이 만드는 일종의 이야기로서 바라보는 관점이다. 둘째, 사고양식으로 내러티브다. 내러티브는 이야기를 넘어 사고로서 인지작용으로 바라볼 수 있다. 셋째, 경험을 구조화하는 도식으로서 의미다. 이 관점은 인간의 다양한 경험은 내러티브를 통하여 하나의 구조로서 기억된다는 점에서 경험의 구성 도구로서 접근할 수 있다. 넷째, 세계 만들기 방식으로 내러티브다. 인간이 세계에 대하여 이야기를 한다는 것은 그저 이야기로 끝나는 것이 아니라 삶과 관련한 이야기를 지속적으로 하면서 해석하고, 세계(삶)를 구성해 나간다는 의미인 것이다.

내러티브의 네 가지 관점을 자세히 살펴보면 내러티브 자아로서 삶의 지향에 대하여 시사하는 바가 매우 커 보인다. 특히 내러티브 자아는 교과로서 자아의 생성과도 매우 밀접한 관련을 가진다. 우리가 무언가를 배운다는 것은 개념과 관련한 이야기로서 이해하는 과정으로 바라볼 수 있다. 하나의 개념에는 그 개념과 관련한 이야기, 개념을 형성하는 과정으로서 이야기, 개념과 관련하여 상호작용하는 이야기 등 다양한 경험 이야기로 넘쳐난다. 이런 점에서 앞에서 논의한 내러티브 페다고지[55] 입장에서 교육은 개념과 관련한 이야기를 확장하는 것으로 바라볼 수 있다.

그런데 이러한 개념과 관련한 이야기는 내러티브 사고에 기반하고 있다. 인간은 이야기를 즐겨하며 배움에 있어서도 내가 이해하는 이야기로 재구성하려 한다. 이러한 장면은 내가 배운 이야기를 말로 표현하거나 글로서 표현하는 장면에서 간접적으로 확인할 수 있다. 사실 이는 내러티브가 언어의 문제와 밀접한 관련이 있으며, 언어는 하나의 기호로서 삶의 모든 것을 표현하고 있다는 점과 관련된다. 이처럼 내러티브는 삶의 원리로서 개념을 인간의 내러티브로 이해하고, 해석 또는 구성하는 것이며, 이 과정이 공부였던 것이다.

재미난 것은 우리의 삶이라는 내러티브가 어떤 경우에는 여러 가지 플롯(plot)으로 형식화되어 있다는 점이다. 즉 내러티브가 무작위로 구성된 것이 아니라 일정한 절차와 형식으로 정리될 수 있는 특징을 가진다는 점이다. 이러한 내러티브 형식으로 정형화된 장면은 영화와 드라마 같은 장르에서 확인할 수 있다. 인간의 삶을 그리는 시, 소설, 영화는 멜로, 희극 등은 일정한 장르로서 삶을 대변하고 있으며, 큰 틀 안에서는 이야기나 스토리 전개의 흐름을 예상 및 확인할 수 있다.

---

55 최근에는 이야기 내러티브가 바로 페다고지라는 인식(narrative as pedagogy), 내러티브 케어가 페다고지라는 인식이 제안되고 있다. 내러티브 페다고지와 유사한 논리를 지니는 내러티브 케어(narrative care)에 의하면 학습자를 위한 내러티브 탐구 행위가 바로 페다고지의 본질이라는 점이며, 동시에 이는 교수자와 학습자와의 교육적 관계 윤리에 토대한다는 점이다(Blix, B, H., Berendonk, C., & Caine, V., 2019). 이런 점에서 내러티브 페다고지나 내러티브 케어는 교육(학) 행위의 원초적 방식일 수 있다.

그렇다면 교육은 거시적 관점에서 내러티브의 장르에 대한 전략을 가르칠 필요가 있다. 그런데 그 방법이 굳이 삶의 모습일 필요가 없다는 점이 특이하다. 즉, 교육 상황에서 개념을 배우는 과정 자체가 삶으로서 내러티브 전략을 연습하는 기회인 것이다. 개념을 배우는 과정 자체로 이야기하면 그 과정은 삶에서 겪게 되는 다양한 사건들로 가득하다. 이 사건들을 딜레마라라고 표현할 수 있는데, 이 딜레마는 삶에서 필연적으로 겪게 되는 어려움이다. 문제는 이러한 딜레마를 예상할 수 있으면, 몇 가지 정형화된 문제 상황을 슬기롭게 해결하는 전략을 배울 수 있다는 것이다.

따라서 이런 측면에서 본다면 내러티브 페다고지 입장에서 교과 학습과 삶은 따로 분리되지 않는다. 그저 수준과 상황이 다를 뿐이다. 또한 이 모든 과정은 내러티브 사고로서 조직되고 기억된다. 여기서 내러티브 도식에 대한 이해가 필요하다. 내러티브 도식이란 완성된 하나의 경험이 성공적 내러티브로서 마음에 남게 되는 구성물이다. 이러한 도식은 상황에 대한 성공적 경험으로서 이야기이며, 이러한 도식이 다양하고 많을수록 문제를 해결하는 역량이 높아진다. 학생들이 교과와 삶에 대한 풍부한 이야기로서 도식을 가지면, 현재의 삶뿐 아니라 미래의 삶을 슬기롭게 살아가는 역량이 크다는 것을 의미한다.

이처럼 인간은 이야기로서 배우고 이야기로서 자신을 표현한다. 이와 관련하여 매킨타이어는 인간은 근본적으로 이야기를 하는 동물이며, 우리가 삶을 서사적으로 살아가고 서사에 의하여 자신의 삶을 이해한다는 사실을 강조하였다(장사형, 2020). 이는 교육으로서 내러티브 자아의 완성에도 시사하는 바가 크다. 내러티브 자아 혹은 서사적 자아란 자신의 삶을 하나의 이야기로 구성하는 자아이다. 이러한 자아는 따로 교육을 받아 형성되는 것이 아니라 내러티브 사고에 기반한 교육을 통하여 그리고 그 과정에서 형성되는 내러티브 도식의 집합으로서 나의 모습이 형성되는 것이다. 내러티브 자아는 지난 내가 경험한 다양한 스토리를 자신 있게 제시하고, 과거 이야기를 이어 더 나은 이야기 구성을 위해 노력하는 모습이 중요하다.

4. 내러티브 자아와 자아정체성 교육이 중요하다

가. 인간 마음과 이야기 형식

학교교육에 종사하는 필자는 최근에 학생들이나 일반 사람들의 지적 능력을 개발시키는 데 도움이 되는 다양한 방안들이나 기법들을 유심히 살펴보는 버릇이 생겼다. 왜냐하면 너무나 많은 기발한 기법들이 등장하고 소개되고 있기 때문이며, 그 방법들이 도대체 어떠한 근거에서 나온 것인지가 궁금하기 때문이기도 하다. 예를 들어, 사람을 어떤 존재로 보는지, 사람의 정신이나 마음을 무엇으로 간주하는지, 인간의 기억 능력을 어떻게 설명하는지, 인간이 모여 사는 사회를 어떻게 설명하고 해석하는지 등등….

그중에서 단연 근본적이고 중요한 것은 인간의 마음을 무엇으로 보는가 하는 것이다. 이것은 최근에 한국 경제의 첨병이나 미래의 투자가치로 각광을 받고 있는 '인간 두뇌'에 대한 관심과 연관되어 있는 주제이기도 하다. 이러한 흐름을 확장해 보면 인간 마음은 컴퓨터가 정보를 처리하는 것으로 비유된다. 과거 1960년대 전후하여 이루어진 인지혁명은 인간 마음을 '정보'를 '처리'하는 컴퓨터로 은유하였다.

그러나 지금은 컴퓨터 비유보다는 이야기하기(storytelling)의 비유가 더 적절한 것으로 이해되고 있다. 인간은 이야기를 통하여 의미를 구성하는 능동적인 존재이다. 인간 마음은 이야기, 즉 내러티브를 통하여 의미를 구성하는 것이다. 우리는 이야기를 통해 우리의 경험을 구조화하고, 이러한 방식을 우리 두뇌는 좋아한다. 인간 두뇌는 다양한 정보들을 이야기 형식으로 저장하며 문제에 적용한다.

이제 바야흐로 이야기의 시대이다. 예로부터 인간은 이야기를 통해 생존 방법을 전달하였다. 이 과정에서 이야기를 잘 전달하고 구성하는 민족이나 집단이 융성한 문화를 개척하였다. 인간이 구성하는 이야기나 내러티브(narrative)가 없으면 문화가 존재하지 않는다. 동시에 인간 두뇌도 진화하지 않는다.

우리의 마음은 뇌의 활동이고, 우리의 두뇌는 정보처리 기관으로 알려져 있다. 인간 마음은 우리가 세계와 상호작용을 위하여 진화해 왔다. 이 상호작용을 가능하게 하는 것이 이야기이다. 우리의 사고는 이야기를 통하여 확장되며, 이야기는 우리 문화가 사라지지 않고 번성하게 하는 도구의 역할을 한다. 따라서 내러티브는 일종의 뇌의 활성체이다. 결국 이야기는 인간이 진화 과정에서 발생한 마음의 장치라고 볼 수 있다.

우리는 이야기를 통하여 생생한 삶을 살아가며, 개연성과 보편성을 담은 이야기는 우리에게 공감을 불러일으킨다. 이러한 이야기가 기억이 더 잘 된다. 기억을 담당하는 우리 뇌의 구조는 이야기 형식을 좋아한다. 이야기 형식을 통하여 인간 존재가 발전하였으며, 인간 마음이 진화해온 것이다. 이제 우리는 인간 두뇌를 잘 이해하기 위해서는 우리가 우리 문화에서 발전시켜온 내러티브에 주목할 필요가 있다. 이야기 형식으로 조직되지 않은 정보는 쉽게 망각되며, 자신의 경험에 대한 이야기 구성 능력이 없으면 디스내러티비아(dysnarrativia)라고 불리는 신경학적 질병에 걸린다. 이것은 뇌의 손상과도 연관되어 있다. 우리가 자기를 창조하고 재창조하는 것은 내러티브를 통해서라고, 그리고 자기는 우리의 이야기하기의 소산이지, 주관성의 깊숙한 곳에서 발견되는 어떤 본질은 아니라는 것을 주장해왔다. 오늘날에는, 우리에게 우리 자신에 관한 이야기를 만드는 능력이 없다면 자아와 같은 그런 것은 존재하지 않는디고 하는 증거가 존재한다. 문화 자체는 하나의 변증법이며, 자아가 무엇인가에 대한 대안적인 내러티브들로 가득 차 있다. 우리가 우리 자신을 창조하기 위해 말하는 이야기는 그 변증법을 반영한다(Bruner, 2002).

이제부터라도 우리의 뇌를 사랑하려면 우리의 삶을 이야기하는 능력부터 길러야 할 것이다. 여기에서 타인과의 공감 능력이 생기며, 우리가 말하는 자아(self)가 만들어지기 때문이다. 타인과의 공감 능력이 어떻게 생겨나는 것일까? 타인과의 공감을 이루어 행복한 세상을 만들려면 내러티브는 어떻게 기여할 수 있는가. 그 한 방안으로 거울 뉴런이라는 것이 있다.

Jerome Bruner(1915-2016)

나. 내러티브와 거울 뉴런

인간은 이야기를 해야만 살아갈 수 있는 언어적 존재이다. 언어라는 의사소통 수단을 통하여 타인과 소통하고 감정을 공유하며, 타인의 의도를 파악하면서 사회적으로 성장하게 된다. 이런 점에서 인간은 동시에 사회적 존재이다. 인간이 사는 사회 속에서 이야기는 중요한 문화적 자산이 된다.

인간에게는 타인의 마음을 헤아리는 이야기 능력이 있으며, 이것이 인류에게는 매우 소중한 자산이라고 생각한다. 우리는 어떻게 해서 타인의 마음을 읽어내고 소통하고 공감하게 되는가? 인간의 마음을 읽어낸다는 것은 무슨 의미일까? 인간은 어떻게 하여 타인의 의도를 파악하고 공감하며, 상호소통이 가능하게 된 것일까? 이러한 과정에서 이야기와 내러티브는 왜 중요한 것일까? 이러한 의문에 대답을 해 볼 수 있는 재미있는 실험 하나를 소개하고자 한다.

이탈리아의 권위있는 신경심리학자이자 *Mirrors in the brain*의 저자인 Giacomo Rizzolatti 교수는 연구진과 함께 원숭이 실험을 하고 있었다. 원숭이에게 다양한 동작을 시켜보면서 그 동작 수행과 관련된 뇌의 뉴런이 어떻게 활동하는가를 관찰하고 있었다. 어느 날 Rizzolatti 교수는 매우 흥미로운 사실을 발견하기에 이른다. 한 원숭이가 다른 원숭이나 주위 사람들의 행동을 보기만 하고 있는데도 자신이 움직일 때와 동일하게 반응하는 뉴런들이 있다는 것이다(김경일, 2013).

*Mirroring people*의 저자 야코보니 역시 거울 뉴런 덕분에 우리는 상대방과 공감할 수 있다고 하였다. 여기에서 나아가 자폐아의

뇌는 거울 뉴런이 깨져있다고 하였다. 이런 연유로 자폐아들은 이야기 능력에도 장애가 있다. 그것을 디스내러티비아(dysnarrativia)라고 부른다. 이야기를 구성하는 데에 장애가 있는 증상이다.

지금까지 뇌의 연구를 종합하면 거울 뉴런은 뇌의 3곳에 분포하는 것으로 알려져 있다. 그 위치는 전두엽 전운동피질 아래쪽과 두정엽 아래쪽, 측두엽, 뇌성엽 앞쪽이다. 거울뉴런은 서로 신호를 주고받으며 정보를 처리해 지각한 행동의 의미를 파악한다.

거울뉴런은 원숭이보다 사람에게 훨씬 발달해 있다고 한다. 덕분에 타인의 행동을 보고 있기만 해도 자신이 그 행동을 하는 것처럼 뇌의 신경세포가 작동하는 것이다. 이때 활동하는 신경은 관찰자가 관찰된 행동을 똑같이 직접 할 때 작동하는 신경세포와 동일하다고 한다. 거울 뉴런은 타인의 행동을 관찰할 때만 작동하는 것은 아니고 어떤 행동이 어떻게 일어났는지 이야기만 듣고 있어도 작동한다. 그리고 타인이 느끼는 것을 마치 내가 느끼는 것과 같은 경험도 한다.

이런 거울 뉴런 때문에 인간이 지구상에서 가장 우수한 생명체로 자리 잡을 수 있었다고 볼 수 있다. 그것은 바로 우리 뇌에는 '타인과 같이 느끼고 따라하기'를 가능하게 해주는 뉴런이 있기 때문이다. 내가 그것을 직접 할 때와 내가 그것을 직접 경험하지 않고 보거나 듣고만 있을 때 동일한 반응을 하는 뉴런이 있다는 것, 이러한 뇌신경 연구로 인해 우리는 중요한 발견에 직면한 것이다.

자, 그렇다면 우리의 뇌에 왜 이런 거울 뉴런이 적용하는 것일까? 앞에서 말한 것처럼 인간은 상호 소통을 해야 하는 사회적 존재, 타인을 의식해야 하는 존재이다. 즉, 사회 내에서 다른 구성원들과 이야기하고 소통하면서 살아가야 한다. 따라서 타인의 마음을 잘 읽어내고 의도를 파악하고 공감하며 생활해가야 한다. 이를 위해 내러티브, 이야기하기, 언어 등 의사소통의 수단이 필요해진다. 그런데 이러한 것들이 그 사람이 타인들과 공동으로 살아가는 그 사회의 '문화'를 이루는 핵심 요소라는 것이다. 여기에서 우리는 내러티브가 우리의 문화 속에서 작용하는 중요한 자산이라는 점을 잊지 말아야 한다. 다양한 내러티브가 가능한 사회, 한가지의 이야기만이 존재하는 사회는 폭정의 사회라고 하지 않던가!

인간이 상호 소통하면서 공감을 형성하려면 자기중심성에서 벗어나야 하며, 마음이론(theory of mind)을 개발시켜야 한다. 그러기 위해서는 우리가 누구인지, 나의 나만의 독특성은 어떻게 생겨나고 발전되는 지에 대한 이해가 요청된다. 우리가 통념적으로 알고 있는 자아, 자아 정체성은 과연 우리 마음 저 깊숙한 내면에서 고요히 자리하고 있는 것인가? 내러티브 입장에서 보면 이 통념은 수정되어야 한다. 만약 수정이 타당하게 이루어지면 우리의 교육의 방향도 크게 전환할 필요가 있다.

다. 이야기와 자아 정체성, 교육의 방향

우리가 살아가는 삶은 이야기로 가득 차 있을 뿐만 아니라 삶 자체가 이야기로 이루어져 있다. 그런데 중요한 것은 그 이야기가 단순한 신변잡기가 아니라 자신을 돌아보게 하는 이야기를 잘 만들어야 하는 것이다. 이야기를 잘 만드는 일은 인간의 역사에서 매우 중요한 의미를 지닌다. 타인과의 소통과 공감을 불러일으키는 이야기 만드는 일(making stories)은 개인이나 집단의 역사에서 중요한 이정표가 되어 왔다. 지난 미국 대선에서 버락 오바마 대통령은 연설에서 흑인이 투표권을 행사한 역사에 대해 이야기를 잘 만들어 청중의 눈물을 흘리게 하여 깊은 감명을 주었다. 이야기를 그럴듯하게 매력적으로 만드는 일은 단순하게 소설을 창작하는 일을 넘어서 우리의 삶과 자아를 건강하게 하는 일이다.

이야기를 좀 더 세련된 용어로 표현하면 내러티브(narrative)라고도 한다. 내러티브는 인간이 '만들어내는' 일종의 이야기다. 세상에는 수많은 형식을 지닌 이야기가 존재한다. 예를 들어 시, 소설, 영화, 드라마, 역사, 신화, 전설 등 그리고 일상적인 대화에서도 내러티브는 우리 주위에 널리 퍼져있다. 이러한 다양한 내러티브들은 시대와 장소, 사회·문화를 초월하여 존재한다. 사실, 내러티브는 인류 역사 자체와 동시에 시작되었다. 모든 인류는 저마다의 내러티브를 가지고 있으며, 내러티브를 잘 보존하여 그 나라나 민족의 정체성을 형성시키는 데에도 중요한 역할을 한다. 유태인의 역사나 정체성은 그 민족의 내러티브가 담겨있는 탈무드를 통해 잘 형성되고 있다. 이러한 내러티브를 통하여 유대 민족은 건강하고, 세계에서 큰 가치를 창출하고 있는 것이다.

이렇듯 이야기는 태곳적부터 사용해 온 방법이며 전적으로 인간적인 방법이다. 그런데 내러티브는 단순 대화이기보다는 사건을 적절하게 언어적으로 구성하는 것이다. 사건은 인간 삶의 실제적인 경험일 수도 있으며, 현실에서 유추된 가상의 이야기일 수도 있다. 이러한 사건은 순서 없이 그냥 나열되는 것이 아니라, 어떤 질서를 띠고 시간적 인과관계 속에서 배열될 때(플롯) 의미를 형성하게 된다.

이 경우 우리의 이야기는 우리의 경험을 구조화시켜준다.

우리는 내러티브를 통해 우리 자신을 구축하면서 삶을 영위해 나간다. 자기를 규정하는 데 있어서 왜 내러티브가 본질적이며, 또 어째서 우리는 그것을 필요로 하는 것일까? 내러티브적 재능은 인간 문화 속에서 삶을 특징짓는 사물들의 예상된 상태로부터의 그런 일탈을 특징짓기 위한, 인간이 가진 언어 사용의 자연스러운 방법인 것처럼 보인다. 내러티브적 재능이 어떻게 생겨나서 존속해왔는지에 관한 진화의 이야기는 어느 누구도 알지 못하고 있다. 하지만 우리는, 내러티브라고 하는 것이 인간의 상호작용을 이해하는 방법으로서 불가항력적이라는 사실을 잘 알고 있다.

우리가 자기를 창조하고 재창조하는 것은 내러티브를 통해서라고, 그리고 자아는 우리의 이야기하기의 소산이지, 주관성의 깊숙한 곳에서 발견되는 어떤 본질은 아니라는 것을 주장해왔다. 오늘날에는, 우리에게 우리 자신에 관한 이야기를 만드는 능력이 없다면 자아와 같은 그런 것은 존재하지 않는다고 하는 증거가 존재한다.

경험이 이야기 형식으로 잘 구조화된 사람의 두뇌는 매우 건강하다. 두뇌의 질병은 결국 자신의 경험을 잘 구조화시키지 못할 경우에 발생한다. 디스내러티비아(dysnarrativia)는 이야기를 하거나 이해하는 능력의 심각한 손상이라고 일컬어지는 신경학적 질병이다. 이 병은 콜사코프 증후군(Korsakov's syndrom)이나 알츠하이머 병과 같은 신경 병리와 연결되어 있다. 그것은 과거 기억의 손상보다 더한 것으로, 그 자체로 자기 자신에 대한 감각의 심각한 붕괴를 의미한다. 특히 콜사코프 증후군에서는, 기억은 물론 감정도 심하게 손상되어, 자기는 실제로 소멸된다. Sacks라는 학자는 중증의 콜사코프 증후군 환자 가운데 한 사람을 "혼이 나갔다"라고 묘사하고 있다.

이런 사례의 전형적인 증상 가운데 하나는, 다른 사람의 마음을 읽거나, 다른 사람들이 생각하고 느끼고 보고 있는 것에 말하는 능력을 거의 완전하게 상실하는 것이다. Paul John Eakin은 자기란 근원적으로 관계적인 것이며, 자기는 또한 타자이기도 하다는 확실한 증거로 이 사실을 들고 있다. '내러티브 신경과학'이라는 관점에서 보면 내러티브를 구성하는 능력을 상실한 사람은 자신의 자아를 잃어버린 것이다. 자기(self)를 구축하는 것은, 서술하는 능력 없이는 이루어지지 않는다(Bruner, 2002).

일단 내러티브의 능력이 갖추어지면, 우리는 우리를 다른 사람들과 연결해주고, 우리로 하여금 상상된 미래의 가능성을 향해 우리 자신을 만들면서 우리의 과거를 선택적으로 상기하도록 해주는 자아를 만들 수 있게 된다. 우리는 우리 자신을 지속적으로 형성해주는 내러티브를, 우리가 살고 있는 문화로부터 자원을 공급받는다. 우리가 우리의 자아를 얻기 위해 뇌의 기능에 얼마나 많이 의지하든간에, 우리는 실질적으로 처음부터 우리에게 영양분을 공급하는 그 문화의 표현이다.

요컨대 풍부한 문화 속에서 건강한 자아가 만들어지며 그 자아는 우리의 경험을 구조화해주는 내러티브에 달려있다. 내러티브를 통하여 건강한 자아가 형성되는 사람은 두뇌 기능 역시 잘 활성화되며, 뇌의 신경이 보다 섬세하게 작동되며 민감하고 창의적인 세계를 건설하는데 기여하게 되는 것이다. 그러므로 이제 두뇌의 구조와 기능이 중요한 것이 아니라 두뇌를 춤추게 하는 우리의 내러티브가 중요한 것이다.

즉, 이야기를 잘 구성해야 두뇌도 건강해지고 자아정체성도 높아진다. 그렇다. 사실 우리 두뇌는 신경학적으로 여러 조직으로 이루어져 있지만, 이야기에 민감하게 반응한다. 우리가 경험한 것을 이야기 형식으로 잘 구조화하는 사람의 두뇌는 매우 건강하다는 점이다. 소박하게 말하면 우리가 자녀의 두뇌 발달을 위하여 그림책이나 이야기책을 활용하는 것도 일면 매우 일리가 있는 이야기이며, 어린 시절 할머니로부터 옛날이야기를 많이 듣고 자란 아이는 성격이 원만하다는 연구도 있다.

우리 두뇌의 질병은 자신의 경험을 잘 구조화시키지 못할 경우에 발생한다고 한다. 앞에서도 지적하였듯이, 디스내러티비아(dysnarrativia)는 이야기를 하거나 이해하는 능력의 심각한 손상과 관련된 신경학적 질병으로서, 자기 자신에 대한 감각의 심각한 붕괴를 의미한다.

인간은 이야기하는 동물, 이야기하는 본능을 지닌 호모 나랜스(Homo Narrans)이다. 이야기하는 동물인 셈이다. 최근에 출간된 『스토리텔링 애니멀(*Storytelling Animal*)』의 저자인 조너선 갓셜은 이 점을 부각시킨다. 그는 2009년 연구에 따르면 미국인은 하루 읽기에 할애하는 시간은 20분 남짓이지만 TV 화면과 영화 스크린 앞에서 1년에 1900시간, 하루 평균 5시간을 쓴다고 하면서 이들 모두는 이야기 형식으로 이루어지는 스토리텔링이라는 것이다. 왜 그럴까? 도대체 왜 우리는 이야기에 매혹되는 걸까. 우리는 왜 이야기에 쾌락을 느끼도록 진화했나. 물론 다른 사람이 어떤 행동을 하거나 정서를 체험하는 것을 지켜보면서 나의 뇌가 똑같이 반응하는 '거울뉴런 효과'라는 것으로 설명이 가능하다. 영화를 보면서 주인공이 느끼는 감정 상태를 관객이 동일하게 느끼는 것도 이 때문이란다.

우리 뇌가 이야기와 밀접하게 관련되는 점은 우리 뇌에는 이야기꾼이 숨어있다는 사실이다. 몽타주 이론이라는 것이 있다. 몽타주는 프랑스어로 부분품의 조립을 의미한다. 부분들이 조합되어 하나의 완성품으로 만들어지는 것으로 정의할 수 있다는 얘기다. 영화의 몽타주는 한마디로 샷과 샷을 잇는 것으로 편집을 의미하는데 시청각적 요소들이 상호 유기적으로 결합되어 이야기를 효과적으로 전달할 수 있게 해주는 역할을 해주는 것이다. 영화라는 매체는 단순히 사물을 보여주는 것만이 아니라 샷들을 결합하고 구성하여 이야기를 창조하는 것이다. 이처럼 우리 뇌도 이야기로 구성해내는 놀라운 능력이 있다는 것이다. 조너선 갓설의 책 『스토리텔링 애니멀』을 해설한 권재현 기자는 우리 왼쪽 눈의 위쪽과 뒤쪽 3~5cm 지점에는 단편적 정보를 이야기로 엮어내야 직성이 풀리는 '셜록 홈스'가 산다고 풀이한다. 몇 개의 분할된 장면을 보여주면 관객이 이를 엮어 하나의 이야기로 구성해 낸다는 몽타주이론도 실은 이런 우리 뇌의 이야기꾼 기질 때문이라는 것이다. 이 기질이 과도하게 발달하면 천재 아니면 광인이 된다는 것이다.

이러한 점을 우리가 수용한다면 우리 교육의 방향은 어떠해야 하는가? 많은 시행착오를 통해서 만들어진 편집된 이야기가 우리 두뇌를 건강하게 하는 것이라면 교육은 낯설고 새로운 것들에 대하여 의미를 부여하고 새로운 시각으로 해석하고 다양하게 해결해보는 교육이 필요해진다. 동시에 이야기 만들기 능력이나 내러티브 민감성, 민담이나 설화, 신화를 읽는 것 등이 필요하다. 탈무드라는 내러티브가 역사적으로 잘 전승되어 활용하고 있는 유대민족의 능력을 보면 이야기와 두뇌 능력과의 관련성은 가히 어느 정도인지 짐작이 갈 줄로 안다. 이제 우리 뇌의 이이기꾼의 기질을 잘 발굴하고 건강하고 뛰어난 두뇌 개발을 위하여 다양한 이야기 소재들을 교육에 활용해야 하는 시점에 와 있다.

제13장

마무리와 미래 과제

사진은 찍는 것이 아니라 만드는 것이며, 미래는 예측하는 것이 아니라 만드는 것이다.
훌륭한 화가는 보는 것을 그리는 것이 아니라 그릴 수 있는 것을 본다.
세상을 보고, 만들고, 해석하고, 의미를 구성하는 일은 우리 삶의 내러티브에 달려 있다.
-「내러티브 교육과정」 강좌 수강생의 강의노트-

모든 것은 이야기에 달려 있다.
-Bertolt Brecht- (A Short Organum for the Theater)

내러티브 학교교육은 사람들이 좋든 싫든
서로에게 마음을 열게 하기 때문에 공동체를 가능하게 한다.
아마도 내러티브 제안의 미래는 우리 학교에서 공동체로 복귀를 감행하는 국민으로서,
그리고 아마도 우리의 가장 근본적인 사회관계에서 공동체 회복으로 향하는 도중에
잠시 멈추는 우리의 성향(disposition)에 달려 있다.
이는 공동체가 우리의 정치 및 경제 체제에서 종종 기업의 적으로 보이기 때문에 위험하다.
내러티브 제안은 사람들이 서로서로 새로운 가능성에 마음을 열게 한다.
내러티브 학교교육은 공동 작업, 관점과 삶의 공유를 허용한다.
-Hopkins-

핵심 요약

이 장에서는 현재 한국 교육의 문제를 살펴보고 그 문제 해결의 실마리로 내러티브 활용 방안을 제안하고 있다. 현재 한국의 교육 문제는 입시로 여러 국면들이 뒤틀려 있다. 개인적이고 사회적 측면 외에도 특히 교육의 과정적 측면에서 심각하게 문제가 왜곡되고 있다.
이상의 문제들을 이론적, 실천적으로 해결하기 위해서 내러티브 역량 교육, 내러티브 창의성 교육을 제안하고 있다. 그리고 folk pedagogy에 기반하여 최근에 강조되는 역량 교육의 실천 방안을 살펴보고 있으며, 가장 중요한 자아 교육에서의 새로운 변화를 제안하고 있다. 자이교육의 진정한 방안은 자기주도 학습의 자기화와 진정한 이해중심 교수라는 것이다.

1. 현재 문제: 입시로 뒤틀린 한국교육, 무엇이 문제인가?

우리의 학교교육이 장차 어디로 나아가야 할까? 현재 그 방향을 모르고 교육이 방황하고 있으며 진정한 교육은 실종된 지 오래다. 학교에서는 제대로 된 교육이 이루어지지 못하고 있으며, 학생과 교사, 학부모 모두 방황하고 고통을 겪고 있다. 이 문제의 심층부에 한국의 이상한 대학입시의 문제, 학교 현장의 시험문제가 도사리고 있다. 현재 수능으로 대표되는 입시는 학생들에게 무비판적이고 수용적 학습태도를 요구, 아니 강요하고 있다고 해도 과언이 아니다. 자! 그렇다면 입시가 문제가 있다면 그 입시로 인해서 한국교육은 어떠한 문제가 있으며, 교육이 어떻게 왜곡되고 있는지를 알아보자. 실타래처럼 얽혀있는 한국 교육문제의 해법은 비교적 단순할 수 있다. 그것은 그 문제의 근본이 대학입시라는 점을 분명히 하고 입시로 인한 교육문제의 양상을 심층적으로 살펴보면 될 일이다. 이 문제를 적절하게 해명해야 미래 한국교육의 방향을 고민해 볼 수 있을 것이다.

우선 입시로 뒤틀린 한국교육의 문제를 간명하게 이해하기 위해서 몇 가지 차원으로 유형화하여 알아보기로 하자. 주지하다시피 대학입시의 논리가 교육현실을 왜곡하는 것은 분명해보이며, 이 문제는 어제 오늘의 얘기가 아니다. 따라서 단순하면서도 쉬운 해법으로 한국교육의 문제를 교육적 차원, 개인적 차원, 사회(문화)적 차원에서 살펴보기로 한다.

가. 교육적 차원

수능(학생부 종합 전형 포함)으로 대표되는 대학입시로 인해 학교교육의 전반이 왜곡되고 있다. 현재 수능이나 학교 시험은 수용적 학습을 잘하는 학생이 높은 점수를 받도록 설계되어 있다. 이 방식은 자율적이고 독창적이며 엉뚱한 상상력을 억누른다. 수렴적이고 무비판적인 학생을 양산하는 시험 방식으로 인해 교육의 과정이 전반적으로 왜곡되어 가고 있다. 교과를 가르치는 목적에서부터 교육과정, 교수-학습 방법, 교육평가 방식, 가르치는 교사의 상실감 등에서 수많은 문제들을 유발하고 있다.

1) 교육목적의 주객전도

우선 현재 수능으로 대표되는 대학입시는 근본적으로 우리가 소중히 생각해야 하는 교육의 본질적 목적에 대해 심대한 악영향을 끼치고 있다. 보통 교육의 목적은 내재적 목적과 외재적 목적으로 설명한다. 전자는 교육활동 안에 들어 있는 본질적 성격을 목적으로 정하는 것이며, 후자는 교육활동 밖에 있는 것을 목적으로 정하는 것이다. 내재적 관점의 목적은 교육활동이 성립하려면 반드시 일어나야 하는 것이 무엇이고 그것이 지니는 가치를 제시해야 한다. 외재적 관점의 목표는 교육활동 속에 없는 가치, 예를 들면, 부를 축적하고 좋은 직업과 배우자를 구하고 명예와 권력을 얻는 것 등을 말한다. 이러한 가치들을 얻기 위해서 교육을 수단으로 보는 관점이다.

전자에서 교육목적은 세상과 인간을 이해하는 안목을 형성하는 것이다. 왜냐하면 그것이 교육활동의 본질이고 교육활동 속에 그 가치가 들어 있어야 하기 때문이다. 우리는 이러한 가치를 교과 수업에서 길러줘야 한다. 그런데 우리의 대학입시는 전자보다는 후자의 목적 달성에 아이들을 몰아넣는다. 최종적으로 이러한 결과는 교육적 사고를 왜곡하고 학생에게 매우 비교육적인 부정적 영향을 끼치게 된다. 교과 수업을 통해서 안목을 형성하는 것에 주목하지 않고, 입시에서 좋은 성적을 외재적 가치와 관련시키는 사고방식은 당장은 편하고 효율적이겠지만, 최종적으로는 자신이 의도하고 목적하는 활동으로부터 소외를 당하게 된다. 이와 같이 수능은 바람직한 교육적 사고와 교육 활동을 심각하게 왜곡시켜 놓고 있다.

좀 더 구체적으로 살펴보면 **첫째, 교육의 목적에 대한 주객전도 현상이 발생한다.** 근본적으로 주가 되는 목적은 당연히 내재적 관점의 안목형성이어야 한다. 교육 활동의 내재적 가치를 추구한 결과로서 외재적 가치를 얻게 되는 것은 도덕적으로나 지적으로 문제가 되지 않는다. 문제가 되는 것은 교육활동의 외재적 가치를 얻기 위해서 교육을 수단으로 삼는 행태이다. 물론 사회일반에는 외재적 목적이 널리 피져 있어서 교육을 통해서 수단적 가치를 추구하는 일을 문제 삼지는 않지만 본래 교육은 직장을 구하기 위해서 필요한 것이 아니라 세상을 보는 안목을 형성하는 활동이다. 주(主)와 객(客)이 전도되어서는 안 된다. 수능으로 인해 우리 학교교육은 당연히 교육이 수행야야 할 본질적 목적과 기능을 제대로 수행하지 못하고 빈사상태에 빠져있다.

둘째, 대학입시는 앎의 과정을 왜곡시키고 있다. 왜냐하면 학생들은 수능 준비를 하면서 진정한 앎의 기쁨보다 문제풀이 교육에 올인하고 있는 실정이다. 기출 문제를 반복적으로 풀고 암기하고 출제 유형에 맞추어 공부하고 오답 문제를 다시 하는 등의 문제는 비단 학생들의 문제는 아니다. 이러한 왜곡된 공부를 되풀이하게 만드는 우리 사회의 책임이 일차적으로 크다. 공부의 일차적 목적은 새로운 것을 알아가는 기쁨이며 그것으로 인해 자신이 성장하는 것이며, 사회에 올바르게 기여하는 민주시민으로 자라나는 것이다. 그런데 우리 아이들의 공부는 상급학교 진학에 맞추어져 있으며, 그러다보니 목표하는 바, 즉 상급학교 진학이 달성되면 공부가 끝나버리는 기이한 모양새다. 이 과정에서 학생들은 앎의 기쁨을 느끼기보다는 타인과의 경쟁 속에서 자신을 바라보며 자신의 공부 목적도 그 속에서 이해하게 된다. 이 과정에서 배움의 소외가 발생한다. 배움의 연속에서 성장을 맛보지 못하고 외부적 가치 달성에만 관심을 두는 공부가 당연시되고 있다. 따라서 배움을 동하여 진정한 학력(學力)을 쌓는 것이 아니라 좋은 학교에 목메는 학력(學歷)에 더 관심을 두게 되는 것이다. 결국 공부를 하고 있으되 공부의 의미가 상실되고 있는 왜곡 속에서 우리 아이들이 방황하고 있는 것이다.

셋째, 수능으로 인해 교과 본래의 목적에 부합하는 교육을 하기가 매우 어려운 형국이다. 왜냐하면 고등학교로 갈수록 모든 수업 내지 교수 운영은 수능에 맞추어져 있다. 사정이 그렇다보니 수업에서 교과의 원래 성격에 적합하게 교과를 가르치는 일이 실종되어버렸다. 즉, 수능에 필요한 단순하고 간단한 내용들만을 가르침으로써 교과의 원래 성격이 실종되고 암기교과만이 존재한다. 이로 인해 학생들은 거의 무의미한 정보들만을 습득할 뿐 각각의 교과를 배우면서 길러야 할 적절한 안목을 형성하지 못하게 된다. 더욱이 문제를 악화시키는 것은 수능과 EBS 연계율 출제 방침에 의거해서 출제 유형에 맞는 수업, 기출문제 풀이, 교과서보다는 EBS 교재를 더 중시하는 풍조 등이 만연하고 있다.

넷째, 교육의 과정에서 교육적 가치들이 훼손당하고 교육목적이 붕괴되고 있다는 점이다. 경쟁을 부추기는 교육 전쟁, 성적으로 줄 세우기, 선행교육을 당연시 하는 풍조, 학습 주체로서의 학생들의 인권 및 학습권 침해, 진학률(수능 성적이나 수시전형에서 소위 명문대 합격자 수 높이기)을 높이기 위한 소수 정예반의 야간 심야 운영으로 인한 위화감 조성, 그로 인한 학생들의 건강 및 복지의 황폐화, 조기교육 및 과도한 학습 부담으로 가족 전체의 고통 유발 등 그 문제는 이루 말할 수 없는 실정이다. 이제 교육은 아이들의 세심한 돌봄이 아니라 과장해서 말하면 사육(飼育)으로 생각될 정도이다.

다섯째, 대학입시로 인한 학교 현장의 왜곡은 우리가 기르고자 하는 학습자관에도 부정적 영향을 미치고 있다. 하나의 정답을 고르는 데 신경을 쓰고, 타당한 근거에 의해서 자신의 생각과 입장을 발표하지 않고 교사나 교과서에 제시된 내용을 수렴하는 자세는 많은 한계를 드러낸다. 무비판적이고 수용적 학습자 양성에 매진하는 현 구조는 이상적인 학습자상에 대한 왜곡된 생각을 심어주게 된다.

여섯째, 가르치는 교사에 대한 존중감이 사라지고 있다. 수능에 필요한 내용은 학원 강사에게 배우고 학교 교사는 단지 담임으로서 학교생활기록부를 작성하고 관리하는 관리자로만 인식된다. 교과를 재미있게 가르치고 생활지도를 헌신적으로 하는 교사가 아니라 학생부 기록을 잘해주는 교사가 훌륭한 교사이며, 입시지도를 눈치껏 잘해주는 교사가 좋은 교사이다. 교사의 본래적 일에 매진하는 교사가 존중받는 것이 아니라 입시에서 유리한 고지를 점령하도록 해주는 교사가 좋은 교사라는 것이다. 교사들로 하여금 자신의 본래적 직무인 교재를 연구하고 수업준비를 철저히 하여 수업을 잘하는 교사가 아니라 학생 자신들을 잘 관리해주는 교사가 우대받는 형국이다.

2) 교육과정: 어렵고 많은 양의 내용, 미래사회에 쓸모없는 단순지식

교육과정은 학교교육의 전체적인 설계도이며, 중핵적인 실체이다. 학생들을 올바른 인간으로 키우기 위해서 무슨 내용을 어떻게 가르칠 것인가에 대한 체계적인 계획이자 학생들이 경험하는 것이다. 교수가 정상적으로 계획되고 운영되어야 학생들을 바람직한 인간으로 기를 수 있다. 그런데 대학입시로 학교 교육과정 운영이 파행되고 있다. 그 파행되는 모습을 살펴보자.

첫째, 교육과정 내용이나 교과서 양이 과다하다. 교육과정을 개정할 때마다 내용을 적정화하여 바꾼다고 천명하나 교과서 집필 시에 교과 전공 이기주의로 인해 교과서 내용이 과다해지고 있다. 그 이유는 최소한 수능 출제범위를 커버해야 하고 교과의 많은 내용이 교과서에 포함되어야 그 교과의 지위가 탄탄해진다고 생각하기 때문이다. 수능에서 유리한 고지를 확보하기 위해서 교과서 내용을 늘리다 보니 학생들에게 단편적인 학습, 수박 겉핥기식의 학습을 자연스레 강요하게 되는 악순환을 되풀이하는 형국이다.

둘째, 주입식 교육을 당연시하고 있다. 수능 진도에 맞추어 공부하다보면 자신의 학습으로 내면화되지 않고 체화되지 않는 내용들을 주입하게 된다. 많아지는 내용들도 중요한 개념이나 원리보다는 단편적인 정보나 사실적 수준의 지식들이 대부분이다. 특히 반드시 습득해야 할 역량이 아닌 단순 지식인 경우가 많다. 내용 속에 의미나 가치를 학습하기보다는 일단 암기하고 망각하지 않도록 하는 파행적 학습을 하고 있다.

셋째, 교육과정이 수능에 맞춰지다 보니 자연스럽게 운영이 파행될 수밖에 없다. 수능 시험 범위나 내용으로 인해서 수업 진도나 수업 내용에서 파행이 이루어지고, 수능 난이도 조절로 수포자(수학 포기자), 과포자(과학 포기자)가 발생하며, 등급 차이로 학생들에게 기회주의 사고(탐구영역 과목 응시 불균형 등)를 은연중에 조장하고 있다. 국가 교육과정은 6개 학기 동안 편성되어 있고 수능은 이 편성된 내용을 모두 출제 범위에 포함시켜야 정상이지만, 그렇지 못하다. 3학년 1학기에 진도를 모두 나가야 하므로 수업의 속도는 정상 궤도를 이탈하게 된다.

넷째, 교과서가 방치되고 있다. 수능과 EBS 방송 교제 연계율 방침으로 인해 학생들은 교과서보다 EBS 교재로 공부를 한다. 물론 수업도 EBS 교재로 한다. 그러니 비싼 돈으로 구입한 교과서는 교실 사물함에 방치되고 있다. 교육과정을 실행하는 핵심 교재인 교과서가 활용되지 못하고 있으니 국가 예산도 엄청나게 낭비되는 셈이고, 교육적으로 언어도단이다. 사교육을 잡는다고 무리하게 도입한 정책이 교육의 과정을 망가뜨리고 있다.

3) 진정한 배움으로부터 소외되는 교수-학습

수능으로 대표되는 대학입시로 인해 오늘날 학교에서 이루어지는 학생들의 학습의 문제는 매우 심각한 지경이다. 그 심각한 문제를 몇 가지로 설명해보기로 하자.

첫째, 양의 학습에 짓눌려 있다. 우선 학생들이 학습해야 할 내용이 너무 많다. 이수해야 할 교과가 너무 많고, 교과서 부피가 너무 커지고, 수업에서 배워야 할 내용이 너무 많고 시험 공부해야 할 내용이 너무 많다. 교육과정이 개정되면서 내용 적정화를 기하였다고 공언해오고 있지만, 학생들의 학습 부담의 체감 정도는 전혀 변하지 않고 있다.

둘째, 속도의 학습에 허덕이고 있다. 우리 학생들은 많은 양의 내용을 정해진 시간에 마스터해야 한다. 자신이 제대로 이해하고 있는지 스스로 점검할 겨를도 없이 이 내용 저 내용을 학습하기에 무척 바쁘다. 교사들이 진도 나가기에 급급한 나머지 정해진 시간 안에 커버해야 할 내용을 학생들에게 투하한다. 소위 암기과목이라고 인식되는 교과나 고등학교 수업으로 올수록 사정은 더욱 심각해진다.

셋째, 수업에서 활동이 넘쳐나고 있다. 활동이 범람하는 수업에서 우리 학생들이 방향을 잃고 있다. 교사도 방향을 상실하고 있다. 왜 특정 활동을 수업에서 하고 있는지, 그 활동을 통하여 어떠한 의미를 음미하고, 해석하고 구성할 것인지가 빠져 있다. 학생들은 활동에 단순히 참여하는 것을 자신들이 할 일이라고 생각하는 듯하다. 활동은 수업의 목표를 달성하는 수단임에도 불구하고 이미 목적시되고 있다. 교육이나 수업은 활동 그 자체가 아니다. 수업의 목적이자 교육이라는 것은 활동 속에 내재한 의미를 음미하고 해석하고 구성하는 능력을 길러주는 일이지 단순하게 활동에 참여하는 것이 아니다. 오락적이고 유흥적인 활동은 수업의 관심을 잠깐 환기시킬 수는 있으나 오래 못 간다. 반성적인 활동이 없으면 수업의 목적은 이미 상실한 셈이다. 무목적적이고 무의미한 활동의 범람 속에서 우리

아이들이 표류하고 있다.

넷째, 배움과 삶이 분리되고 있다. 수업 시간에 많은 내용의 양을 신속하게 배우지만 그 내용이 지니는 의미를 잘 알지 못하며, 학교에서 배우는 내용의 약효는 학교에서만 국한된다. 학교에서 습득한 내용은 학생들의 이후 삶에 크게 연계되지 못한다. 아이들의 배움이 자신들의 생생한 실제적 삶과 연계되지 못한 채 겉도는 공부를 반복적으로 하고 있다. 자신들의 학습으로부터 소외당하고 있다. 역설적으로 보면 학생들은 셀프 소외를 경험하고 있는 셈이다. 배움과 삶이 겉도는 교육은 무서운 질병을 옮긴다. 학습된 무기력감, 낮은 자존감, 눈치 보는 공부, 외적 가치를 달성하는 순간에서 공부를 중단해버리는 습관, 학교 공부와 실제 사회 삶 간의 괴리를 당연시하는 상실감 등을 감염시킨다.

4) 고급능력을 재지 못하는 단순 선다형 평가

첫째, 현재 수능의 문항 형식으로는 학생들의 고급 사고력이나 창의성 능을 평가하는 데 많은 어려움이 존재한다. 기본적으로 현재 수능은 5지 선다형으로서 평가학적으로 보면 재인(再認)능력을 측정한다. 다섯 가지 답지들(options) 중에서 정답을 찾는 능력을 재는 것이다. 이 과정에서 추측성 선택도 게재한다. 학생들이 스스로 자신의 해결 방안을 다양하게 탐색하고 실수도 해보고 실험도 해보면서 해결책을 직접 만들어보는 능력을 요구하는 시험이 필요한데 현재 방식은 이것과는 거리가 멀다. 이러한 한계와 문제를 지니는 선다형 방식은 과거 전통적인 사회에서 필요한 능력을 판별하거나 재는 데에는 적합하나 현재나 미래 사회에 요구되는 고차적인 사고능력이

[그림 5] 학습능력의 위계

나 창의성을 재는 데에는 부적절하다.

둘째, 하나의 정답만을 찾아내는 평가로는 미래 사회가 요구하는 다양성과 창의성을 기르기 어렵다. [그림 5]와 같이 미래사회는 '지식(knowledge)'이나 '이해(comprehension)' 같은 단순 반복적인 암기능력보다는 분석, 적용, 종합, 평가와 같은 고등 사고력이 요구된다. 정답만을 고르는 시험은 구시대적이며 더욱이 학생들이 배우는 교과의 진정한 목적을 학습하는 데에 방해가 되는 평가 방식이기도 하다. 현재처럼 비판적 사고가 필요 없는 시험, 즉 잘못된 시험 문제는 학생들의 배움을 소리 없이 서서히 죽이는 살인자일 수 있다. 생각의 힘을 길러주는 고등 사고력을 개발하는 데에 어려움이 많은 현 수능 시험은 대폭 개선될 필요가 있다.

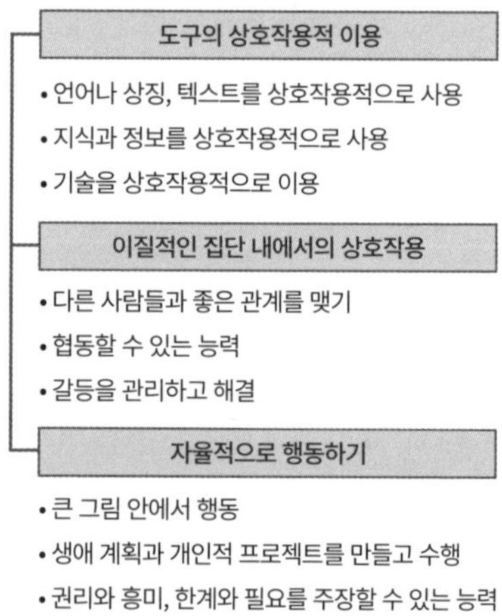

[그림 6] OECD DeSeCo(Defining and Selecting Key Competencies) 프로젝트가 제시하는 미래 핵심역량

셋째, 정답만을 고르는 현 입시 문제는 학생들의 역량을 평가하지 못한다. 수능 선다형으로 인한 지식 암기식 시험 잔존, 반복적인 인지기술과 중정도의 난이도로 출제하는 시험으로는 미래 사회의 역량에 대비하지 못한다. 현재 교육에

서는 미래 사회에서 요구하는 다양한 역량을 강조해야 한다. 과거에는 많은 지식과 정보만으로도 그럭저럭 생활을 영위하는 데에 지장이 없었다. 그러나 현재 사회와 미래 사회는 확연히 다른 사회이며 요구되는 인간 능력도 매우 상이하다. 저명한 한 단체는 인간이 습득해야 하는 역량을 [그림 6]과 같이 제안하고 있다.

이러한 다양한 역량과 문제해결력을 개발해주지 못하고 다양성을 키우지 못하고 하나의 정답이 있다는 생각을 주입하는 평가로는 세계의 인재들과 경쟁할 수 없다. 현재 수능은 인지능력으로는 과거 학습한 것을 재인하는(recognition) 능력을 평가하는 문제가 출제되고 있다. 습득한 지식을 파악하는 것에 중점이 있고 실제 활용하는 수행능력을 못 재는 평가이다. [그림 7]에서 나타나는 것처럼 자료 정리와 정보 습득을 재는 평가에 머무르고 있으며, 지식이나 지혜를 알아보는 평가는 불가능한 것이 현실이다.

넷째, 평가로 인해 교수와 학습이 왜곡되고 있다. 학교교육에서 평가 방식은 매우 중요한 위치를 차지한다. 왜냐하면 학생들은 시험 점수를 높이려고 특정 평가방식에 맞추어 공부하는(learning to the test) 경향이 강하다. 교사들도 학교 간 학업성취도 비교, 교내 반별 성취도 비교에서 좋은 결과를 내기 위해서 평가 방식에 맞추어 가르치고자(teaching to the test) 한다. 이러한 배경 때문에 정답을 고르는 방식은 학생, 교사들에게 모두 부정적인 영향을 미치게 된다. 선다형 평가 방식으로 인해 학생

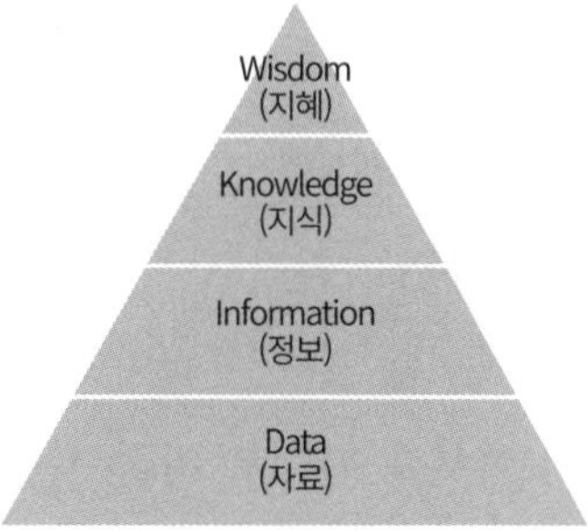

[그림 7] 인지처리의 수준

들은 내용을 심층적으로 이해하는 학습을 멀리하고 암기하는 공부를 하게 된다. 교사들에게도 역시 수업 방식에 부정적인 영향을 미친다.

나. 개인적 차원

한국 사회에서 대학입시는 학습자 개인, 최소한 대학에 진학하고자 하는 학생들에게는 가장 중요한 관심사항이다. 따라서 입시가 개인의 생활 전체에 미치는 영향은 엄청나다. 왜냐하면 한국사회가 대학별로 서열화가 강한 사회이고, 임금 체계도 대졸자와 고졸자 간에 차이가 크기 때문이다. 그래서 입시는 학생 개인에게는 이후 삶을 영위하는 데에 관건이 되는 요인이므로 학생 개인에게도 다음과 같은 측면에서 폭넓은 영향을 미치며, 특히 부정적인 측면이 강하다.

1) 배움의 근본 목적인 안목 형성 못 함

학교에서 공부하는 학생들은 주로 교과 수업을 통해서 자신의 학습을 해나간다. 교과 공부의 본질적인 목적은 세상을 바라보고 인간을 이해하는 안목을 형성하는 것이다. 수학을 공부하는 궁극적인 목적도 계산을 잘하는 것(산수)이 아니라 수의 질서정연함과 논리를 통해 사회와 인간을 이해하는 안목을 형성하는 것이다. 또 시를 통해서는 시인의 시적 감흥에 공감하고 타인의 감정을 이해하는 것을 배우는 것이 목적이다. 과학 시간에는 실험을 통하여 자연현상의 이치를 깨닫고 미술 시간에는 그림을 통하여 미적 안목을 기르는 것이 배움의 본질이다.

그런데 수능의 시험 문제는 이러한 본질과는 거리가 멀다. 학생들은 시험 유형에 맞게 공부하므로 배움의 근본 목적에는 별로 관심을 두지 않는다. 학생들을 가르치는 교사 역시 배움의 본질적인 목적을 달성하기보다는 높은 시험 점수 획득에 신경을 더 쓸 수밖에 없다. 이러한 악순환, 즉 수능시험에 맞추어 가르치고 배우고 시험이 끝나면 그 내용들을 망각해도 살아가는 데에 별로 지장이 없어서 문제가 없고 그래서 학교 공부는 적당히 그러한 선에서 이루어지는 모양은 매우 비교육적이라고 볼 수 있다. 수업에서 영속적인 이해능력(enduring understanding)을 가져다주는 심층적 학습이 실종되고 있다.

2) 지(知)·정(情)·의(意)를 통합하는 전인교육, 인성교육의 실종

학생들이 건전하고 올바르게 자라기 위해서는 사람의 마음을 온전하게 구성하는 여러 요소들을 균형 있게 계발시켜야 한다. 현재 수능 시험은 전적으로 지적인 측면만을 평가하는 시스템이다. 물론 대학에 입학하기 위해서는 전형 요소로 수능 시험성적 이외에 다른 요소들도 다양하게 있지만, 시험 성적이 제일 중요한 요소이므로 학생들은 시험공부에 주력할 수밖에 없을 것이다. 이러한 모습은 창의융합인재를 길러야 하는 미래의 모습과는 거리가 너무 멀다. 미래의 인재는 여러 분야를 창의적으로 통합하여 새로운 것을 창출해낼 줄 알아야 한다.

우리가 목표로 하는 전인교육은 인간이 지니고 있는 인지적·정의적·심동적 영역 등의 모든 자질이 완전한 조화를 이루도록 성장·발달시켜 원만한 인격자를 기르는 것을 목적으로 하는 교육이다. 또한 전인교육의 지향점은 인지적, 정의적, 심동적 세 영역의 발전을 이상적으로 균형감 있게 유도하는 데 있다. 인간은 신체적·정신적 또는 지적·정의적·심동적 등의 여러 요소가 하나로 통정되어 전체적으로 반응하는 존재이다. 따라서 지적·정의적·심동적 학습은 따로 이루어지는 것이 아니라 유기적 관련하에 상호 작용한다고 볼 수 있다.

이와 같이 온전한 인간이 되기 위해서는 인지적인(cognitive) 측면 이외에도 정의적이고(affective) 의지적인 측면, 신체적인(physical) 측면들이 골고루 성장해야 한다. 그러나 수능 입시를 위해서는 전적으로 인지적인 측면만을 편식할 수밖에 없는 구조이다. 단순하게 표현하여 공부를 잘하는 학생이 인성이 항상 좋은 것이 아니므로 우리는 늘 이 불안한 사태에서 학생 지도의 길을 잃고 방황하고 있다. 시험을 잘보는 기계를 양산한다는 비판적 목소리에 귀 기울일 필요가 있다. 현재 입시로는 전인적 성장과 다양한 경험을 가능하게 하는 교육은 어렵다.

물론 수능 이외에 수시모집에서 다양한 전형요소로 학생들의 인성적 요소를 자료로 판단하고는 있으나 이 과정에서도 비교육적인 모습들이 벌어지고 있는 형국이다. 예를 들면, 봉사를 대신해주는 부모, 봉사의 진정한 정신을 체험하기보다는 봉사활동 기록에 더 마음을 두는 학생들, 자신의 성장과정 작성에 대해 컨설팅을 받는 가정 등. 이러한 모든 비교육적 사태에 대해 우리 사회는 침묵하고 있는 것이다.

3) 성적은 높으나 흥미가 낮음

입시 준비에 단련된 공부를 하다 보니 학업성적은 높게 나타난다. 하지만 교과에 대한 흥미나 만족도는 매우 낮다. 이 문제는 앞에서 얘기한 수많은 문제들로 파생되는 당연한 현상이다. 최근에 국제교육성취도평가협회가 실시한 'TIMMS(수학과학 성취도 추이 변화 국제비교연구)' 결과에 따르면 우리나라 초등학교 학생, 또 중학교 학생은 참여국 중 수학과 과학의 성취도가 상위 수준을 유지했다.

그러나 성취도가 상위권을 유지하고 있는 것과 달리 흥미나 자신감 등의 정의적 태도는 꼴찌 수준을 면치 못하고 있다. 일선 학교현장에서 주입식 교육에만 골몰해 학생들의 자신감이나 흥미도가 떨어지는 것 아니냐는 분석이 많다.

4) 인간의 품격 형성 기회의 상실

우선적으로 우리가 주목할 것은 한국의 입시는 우리 아이들을 고통스럽게 하고 진정한 성장을 가로막는다는 점이다. 입시위주의 교육으로 인해 학생들은 입시 경쟁으로만 내몰리고 있다. 이러한 상황 속에서 학생들은 진정한 인격을 형성할 수 있는 기회를 갖지 못한다. 한 인간의 인격은 여러 상황 속에서 형성되지만, 비교적 안정적이고 일관된 환경, 즉 기본적인 덕목이 유지되는 심리·물리적인 환경 속에서 길러질 가능성이 높다. 그러나 입시 경쟁에서 타인보다 앞서 나가려면 협동보다 경쟁, 배려보다 자신의 이익 추구, 타인에 대한 관심보다 개인주의의 무관심 등의 유혹에 처하게 된다. 이러한 상황에서 우리 아이들은 방황하고 상심하고 불안을 느끼며 심리적으로 위험에 처하게 된다. 진정한 자아 형성이 어려우며 심리가 왜곡된다. 떳떳하게 경쟁하고 실수를 인정하고 관용을 베풀고, 타인과 협력하고, 약자를 도우며 자신을 잘 다스려 나가는 능력을 기르기가 매우 어려운 형국이다.

다. 사회적 차원

입시로 뒤틀린 한국 교육의 문제는 개인적 차원을 넘어서 있다. 학생 개인의 차원에서는 교과를 배우는 학습의 과정 전반이 심각히 왜곡되어 있으며, 이 문제는 학습자 개인의 차원에 국한된 것이 아니고 사회문화적 차원과 뒤얽혀 있다. 자신이 진학하는 대학의 상대적 서열에 따라서 자신이 차지할 수 있는 이익은 달라지며, 그 이익 또한 문화적으로 차별화되어 있다. 유명한 프랑스 사회학자 브르디외(P. Bourdieu)는 이것을 '구별짓는 차이(distinction)의 사회'라고 명명하였다. 사회적 차원에서 조망할 수 있는 교육의 문제를 살펴보자.

1) 입시 경쟁으로 학교 서열화 의식 고착

우리 학교 사회는 입시로 경쟁이 만연되어 있다. 발전을 위해서는 경쟁이 필요하다. 그러나 건강한 경쟁이 아니라 파괴적인 경쟁이 주류를 이루고 있다. 경쟁도 다양하게 나타나고 있다. 학생 간, 학급 간, 학교 간, 지역 간의 경쟁이 만연하다. 이러한 입시 경쟁을 부추기는 것은 학교 서열화 관행과 제도가 만연하기 때문이다.

대한민국은 학벌사회라는 점이다. 서울대부터 대학들이 수직 서열화되어 있다. 이런 점에서 대한민국은 '학벌사회'다. 출신학교가 취업이나 인생의 향방을 크게 좌우하기 때문이다. 서울대는 학벌 공화국의 정점에 위치한다. 우리 사회의 주요 정책을 결정하는 위치인 정부 고위직만 봐도 서울대 출신이 요직을 독점하다시피 한다. 인사혁신처에서 받은 '고위공무원단 출신대학 현황'을 분석한 결과에 따르면 고위공무원단 1476명 중 서울대, 고려대, 연세대 등 소위 'SKY

대학' 출신이 814명으로 전체의 55.2%를 차지했다. 대학별로는 서울대 출신이 476명(33.7%)으로 부동의 '톱'을 차지했다. 서울소재 대학인 '인서울 대학' 출신도 1199명으로 81.2%에 달했다. 지방대 출신은 19%에 불과하다.

이러한 서열화의 부작용은 소수의 승자와 다수의 패자 사회가 조성된다는 점에 있다. 학벌 중심으로 사회가 서열화되다 보니 부작용이 끊이지 않는 게 현실이다. 학생들은 어릴 때부터 적성이나 관심보다는 좋은 대학의 인기과를 가는 목표를 강요받기 십상이다. 자연스레 서열이 내재화하고 소수의 승자와 대부분의 패자인 사회로 갈리게 된다. 심지어 같은 대학 내에서도 입학점수에 따라 차별이 존재하는 게 현실이다. 이러다 보니 좋은 대학을 가려 과외에 목을 매게 된다.

2) 사회 문화적 병리 현상: 사교육 망국론, 공교육 황폐화

대학입시로 인해 우리 사회는 가히 사교육 망국론에 빠져있다고 부를 만하다. 사교육이 공교육을 점령한 지 오래되었다. 사교육도 교육적으로 순기능이 있는 것이 사실이다. 그러나 나쁜 사교육이 문제다. 취학 전에 이루어지는 사교육, 선행교육을 조장하는 사교육으로 인해 학교교육이 힘을 못 쓰고 있다. 학교는 졸업장과 교유 관계를 위한 공간이고 공부는 주로 학원에서 하는 것으로 아이들은 인식하고 있다.

그리고 사교육 격차가 경제적 계층에 따라 심화되고 있으며, 사회불안 요소이며 통합을 저해하는 요소가 되고 있다. 좋은 대학 진학을 위해 부모와 학생이 떨어져 사는 가정 해체 현상, 소위 기러기 가족이 주위에 많다. 이러한 현상은 우리 교육이 승자독식의 시스템을 견고하게 구축하고 있으며, 출신 학교별로 차별을 발생시키는 구조이기 때문이다. 우리 사회의 교육원리는 수직, 서열화된 대학 및 고교 체제이다. 사회 상층부에 들어가기 위한 치열한 경쟁을 유발시키고 있다. 이 과정에서 승자에게 차등적으로 보상하는 원리가 작동되고 있기 때문에 모두 승자가 되고자 경쟁의 늪에 빠져들고 있다.

3) 학력사회 팽배

실력보다 자격을 중시하는 학력사회 시스템(credential society)이 팽배해있다. 졸업생의 역량을 보기보다는 출신 대학을 보는 채용 시스템이나 이러한 시스템에 의해서 사람을 평가하는 관행이 존재하는 사회는 무척 위험한 사회이고 건강하지 못한 사회이다. 우리 학생들은 자신의 진정한 역량을 쌓기보다는 소위 서열이 높은 대학에 들어가는 것을 유일한 목표로 인식하고 있으며, 고교 공부는 이 목표에 종속되어 있다. 이러한 분위기 속에서는 역량보다 성적을 강조하는 정서가 강하며, 결과위주의 사고방식이 의식을 지배하게 된다.

이러한 학력사회를 조장하는 것이 대학서열화이다. 입시 성적으로 촘촘하게 배열되어 있는 서열화 체제이다. 소위 명문대로 분류되는 대학은 선발 효과에만 안주하고, 비명문대로 분류되는 대학은 아무리 교육의 질을 개선하고자 노력해도 소위 지잡대로 분류되어 패배주의와 무기력함에 빠져 있는 현실이다. 이러한 체제는 성장을 향한 건전한 자극을 받을 수 없어 조직이 발전할 수 있는 잠재력을 크게 저해한다. 그 피해는 고스란히 학생들과 구성원에게 돌아가 개인의 손해만이 아닌 국가적 손실마저 초래한다.

2. 내러티브 역량 교육:
인간사회의 미래와 내러티브 역량

내러티브와 관련하여 인간사회의 미래를 예상하는 일은 다소간 어려운 일이지만, 문화주의의 입장과 브루너가 강조하는 인간 마음의 측면에서 보면 몇 가지 내용을 논의하는 것은 가능해진다. 특히 기존 주류의 실증주의 심리학이 아닌 내러티브 인식론과 연관되는 입장에서 인간 마음이나 정신에 대한 연구가 어떠한 방향으로 전개되어야 하는지에 대하여 논의해보고자 한다.

가. 인간에 대한 종합적이고 전향적인 탐구

이하에서는 브루너(1996)가 제안하는 미래의 인간 탐구의 방향에 대하여 알아보자. 즉, 심리학이 인간의 정신생활을 어떻게 연구해야 하는지에 대한 문제이다. 브루너는 문화화된 인간 마음에 대해 논평을 하면서 영장류에서부터 인간의 상징 작용의 변화에 접근하는 두 가지 방법을 언급하고 있다. 첫째, 임의적인 상징 기호를 통한 상징적인 관계를 파악하는 개인의 인간능력을 강조한다. 둘째, 더욱 교섭적이고 상호 주관적이며, 인간이 어떤 문화에서 어떻게 같은 종의 생각과 의도, 정신 상태를 읽을 수 있는지에 강조점을 둔다. 그것은 상호적 기대가 얽혀 가는 조직망(공동사회를 살아가는 문화화된 인간의 특징)이 커져감으로써 더욱 촉진된다.

심리학은 생물학적, 진화적, 개인 심리적, 문화적 통찰력들의 상호작용 및 인간 정신 작용의 본질을 파악하는 방법을 보여 준다. 장차 미래의 심리학은 인간의 "상호 주관성"에 대하여 많은 주목을 할 필요가 있다. 이 문제는 사람들이 다른 사람의 뇌리에 든 생각을 어떻게 알게 되고, 그것에 따라 어떻게 적응하는가에 대한 것이다. 브루너는 상호주관성을 문화 심리학의 중심적인 주제로 보았다. 그러나 상호주관성은 영장류의 진화, 신경 기능의 작용, 정신의 작용 능력에 대한 참조 없이는 이해될 수 없다.

브루너는 인간 본성과 인간 상태에 대한 연구에 있어 첫째, 정신물리학에 대한 것을 논하고 있다. "현대판" 심리학은 물리학적 방법에 맞는 모델을 선택하였다. "고전적인" 정신 물리 심리학에는 "일상 심리학"에 대한 부분이 없었다. 인간 본성에 대한 문화 이론은 문화가 어떻게 정의하고, 어린이들을 교육하며, 사람들 간의 상호 관계와 중요한 모든 문제들을 이끌어 가는지를 드러내준다. 사회생활의 일상적 행동들은 모든 사람이 심리학자가 되고, 다른 사람이 왜 그런 행동을 하는지에 대한 이론을 가지도록 만든다. 민간(민속) 심리학이라고 부르든지 일상 심리학이라고 부르든지 간에, 다른 사람의 마음과 기능이나 작용 방식에 대한 믿음이 없다면 우리는 우왕좌왕할지도 모른다.

둘째, 인류 종족의 진화에 나타나는 변칙에 대해 논하고 있다. 그것은 세상에 대한 인간의 반응에서 보이는 중재 작용으로서 문화의 발전과 관련 있다. 문화는 인간과 동물 세계 사이의 *단절*을 만들어낸다. 인간 상태에 대한 진화 생물학으로부터 사실을 추정해내는 데 곤란을 겪는 것도 단절 때문이다. 인간의 생물학적 근원에 대한 참조 없이는 인간을 완전히 이해할 수 없듯이, 문화에 대한 참고 없이도 인간을 이해할 수 없다.

위에서 언급된 두 가지의 인간 본성과 인간 상태에 대한 연구로부터 인간의 진화에서 보이는 "문화적 전환(cultural turn)"을 특징짓고 있다. 거기에는 세 가지 조망이 놓여 있다. 첫째가 '개인주의적 조망'이다. 문화는 모방이나 지시성을 초월하여 상징 관계를 파악하기 위한 인간의 상징적 능력에 근거한다. 문화는 공동 상징들을 공유하는 조직망이다. 우리는 자연뿐만 아니라 그런 조직망 속에서 살고 있다. 우리는 이런 공유 속에서 우리의 공동 사회를 만들어 간다. 인간의 문화적 진화에 대한 이런 개인주의적 조망은, 인간의 "의미 만들기"와 그것의 거래와 교섭이 문화적 전환의 핵심이 된다고 보고 있다. 사물이나 행위, 사건과 신호, 표시들에 의미를 부여함에 따라 우리는 환경에 적응해 간다. 의미는 우리의 인지와 사고 작용을 고취시킨다. 의미 만들기가 없었다면 언어도, 신화도, 예술도, 문화도 있을 수 없다.

인간 진화에서 문화적인 것에 대한 두 번째 조망은 '집단주의적이고 교섭적이며 교류적 전환'을 강조한다. 우리는 서로의 마음을 함께 할 뿐만 아니라 과거의 지식을 보존하는 조유기체적인 방법을 지니고 있다. 민담, 신화, 역사적 기록물, 문헌, 헌법, 그리고 현재의 하드디스크 형태에 이르기까지 계속해서 지식을 제도화한다. 그것을 저장하면서 그 형태를 공동생활의 요구 사항에 맞추고 사전, 법전, 약전, 성경 등에 요구되는 형태로 짜 넣는다. 그래서 결국 마음이 문화를 만드는 동시에 문화 역시 마음을 창조한다. 문화는 마음이 어떻게 작용하고 기능하는가, 해결할 수 있는 문제가 무엇인가에 대해 제약을 가한다. 아주 원초적인 심리 작용까지도 개인별 신경 체계의 교란보다는 문화에 바탕을 둔 의미의 해석에 더욱 구속된다.

인간 진화에서 문화적인 것에 대한 세 번째 조망은 '행동이 어떻게 어디에 놓여져 있는지를 알지 못하고서는 그 행동을 완전히 이해할 수 없다.'는 것이다. Clifford Geertz의 말을 옮기자면 지식과 행위는 항상 국소적이며, 특정한 조직망 내에 놓여져 있다. 그것이 일어나는 상황으로부터 벗어나서는 생각이나 행위를 이해할 수 없다. 생물학과 문화는 모두 국소적으로 작동한다. 지금 여기, 당면하고 있는 "상황의 정의"에서, 목하 직면하고 있는 담론의 배경에서, 신경체계의 내재적인 상태에서, 국소적이고, 특정 상황에 처해 있는 상태에서 최종의 공통된 길을 찾아낸다. 마음과 문화의 관계, 인간 활동의 공간적·상황적 본질이 의미하는 것에 대해 우리는 분명히 알아둘 필요가 있다. 정신적이고 외현적인 문화적 배경에서 인간의 정신작용이나 기능 방식은 "보철 기구" 같은 문화적 도구에 의해 형성된다. 우리는 뛰어날 정도로 도구를 사용하고 도구를 만드는 종이며, 문화적으로 고안된 방식에 의지한다. 그러나 문화가 고유하고 독창적이기 때문에 심리적 보편성의 존재를 무시하는 것은 잘못된 것이다. 정신 작용은 다른 작용들이 덧붙여지는 것이 아니다. 오히려, 복잡한 과정들은 그 자체적으로 통합성을 가지며 진화적, 문화적, 상황적 상호 작용을 반영하는 것으로 이해되어야 한다.

모든 문화가 자격을 갖추기 위해 학교 및 다른 훈육적 수단을 통하고 있다. 그리고 생물학적·이차적 성향을 고양시키는 문제에 대해 강조하고 있다. 그것은 문화적 합일이며, 문화 내의 지배 계층의 견해를 반영하는 결정들이다. 어떤 수단을 통해서든지 일단 효력을 지니게 되면 이런 결정들이 문화적 정책이 된다. 그런 정책의 뒷면에 놓여진 목표는 시간이 지나면서 잃어버린다. 그것의 수행 자체가 목표가 되어 버린다. 습관이 동인이 되어버린다. 그리고 습관적인 패턴이 다양한 수단과 전통적 방식을 통해 제도화된다. 이것은 학습에 있어 “상황성”의 중요성을 언급하는 것이다.

나. 고차적 인지력과 독창성으로서의 내러티브

유아부터 인간의 내러티브 능력에 대해서 심층적인 연구를 해온 Baldock(2006)은 내러티브는 인간의 인지력과 독창성으로 중요한 가치를 지니고 있다고 보고 있다. 내러티브 능력의 기술은 넓은 범위의 인지 능력에 관련된 것이다. 이것은 유일한 가능성은 아니다. 이 용어를 만든 Fox(1993)는 유치원 어린이들이 이야기 구성에 꽤 구체적인 관례를 습득하고 사용하는 능력에 관심이 있었다. 이것은 그 자체로 중요한 문제이며 이 연구는 내러티브 허구의 관례에 정면으로 대처하는 어린이들의 능력이 어디까지 과소평가될 수 있는지를 설명한다. 이 연구는 3살 정도의 어린이들이 혼잣말로 혹은 장난감에게 이야기를 들려줄 때 사용하는 독특한 말투(unusual phraseology)와 그들이 들었던 이야기로부터 얻은 말투를 관찰했더라도 내러티브 능력과 관련한 최초의 탐구라고 볼 수 있다. Fox는 그녀의 연구를 위해 소수의 어린이들을 대부분 부모에게서 훈육될 때 사용된 이야기 공유(story-sharing)와 이야기꾼(story-teller) 역할을 맡을 준비성(readiness)을 기반으로 선택하였다. 게다가 그 집단에서 가장 나이가 많은 두 명의 어린이들은 내러티브 능력이 세 명의 나이가 어린 어린이들보다 훨씬 더 발달한 것처럼 보였다. 사실 기록이 시작되었을 때 4년 9개월이 된 어린이 하나는 이야기 연대순의 양상을 넘어서는 정말 비범한 표현 능력을 가지고 있었다. 어린이들 내에서 수행능력의 차이 때문에 내러티브 능력과 관련하여 어린이들을 과소평가하지 말라는 의미가 들어 있다.

언어의 숙달과 언어의 탐구를 구별하는 것은 또한 중요하다. 내러티브(혹은 가장 단순한 것 이외의 담화 형태)를 구성하고자 애쓰는 어린이는 언어 잠재력의 탐구에 참여하는 것이다. 어린이들이 처음으로 유창하게 될 때 그들은 두드러진 구성과 이미지를 떠올리게 되는데 그것은 집중된 노력의 산물이기 때문이다. 우리는 나이가 듦에 따라 표현의 형식에 익숙해진다. 우리의 말은 케케묵은 은유로 흐트러져 있다. 담화는 주로 관습의 문제다; 단지 때때로 우리는 표현에 관해 좀 더 신중해진다. 어린이들은 이것을 늘 해야 한다. 논리적이고 일관된 연대상의 진술을 구성하는 능력과 독창적인 방식으로 경험을 표현하는 능력은 인지발달의 산물이다. 우리는 유아들이 세계를 이해하고 그것에 대한 이해를 표현하기 위한 노력의 사례에 대해 높이 평가할 필요가 있다.

이 과정에서 우리는 Engel(1995b)의 연구를 통하여 우리가 명확하고 완벽하며 논리적으로 일관적인 이야기를 구성하는 능력에 가치를 두어야 한다는 점을 알 필요가 있다. 이런 가치가 적용되는 것은 비단 학교 체계에서만은 아니다. Tannen(1980)은 이미 본 영화에 대한 이야기를 다시 해달라는 요청을 받을 때 그리스 아테네 사람들은 말하는 방식(narration style)의 능력에 가치를 부여했던 것을, 반면 미국인들은 정확한 회상에 집중했던 것을 발견하였다. 그러나 그것은 너무 쉬워서 단순한 선택 면에서는 착각을 일으킬 수 없다. 내러티브 능력과 관련된 인지적 기술이 다른 인지 기술과 비교하여 평가절하되는 경향이 있기 때문에 여기에서는 내러티브 능력과 연관된 인지적 기술에 초점을 둔다.

다. 내러티브 역량과 능력을 촉진시키기

유치원 어린이들은 일정 수준의 내러티브 역량을 개발할 것이다. 문제는 이것이 그들을 돌보는 성인에 의해 촉진되느냐 아니면 방해를 받느냐이다. 교육과정의 이런 양상을 위한 계획에서 중요한 요소들이 많이 있다(Baldock, 2006).

우선 근본적으로 그들의 발달에 대한 이런 양상에 감수성이 있어야 한다. 각각의 어린이가 도달한 역량의 수준은 식별되어야 하며 어린이 배후에 있는 것도 지원을 해서라도 인식되어야 한다. 이런 인식은 개별 어린이의 면밀한 관찰과 평가에 기초해야 한다. 발달의 단계(phase)를 이야기하는 어린이 발달에 관한 진술의 문제점은 이것이 정확하고 미리 결정된 것으로 보인다는 것이다. 이것은 Piaget의 원작(original work)에서 심각하게 잘못된 것이며 많은 교육가들이 적용한 것에서는 더욱 그렇다. 어린이들이 각기 다른 연령에서 걷기를 시작하고 심지어 학습한 뒤에도 때로는 기거나 끄는 것으로 되돌아가는 것처럼 어린이들이 내러티브 역량을 습득하는 것도 서로 다른 속도로 일어나며 항상 현재의 정상(peak)에서 수행하는 것은 아니다. 그 과정의 평균 비율에 관해 또는 그 속도에 영향을 미치는 형제자매의 영향과 같은 요인에 대해 일반화하는 것은 가능하다. 중요한 것은 어린이가 어디에 있는지 보고 평균보다 지나치게 앞서 있거나 뒤처지는 어린이들의 요구를 인식하는 것이다.

그런 식별은 어린이들이 활용할 수 있는 내러티브 자료에 반영되어야 한다. 그것은 적절해야 한다. 무엇보다도 그것은 그곳에 있어야 한다. 패러다임에 더 높은 가치가 주어지면 자원으로서의 스토리를 불충분하게 사용하는 결과를 낳는다.

우리가 사용 가능한 내러티브 자료는 감성적으로도 적절해야 한다. 그것은 어떤 어린이에게서도 적절해야 하고 어려울 것 같은 자료에 대한 두려움을 식별해야 한다. 그것은 자기 스스로 마음의 이론 개발을 시작하는 어린이의 확장되는 공감대를 육성해야 한다. 동시에 그것은 어린이가 있는 그대로의 모습이 아닌 존재하는 것을 상상하는 역량의 한계를 인식해야 한다. 수립된 이야기의 반전은 어린이의 내러티브 역량이 확실한 기반을 얻을 때까지는 유용하지 않다.

어린이의 내러티브 역량의 인식은 또한 안정적인 것의 개념을 개발하고, 정확히는 내러티브가 수반하는 변화를 다룰 수 있도록 하기 위한 요구의 식별 또한 내포해야 한다. 수립된 교재는 어떤 것이든지 이에 맞고(따르고), 스토리를 다른 유형의 활동을 위한 도약대로 사용하는 것보다는 주어진 이야기는 어떤 것이든지 이해할 수 있는 실제 기회를 어린이들에게 주는 표준 포맷(standard format)을 사용하는 것은 중요하다.

어린이가 내러티브를 처리하는 역량은 의식적이고 현명한 노력으로 육성되어야 한다. 부모와 유아교육 실천가 모두는 왜 적절한 것인지 알지도 못한 채 알맞은 일(the right things)을 상당히 많이 한다. 실천가는 기껏해야 직장에서 좀 더 경험 있는 동료를 관찰하고 과거에 그들에게 효과가 있었던 것을 기억하는 것으로부터 나온 일종의 기능 숙달(craft mastery)을 그들이 어린이를 위해 계획한 활동에 반영할 수도 있다. 이것은 없는 것보다는 낫지만 이론적으로 정보를 부여받은 실천이 이런 것이나 다른 모든 면에 있어서 낫다.

어린이의 내러티브 역량이 발달하는 방식의 인식은 조직된 이야기 기간에서만이 아니라 미취학(pre-school) 환경의 모든 양상에 반영되어야 한다. 그것은 자신의 경험을 설명하려는 시도를 지닌 어린이와의 교환(exchange)에 영향을 미쳐야 한다. 그것은 실천가들이 그 환경에서 발생하고 있거나 어디에서건 발생했을 수도 있는 것을 논의하는 방식에 영향을 미쳐야 한다.

3. 내러티브 기반 미래 구성: 창의, 상상력

가. 내러티브 구성과 교육적 상상력

상상(imagination)이란 어떤 사물의 사정이나 남의 마음을 미루어 생각하거나 현상에 관하여 마음속에서 그려보거나 떠오르게 하는 것이라고 정의하기도 한다. 이 상상이 다양한 대상, 사물의 형편 등을 과거-현재-미래의 시간성과 공간성을 초월하여 설정할 수 있으며 자유롭고 주관적이며 개인적인 사고 능력의 폭을 넓히는 활동이라고 볼 수 있다. 상상력은 마음의 종합적 능력으로서 구조화의 작용이며, 패턴을 가진 통일적인 표상을 획득한다. 상상력은 인간의 경험, 지각, 촉각, 창조, 이해 등의 모든 측면에서 핵심적인 중추 역할을 하는 역동적인 능력이라고 할 수 있다.

Johnson(1987)에 따르면 상상력이 없으면 세상에서 아무것도 의미를 지닐 수 없으며, 우리는 자신들의 경험의 의미를 구성할 수 없을 것이다. 또한 현실에서 마주하는 지식에 대해서 근거를 부여할 수 없다. 그는 상상력이란 심적 표상을 우리가 이해할 수 있는 의미 있는 통일체로 조직하는 능력이라고 본다. 이와 유사하게 Frye(1982)도 상상력이란 인간의 경험을 토대로 하여 있음직한 모델을 구성하는 힘이라고 본다. 이런 점에서 상상력은 교육적으로 중요한 가치를 지닌다.

언어적 존재로서 인간의 본질을 규정하는 조건 가운데 하나가 상상력이다. 흔히 자주 사용되는 문학적 상상력이란, 문학의 질서 속에서 세계를 재구성하는 능력이다. 이는 기본적으로 인식의 능력과 비판의 능력을 포괄하는 세계 창조의 능력이다. 문학적 상상력은 문학이 가지고 있는 통로와 공간에 의존하여 세계를 인식하고 조응하고 창조하는, 세계 구성의 능력이다. 이런 점에 비추어 교육적 상상력은 교육의 질서 속에서 세계를 재구성하는 능력이다. 즉 교육의 맥락(문화)에서 교육적 세계와 질서를 새롭게 해석하고 이해하여 새로운 세계를 독특하게 창안하고 재구성하는 능력이다.

'교육적 상상력(educational imagination)'이란 용어는 Eisner(1979)가 자신의 미학적 관점을 교육현상에 기술하고 연구하는 데 적용한 것이다. Eisner는 현상학적 입장에 서서 사회적 실재(social reality)를 주관적이며 구성적이고 다원적인 것으로 보았으며, 개인이 의미를 구성하는 방법도 다양하다고 보았다. 그래서 보편적인 법칙만을 찾으려는 경험-분석적인 연구를 지양하고 질적인 연구를 도입하여 풍부하고 다양한 교육실제에 적용될 수 있는 다양하고 새로운 가정과 방법을 모색하고자 했다. 그래서 그는 교사들이 학생들에게 의미 있고 다양한 학습기회를 제공할 수 있도록 교육목표와 내용을 변화시킬 수 있는 능력을 '교육적 상상력'으로 명명하고, 이를 '예술성(artistry)'의 은유적 표현으로 보았다.

우선 앞의 논의에 따르면, 내러티브 사고는 내러티브적 상상력을 높여줄 수 있다. Bruner(1996: 137)는 실재에 대한 내러티브 구성에서는 해석학적 구성을 상정하는 것으로 보았다. 내러티브의 주체는 자아와 세계에 대한 인식, 태도 등에 근거하여 자기발생적 발견을 구성해나간다.

내러티브 사고는 본질적으로 뮈토스(mythos)적 사고이다. 합리적이고 논리적인 과학의 로고스(logos)가 아니라 인간이 상상할 수 있는 모든 세계를 다루는 뮈토스적 사고의 세계이다. 이것은 세계를 만드는 사고방식이며, 세계 해석을 위해 다른 세계를 구성해야 하는 사고이다. 그렇기 때문에 주체가 사태를 있는 그대로 파악하는 것이 아니라, 그 사태를 이해하고 해석하여 재구성하는 방식으로 파악하는 것이다. 이러한 주체의 세계 만들기는 세계에 대한 비판과 논리적 파악을 동시에 기능하게 해준다. 학습자들은 텍스트를 수어진 그대로 읽는 것이 아니라 재구성하여 해석하면서 읽는 것이다. 이러한 이해와 재해석의 과정을 통하여 새로운 의미를 만들어 내는 것이다. 이러한 능력을 기르기 위해서는 Bruner(1994: 41)는 신화와 역사, 민담 등을 통해 정체성을 길러주는 방법과 소설 읽기를 통한 방법을 제안하고 있다.

이러한 맥락에서 Eisner 역시 다양한 표상형식의 개발을 강조하고 있다. 학교교육이 경험을 통하여 다양한 의미를 획득하는 능력을 개발하는 데 관심을 두는 한, 내용들을 여러 가지 표상형식으로 부호화하고 해석하는 능력에 관심을 가져야 한다는 것이다. 학교교육에서 학생들이 자신의 경험에서 의미를 추출하는 능력이 중시된다면 학교 교육과정을 결정할 때 표상형식(forms of representation)을 강조하는 것이 중요하다. 논리-과학적인 패러다임적 사고를 통한 인지능력의 개발뿐만 아니라 내러티브 사고를 통한 의미의 재창조와 상상력의 개발 또한 중요시되어야 한다.

Bruner(1996)에 따르면 내러티브는 문화에서 지식의 보고이다. 논리적 분석이 어느 아이디어 또는 개념의 진위를 증명하는 것이라면, 내러티브는 우리가 이해하는 것과 이해하지 못하지만 관심을 끄는 것들에 관한 이야기이다. 가능한 한 비규범적인 요소들까지 포함하며 사실과 상상 사이에 위치하는 내러티브는, 개인의 성장과 이해 영역을 확대시키는 주요한 수단인 것이다(Bruner, 1990).

브루너는 다양한 시각, 추측, 주관화(subjectifications) 등의 요소들이 내러티브를 통해 인간주의적 앎의 양식을 형성한다. 여기서 인간주의적 앎이란 단지 경험적으로 발견되고 타당하게 증명된 논리학적 타당성에 근거한 앎이 아닌 개인적으로 만들어지고 역사적으로 생성되는 은유의 발견법에 근거한 앎이다.

내러티브 사고를 통한 교육은 한 사건에 대해 다양한 의미 부여로써 상상력을 높여 줄 수 있다. 한 사건에 대해 다양한 의미를 부여함으로써 상상력을 높여주는 역할을 해야 한다. 상상력은 일종의 구조화 작용이라고 볼 수 있다. 교과 교육에서 학생들이 자신의 경험에서 의미를 추출하는 능력이 중시된다면, 교육과정을 결정할 때 어떤 표상 형식을 강조할 것인가 하는 문제는 매우 중요한 문제가 된다. 따라서 논리·과학적인 패러다임적 사고를 통한 인지능력의 확장과 동시에 내러티브 사고를 통한 의미의 재창조와 상상력의 향상도 교사는 중요하게 인식하고 있어야 한다.

리오타르의 이야기적 지식(narrative knowledge)이나 스토리로서의 흥미유발을 활용한 상상력의 교육을 강화할 필요가 있다. 예컨대 사고력을 키워주는 수학 동화, 역사가 샘솟는 이야기 옹달샘, 아이들의 눈높이에 맞춰 이야기 형식으로 구성하는 역사와 지리 이야기, 물리학을 재미있는 소설로 공부하기 등은 우리 주위에서 접할 수 있는 사례들이다. 이제 스토리를 통한 학습통합 차원에서 새로운 뮈토스적 세계를 창안하는 상상력으로 안내해줘야 한다.

나. 교육적 상상력을 가르치기

교육적 상상력을 내러티브직으로 가르치는 일은 내러티브 원리에 비추어 이루어져야 한다. 가르치는 일은 기본적으로 의미를 만드는 것에 관한 것이다(Gudmundsdottir, 1991: 216-217). 교사 혹은 교육자는 그들이 가르치는 내용 속에서 자신들을 위해서 의미 만들기를 해야 하며, 자신들의 사적인 의미를 학생들이 이해할 것이라고 느끼는 형식으로 전환해주어야 한다. 이것을 하기 위하여 교사들은 교수내용지식(PCK)을 필요로 한다. 교수는 하나의 스토리를 쓰는 것과 같다. 교수를 이해한다는 것은 하나의 스토리를 해석하는 데에 도달하는 것과 같은 것이다(Polkinghorne, 1988: 142). 인식 도구로서 내러티브는 경험의 흐름을 이해할 수 있게 한다. 내러티브는 무수히 많은 내적 관계를 맺고 있는 일련의 사실들을 하나의 이야기로 인식하게 된다(강현석, 2005: 96). 이러한 입장에 비추어 보면 교육적 상상력을 가르치는 경우 다음에 유의할 필요가 있다(강현석·이자현, 2005: 76-77).

첫째, 가르치는 일은 대화(dialogue)이다. 교수는 많이 아는 교사가 잘 모르는 학생에게 '전달'해주는 일방적 활동이 아니다. 이제 교수는 전달 메커니즘에서 탈피할 필요가 있다. 특정 내용을 어느 일방으로 전달하는 과정에는 타인의 마음에 대한 고려가 소극적일 수밖에 없다. 가르치는 활동은 쌍방간의 대화의 과정으로 나아갈 필요가 있다. 대화는 관심과 배려(caring)에서 출발한다. 관심과 배려는 다양하게 구현될 수 있다. 학습자의 수준에 대한 고려, 인지구조에 부합하는 학습과제의 구성, 역동적 학습 환경의 마련 등으로 나타난다.

둘째, 가르치는 일은 의미를 교섭하여(negotiation) 구성하는 일이다. 교수활동은 소위 객관적인 지식을 전달하고 습득시키는 관리적 차원에서 일방적으로 진행되는 사업(enterprise)이 아니다. 그것은 교육적 상황에서 당사자간의 협상과 교섭을 통한 의미 거래의 과정이다. 그 과정에서 의미를 형성하고 서로간의 반성적 숙의를 통하여 지식을 구성해나가는 것이다. 학습은 학습자 자신의 발견을 통해 새롭게 의미를 구성하고 지식을 구조화해 나가는 과정으로서, 새로운 발견과 의미 구성에 필요한 것들을 사회적 상호작용을 통하여 학습해나가는 것이라고 볼 수 있다(Bruner, 1996: 151-153).

셋째, 내러티브적으로 가르쳐야 한다. 학습은 가장 자연스럽게 이야기를 통하여 이루어진다. 학습의 과정, 즉 지식 획득-변용-평가라는 에피소드는 학습자의 이야기를 통해 가장 잘 조직될 수 있다. 학습 조직의 한 수단으로서 내러티브는 학습의 목적인 동시에 수단이 된다. 이제 발견학습은 더 이상 객관적인 구조를 수동적으로 혼자 찾아내는 활동이 아니다. 그것은 내러티브적 발견에 의해 가능하며, 학습의 해석적 과정을 고려할 필요가 있다. 따라서 탐구학습 역시 사회적 장면에서 구성원들의 교섭과 공유에 의해 재창조되어 가는 과정이 강조될 필요가 있다.

넷째, 가르치는 일은 해석적으로 순환(hermeneutic circle)한다. 기존의 실증주의적 도식에서는 학습은 주로 직선적고 논리적인 계열을 따라 이루어지는 것으로 본다. 그러나 학습은 직선적 계열을 띠기도 하지만 근본적으로는 순환적 성질을 띠면서 질적인 변화를 통해 내면화되는 과정을 밟는다. 외부에서 지식을 주입하거나 타인이 전달해주는 것만으로는 학습의 총체적 모습을 온전히 설명할 수는 없다. 학습의 과정은 해석적 체계로 설명되어야 하며, 그 기제는 순환적이다.

내러티브와 관련하여 브루너는 교육적 상상력을 교육시키는 일에서 고려해야 할 5가지의 원리를 제시하고 있다(Bigge, 1999: 143-144; 강현석, 2005: 98).

첫째, 학교 교육과정을 통하여 학생들 자신의 추측의 가치와 수정 가능성을 발견하도록 촉진하고, 문제해결에서 가설을 수립하고 해결을 시도하는 활동의 효과를 자각하도록 권장할 필요가 있다.

둘째, 현재의 조건과 미래의 결과를 관련시키는 마음의 사용을 통해 문제해결의 가능성에 대한 학생의 신뢰를 개발하는 데 강조점을 두어야 한다.

셋째, 다양한 교과내용과 관련하여 학생 자신의 추진력을 배양하고, 스스로 조작해 나갈 수 있는 능력을 개발해야 한다.

넷째, 마음을 경제적으로 사용할 수 있는 능력을 개발할 필요가 있다.

다섯째, 학생의 지적인 정직성을 개발하는 것이다.

다. 새로운 창의 융합형 인간으로서 내러티브 영재

강현석과 최윤경(2007)의 연구에서는 내러티브 영재들의 능력을 FGI 결과를 토대로 크게 8가지로 제안하고 있다. FGI 연구의 과정은 다음과 같다. 첫째, 표적집단으로 7명을 설정하였다. 여기에는 내러티브 연구자 4명, 영재교육전문가 3명을 설정하였다. 둘째, 대상자들을 한 장소에 모이게 하고 반구조화된 질문 형식으로 8가지 개념의 적합성과 우선순위를 검토하도록 요청하고 연구자가 면담을 진행(moderator)하였다. 셋째, 참가자들끼리 생각을 공유하고 토의과정을 통하여 다른 사람의 생각과 견해에 반응함으로써 서로서로 영향을 주고받도록 설계하였다.[56] 이 과정에서 제시된 능력들은 측정학적 접근에 의한 구인(constructs)이기보다는 개념적 논의에서 기인하는 능력들로서, 조작적인 정의가 아닌 '가설적으로 구성된' 개념이다. 이하에 제시된 개념들은 표적집단에게 최초로 제시한 개념들에 대한 검토과정을 거쳐서 확정된 용어들로 표현되었다. 이 개념은 크게 네 가지 근거에서 구성되었다. 그 근거들은 첫째, 영재의 일반적인 기초 능력 차원(가-나) 둘째, 내러티브의 속성과 가장 밀접한 특징적인 능력(다-라) 셋째, 서사 능력과 관련된 것(마-바)이며 넷째, 메타능력들(사-아)이다.

---

56 5점 척도 형식으로 묻는 적합성 정도에서는 '언어적 능력'을 모든 참여자들이 매우 적합한 것으로(5.0) 판단하고 있으며, 그 다음으로 의미구성 및 해석력(4.57), 창의력 및 상상력과 자아구성능력(4.14) 순임. 가장 낮은 것은 상황이해력과 문화적 민감성(4.0)임. 우선순위에서는 '언어적 능력' 이 우선순위가 가장 높으며, 그 다음으로 세계만들기 능력, 자아구성능력, 의미구성 및 해석력 순임. 가장 낮은 것은 직관력으로 조사됨. 이상은 FGI 결과의 정량적 표현임.

1) 창의력과 상상력

패러다임 사고는 자연 현상이나 사실에 대한 인과적 설명 및 경험적 증명을 요구하지만 내러티브 사고는 진리보다는 '있음직함' 또는 '그럴듯함'을 만들어낸다. 이제 우리는 인간 세계나 자연 현상을 논리나 이성, 설명을 통해서 이해하려는 경향인 패러다임적 사고뿐만 아니라 세상을 바라보고 해석하는 또 다른 안목인 상상, 창의, 감성에 주목해야 할 필요가 있다.

인간은 논리적, 실증적, 이성적 사고뿐만 아니라 직관적, 감성적, 상상적, 창의적 사고와의 보완을 통해 세상의 풍부한 경험으로부터 다양한 의미를 구성하게 된다. 내러티브에는 구성력으로 지칭되는 상상력의 대부분이 포함되며(우한용, 2008: 13), 그것은 문학적이고 미학적인 사고력을 매개로 함으로써 상상력을 기를 수 있게 하는 중요한 도구이다. 또 내러티브는 삶의 다양한 현상을 내러티브로 인식, 구성케 함으로써 메타 인지적 감수성, 창의성을 길러줄 수 있다(임경순, 2008: 83).

Catharina와 성현철(2008: 332)은 현재 우리나라 영재교육이 학생 중심, 과정 중심, 탐구 중심, 문제해결 중심, 창의성 계발과 같은 접근을 적용하기보다는 교사 중심이고 지식 중심이며 또한 개방적이기보다는 경직성이 강하다고 지적한다. 한승희(2005)는 패러다임적 사고와 내러티브 사고는 공통적으로 가설적 추론의 특징을 보이는데 추론의 과정에서는 반드시 정서가 수반되며 인간이 행복감을 느낄 때 창의성과 문제해결력이 더 높아진다고 한다. 내러티브는 인간의 감정과 정서가 수반된 사고로서, 긍정적인 감정과 정서는 인간이 어떤 문제를 해결할 때 필요해지는 고차원적 사고력이 온전히 작동하도록 한다.

영재들에게는 허구의 세계를 만들어 내는 능력, 현실의 세계를 초월하여 현실에서는 차마 볼 수 없는 독특한 세계를 만들어 내는 능력이 중요하다(강현석, 2007: 118). 내러티브는 인간의 사고 경향을 바라봄에 있어서 편향된 문제점을 각성시킬 뿐만 아니라 영재교육에 있어서 정확성, 객관성, 논리성뿐만 아니라 창의성, 상상력의 보완이 필요함을 보여준다. 따라서 내러티브 영재는 논리적 검증 및 객관적 설명 능력뿐만 아니라 상황을 새롭게 이해하고 해석할 수 있는 상상력과 새로운 세계를 독특하게 창안해 낼 수 있는 창의력을 갖춘 존재이다. 여기에는 일반적인 창의력과 상상력뿐만 아니라 사건과 관련된 것도 포함된다.

2) 직관력

직관의 사전적 정의는 직접적 이해와 인지, 즉 분석이나 증명의 형식적인 방법으로 매개되지 않은 이해와 인지이다(Bruner, 1960; 이홍우, 1973: 126-145). 직관적으로 이해한다는 것은 교과내용을 명백히 형식을 갖춘 언어로 표현하여 이해하는 것이 아니다. 직관적 사고(intuitive thinking)는 그럴듯하기는 하나 아직은 확정되지 않은 원리나 지식을 발견하는 방법을 지칭하며, 분석적 사고의 단계를 거치지 않고 원리나 지식을 생각해내는 사고과정을 의미한다.

일반적으로 수학에서는 직관이 2가지 다른 의미로 쓰인다. 첫째, 한 문제를 오랫동안 씨름을 한 뒤 갑자기 해결점에 도달하며, 그렇기는 해도 아직 형식적인 말로 그것을 증명할 수 없는 경우이다. 둘째, 어떤 해답이 과연 옳은지 또는 몇 가지 해법 중에서 어느 것이 가장 효과적인지를 재빨리 잘 추측해낼 수 있다는 뜻이다. 날카로운 추측(shrewd guess), 의미심장한 가설(fertile hypothesis), 잠정적인 결론으로의 과감한 도약(courageous leap to a tentative conclusion)이 필요하며 주어진 정보를 뛰어넘는 구조의 발견이 중요하다. 특히 발견법의 규칙, 즉 비유, 대칭, 제한적 조건 조사, 해답을 미리 머릿속에 그려보는 것을 자주 사용하는 특성을 보인다.

직관적 사고는 면밀하고 명백히 계획된 단계를 따라 전개되는 것이 아니라 전체 문제 사태의 포괄적인 지각을 기초로 하여 전개된다. 어떤 과정을 거쳐서 그렇게 했는지 모르게 문제를 해결하는 것이다. 자기가 어떻게 그 대답을 얻었는지 잘 설명할 수 없고 심지어 문제 사태의 어느 측면을 보았는지 모르는 경우도 있다. 그러나 직관적 사고는 그 분야의 지식과 지식의 구조를 기초로 가능하다. 지식의 구조야말로 사고의 도약(사고에서 거쳐야 할 단계들을 뛰어 넘고 지름길로 질러가는 것)을 가능하게 한다. 이때 얻은 결론은 나중에 분석적 사고에 의해 다시 점검되어야 한다. 요컨대, 직관적 사고는 지식체계의 잠정적인 질서를 발견해내며 그렇게 발견한 질서는 자명한 것으로 보일지 모르나 그것은 우리에게 특정 사건과 관련된 세계 실재를 검증해나가는 기초 역할을 한다.

직관적 사고를 잘하는 사람은 분석적 사고를 하는 사람의 힘으로 불가능한 일 즉, 문제를 발명하고 발견하는(invent or discover) 일을 할 수 있다. 발명되고 발견된 문제에 알맞은 형식(proper formalism)을 부여하는 것은 분석적 사고를 하는 사람들이다. 그런데 학교학습은 형식을 갖춘 내용을 다룬다는 사실 때문에 직관의 중요성이 과소평가되는 결과를 초래하고 있다.

3) 의미 구성 및 해석력

진리가 발견되는 것이 아니라 구성된다는 입장을 취하는 내러티브 인식론은 진리와 언어의 관계가 기호들의 상호작용으로 실재가 우리의 마음에 구성됨을 전제한다. 언어는 대표적인 상징적 기호이다. 그래서 의미 구성과 상징적 기호의 관계를 이해하기 위해서는 언어에 초점을 두어야 하며 의미를 만드는 가장 중요한 형태의 하나가 바로 내러티브이다. 그러나 내러티브는 하나의 언어임과 동시에 보다 거시적 측면에서는 인간 일상의 경험과 개인적이고 사적인 행위에 의미를 부여하는 수단이 되는 도식(scheme)으로서의 역할을 한다. 따라서 내러티브 능력은 말이나 글과 같은 내러티브 생산하는 것일 뿐만 아니라 일상 삶 속에서의 사건을 의미화하는 능력이다.

내러티브 사고는 실재구성, 의미 만들기, 자아 형성과 관련되는 것으로 의미형성과 교섭에서는 내러티브적 해석이 중요하다. 즉 의미는 대화를 통해 만들어지고 이야기 양식은 해석을 필요로 한다(강현석, 2007: 107). 인간은 자신의 경험을 '내러티브'로 이야기함으로써 경험이나 사실에 대한 의미를 구성함과 동시에 내러티브적인 해석을 하게 된다. 이야기하기로서의 내러티브는 해석을 필요로 하며 거기에서 이야기 만들기가 가능해진다.

그러나 우리 교육에서는 다양한 해석의 가능성을 열어두기보다는 한정되고 명확한 인과 관계적 설명을 강조해 왔다. 인과적 설명에서는 일정한 하나의 답을 도출함으로써 정답 이외의 것은 배척되고 틀린 것으로 간주되지만, 해석은 개인의 관점, 신념에 따라 다양하게 생산되며 하나의 정답이 요구되지 않는다. 내러티브 사고에는 자연현상이나 물리적 세계에 대한 인과적인 설명을 추구하기보다는 다양한 해석의 가능성이 열려져 있다. 따라서 내러티브 영재는 올바른 해석을 통해 그들의 이해의 지평을 넓혀가고 다양한 해석이 존재할 수 있음을 인정한다.

언어 영재를 위한 교육에서는 텍스트에 나타난 단어와 단어의 연결로 문장의 의미를 연결시켜 깊은 이해의 수준에 도달시키는 텍스트 내의 의미 구성 능력이 강조된다. 한편 내러티브 영재는 텍스트 속의 의미 구성 및 이해 능력을 가지고 있을 뿐만 아니라 인간 삶 속에서 자신의 경험을 대화나 글을 통해서 이야기함으로써 총체적 삶의 경험에 대해 내러티브적 해석을 할 수 있으며 이를 통해 의미를 창출해낼 수 있는 존재라 할 수 있다.

4) 상황적·맥락적 이해력

인간은 자신이나 타인의 경험 혹은 세계를 해석함에 있어서 다양한 관점과 상황 아래에 놓이게 된다. 내러티브는 과거, 현재, 미래와 관련되어 있으며 특정한 상황에 연관된다. 인간은 다양한 사람, 장소, 공간의 관계 속에서 내러티브를 구성하게 되므로 내러티브를 통해 개인의 경험은 보다 넓은 맥락에서 이해될 수 있다.

내러티브는 학습에 있어서 유용할 뿐만 아니라 학습의 과정 및 지식의 구성 과정에 있어서도 시사점을 준다. 인간은 사회적 존재이기 때문에 인간의 경험과 행위는 사회적 실재들과의 관계 속에서 이해되어야 한다. 인간의 자아도 사회적 세계와 무관한 내부적 본질에서 성장하는 것이 아니라 모든 사람들이 관련되는 의미, 사회적 관련 속에서의 경험에서 나오기 때문에(Bruner, 1990: 42) 내러티브는 문화와의 상호 교섭 속에 존재하는 절충적인 성격을 갖는다(Bruner, 1996: 133-147).

따라서 내러티브 관점에서 지식은 개인의 마음속에서 일어나는 내적 과정이라기보다 사회 속에서 다른 사람들과의 교섭에 의해 구성되며, 사회적 네트워크에 분산되어 존재하는 사회적 과정으로 개념화된다(한승희, 2005: 59). 즉, 지식은 사회적 관련 속에서의 인간의 상호작용 및 문화적 교섭 과정을 통해 구성되기 때문에 상황적·맥락적 성격을 지니게 된다.

내러티브를 통해 학생들은 타인이 마음을 이해하고 설명할 수 있는 간주관적 능력을 가지게 되며 학생 상호간에 의미를 주고받을 수 있다. 또래 집단에서 영재들이 적응하지 못하여 영재들이 자신의 재능, 소질을 제대로 발휘하지 못하는 경우가 있는데 영재들의 부적응 문제는 영재 교육에서 중요한 관심사이다. 이런 영재들의 부적응 문제의 가장 중요한 원인은 타인과 의미를 주고받을 수 없는 의미 교섭력의 부재 때문이다.

학생들은 자신의 내러티브를 말하고 타인의 내러티브를 들으면서 그 속에 담겨 있는 일련의 사건이나 환경 등의 맥락과 관련지어 내러티브를 이해함으로써 건전한 자아를 형성하게 되고 맥락적 이해를 발달시킨다. 따라서 내러티브 영재는 내러티브를 통해 자신의 생각을 이야기하고 또 다른 사람의 이야기를 듣는 사회적 상호작용 과정을 통해 상황과 맥락에 적합한 지식을 구성하여 이해하는 능력을 가진다.

5) 의사소통 능력을 포함한 언어적 능력

언어 능력은 거의 모든 형태의 의사소통에 필요한 능력이다. 최근 인문사회학적 영재에 대한 관심이 부각되면서 인문·사회 분야의 영재 교육 프로그램이 개발(전명남 외, 2008)되었는데 독서 프로그램과 논술 프로그램이 그것이다. 독서 프로그램은 글을 읽고 이해하는 능력을 기르는 것을 목적으로 하고 있으며, 영재들을 위한 글쓰기(논술) 교육 프로그램은 문법, 철자, 문장, 문단 구성 능력의 증진뿐만 아니라 기술적·설득적·창의적 글쓰기를 통해 다른 사람들과 의사소통할 수 있는 능력을 높이는 데 목적이 있다.

우한용(2008: 10)은 언어 능력은 문학적 감수력, 문학 창작 능력, 문학 연구로 나타나는 학문적 수행 능력, 철학적 능력 등을 두루 포함하는 것으로 볼 수 있으므로 언어·문학 영재를 언어의 층위에서 논하였다. 즉, 언어 문학 영재가 갖추어야 할 능력으로 어휘의 풍부성과 정확성, 통사적 문법성, 비유의 적절성과 참신성, 서사적 구성력, 언어적 판단력을 제시하였다.

언어·문학 영재의 연장선상에서 논의된 내러티브 영재는 글을 읽고, 쓰고 이해하는 능력과 관련된 것으로 생각되었다. 언어의 역할은 내러티브 관점에서 새롭게 조명될 수 있다. 내러티브는 인지심리학자들에 의해 문화심리학의 한 부분으로 중요하게 인식되고 있다. 문화심리학적 관점에서 인간의 마음은 문화적 도구를 사용함으로써 형성되는데, 그중 언어는 대표적인 상징체계로서 한 문화에서 사람들 간에 '구성된 실재'들의 교환을 가능하게 한다(한승희, 2006: 143). 따라서 내러티브는 한 문화를 결집시키는 데 중요한 역할을 한다. 아이들은 이러한 문화적 상징 도구를 사용함으로써 세계를 이해하게 되며 자신의 세계관을 형성하게 된다. 언어는 의사소통 도구로서의 기능뿐만 아니라 내러티브 관점을 통해서 인간의 마음과 세계관을 형성토록 하는 언어의 기능으로 인식해야 한다. 이런 점에서 영재교육에서 언어 영재의 능력을 바라보는 관점도 내러티브 관점에 의해서 재조명될 수 있다. 내러티브 영재를 구성하고 있는 하나의 요소로서 언어적 능력은 문화의 상징도구인 언어를 바르게 사용하여 문화적 정체성을 찾고, 타인과 바르게 의미를 거래하여 올바른 세계관을 형성할 수 있는 능력이다.

6) 문화적 민감성

마음의 구성 도구는 문화이다. 문화 속에서 우리 자신의 의미를 발견하고 실재에 대한 우리 자신의 시각을 만들어간다. 인간의 역사를 반영하는 문화 도구를 통해 마음이 형성된다. 마음은 문화를 표상하는 능력이다. 인간의 성장은 세계 그 자체와 문화를 표상하는 개인적 능력이다. 인간은 내러티브를 통해서 자신의 삶을 구성하고, 다른 사람의 삶과 행위를 이해할 수 있다. 내러티브는 단순한 사건과 경험 이상으로 그 안에는 인간의 문화에서 가치 있고 의미 있는 것들이 담기게 된다. 이런 점에서 내러티브는 인간의 과거와 대화할 수 있는 소통의 끈이며, 미래를 투사하고 계획하는 현재의 장이다. 인간의 마음은 문화 속에서 만들어진다. 문화는 내러티브의 보고이다. 문화를 제대로 이해하고 문화 속에서 우리의 인지 능력을 확장시킬 수 있는 수단을 확보하는 능력은 매우 중요하다. 문화적으로 민감한 능력에는 타인의 마음을 이해하고 문화적 양상들을 제대로 향유할 수 있는 능력들이 포함된다.

내러티브는 문화와 언어처럼 언제 어디서나 인간의 동반자로 걸어왔다. 우리는 이러한 내러티브를 통하여 문화와 인간의 가치에 대하여 직관을 얻는다. 문화에 참여한다는 것은 누적되고, 공유된 의미의 범주를 알고 이용하는 것이다. 따라서 각각의 문화는 공유하는 의미를 전달, 보존하는 내러티브 줄기를 가지고 있다. 그러나 이런 공유된 의미는 정적이지 않고, 항상 지속적으로 변화한다. 이에 대해 Bruner(1986)는 우리 개개인은 오로지 문화의 정통적 형식을 변용하여 표현하는 것이라고 지적했다. 내러티브의 혜택을 받지 못하면 문화에 참여하지 못하게 되고 따라서 말뿐만 아니라 행동 면에서도 즉흥적이고 불안해하는 말더듬이 상태로 방치될 가능성이 높다.

7) 세계 만들기 능력

플라톤(Plato)은 감각에 의존하는 지식은 믿을 수 없는 것으로 간주했고, 정서는 인간으로 하여금 정신을 혼란시켜 진리를 알지 못하게 하는 것이라고 믿었다(이흔정, 2004). 그 이후로 진리의 말은 로고스(logos)라고 하고, 이와 대립되는 허황된 이야기는 뮈토스(mythos)라고 하였다. 무엇을 증명하거나 남을 설득하기 위한 말이 로고스라면, 세상을 묘사하고 감정을 표현하는 말이 뮈토스이다. 뮈토스의 세계는 인간이 상상할 수 있는 모든 세계이다. 그 세계는 이미지가 가득한 세계이다. 전자가 시간과 공간을 넘어 보편적인, 인간이 배제된 논리적 사고라면, 후자는 이와는 다르다. 주체가 누구이고, 어떤 환경에서 살았고, 어느 시대에 살았는가 하는 점이 중요하다. 이것은 새로운 세계를 만드는 사고방식이고, 세계 해석을 위해 다른 세계를 구성해야 하는 사고이다. 사태를 객관적으로 파악하는 것이 아니라 주체가 사태를 이해하고 해석하여 재구성하는 방식으로 파악하며, 상징과 이미지를 통해서 가능하다.

논리적·객관적 사고의 절대 영역이라고 생각되었던 과학 및 과학교육에서도 내러티브에 주목하고 있다. 직접적인 관찰보다는 대부분 이론적 추론에 절대적으로 의존하는 과학에서도 경험을 조직하여 과학적 실재를 구성하는 과학 만들기 활동 즉, 내러티브 사고의 중요성이 제기되고 있다(김만희·김범기, 2002).

8) 자아 구성 능력

인간은 내러티브를 통해서 자신의 삶과 자아를 구성해 나간다. 내러티브 관점에서 보면 아이들의 자아가 형성되는 과정에서 훌륭한 내러티브 사고는 중요한 역할을 수행한다. 아이들의 자아는 개인의 전 생애를 통해 보여주게 되는 잠재적 가능성을 중시하고, 동시에 발달도 미리 정해진 순서가 아니라 확률적 발생에 따라 이루어진다. 자아가 자신을 둘러싼 사회 문화 속에 분산되어 있다는 것을 의미한다. 즉 자아가 사회적인 네트워크로 분산되어 있으며(distributed self), 자신의 삶의 의미가 이야기로 구성되는 내러티브로서 자아를 의미한다. 내러티브로서 자아는 실체로서가 아니라 자신의 삶에 관한 이야기 구성자의 역할을 한다. 내러티브적 시각에서 볼 때 아이들의 자아는 아이들과 부모가 함께 만들어가는 한편의 드라마처럼 어떤 사건들이 일어나는가에 따라 하나의 의미로 구성된다. 이 일에는 무엇보다 내러티브를 창안해내는 작가처럼 예술적 감각이 요구된다. 물론 아이들의 마음을 형성하기 위한 유일한 시나리오는 없다. 하나의 의미를 담아내는 이야기들이 무수히 존재하기 때문이다(한승희, 2002).

자아 형성에 내러티브가 중요한 역할을 한다면 자아존중감에 대해서도 새로운 시각이 필요하다. 영재들의 자아존중감은 주로 특정 성취물에 대한 결과적 성과에 의해 촉진되는 경우가 많다. 그러나 자아존중감은 영재들이 자신의 성취나 삶의 과정에서 스스로 이야기 구성능력에 의존할 가능성이 높다. 자신에 대한 평가나 긍정적인 인식은 자신과 자신을 둘러싼 동료들과의 사회적 관계에 대한 내러티브적 이해에 영향을 받는다는 점이다. 왜냐하면 자아는 하나의 실체도 아니며, 또한 구성된 개념(construct)도 아니기 때문이다. 자아에 대한 실체론적 시각에서 벗어날 필요가 있다. 자아의 기능은 자신의 삶의 이야기를 하는 것이다. 내러티브로서의 자아는 자신의 삶을 이야기로 구성하는 자로서의 역할을 한다. 따라서 자아의 기능은 흔히 작가에 비유되기도 한다.

내러티브 관점에서 보면 부적응 문제는 영재들이 생활하고 살아가는 데 있어서 자신의 이야기를 상실했기 때문에 발생한다. 즉 자신의 삶을 이야기로 구성해내지 못하기 때문이다. 이 경우 자아를 실체론적 관점에서 접근할 경우 부적응 문제의 치료는 실효를 거두기 힘들다. 왜냐하면 자아는 내러티브적으로 구성되기 때문이다. 사회적 세계에서 이루어지는 인간의 행위는 개인의 심리적 특성만으로는 이해될 수 없으며, 타인과의 교섭 속에서 이해되어야 하며, 디인들 사이에 분산되어 있는 그들이 만든 사회적 실재들과의 관계를 통해서 이해되어야 한다. 우리 사회가 어떤 줄거리의 이야기를 제공하느냐에 따라 아이들의 마음은 다르게 형성된다. 아이들 혹은 영재의 마음에 어떤 결핍이 있다면 이는 그들의 마음 자체에 문제가 있기 전에 우리 사회가 잘못 수용한 내러티브에 문제가 있는 것이다.

이상의 8가지 능력들은 내러티브의 의미에서 유래하는 개념적 수준의 것들을 검토과정을 통하여 확정한 것으로서, 이 능력들 간의 층위는 가설적으로 [그림 8]과 같이 제시해 볼 수 있다. [그림 8]에 제시된 것은 내러티브 영재들이 지니고 있는 능력들을 가설적 수준에서 층위적으로 표현한 것이다. 즉 내러티브 영재들은 우선 기초 능력(Ⅰ)에서 탁월한 면을 보이며 여기에는 (가) 창의력과 상상력, (나) 직관력이 포함된다. 그다음으로 내러티브 영재들에게만 나타나는 특징적인 능력인 내러티브 사고력(Ⅱ)으로서, 여기에는 (다) 의미구성 능력과 해석력, (라) 상황적·맥락적 이해력이 포함된다. 다음으로는 서사 능력과 관련된 것으로 언어/문학적 재능(Ⅲ)으로 여기에는 (마) 언어적 능력과 (바) 문화적 민감성이 해당된다. 마지막으로 메타 능력(Ⅳ)으로 여기에는 (사) 세계 만들기 능력과 (아) 자아구성 능력이 해당된다.

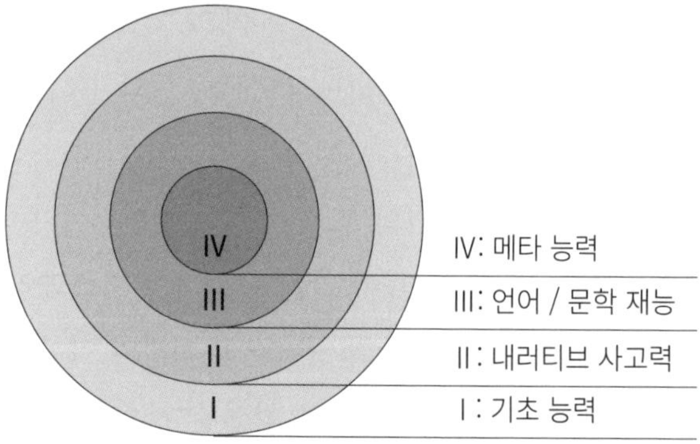

[그림 8] 내러티브 영재의 능력에 대한 가설적 층위

이들 네 가지 층위의 능력들은 Ⅳ수준으로 갈수록 내러티브 영재의 능력 본질에 가까워지며, Ⅰ수준으로 갈수록 능력의 일반적 성격이 강하고 그 적용 범위 또한 넓다고 볼 수 있다. 이들 4가지 능

력들은 층위라는 용어가 암시하듯이 요소적이고 가법적인 것이 아니라 승법적 성격을 지니고 있다는 점에서 환원주의적 심리 측정이론에서 전제하는 수준과 상이하다. 즉 내러티브 영재는 일차적으로 기초능력에서 탁월한 면을 보이고 내러티브 사고력을 활용하여 언어와 문학적 재능을 표현하며, 세계와 자아를 구성할 수 있는 탁월한 메타 능력을 '전체적으로 구성할 수 있는 능력'을 지니고 있는 영재이다.

4. Folk Pedagogy에 기반한 역량 교육과정 실천 재구조화

가. 교수 모형에 기반한 교육과정 실천

역량 교육과정의 실천은 교육에서 지향해야 할 역량에 대한 근원적인 이해를 바탕으로 학생들이 무엇을 알고 있는가에 대한 관심보다, 학생들의 마음과 사고 과정에 대한 이해로부터 시작한다. 이런 의미에서 Bruner가 말하는 Folk pedagogy는 역량 교육과정의 실천에 있어 유용하게 적용할 수 있는 개념으로 다가오는 것이다. Folk pedagogy에 기반한 역량 교육과정의 실천은 다음과 같은 모습으로 이루어져야 할 것이다(김효림, 강현석, 2022).

첫째, 모방하는 학습자로 보는 관점

교사가 학생을 모방하는 학습자로 보는 관점은 방법적 지식을 교사의 모방을 통해 학습할 필요가 있는 경우 적절한 관점이다. 지식의 이해보다 재능과 기술, 능력과 같은 기능이 필요하고 이러한 기능은 연습을 통해 나온다(Bruner, 1996: 53-54). 이 관점에서 교사는 모방적 교수를 통해 기술 습득의 과정에서 시범을 보이며 학생들에게 도움을 줄 수 있다.

모방적 교수는 역량 교육과정의 실천에서 학생들이 기술을 습득하는 것과 관련하여 도움을 줄 수 있다는 측면에서 유용한 모형이다. 그러나 이 관점에 기반한 교수는 수업 주체 간 상호작용이나 의미 교섭의 과정, 학생들 스스로의 사고하는 과정을 찾아보기 힘들다. 또한 모방을 통해 습득한 기술이나 재능을 다른 상황에 적용하는 판단 능력을 기르는 데 한계가 있다. 따라서 교사는 모방적 교수가 필요한 차시나 과정을 적절히 판단하여 전체 학습 경험의 일부로 구성하거나 사고하는 학습자나 지식이 풍부한 학습자로 보는 관점을 함께 고려해야 한다.

둘째, 교훈적인 상황에서 배움을 얻는 학습자로 보는 관점

교훈적인 상황에서 배움을 얻는 학습자로 보는 관점은 학생들을 특정 사실이나 규칙, 원리를 모른다고 가정한다. 교훈적 교수는 교사가 일방적으로 학생들에게 사실, 원리, 규칙을 언어나 말로 제시하며 정신적 능력의 도움으로 새로운 지식을 습득하는 것이라고 인식한다. 따라서 방법적 지식도 사실이나 이론에 대한 명제를 습득하면 자동으로 알게 되는 것이다(Bruner, 1996: 55-56).

학생들이 삶을 살아가는 데 있어 객관적인 지식을 알고 있는 것도 중요하다. 그러나 역량을 함양하는 과정은 지식을 알고 있는 것만으

로 학생들의 삶의 맥락에 적용할 수 있는 능력을 갖추었다고 판단하기 힘들다. 왜냐하면 모방적 교수와 같이 교훈적 교수도 학생들의 의미 교섭의 과정, 스스로 사고하고 판단하는 과정을 찾아보기 힘들기 때문이다. 따라서 교사는 학생 스스로 자신이 처한 상황에 따라 지식을 다루고 활용할 수 있게 하는 역량을 갖출 수 있도록 다음에서 제시하는 관점에 기반한 교수도 고려해야 한다.

셋째, 사고하는 학습자로 보는 관점

학생들을 사고하는 학습자로 보는 관점은 학생 스스로 그리고 다른 사람과의 상호작용을 통해 논리적으로 생각하고 자신의 사고에 대해 반성하며 그 과정에서 자신의 아이디어나 개념을 바로잡을 수 있는 능력을 가진 존재로 인식한다. 이 관점에서 지식은 구성과 논쟁, 증거의 산물이기에 토의·토론 학습과 협동 학습으로 학생들의 이해를 촉진할 수 있다. 교사는 학생들이 무엇을 생각하고 이해하며 자신에게 유용한 것을 판단하는 시각을 가지게 되는지 수업 과정에서 관찰하고 평가할 수 있다.

사고하는 학습자로 보는 관점은 교사로서 학생들의 사고 과정을 이해하고 수업 과정에서 도움을 줄 수 있다는 측면에서 역량 교육과정 실천과 밀접한 관련이 있다. 왜냐하면 역량을 발휘한다는 것은 학생 스스로 상황과 맥락에 따라 어떻게 지식을 다루고 있는지에 대한 이해를 바탕으로 이루어지기 때문이다. 이 관점에 기반한 교수는 학습 장면에서 학생들이 역량을 발휘하고 지식을 구성하며 다른 학생들과 도움을 주고받는 학습 경험을 제공할 수 있다. 또한 교사가 학생들의 사고 과정에 대한 이해에 기반하여 학습 과정을 판단하고 평가하여 적절한 도움을 줄 수 있게 된다. 뿐만 아니라 모방적 교수나 교훈적 교수가 갖는 한계를 보완할 수 있다는 측면에서 역량 교육과정 실천을 위해 교사가 염두에 두어야 할 관점이다.

이 관점에서 한 가지 유의할 점은 학생들이 토론과 협동 등을 통해 협의하고 만들어진 지식의 성격과 관련된 상대성을 묵인할 수 있다는 점이다. 따라서 학생들의 지식이 정당화된 이론이 되기 위해서는 공개적으로 검증되어야 한다(Bruner, 1996: 56-58).

넷째, 지식이 풍부한 학습자로 보는 관점

이 관점은 사고하는 학습자로 보는 관점의 교수 모형에서 나타나는 지식의 상대성을 보완할 수 있는 문화를 강조한다. 교사는 학생들이 현재 자신이 알게 된 지식과 문화 속에 존재하는 지식의 차이를 구별하고 해석하여 이해할 수 있는 수업을 설계해야 한다. 이를 위해 문화에 기반하여 구성된 지식이 담겨 있는 원문, 작가와의 담화 등을 수업 내용으로 활용하여 지식을 습득할 수 있게 도울 수 있다.

역량은 학생들이 삶의 맥락에서 적용하고 실천할 수 있는 것이어야 한다. 이 관점은 과거와 현재의 삶에서 지속적으로 중요하게 다루고 있는 지식과 미래에도 강조될 지식을 학생들의 삶의 맥락과 연결된 문화 속에서 탐구할 수 있는 경험을 제공할 수 있다는 점에서 유용한 방법이 될 수 있다.

결론적으로 현재 교사들이 실행하고 있는 교수 양상이 Folk Pedagogy의 네 가지 가르침의 모형 중 어떤 것에 해당하는지 먼저 반성적으로 살펴보는 데서 역량 교육과정 실천의 변화를 시작할 수 있을 것이다. 학생들의 역량은 단순한 모방 학습이나 지식의 획득만으로 길러지는 개념이 아니다. 네 가지 가르침의 모형 중 한 가지 접근만으로는 학생들의 삶으로 전이 가능한 역량을 함양하는 데 한계가 있을 수밖에 없다. 따라서 역량을 길러주기 위한 수업의 내용과 상황적 맥락에 따라 네 가지 모형을 종합적으로 고려하여 유연하게 활용할 수 있어야 한다.

역량 교육과정의 실천은 교육에서 지향해야 할 역량에 대한 근원적인 이해를 바탕으로 학생들이 무엇을 알고 있는가에 대한 관심보다, 학생들의 마음과 사고 과정에 대한 이해로부터 시작한다. 역량이 학생들의 삶을 풍부하게 가꾸어나가는 힘으로 자리잡기 위해서 우리는 학생들의 삶의 터전에 내재한 다양한 문화적 맥락들을 제대로 인식하고, 학습 경험으로 이끌어내어 그 속에서 역량을 발휘하는 기회를 제공해야 한다. 이런 의미에서 Bruner가 말하는 Folk Pedagogy는 역량 교육과정의 실천에 있어 유용하게 적용할 수 있는 개념으로 다가오는 것이다. Folk Pedagogy에 기반한 역량 교육과정의 실천은 다음과 같은 모습으로 변화되어야 할 것이다.

첫째, 현재 교사들이 실행하고 있는 역량 교육과정의 교수 양상이 Folk Pedagogy의 네 가지 가르침의 모형 중 어떤 것에 해당하는지 먼저 반성적으로 살펴보는 데서 변화를 시작할 수 있다. 현재 대부분의 교사들은 학생들을 모방하는 학습자로 인식하는 모방적 교수 모형이나 원리나 규칙을 전달하는 방식의 교훈적 교수 모형에 국한하여 실행하는 경우가 많다. 그러나 학생들의 역량은 단순한 모방 학습이나 지식의 획득만으로 길러지는 개념이 아니기에 이러한 접근만으로는 학생들의 삶으로 전이 가능한 역량을 함양하는 데 한계가 있을 수밖에 없다. 왜냐하면 이 두 가지 접근법에서는 수업 과정에서의 상호작용과 의미 교섭의 과정, 학생들 스스로의 사고와 사고에 대한 반성, 학생들이 세상을 인식하고 해석하는 과정을 찾아보기 힘들기 때문이다.

역량을 발휘한다는 것은 학생 스스로 상황과 맥락에 따라 어떻게 지식을 다루어야 하는지에 대한 이해를 바탕으로 실천할 수 있는 것이다. 그러한 과정에서 자신의 지식 구성 과정이 잘못되었다면, 학생들은 친구들의 도움을 받거나 혹은 교사의 도움을 받아 자신의 아이디어나 개념을 바로잡을 수 있다. 따라서 학생들에게 이러한 학습 경험을 제공할 수 있는 수업의 실천을 위해 교사는 가르침의 네 가지 모형 중 사고 주체 모형과 유식자 모형의 접근법으로 사고를 확장하여 교수를 실행해 나갈 수 있어야 한다. 이때 유의할 점은 모방적·교훈적 교수 모형을 배타적으로 인식하는 것이 아니라, 역량을 길러주기 위한 수업의 내용과 상황적 맥락에 따라 네 가지 모형을 종합적으로 고려하여 유연하게 활용할 수 있어야 한다는 것이다.

둘째, 역량 교육과정을 실천하기 위해 새로운 교수법을 도입하려 하기 보다는 이미 수업에서 실천하고 있는 교사의 일상교수(folk pedagogy)를 들여다볼 필요가 있다. 학교 현장에서 교사의 수업 장면을 잘 들여다보면 이미 교사들은 일상 수업 속에서 학생들의 역량을 길러주는 수업과 평가를 실천하고 있다. 단지 교사들이 제대로 인식하지 못하고 있을 뿐이다. 교사가 체화한 문화적 신념이 어떻게 형성되어 있고, 그러한 신념이 수업과 평가에 어떻게 반영되어 있는지, 교사가 학생들을 어떠한 관점으로 바라보고 교육과정을 실행하는지 그 본질을 들여다보자. 이러한 관점에서의 반성적 실천은 현재, 여기에서 살아가고 있는 학생들의 삶과 학교에서의 학습 경험이 잘 연계되어 실제의 삶 속에서 발휘할 수 있는 역량을 길러나갈 수 있게 도울 수 있을 것이다.

학생들이 다양한 상황과 맥락에서 종합적으로 발휘할 수 있는 역량을 개발하기 위한 교육과정을 실천하는 문제는 학생들의 마음에 대한 관점과 분리될 수 없다. 교실에서 이루어지는 일상 수업에서 학생과 교사, 학생과 학생들이 상호 교섭하면서, 마음 이론을 습득해나가며 다양한 맥락의 총체적인 성격의 지식을 탐구하는 실천에 초점을 맞추는 것이 결국 역량 교육과정을 실천해나가는 접근 방법이 될 수 있을 것이다. 따라서 Folk Pedagogy에 기반한 역량 교육과정 실천을 위한 접근은 학생들이 무엇을 알고 있는가에 대한 관심보다, 학생들의 마음과 시고 과정에 대한 이해로부터 다양한 맥락에서 학생들을 도울 수 있는 방향으로 나아가게 할 수 있을 것이다.

다시 첨언하면 첫째, 교사들이 겪는 역량 교육과정 실행의 어려움은 Bruner가 말하는 학생들의 마음에 대한 가성에 기반하여 교수학습의 본질적인 의미를 들여다보는 것에서 해결 방안을 찾을 수 있다. 역량이 학생들의 삶과 밀접하게 연결되어 있다는 것을 생각해보면 학생들의 삶을 풍요롭게 영위해나가기 위한 역량 교육과정의 중심에는 행위 주체인 학생들의 마음에 대한 이해가 필요하다. 그러나 학교 현장의 역량 교육과정의 실천은 이러한 점을 소홀히 다루는 데서 문제가 발생하고, 역량 교육과정의 본질적인 의미를 들여다보지 못하게 된다. 일상교수학(Folk Pedagogy)은 학생들의 마음에 대한 관점에 기반하여 수업의 실천에 접근하고 있다는 점에서 역량 교육과정의 실행 의미와 가장 근접해 있는 접근법이 될 수 있다.

둘째, 교사들이 실행하고 있는 역량 교육과정의 교수 양상이 일상교수학(Folk Pedagogy)의 네 가지 가르침의 모형 중 어떤 것에 해당하는지 먼저 반성적으로 살펴보자. 역량 교육과정 실천은 교실에서 이루어지는 일상 수업에서 학생과 교사, 학생과 학생들이 상호 교섭하면서, 마음 이론을 습득해나가며 다양한 맥락의 총체적인 성격의 지식을 탐구하는 실천에 초점을 맞추어야 할 것이다. 그리고 역량을 개발할 수 있도록 돕는 수업의 상황적 맥락에 따라 Bruner가 말하는 가르침의 네 가지 모형을 종합적으로 고려하여 유연하게 적용하는 것으로 재구조화해 나가볼 필요가 있다.

셋째, 이미 수업에서 실천하고 있는 교사의 일상교수(folk pedagogy)를 들여다볼 수 있어야 한다. 교사가 체화한 문화적 신념이 어떻게 형성되어 있고, 그러한 신념이 수업과 평가에 어떻게 반영되어 있는지, 교사가 학생들을 어떠한 관점으로 바라보고 교육과정을 실행하는지 그 본질을 파악하는 것이 중요하다. 이에 기반한 역량 교육과정의 반성적 실천은 교사들이 학생들을 더 잘 이해하여 수업과 탐구의 과정에서 그들의 역량이 제대로 발휘되는 과정에 집중하고, 그 과정에서 이루어지는 다양한 상호작용을 통해 학생의 성장을 지원하기 위한 노력으로 접근해 나가는 교사의 역량을 강화하는 데 도움이 될 수 있다.

일상교수학(Folk Pedagogy)에 기반한 학습자에 대한 신념에서 비롯된 교수법과 교육과정에 대한 생각을 바꾸는 것은 현재 우리나라의 역량 교육과정 실천의 어려움 속에서 교사의 신념에 근거하여 유연하게 대처할 수 있는 교육과정 실행력을 갖추게 할 수 있다. 이를 통해 학생들의 마음이 어떻게 학습하는지, 무엇이 마음을 성장시키는지에 대한 일상교수(folk pedagogy)에 관심을 갖고 몰두하는 것이 미래의 불확실성 속에서 실행해야 하는 역량 교육과정 실천의 혼란과 시행착오를 줄이고, 교실에서 지속 가능한 교수·학습 방법을 이해하는 접근법으로 작용할 수 있게 되길 기대해본다.

나. 내러티브 케어(narrative care)에 기반한 교육과정[57]

케어(care)는 '사람 혹은 동물 등을 건강하고, 안전한 상태로 유지'하거나, '물건이나 관계와 같은 유·무형의 존재를 좋은 조건으로 유지함'을 의미한다. 복합적 의미를 가진 케어는 상황과 맥락에 따라 보호, 감독, 관리, 돌봄, 배려 등과 같은 용어로 바꿔서 활용된다. 학문직으로 케어가 많이 활용되는 예로는 간호학 분야를 들 수 있다. 간호학에서 케어는 돌봄으로 사용되며, Edwards(2004: 198)는 돌봄의 특징을 첫째, 의도적 행위로서 심사숙고를 거쳐 행해지며, 둘째, 관계적 행위로서 돌봄을 주는 사람과 받는 사람과의 관계에서 이뤄지고, 셋째, 타자의 요구와 관심에 직면하는 행위로 규정하였다. 이러한 논의를 바탕으로 돌봄은 환자의 육체적, 정신적 고통뿐만 아니라 보호자나 가족의 관계, 사회적 관계, 그리고 문화적 배경까지 헤아리는 전인 간호의 핵심 개념으로 정의한다(홍성하, 2011: 225).

간호학에서의 케어에 대한 논의는 교육에도 동일하게 적용할 수 있다. 교육 역시 의도적 행위로서 심사숙고가 필요하며, 관계적 행

57 이 부분은 윤지원(2022)의 박사논문에 기초를 두고 있음.

위로서 교수자와 학습자 간의 관계로 이뤄지며, 학습자의 요구와 관심에 직면하는 교수와 학습행위라고 할 수 있다. 간호사와 환자를 교사와 학생으로 치환하여 케어의 속성을 교육활동에 대입하여 표현하면 다음과 같다. 교사는 과학적이고 체계적으로 계획된 교육활동을 통해 학생의 학습과 성장을 돕고, 이를 위해 학생에게 관심과 정성을 쏟아 호혜적 관계를 유지한다. 이때 교사는 학생의 학습과 성장과 관계된 배경까지도 인식하여 교육활동에 이를 반영한다.

이러한 케어의 속성에서 주목할 점은 '관계'에 대한 인식이다. 케어는 케어를 하는 사람과 케어를 받는 사람 간의 관계를 중심으로 그 범위와 방법을 고민하고, 같은 맥락으로 교육에서의 케어 또한 교사와 학생 간의 관계에 기반하여 그 범위와 방법이 결정된다. 따라서 교육에서의 관계에 대한 이론적으로 고찰할 필요가 있으며, 그 대안으로 Noddings의 배려교육론을 들 수 있다. Noddings는 사람 간 관계 형성의 기초를 '배려'로 보고, 이를 기반으로 한 교육을 주장하였다. Noddings의 배려교육은 배려와 관계를 중심으로 교육의 목적과 방법, 내용을 설정함으로써 기존의 자유교육, 지식교육과는 다르다. 교육을 경험적 관점에서 바라보며, 인간의 활동과 행위를 강조하는 것은 삶과 교육을 통합하게 하여 무기력한 지식에 머물지 않도록 하고, 학생 개개인의 특성에 맞게 학습과 성장을 도와주어 저마다의 삶을 찾을 수 있도록 한다. 이를 위해 자아와 같은 사적 영역에서부터 사상과 같은 공적 영역까지 배려와 관계를 중심으로 이해하여 삶의 다양한 영역을 탐험하게 하고, 타인과의 원만한 관계를 구성하여 좋은 삶을 구성할 수 있도록 도와준다.

내러티브 케어에 대한 접근은 다양한 것으로 연구되고 있다(윤지원,

2022). 그 접근법에서 주류인 치료적 접근, 윤리적 접근, 교육적 접근, 통합적 접근 등을 들 수 있다.

첫째, 치료적 접근이다. Berendonk 등(2019)은 Blix 등(2019)의 방안을 보다 확장하여 치매 환자를 위한 제도적 돌봄 환경 조성을 위해 내러티브 케어 접근을 제안했다. 이들은 내러티브 케어 접근을 통해 제도적 돌봄 환경의 문화와 구조를 전환하고, 내러티브에 대한 돌봄 제공자의 관심을 환기하며, 돌봄의 실천을 바꾸고자 하였다. 이를 위해 내러티브 문화, 내러티브 관심, 내러티브 공동 구성, 내러티브 성찰 실천을 내러티브 케어의 핵심 개념으로 설정하였다. 이하에서 이 접근의 특징들을 제시해 본다.

첫째, 내러티브가 발현하는 기저에는 사람들의 경험이 있다. 경험은 이야기로 기억되며, 이야기는 인물, 배경, 사건, 맥락 등의 구성요소를 가진다. 이러한 이야기는 사건의 단순한 나열로 기억되지 않고, 흥미, 중요도, 충격 등 개인의 초점에 따라 경험과 그 내러티브는 다르게 기억된다.

둘째, 내러티브를 구술하거나 서술하는 과정에서 개인의 경험에 의미가 부여된다. 인물, 관계, 배경, 장소, 사건, 역사 등 개인의 기억을 구성하는 요소는 각각 독립적이나, 그 구성요소들이 얽혀 새로운 의미가 내러티브에 생성된다.

셋째, 내러티브는 주체, 배경, 목적, 방법, 대상 등이 특정된다. 특정한 주체에 의해 내러티브는 발현되며, 발현된 내러티브는 특정한 목적을 달성하기 위하여 특정한 시간과 방식으로 주체에 의해 특정된 청중에게 전달된다(Phalen, 2007).

넷째, 내러티브는 관계성을 가진다. 이야기의 화자와 청자가 어떠한 관계를 이루느냐에 따라 이야기의 서술 혹은 진술 방식이 달라지고, 이에 따라 화자와 청자가 내면에 형성하는 의미는 각기 다르다. 이와 마찬가지로 내러티브의 주체와 대상 간 관계는 내러티브의 의미를 형성하는 데 주요한 변인이며, 내러티브는 관계성에 기반한다고 볼 수 있다.

다섯째, 내러티브는 앞서 제시한 개인성, 생성성, 특정성, 관계성에 의해 불안정한 성격을 지닌다. 내러티브는 주체와 대상에 의해 변경될 수 있으며, 이에 따라 구성되는 의미와 새롭게 형성되는 미래의 내러티브가 바뀔 수 있다.

여섯째, 내러티브는 가변성을 지님으로써, 개인의 내러티브를 긍정적인 방향으로 전환하고, 촉진하는 수단이 된다. 이는 내러티브가 하나의 치료 수단으로서 작용할 수 있음을 의미한다.

개인성, 생성성, 특정성, 관계성, 가변성을 지닌 내러티브의 특성을 이용한 내러티브 케어는 돌봄 제공자가 돌봄 대상자의 개인적인 이야기를 듣고, 분석하여, 이해함과 동시에 관계를 형성하고, 의미를 새롭게 구성함으로써, 돌봄 대상자의 내러티브를 이전보다 나은 방향으로 전환하고, 촉진하여 치료하는 행위라고 할 수 있다.

둘째, 윤리적 접근으로서 내러티브 케어는 학생의 경험을 인식하고, 교사와 학생 간의 내러티브 상호작용을 통해 윤리적 관계를 형성하는 도덕적 행위를 의미한다. 이러한 접근은 내러티브 발생론과 배려교육론에 근거한 접근으로 교사와 학생의 내러티브에 대한 이해와 그 관계 형성에서의 윤리적 배경을 설명할 수 있다. 윤리적 접근에서 내러티브는 교육활동의 주체인 교사와 학생이 가지는 삶의 맥락을 의미하며, 내러티브 케어는 이러한 삶의 맥락을 이해하고 돌보기 위한 윤리적 관계를 인식하는 것을 의미한다.

셋째, 교육적 접근으로서 내러티브 케어는 교육적 상황에서 인간 경험의 내러티브에 초점을 두고 교사와 학생 간의 상호작용을 통해 교육적 가치를 구현하려는 의도적이고 목적적인 교육적 행위를 의미한다. 이러한 접근은 내러티브 교육이론을 기반으로 한 접근으로 교수·학습 과정을 이해하는 틀이자, 교수·학습 내용을 구성하는 원리를 설명할 수 있다. 교육적 접근에서 내러티브는 교사와 학생이 가지는 학습 맥락을 의미하며, 내러티브 케어는 학습 맥락을 관리하고, 운영함으로써 양질의 교육활동을 실행하는 것을 의미한다.

요컨대, 내러티브 케어는 간호학에 근거한 치료적 접근, 내러티브 발생론과 배려윤리에 기반한 윤리적 접근, 그리고 내러티브 교육이론에 근거한 교육적 접근으로 그 양상이 나타난다. 내러티브 케어의 각 접근은 다양하게 발현되는 교육 장면을 내러티브와 케어의 의미와 특성, 배경 이론에 기반하여 해석하는 교육활동에 대한 조망적 개념이다. 각 접근은 교육활동에 대하여 다음과 같은 관점을 가진다.

첫째, 치료적 접근으로서의 내러티브 케어는 교육과정과 실행을 교사와 학생 간의 내러티브 형성과 이에 대한 내러티브 탐구를 실행하여 내러티브의 형성과 회복, 그리고 이를 돌봄의 관점에서 수행하는 행위로 본다. 치료적 접근에서 돌봄 제공자와 돌봄 대상자는 교사와 학생으로 치환되며, 돌봄 제공자가 제공하는 돌봄 행위는 교사가 학생에게 제공하는 교육활동이라고 할 수 있다.

교사는 교육활동을 위해 근본적으로 학생에 대한 이해가 필요하다. 학생을 이해하기 위해 교사는 학생의 내러티브가 담겨 있는 이야기를 주의 깊게 경청할 필요가 있다. 이때 교사는 학생이 구술하는 이야기와 같은 언어적 표현뿐만 아니라 비언어적 표현, 이면에 존재하는 의미와 경험, 그리고 학생 주변과의 관계(부모, 친구 등) 등을 파악할 수 있어야 한다.

학생의 내러티브를 파악함과 동시에 교사는 교육활동을 통해 학생과의 공동의 내러티브를 형성하고, 수행된 교육활동과 형성된 공동의 내러티브는 학생의 내러티브를 변화시키면서 학습을 이루게 된다. 이러한 학습의 과정은 돌봄 대상자가 내러티브에 기반한 돌봄 서비스를 제공받으며 향상된 내러티브를 형성하는 것처럼 학생 또한 교사의 내러티브에 기반한 교육과정 실행을 통해 자신의 내러티브를 향상하는 것과 같은 맥락이다.

치료적 접근으로서 내러티브 케어에 의한 일련의 교육활동은 내러티브 탐구를 활용하여 교육활동의 타당성, 적합성 등을 따져볼 수 있다. 교사, 학생, 그리고 공동의 내러티브를 교사는 이야기하고, 함께 듣고, 공유하며, 다시 이야기함으로써 성찰과 반성의 과정을 거친다. 이러한 과정을 통해 교사는 학생에 대한 이해를 높이고 함께 형성한 내러티브를 고찰하여 내러티브 케어로서 교육과정을 실행할 수 있게 되는 것이다.

둘째, 윤리적 접근으로서 내러티브 케어는 치료적 접근에서 내러티브를 수단으로서 이해한 것과는 달리 교사와 학생이 가지는 내러티브 자체에 대한 인식과 각 주체가 가지고 있는 내러티브 간 상호작용 및 관계 형성에서의 윤리적 배경에 대해 초점을 둔다. 내러티브는 한 개인이 가지는 삶의 맥락으로서 해석되며, 이러한 내러티브를 형성하는 일련의 과정이 교육활동에 내포되어야 한다고 본다. 윤리적 접근으로서 내러티브 케어는 교육 주체의 내러티브 인식과 교육활동 내 상호작용에 의한 배려관계의 형성으로 보고, 이에 기반하여 교수·학습을 수행하는 것이다.

개인이 가지는 내러티브는 시공간적 위상에 의해 구분될 수 있는데, 교육활동이 이루어지는 공간인 교실을 기준으로 학생의 내러티브는 개인적 내러티브와 사회문화적 내러티브로 구분한다. 개인적 내러티브와 사회문화적 내러티브는 특정한 개념과 내용을 지닌 것이 아니라 학생이 위치한 시간과 공간에 따라 주요하게 발현되는 내러티브 영역을 의미한다. 개인적 내러티브와 사회문화적 내러티브는 상보적인 관계이자 특정한 상황에서 양립하면서도 하나의 내러티브로 종합되려는 특성이 있다.

교사는 자신의 개인적 내러티브를 활용하여 학생의 개인적 내러티브를 파악하고, 교사와 학생 간의 사회문화적 내러티브를 공동으로 수업 내 상호작용을 통해 형성한다. 교사와 학생의 내러티브는 공적인 관계이자 윤리적 관계로서 두 주체는 배려관계를 형성하여 윤리적 정당성을 갖게 된다. 배려자인 교사와 피배려자인 학생은 각각 전념과 자발적 대응을 통해 호혜적인 배려관계를 형성하며, 이러한 배려관계는 주체 간의 몰이해에서 비롯되는 교육활동의 질적 하락을 방지할 수 있다.

윤리적 접근으로서의 내러티브 케어는 교사의 교육활동에 있어 학생에 대한 이해를 신장하기 위한 기본적인 인식틀을 제공하고, 교육활동의 질적 향상을 위한 관계 형성의 기반을 마련한다. 교육활동

주체의 내러티브 구성에 대한 인식은 교육활동을 수행하기 위한 가장 근본적인 이해이며, 공적인 관계로서 도덕성을 요구받는 관계는 배려를 기반으로 형성될 때, 효과적으로, 정당성을 가지고 교육활동을 수행할 수 있게 된다.

셋째, 교육적 접근으로서의 내러티브 케어는 내러티브 교육이론에 기반하여 구체적인 교육활동인 교수·학습에서 내러티브의 활용에 초점을 둔다. 이러한 접근에서 내러티브는 교수·학습 원리이자 방법, 내용으로서의 의미를 지니며, 내러티브를 교육적으로 활용하고, 관리하며, 운영하여 양질의 교육활동을 실행하는 행위 자체를 케어로 인식하여 내러티브 케어로 정의한다.

5. 진정한 내러티브 자기성 교육[58]

가. 진정한 이해 중심의 자기성(selfhood)으로 발전: 이해중심 교육과정

앞선 논의에서 학생들이 배움 속에서 주체적으로 행동할 수 있는지 궁금했고 내러티브 자아에서 그 가능성을 찾았다. 브루너는 행위주체의 성장과 발전 속에서 지식을 새로운 시각으로 바라보았고 이는 우리가 진정으로 원하는 '자기성'의 새로운 방향이라고 볼 수 있다. 그리고 이를 보다 미시적이며 실천적인 관점에서 '지식을 지식답

58 이하 내용은 강현석·노진규(2021)와 노진규·강현석(2021c)의 연구에 토대를 두고 있음.

게 학습하자'는 방향성을 새롭게 제안하고 싶다. 이는 어찌 보면 우리가 역량의 의미로 기존 지식 교육을 넘어서는 무언가를 요구했지만 2015 개정 교수에서 이 의미와 관련된 실천이 부족했다. 그리고 이 부분에 대한 반성과 보완으로 2022 개정 교육과정이 준비 중에 있으며, 또한 OECD 2030 프로젝트에 대하여 간략히 살펴본 것이다. 우리는 기존 역량의 의미를 본래 지식 교육의 본질적 의미를 기반으로 개선해 나아가는 방향성이 필요하다.

첫째, 기존의 자기 주도 학습이 역량과 이해의 관계에서 분절적 입장이었다면 미래 교육과정은 역량과 이해의 적절한 교집합 또는 합집합이 필요하다는 것을 의미한다. 그리고 이는 제대로 된 지식교육, 이해중심 교육과정에서 출발해야 함을 의미한다. 최근 Wiggins와 McTighe의 백워드 설계는 이해중심 교육과정 설계(UbD: Understanding by design)로 새롭게 주목받고 있다. 2015 개정 교육과정이 목표-내용-평가의 일관성을 추구하며 학습량의 적정화, 학생 참여형 수업, 과정중심 평가를 요구하는 것은 백워드 설계의 기본 원리와 유사하다. 다시 이야기하면 백워드 설계는 교육내용의 우선순위를 분석하여 핵심 개념과 원리인 주요 아이디어의 설계에 초점을 두는 것이다.

백워드 설계는 전이 가능성이 높은 주요 아이디어에 초점을 두고 있다. 그리고 이러한 생각은 앞서 우리가 살펴본 브루너의 지식의 구조에서 근원을 찾을 수 있다. 브루너는 학습의 목적이 학생들을 미래로 이끌어 주어야 한다고 생각하였다. 그리고 일반적 전이가 이를 가능하게 하는 핵심이라 설명한다. 일반적 전이는 기본적 아이디어를 배우면 새로운 상황에 적용할 수 있는 기회가 커지는 것을 의미한다. 사실 브루너의 이러한 생각은 우리가 생각하는 역량의 의미를 다시 생각하게 한다. 다시 이야기하면 역량이란 지식, 기능, 가치 태도의 능력이 복합적으로 발현되는 것이며, 학습자의 발달적 측면에서 지속적으로 향상되어 나가는 것으로 생각해야 하는 것이다. 그리고 '자기성'에서 역량과 이해를 분절적으로 바라보는 것이 아니라 교과 간의 연계성을 기반으로 통합적인 관점에서 바라보아야 한다.

둘째, 행위 주체로서 나를 이해한다는 역량은 교육과정 운영에서 진정한 이해를 의미한다. 조금 더 세부적으로 논의해보자. 이해중심 교육과정에서는 학생들에게 영속적인 이해(enduring understanding)를 강조한다. 사실 영속적 이해는 앞서 논의한 내러티브 자아를 학문적 관점에서 설명하는 개념이다. 다시 이야기하면 교과의 개념을 새로운 상황에 전이할 수 있는 능력이 영속적인 이해이며 이는 지식의 구조에서 발견적 측면을 강조하는 부분과도 일맥상통한다.

영속적인 이해력은 학생들이 학교를 졸업하고 난 이후에도 삶을 살아가면서 지속적으로 영향을 미치는 힘을 가진 핵심 개념이나 아이디어, 주요 원리 등을 통하여 달성되는 이해력을 뜻한다(강현석, 2021). 그리고 이러한 영속적인 이해력은 이해중심 교육과정을 통할 때 이루어질 수 있다. 학생들이 배우는 교과 지식이 졸업 후에도 그들의 삶에 지속적인 영향을 미치는 이해력은 우리가 진정으로 바라는 교과 수업 방식이다. 사실 이러한 방식이 도입이 되었으나 교사들이 교육과정을 이해하는 능력, 교육과정을 재구성하여 수업을 하는 노력 등이 아직도 현장에 부족한 실정이다. 진정한 이해 중심 교육과정을 위해서 교사들은 수업의 초점을 어디에 두어야 하는 것인가? 백워드 설계는 교육의 목적으로 추구하는 영속적 이해에 초점을 둔다.

주요 아이디어는 교육과정, 수업, 평가에 초점으로 제공되는 개념 및 원리와 과정을 뜻한다.

셋째, 진정한 이해 기반의 '자기성'을 위해서는 새로운 방식의 교육과정 설계 방식이 필요하다. 큰 틀 속에서 교육과정 설계 방식은 다음과 같다. 먼저 '바라는 결과 확인'이다. 바라는 결과는 지식과 이해가 교과별 영속적 이해로 구성된다. 가장 우선시되는 이해 측면은 '자기지식'이 될 것이다. 다음은 '수용 가능한 증거'인 자기지식에 도달했다는 것을 평가하는 것으로 이는 Bruner(1996: 37-38)가 자기성에서 강조하는 주제적 행위와 자기평가에 대한 사정을 포함해야 한다. 이는 기존 교육과정이 타일러의 선형적인 방식에서 벗어나서 경험을 위한 평가 기준을 미리 마련하는 것이다. 마지막은 '학습경험 계획'으로서 여기에서는 자기성 구성을 위한 내러티브 역량이 발휘되도록 학습 경험이 설계되어야 할 것이다. 이는 기존 교과 차시 중심의 수업과 대조적이다. 교사, 학생이 주체적 입장에서 바라는 결과를 향해 수업이 자연스럽게 재구성된다. 이때 교사-학생의 활발한 상호작용과 문제 해결이 전제된다.

사실 이 설계는 고정된 설계 방식이 아니다. 더 중요한 것은 설계 속 개념의 의미임을 밝힌다. 이는 마치 내러티브 자아가 기존에 구상한 것처럼 형성되는 것이 아니라 삶의 맥락 속에서 의미를 찾아 해석되고 구성되는 것과 같은 이치다. 우리가 논의하는 교수 설계로서의 이해중심 교육과정은 지식의 진정한 이해를 지향하고 있으며 이는 학생들이 삶의 문제를 해결할 수 있는 총합적 역량으로 발전함을 뜻한다.

나. 자기주도 학습의 재개념화: 자기성(selfhood)과 학습

OECD가 행위 주체의 의미를 강조하고 기존보다 세련된 역량의 의미로 미래 인재를 기른다는 것은 무척 반가운 일이다. 그래서 우리는 더욱 자기주도 학습과 관련하여 심도 깊은 고민이 필요한 것이다. 이 상황에서 본 연구는 기존 문서화된 교육과정에서 자아를 바라보던 비판적 시각의 대안으로 '교육 2030'에서 강조하는 자기주도성의 새로운 방향성에 대하여 이야기한 것이다. 그리고 여기에서는 기존의 논의를 종합하여 자기주도 학습의 새로운 의미를 제안하고자 한다.

해석학자로 유명한 가다머는 『교육은 자기 교육이다』(Gadamer, 2000; 손승남 역, 2004)에서 교육의 핵심은 자기 교육, 자기 도야에 있음을 이야기했다. 보다 나은 우리의 삶과 성공적인 삶은 내가 주인이 되어서 교육에 책임을 질 때 가능한 것이다. 가다머의 이러한 생각은 여기에서 이야기하는 내러티브 자아(narrative self)의 성장 의미와 매우 비슷하다. 내러티브 자아가 삶을 하나의 이야기로 구성하는 과정에서 형성되는 자아라면 미래 2030에서 요구하는 행위 주체의 의미는 더욱 중요하며 학생들은 결국 자신의 삶을 스스로 계획하고 내러티브 자아로서 주체성을 실천해 나가야 할 것이다.

자기성(selfhood)은 기존의 자기주도 학습(self directed learning)의 의미를 내러티브 자아(narrative self), 행위 주체성(agency)을 중심에 두고 새롭게 제안하는 개념이었다. 브루너 또한 자아의 구성은 결국 내러티브 기술(art)에 있으며 안과 밖의 양방향, 즉 행위 주체성과 협력적 행위 주체 사이의 관련 속에서 완성되어 가는 것이라고 설명했다. 이는 추후 브루너의 교육과 문화 사이의 관련으로 확대될 가능성을 가진다.

이러한 논의의 결론으로 자기주도 학습의 재개념화 방향으로 자기성 의미를 제안했다. 첫째, 자아의 진정한 이해로서 자기성은 내러티브 자아를 구성해야 함을 이야기한다. 학생들은 자신들의 삶 속에서 건강한 자아를 스스로 구성할 수 있는 서사력을 가져야 한다. 이는 추후 진정한 이해로서 학습을 위하여 스스로 학습하고 공부법을 학습하는 'self learning' 또는 'learning to learn'의 기틀을 마련하는 과정인 것이다. 둘째, 지식의 차원에서 구조를 스스로 생성하는 자기성을 가질 수 있다. 이는 지식의 구조를 과거의 '발견' 관점에서 바라보는 시각에서 벗어나서 학생들이 주체적으로 구조를 탐험하고 발견하는 탐험자로서 역할을 의미한다. 셋째, 앞서 두 가지 제안은 결국 진정한 이해 중심의 자기성으로 발전을 의미한다. 여기서 이야기하는 진정한 이해는 교과 지식에 대한 진정한 이해를 시작으로 학생들이 학교에서 경험한 지식이 학생들의 삶 속에서 영향력을 미치는 영속적인 이해로의 발전을 뜻한다. 이는 학생들의 이해력이 삶 속 장면으로 전이된 것을 뜻하며 사실 이 모든 과정은 내러티브 자아의 구성과도 관련된다. 동시에 현재 학교교육이 닫힌 모델로 비판받고 있는 실정에서 강요된 자기주도, 맥락을 찾지 못하는 허상의 내러티브로 전락될 가능성이 상존한다는 우려에 귀 기울일 필요가 있다.

결국은 자기성(selfhood) 관점으로 자기주도 학습의 방향 전환이 필요하다는 점이다. 이상의 논의로 내러티브 자아 관점에서에서 '자기주도 학습(Self directed Learning)'은 '자기성(selfhood)'이라는 의미로 전환되어야 타당해 보인다. 이는 기존 '자기주도 학습'이 스스로 학습

과정을 조직, 구성한다는 해석차원에서 브루너가 『이야기 만들기』(2002)에서 제안했듯이 '자기성'의 의미로 전환되어야 하는 것이다. 브루너는 학습이란 본래 자기성을 특징으로 하고 있으며 이는 학습에서 자기내면화를 뜻하는 것과 같다(강현석·노진규, 2021).

일반적으로 우리는 교육이라는 의미에 '타인을 가르친다'는 생각을 기저에 가진다. 그러나 가만히 생각해 보면 교육 본연은 자기 자신을 가르치는 것이 우선될 수밖에 없다. 다시 이야기하면 본래 자기교육만이 있을 뿐이라는 결론에 도달하는 것이다. 이 의미는 'self learning' 또는 'learning to learn'의 관점과 더 적합해 보인다. 학습에서 주체는 '학생 스스로가 학습하는 것을 학습한다'는 의미이며, 학습자 스스로가 지속적으로 자신의 학습을 성찰하며 성장해 나아가는 것이다.

이와 같은 입장에서 '자기성' 관점을 세 가지 방향으로 제안하고자 한다. 첫째, '자기성'은 행위 주체자로서 내러티브 자아의 구성이 선행되어야 한다는 것이다. 우리는 주체적인 관점에서 자아를 생성, 형성, 성장해 나가는 복합적 의미가 있음을 이전에 간략히 언급하였다. 굳이 학습 측면이 아니라 삶의 총체적 측면에서 내러티브 자아 구성은 무척 중요한 학습 과정이다. 둘째, '자기성'에서 교과는 생성적 차원의 성격으로 바라보아야 한다. 우리가 지식의 구조를 해석하던 기존 입장에서 한 걸음 나아가서 내러티브를 기반으로 하는 새로운 생성과 창조의 입장으로 지식의 구조를 재해석하는 것이다. 이때 학생들은 행위주체로서 지식의 생성 과정에 직접 관여하게 된다. 셋째, 내러티브 자아를 기반으로 하는 '자기성'은 최종적으로 지식의 진정한 이해를 목적으로 한다.

따라서 여기에서는 지식의 진정한 이해는 이해중심 교육과정 접근이라 할 수 있으며, 이 점과 관련하여 Bruner(1996: 87-99)는 기존에 교수-학습에서 소홀히 취급했던 네 가지 문제, 즉 주체적 행위(agency), 반성, 협동, 문화를 제안하고 있다. 이 네 가지는 교과의 교수-학습에서 중요하게 고려해야 할 문제인 것이다. 특히 주체적 행위는 협동과 같이 접근해야 하며 이 과정에서 능동적인 마음과의 대화와 소통의 담론이 중요함을 역설하면서 대표적인 3P 교과(역사, 사회, 문학)의 진정한 이해에서 내러티브의 구성에 주목하고 있다. 이는 기존 우리가 교과를 배우는 방식에서 발전하여 진정한 이해를 기반으로 학생들이 지식과 기능을 활용하고 새로운 문제 상황에 전이할 수 있는 역량을 기를 수 있다는 점을 강조하는 것으로 볼 수 있다. 결국 교과 지식의 진정한 이해는 삶의 진정한 이해 영역으로 확대할 수 있는 가능성을 가진다.

「Education 2030」에서 교육의 지향점을 웰빙으로 바라보고 행위주체성을 강조하고 있다. 이를 위해서는 학생들이 자신의 삶에 의도와 신념을 가지고 능동적으로 살아가는 힘을 길러야 할 것이다. 브루너가 문화심리학을 근거로 인간의 발달과 마음 구성에 대한 새로운 이해 방식을 제안했듯이 학생 주체가 문화 속에서 서로 영향을 주고받으며 더욱 확장적으로 구성해 나아가는 계기가 되길 희망한다.

다. 자아의 진정한 이해로서 자기성(selfhood): 내러티브 자아 구성

앞에서 우리가 논의한 행위 주체성, 내러티브 자아와 관련하여 근본적인 의미는 학생들이 그들의 삶 속에서 건강한 자아를 스스로 구성할 수 있는 힘을 기르는 것 정도로 정리할 수 있을 것이다. 그리고 이러한 역량이 기본이 되었을 때 미래 교수에서 바라는 '자기성'의 참된 의미를 생각할 수 있을 것이다. 학생들이 그들의 삶을 웰빙하기 위해서는 '자기성'에 내러티브 자아를 올바로 키워나가는 힘을 키울 수 있어야 한다. 내러티브 자아와 관련하여 삶은 단순하게 발견되는 것이 아니라 구성되는 것으로 설명할 수 있다. 우리는 이를 내러티브 플롯(Plot)으로 부를 수 있다.

> 플롯을 만드는 일은 일련의 사건들을 이야기로 전환하는 과정이다. 이야기는 사건들로 구성되는데 플롯은 일련의 사건들을 하나의 이야기로 구성한다. 하나의 사건은 한 번의 일회적인 발생으로 끝나는 것이 아니라 그 사건 앞에 발생했던 사건들과 그 이후에 일어날 사건들과의 관련성 속에서 위치한다(Polkinghorne, 1988).

학생들은 경험 속에서 이 순간의 의미가 무엇이며, 왜 발생했고, 자신의 삶에서 이 경험으로 어떤 변화가 발생할지 모른다. 하지만 시간이 지나고 학생들은 경험의 순간을 뒤늦게 반성하고 이를 그들의 전체적인 삶의 맥락 속에서 그 의미를 반추하며 당시의 어려움이 자아 성장의 원천임을 알게 된다. 이처럼 내러티브는 일회적인 것이 아니라 경험하고, 반성적으로 재해석하며 새롭게 의미를 부여하는 과정의 반복이라 할 수 있다.

학생들은 아주 어린 시기부터 내러티브 세계로 진입해서 삶에서 벌어지는 일을 스스로 구성해 나간다. 사실 내러티브 이전의 경험은 분절적이며 혼란스러운 상태이다. 하지만 이 경험들이 적절한 언어와 표현으로 재구성되면 자신에게 깊은 의미가 된다. 그래서 삶의 과정에서 해석은 무척 중요한 요소이다. 삶이 본래 이러한 성격이라면 이제 더 이상 학생들의 배움이 교과 지식에만 머무를 이유가 없다. 다시 이야기하면 교과라는 텍스트에 한정될 필요가 없는 것이다. 기존의 경험과 문제 해결이라는 방향으로 교과의 의미를 새롭게 바라보면 학생들의 학습 범위는 그들 가까이에서 학교, 사회, 세계의 문제로 확대될 수 있다. 이와 관련해서는 현상학, 해석학자들에 의하여 학생들의 의미 세계에 대한 확대성이 이야기되기도 한다.

자아는 절대 고립되어 성장하지 않는다. 자아는 문화와 함께하는 삶 부분으로서 가정과 학교에서 형성되는 공간적 속성과 함께 여기에서 이루어지는 다양한 활동들의 시간적 속성을 동시에 포함하는 의미로 사용된다. 자아는 문화 속에서 상호작용하며 성장해 나가게 된다. 브루너는 문화를 체계적이고 안정된 사고나 신념으로 생각하지 않았다. 문화는 항상 변화하는 과정에 있으며, 그 과정에 존재하고 있고, 변화의 속도나 폭, 변화의 정도는 점점 더 커지는 것이다(강현석, 2008: 31). 자아는 내가 속해 있는 '전체'의 소산이며, 나의 사상, 나의 능력, 나의 말, 나의 사고방식은 내가 속한 인류, 민족, 가족 그리고 고향, 학교, 직장에서 '얻은' 것이다. 전체 속에 내가 있고, 내 속에 전체가 있다(정범모, 1997: 95).

그래서 내러티브는 자아 구성이라는 부분에서 교육적으로 매우 유의미한 의미로 다가온다. 자아 문제와 관련하여 사람들은 누구나 한번쯤은 나는 누구인가에 대한 질문을 가진다는 점을 살펴보고, 이 질문에 대한 각자 나름의 답을 가지며 삶을 채워가야 한다. 교육자들은 이 과정에서 학생들이 각자의 자아개념(self concept)을 형성할 수 있도록 조력해야 한다. 학생들은 행복의 주인은 나이며 앞으로 나의 삶을 어떻게 꾸려 나갈 것인지 지속적으로 고민할 것이다. 학생들의 자신에 대한 이해는 결국 삶을 대하는 방식으로 발전한다. 긍정적이고 적극적이며 진취적인 자아 구성은 자아의 형성을 넘어 학습, 삶의 영역으로 확대 가능한 것이다(강현석·노진규, 2021: 24-26).

라. 교과의 이해로 발전: 지식 구조의 생성적 차원으로 자기성 (selfhood)

브루너(1960)가 『교육의 과정』을 집필한 이후 우리는 일반적으로 교과를 이해의 대상으로 바라보았다. 즉 주체의 외부에 학습의 대상이 있으며 이를 발견하는 과정을 탐구라고 바라본 것이다. 그런데 지식의 구조와 관련하여 더욱 확장된 의미가 새롭게 제안되고 있다. 먼저 강현석(2020)은 구조와 관련하여 '현상을 바라보는 안목 형성'과 '현상을 탐구하는 활동'으로 구분하여 설명했다. 과거 지식의 구조와 관련된 일반적인 시각이 현상을 바라보는 안목으로서 정적인 측면으로서 현상을 바라보는 눈(perspectives)을 기르는 것에 집중하였다면, 보다 동적인 측면으로서 탐구 활동은 학자들과 같이 해당 분야와 관련된 동일한 일을 하면서 탐구하는 것을 강조하는 것이다.

한편 내러티브 관점으로 바라보면 안목과 발견의 의미가 더 풍부해진다. 먼저 현상을 바라보는 안목을 문화심리학(cultural psychology) 입장으로 설명하면 문화적 맥락에서 구성원들의 마음을 읽고 해석하는 간주간적인 행위로 파악할 수 있다. 지식은 패러다임적 사고로 주어진 현상만을 파악하는 것이 아니라 내러티브적으로 구성할 수 있는 것이다. 이는 주체와 문화 속 주체 사이의 상호교섭과 새로운 의미 생성을 전제로 한다. 다음으로 '현상을 탐구하는 활동'과 관련해서도 학자들의 탐구 활동 자체를 내러티브적으로 해석할 수 있다는 의미로 확장할 수 있다. 탐구 주체는 학자들 삶 속 내러티브를 공유하며 자기화할 수 있다. 탐구라는 것은 단지 학습을 흉내 내는 것이 아니라 탐구자의 경험 속에서의 시간성, 공간성, 사회적 맥락 속에서 이해해야만 하는 것이다. 브루너의 발견론에서 강조하는 탐구는 인간과 세계 사이의 상호 작용이며, 이 과정은 대상 사이의 규칙성과 관계성을 찾기 위한 지적이고 정서적인 기대감에서 시작한다. 그래서 우리는 브루너가 이야기하는 '발견'의 의미를 사전적인 용법에 국한하여 외부의 실재를 경험적으로 발견한다는 의미로 제한해서는 안 된다. 오히려 브루너가 이야기하는 발견(discovery)에는 발명(invention)이나 창조(creation)의 의미가 더 크다(강현석, 2020: 235).

참고문헌

강현석(1990). MACOS의 구성과 그 교육과정적 해석, 경북대 석사학위 논문.

강현석(1998). 지식구조론 이후 Bruner의 교육과정이론 탐구, 교육과정연구, 16(2), 105-128.

강현석(2003). 문화주의적 교수이론: Bruner의 내러티브 탐구. 전영국 외. 교육과학과 교과교육의 실제. 85-106. 서울: 교육과학사.

강현석(2004). 지식구조론의 재구성을 통한 교육과정 설계원리의 구성. 교수연구, 22(2). 55-85.

강현석(2005). 합리주의적 교수 체제에서 배제된 내러티브 교육과정 가능성과 교과목 개발의 방향 탐색. 교수연구, 23(2), 83-115.

강현석(2006). 교과교육학의 새로운 패러다임: 교과학의 이론과 실제. 서울: 아카데미프레스

강현석(2007a). 교사의 실천적 지식으로서의 내러티브에 의한 수업비평의 지평과 가치 탐색. 교육과정연구, 25(2), 1-35.

강현석(2007b). 교육학에서의 내러티브 가치와 교육적 상상력의 교육, 국어국문학, 146, 305-351.

강현석(2008a). Bruner의 내러티브 논의에 기초한 교육문화학 장르에 관한 학제적 연구. 교육철학, 36(4), 1-40.

강현석(2008b). 다문화교육과정 설계에서 문화심리학의 적용가능성 탐색. 사회과 교육, 47(2), 23-57.

강현석(2009). Bruner의 교육과정 이론에서 지식의 재해석: 지식의 구조와 내러티브, 교육철학, 제 38집, 1-34.

강현석(2011). 교과교육에서 내러티브의 의미와 가치. 역사교육학회, 46, 3-59.

강현석(2013). 듀이와 브루너의 교육이론에서 내러티브의 가치 탐구: 통합의 관점에서. 교육철학, 제 50집, 139-169.

강현석(2016). 인문·사회과학의 새로운 연구방법론 내러티브학 탐구. 서울: 한국문화사.

강현석(2020). Bruner 내러티브 의미의 다층성과 교육이론 형성에의 시사점 탐구. 내러티브와 교육연구, 8(1), 213-225.

강현석(2021). 국가 교수 방향에 대한 내러티브 비판: 2022 개정의 역량교육에서 질 높은 지식교육으로의 전환적 통합. 내러티브와 교육연구, 9(2), 55-86.

강현석 역(2021). 다시 생각해보는 브루너 교육의 문화: 의미구성하는 마음, 지식과 내러티브. 파주: 교육과학사.

강현석(2022). 내러티브 기반 지식교육의 대전환. 서울: 학지사.

강현석·김경수 공역(2010). 이야기 만들기: 법/문학/인간의 삶을 말하다, 서울: 교육과학사.

강현석·소경희·박창언·박민정·최윤경·이자현 공역(2007). 내러티브 교육과정의 이론과 실제, 서울: 학이당.

강현석·유동희·이자현·이대일(2005). 내러티브 활용을 통한 교과교육론 구성 방향의

탐색, 한국교원교육연구, 22(3), 215-241.
강현석·유제순 외 공역(2011). 인간 과학의 혁명: 마음, 문화, 그리고 교육. 서울: 아카데미프레스.
강현석·이영효·최인자·김소희·홍은숙·강웅경 공역(2009). 내러티브, 인문과학을 만나다, 서울: 학지사.
강현석·이자현 역(2005). 브루너 교육의 문화, 서울: 교육과학사.
강현석·이자현·유제순·김무정·최윤경·최영수 공역(2011). 교육이론의 새 지평: 마음과 세계를 융합하기. 파주: 교육과학사.
강현석·이자현(2006). 내러티브를 통한 교육과정 개발자로서 교사 전문성의 재개념화, 교육과정연구, 24, 153-180.
강현석·이자현·유제순(2007). 영재교육에서 내러티브 사고양식의 가치 탐색, 영재와 영재교육, 6(1), 95-126.
강현석·이지은(2016). 이해중심 교육과정을 위한 백워드 설계의 이론과 실천: 교실혁명. 서울: 학지사.
강현석·이지은(2017). 브루너의 내러티브 의미의 다층성과 교육적 시사. 한국교육과정학회 2017 학술대회 자료집, 91-117.
강현석·장사형·정정희·황윤세·조인숙(2012). 내러티브 유아교육과정의 이론과 실제. 서울: 공동체
강현석·조인숙(2017). 브루너 내러티브 이론의 교육학적 의미 탐색. 교수연구, 35(4), 125-149.
강현석·최윤경(2007). 내러티브 영재의 개념과 교과교육의 시사. 교육과학연구, 40(2), 99-129.
강현석·노진규(2021). 내러티브 자아의 교육론 탐구: 브루너의 이론을 중심으로, 교육사상연구, 35(3), 1-30.
고미숙(2002). 인간교육을 위한 서사적 대화모형 연구. 교육문제연구, 16, 1-29
고미숙(2014). 자아실현의 도덕적 의미. 교육문제연구소, 27(1), 57-81.
곽병선(1991). 교육과정. 서울: 배영사.
곽영순(2003). 질적 연구로서 과학수업비평. 서울: 교육과학사.
구자숙(1998). 문화심리학에 대한 사회심리학적 접근. 한국사회과학. 20(1), 133-165.
국가교육위원회(2021). 2022 개정 교육과정을 위한 사회적 협의 결과 및 권고안. 서울: 대통령직속국가교육회의.
권영민(1999). 서사양식과 담론의 근대성. 서울: 서울대학교 출판부.
권영민(2009). 한국현대문학사. 서울: 민음사.
권영민(2018). 인간의 자아는 어떻게 형성되는가: 듀이의 자아개념과 질성적 사고 개념을 중심으로. 교육학연구, 56(1), 25-45.
권오정·김영석(2003). 사회과교육학의 구조와 쟁점. 서울: 교육과학사.
김광웅 엮음(2011). 융합학문, 어디로 가고 있는가? 서울: 서울대학교출판문화원.
김광웅 외(2009). 우리는 미래에 무엇을 공부할 것인가: 창조 사회의 학문과 대학. 서울: 생각의 나무.

김광웅(2009). “21세기 학문 체계: 미래의 지적 산책을 어디에서 어떻게 할 것인가?” 김광웅 엮음(2009). 우리는 미래에 무엇을 공부할 것인가: 창조사회의 학문과 대학. 15-35. 서울: 생각의 나무.

김기옥(1999). 소비생활 이야기에 반영된 소비자의 사회·문화적 경험 분석 : Narrative 분석의 실험적 적용. 대한가정학회지, 135, 61-83.

김동식 외 譯(1996). 우연성 아이러니 연대성. 서울: 민음사.

김동진(2003). 내러티브적 역사서술의 흐름. 청람사학 7(한국교원대학교 청람사학회), 140-142.

김만희, 김범기(2002). 내러티브 사고의 과학교육적 함의. 한국과학교육학회지, 22(4), 851-861.

김병극(2012). “내러티브 탐구에서 내러티브 기술체 구성의 실제와 그 의미”. 내러티브와 교육학의 만남, 한국내러티브교육학회 및 경북대학교 내러티브융복합팀 학술대회 발표자료집, 97-115.

김봉석(1999). 현대 교육과정 논의에 나타난 후기 구조주의적 비판 연구. 성균관대학교 박사학위 논문.

김봉석(2012). 유아 내러티브 교육의 교육학적 조건과 함의. 유아교육학논집, 16(5), 57-76.

김성곤(2003). 문화연구와 인문학의 미래. 서울: 서울대학교출판부.

김수영(2022). 백워드 설계와 내러티브 통합 기반 역량 중심 교육과정 모형 개발. 경북대학교 교육학 박사학위 논문.

김승현·이경숙·심미선·황치성(2003). 사회과학방법론. 서울: 일신사.

김유석·이승하(2011). 서사적 정체성의 현대적 의의. 인문과학연구, 29, 29-49.

김의철·박영신 공역(1997). 문화와 사고, 서울: 교육과학사.

김재범(1997). 주역의 인식원리의 사회학방법론적 함의. 경북대학교 박사학위 논문.

김재춘(1996). 교육과정에 관한 하나의 담론으로서 포스트모더니즘, 한국교수의 새로운 좌표 탐색. 서울 : 교육과학사.

김재춘·배지현(2009). 의미생성활동으로서의 스토리텔링의 교육적 함의, 초등교육연구, 22(1), 61-82.

김정운·한성열(1998). 문화심리학 어떻게 할 것인가. 한국심리학회지: 일반. 17(1), 97-114.

김종호 역(1986). 사회과학의 논리: 실증주의 논쟁(아도르노와 포퍼의 논쟁). 대구: 이문출판사.

김진철 외(2000). 현대 사회과학의 패러다임 위기. 서울: 세계정치경제연구소

김천혜(1975). 문학연구 방법론에 대한 고찰. 부산대학교논문집, 제 20집, 제59-77.

김한식(2000). 리쾨르의 이야기론:「시간과 이야기」를 중심으로. 중앙대학교 외국어문학연구소 ‘외국학연구’, 제 4호

김한종(1994). 역사학습에서의 상상적 이해. 서울대학교 박사학위논문.

김한종(1999). 역사수업 도구로서 내러티브의 구성형식과 원리, 사회과교육학연구, 3, 81-107.

김한종·이형효(2002). 비판적 역사읽기와 역사 쓰기, 역사교육 81, 역사교육연구회
김형숙(2001). 목회자 아내의 정체성 연구: 이야기심리학적 관점으로. 연세대학교 연합신학대학원 석사학위논문.
김호연(2012). 역사리텔링과 상흔의 치유: 구술사 활용을 중심으로. 인문학연구, 31-54.
김호연·엄찬호(2010). 구술사를 활용한 인문치료의 모색. 인문과학연구, 24. 361-383.
김효림·강현석(2022). Folk Pedagogy에 기반한 역량 교육과정 실천의 재구조화. 내러티브와 교육연구, 10(3), 85-104.
남경희(2015). 격동의 시대와 자아의 인식. 서울: 세창.
노진규(2019). 존 듀이의 실험학교 교육과정 운영에 관한 연구. 석사학위논문, 한국교원대학교.
노진규(2021). 듀이 경험 이론과 내러티브와의 관련성 탐구. 내러티브와 교육연구, 9(1), 7-26.
노진규(2022). 브루너 내러티브 이론의 교육과정적 해석: 내러티브 페다고지의 구성. 경북대학교 교육학 박사학위 논문.
노진규·강현석(2021a). 브루너 내러티브와 듀이 질성적 사고의 상보적 가능성 탐구. 교육철학연구, 43(2), 105-128.
노진규·강현석(2021b). 교과 내면화 기제로서 내러티브 가능성 탐구. 교육철학, 80, 85-109.
노진규·강현석(2021c). 내러티브 자아에 근거한 자기주도 학습의 재개념화 탐구. 내러티브와 교육연구, 9(3), 77-103.
노진규·강현석(2021d). 내러티브 교육과정과 해석학의 상보적 가능성 탐구. 한국교육문제연구, 39(4), 67-90.
노진규·강현석(2022a). 브루너 내러티브 사고의 교육적 함의. 내러티브와 교육연구, 10(1), 29-52.
노진규·강현석(2022b). 교과 심리화에 대한 내러티브적 해석 가능성 탐색. 교육사상연구, 36(2), 43-66.
노진규·강현석(2022c). 창의성 교육에서 개념 기반 탐구학습의 재개념화: 브루너 내러티브를 중심으로. 교원교육, 38(5), 147-166.
노진규·강현석(2022d). 브루너 내러티브 아이디어에 기반한 현행 학교 수업의 비판적 탐색. 교육학연구, 60(3), 145-171.
도홍찬(1999). 도덕교육방법으로서 내러티브 접근법에 관한 연구. 서울대학교 석사학위논문.
도홍찬(2002). 내러티브(narrative)의 도덕 교육적 함의,『BK21 두뇌한국21 인문사회분야 연구모노그라프』, 서울대학교 아시아 태평양교육발전연구단.
도홍찬(2012). "내러티브와 인간 교육의 구현". 내러티브, 교육, 그리고 IT의 융합, 한국내러티브교육학회 및 경북대학교 내러티브융복합팀 학술대회 발표자료집, 133-164.
문옥표 譯(1998). 문화의 해석. 서울: 까치글방.
문학비평용어사전(2006). 서사학. 2006. 1.30 국학자료원.

박라미(2006). 현상학적 '자아'에 기초한 '학습자'의미 재고에 따른 시각문화의 관계적 이해 교육방안, 한국미술교육학회, 20(1), 241-276.
박문호(2008). 뇌 생각의 출현. 서울: 휴머니스트.
박민정(2006). 내러티브란 무엇인가?: 이야기만들기, 의미구성, 커뮤니케이션의 해석학적 순환, 아시아교육연구, 7(4), 27-47.
박민정(2012). "내러티브와 교육학의 만남". 내러티브, 교육, 그리고 IT의 융합, 한국내러티브교육학회 및 경북대학교 내러티브융복합팀 학술대회 발표자료집, 25-45.
박민정(2013). 내러티브와 교육학의 만남. 내러티브와 교육연구, 1(1), 25-50.
박병락(2007). 학생 주체의 의미와 포스트모던적 재구성, 교육사상연구, 21(1), 83-100.
박선미(1999). Bruner의 탐구학습에 대한 비판적 고찰. 교수평가연구, 2(1), 39-57.
박성희(2011). 미술교육에 있어서 내러티브 교육과정에 대한 이해와 적용 방안 연구. 한국교원대학교 석사학위논문.
박소영(2005). "Bruner의 Folk Pedagogy가 교수 설계에 주는 시사점 탐구"에 대한 토론. 한국교육학회 2005 추계학술대회 교육과정분과 발표 자료집. 17-21.
박재문(1981). 구조주의 인식론에 비추어 본 Bruner의 지식의 구조, 서울대 박사학위논문.
박철홍(2015). '프크루스테스의 망령'으로부터 교육구하기. 월간 교육, 창간 준비호, 126-139.
방진하(2014). 맥킨타이어 '서사적 자아' 개념의 교육적 의미 탐색. 교육철학연구, 36(2), 71-99.
박인기(2020). 서사(narrative)의 교육적 작용. 내러티브와 교육연구, 8(1), 7-34.
배영주(2005). 자기주도학습과 구성주의. 서울: 원미사.
변학수(2012). "내러티브의 기능과 문학치료". 내러티브, 문학, 그리고 정신건강의 융합, 한국내러티브교육학회 및 경북대학교 내러티브융복합팀 학술대회 발표자료집, 5-17.
서영식(2012). 융복합 교육을 위한 철학적 고찰. 철학논총 제 67집, 제1권. 145-163.
서종택·한용환·우한용(2000). 내러티브. 한국서사학회.
성승모(2012). "내러티브 치료와 정신의학". 내러티브, 문학, 그리고 정신건강의 융합, 한국내러티브교육학회 및 경북대학교 내러티브융복합팀 학술대회 발표자료집, 23-46.
소경희(1997). 현대 교육과정 이론에 대한 인식론적 고찰, 교육과정연구. 15(1), 241-266.
소경희(1998). 학교 교육에 있어서 '자기주도 학습'(self-directed learning)의 의미. 교육과정연구, 16(2), 329-351.
소경희(2004). 교사양성 교육과정에 있어서 '내러티브 탐구'의 함의. 교육학연구, 42(4). 189-211.
소경희·강현석·조덕주·박민정 공역(2007). 내러티브 탐구: 교육에서의 질적 연구의 경험과 사례, 교육과학사.
소경희·최유라(2018). 학교 중심 교육 개혁 맥락에서 교사의 실천 이해: '교사 행위주체성' 개념을 중심으로. 교육과정연구, 36(1), 91- 112.
손민호(1995). 브루너 탐구학습의 비판적 검토. 서울대학교대학원 석사학위 논문.

송명훈(2021). 자아는 중층 가상현식이다, 한국현대정신분석, 23(1), 91-123.
송슬기·곽덕주(2016). 실존적·윤리적 자아정체성 교육: 찰스 테일러의 자기진실성 개념을 중심으로. 교육철학연구, 38(1), 43-69.
송영배(1988). 철학적 문제의식과 연구방법론. 철학과 현실. 305-311.
송인섭(2013). 자아 개념. 서울: 학지사.
송재홍(2003). 학교상담의 새로운 시좌. 서울: 학지사.
신국원(2000). 근대 이후의 지식 개념의 변천 요약. 어린이문학교육, 창간호, 5-20.
안정애(2002). 내러티브를 활용한 국사 교과서 서술 모형. 전남 사학, 제 21집, 115-148.
양미경(1998). 교과서 구성의 문제와 발전 과제. 교육과정연구, 16(1), 85-123.
양호환 외(2005). 역사교육의 이론과 방법. 서울: 삼지원.
양호환(1998). 내러티브의 특성과 역사학습에서의 활용, 교육종합연구원 사회교육연구소. 사회과학교육, 제 2집, 21-35.
염지숙(2002). 연구방법으로서의 내러티브 탐구. 교육인류학회 발표자료집.
염지숙(2003). 교육연구에서 내러티브 탐구의 개념, 절차, 그리고 딜레마, 교육인류학연구, 6(1), 119-140.
영한대사전, 시사영어사, 1991.
영화사전(2004). 내러톨로지. 2004. 9.30 propaganda. 네이버지식백과.
우찬제 외 공역(2008). 서사학 강의: 이야기의 모든 것. 서울: 문학과 지성사.
우찬제·이소연·박상익·공성수 공역(2010). 서사학 강의. 서울: 문학과 지성사.
우한용 외(2001). 사사교육론. 서울: 동아시아.
우한용(2002). 우리 시대, 왜 서사가 문제인가. 내러티브 창간호, 1-13. 서사학회.
우한용(2004). 서사능력의 구조와 기능, 그리고 그 교육에 대한 이론적 탐구, 문학교육학, 13, 129-169.
유성자(2012). “이야기치료적용 집단상담 연구”. 내러티브, 문학, 그리고 정신건강의 융합, 한국내러티브교육학회 및 경북대학교 내러티브융복합팀 학술대회 발표자료집, 47-73.
유영만(2009). 교육 테크놀로지와 교육에서의 지식융합의 전망. 한국교육학회 추계학술대회 발표자료집(이화여대, 2009, 10.23-24).
유정완 외 역(1992). 포스트모던의 조건, 서울: 민음사.
유진우 외 譯(1997). 지의 논리. 서울: 도서출판 경당.
윤병희(2001). 미래사회와 교육과정학의 연구과제. 교수연구. 19(1), 105-128.
윤지원(2022). 내러티브 케어에 기반한 교육과정 실행의 재개념화 탐구. 경북대학교 교육학 박사학위 논문.
윤호병 외(1992). 후기구조주의. 서울: 고려원.
이경섭(1984). 현대 교육과정연구. 서울: 교육과학사.
이경섭·강현석(1999). 교과구조에 있어서의 주요 쟁점. 교육학연구, 37(4), 123-149.
이경섭·김민남(1973). J. S. Bruner의 발견론. 경북대학교 논문집 제 17집, 121-134.
이규호(1998). 말의 힘, 서울: 좋은날.
이미미(2000). 역사가의 사고 과정이 드러나는 서술의 특징과 교재 개발 방향, 서울대학교 석사학위 논문.
이민용(2009). 이야기와 스토리텔링의 치유적 기능, 독일언어문학, 제 43집, 225-242.
이민용(2010). 이야기 해석학과 이야기 치료. 헤세연구, 23.
이숙희(2004). 초등학교 도덕과 교육의 서사적 접근, 한국교원대학교 교육대학원 석사학위 논문.
이영효(2003). 내러티브 양식의 역사서술체제 개발, 사회과교육, 42(4), 93-121.
이윤호(2013). 스토리텔링을 활용한 교과서 진술 방안 연구. 경북대학교대학원 박사학위 논문.
이인화(2012). 디지털스토리텔링의 가치와 미래. 경북대 인문대콜로키움 발표자료.
이재광(2009). 근대철학의 발생에 관한 연구. 철학·사상·문화, 제8호, 147-183.
이재호(2010). 리쾨르와 현대 도덕교육. 파주: 교육출판사.
이주영(2019). 중학생의 자기주도학습 시간과 학습전략간의 관계: 학습동기 매개효과. 학습자중심교과교육학회, 19(4), 827-844.
이지은(2016). Bruner의 교육과정 이론의 변화와 시사점 탐구. 석사학위 논문. 경북대학교.
이차숙(2001). Bruner의 발견적 교수학습이론. 전성연(편). 교수-학습의 이론적 탐색. 원미사.
이필은(2010). 중세 적대적 유대 정서에 대한 문화사회학적 연구, 중앙사론, 32집, 337-370.
이홍우(1988). Bruner의 지식의 구조. 서울: 교육과학사.
이홍우(1992). (증보)교수 탐구. 서울: 박영사.
이흔정(2003). 내러티브 교육과정 적용에 대한 연구, 고려대학교 박사학위 논문.
이흔정(2004). Bruner의 내러티브 사고양식과 교육. 교육문제연구, 제 20집, 73-91.
이흔정(2004). 내러티브의 교육과정적 의미 탐색, 한국교육학연구, 10(1), 151-170.
이희재 譯(1996). 마음의 진화. 서울: 두산 동아.
임경순(2008). 내러티브 영재 개념과 판별 시론. 한중인문학연구, 40권, 93-114.
임병권 역(1997). 텍스트의 역학: 연행으로서 서사. 서울: 한나래.
임병권 역(2001). 서사의 본질. 서울: 예림 기획.
임병권 외 역 (1997). 이야기하기의 이론: 소설과 영화의 문화기호학. 서울: 한나래.
임병권(2001). 서사의 본질. 서울: 예림기획.
임병권·이호 역(1996). 이야기하기의 이론: 소설과 영화의 문화기호학, 서울: 한나래.
임병덕(2000). 브루너와 지식의 구조. 고전순례.
임지룡·김동환 공역(2012). 언어·마음·문화의 인지언어학적 탐색. 서울: 역락.
장사형(2012). “내러티브와 인간학의 방향”. 내러티브, 교육, 그리고 IT의 융합, 한국내러티브교육학회 및 경북대학교 내러티브융복합팀 학술대회 발표자료집, 3-20.
장사형(2020). 서사적 자아의 교육철학적 함의 고찰. 교육철학, 75(2), 57-77.
장상호(1997). 학문과 교육(상). 서울: 서울대학교출판부.
장상호(2000). 학문과 교육(하). 서울: 서울대학교출판부.
장회익(2009). “통합적 학문은 어떻게 가능한가”. 김광웅 엮음(2009). 우리는 미래에 무엇을 공부할 것인가: 창조사회의 학문과 대학. 67-102. 서울: 생각의 나무.

전경란(2012). "이야기 기술의 발달과 디지털스토리텔링". 내러티브, 교육, 그리고 IT의 융합, 한국내러티브교육학회 및 경북대학교 내러티브융복합팀 학술대회 발표자료집, 217-250.
전현정(2009). Egan의 이야기 형식 모형에 기반한 교육과정 개발 및 적용. 경북대학교 교육학 박사학위 논문.
전현정·강현석(2009). 대안적 초등교육과정 개발 방향 탐색. 초등교육연구, 22(1), 169-198.
전현정·강현석(2011). 내러티브 중심의 교육과정 재구성 방향 탐색. 교육철학, 제44집. 287-325.
정경훈(2021). 자아는 중층 가상현실이다: 프로이트, 라캉, 신경과학, 유식, 자아중층론. 한국현대정신분석학회, 23(1), 91-123.
정낙림(2006). 데카르트와 칸트의 주체개념. 철학논총, 44(2), 432-446.
정대현(1990). 지식이란 무엇인가: 지식 개념의 일상언어적 분석. 서울: 서광사.
정미진(2003). 도덕교육방법으로서의 서사, 한국교원대학교 석사학위 논문.
정범모(1997). 인간의 자아실현. 서울: 나남.
정석환(1999). 이야기 심리학의 심리전기적 인간탐구방법론 연구. 신학논단, 제 26호. 7.
정석환(2013). 이야기 심리학 블로그.
정선영·김한종·양호환·이영효(2009). 역사교육의 이해. 서울: 삼지원.
정수경·강현석(2015). 내러티브 개념의 다양성 탐구. 내러티브와 교육연구, 3(1), 23-45.
정영근(2000). 인간이해와 교육학. 서울: 문음사.
정향진(2007). 문화와 교육: 인류학적 관점. 한국교육인류학회 99회 월례발표회.
조남현(2004). 소설 신론. 서울대출판부. 네이버지식백과.
조덕주(2003). 교육과정 운영 지원을 위한 기초로서의 교사의 개인적 관심과 개인적 지식 탐구. 교육과정연구, 21(4), 51-76.
조동일(1980). 문학연구방법. 서울: 지식산업사.
조순옥(2013). 이야기가 중요한 세상이 됐다. 독서신문.
조용환(2001). 문화와 교육의 갈등-상생 관계. 교육인류학연구, 4(2). 1-27.
조인숙·강현석(2013). 브루너의 내러티브 이론의 특징과 시사점 탐구. 내러티브와 교육연구, 1(1), 5-24.
조인숙·강현석(2015). 내러티브의 두 가지 이론과 교육에의 시사점 탐구. 교육철학, 제60집, 165-191.
조지형(1998). '언어로의 전환'과 새로운 지성사. 안병직 외 오늘날의 역사학. 한겨레신문사.
조혜영·이보림·조민정(2021). 또래강사 프로그램 활동이 학습역량과 자기주도 학습역량에 미치는 영향. 학습자중심교과교육연구, 21(10), 451-460.
차배근·차경욱(2013). 사회과학연구방법: 실증연구의 원리와 실제. 서울: 서울대학교출판부.
최민수 역(2010). 이야기 치료, 궁금증의 문을 열다. 서울: 시그마프레스.
최상구 역(1999). 서사학이란 무엇인가. 서울: 예림기획.
최상진·김기범(2011). 문화심리학. 서울: 지식산업사.
최상진·한규석(1998). 심리학에서의 객관성, 보편성 및 사회성의 오류: 문화심리학의 도전. 한국심리학회지: 일반. 17(1), 73-96.
최상진·한규석(2000). 문화심리학적 연구방법론. 한국심리학회지: 사회 및 성격. 14(20, 123-144.
최소옥(2000). 내러티브를 통한 중학생의 역사 이해, 서울대학교 석사학위 논문.
최수진·이재덕·김은영·김혜진·백남진·김정수·박주현(2017). OECD 교육 2030 참여 연구: 역량 개념틀 타당성 분석 및 역량 개발을 위한 교육체제 탐색, 한국교육개발원.
최예정·김성룡(2005). 스토리텔링과 내러티브, 서울: 글누림.
최인자(2000). 서사문화와 문학교육론. 한국문화사.
최인자(2003). 모티프 중심의 서사적 사고력 교육, 국어교육학연구, 18집, 472-498.
최인철 역(2004). 생각의 지도. 서울: 김영사.
최혜실(2011). 스토리텔링, 그 매혹의 과학: 이야기의 본질과 활용. 서울: 한울아카데미
최혜실(2012). 인지과학과 스토리텔링, 그리고 IT. 내러티브, 교육, 그리고 IT의 융합, 한국내러티브교육학회 및 경북대학교 내러티브융복합팀 학술대회 발표자료집, 177-201.
최호근(2013). 내러티브와 역사교육, 역사교육, 125집, 95-128.
추갑식(2012). 교사와 학생의 내러티브를 통한 수업비평의 탐구. 경북대학교 박사학위 논문.
한국서사학회(2000). 내러티브, 창간호.
한국정신문화연구원(1998). 철학. 대한교과서주식회사.
한명숙(2003). 이야기 구조의 구성 모형에 관한 연구. 국어교육학연구, 16집, 한국국어교육학회, 559-587.
한승희(1990). 교육내용 어떻게 볼 것인가, 한국교육, 17, 143-163.
한승희(1997). 내러티브 사고 양식의 교육적 의미, 교육과정연구, 15(1), 400-423.
한승희(2000). 교육학의 새로운 지표로서 내러티브. 교육학연구, 38(4), 259-282.
한승희(2002). 마음, 의미, 그리고 교육. 한국교육학회 교육과정분과학회 발표자료.
한승희(2002). 왜 내러티브인가. 한국교육인류학회 발표 자료집.
한승희(2005). 마음의 본질로서 의미 구성 방식에 관한 고찰. 초등교육연구, 제5집, 91-116.
한승희(2006). 내러티브 사고의 장르적 특징에 관한 고찰. 교육과정연구, 24(2), 135-158.
한용환(1993). 서구문학연구방법론의 수용과 그 한계, 한국문학연구, 16, 13-23.
한용환·강덕화 공역(1999). 서사란 무엇인가. 서울: 문예출판사.
한혜원(2010). 디지털 시대의 신인류 호모나랜스. 서울: 살림.
한혜정(2006). 교육과정연구의 질적 연구에서 자서전 방법이 가지는 의의. 교육과정연구, 24(2), 71-86.
한혜정(2007). 과학적 지식과의 관계 속에서 파악되는 이야기적 지식의 의미. 교육과정연구, 25(1), 25-38.
허기한(2008). 이야기 심리학적 질적 연구방법론에 대한 연구. 신학논단, 54집, 439-477.

현정숙(1999). 초등학교 아동의 자기주도학습력 향상을 위한 수업모형 개발. 동아대학교 박사학위 논문.
홍성욱(2008). 홍성욱의 과학에세이. 신동아, 2008년 11월.
홍성욱(2009). "지식의 융합, 과거로부터 배운다". 김광웅 엮음(2009). 우리는 미래에 무엇을 공부할 것인가: 창조사회의 학문과 대학. 37-66. 서울: 생각의 나무.
홍순철·조혜경·이현주(2008). 『디지털 미디어 콘텐츠 포맷 파일럿 개발 연구- IPTV 프로그램 포맷』. 서울: 한국예술종합학교 DCF R&D 사업팀.
홍은숙(1999). 지식과 교육. 서울: 교육과학사.
홍은숙(2009). 교육의 개념. 서울: 교육과학사.
황은주·강현석(2019). Bruner의 Folk Pedagogy에 기반한 수업과정의 재개념화 탐구, 내러티브연구. 7(3), 87-122.
황임경·김호연(2013). 구술사와 서사의학의 만남, 그 시론적 탐색. 의사학, 제22권 제2호(통권 제44호) 357-388, 2013년 8월.
황정규·이돈희·김신일(1998). 교육학개론. 서울: 교육과학사.

Amsterdam, Anthony G., Bruner, Jerome S.(2000). *Minding the Law*. Harvard Univ. Press.
Ankersmit, F. R.(1981). *Narrative Logic: A semantic analysis of the historian's language*. Boston, MA: M. Nijoff.
Astington, J. W. & Gopnik, A.(1991). Theoretical explanations of children's understanding of the mind *British Journal of Developmental Psychology. 9,* 7-31.
Astington, J. W.(2000). Minds in the Making: Essays in Honor of David R. Olson. MA: Blackwell Publishers.
Aubery, C.(1994). *The role of subject knowledge in the early years of schooling*. London: The Palmer Press.
Bachmann-Medick, Doris(1996). *Literaturwissenschaft in Kulturwissenschaftlicher Absicht,* in: *Kultur als Text. Die Anthropologische Wende in der Literaturwissenschaft,* Doris Bachmann-Medick (Hrsg.), Frankfurt a. M.
Bakhtin, M. M.(1981). The dialogic imagination: Four essays (ed. by Michael Holquist and trans. by Caryl Emerson and Michael Holquist). Austin: University of Texas Press
Bakhtin, M. M.(1984). Problems of Dostoevsky's poetics(ed. and trans. by Caryl Emerson). Manchester: Manchester Univ. Press.
Bakhurst, D., & Shanker, S. G.(2001). *Jerome Bruner: language, culture, self.* London: SAGE Publications.
Baldock, P.(2006). The place of narrative in the Early Years Curriculum: How the tale unfolds. Taylor & Francis Group.
Barthes, R.(1987) Introduction to the structural analysis of narratives. In

Image, music, text: Essays (trans. by Vern W McGee). Austin: University of Texas Press.

Barthes, R., Introduction to the structural analysis of narratives. In R. Barthes(Ed.), Music, Image, Text. (S. Heath, Trans.). London: Fontana/ Collins. 1977

Beck, I., McKewon, M. & Worthy, J.(1995). "Giving a text Voice Improve student's understanding", *Reading Research Quarterly* 30(2), 220-238.

Berg, Bruce L. Qualitative Research Methods for the Social Sciences. 1995. Boston, MA :Allyn and Bacon.

Bigge, M., & Shermis, S.(1999). *Learning Theories for Teachers(6th)*. New York: An Imprint of Addison Wesely Lonhman, Inc.

Bochner, Arthur P.(2001). Narrative's Virtues. *Qualitative Inquiry*, 7(2). 131-157.

Brockmeier, J. & Carbaugh, D.(2001). *Narrative and Identity; Studies in Autography, Self and Culture*. Amsterdam: John Benjamins Publishing.

Brockmeier, J., & Carbaugh, D.(2001). Narrative and Identity: Studies in Autobiography, Self, and Culture. Philadelphia, PA: John Benjamins Publishing Co.

Bruner, J. S.(1962). On Knowing: Essays for the Left hand. New York: Atheneum.

Bruner, J. S.(2002). *Making stories: law, literature, life*. 강현석·김경수 공역(2010). 이야기 만들기. 경기도 파주: 교육과학사.

Bruner, J. S.(1990). *Acts of Meaning*. Cambridge, MA: Harvard University Press. 강현석·유제순·이자현·김무정·최영수·이순옥 공역(2011). 인간 과학의 혁명 마음, 문화, 그리고 교육. 서울: 아카데미프레스.

Bruner, J. S.(1991). "Self-Making and World-Making", *Journal of Aesthetic Education, 25*, 67-78.

Bruner, J. S.(1985). Narrative and paradigmatic modes of thought. E. Eisner(Ed.). Learning and Teaching the Ways of Knowing. Chicago: University of Chicago Press, 97-115(84th yearbook of the National Society for the Study of Education).

Bruner, J. S.(1986). Actual minds, possible worlds. Cambridge, MA: Harvard University Press. 강현석·이자현·유제순·김무정·최윤경·최영수 역(2011). 교육 이론의 새로운 지평: 마음과 세계를 융합하기. 파주: 교육과학사.

Bruner, J. S.(1990). Acts of meaning. Cambridge, Mass: Harvard University Press. 강현석 역(2011). 인간 과학의 혁명: 마음, 문화, 그리고 교육. 서울: 아카데미프레스.

Bruner, J. S.(1960). *The Process of Education*. Cambridge, Mass. : Harvard Univ. Press.

Bruner, J. S.(1966), *On Knowing : Essays for the Left Hand*, New York : Harvard University Press.
Bruner, J. S.(1971). The relevance of education. New York: Norton.
Bruner, J. S.(1983). In Search of Mind. New York : Harper & Row Publishers.
Bruner, J. S.(1985). "Narrative and Paradigmatic Models of Thought", in Einer(ed.), Learning and Teaching the Ways of Knowing: NSSE., Chicago: Univ. of Chicago Press.
Bruner, J. S.(1987). "Life as Narrative", *Social Research*, 54(1), 11-31.
Bruner, J. S.(1990a). Culture and *Human Development*: A New Look. Human Development, 33, 344-355.
Bruner, J. S.(1990b). *Acts of Meaning*. Cambridge, Mass.: Harvard Univ. Press.
Bruner, J. S.(1991). The Narrative of Construction of Reality. Critical Inquiry, 18(1), 21.
Bruner, J. S.(1996). The culture of education. Cambridge. Mass: Harvard University Press. 강현석·이자현 역(2005). 교육의 문화. 서울: 교육과학사.
Bruner, J. S.(2002). Making Stories: Law, Literature, Life. New York: Farrar, Straus and Giroux.
Bruner, J. S.(1960). *The Process of Education*. 이홍우 역(2017). 브루너 교육의 과정. 서울: 배영사.
Bruner, J. S.(1961). *The Act of Discovery*. In J. S. Bruner(Ed.), In Search of Pedagogy Volume I (pp. 57-66). New York: Routledge.
Bruner, J. S.(1964). On going beyond the information given, In Contemporary approaches to cognition. Cambridge, Mass.: Harvard University Press.
Bruner, J. S.(1966). Toward a theory of instruction. Cambridge, Mass.: Harvard University Press.
Bruner, J. S.(1985). "Narrative and Paradigmatic Models of Thought", in Einer(ed.), Learning and Teaching the Ways of Knowing. NSSE., Chicago: Univ. of Chicago Press. p. 97-115.
Bruner, J. S.(1991). Narrative of science. Journal of Science Education and Technology, 1(1), 5-12.
Bruner, J. S.(2002). *Making Stories: Law, Literature, Life*. 강현석·김경수 역(2010). 이야기 만들기. 경기도 파주: 교육과학사.
Bruner, J. S.(1985). "Narrative and Paradigmatic Models of Thought", in Einer(ed.), Learning and Teaching the Ways of Knowing. NSSE., Chicago: Univ. of Chicago Press.
BSCS(1964). *Material for Preparation of Inservice Teachers of Biology*, BSCS.
Carr, D.(1991). Time, narrative, and history. Indianapolis: Indiana University Press.
Charon, R.(2006). Narrative medicine, honoring the stories of illness. Oxford,

UK: Oxford University Press.

Chase, S. E.(2005). Narrative inquiry: Multiple lenses, approaches, voices. In N. K. Denzin & Y. S. Lincoln(Eds.), The SAGE handbook of qualitative research 3rd Edition. CA: SAGE.

Cherryholmes, C. H.(1988), *Power and Criticism: Poststructural Investigations in Education*. New York : Teachers College Press.

Chinn, P. W. U.(2002). Asian and Pacific Islander Women Scientists and Engineers: A Narrative Exploration of Model Minority, Gender, and Racial Stereotypes, *Journal of Research in Science Teaching*, 39(4), 302-323.

Ciborowski, J.(1992). *Textbooks and the Students Who Can't Read Them: A Guide to Teaching Content*. Brookline Books.

Clandinin, D. J. & Connelly, F. M.(1986). On the narrative method, personal philosophy, and narrative units in the story of teaching. *Journal of Research in Science Teaching*, 23(4), 293-310.

Clandinin, D. J. & Connelly, F. M.(1987). Teachers' personal knowledge: What countss as 'personal' in studies of the personal. *Journal of Curriculum Studies*. 19(6).

Clandinin, D. J. & Connelly, F. M.(1990). Stories of experience and narrative inquiry. Educational Researcher, 19(5), 2-14.

Clandinin, D. J. & Connelly, F. M.(1998). Stories to live by: Narrative understanding of school reform. *Curriculum Inquiry*, 28(2).

Clandinin, D. J. & Connelly, F. M.(2000). *Narrative inquiry: Experience and story in qualitative research*. San Francisco: Jossey-Bass.

Clandinin, D. J.(1985). Personal practical knowledge: a study of teacher's classroom image. *Curriculum Inquiry*, 15(4), 361-385.

Clandinin, D. J. (Ed.).(2007). Handook of narrative inquiry: Mapping a methodology. 강현석 외 역(2011). 내러티브 탐구를 위한 연구방법론, 교육과학사.

Clandinin, D. J.(1989). Developing Rhythm in Teaching: The Narrative Study of a Beginning Teacher's Personal Practical Knowledge of Classrooms. Curriculum Inquiry, 19(2). 121-141.

Clandinin, D. J.(1992). Narrative and Story in Teacher Education. In Tom Russell and Hugh Munby(Ed.) Teachers and Teaching: From Classroom to Reflection(124-137). London: The Falmer Press.

Clandinin, D. J., Connelly, F. M.(1987). Teachers' personal knowledge: What countss as 'personal' in studies of the personal. Journal of Curriculum Studies. 19(6), 269-282.

Clandinin, D. J., Connelly, F. M.(1991). Personal Knowledge. In A. Lewy(Ed.) The International Encyclopedia of Curriculum(128-131). New York:

Pergamon Press.
Clandinin, D. J., & Connelly, M.(1998). Stories to live by: Narrative understanding of school reform. Curriculum Inquiry, 28(2), 64-79.
Cole, A. L.(2001). Lives in context: the art of life history research. Altamira Press.
Cole, A. L., & Knowles, J. G.(2000). Teacher knowledge and modes of teacher knowing. Researching Teaching(5-13). A pearson education company.
Cole, M.(1996). Cultural Psychology: A once and future discipline. Cambridge: Harvard University Press.
Coles, R.(1989). The call of stories: Teaching and the moral imagination. boston: Houghton Mifflin.
Conle, C.(2003). An anatomy of narrative curricular. Educational Researcher, 32(3), 3-15.
Conle, Carola.(1993). Learning Culture and embracing contraries: Narrative inquiry through stories of acculturation. University of Toronto.
Conle, Carola.(1997). Images of change in narrative inquiry. *Teachers and Teaching*, 3(2), 205-219.
Conle, Carola.(1999). Why Narrative? Which Narrative? Our Struggle with time and place in teacher education, *Curriculum Inquiry*, 29(1), 7-33.
Connelly, F. M. & Clandinin, D. J.(1991). Narrative and story in practice and research. In D. Schon (Ed.), The reflective turn(258-281). New York: Teacher Colleage Press.
Connelly, F. M. & Clandinin, D. J.(1992). Teacher as curriculum maker. In P. Jackson(Ed.) Handbook of Research on Curriculum(363-401). New York: Macmillan Publishing Company.
Connelly, F. M. & Clandinin, D. J.(1994). Personal experience methods. In N. Denzin & Y. Lincoln(Eds. O. Handbook of Qualitative Methods. San Francisco: Sage: 413-427.
Connelly, F. M. & Clandinin, D. J.(1995). Teachers' professional knowledge landscapes. New York: Teachers College Press.
Connelly, F. M. & Clandinin, D. J.(1990). Stories of experience and narrative inquiry. Educational Researcher. 19(5). 2-14.
Connelly, F. M.(1972) The function of curriculum development. Interchange, 3(2-3), 161-177.
Connelly, F. M., Ben-Peretz, M.(1980). Teachers' roles in the using and doing of research and curriculum development. Journal of Curriculum Studies, 12(2), 95-107.
Connelly, F. M., Clandinin, D. J.(1985). Personal Practical Knowledge and the Modes of Knowing: Relevance for Teaching and Learning. In E.

Eisner(Ed.), Learning and teaching the ways of knowing(pp. 174-198). Eighty-forth yearbook of the NSSE, Part 2. Chicago: University of Chicago Press.

Connelly, F. M., Clandinin, D. J.(1988). Teachers as curriculum planners: Narratives of expereiene. Teachers College press. 강현석·박민정·소경희·조덕주·홍은숙 역(2007). 교사와 교육과정: 교사들의 경험에 대한 내러티브. 서울: 양서원.

Connelly, M., & Clandinin, J. D.(1990). Stories of Experience and Narrative Inquiry. Educational Researcher. Jun-July, 2-14.

Connelly, M., & Clandinin, J. D.(1988). Teachers as curriculum planners: narrative of experience. New York: Teachers college Columbia University.

Creswell, J. W.(2007). Qualitative inquiry and research design: Choosing among five approaches. 조흥식 외 역(2010). 질적 연구방법론 : 다섯 가지 접근. 서울: 학지사.

Crites, S.(1971). The narrative quality of experience. *Journal of American Academy of Religion*, 39(3). 391-411.

Czarniawska, B.(1997). *Narrating the Organization: Dramas of Institutional Identity*. Chicago: University of Chicago Press.

Denzin, N. & Lincoln, Y.(2000). *Handbook of Qualitative Research* (2nd Edition) London: Sage Publication, Inc.

Denzin, Norman K.(1978). The Research Act: A Theortical Introduction to Sociological Methods. New York, NY: McGraw-Hill Book.

Dewey, J.(1934). Arts as Experience. New York: G. P. Putnam.

Dewey, J.(1938). Experience and Education. New York: Carpricorn Books.

Dewey, J.(1976). The middle works, 1899-1924: Vol. 10. Journal articles, essays, and miscellany published in the 1916-1917 period (J. A. Boydstone, Ed.). Carbonedale: Southern Illinois University Press.

Dewey, J.(1981a). The later works, 1925-1953: Vol. 1. Experience and nature (J. A. Boydstone, Ed.). Carbonedale: Southern Illinois University Press.

Dewey, J.(1981c). The later works, 1925-1953: Vol. 10. Arts as experience (J. A. Boydstone, Ed.). Carbonedale: Southern Illinois University Press.

Dewey. J.(1934). *Art as Experience*. 박철홍 역. (2016). 경험으로서의 예술. 서울: 나남.

Doll, W. E. Jr.(1993). *A Post-Modern Perspective on Curriculum*. New York : Teachers College Press.

Donaldson, M.(1978). Children's minds. London: Fontana.

Douglas, Jack.(1985). Creative Interviewing. Berverly Hills: Sage Publication.

Doyle, M., & Holm, D. T.(1998). Instructional Planning through Stories: Rethinking the Traditional Lesson Plan. *Teacher Education Quarterly, Summer*. 69-83.

Doyle, W. & Carter, K.(2003). Narrative and learning to teach: implication for teacher-education curriculum. Journal of Curriculum Studies. 35(2), 129-137.

Drake, S.(1992). *Developing a integrated curriculum using the story model*. Toronto: OISE.

Driscoll, M.(2000). *Psychology of learning for instruction(2nd)*. Allyn & Bacon., a Pearson Education Inc.

Eagleton, T.(1988). Literary theory: An introduction. Oxford: Basil Blackwell.

Egan, K.(1986). Teaching as story telling. The University of Chicago Press.

Egan, K.(1990). *Romantic understanding: The development of rationality and imagination, ages 8-15*. New York and London, England: Routledge.

Egan, K.(1979). Educational development. New York: Oxford University Press.

Eisner, E.(1979). The educational imagination: On the design and evaluation of school programs. New York: Macmillian.

Eisner, E.(1985). Aesthetic mode of knowing. *Learning and Teaching the Ways of Knowing* : NSSE., Chicago: Univ. of Chicago Press.

Eisner, E.(1985a). *Learning and Teaching: The Ways of Knowing*. NSSE, Chicago, IL: University of Chicago Press.

Eisner, E.(1985b). *The Art of educational Evaluation: A Personal View*. London England Flamer.

Eisner, E.(1991). *The enlightened eye: Qualitative inquiry and the enhancement of educational practice*. New York: Macmillan.

Eisner, E.(1994). Cognition and curriculum revised. New York: Teachers College Press.

Elam, S.(1964), *Education and the Structure of Knowledge*, Chicago : Phi Delta Kappa.

Emerson, Robert M.(1983). Contemporary Field Research. Prospect Heights, Il: Waveland Press.

Fink, L. D.(2003). Creating signficant learning experience: an integrated approach to designing college course. San Francisco, California: Jossey-Bass.

Frey, N.(1957). Anatomy of Criticism. 임철규 역(1982). 비평의 해부. 서울: 한길사.

Gadamer, H(2000). *Erziehung ist sich erziehen*. 손승남 역(2004). 교육은 자기 교육이다. 서울: 동문선.

Gadamer, H.(1898). Truth and method. (first published in 1960). New York: Seabury.

Gardner, H.(1993). Frames of mind: The theory of multiple intelligence. New York: Basic Books.

Geertz, Clifford(1983). *Dichte Beschreibung. Bemerkungen zu einer deutenden Theorie von Kultur*, in: ders., *Dichte Beschreibung. Beiträge*

zum Verstehen kultureller Systeme, Frankfurt a. M.
Geertz, J.(1973). *The Interpretation of Cultures*. New York: Basic Books.
Goffman, Erving.(1959). The Presentation of Self in Everyday Life. New York, NY: Doubleday Anchor Books.
Goleman, D.(1995). Emotional intelligence. New York: Bantam Books.
Goodman, N.(1978). *Ways of Worldmaking*. Indianapolis : Hackett.
Goodson, I., & Gill, S. R.(2011). Narrative pedagogy: Life history and learning. New York: Peter Lang.
Grassie, W.(2008). Entangled narratives: Competing visions of the good life. Paper presented at a symposium of the US-Sri Lankan Fulbright Commission in Colombo, January 4.
Greenwood, J. D.(1991). The future of folk psychology. Cambridge: Cambridge University Press.
Grossman, P. L., Wilson, S. M. & Shulman, L. S.(1989). Teachers of substance: subject matter knowledge for teaching. In M. C. Reynolds(ed.). *Knowledge base for the beginning teacher*. Pergamon Press.
Grossman, P. L., Wilson, S. M. & Shulman, L. S.(1989). Teachers of substance: Subject matter knowledge for teaching. In M. C. Reynolds(ed.). *Knowledge Base for the beginning teacher*. Perganmon Press.
Gudmundsdottir, S.(1991). Story-maker, story-teller: narrative structure in curriculum. *Journal of Curriculum Studies*, 23(2), 207-218.
Gudmundstrottir, S.(1995). The Narrative Nature of Pedagogical Content Knowledge. In H. McEwan & K. Egan(Eds.) *Narrative In Teaching, Learning, and Research*. Teachers College Press, 24-38.
Gudmundstrottir, S.(1991). Story-maker, story-teller: Narrative structure in curriculum. Journal of Curriculum Studies, 23(3).
Harre, R.(1999). The rediscovery of the human mind: The discursive approach. Asian Journal of Social Psychology. 2(1), 43-62.
Harste, J. C. & Leland, C. H.(1994). Multiple ways of knowing: Curriculum in a new key. Heinemann.
Hatch, J. A., Wisniewski, R.(1996). Life history and narrative. The Falmer Press.
Hillman, J.(1979). A Note on Story. Parabola. 4, 43-45.
Hinchman, Lewis P. and Hinchman, Sandra K.(2000). *Memory, Identity Community: The Ideal of Narrative in the Human Science*. SUNY Press.
Hopkins, R. L.(1994). Narrative Schooling: Experiencial Learning and the Transformation of American Education. Columbia: Teachers College Press. 강현석·홍은숙·장사형·허희옥·조인숙 공역(2013). 내러티브, 학교교육을 다시 디자인하다. 서울: 창지사.

Houle, C. O.(1961). *The inquiring mind*. Madison: University of Wisconsin Press.

Huang, Yueh-Mei(2003). Rethink teacher's practical knowledge-Institution, educational discourse and folk pedagogy. *The collection of Papers to The First World Curriculum Studies Conference(I),* 286-287.

Huber, Janice(2002). Narrative Inquiry: Toward Understanding Life's Artistry. *Curriculum Inquiry,* 32(2), 161-169.

Jahoda, G.(1992). Foreword. In J. W. Berry, Y. H. Poortinga, M. H.Segall, & P. R. Dasen, Crosscultural psychology: Research and applications(pp. x-xii). Cambridge: Cambridge University Press.

James, W.(1909). The meaning of truth. New York: Longmans, Green.

Johnson, M.(1987). The body in the mind: The bodily basis of meaning, imagination, and reason. Chicago: University of Chicago Press.

Josselson, Ruthellen.(1996). *Ethics and Process. : The Narrative Study of Lives*. SAGE Publication.

Josselson, Ruthellen, Lieblich, Amia.(1995). *Interpreting Experience: The Narrative Study of Lives*. SAGE Publication.

Kahneman, D.(2011). *Thanking Fast and Slow*. 이진원 역(2012). 생각에 관한 생각. 서울: 감영사.

King, T.(2003). The truth about stories. Toronto, Canada: House of Anansi Press.

Knowles, M. S.(1975). *Self-directed learning: a guide for learning and teacher*. New York: Association Press.

Kuchenbuch, Thomas(1978). *Filmanalyse. Theorien, Modelle, Kritik,* Köln 1978.

Lauritzen, C. & Jaeger, M.(1997). *Integrating learning through story: the narrative curriculum*. New York: Delmar Publishers.

Lemon, M. C.(1995). The Discipline of history and the history of thought. London & New York: Routledge.

Levstik, L. S. & Pappas, C. C.(1992). New Directions For Studying Historical Understanding. *Theory and Research in Social Education*. 24(4).

Lieblich, Amia, Rivka Tuval-Mashiach, Tamar Zilber(1998). Narrative Research : Reading, Analysis, and Interpretation. Thousand Oaks: Sage Publication.

MacIntyre, A.(1985). After virtue: A study in moral theory. London: Duckworth.

MacIntyre, A.(1981). Ideology, social science and revolution. Comparative Politics, 5, 321-341.

MacIntyre, A.(1981). After Virtue: A Study in Moral Theory. Notre Dame, Ind.: University of Notre Dame Press.

Mandler, J.(1984). Stories, scripts, and scenes: Aspects of schema theory. Hillsdale, N.J: Erlbaum.

Manovich, L.(2002). The Language of New Media. Cambridge, MA: The MIT Press.

Maxwell, J.(2004). Causal explanation, qualitative research, and scientific inquiry in education. Educational Researcher, 33(2), 3-11.

McCelland, D.(1993). *Competence at work: Model for superior performance*. New York: John Wiley & Sons.

Mcdrury, J.(2013). Learning through storytelling. New Zealand: Dunedin.

McEwan, H. & Egan, K.(1995). *Narrative In Teaching, Learning, and Research*. New York: Columbia Univ., Teachers College Press.

McKeown, B. M. & Worthy, J.(1995). "Giving a text Voice Improve student's understanding", *Reading Research Quarterly*, 30: 2.

McLuhan, Marshall(1994). *Understanding Media*, Massachusetts Institute of Technology.

McNeil, J. D.(1985). *Curriculum: A Comprehensive Introduction*. Boston: Little Brown & Co.

Mink, L. O.(1978). Narrative form as a cognitive instrument. In Canzry, R. H. & Kozicki, H. (eds.). The writing of history. Madison: University of Wisconsin Press.

Mishler, E.(1995). Models of narrative analysis: A typology. Journal of narrative and life History, 5(2), 87-123.

Mitchell, W. J. T.(1981). On narrative. Chicago: University of Chicago Press.

Moon. J.(1999). Reflection in learning and professional development. London: Kogan Page Limited.

Morgan, David L.(1988). Focus Groups As Qualitative Research. Thousand Oaks: Sage Publication.

Murray, J.(1997), Hamlet on the Holodeck: The Future of Narrative in Cyberspace, New York: The Free Press.

Nash, C.(1993). *Narrative in Culture*. London: Routledge

Nicholson, K. & Conle, C.(1991). *Narrative reflection and curriculum*. AERA.

Noddings, N., Witherell, C.(1991). *Stories Lives Tell: Narrative and Dialogue in Education*. New York: Teachers College Press.

Novak, M.(1975). "Story" and experience. In J. B. Wiggins(Ed.), Religion as story(pp. 175-200). Lanham, MD: University Press of America.

Oakeshott, M.(1975). *Rationalism in Politics and Other Essays*. Methuen.

Oakeshott, M.(1962), *Rationalism in Politics and Other Essays*. Methuen.

Oliver, K. L.(1998). A Journey into Narrative Analysis: A Methodology for Discovering Meanings. *Journal of Teaching in Physical Education*, 17. 244-259.

Olson, D. R.(2007). Jerome Bruner: The cognitive revolution in educational theory. London: Bloomsbury.

Olson, D. R., Torrance, N.(1996). Mode of thought: exploration in culture and cognition. Cambridge: Cambridge University Press.

Olson, D.(1990). Possible minds : reflection on Bruner's recent writing on mind and self. *Human Development*, 33(6), 339-343.

Olson, M. R.(1995). Conceptualizing Narrative Authority: Implications for Teacher Education. Teaching & Teacher Education, 11(2). 119-135.

Orlosky, D. E. and Smith, B. O.(1978), *Curriculum Development—Issues and Insights—*, Chicago : Rand McNally & Co.

Pappas, C. C., Kiefer, B. Z., & Levstik, L. S.(1995). *An integrated language perspective in the elementary school: Theory into action(2nd ed.)*. White Plains, NY: Longman.

Phenix, P. H.(1964). Realms of meaning. New York: McGraw-Hill.

Polkinghorne, D.(1988). *Narrative knowing and the human science*. Albany: SUNY Press.

Polkinghorne, D.(1995). Narrative configuration in Qualitative analysis. *Qualitative studies in education*, 8(1), 5-23.

Polkinghorne, D. E.(1983). Methodology for Human Science: Systems of Inquiry. Albany: SUNY Press

Polkinghorne, D. E.(1988). *Narrative knowing and the human science*. Albany: SUNY Press. 강현석·이영효·최인자·김소희·홍은숙·강웅경 공역(2009). 내러티브, 인문과학을 만나다. 서울: 학지사

Raninow, Paul(1995). *Repräsentationen sind soziale Tatsachen. Moderne und Postmoderne in der Anthropologie. Jenseits der Erkenntnistheorie*, in: *Kultur, soziale Praxis, Text. Die Krise der ethnographischen Repräsentation*, hrsg. v. Eberhard Berg u. Martin Fuchs, Frankfurt a. M.

Rankin, J.(2002). What is Narrative: Ricoeur, Bakhtin, and Process Approaches. Concrescence: The Australasian Journal of Process Thought, 3, 1-12.

Ricoeur, P.(1981). Hermeneutics and the Human Sciences: Essays on language, action and interpretation, edited, translated and introduced by J. B. Tomson, Cambridge University Press. 윤철호 역, 해석학과 인문사회과학: 언어, 행동 그리고 해석에 관한 소고. 서울; 서광사.

Ricoeur, P.(1991). What is a Text? In M. J. Valdes(ed.). A Ricoeur reader: Reflection and imagination. Toronto: University of Toronto Press.

Ricoeur, P.(1981). The narrative function, in Ricoeur, Hermeneutics and the human science, (Ed.) John B. Thompson. Cambridge, Mass.: Harvard University Press. p. 277.

Ricoeur, P.(1988). Time and narrative, K. McLaughlin & D. Pellauer (Trans.). Chicago: University of Chicago Press.
Ricoeur, P.(1992). Oneself as another. K. Blamey (Trans.). Chicago: University of Chicago Press.
Ricoeur, Paul.(1984). L'identite narrative. 김동윤(역)(1997). 서술의 정체성. 서울: 숲.
Riessman, C. K.(2008). Narrative Methods for the Human Science. Sage Publications.
Riessman, C. K.(1993). Narrative Analysis. Thousand Oaks: Sage Publication.
Robinson, J. A. and Hawpe, L.(1986). "Narrative Thinking as a Heuristic Process", In Theodore R. Sarbin(Eds.) Narrative Psychology: The Storied Nature of Human Conduct. New York: Preger.
Rossiter, M., & Clark, M. C.(2007). Narrative and the Practice of Adult Education. Florida: Krieger Publishing Co.
Rossiter, Marsha(2002). Narrative and Stories in Adult Teaching and Learning. *ERIC Digest*, No, 241.
Salovey, P. & Mayer, J. D.(1990). Emotional intelligence. In Imagination, Cognition and Personality, 9(3), 185-211.
Sandlos, J.(1998). The storied curriculum: Oral narrative, ethics, and environmental education. *The Journal of Environmental Education*, 30(1), 5-9.
Sarbin, T. R.(1986). *Narrative Psychology: The storied nature of human conduct*. New York: prager.
Scheffler, I.(1965). *Conditions of knowledge*. Chicago: The University of Chicago Press.
Schnell, Ralf(2000). *Medienästhetik*, Stuttgart.
Schön, D. A.(1991). The reflective turn: Case studies in and on educational practice. New York: Teachers College Press.
Schwab, J. J.(1962). The concept of the structure of a discipline The Educational Record, 43(3), 202-214.
Schwab, J.(1964). Education and the structure of knowledge. Chicago: PhiDelta Kappa.
Short, E. C.(Ed.).(1991). *Forms of curriculum inquiry*. Albany. New York: SUNY Press.
Shweder, R. A.(1991). Thinking Through Cultures : Expeditions in Cultural Psychology. Cambridge, Mass. : Harvard Univ. Press. 김의철(外)(譯), 「문화와 사고」, 서울 : 교육과학사, 1997.
Taba, H.(1962). *Curriculum development: theory and practice*. New York: Haracout Brace Jovanvich Inc.,
Taylor, C.(1989). Source of the self. Cambridge, Mass.: Harvard University Press.

Tough, A. M.(1967). *Learning without a teacher: a study of tasks and assistance during adult self-teaching projects*. Toronto: Ontario Institute of Studies in Education.

Tykociner, J. T.(1966). Outline of Zetetics. Philadelphia Dorrance.

Vygotsky, L.(1962). *Thought and Language*. Cambridge, Mass. : MIT Press.

Weiler, Kathleen and Middletown, Sue(2000). Narrative and Text: Women, Teachers and Oral History. *History of Education*, 29(3). 273-280.

Wells, C. G.(1986). The meaning makers: The Children learning language and using language to learn. Portsmouth, NH: Heinemann.

White, H.(1981). "The Value of Narrativity in the Representation of Reality." In W.J.T. Mitchell(Ed.), *On Narrative*(pp. 1-23). Chicago: The University of Chicago Press.

White, H.(1987). The content of the form: Narrative discourse and historical representation. Baltimore & London: Johns Hopkins Univ. Press.

White, H.(1981). "The Value of Narrativity in the Representation of Reality." In W.J.T. Mitchell(Ed.), On Narrative(pp. 1-23). Chicago: The University of Chicago Press.

Whitehead, A. N.(1929). *The aims of education*. A Mentor Book, The New American Library.

Witherell, C. & Noddings, N.(1991). *Stories lives tell: Narrative and Dialogue in education*. New York: Teachers College Press.

Worth, Sarah E.(2004). Narrative Understanding and Understanding Narrative. *Contemporary Aesthetics*, 16(2). 23-38.

찾아보기

[주제]

[인명]